NOTICE
SUR
L'ŒUVRE ET LA VIE
D'AUGUSTE COMTE

PAR

Le Docteur ROBINET

TROISIÈME ÉDITION

> Mais, du milieu de la ruine
> Doit naître un symbole nouveau ;
> Une clarté nous illumine
> Qui nous promet un jour plus beau.
> Arrière les sombres présages
> Dont on épouvantait nos âges,
> L'Humanité ne peut périr ;
> En vain l'on croit qu'elle chancelle,
> Erreur ! Elle se renouvelle
> Pour un glorieux avenir.
>   **Charles JUNDZILL.**
>   *Ode au Fondateur du Positivisme.*

PARIS

10, RUE MONSIEUR-LE-PRINCE, 10

Au Siège de la Société Positiviste

1891

NOTICE

SUR

L'ŒUVRE ET LA VIE

D'AUGUSTE COMTE

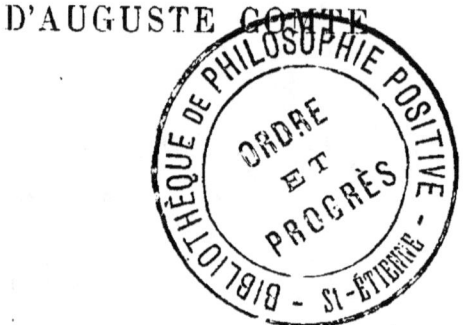

PREMIÈRE PARTIE

ŒUVRE D'AUGUSTE COMTE

Outre la donnée dogmatique et souvent même la forme du langage toujours empruntées aux ouvrages du Fondateur du Positivisme, surtout à son principal opuscule, le *Cathéchisme*, nous avons beaucoup pris encore au Cours de Philosophie première de M. Pierre LAFFITTE, pour la partie doctrinale de notre travail.

D'ailleurs, c'est en communication intime et constante avec les principaux disciples d'Auguste COMTE, en collaboration, pourrais-je dire, avec MM. LAFFITTE et AUDIFFRENT, d'après des conversations répétées et une correspondance très active, que cette première partie a été écrite.

R.

PREMIÈRE PARTIE

ŒUVRE D'AUGUSTE COMTE

LA RELIGION DE L'HUMANITÉ

> L'amour pour principe
> Et l'ordre pour base,
> Le progrès pour but.

I. — Caractère général de l'Œuvre d'Auguste Comte. — Théorie de la Religion.

Tous les travaux d'Auguste Comte eurent le même but, celui de relever l'autorité spirituelle déchue en Occident depuis la fin du moyen âge, en la rétablissant sur des principes compatibles avec les exigences de l'esprit moderne. Les motifs théologiques de la conduite humaine étant épuisés, il sentit profondément, dès l'abord et de plus en plus, la nécessité de leur substituer des motifs humains, et d'établir enfin la morale et la politique sur des bases rationnelles inébranlables.

Cette grande pensée domina tellement ses efforts, qu'il ne perdit jamais de vue le but social auquel il aspirait, pendant la longue et difficile élaboration qu'il dut accomplir pour s'assimiler les matériaux de cette immense reconstruction, pour les féconder et les coordonner. C'est ainsi que, par un labeur incessant, par une méditation non interrompue et sous l'influence d'un altruisme croissant, il put s'élever de la simple science, par la plus noble philosophie, à la sublimité de la religion ! C'est ainsi qu'après avoir étudié le monde afin de connaître l'Humanité, et celle-ci pour mieux pénétrer le mystère de l'homme, il put, en embrassant la réalité sous tous ses aspects, instituer une synthèse universelle, qui toujours inspirée par l'amour et subordonnée à la connaissance de l'ordre, aboutit partout au progrès. C'est ainsi, enfin, que le positivisme est une religion, la science ou la philosophie n'y concourant que comme moyen de discipline et de ralliement.

Mais la religion, qui jusqu'à ce jour nous est apparue sous le voile impénétrable du mystère, comme l'auguste fille des dieux, peut-elle s'être ainsi transformée sous nos yeux, par la seule puissance du génie de l'homme? Question redoutable, que suscite le caractère sacré de la systématisation positive, et à laquelle nous devons avant tout satisfaire.

Qu'est-ce que la religion?

En étudiant les différents systèmes de ce genre dans ce qu'ils offrent d'essentiel et de radical, on voit que tous ont un même but, l'*unité humaine*. Pour l'instituer et la maintenir, tous s'efforcent de développer dans les esprits et les cœurs une croyance et une affection communes, en faisant surgir de l'étude du monde la notion d'une puissance prépondérante, que nous devons aimer, connaître et servir, d'où résulte, dans la vie publique comme dans la vie privée, la convergence et l'harmonie de tous les attributs de notre nature (sentiments, pensées et actes), qui constituent la condition nécessaire de l'unité.

Mais si le but religieux fut partout identique, il n'en fut pas de même du moyen général employé pour l'atteindre; et la *foi*, qui toujours reposa sur l'explication de l'ordre universel, varia nécessairement suivant les temps et les lieux. On ne comprend pas, de nos jours, le grand spectacle du monde et de l'homme comme on l'entendait au moyen âge ou dans l'antiquité, et, sous ce rapport, les différents dogmes nous offrent des divergences aussi nombreuses que profondes. Mais ces variations se trouvant réglées par des lois actuellement connues, et marchant dans un ordre réel vers un terme nécessaire, on ne saurait les considérer comme étant définitivement contradictoires. La contemplation rationnelle d'une telle évolution permet, au contraire, d'affirmer qu'il n'y a jamais eu qu'une religion, laquelle a passé, sous des formes diverses, par des âges successifs, pour atteindre sa constitution finale :

« D'abord spontanée, puis inspirée, et ensuite révélée, la religion devient enfin démontrée (1). »

---

(1) Auguste Comte, *Système de Politique positive*, t. II, c. I, page 7, théorie générale de la religion ou théorie positive de l'unité humaine.

Voilà donc comment la synthèse positive est en même temps religieuse : c'est qu'elle représente le dernier terme de l'évolution commencée par le fétichisme, systématisée par la théocratie, condensée par le monothéisme et consommée par le positivisme. Expliquant mieux l'ordre universel par le système des *lois naturelles* que par celui des *volontés surnaturelles*, elle en dégage la notion d'un Être suprême, l'Humanité, qui explique et résume le monde, qui assure l'harmonie individuelle et collective, et qui remplace partout l'ancienne souveraineté : *Extinctis Diis, Deoque, successit Humanitas !*

Cette exposition sommaire, qui nous permet de définir la religion : un système d'explication universelle réglant l'amour et la foi, le sentiment et la pensée, pour diriger la conduite et obtenir l'unité, nous montre en même temps que l'on ne doit plus l'identifier avec la théologie, puisque, dans son état définitif et permanent, elle cesse d'être fictive pour devenir positive. Et grâce à cette distinction fondamentale, qui sépare à jamais la religion proprement dite des procédés intellectuels (c'est-à-dire des dogmes) qu'elle dut employer, suivant les temps et les lieux, pour obtenir le ralliement humain, nous pouvons exposer les caractères propres à son état final, sans paraître impie ni utopique aux lecteurs non préparés.

Le mot *religion*, d'après son étymologie, n'offre aucune solidarité nécessaire avec les divers systèmes de croyances successivement ou simultanément institués pour atteindre le but qu'il désigne. « En lui-même, il indique l'état de complète *unité* qui distingue notre existence, à la fois personnelle et sociale, quand toutes ses parties, tant morales que physiques, convergent habituellement vers une destination commune. Ainsi, ce terme équivaudrait au mot *synthèse*, si celui-ci n'était point, non d'après sa propre structure, mais suivant un usage presque universel, limité maintenant au seul domaine de l'esprit, tandis que l'autre comprend l'ensemble des attributs humains. La religion consiste donc à *régler* chaque nature individuelle et à *rallier* toutes les individualités ; ce qui constitue seulement deux cas distincts d'un problème unique (1). » Et comme cette complète harmonie ne peut jamais être entièrement obtenue par l'individu ou par la société, vu la complication de semblables existences, cette définition caractérise surtout le type immuable de perfectionnement vers lequel tend de plus en plus l'ensemble de notre espèce.

Quand on considère l'immense difficulté d'un tel problème, quand on réfléchit à la presque impossibilité de maintenir une telle unité

---

(1) Auguste Comte, *Catéchisme positiviste*, page 2, 1re édition.

en présence de conditions, de besoins et d'impulsions qui tendent sans cesse à la détruire, on sent profondément l'importance et la grandeur de la tâche religieuse. Et c'est le prix qu'on attacha toujours à cet état d'harmonie qui concentra l'attention sur la manière de l'instituer, au point de faire prendre le moyen pour le but, et de transporter le nom de religion à tout système d'opinions mis en usage pour obtenir cette précieuse unité. C'est ainsi que chaque croyance fut entraînée à s'attribuer exclusivement cette qualification générale, et que la multiplicité comme la rivalité des diverses fois put longtemps empêcher de reconnaître la complète identité du but auquel chacune d'elles aspirait. « Mais quelque inconciliables que semblent d'abord ces nombreuses croyances, le positivisme les combine essentiellement, en rapportant chacune à sa destination temporaire et locale. Il n'existe, au fond, qu'une seule religion, à la fois universelle et définitive, vers laquelle tendirent de plus en plus les synthèses partielles et provisoires, autant que le comportaient les situations correspondantes. A ces divers efforts empiriques, succède maintenant le développement systématique de l'unité humaine, dont la constitution directe et complète est enfin devenue possible d'après l'ensemble de nos préparations spontanées. C'est ainsi que le positivisme dissipe naturellement l'antagonisme mutuel des différentes religions antérieures, en formant son propre domaine du fonds commun auquel toutes se rapportèrent instinctivement (1). »

Au reste, le mot *religion* représente exactement les attributions respectives du sentiment et de l'intelligence envers toute synthèse de ce genre. Car, pour que l'unité existe, il faut un lien affectif qui combine, dans chaque individu, des impulsions morales multiples et naturellement divergentes, et un lien intellectuel qui le rattache au monde extérieur, comme à la société, par la connaissance de l'ordre universel : double ralliement auquel participent nécessairement le cœur et l'esprit. L'état religieux est donc caractérisé par une intime harmonie entre l'extérieur et l'intérieur, l'homme étant *lié* au dedans de lui-même par l'*amour*, et *relié* au dehors par la *foi*. Mais nos pensées et nos actes étant toujours dirigés par nos affections, l'unité suppose avant tout un sentiment auquel nos divers penchants puissent se subordonner. Sans la continuité d'une telle prépondérance, l'harmonie humaine deviendrait impossible, car le centre de nos impulsions morales serait sans cesse agité par d'intimes conflits. Eh bien ! le positivisme enseigne que cette suprême influence ne

---

(1) *Catéchisme positiviste*, page 3, 1re édition.

saurait appartenir qu'à l'amour (1), l'institution comme le maintien de l'état religieux ou synthétique dépendant finalement de la subordination permanente de l'égoïsme à l'altruisme, ou de la personnalité à la sociabilité. C'est à ce prix seulement que l'on peut obtenir l'harmonie intérieure qui permet à l'intelligence d'éclairer assez le sentiment pour lui laisser atteindre sa plus haute destination.

Mais comment obtenir la première condition religieuse, l'unité morale, puisque nos penchants personnels, plus nombreux et plus énergiques que nos sentiments sociaux, tendent sans cesse à la dispersion ? Ce perfectionnement intime constitue, en effet, la plus haute difficulté, comme le principal objet des efforts religieux. Cependant, si l'on considère que, vu leur intraitable concurrence vers une satisfaction respectivement exclusive, les instincts personnels sont radicalement impropres à constituer aucune harmonie intérieure, même chez un être isolé, puisqu'une telle unité exigerait non-seulement l'absence de toute impulsion sympathique, mais encore la prépondérance absolue d'un seul égoïsme ; si l'on considère que l'altruisme peut régler toute existence, individuelle ou collective, sans exiger l'entier sacrifice des penchants contraires à sa nature, et qu'il consacre la juste satisfaction des instincts personnels, en tant qu'indispensables au développement matériel dont dépendent toujours nos attributs les plus élevés, on reconnaîtra facilement que la bienveillance, l'amour, peuvent seuls pacifier notre cœur, y éteindre la concurrence et la lutte, et y maintenir l'harmonie que nous avons représentée comme la condition indispensable de l'unité.

Mais quelque nécessaire que soit cette condition morale, elle resterait insuffisante si l'esprit ne nous faisait reconnaître au dehors une puissance supérieure, à laquelle nous devons toujours nous subordonner. Notre premier lien intérieur ayant été préalablement fondé par l'amour, la foi résultée d'une semblable notion peut, dès lors, nous relier à l'existence qui nous domine, nous y soumettre, et nous la faire aimer. Car l'état sympathique nous dispose à mieux subir la loi du dehors, dont la connaissance réagit à son tour sur le développement de l'altruisme. De sorte que les deux conditions géné-

(1) Pour ne laisser aucune équivoque sur ce terme général, nous dirons que l'amour, ou l'*altruisme*, représente ici l'ensemble de nos instincts sympathiques, ou de nos sentiments sociaux : l'attachement, la vénération et la bonté ; de même que le mot *égoïsme* désigne la totalité de nos penchants personnels, savoir l'instinct conservateur, l'instinct sexuel, l'instinct maternel ou éducateur, ceux de destruction, de construction, d'orgueil et de vanité. L'ensemble de ces impulsions affectives élémentaires constitue notre nature morale proprement dite, ou ce qu'on appelle vulgairement cœur ; et l'âme elle-même, résulte de la combinaison de ces facultés affectives avec nos fonctions intellectuelles et actives de manière à comprendre à la fois le cœur, l'esprit et le caractère.

rales de la religion tendent naturellement au même résultat, et qu'elles y concourent d'autant mieux que l'ordre extérieur devient, comme dans le positivisme, l'objet d'affection du sentiment intérieur.

La condition intellectuelle de la religion n'eut jamais qu'une même destination, celle de concevoir et d'expliquer l'ordre universel qui domine l'existence humaine, afin de déterminer nos relations envers lui. La foi positive aborde donc aussi ce grand problème, et consiste dans l'explication réelle du monde et de l'homme. Écartant partout la recherche des *causes*, elle expose seulement les *lois* effectives des phénomènes, leurs relations constantes et naturelles de succession et de similitude ; de sorte que le dogme, dans l'état final de la religion, consiste dans la démonstration d'un ordre immuable auquel sont soumis les événements de tous genres, physiques, intellectuels et moraux, d'après leur assujettissement constant et général à des rapports invariables ou lois. Et si l'explication religieuse put arbitrairement varier, tant qu'on la déduisit de causes surnaturelles nécessairement imaginaires, il n'en est plus ainsi dès qu'elle reçoit pour base le système général des lois naturelles ; car l'inébranlable réalité de ce majestueux ensemble lui procure une évidence et une fixité qu'aucune autre foi n'atteignit jamais, et qui lui assurent autant la permanence que l'universalité.

Enfin, loin d'être oppressif envers l'activité humaine, le dogme positif lui devient favorable en lui apportant une règle salutaire et un noble but ; car l'ordre universel n'est immuable que dans ses conditions fondamentales, toutes ses dispositions secondaires pouvant être modifiées par une sage intervention. Sous une pareille croyance, notre action conserve donc un champ immense, où elle peut s'exercer librement, d'après les lois qui la dominent et la régissent, sans jamais l'annuler. Elle peut même revêtir un caractère auguste si, s'élevant d'une étroite et grossière agitation au but religieux qui lui est assigné, elle veut consacrer ses efforts à l'amélioration commune. C'est en transformant ainsi la personnalité primitive des travaux humains en une noble coopération sociale, que la foi démontrée consacre une activité que la dernière synthèse provisoire regardait encore comme opposée à notre intime perfectionnement. Ici, la vie devient la garantie de la moralité: et les besoins matériels, qui semblaient devoir nous séparer toujours, vont aussi tendre à nous unir, « car l'amour se développe mieux d'après des actes que par des vœux (1). »

La synthèse finale satisfait donc mieux qu'aucune autre aux con-

---

(1) Auguste Comte, *Catéchisme positiviste*, page 22, 1re édition.

ditions essentielles de la religion ; nous allons montrer qu'elle sait aussi procurer au cœur ces affections élevées dont le développement fut toujours le meilleur apanage de cette suprême institution.

Tant que le positivisme fut restreint à son ébauche philosophique, il devait paraître incompatible avec toute culture affective, car son initiation mentale, d'abord réduite à l'étude de l'ordre matériel, ou même vital, ne pouvait que dévoiler des lois indispensables à notre activité, sans fournir aucun objet direct à notre amour. Mais il n'en est plus ainsi depuis que la connaissance de l'ordre humain est venue compléter l'investigation positive. Dès lors, la science ouvre un vaste champ à nos plus nobles affections, et se résume dans une conception générale aussi favorable à notre cœur qu'à notre esprit. La sociologie condense en effet l'ensemble des conceptions positives dans la notion d'un être immense et éternel, l'Humanité, qui représente l'ordre universel, et de qui nous tenons toutes les conditions de notre existence, de notre développement et de notre félicité. Elle nous montre l'élite de notre espèce guidant ses masses immenses, depuis l'origine des premières associations humaines, pour élever progressivement l'homme de l'isolement et de la bestialité primitifs à l'état de perfectionnement qui doit caractériser un jour la sociabilité finale. Elle la représente comme le seul Être suprême qu'il nous soit donné de concevoir avec plénitude, d'aimer avec justice et de servir avec efficacité. Autour de cette providence réelle, nos affections se concentrent donc aussi spontanément que nos pensées et que nos actions, et sa seule idée inspire directement la formule sacrée du positivisme : *L'amour pour principe et l'ordre pour base, le progrès pour but !* Car la lutte séculaire de l'Humanité contre l'ensemble des fatalités auxquelles elle est soumise offre au cœur, aussi bien qu'à l'esprit, un meilleur spectacle que la toute-puissance arbitraire d'une divinité capricieuse : et si les êtres fictifs que dut employer provisoirement la religion pour systématiser nos idées purent inspirer de vives affections humaines, à plus forte raison pourrons-nous vénérer et chérir une puissance plus accessible à nos sentiments et à nos pensées, d'après une identité de nature qui n'empêche point sa supériorité, et qui permet à notre activité de la mieux servir.

C'est ainsi que le positivisme, en remplaçant par une conception réelle l'ancienne explication du monde et de l'homme, en substituant irrévocablement l'Humanité à Dieu, consomme l'évolution religieuse commencée depuis quarante siècles, et réalise les plus nobles souhaits du moyen âge, et même de l'antiquité, envers l'établissement de l'unité humaine. Ainsi perfectionnée, la religion atteint son état définitif, où les grandes parties de notre existence, *aimer, penser, agir*, se trouvent aussi profondément combinées qu'elles peuvent l'être, et davantage qu'elles ne le furent jamais. La synthèse finale, pour délaisser absoment les procédés intellectuels du théologisme, n'en conserve donc pas moins le caractère religieux, et témoigne hautement que cette foi initiale ne constitue point essentiellement la religion, qu'elle n'en est que la forme préliminaire, le premier âge en quelque sorte, et que celle-ci, dans son état complet, dans sa maturité, doit devenir entièrement démontrable.

Mais ce serait peu que de comprendre la possibilité d'une telle transformation, il importe surtout d'en reconnaître l'urgence.

Pour montrer que la fonction générale du ralliement humain, la religion, ne saurait être supprimée dans l'organisme social, il suffirait, sans doute, de rappeler ici le désordre actuellement résulté du ralentissement de son action ; il suffirait de retracer la divergence fatale des opinions contemporaines, l'altération des mœurs et l'abaissement du caractère, l'antagonisme croissant des classes et des personnes, l'affaiblissement de tous les liens sociaux et les symptômes menaçants d'une dissolution possible ! Mais sans tirer avantage d'un aussi grave enseignement, nous devons résumer seulement le rôle social de cette grande institution, les services qu'elle a rendus, les résultats qu'elle a produits, et qui témoignent assez de son importance, de sa légitimité, de sa nécessité.

Aussi loin que le souvenir puisse s'étendre et remonter dans le temps, il nous représente la religion, — la plus grande création de l'homme, la plus élevée de ses institutions publiques, — présidant à la constitution et au développement de l'Humanité. C'est elle qui rapproche les familles et les tribus fétichiques en nations astrolatriques ; c'est elle qui fonde les grands empires théocratiques ; c'est elle qui, de cette masse immense, détache les populations d'élite chargées de préparer successivement l'état final de la sociabilité humaine ; c'est elle enfin qui vient instituer ce régime définitif, en associant et coordonnant toutes les forces antérieurement développées. Ses différents âges sont marqués par des acquisitions essentielles, par des bienfaits généraux qui constituent les grandes étapes du progrès, et sa maturité nous apporte le complément de cette action tutélaire en combinant, pour le bonheur commun, tant de résultats précieux.

La religion est donc ce qu'il y a au monde de plus auguste et de plus grand, puisqu'à chaque époque elle s'efforce de systématiser, autant qu'il est possible pour le temps et le lieu, les sentiments, les pensées et les actes humains, afin de réaliser la double harmonie dont dépendent notre grandeur et notre félicité. L'art lui doit ses plus sublimes inspirations, la morale son essor spontané et sa culture systématique, la science a reçu d'elle ses premiers éléments et sa constitution finale, la phisolophie sa force et sa grandeur, la politique sa consécration. Gardienne éternelle des indispensables lois de l'ordre, organe du progrès, la religion nous prit aux mains de la barbarie pour nous élever, à force de sollicitude, de dévouement et de sagesse, des misères de l'animalité à la noble condition d'hommes. C'est elle enfin qui a introduit dans le monde, pour les individus, pour les familles, pour les nations, le *gouvernement moral*, à côté et au-dessus de la force, qu'emploie le gouvernement temporel, au nom des lois ; c'est donc elle qui tend sans cesse et partout à diminuer dans la société l'emploi de la violence, le procédé militaire, et à leur substituer le règne de la persuasion, afin d'obtenir le concours social *volontaire*. Et encore, de nos jours, ne surgit-elle pas, pourvue de forces nouvelles, assurée d'une foi plus vraie, enrichie d'une morale plus généreuse et plus pure, renouvelée dans tous ses éléments, — au milieu de la plus profonde anarchie, — pour ramener dans le monde la paix et l'unité ?

Poursuivre sans relâche le bien, le beau et le vrai ; perfectionner sans cesse la connaissance et l'explication de l'ordre universel ; en déduire la foi et le devoir communs ; en vulgariser les principes, les faire pénétrer dans tous les esprits et dans tous les cœurs ; régler, d'après ce code général, la conduite privée et publique ; réunir toutes les volontés, combiner tous les efforts pour assurer l'œuvre finale du perfectionnement humain ; en un mot, instituer et consolider sans cesse le ralliement essentiel dont dépendent l'existence et le développement sociaux : tel fut toujours et tel sera de plus en plus l'office sacré de la religion.

Il suffira, sans doute, pour donner à ces propositions l'évidence qu'elles comportent, de rappeler ici quelques noms et quelques faits : les chants immortels d'Homère, de Dante et de Milton, les travaux de Phidias, les chefs-d'œuvre de Raphaël et de Michel-Ange, les hymnes sacrés de Mozart et de Rossini ; l'initiation théocratique de la science, sa culture cléricale et sa récente systématisation religieuse ; la morale antique, les méditations d'Aristote sur ce fonds précieux de la sagesse sacerdotale, la création de saint Paul, l'immortel traité d'A Kempis, Bossuet, Leibnitz, Auguste Comte ! enfin, l'essor fétichique et la constitution théocratique, l'initiation grecque accomplie sous le patronage des dieux de l'Olympe, l'incorporation romaine présidée par Jupiter Capitolin, la fondation de Charlemagne, le règne occidental des Papes, et, comme couronnement de ce majestueux ensemble, la fusion universelle des peuples par le culte de l'Humanité !

Il y a donc une injustice profonde, une aberration bien funeste, un fatal aveuglement à représenter une si grande institution comme l'organe systématique d'une exploitation criminelle, comme un instrument nécessaire d'obscurantisme et de rétrogradation. Erreur d'autant plus menaçante qu'à n'en plus douter, le salut du monde tient, à cette heure, au rétablissement de ce gouvernement suprême, puisque l'état social dépendant du règlement et du ralliement humains, il ne saurait y avoir de société sans religion ! Erreur d'autant plus évidente, que cette réprobation dangereuse provient de la confusion manifeste que l'esprit moderne établit encore entre une théologie temporaire et cette fonction éternelle. Sans doute, l'évolution religieuse s'est trop souvent accomplie à travers le sang et les larmes, et chacun de ses pas essentiels a provoqué de douloureuses collisions. Oui, ses phases principales ont offert, après un état de splendeur progressive et bienfaisante, une marche décroissante et rétrograde nécessitant leur transformation. Oui, le monothéisme occidental a atteint depuis longtemps cette limite fatale ! Mais l'excellence de la religion n'est point infirmée par cette imperfection passagère dépendant des fatalités de l'ordre humain et des tâtonnements inséparables de tout mouvement empirique. Pour lui rendre son caractère, sa grandeur, son efficacité personnelle et sociale, il suffit de la séparer enfin, et pour toujours, de sa dernière forme provisoire, d'un théologisme longtemps actif, mais irrévocablement déchu. Il faut la reconnaître et l'acclamer sous sa forme nouvelle, sous les traits augustes et définitifs que lui confère sa transformation scientifique. Alors elle pourra reprendre, parmi les institutions qui assurent la conservation et le développement de l'Humanité, l'ordre et le progrès des sociétés, l'essor et la dignité de l'homme, le rôle suprême qui lui est assigné par les conditions immuables de la vie universelle, en réglant par l'amour et ralliant par la foi.

Mais il n'y a pas de propriétés sans corps ni de fonctions sans organes. Plus un être est compliqué, plus le travail vital y est divisé, plus aussi les instruments destinés à l'accomplir sont multiples et spéciaux. Si donc le ralliement général qui est le but de la religion, sa destination nécessaire, constitue la fonction la plus élevée du plus grand organisme connu, est-il possible d'admettre qu'un acte aussi capital puisse s'accomplir désormais sans instrument déterminé ? Nullement. Et si le positivisme démontre qu'il n'y a pas de société sans religion, il affirme avec une égale autorité qu'il n'y a pas de religion sans sacerdoce. La tâche du XIX⁰ siècle et sa principale difficulté n'étaient donc pas seulement d'effectuer la transformation positive de la religion, mais aussi de rétablir son action sociale en instituant ses organes nécessaires. C'est pourquoi la fondation d'un nouveau clergé est, après l'élaboration de la doctrine nouvelle, la première nécessité de ce temps ; c'est pourquoi la haine du prêtre, autant que le scepticisme religieux, reste un obstacle fatal à la réorganisation moderne. Puissent ces conclusions, aussi importantes que rigoureuses, être profondément méditées par ceux qui cherchent sincèrement, en dehors du théologisme et de la guerre, les conditions d'une régénération véritable.

Au reste, la nécessité d'une religion et d'un sacerdoce est tellement sentie par l'instinct populaire, l'action religieuse est si indispensable à l'existence sociale, que, malgré la désuétude évidente de la théologie, l'ancien culte persiste, même chez les natures affranchies du dogme, et persistera, jusqu'à ce que la foi nouvelle ait généralement surgi. Et qu'enfin, malgré l'aversion des esprits actifs envers toute discipline morale, envers toute direction spirituelle, ils se laissent cependant gouverner par une classe incapable et même indigne d'une telle fonction, mais qui n'en constitue pas moins une sorte de clergé métaphysique exploitant, sans responsabilité aucune, à côté de l'ancien sacerdoce, l'anarchie résultée de la décomposition révolutionnaire ; nous voulons parler du journalisme.

Pour sortir de cette situation, pour terminer les débats entre la rétrogradation et l'anarchie, pour concilier finalement les besoins de l'ordre et les exigences du progrès, pour satisfaire, en un mot, à la nécessité du ralliement humain et à l'urgence du renouvellement complet de cette haute direction, la lutte entre la religion et l'irréligion doit cesser : la première doit reprendre ses droits, recouvrer son action normale et terminer l'interrègne spirituel par l'installation d'une foi démontrable, appliquée par un sacerdoce compétent et respectable, à l'institution d'une politique rationnelle.

La théologie et la métaphysique ne seront éliminées, l'ancien régime ne sera détruit, la révolution ne sera close, que quand les opinions, les mœurs et les institutions auront été régénérées par l'action du positivisme, et que le culte de Dieu sera définitivement remplacé par celui de l'Humanité.

II. — Nature abstraite de la Synthèse positive ou scientifique. — Caractère subjectif de son principe essentiel, l'Humanité.

C'est surtout par le dogme que la religion diffère, dans son état définitif, de ce qu'elle fut dans ses préparations antérieures.

Tandis que la foi théologique expliqua toujours le monde et l'homme par l'intervention divine, multiple ou unique (polythéisme, monothéisme), la foi positive, au contraire, enseigne que tous les événements propres au monde ou particuliers à l'homme, se produisent d'après des relations invariables appelées *lois*. La différence la plus fondamentale entre le théologisme et le positivisme résulte donc de l'incompatibilité que l'arbitraire et la fluctuation des *volontés surnaturelles*, offrent nécessairement avec l'immuabilité des *lois naturelles*. C'est pourquoi nous devons résumer ici cette notion de loi, qui est le fondement essentiel de la nouvelle foi (1).

Dans la multiplicité infinie d'êtres et de phénomènes qui se présentent à son observation, l'esprit humain ne distingue d'abord que des corps spéciaux et des résultats uniques dont il n'entrevoit pas de suite la complexité. Ce n'est qu'au bout d'un temps plus ou moins long qu'il parvient à décomposer chacun des êtres qu'il voit, chacune des actions qui le frappent, et à séparer par une opération mentale toujours délicate les éléments qui concourent à chaque effet, les parties qui composent chaque tout. Cette opération est l'observation abstraite ou plutôt *l'abstraction*, qui a pour résultat la connaissance analytique des corps, celle de leurs propriétés ou des événements qu'ils présentent, et qui substitue finalement l'étude de l'existence à celle des êtres. Ainsi, l'étendue, le mouvement, le poids, la température, etc., la composition matérielle, et tant d'autres circonstances dégagées par l'observation abstraite de l'étude des êtres surtout inférieurs, représentent l'existence physique. Les phénomènes de la vie végétative et animale, constatés chez des êtres plus compliqués, composent l'existence vitale ; enfin les événements offerts par les peuples, qui sont des êtres plus élevés encore, constituent l'existence sociale. Et c'est d'après l'étude des relations réciproques qu'ont entre eux les phénomènes nombreux qui composent les différents modes d'existence reconnus par l'observation abstraite, qu'un degré plus élevé d'activité mentale, la méditation, institue finalement les grandes constructions scientifiques qui établissent les rapports constants et

---

(1) C'est dans cette appréciation, surtout, que je me suis aidé du cours de *Philosophie première*, professé par M. Pierre Laffitte.

généraux que ces diverses catégories d'événements affectent entre elles, c'est-à-dire les lois qui les régissent.

L'avénement de l'abstraction dans la logique humaine apporte donc un changement immense dans l'exercice de la pensée, et constitue un progrès capital. C'est elle qui, séparant à la longue la notion de force et de prépondérance de la connaissance des corps extérieurs dont l'ensemble forme le monde, et qui, surtout au début, dominent si manifestement l'homme, institua le passage du fétichisme au théologisme, par *l'invention des dieux*. Alors, la volonté, et même l'activité, furent enlevées à la matière, pour être attribuées à des agents extérieurs, entièrement subjectifs, et respectivement préposés (dans l'esprit de l'homme, chez nos plus lointains aïeux) au gouvernement de chacune des grandes séries de phénomènes fournies par l'étude du monde, désormais considéré comme un instrument inerte entre les mains de maîtres absolus. C'est l'abstraction encore, mais plus forte, et basée sur des observations complètes et multipliées, qui fonda l'étude des lois et prépara le régime positif, quand de vigoureux penseurs eurent substitué, d'abord dans les cas les plus simples, et ensuite envers les plus compliqués, la recherche des relations effectives des phénomènes réels, à celle de leur cause productrice, enfin reconnue comme étant finalement et fatalement inaccessible. Dès lors, au lieu de contempler des êtres, des individus, dont la nature complexe interdit la connaissance suffisante, l'esprit positif ne poursuivit que l'étude des divers évènements que présente l'existence, soit physique, soit vitale, soit morale, c'est-à-dire la connaissance des influences élémentaires qui déterminent l'action concrète. C'est ainsi qu'il put arriver indirectement, par l'analyse, à la connaissance de l'existence universelle et même de l'ensemble des êtres qui la manifestent, en instituant sur les résultats de l'observation abstraite, émanée elle-même d'un premier degré de savoir concret, nécessairement empirique et spontané, des constructions générales ayant pour objet les relations réciproques de ces événements, ou leurs lois.

Par exemple, pour le fétichiste, le ciel est un tout, un être immense, qui dispense, au gré de ses passions, le chaud, le froid, la pluie, les frimas et la foudre. Cet être est considéré comme le distributeur intelligent et volontaire, comme la cause directe de tous les phénomènes atmosphériques : on le prie, pour le rendre propice, ou pour conjurer sa fureur. C'est l'état concret de la raison humaine. Pour le théologiste (polythéiste, monothéiste ou métaphysicien), le ciel n'est plus un être tout-puissant, doué de passion, d'intelligence et de volonté, pourvu de la force suprême : c'est, au contraire, un appareil inerte, dont les principaux attributs et toutes les manifestations appartiennent à des maîtres omnipotents, multiples ou uniques, Jupiter, Apollon, Diane (Hécate), Jéhova, hiérarchiques ou indépendants, mais qui sont partout la cause immédiate des événements célestes. Le maître des dieux tient en main la foudre vengeresse : des divinités moins puissantes dispensent la lumière du jour, et celle de la nuit, la chaleur vivifiante, les ténèbres et les ombres ; chaque élément du système a son directeur ou son dieu, qu'on adore et qu'on implore, dans telle ou telle situation. Plus tard, c'est un maître unique qui gouverne toutes ces choses ; et plus tard encore, la personnalité divine s'effaçant de plus en plus sous le travail de l'abstraction, les entités et les forces remplacent les différents dieux et le ciel n'est plus que la représentation abstraite des anciens agents surnaturels, ou la désignation collective des phénomènes autrefois rapportés à leur influence, suivant que l'esprit est plus près de l'état fictif, ou de l'état réel. Telles sont les dispositions générales de la raison abstraite dans son premier développement, c'est-à-dire dans l'état théologique, et dans la transition métaphysique qui n'en est qu'une atténuation. Enfin, aux yeux de la science, le ciel résulte d'un ensemble de corps naturels répandus dans l'espace, observés, déterminés, doués de propriétés constantes et rigoureusement analysées, dont ils sont le siège inséparable ; ces corps présentent une série d'événements actuellement connus, et réglés par des lois, ou relations immuables, que le génie de l'homme est parvenu à découvrir. L'observation a dérobé au firmament ses principaux secrets, l'expérimentation reproduit à son gré ses manifestations les plus redoutables, la prévision nous dévoile, avant qu'ils soient accomplis, tous ses événements essentiels, et nous aide à prévenir les maux qui pourraient en résulter. Au lieu de supplier le ciel, nous cherchons à le mieux connaître pour le subir plus avantageusement, c'est-à-dire pour obvier à ses effets funestes, et pour utiliser ceux qui sont favorables. C'est l'état positif de la raison humaine, dans lequel, au lieu d'y admirer aveuglément la gloire d'un maître capricieux et tout-puissant, l'homme affranchi ne contemple, dans les espaces et les corps célestes qui entourent la terre, que la grandeur des penseurs puissants qui lui en ont appris la véritable nature.

Le fétichisme, partout initial et spontané, a donc institué les observations concrètes, les connaissances empiriques qui forment la base indispensable de toute évolution mentale. Le théologisme qui, intellectuellement, est surtout caractérisé par l'introduction de l'abstraction dans la logique humaine, a tiré de ce premier savoir des observations abstraites ; et la science a élaboré, d'après ce second travail, les constructions partielles dont le positivisme forme aujourd'hui un système universel. Or ce résultat définitif devait être nécessairement très long à obtenir, puisque la découverte des lois suppose des observations extrêmement nombreuses, qui ne pouvaient être faites au début. En attendant qu'elles fussent complètes, et que l'élaboration des lois devînt possible, il fallait surtout secouer la torpeur initiale de l'esprit humain, en lui offrant l'appât d'une recherche qui lui promettait des avantages et des résultats infinis. De là la nécessité du régime de la causalité absolue, d'ailleurs exigé par notre tendance fondamentale à trouver en nous le lien de nos observations extérieures, ou, ce qui revient au même, à expliquer le monde d'après l'homme. Le positivisme ne pouvait donc surgir que longtemps après le théologisme, qui devait émaner lui-même d'une longue préparation fétichique, et servir d'intermédiaire entre ces deux états.

Ainsi, le caractère essentiel le plus général des lois réelles, c'est l'abstraction. Vu la complexité naturelle des êtres, nous ne pouvons les connaître assez directement, et l'analyse est indispensable pour arriver à ce résultat. Les lois concrètes qui certainement déterminent leur action, sont trop compliquées pour que nous puissions arriver à les découvrir, et les lois abstraites qui régissent les divers degrés d'existence qu'ils présentent, nous sont, au contraire, assez connues, pour expliquer convenablement l'activité dont ils jouissent. Par exemple, comment étudier d'emblée l'atmosphère? comment constater ses lois, sans analyser les conditions diverses d'où elle résulte? Il est bien certain que l'on ne connaît réellement à cet égard que les événements de l'existence physique générale, qui s'associent pour constituer un tel ensemble, dont les lois propres ou concrètes nous restent assez ignorées pour empêcher toute prévision sur la succession des phénomènes correspondants, c'est-à-dire du temps. Il en est de même, à plus forte raison, pour les êtres plus compliqués, et la zoologie, l'anthropologie, sont encore moins susceptibles de nous livrer leurs lois concrètes, et de permettre des prévisions, que la météorologie, ou la géologie, etc. Tandis que l'astronomie, la physique, la chimie, la biologie, et la sociologie même, qui étudient, chacune à leur point de vue, l'existence et non les êtres, nous dévoilent ses lois réelles, et nous permettent de véritables prophéties, à l'égard des phénomènes qui font leur objet. L'abstraction est donc la source de toute science, de toute construction générale, de toute coordination véritable, et chaque recherche théorique vraiment rationnelle et positive doit s'appliquer à l'étude des existences, en abandonnant celle des êtres à l'investigation pratique, selon ses besoins. Philosophiquement, il n'y a d'accessible et même d'indispensable pour nous que les lois abstraites, sans lesquelles nous ne connaîtrions suffisamment aucune existence, ni même aucun être.

Ce premier caractère des lois naturelles étant assez établi, nous dirons qu'elles consistent toujours en une notion inductive, à laquelle parvient notre esprit, en dégageant ce qu'il y a de commun à toutes les relations constantes que l'expérience a établies pour les diverses catégories de phénomènes réels. La relation concernant la succession et la similitude que les phénomènes affectent entre eux, il y a donc des *lois de succession* et des *lois de similitude*.

Les premières expriment une relation invariable entre des événements de nature distincte, relation qui permet de prévoir les variations de l'un d'après celles de l'autre. Ainsi, on a découvert, en physique, que les volumes occupés par une masse donnée de gaz, à une température constante, sont en raison inverse des pressions qu'ils supportent. Eh bien, le rapport inverse du volume à la pression est ici la relation constante qui existe entre les deux phénomènes variables, volume et pression. Si le volume augmente, la pression diminue, ou réciproquement, mais le rapport ne varie jamais. En réalité, le volume dépend de deux conditions, de la pression et de la température : et pour établir la relation exacte, on est obligé, dans la pratique, de décomposer la relation générale en ses éléments, et de chercher séparément et successivement les variations correspondant à différents degrés de température et de pression, ou de ne considérer que l'une d'elles. Ce qui montre qu'une véritable loi ne concerne réellement que deux phénomènes en relation réciproque. C'est ainsi que la loi de la chute des graves n'exprime que le rapport constant qui existe, pour un corps qui tombe, entre l'espace parcouru (ou la hauteur), et le temps que dure la chute ; ce qui est rendu par cette formule : *l'espace parcouru croît proportionnellement au carré du temps.*

La seconde espèce de lois établit les rapports de similitude qui existent entre les phénomènes observés, et ne sert qu'à étendre l'application des lois de succession, en faisant rentrer tel événement d'abord supposé distinct, dans tel autre, plus général, dont les lois de succession sont déjà connues. Par exemple, Newton en constatant que la pesanteur n'est qu'un cas particulier de la gravitation, établit une loi de similitude, la pesanteur ayant été regardée jusqu'à lui comme un fait de nature distincte. La découverte des lois de similitude n'est donc qu'un travail de coordination, précédant l'application des lois de succession, qui permet de les étendre à de nouveaux cas, et dès lors d'introduire également pour eux la prévision, qui n'est possible que d'après les lois de succession.

Une loi est donc, en définitive, la relation invariable existant entre deux phénomènes de nature distincte, d'après laquelle l'un varie au moyen de l'autre, avec un degré d'intensité dépendant des circonstances au milieu desquelles l'action s'accomplit. Elle représente la constance dans la variété.

Or, il est indispensable de remarquer que la variation ne porte que sur l'intensité des phénomènes, et jamais sur leur arrangement (succession), ni sur leur nature proprement dite (similitude). Ce qui établit en même temps, eu égard à l'ensemble des lois naturelles, et l'immuabilité de l'ordre universel dans ses dispositions fondamentales, c'est-à-dire quant à la permanence de nature et de relation des phénomènes, et sa modificabilité, en ce qui concerne ses dispositions secondaires, ou l'intensité de variation des divers événements. Ainsi, la loi d'évolution mentale est immuable en ce qui concerne la succession des phénomènes intellectuels, qui se fait toujours en passant des fictions théologiques aux abstractions métaphysiques, pour arriver aux conceptions positives : mais elle est modifiable en intensité, la succession pouvant s'opérer avec des vitesses extrêmement variables, suivant les conditions où elle s'accomplit. Jamais l'état positif, pour un ordre déterminé de conceptions, n'a précédé l'état théologique, ou l'état métaphysique, etc.; et la succession reconnue s'applique à nos idées quelconques. La rapidité du mouvement intellectuel peut seule varier.

Comme il en est de même pour toutes les lois abstraites, leur immuabilité fondamentale et leur modificabilité secondaire établissent, sur une base inébranlable, les conditions de l'ordre et du progrès, celles de l'existence et du mouvement, et rejettent du régime normal de la raison humaine toute vaine espérance d'action absolue, toute abdication d'intervention efficace, enfin tout système d'optimisme ou de fatalisme. Une telle conviction élève, en la réglant dignement, la portée dévolue a l'intervention de l'homme, et lui ouvre la carrière qui lui convient le mieux. Les lois naturelles étant conçues comme de simples faits généraux, qui ne comportent aucune explication, mais qui servent de base à toute explication rationnelle (telles sont la loi de Képler sur la nature spontanément rectiligne et uniforme du mouvement, celle de Bichat sur l'intermittence des fonctions de la vie animale, celle d'Auguste Comte sur l'évolution intellectuelle et pratique, etc., etc.); ces lois, dis-je, au lieu d'enchaîner notre action, lui fournissent une direction nécessaire, et le véritable but de la vie normale est de reconnaître exactement cet ordre prépondérant, pour s'y soumettre avec dignité et le modifier sagement, d'après cette donnée essentielle : le progrès est le développement de l'ordre.

On peut comprendre ainsi toute la différence qui existe entre l'état théologique et l'état positif, d'après l'impossibilité de concilier les lois naturelles avec les volontés surnaturelles, le relatif et l'absolu. D'où l'exclusion définitive de l'intervention divine, d'après l'avènement universel du régime des lois. « Que deviendrait cet ordre admirable qui rattache graduellement nos plus nobles attributs moraux aux moindres phénomènes matériels, s'il y fallait interposer une puissance infinie dont les caprices, ne comportant aucune prévision, le menaceraient toujours d'une entière subversion (1)? » Au véritable point de vue théologique, l'agent humain est passif dans la main de Dieu : toute son activité se borne à rechercher la cause première de la fatalité qui le domine, et à trouver le meilleur procédé pour se la rendre favorable, par des supplications, des offrandes et des louanges intéressées. Destiné pour un monde invisible qu'il désire et qu'il redoute sans cesse, il ne doit chercher sur cette terre que des occasions de salut personnel, et s'y maintenir étranger. Pour le positivisme, au contraire, l'homme est doué d'une activité spontanée, d'une efficacité réelle : il constate l'ordre qui l'entoure, pour instituer ses rapports avec lui, pour se soumettre à ses fatalités immuables, et utiliser ses dispositions modifiables. Au lieu d'une puissance arbitraire et impénétrable, à laquelle il serait fatalement asservi, il reconnaît un ordre extérieur invariable, mais compatible avec sa destinée, sans cesse amélioré par une intervention tutélaire qu'il remercie sans lui rien demander, qu'il glorifie sans arrière-pensée d'égoïsme. En elle est tout son avenir, comme son présent et son passé; citoyen de la Terre, il tourne vers l'Humanité, que seule il peut et doit servir, toutes ses aspirations et tous ses efforts.

La notion de loi fut introduite dans le monde, en ce qui concerne l'Occident, par l'école pythagoricienne; elle marqua le début de l'évolution scientifique. Une telle acquisition devait nécessairement résulter et de l'ordre extérieur que manifeste le monde et de la constitution intérieure qui rendait notre cerveau propre à saisir une telle harmonie. D'après les lois logiques qui lui sont propres, l'esprit humain est parti d'une première observation inductive, faite sur les relations constantes les plus simples, celles de la succession d'après laquelle les unités numériques s'engendrent les unes les autres, pour étendre ensuite cette notion de succession régulière à tous les phénomènes, d'après la tendance fondamentale de notre intelligence à former toujours l'hypothèse la plus simple, compatible avec l'ensemble des renseignements obtenus. Or ce qui n'était d'abord qu'une hypo-

---

(1) Auguste Comte, *Catéchisme positiviste*, page 93, 1re édition.

thèse hardie, qu'une généralisation subjective prématurée, s'est lentement et incontestablement vérifié, à mesure que la science s'est accrue et que, par des travaux séculaires, elle a objectivement démontré, pour tous les ordres de phénomènes, ce qui n'était dans l'origine qu'une illumination du génie théorique.

C'est cette grande notion, graduellement étendue par l'esprit positif à toutes les catégories d'événements réels, qui les a successivement enlevées à l'interprétation théologique ou métaphysique, pour mettre hors de doute que tous sont assujettis à des lois, soumis à des relations invariables de succession et de similitude. Les événements physiques furent d'abord soustraits à cet empire, puis les phénomènes vitaux, et enfin ceux de l'histoire. C'est le génie d'Auguste Comte qui a complété et coordonné la grande élaboration commencée dans l'antiquité par Thalès et Pythagore, pour en constituer le système philosophique qui embrasse aujourd'hui, dans une admirable hiérarchie, toutes nos conceptions réelles sur l'ordre universel, depuis les plus simples, celles qui sont relatives aux propriétés des nombres, jusqu'aux plus compliquées, celles qui concernent les phénomènes sociaux et moraux. Enfin, c'est ce vaste ensemble qui constitue le dogme de la religion démontrée.

Quelle peut être la nature d'une semblable synthèse ? Ce que nous avons dit de la nécessité de l'abstraction, ce que l'on sait de l'irréductibilité objective des lois réelles, qui sont des faits généraux incapables d'être expliqués par d'autres plus universels, et qui servent eux-mêmes d'explication à tous les faits secondaires qu'ils dominent, nous montre que ces grandes relations étant nécessairement multiples, il est impossible de les ramener extérieurement à l'unité, ou d'en trouver une qui comprenne et explique l'ensemble des autres. Et non-seulement on ne peut faire une série continue des êtres qui composent le monde, depuis la monère jusqu'à l'homme, s'engendrant directement les uns les autres sans aucune interruption, sans *hiatus*, de manière à remonter par exemple des derniers au premier, qui en serait le générateur absolu ; mais encore une telle opération n'est réalisable ni pour les existences, ni pour tous les phénomènes, ni pour les lois. Objectivement, il y a entre tous ces éléments de l'ordre général des intervalles infranchissables ; et sans parler de l'abîme qui sépare éternellement la nature morte, le monde inorganique, de la nature vivante et animée, il s'en faut que pour les termes particuliers qui composent chacun des deux grands éléments du dualisme philosophique, on soit parvenu à établir de semblables rapprochements. Les lois naturelles, comme les phénomènes et les êtres qui les manifestent, sont objectivement multiples, irréductibles, et toute synthèse extérieure, objective et absolue, se trouve fatalement irréalisable. Comment donc ramener à l'unité l'ensemble de ces lois, de manière à former un tout des conceptions et des connaissances positives, une échelle continue des existences et même des êtres qui sont l'objet réel de nos méditations ? Voici de quelle manière le positivisme a résolu ce problème.

On sait déjà que le dogme fondamental de la religion démontrée consiste dans la conception d'un ordre immuable, auquel sont soumis les événements de tous genres, comologiques, vitaux, sociaux et moraux ; mais il faut ajouter que cet ordre est à la fois objectif et subjectif, c'est-à-dire qu'il concerne en même temps le monde contemplé ou l'objet, et le sujet contemplateur, l'Homme ou l'Humanité. « Des « lois physiques supposent, en effet, des lois logiques, et récipro- « quement. Si notre entendement ne suivait spontanément aucune « règle, il ne pourrait jamais apprécier l'harmonie extérieure. Le « monde étant plus simple et plus puissant que l'homme, la régula- « rité de celui-ci serait encore moins conciliable avec le désordre de « celui-là. Toute foi positive repose donc sur cette double harmonie « entre l'objet et le sujet (1). » Dès lors aussi, toute loi résulte d'une observation extérieure et d'une conception intérieure, d'un élément objectif fourni par le monde et d'un élément subjectif fourni par le cerveau, d'un rapport saisi au dehors de lui-même, par l'esprit, d'après l'harmonie qui existe entre la chose appréciée et la fonction appréciatrice. Dans toutes nos conceptions, donc, le monde fournit la matière, et l'esprit détermine la forme ; c'est cette disposition fondamentale qui permet finalement d'instituer l'unité théorique.

Il y a trois sortes de lois abstraites : les lois physiques, les lois intellectuelles ou logiques et les lois morales. Les premières, concernant l'existence physique, expriment les relations constantes de nombre, d'étendue, de mouvement, de poids, de caloricité, d'électrition, etc., de composition et de décomposition matérielle, de vitalité inférieure, végétative et animale. Les secondes, concernent les dispositions fondamentales et les variations essentielles de l'entendement. Enfin, les dernières sont relatives à la sociabilité. Par exemple, elles établissent comme condition de l'existence morale, la prépondérance habituelle de l'altruisme ; et, au point de vue du développement affectif, la progression indirecte du sentiment par les degrés : domestique, civique, et religieux ou universel. La saine culture théorique, c'est-à-dire l'étude positive du monde et de l'homme, surgit naturellement de la contemplation de l'ordre physique, plus simple et plus

---

(1) Auguste Comte, *Catéchisme positiviste*, page 14, 1re édition.

indépendant; et l'on put de bonne heure y établir des constructions durables, tandis que, vu sa complication supérieure et son extrême dépendance, le domaine moral n'avait pu être jusqu'ici qu'empiriquement cultivé, son étude n'ayant pu fournir encore aucune conception systématique. Cependant, si la connaissance des lois physiques constitue la base de nos opinions réelles, le terme des méditations humaines réside certainement dans l'ordre moral, qui en est l'objet à la fois le plus important et le plus élevé, et l'unité du système ne peut s'établir que par la liaison de ces deux domaines extrêmes. Or, cette liaison s'opère par l'intermédiaire du terme sociologique, dont la constitution positive est essentiellement caractérisée par les lois intellectuelles, puisque des trois éléments qui composent l'existence sociale, le sentiment, l'intelligence et l'activité, l'intelligence se trouve naturellement prépondérante *en ce qui concerne la vie publique*. En effet, le sentiment ne fournit, relativement à l'existence collective, que des réactions intimes qui, vu leur opposition réciproque, s'annulent envers l'espèce, bien qu'elles soient très importantes à l'égard des individus ; de plus, il ne produit aucun résultat, aucune accumulation extérieure, capable de déterminer et de mesurer une succession ; enfin, l'esprit seul, dans une situation donnée, trace à l'activité la marche qu'elle doit suivre et réagit sur le sentiment pour le modifier dans le même sens. L'intelligence peut donc seule caractériser assez l'évolution sociale, la succession historique, et les lois de l'existence collective peuvent se réduire finalement aux lois logiques. Ce sont donc, en définitive, ces grandes relations mentales qui nous dévoilent le principe de la coordination générale des lois abstraites, et qui nous permettent d'établir la liaison nécessaire du domaine physique et du domaine moral, par l'intermédiaire du domaine logique.

Pour le démontrer, il suffira de rappeler ici les principales lois intellectuelles :

1re Le monde extérieur fournit à l'esprit humain les matériaux objectifs de ses constructions subjectives (Aristote, Leibnitz, Kant, Auguste Comte).

2o L'esprit humain est forcé de prendre toujours en lui-même les liens subjectifs de ses impressions objectives, nécessairement incohérentes (Auguste Comte).

3e Toute conception théorique passe par trois états successifs : théologique, métaphysique, positif (Auguste Comte).

4e Nos conceptions théoriques se développent suivant la généralité décroissante et la complication croissante des phénomènes correspondants (Auguste Comte).

Les deux premières, en établissant les bases de notre constitution mentale, fournissent le principe logique de la coordination légale ou du système des lois naturelles, et déterminent son caractère nécessairement subjectif. La troisième établit les conditions du mouvement intellectuel, le terme normal et réel de toute évolution mentale, et par conséquent la nature positive de la synthèse finale. Enfin, la dernière fournit le moyen d'instituer dans tous ses détails la hiérarchie des lois abstraites, l'échelle des existences, et même, à un certain degré, celle des êtres correspondants. Subjectivement envisagée, elle offre le principe de la filiation réelle de nos conceptions abstraites, tandis qu'objectivement considérée, elle permet le classement des phénomènes. Elle établit donc une corrélation véritable, une harmonie profonde entre nos observations et nos conceptions, entre la raison concrète et la raison abstraite, qui permet d'instituer une systématisation universelle.

En résumé, toute synthèse objective ou extérieure est impossible, vu l'irréductibilité respective des êtres, des phénomènes et des lois : il n'y a de réalisable qu'une synthèse subjective, qu'une coordination générale des existences entre elles, par rapport à la plus élevée de toutes, l'existence sociale, qu'une systématisation du monde et de l'homme par rapport à l'Humanité, qui contemple l'ordre universel, l'institue et l'explique, afin de l'améliorer. Cette existence suprême, dévoilée par la sociologie, est donc le principe subjectif de la systématisation positive, comme le terme objectif de l'investigation scientifique. C'est pourquoi nous devons résumer ses principaux caractères, avant d'exposer dans sa constitution intime la hiérarchie fondamentale des sciences abstraites ou le dogme de la religion démontrée.

La notion de l'Humanité, spontanément ébauchée par la concordance de trois aperçus isolés respectivement dus à Pascal, Leibnitz et Condorcet, et qui spécifient successivement la convergence des efforts du passé, la dépendance de l'avenir envers le passé, enfin l'unité des contemporains, fut systématiquement instituée par le fondateur du positivisme, d'après sa découverte fondamentale des lois de l'évolution sociale. Il définit d'abord l'Humanité, l'ensemble des êtres humains, passés, futurs et présents, ce qui établit l'unité, l'éternité, et l'immensité relatives de ce grand organisme. Mais le mot ensemble annonce que l'Humanité ne comprend pas indistinctement tous les hommes, et seulement ceux qui peuvent figurer dans une telle progression, d'après leur coopération réelle à l'existence commune. Bien que tous naissent enfants de l'Humanité, tous ne deviennent point ses serviteurs, un trop grand nombre restant toujours à l'état de parasites ou même d'ennemis : ce sont les oisifs, honte et fardeau de notre espèce, et qui n'en font réellement pas partie ; ce sont les réfractaires à toute civilisation, les criminels, les duellistes, les suicidés. Au contraire, il faut adjoindre les espèces animales sociables qui rendent à l'homme des services volontaires, dont il ne saurait véritablement se passer ; car toute libre coopération habituelle à l'accomplissement des destinées humaines érige l'être correspondant en élément réel de cette existence composée, et lui donne un degré d'importance proportionné à la dignité de son espèce et à sa propre efficacité. C'est pourquoi Auguste Comte a finalement défini l'Humanité : *l'ensemble continu des êtres convergents.*

Il faut considérer ce vaste organisme comme doué d'une activité spontanée, entretenue seulement et limitée par l'action du monde extérieur, mais n'en résultant aucunement, et s'exerçant d'après des lois qui lui sont propres. L'Humanité vit et se développe par elle-même, sans autre influence que celle du milieu qui l'entoure et des lois qui lui sont particulières ; la nature de son évolution, toujours naturelle et spontanée, dépend essentiellement de son organisation, de son mode de vitalité. Le Grand-Être d'une part, et d'autre part la terre, qui lui sert de théâtre, avec l'espace où elle se meut, tels sont les seuls objets réels accessibles à notre savoir, et qui ne laissent place à aucune intervention extérieure, surnaturelle ou divine.

L'élément constitutif de ce grand organisme est la famille, l'homme isolé ne représentant qu'un animal, ou une abstraction irrationnelle dont l'Humanité ne saurait résulter. Elle ne peut provenir que d'êtres homogènes, collectifs par conséquent, et dont la famille forme le type le plus simple et le plus intime. C'est la réunion des familles qui engendre successivement la cité, la patrie, et plus tard l'Humanité. Dans l'association civique, type collectif plus élevé que l'élément domestique, les classes représentent les divers organes qui exécutent les fonctions nécessaires à la conservation et au développement du Grand-Être ; mais ce n'est que par l'association religieuse, par l'Église, qu'il peut arriver à une complète unité. Alors les plus hautes fonctions de l'Humanité assurent une harmonie qui n'était jusque-là déterminée que par le concours actif nécessaire à la satisfaction de besoins moins élevés.

Quand on cherche à se représenter l'Humanité, l'attention se porte d'abord sur ses organes actuels, sur le concours des générations présentes, sur la solidarité, en un mot, bien plus que sur la continuité. Cependant, celle-ci est naturellement prépondérante, car l'essor social ne tarde guère à dépendre davantage des services accumulés dans le temps, par les générations successives, que des efforts exercés dans l'espace, par les familles coexistantes. Quiconque réfléchit sur ce qu'il doit aux autres, peut se convaincre aisément qu'il a plus reçu de ses prédécesseurs que de ses contemporains. Il en résulte que la vraie sociabilité, c'est-à-dire l'état de coopération efficace et permanente à l'amélioration de la situation humaine, consiste plus dans la continuité que dans la solidarité, et que la série des ancêtres l'emporte de plus en plus, à ce point de vue, sur la masse des contemporains. D'où cette loi fondamentale de l'ordre humain : *les vivants sont de plus en plus gouvernés par les morts, qui représentent la meilleure portion de l'Humanité.*

Chaque vrai serviteur du Grand-Être présente, en effet, deux existences successives, l'une qui constitue la vie proprement dite, est temporaire, mais directe; l'autre, qui ne commence qu'après la mort, est permanente et indirecte. La première étant nécessairement corporelle, peut être qualifiée d'*objective,* tandis que la seconde, provenant des résultats accomplis pendant la vie réelle, et ne s'exerçant directement, par le souvenir ou la tradition, que dans l'esprit ou le cœur des survivants, pour modifier indirectement leur activité, mérite le nom de *subjective.* Elle constitue la seule immortalité réelle de l'homme, sa perpétuité relative étant proportionnée à l'importance des services qu'il a rendus et à la grandeur des souvenirs qu'il a laissés. Ainsi, la vie objective ou corporelle d'Homère, d'Aristote, d'Archimède, de saint Paul, de Charlemagne, de Dante, etc., fut limitée à un point bien restreint de l'espace et du temps, tandis que leur vie subjective, incorporelle et permanente, s'étend indéfiniment dans ces deux sens, d'après l'influence croissante de leurs œuvres et de leurs actions, et constitue une immortalité aussi réelle qu'immatérielle. Telle est la noble perpétuité, exclusivement subjective, que le positivisme reconnaît à l'âme humaine, c'est-à-dire à l'ensemble des facultés morales, intellectuelles et pratiques qui caractérisent chaque serviteur de l'Humanité. De là aussi le but de notre vie, sa règle et sa destination normales, qui consistent à vivre d'abord objectivement pour autrui, afin de vivre ensuite subjectivement dans autrui et par autrui.

La population humaine se compose donc, en réalité, de deux masses distinctes et nécessaires, dont la proportion varie sans cesse, d'après la prépondérance croissante des morts sur les vivants. Dès lors, si dans toute opération réelle l'action et le résultat dépendent nécessairement de l'élément objectif, ou des vivants, l'impulsion, la règle et les moyens émanent surtout de l'élément subjectif de cette population, ou des morts. Ainsi, dans notre temps, la substitution du régime positif au régime théologico-militaire éliminé, doit résulter, quant à son institution définitive, des efforts de l'élite occidentale actuelle, tandis que l'impulsion, la direction et les moyens d'une telle transformation proviennent des prédécesseurs théoriques et pratiques qui l'ont graduellement préparée. La succession sociale, ou la vie de l'Humanité, doit donc se comprendre de la manière suivante : Les contemporains (le public, ou la population objective), libéralement dotés par les prédécesseurs (la priorité, ou premier élément de la population subjective), transmettent gratuitement aux successeurs (la postérité, ou second élément de la population subjective) l'ensemble du domaine humain : les accumulations matérielles, les acquisitions intellectuelles et morales, les institutions politiques, sociales et religieuses, etc., mais en ajoutant de moins en moins, en proportion de ce qu'ils reçoivent. Tel est le caractère le plus général de l'existence sociale, d'où le devoir permanent, pour les vivants, de rendre à l'Humanité tout ce qu'ils peuvent, ce qui n'équivaut jamais qu'à une infime portion de ce qu'ils ont reçu.

Mais quoique l'Humanité constitue toujours envers un serviteur isolé, envers l'homme actif, le principal moteur d'une opération quelconque, physique, intellectuelle ou morale, elle ne peut cependant jamais agir que par des organes individuels. C'est pourquoi les vivants, malgré leur subordination croissante envers les morts, restent indispensables à leur action. Or, en analysant cette participation collective du public à l'élaboration sociale, on la voit résulter définitivement d'un libre concours entre des efforts purement individuels. De sorte que, finalement, le développement et même la conservation du Grand-Être, dépendent des libres services de l'ensemble de ses enfants, quoique l'inaction de chacun d'eux, considéré isolément, soit ordinairement susceptible de compensation.

La solidarité est donc, avec la continuité, mais moins qu'elle, la condition fondamentale de l'existence et du développement de l'Humanité. Que la continuité vienne à se rompre, et le Grand-Être n'existe plus; que la solidarité s'affaiblisse, et son évolution s'arrête, ses progrès et sa conservation même sont menacés. On sent dès lors toute l'importance du maintien de ces deux états pour assurer la perpétuité de la grande existence. On sent toute l'importance de l'harmonie publique et de la coopération individuelle, la nécessité du respect du passé, puisque la cessation du concours et la rupture de la filiation pourraient détruire le Grand-Être indispensable à chacun de nous. Toujours fondée sur une libre association de volontés indépendantes, son existence composée tend à se dissoudre dès que la discorde s'établit entre ses organes objectifs ou directs, c'est-à-dire entre les vivants. Cette nécessité fondamentale de l'harmonie sociale, consacre donc essentiellement la prépondérance universelle et continue du cœur sur l'intelligence et l'activité, de la sociabilité sur la personnalité, de la vénération sur l'orgueil et l'insubordination, et présente l'amour comme la condition première de sa permanence et de son perfectionnement.

En résumé, l'Humanité est un être bien réel, dont la nature composée fit longtemps méconnaître l'existence, aujourd'hui scientifiquement établie : c'est le seul vrai Grand-Être, le seul véritable Être suprême ! immense, puisqu'il couvre le monde, éternel, puisqu'il embrasse à la fois le passé, l'avenir et le présent, tout-puissant, parce qu'aucune action intelligente ne peut se comparer à la sienne. C'est de l'Humanité surtout que dépendent nos destinées : c'est elle qui nous protège contre les fatalités extérieures ou intérieures, qui nous défend contre le mal physique, qui nous fortifie contre le mal moral. C'est elle qui diminue pour nous le poids des imperfections naturelles et qui en adoucit l'amertume; c'est elle dont l'action tutélaire, seule providence de notre Terre, nous éleva graduellement des misères de l'animalité aux charmes et à la grandeur de la vie sociale. En elle est notre appui, en elle est notre force, en elle est notre consolation, notre espérance, notre dignité ! Elle est la raison de notre devoir, la condition de notre bonheur; et le salut du monde dépend, à cette heure, de sa reconnaissance et de son avènement immédiats, c'est-à-dire de ce qu'elle soit enfin, par tous les hommes, en Occident d'abord, puis en Orient et sur le reste de la Terre, connue, aimée, servie et glorifiée !

III. — INSTITUTION DE LA SÉRIE ENCYCLOPÉDIQUE, SYSTÈME UNIVERSEL DES SCIENCES ABSTRAITES OU DOGME DE LA RELIGION DE L'HUMANITÉ.

Après avoir expliqué la nature abstraite de la synthèse positive et le caractère subjectif de son principe essentiel, nous devons rappeler comment il sert à instituer la systématisation de nos opinions réelles sur l'ordre universel, social, vital et cosmologique, c'est-à-dire exposer la construction de l'édifice abstrait, qui constitue le dogme positif.

Cette vaste coordination, qui a pour but définitif et pour règle permanente la connaissance systématique de l'Humanité, n'élabore et ne perfectionne la science universelle que pour développer davantage la notion, le service et le culte du Grand-Être qu'elle regarde comme l'objet prépondérant de notre amour et de notre foi. En un mot, elle ne constate l'ordre général, résumé par cet Être-suprême, que pour déterminer la nature et l'étendue des relations ou des devoirs qui nous rattachent à lui. C'est pourquoi la systématisation positive place la *morale* en tête de la hiérarchie des sciences abstraites qui constituent le dogme de la religion démontrée. Cet science qui, dans sa partie théorique, institue la connaissance systématique de la nature humaine, tandis que dans sa partie pratique elle formule les règles destinées à la perfectionner, les préceptes de l'art humain, cette science, dis-je, est à la fois la plus complète, la plus compliquée et la plus directement utile de toutes celles qui composent la série fondamentale des connaissances humaines. Outre les éléments des autres sciences qui influent sur sa constitution, et s'incorporent à son objet, elle considère, en effet, les réactions intimes du moral et du physique de l'homme, écartées en sociologie comme trop spéciales et trop indirectes. Par exemple, en étudiant la loi d'évolution de l'activité humaine, on ne tient aucun compte des réactions morales, qui deviennent prépondérantes si, au lieu du cas sociologique, on passe à une question de morale individuelle.

Mais le positivisme ne recherchant jamais que la loi, pour mieux diriger une activité essentiellement sociale, fait reposer la science morale sur l'étude de l'existence collective, ce qui implique la nécessité de connaître la société avant d'étudier l'individu qui doit la servir, ou de posséder la *sociologie* avant d'aborder la morale. De même, l'étude systématique de la science sociale suppose la connaissance des lois vitales; car les peuples sont des êtres vivants, et si les conditions essentielles de la vitalité venaient à changer, les phénomènes sociaux en seraient profondément modifiés. La sociologie suppose donc et institue au-dessous d'elle la *biologie*. Or, tous les êtres vivants sont des corps, et, comme tels, ils sont soumis aux lois les plus générales de l'ordre matériel, sans que leur spontanéité en soit annulée; d'où la subordination de la biologie envers la *cosmologie* qui étudie la planète humaine sous l'aspect physique, et comme théâtre des plus hautes fonctions vitales, sociales et morales.

Voilà comment la notion systématique de l'Humanité permet d'instituer subjectivement, c'est-à-dire par rapport à elle-même, les degrés fondamentaux du savoir réel, la coordination générale de nos conceptions sur l'ordre universel, d'abord humain, puis vital et cosmologique. Les termes successifs de cette hiérarchie essentielle sont, d'après leurs connexions décroissantes avec le principe qui l'institue, d'après leurs rapports de moins en moins directs avec l'étude de l'Humanité : la morale, la sociologie ou science sociale, la biologie ou science de la vie, enfin la cosmologie, qui comprend la chimie, la physique, l'astronomie et la mathématique. Cette échelle spéculative permet, du reste, une autre marche, et peut conduire, par une ascension également systématique, de la mathématique à la morale. On peut donc descendre ou monter ses degrés successifs, suivant qu'on se place au point de vue subjectif ou objectif, à celui de l'Humanité ou à celui du Monde, c'est-à-dire selon qu'on rapporte la série fondamentale à nos conceptions, à nos constructions abstraites, ou bien aux phénomènes qui leur servent de base. De plus, la complication des événements qui sont l'objet de ces constructions, correspondant à celle des êtres où on les étudie, la hiérarchie théorique coïncide avec celle de ces êtres eux-mêmes, ou tout au moins avec celle des propriétés qu'ils manifestent, c'est-à-dire des existences. Ainsi, la filiation logique des conceptions positives, d'après leur degré de généralité décroissante et de complication croissante, correspond parfaitement à la série des divers degrés de l'existence réelle, d'abord physique, puis vitale et sociale, et même à celle des êtres où elle est observée, puisque les phénomènes les plus compliqués sont partout subordonnés aux plus simples, et que chaque existence particulière peut être étudiée chez des êtres distincts, de moins en moins généraux et indépendants, à mesure qu'ils sont plus développés et plus élevés. Par exemple, l'existence mathématique, quoique universelle, peut être considérée surtout dans les astres qui ne nous présentent que cette manière d'être. L'existence physique, bien que propre à tous les corps terrestres, s'offre seule, avec l'existence mathématique, chez ceux que nous appelons inorganiques ; l'existence biologique, dont sont doués tous les êtres vivants, est la plus élevée que le plus grand nombre d'entre eux présente ; enfin l'existence sociale, plus compliquée que les précédentes, est le degré de vie le plus développé qu'offrent les peuples, à peu près exclusivement ; tandis que l'existence morale, qui renferme un élément de plus que toutes celles préalablement envisagées, ne se rencontre réellement que chez les individus humains. La hiérarchie théorique comporte donc véritablement un double aspect, et concerne également nos conceptions et les existences qu'elles considèrent, de manière à démontrer pleinement l'harmonie réelle qui existe entre le monde et l'homme, entre l'objet et le sujet.

Que l'on monte ou que l'on descende cette vaste échelle, la morale apparaît toujours comme la science par excellence, la plus élevée, la plus complète, et qui rattache directement, par sa destination principale (qui est d'améliorer l'agent humain), l'ensemble de nos connaissances réelles, au principe essentiel de leur coordination. C'est ce point de vue moral, cette prépondérance générale et permanente de la science qui lui correspond, qui introduit dans le nouveau domaine théorique la discipline et l'unité nécessaires à sa constitution, en prescrivant de restreindre chaque phase encyclopédique au développement qu'exige l'institution du degré suivant, et réservant au génie pratique toutes les études de détail indispensables à l'action concrète. Chacun des deux procédés spéculatifs (objectif et subjectif) que nous venons d'indiquer, offre en effet des inconvénients que doit écarter leur direction systématique : le danger de la marche ascendante, ou objective, consiste précisément dans la spécialité dispersive inhérente au caractère analytique qu'elle possède, surtout à son début, et qui mène à l'athéisme, au matérialisme, à la sécheresse du cœur et à l'orgueil. C'est pourquoi la prépondérance du but social et moral doit être sans cesse rappelée et maintenue dans un tel mode d'investigation. Au contraire, la science morale, d'après sa position encyclopédique, ne se trouvant guidée et limitée par aucune autre science préalable, serait exposée à des divagations arbitraires et au mysticisme, si elle n'était directement réglée et contenue par sa relation immédiate avec la conception coordinatrice, c'est-à-dire avec la notion du Grand-Être dont elle doit assurer le service continu. Tel est, sous l'aspect moral, le principal attribut de la hiérarchie encyclopédique, toujours dominée par le point de vue social.

Sous l'aspect logique, celui de la méthode, elle indique la marche nécessaire de l'éducation théorique, et l'essor graduel du vrai raisonnement, qui doit s'exercer toujours sur des objets réels et qui développe successivement, en mathématique, l'aptitude déductive, en physique, l'induction, d'après l'observation et l'expérimentation, la nomenclature en chimie, la comparaison en biologie, et la filiation en sociologie. L'ensemble de ces divers procédés intellectuels compose la méthode objective, comme la combinaison de la logique des sentiments, des images et des signes constitue la méthode subjective ; et de ces deux méthodes générales, respectivement affectées à l'analyse et à la synthèse, résulte la logique positive, instrument complet, seul propre à instituer, maintenir et perfectionner la systématisation universelle. Enfin, la marche rationnelle de l'initiation positive est naturellement tracée par ce double classement de nos conceptions et de nos observations, et doit se faire d'après leur degré de généralité décroissante et de complication croissante, ce qui prépare et fortifie le sujet à mesure que l'objet se développe et présente plus de difficulté.

Sous l'aspect scientifique, celui de la doctrine, la série encyclopédique représente l'ensemble de l'ordre universel, où chaque degré se superpose au précédent d'après cette loi objective, seule véritablement générale, que les plus nobles phénomènes sont partout subordonnés aux plus grossiers, mais sans jamais en résulter cependant. Tout en restant impuissante à constituer l'unité extérieure vainement poursuivie depuis Thalès jusqu'à Descartes, et dont le positivisme démontre l'impossibilité comme l'inanité, cette grande loi établit donc entre nos doctrines abstraites un lien objectif inséparable de leur coordination subjective, ce qui conserve intact le caractère purement logique de la synthèse positive, tout en faisant ressortir, en ce qui la concerne, la suffisante harmonie du concret et de l'abstrait, des lois physiques et des lois logiques, qui doit caractériser l'état normal de la raison humaine.

Ajoutons, pour terminer ce qui a rapport aux propriétés générales de la hiérarchie des sciences abstraites, qu'au point de vue pratique elle montre l'ordre réel comme étant de plus en plus modifiable à mesure qu'il présente des phénomènes plus compliqués. D'où il résulte que l'art moral, qui a pour objet les phénomènes les plus complexes, est aussi celui qui peut le plus modifier. En même temps, l'échelle théorique fournit le principe de la subordination encyclopédique des *arts*, qui coïncide essentiellement avec celle des sciences.

Après avoir ainsi caractérisé la nature abstraite du dogme positif, nous devons indiquer, avant d'apprécier la hiérarchie scientifique qui le constitue et qui ne représente, dans ce vaste système, que la *philosophie seconde,* les principes universels sur lesquels il repose, et qui, avec l'ensemble des considérations qui précèdent, forment la *philosophie première*.

Celle-ci résulte principalement des quinze grandes lois naturelles et fondamentales dont nous donnons ci-contre le tableau abstrait (*A*), *complètement indépendantes de la nature des phénomènes*, qu'elles tiennent tous, au contraire, et sans aucune exception, sous leur influence directe, ce qui leur permet de recevoir la dénomination de lois universelles.

De ces lois, les unes sont essentiellement *subjectives*, c'est-à-dire qu'elles se rapportent à l'homme, au *sujet*, au travail intérieur qui se passe dans son cerveau, au processus de son entendement surtout, quelles que puissent être, d'ailleurs, les questions considérées. Les autres sont principalement *objectives*, c'est-à-dire qu'elles se rapportent aux phénomènes extérieurs avant tout, au monde, à l'*objet*, quoiqu'elles dominent et affectent aussi le cerveau et ses fonctions, y compris celles de l'esprit.

Tout cela constitue assurément une portion considérable du vrai,

(A) TABLEAU DES QUINZE GRANDES LOIS
DE PHILOSOPHIE PREMIÈRE
OU PRINCIPES UNIVERSELS SUR LESQUELS REPOSE LE DOGME POSITIF

PREMIER GROUPE, *autant objectif que subjectif.*

1º Former l'hypothèse la plus simple et la plus sympathique que comporte l'ensemble des renseignements à représenter (1) ;

2º Concevoir comme immuables les lois quelconques qui régissent les êtres d'après les événements (2) ;

3º Les modifications quelconques de l'ordre universel sont bornées à l'intensité des phénomènes dont l'arrangement demeure inaltérable (3).

DEUXIÈME GROUPE, *essentiellement subjectif et surtout relatif à l'entendement.*

Premier sous-groupe, *relatif à l'état statique de l'entendement.*

1º Subordonner les constructions subjectives aux matériaux objectifs (4) ;

2º Les images intérieures sont toujours moins vives et moins nettes que les impressions extérieures (5) ;

3º Toute image normale doit être prépondérante sur celles que l'agitation cérébrale fait simultanément surgir (6).

Deuxième sous-groupe, *relatif à l'essor dynamique de l'entendement.*

1º Chaque entendement présente la succession de trois états : fictif, abstrait et positif, envers les conceptions quelconques, avec une vitesse proportionnée à la généralité des phénomènes correspondants (7) ;

2º L'activité est d'abord conquérante, puis défensive et enfin industrielle (8) ;

3º La sociabilité est d'abord domestique, puis civique, et enfin universelle, suivant la nature propre à chacun des trois instincts sympathiques (9).

TROISIÈME GROUPE, *essentiellement objectif.*

Premier sous-groupe

1º Tout état statique ou dynamique tend à persister spontanément, sans aucune altération, en résistant aux perturbations extérieures (KEPLER) (10) ;

2º Un système quelconque maintient sa constitution, active ou passive, quand ses éléments éprouvent des mutations simultanées, pourvu qu'elles soient exactement communes (GALILÉE) (11) ;

3º Il y a toujours équivalence entre la réaction et l'action, si leur intensité est mesurée conformément à la nature de chaque conflit (HUYGHENS, NEWTON) (12).

Deuxième sous-groupe

1º Subordonner toujours la théorie du mouvement à celle de l'existence, en concevant tout progrès comme le développement de l'ordre correspondant, dont les conditions quelconques régissent les mutations, qui constituent l'évolution (13) ;

2º Tout classement positif doit procéder d'après la généralité croissante ou décroissante, tant subjective qu'objective (14) ;

3º Tout intermédiaire doit être normalement subordonné aux deux extrêmes, dont il opère la liaison (15).

AUGUSTE COMTE, *Politique positive,* tome IV.

de la réalité, de l'explication positive du monde et de l'homme, objet et sujet, et doit être enseigné avant toutes choses. C'est le pont aux ânes de l'initiation théorique ; ceux qui ne sauront le passer courront grand risque de ne pouvoir s'assimiler le reste du domaine intellectuel.

La philosophie première comprend donc les spéculations les plus générales et les plus abstraites auxquelles l'esprit humain puisse s'élever et elle leur donne le caractère scientifique le plus rigoureux ; elle leur prête également une portée sociale. Par elle, non seulement elles deviennent précises, certaines, réelles, mais elles acquièrent aussi une utilité pratique qui, jusqu'ici, leur avait été déniée. Ainsi, la connaissance des opérations intellectuelles normales, ou des conditions statiques et dynamiques de l'entendement, conduit à la théorie positive de la folie et de la responsabilité ; la pédagogie, la médecine, le droit civil et criminel y trouvent des principes pour les éclairer et une base solide d'action. De même la théorie de l'évolution sociale, celle de la conciliation, de l'arrêt et du progrès dans la vie publique fournissent à l'homme politique une direction générale assurée et des lumières précieuses. Enfin, de la philosophie première résultent pareillement la nécessité et la possibilité de l'établissement d'une réglementation, morale, cela va sans dire, volontaire et jamais coercitive, du travail intellectuel, des forces mentales, par la connaissance de sa destination suprême : le service de notre espèce ou de l'Humanité (1).

Après cet exposé sommaire des principes logiques et scientifiques qui concourent à la formation de la série fondamentale des sciences abstraites, à la construction du dogme positif, il convient de présenter rapidement les aspects essentiels de cette immense systématisation ou de la *philosophie seconde*, afin de donner de la foi démontrable une idée suffisante, quoique générale. Pour cela, nous suivrons la marche objective, analytique, où l'esprit s'élève, par une ascension continue, des choses les plus simples aux plus compliquées.

Dans ce cas, la *mathématique*, parce qu'elle étudie l'existence la plus simple, constitue le premier degré de la science universelle. Elle repose, en effet, sur la notion la plus abstraite qu'il nous soit possible de retirer de l'observation des êtres et des phénomènes, celle de nombre, qui, de toutes les idées positives, est certainement

---

(1) Voir à nos pièces justificatives n° 1, le Programme du Cours de Philosophie première professé par M. Laffitte.

Cette grande construction théorique a été effectuée conformément aux indications du *Système de Politique*, t. IV, c. III, p. 173 à 181.

la plus générale et la plus simple. L'étude mathématique ne suppose donc aucune autre science, elle ne dépend d'aucune investigation abstraite plus élémentaire, et par conséquent préliminaire ; elle aborde directement le domaine réel. Par la connaissance des lois de l'*étendue* et du *mouvement*, qui constituent avec celles des *nombres* le domaine naturel de ses recherches, et qui sont successivement moins générales et plus compliquées, d'après l'élévation de leur objet respectif, la mathématique institue la notion positive de l'existence universelle dans son degré le plus élémentaire, celui que tous les êtres possèdent nécessairement, que quelques-uns offrent seul, et en dehors duquel rien ne peut se manifester à nous. Tout ce qui ne comporte pas la simple appréciation du nombre, de l'étendue et du mouvement, *n'existe que dans l'entendement humain*. Voilà comment la loi du classement objectif des phénomènes d'après leur généralité décroissante et leur complication croissante, établit la mathématique comme terme fondamental de la hiérarchie scientifique, en même temps qu'elle détermine sa coordination intérieure d'après l'étude distincte et successive du calcul (arithmétique et algébrique), de la géométrie et de la mécanique, correspondant au nombre, à l'étendue et au mouvement, qui forment leur objet respectif.

L'existence physique étant moins élémentaire et moins universelle que la précédente, mais plus simple et plus générale que l'existence biologique, et surtout que l'existence sociale, son étude est nécessairement intermédiaire entre la mathématique et les autres degrés de l'ordre universel. C'est pourquoi les sciences qui ont sa connaissance pour objet précèdent l'étude systématique de l'ordre vital. Elles ont pour but commun l'investigation de la planète qui sert de théâtre à l'existence vitale et sociale, et se partagent ce domaine d'après ses différents degrés de complication. Par exemple, l'astronomie n'étudie la Terre que sous son aspect le plus général et le plus simple, c'est-à-dire dans ses relations géométrico-mécaniques avec le milieu céleste, tandis que la physique proprement dite et la chimie la considèrent en elle-même, et y recherchent des propriétés de plus en plus spéciales. Ainsi se trouve constitué l'édifice complet de la cosmologie, par la superposition graduée de l'astronomie à la mathématique, de la physique à l'astronomie, et de la chimie à la physique.

L'*astronomie*, en tant que consistant essentiellement dans la connaissance du double mouvement de la Terre et dans celle de la gravitation planétaire, vient immédiatement après la mathématique. Elle s'unit à cette science par sa base mécanique, et reçoit d'elle son véritable essor, puisque, sans l'assistance continue du calcul, de la géométrie et de la dynamique, elle ne pourrait faire aucun pas. A ce point de vue, elle n'est, en quelque sorte, que l'application de la science préliminaire à l'étude d'êtres qui ne comportent réellement que la triple appréciation du nombre, de l'étendue et du mouvement, à savoir les astres. Cependant, outre qu'elle aborde directement l'étude de l'ordre matériel, l'astronomie donne déjà plus d'importance au raisonnement inductif, qui était à peine sensible en mathématique, où la déduction est presque exclusivement employée.

Quant à la *physique*, qui se lie à l'astronomie par l'étude de la pesanteur, ou gravitation terrestre, laquelle n'est qu'une extension de la gravitation planétaire, elle a pour objet des phénomènes évidemment plus compliqués et moins généraux, puisqu'en astronomie on n'étudie que la gravitation considérée dans les cas célestes, en négligeant les considérations qui font l'objet des investigations de la physique, savoir : les effets de la pesanteur à la surface de la terre, la chaleur, l'électricité, le magnétisme, la lumière, le son, etc. Au contraire, son domaine est moins spécial que celui de la chimie qui, au lieu de considérer les propriétés extérieures de la matière, procède à son analyse intime, à la recherche de sa composition moléculaire, et consiste essentiellement dans la découverte des relations constantes qu'affectent entre eux les phénomènes de combinaison et de décomposition.

Au point de vue logique, l'accroissement n'est pas moins évident : la mathématique a surtout développé le raisonnement déductif, qui permet l'essor astronomique, d'après une base inductive encore très faible ; mais en physique l'induction reçoit un plein développement, et cette science, tout en se servant de l'instrument déductif, fonde en outre l'expérimentation.

La chimie n'ajoute à l'appareil logique qu'un procédé secondaire, la nomenclature ; mais son importance est surtout scientifique, puisqu'elle permet de concevoir l'économie fondamentale de la nature en constatant chez tous les êtres réels, vivants ou inertes, organiques ou inorganiques, l'identité finale de composition matérielle.

De cette homogénéité de substance, et de l'étude de la composition matérielle, résulte le lien qui unit, par l'intermédiaire de la chimie, la cosmologie à la biologie, ou l'étude de la matérialité à celle de la vitalité, la nature morte au monde vivant. La base essentielle de l'étude des êtres vivants, c'est-à-dire l'ensemble des lois relatives à la vie végétative, repose, en effet, sur la connaissance des phénomènes chimiques ; et la subordination des fonctions de l'animalité proprement dite (zoologie), envers celles de la végétalité fondamentale (botanique), achève d'établir la coordination des objets de la science biologique, d'après leur complication croissante et leur généralité décroissante.

En outre, la biologie qui, scientifiquement, constitue l'intermédiaire indispensable pour lier la cosmologie à la sociologie, l'ordre extérieur à l'ordre humain, d'après la considération des phénomènes inférieurs de la nutrition et des faits les plus élevés de la vie intellectuelle et affective, enrichit la logique positive d'un procédé très important, la comparaison. De plus, elle accomplit une élaboration véritablement décisive par l'institution de la série animale, qui permet de relier entre eux tous les êtres vivants, depuis les plus infimes jusqu'à l'homme, qui est le type suprême de l'étude biologique. Cette immense hiérarchie ne peut, du reste, être que subjective, et ne comporte pas une pleine réalité extérieure, puisque, sans parler d'autres obstacles, la fixité des espèces démontre l'impossibilité de former une série objective des êtres vivants, procédant les uns des autres sans aucune interruption. Or, comme leur connaissance réelle exige leur classement suffisant, la méthode lève seule cette difficulté, en établissant la nécessité logique et le caractère subjectif d'une telle construction, ce qui permet en même temps de l'effectuer par soustraction des types rebelles, et par addition hypothétique des termes qui manquent (1). C'est ainsi que la biologie, philosophiquement cultivée, établit une transition graduelle entre le monde extérieur et l'Humanité, entre la *science profane*, qui comprend la cosmologie ou l'étude de la Terre, et la *science sacrée*, qui embrasse l'existence sociale et morale avec les lois de la vitalité pour préambule.

---

(1) On trouvera à nos *Pièces* justificatives, n° 4, le programme d'un *Cours de Biologie*, rédigé par M. Pierre Laffitte, d'après le plan qu'Auguste Comte a donné dans le 4° volume de son *Système de politique positive* (chapitre troisième), pour l'enseignement systématique de cette science.

Voici le plan du maître :

INTRODUCTION
Biologie statique

Chapitre 1er. — Anatomie ou biotomie.
Chapitre 2e. — Biotaxie.

Biologie dynamique.

Chapitre 3° — Vie végétative.
Chapitre 4° — Vie animale.
Chapitre 5° — Lois de l'hérédité.
Chapitre 6e — Relations entre l'organisme et le milieu.
Chapitre 7e — Lois de la modificabilité.
Conclusion synthétique.

Ce *Traité de Biologie* est le cinquième des sept ouvrages systématiques, chacun d'un seul volume, dont Auguste Comte a laissé le plan, pour constituer la Philosophie seconde ou l'Encyclopédie des sciences abstraites.

Quant à la *sociologie*, elle se trouve subordonnée à la biologie par la nature même des êtres qu'elle considère, à savoir les peuples, dont la vitalité et les nécessités animales dépendent intimement des lois communes à tous les êtres vivants. Elle reçoit donc, par cet intermédiaire, tout le poids des lois de l'ordre extérieur, et dépend par là, scientifiquement et logiquement, de toutes les sciences qui la précèdent, tout comme les êtres qui manifestent l'existence sociale, sont subordonnés aux fatalités biologiques et cosmologiques.

La sociologie étudie l'existence sociale sous l'aspect intellectuel et pratique surtout, celui de l'activité. L'intelligence et l'activité sont, en effet, les éléments déterminants, les agents caractéristiques d'une telle existence, où l'influence du sentiment, quoique réelle, est trop indirecte pour être considérée comme efficiente. Outre que le sentiment ne produit pas, comme l'intelligence et l'activité, de résultats extérieurs capables de s'accumuler et de donner lieu à une succession appréciable, ses impulsions diverses, opposées chez les individus, se détruisent essentiellement envers les peuples, comme nous l'avons déjà remarqué : c'est pourquoi ses réactions intimes ne peuvent être convenablement appréciées que par rapport à l'homme, et non point dans la société ; c'est pourquoi la morale, qui les prend pour objet de ses spéculations, est une science encore plus compliquée et moins générale que la sociologie.

L'étude sociale, comme toute autre étude positive, se décompose en statique et dynamique, suivant qu'elle considère les conditions d'existence, la constitution fondamentale de la vie collective, ou bien l'évolution essentielle de ses principaux éléments.

Au point de vue statique, la sociologie considère le Grand-Être, l'Humanité, comme étant, à l'instar de tout homme quelconque, mais à un degré bien supérieur, poussé par le sentiment, éclairé par l'intelligence et soutenu par l'activité. D'où trois éléments fondamentaux de l'ordre social : le sexe affectif, ou les femmes ; la classe contemplative, ou le sacerdoce ; et la force pratique, ou les hommes actifs. Ce dernier élément constitue la base nécessaire de toute économie sociale : car les besoins permanents résultés de la constitution corporelle de ses agents directs, imposent à l'Humanité une recherche matérielle qui domine tout l'ensemble de son existence et qui devient le principal stimulant de l'intelligence ou de l'activité elle-même, puisqu'elle ne peut se développer réellement que par une coopération croissante, où les résultats, surtout matériels, dépendent plus du concours des générations successives que de celui des familles coexistantes. Cette nécessité pratique devient donc finalement la règle essentielle de la continuité et de la solidarité qui sont les plus décisifs comme les plus nobles des attributs du Grand-Être.

Pour concevoir assez la nature et la constitution de la force pratique, dont l'activité est nécessairement égoïste à l'origine, et que l'essor collectif parvient seul à rendre altruiste, il faut reconnaître sa décomposition habituelle en deux éléments principaux, le *patriciat*, aujourd'hui patronnat, et le *prolétariat*, qui exercent la grande fonction de l'entretien matériel, avec la personnalité et la sociabilité respectives qu'exige sa principale énergie. Le premier conserve et répartit les trésors matériels de l'Humanité, le second les prépare et les renouvelle perpétuellement.

Quant à la classe contemplative, elle a pour fonction normale de conserver, d'accroître et de transmettre les acquisitions intellectuelles. Son principal office est donc l'enseignement, par lequel elle s'efforce de systématiser les résultats de la raison abstraite, de manière à la tenir constamment en harmonie avec la raison concrète, expérimentale ou pratique, à laquelle elle doit servir de guide. C'est alors seulement que la science atteint sa véritable destination, qui est de fournir le prolongement systématique du bon sens vulgaire, et qu'il existe un accord suffisant entre la raison commune et la raison théorique.

Enfin, au sexe affectif revient nécessairement, d'après l'excellence et la supériorité spontanée de sa nature, l'influence morale. La femme est naturellement, surtout comme épouse et comme mère, l'institutrice de l'homme : elle suscite et développe son altruisme languissant, elle neutralise sans cesse, par sa douce influence affective, son égoïsme prépondérant, sa brutalité native.

La combinaison la plus générale des quatre éléments fondamentaux de l'ordre social que nous venons d'indiquer et que l'on peut classer ainsi, d'après leur dignité croissante et leur prépondérance décroissante, patriciat, prolétariat, sacerdoce et sexe affectif, consiste dans la réunion des trois derniers en un pouvoir modérateur dont les femmes représentent l'élément moral, le sacerdoce l'élément intellectuel, et le prolétariat l'élément actif, la puissance effective. Ce pouvoir général, qui n'est autre que l'opinion publique inspirée par la morale, systématisée par une foi commune et assistée par l'action populaire, a surtout pour destination de modifier sans cesse, d'adoucir, d'éclairer et de contre-balancer la puissance pratique, la force matérielle, résultées de la richesse et appartenant au patriciat. D'après cette combinaison des quatre éléments sociaux, l'existence collective normale consiste dans l'exploitation altruiste de la planète humaine par le double élément pratique, sous la direction de la sagesse sacerdotale et d'après l'inspiration féminine. Le patriciat, le prolétariat, le sacerdoce et le sexe aimant, associent leurs efforts pour accroître l'héritage matériel, intellectuel et moral qu'ils ont reçu du passé, afin de le transmettre religieusement, intact et augmenté, à la postérité. Dans cet état normal de civilisation et de sociabilité, leur action combinée substitue naturellement à la pourvoyance fictive du théologisme, la seule Providence réelle de notre Terre, celle de l'Humanité, à la fois matérielle, sociale, intellectuelle et morale, suivant qu'elle émane des patriciens, des prolétaires, des prêtres ou des femmes.

Enfin, l'analyse sociologique nous montre que les éléments fondamentaux de l'existence collective forment trois autres combinaisons essentielles, moins abstraites, dont la complication croissante prépare et assure la constitution normale de l'Humanité. La première de ces associations est la Famille, combinaison intime et élémentaire qui constitue le degré fondamental de l'existence sociale, où s'élaborent toutes les dispositions nécessaires à la vie publique. La seconde est la Cité, réunion politique suscitée par la nécessité du concours indispensable à l'exploitation matérielle et limitée par les conditions même d'une telle opération. Elle fournit, avec ses dépendances territoriales, le type réel de la Patrie, et constitue le deuxième degré de la vie collective. Enfin vient l'Église, l'association religieuse, seule susceptible d'universalité, puisqu'elle rattache par un lien spirituel général les agrégations secondaires et primaires résultées des nécessités civiques et domestiques.

A un point de vue plus précis et plus didactique, la sociologie statique comprend : la théorie positive de l'unité humaine ou théorie générale de la religion ; l'appréciation scientifique du problème social ou théorie positive de la propriété; celle de la famille ; celle du langage mimique, écrit et parlé, sans lequel toute société serait impossible ; la théorie de l'organisme social ou du gouvernement de l'espèce, temporel et spirituel, par la politique et la religion ; enfin, la conception positive des limites générales de variation propres à l'ordre humain (1).

Tel est l'ensemble des dispositions fondamentales de l'organisme social, ou des lois de l'ordre humain, révélées par l'étude statique de la sociologie. Voyons quelles sont, au point de vue dynamique, les principaux résultats de cette science, c'est-à-dire quelles sont les conditions du mouvement collectif, les lois du progrès humain, les

---

(1) Voir Auguste Comte, *Système de politique positive instituant la religion de l'Humanité*, Tome II, contenant la Statique sociale ou traité abstrait de l'ordre humain ; — et, pièce n° 5, le *Programme du cours de Sociologie* (Statique sociale), par M. Pierre Laffitte, d'après les indications laissées par Auguste Comte dans le Tome IV de la *Politique positive*, (c. III, Tableau général de l'existence théorique).

degrés essentiels de l'évolution qui caractérise les destinées successives du Grand-Être. Ces mutations fondamentales se résument, pour l'intelligence (qui est l'élément prépondérant d'une telle progression, comme pouvant seule reconnaître la marche qui convient à une situation donnée), dans son passage constant et universel par trois états successifs : théologique, métaphysique et positif ; et pour l'activité (second élément de l'action dynamique), dans sa progression, également permanente et générale, par trois degrés correspondants : la conquête, la défense et le travail. Quant au sentiment, il manifeste aussi une succession réelle, mais elle est indirecte, et résulte de la réaction de l'intelligence et de l'activité sur la sociabilité qui, sous leur influence, passe successivement par les phases domestique, civique et religieuse ou universelle. De sorte que la sociologie dynamique, la philosophie de l'histoire, nous présente le mouvement humain comme parti du fétichisme initial et spontané, seul universel, bientôt systématisé par la théocratie, pour aboutir à la sociocratie finale par l'intermédiaire théologico-métaphysique, essentiellement révolutionnaire et nécessairement transitoire. Une telle ascension confirme donc pleinement le principe le plus général de la sociologie positive : *le progrès n'est que le développement de l'ordre*, puisque cette immense évolution aboutit à développer chacun des éléments essentiels de l'état social pour assurer définitivement, dans le régime normal ou positif qui caractérise la maturité du Grand-Être, leur harmonie générale et leur complet avènement.

A un point de vue plus détaillé, la sociologie dynamique ou *Dynamique sociale* comprend : la théorie positive de l'évolution humaine ; lois du mouvement intellectuel, social et moral ; la théorie positive de l'âge fétichique de notre espèce ou appréciation du régime spontané de l'Humanité ; l'âge théocratique, théorie du polythéisme conservateur ; l'élaboration grecque, polythéisme intellectuel ; l'incorporation romaine, polythéisme social ; la transition catholique et féodale, monothéisme défensif ; la théorie positive de la Révolution occidentale ou du double mouvement moderne de décomposition et de recomposition sociale (1).

Quant à la *morale*, dont le but est de connaître la nature humaine, afin d'instituer son perfectionnement systématique, elle est naturellement la seule science complète, puisque seule elle n'écarte de son investigation aucun point de vue essentiel et qu'elle ne néglige aucun

---

(1) Voir Auguste Comte, *Système de politique positive*, Tome III, contenant la *Dynamique sociale* (Traité du progrès humain — Philosophie de l'histoire) ; et, à nos pièces justificatives, n° 5, le *Programme du cours de Sociologie* (Dynamique sociale), par M. Pierre Laffitte, d'après les indications laissées dans le Tome IV, c. III de la *Politique positive*.

ordre de phénomènes, comme le font nécessairement les sciences qui lui servent de base. Chacune d'elles, en effet, ne parvient à établir les lois qui la concernent qu'en écartant volontairement toutes les propriétés supérieures à son domaine particulier, où elle n'incorpore que les attributs inférieurs. « La cosmologie établit d'abord les lois de la
« simple matérialité ; puis la biologie construit sur cette base la
« théorie de la vitalité ; enfin la sociologie subordonne à ce double
« fondement l'étude propre de l'existence collective. Mais, quoique
« cette dernière science préliminaire soit nécessairement plus com-
« plète que les précédentes, elle n'embrasse point encore tout ce qui
« constitue la nature humaine, car nos principaux attributs ne s'y
« trouvent point assez appréciés. Elle considère essentiellement dans
« l'homme l'intelligence et l'activité, combinées avec toutes nos pro-
« priétés inférieures, mais sans être directement subordonnées aux
« sentiments qui les dominent. Ce développement collectif fait surtout
« ressortir notre essor théorique et pratique. Nos sentiments ne
« figurent en sociologie, même statique, que pour les impulsions
« qu'ils exercent sur la vie commune ou les modifications qu'ils en
« reçoivent. Leurs lois propres ne peuvent être convenablement étu-
« diées que par la morale, où elles acquièrent la prépondérance due
« à leur dignité supérieure dans l'ensemble de la nature humaine (1). »
C'est la plénitude synthétique de cette science finale, qui ne peut rester étrangère à aucun aspect du savoir réel, qui lui confère, dans le système des conceptions positives, la prépondérance nécessaire, et qui lui subordonne, dans l'ordre que nous avons indiqué, tous les différents domaines scientifiques.

Au point de vue objectif, la morale suppose également la sociologie, puisque l'homme, qui est l'objet de son étude, dépend intimement de l'Humanité, et qu'il est nécessairement moins général et plus compliqué que la société dont il fait partie. Les cas individuels sont beaucoup plus multipliés et beaucoup plus spéciaux, en effet, que les cas sociaux ; et d'ailleurs, la morale étudie des influences que la sociologie devait écarter comme trop peu actives, ou trop peu prononcées. Telles sont les réactions réciproques du physique et du moral, ainsi que leur influence immédiate sur l'intelligence, l'activité et la conduite individuelle.

La connaissance positive de la nature humaine, objet propre de la morale théorique, résulte de la systématisation convenable de la décomposition élémentaire que la sagesse vulgaire, contrairement à

---

(1) Auguste Comte, *Catéchisme positiviste*, pages 122-123.

l'action théologique, et surtout métaphysique, constata bientôt dans l'ensemble de l'existence individuelle, en y distinguant le sentiment, l'intelligence et l'activité, et en divisant d'une manière générale nos penchants, en personnels et sociaux, égoïstes ou altruistes. Tel est le domaine réel de la science morale, qui ne fait que développer et systématiser, suivant le véritable esprit scientifique, le fondement empirique toujours fourni par la méditation populaire. Cette systématisation finale, préparée par la théorie morale du véritable fondateur du catholicisme (saint Paul), et directement abordée de nos jours par le génie scientifique de Cabanis et surtout de Gall, fut définitivement constituée d'après l'effort synthétique du fondateur du positivisme, qui a enfin établi la théorie complète et réelle de la nature humaine.

Le tableau ci-contre (B, p. 46) résume cette fondation capitale, qui représente l'existence humaine comme s'exerçant sous l'impulsion du sentiment, éclairé par l'esprit et servi par l'activité. L'âme, c'est-à-dire l'ensemble des facultés affectives, mentales et pratiques ayant leur siège ou leurs organes respectifs dans le cerveau, est l'agent général de cette vitalité supérieure; elle est donc douée d'une activité propre, intellectuelle et morale, au moyen de laquelle elle réagit sans cesse contre les influences extérieures et contre les impressions intérieures qui la sollicitent. Cette réaction fondamentale s'opère suivant un double système de relations constantes existant entre le cerveau d'une part, le monde et le corps d'autre part. Le monde fournit à la fois à l'âme, par l'intermédiaire de ses organes intellectuels, l'aliment, le stimulant et le régulateur nécessaires à son activité extérieure, tandis que le corps, d'après la liaison nerveuse et vasculaire qui l'unit si intimement au cerveau, modifie sans cesse sa masse affective, avec laquelle seule il possède des rapports directs. Ainsi peuvent s'expliquer finalement les réactions les plus intimes et les plus secrètes que le physique de l'homme exerce sur son moral, et réciproquement, celles du moral sur le physique, l'influence du cerveau ou de l'âme sur le corps. La courte légende placée en tête du tableau suivant résume, du reste, suffisamment la théorie générale de ces relations essentielles, extérieures ou intérieures.

Le résultat principal d'une telle doctrine, au point de vue de la science morale, c'est qu'elle fait dépendre l'unité individuelle de la prépondérance habituelle du cœur ou des facultés affectives, sentiments et passions, sur l'esprit et le caractère, et surtout de l'altruisme ou de la bienveillance sur l'égoïsme et la personnalité. En effet, outre que l'intelligence et l'activité, par leur faiblesse relative, d'après leur intermittence naturelle, sont impropres à fonder une telle unité, puis-

ŒUVRE D'AUGUSTE COMTE

TABLEAU SYSTEMATIQUE DE L'AME
PAR LE FONDATEUR DU POSITIVISME

AVIS. — L'ensemble de ces dix-huit organes cérébraux constitue l'appareil nerveux central qui, d'une part, coordonne la vie de relation, en liant ses deux sortes de fonctions extérieures. Sa région spéculative communique directement avec les nerfs sensitifs, et sa région active avec les nerfs moteurs. Mais sa région affective n'a de connexités nerveuses qu'avec les deux autres régions. Ce centre essentiel de toute l'existence humaine fonctionne continuellement, d'après le repos alternatif des deux moitiés symétriques de chacun de ses organes. Envers le reste du cerveau, l'intermittence périodique est aussi complète que celle des sens et des muscles. Ainsi, l'harmonie vitale dépend de la principale région cérébrale, sous l'impulsion de laquelle les deux autres dirigent les relations, passives et actives, de l'animal avec le milieu.

IMPULSION
(LE CŒUR)

Décroissement d'énergie, et accroissement de dignité, d'arrière en avant, de bas en haut et des bords au milieu.

Egoïsme — Altruisme

PRINCIPE

Instincts de la conservation
- de l'individu, ou *instinct nutritif* ...... (1).
- de l'espèce ..... { *instinct sexuel* ...... (2).
                    { *instinct maternel* ..... (3).

Instincts du perfectionnement
- par destruction, ou *instinct militaire* ..... (4).
- par construction, ou *instinct industriel* ..... (5).

INTÉRÊT ...... { Temporelle, ou Orgueil, besoin de domination (6).
                { Spirituelle, ou Vanité, besoin d'approbation (7).

AMBITION ......

Spéciaux { ATTACHEMENT (8).
         { VÉNÉRATION (9).

Général. } BONTÉ, ou amour universel (sympathie), *humanité* (10).

7 PERSONNELS
3 SOCIAUX

10 MOTEURS AFFECTIFS
Penchants, dans l'état actif;
Sentiments, dans l'état passif.

CONSEIL
(L'ESPRIT)
savoir, pour prévoir, afin de pouvoir

MOYEN

CONCEPTION ...
- Passive ou Contemplation ... (d'où matériaux objectifs)
  { Concrète, ou relative aux êtres, essentiellement *synthétique* ...... (11).
  { Abstraite, ou relative aux événements, essentiellement *analytique* ..... (12).
- Active ou Méditation ... (d'où constructions subjectives)
  { Inductive, ou par comparaison, d'où *Généralisation* (13).
  { Déductive, ou par coordination, d'où *Systématisation* (14).

EXPRESSION ... Mimique, orale, écrite, d'où *Communication* (15).

5 FONCTIONS INTELLECTUELLES

EXÉCUTION
(le Caractère)

RÉSULTAT

ACTIVITÉ ... } Courage (16).
             } Prudence (17).

FERMETÉ, d'où *Persévérance* (18).

3 QUALITÉS PRATIQUES

AIMER, PENSER, AGIR
AGIR PAR AFFECTION, ET PENSER POUR AGIR

Ce tableau a été construit par Auguste Comte, pour son *Système de politique positive* (tome premier, page 726, publié en juillet 1851). Il résume sa théorie subjective du cerveau, destinée à remplacer l'admirable mais insuffisante tentative de Gall.

qu'elles ne donnent point l'impulsion, mais seulement le conseil et l'exécution, et puisque leur exercice n'est pas continu, le sentiment seul, vu son intensité spontanée et d'après la permanence résultée pour lui de la duplicité et de la symétrie de ses organes propres, qui se trouvent en relation incessante d'action et de réaction avec les viscères végétatifs, dont les fonctions ne s'arrêtent jamais; le sentiment seul peut donner l'impulsion habituelle nécessaire à notre conduite, et fournit la base essentielle de la continuité individuelle, qui maintient l'identité de la personne à travers les changements résultés de la veille et du sommeil, des mutations de l'âge, des perturbations de la maladie et de la variété des situations extérieures, sociales ou cosmologiques. De plus, comme nous l'avons sommairement exposé en résumant la théorie positive de la religion, la nature exclusive des penchants personnels, leur inévitable concurrence réciproque les rendent incapables d'établir aucune harmonie, même individuelle, tandis que les sentiments bienveillants, qui n'exigent l'entier sacrifice d'aucune tendance opposée à leur nature, peuvent heureusement subordonner toutes nos facultés, morales, intellectuelles, pratiques et même physiques, à leur salutaire prépondérance.

La morale théorique fournit donc la connaissance positive de l'âme et le principe de l'unité individuelle; elle établit scientifiquement, en même temps que les bases d'une éducation rationnelle, la véritable nature du problème humain, qui, envisagé du point de vue privé ou public, consiste toujours à subordonner convenablement la personnalité à la sociabilité. En se résumant dans la loi générale : *vivre pour autrui,* elle fixe le terme de tous les efforts de la morale pratique, qui doit toujours, depuis la conception jusqu'à la mort, perfectionner la nature humaine par une action systématique, c'est-à-dire par une éducation appropriée à chacune des phases de la vie. La morale, par ses principes ou par son application, embrasse donc à la fois tous les aspects de l'existence humaine, personnelle et sociale, et tend à faire converger sans cesse toutes ses parties, tant physiques que mentales et affectives, vers une destination commune, de manière à obtenir sa plus complète unité. Rien n'est exclu de son point de vue, ni l'action cosmologique, ni les influences vitales et sociales ; elle explique autant le vice et la vertu, la raison et la folie, la maladie et la santé; elle règle également la thérapeutique ou l'hygiène, de manière à embrasser par la politique et la médecine toutes les parties de l'*art humain,* comme elle domine, par sa base théorique, tous les aspects de la science universelle. Science et art tout à la fois, elle réunit dans leur domaine le plus élevé la raison abstraite et la raison concrète, et combine leurs lumières et leurs efforts pour assurer, par une meilleure notion du devoir, notre dignité et notre bonheur, en nous faisant mieux connaître, aimer et servir l'Humanité.

On trouvera dans le double tableau ci-contre (C.-D., p. 49 et 50), le détail des divisions principales qu'Auguste Comte avait arrêtées pour son *Traité de Morale*. On sait que la mort vint fermer sa carrière au moment où il allait mettre la main à cette œuvre suprême, couronnement nécessaire de son existence théorique.

C'est encore son " principal disciple ", M. Pierre Laffitte, qui entreprit de combler cette lacune essentielle, un vide aussi préjudiciable, qui laissait inachevée la série des sciences fondamentales. D'après une construction hardie, aussi ardue et laborieuse qu'indispensable, d'après un effort mental des plus considérables et des plus fructueux, il arriva à enseigner publiquement et à plusieurs reprises la Morale théorique et la Morale pratique, d'après le plan coordinateur laissé par le fondateur du Positivisme et d'après tous les éléments épars, si précieux, si substantiels, qu'il avait amassés sur ce sujet dans ses différents ouvrages, enfin aussi d'après les indications spéciales qui se trouvent au chapitre III du tome IV de la *Politique Positive*.

On trouvera à nos pièces justificatives, n°s 6 et 7, le double programme de l'enseignement mémorable mené à si bonne fin par M. Pierre Laffitte ; il nous paraît inutile d'insister sur sa haute difficulté et sur sa portée encyclopédique et didactique, non plus que sur l'importance du service rendu, au moins équivalent à celui du cours de philosophie première. Ajoutons qu'avant lui, un autre disciple de Comte, M. le docteur Audiffrent, avait écrit sur ce grand sujet, — la théorie du cerveau et de l'innervation embrassée au point de vue normal et pathologique, — deux ouvrages riches de faits et de raisonnement, d'une inspiration élevée, d'une coordination vigoureuse et d'une puissante portée (1).

Là se termine l'ébauche que nous avions entreprise : après être descendus, en suivant la marche subjective, de la conception du Grand-Être, par la morale et les constructions intermédiaires, jusqu'aux plus simples théories mathématiques, nous avons pu remonter, en suivant une marche objective toujours ascendante, de ce premier terme de la série abstraite et des faits les plus élémentaires, ceux de nombre, d'étendue, etc., jusqu'aux phénomènes moraux les

---

(1) *Du cerveau et de l'innervation d'après Auguste Comte*, par G. Audiffrent, l'un de ses exécuteurs testamentaires, in-8, Paris, 1869. — *Des maladies du cerveau et de l'innervation d'après Auguste Comte*, in-8 de 900 p., Paris, Leroux 1874.

SYNTHÈSE SUBJECTIVE

Tome II. — 1858.

PLAN DE MA *MORALE THÉORIQUE*,

Instituant la CONNAISSANCE DE LA NATURE HUMAINE.

SYSTÈME de MORALE POSITIVE.
1ʳᵉ Partie

INTRODUCTION, Philosophie première, Philosophie seconde, Morale théorique.

CHAPITRE 1. Théorie cérébrale. . . . . (Fonctions intérieures, fonctions extérieures, Innervation).
CHAPITRE 2. Théorie du Grand-Être. . . . . . . (Famille, Patrie, Humanité).
CHAPITRE 3. Théorie de l'Unité. . . . . (Union — Unité — Continuité).
CHAPITRE 4. Théorie vitale. . . . . (Existence, santé, maladie).
CHAPITRE 5. Théorie du sentiment. . . . . . . (Personnalité, sociabilité, moralité).
CHAPITRE 6. Théorie de l'intelligence. . . . . (Raison abstraite, raison concrète, harmonie mentale).
CHAPITRE 7. Théorie de l'activité. . . . . (Pratique, philosophique, poétique).

CONCLUSION . . . . Synthèse, Sympathie, Religion.

Signé : AUGUSTE COMTE.

(Copie conforme).

ŒUVRE D'AUGUSTE COMTE

SYNTHÈSE SUBJECTIVE

Tome III. — 1859.

SYSTÈME
de
MORALE POSITIVE.

2me Partie

Traité de l'Éducation Universelle.

|D| (suite)   PLAN DE MA *MORALE PRATIQUE*,

Instituant le Perfectionnement de la Nature humaine

INTRODUCTION.

Chapitre 1. Education propre à la première Enfance (depuis la conception jusqu'à sept ans). — (Sous le sacrement de la *Présentation*).
Chapitre 2. Éducation propre à la seconde Enfance (de sept ans à quatorze). — (Conduisant au sacrement de l'*Initiation*).
Chapitre 3. Éducation propre à l'Adolescence (de quatorze ans à vingt et un). — (Entre l'*Initiation* et l'*Admission*).
Chapitre 4. Éducation propre à la Jeunesse (de vingt et un ans à vingt-huit). — (Entre l'*Admission* et la *Destination*).
Chapitre 5. Éducation propre à la Virilité (de vingt-huit ans à quarante-deux). — (Entre la *Destination* et la *Maturité*).
Chapitre 6. Éducation propre à la Maturité (de quarante-deux ans à soixante-trois). — (Entre la *Maturité* et la *Retraite*).
Chapitre 7. Éducation propre à la Retraite (de soixante-trois ans à la mort). — (Entre la *Retraite* et la *Transformation*).

CONCLUSION.

Signé : Auguste Comte.

(*Copie conforme*).

plus complexes et les plus élevés, qui nous ramènent encore à l'Être prépondérant d'où notre pensée s'était abaissée sur les aspects successifs et décroissants de l'existence universelle. Cette immense progression, cette double hiérarchie de conceptions et d'observations, d'êtres et de phénomènes, constitue donc une série continue à la fois descendante ou ascendante, subjective et objective, qui partout relie nos théories les plus élevées aux plus élémentaires, et qui, d'autre part, rattache intimement l'Humanité à l'animalité et à la matérialité. Ainsi se trouve instituée, comme nous l'avions annoncé d'abord, la synthèse universelle et nécessairement subjective qui constitue la philosophie positive ou le dogme de la religion démontrée. C'est cette noble foi, qui concentre la notion d'un ordre universel irrévocablement constaté, dans la conception synthétique d'un Grand-Être réel, accomplissant sur cette Terre ses destinées normales, d'après une activité qui lui est propre et sous la prépondérance continue des fatalités biologiques et cosmologiques, qui vient ouvrir à l'Occident les voies d'une régénération totale, et rendre au gouvernement spirituel du monde la force qu'il a depuis si longtemps perdue.

Le tableau ci-contre (*E*) résume exactement, d'après le fondateur du Positivisme, l'ensemble du dogme réel, la *foi démontrée*.

Suivant que l'on contracte l'étude de l'existence physique en un seul terme ou qu'on la décompose en ses trois éléments naturels : l'astronomie, la physique proprement dite et la chimie, on retrouve notre échelle encyclopédique à cinq ou sept degrés, que l'on peut à volonté descendre subjectivement ou monter objectivement. De même, en ne considérant que les deux divisions générales du domaine théorique, on a les deux termes fondamentaux du dualisme philosophique, la cosmologie et la sociologie, le Monde et l'Homme.

Cependant, amenée à ce point, l'exposition de la philosophie positive n'est pas encore terminée.

Auguste Comte a toujours compris qu'après la philosophie première, qui systématise les données les plus générales de la connaissance, qu'après la philosophie seconde, qui institue le cycle des sciences abstraites, devait venir un système de notions concrètes destinées à servir d'intermédiaire entre la théorie pure et la pratique proprement dite et à guider celle-ci, afin d'établir définitivement l'homogénéité et l'unité de la raison humaine, c'est-à-dire une entière harmonie mentale. C'est là ce qu'il a nommé la *philosophie troisième*, construction ultime qui, avec les deux premières, embrasse toutes les manifestations positives et toutes les influences légitimes de la pensée,

HIÉRARCHIE THÉORIQUE DES CONCEPTIONS HUMAINES

TABLEAU SYNTHÉTIQUE DE L'ORDRE UNIVERSEL

D'APRÈS UNE ÉCHELLE ENCYCLOPÉDIQUE A CINQ OU SEPT DEGRÉS

DIVISION HISTORIQUE

SCIENCE PRÉLIMINAIRE ou PHILOSOPHIE NATURELLE (Ordre extérieur)	SCIENCE FINALE ou PHILOSOPHIE MORALE (Ordre humain)

PHILOSOPHIE SECONDE, ou Connaissance systématique de l'HUMANITÉ

ÉTUDE DE LA TERRE ou **Cosmologie** :
- Abstraite, ou Étude fondamentale de l'existence universelle........ 1° **MATHÉMATIQUE** (d'abord numérique, puis géométrique, et enfin mécanique).
- Concrète, ou Étude directe de l'ordre matériel 2° **PHYSIQUE**
  - céleste ou ASTRONOMIE
  - terrestre
    - générale, ou PHYSIQUE proprement dite.
    - spéciale, ou CHIMIE.

ÉTUDE DE L'HOMME ou **Sociologie** :
- Préliminaire, ou Étude générale de l'ordre vital..... 3° **BIOLOGIE**
- Finale, ou Étude directe de l'ordre humain
  - collectif. 4° **SOCIOLOGIE** (proprement dite).
  - individuel 5° **MORALE**.

DIVISION DOGMATIQUE

l'action de l'homme sur le monde pouvant et devant être systématisée d'après le concept des spéculations correspondantes.

Comte se réservait donc, comme dernier effort philosophique et après qu'il aurait définitivement constitué la Morale, d'écrire un *Système d'Industrie positive*, un traité de l'action totale de l'homme sur sa planète, une Encyclopédie concrète directement subordonnée à l'Encyclopédie abstraite. Il avait annoncé cet ouvrage dès l'origine de sa carrière, et, de nouveau, à la fin de son œuvre fondamentale, le *Cours de philosophie positive*, ainsi qu'en commençant son *Système de politique positive instituant la Religion de l'Humanité*. La philosophie troisième était donc depuis bien longtemps conçue et arrêtée dans son esprit.

« ... Le domaine industriel, dit-il à ce sujet, au c. III du t. IV de la *Politique*, étant restreint à l'ordre extérieur, l'ordre humain n'y saurait entrer que comme source nécessaire des modifications systématiques. Les deux premiers chapitres (du *Syst. d'Indust. posit.*) devront donc instituer cette relation générale en expliquant, l'un l'organisation spirituelle, l'autre l'économie temporelle de l'industrie positive. D'après cette double base, les cinq chapitres suivants caractériseront respectivement l'action mathématique, l'action astronomique, l'action physique, l'action chimique et l'action biologique, tant animale que végétale. Ce traité doit ainsi développer l'identité nécessaire que la philosophie première établit entre le classement des arts et celui des sciences, sauf que l'un se borne au domaine profane, tandis que l'autre s'étend au domaine sacré. Pour une telle construction, l'institution des milieux subjectifs devra dogmatiquement remplir un dernier office, afin de rendre plus vives et plus nettes les conceptions pratiques dont le champ coïncide avec le sien. Alors la conclusion synthétique du volume concret complètera l'impulsion religieuse de son introduction, en caractérisant l'insuffisance et même le danger de l'art extérieur, quand il méconnaît sa subordination à l'art humain. » (1)

Combien il serait capital, disons-le en passant, que des esprits ouverts et des hommes d'énergie méditassent cette pensée profonde et l'appliquassent au mouvement pratique désordonné qui s'accomplit de nos jours, aux déportements aveugles et subversifs, pleins de misères et de périls de la présente orgie industrielle !

---

(1) Auguste Comte, *Système de politique positive*, p. 247.
C'est M. Laffitte encore, et lui seul, parmi les positivistes, qui a relevé toute l'importance de cette dernière création du Maître et qui a essayé d'en expliciter le plan dans un cours public professé au collège de France, dont nous donnons aussi le programme au n° 8 de nos Pièces justificatives.

Voilà, néanmoins, comment surgit cette philosophie troisième destinée à compléter la philosophie seconde, émanée elle-même de la philosophie première.

A ce point de perfection, la philosophie positive, ou mieux cette systématisation finale et complète du dogme de la religion de l'Humanité, constitue l'essence même de tout le savoir humain réel et utile, théorique et pratique, sauf les développements techniques nécessaires, encore plutôt oraux qu'écrits. La philosophie des sciences qui, à cette heure plus que jamais, devient le guide indissable de notre société bouleversée, apparaît ici dans son degré le plus élevé d'unité et de plénitude.

IV. — Culte de l'Humanité. Sa nature subjective. Culte privé, Culte public.

Bien que j'aie commencé ce résumé de la religion positive par l'exposition du dogme, un tel ordre n'est pas normal et ne conviendrait nullement à une initiation systématique. Je ne l'ai suivi qu'en vue des esprits entièrement étrangers au positivisme, auxquels est destinée cette introduction, et qu'il était indispensable d'éclairer tout d'abord sur sa nature fondamentale. Dans l'état normal, c'est le culte qui doit ouvrir l'enseignement religieux, pour le positivisme surtout, dont le principe essentiel, d'après sa réalité caractéristique, peut être spontanément senti et directement vénéré, avant l'explication dogmatique indispensable aux divers cultes préliminaires, qui s'adressaient à des êtres fictifs. Outre que le jeune positiviste aura appris à connaître et à aimer l'Humanité pendant la période empirique de l'éducation accomplie sous la direction maternelle, son initiation religieuse, pendant la période systématique conduite par le sacerdoce, commencera par l'exposition dogmatique d'un culte qui lui est depuis longtemps familier. Ainsi, possédant sur le Grand-Être les notions concrètes préliminaires indispensables à toute investigation abstraite, il pourra aborder avec les connaissances synthétiques et les dispositions sympathiques convenables à un tel sujet, l'étude analytique de ce domaine sacré. L'appréciation du culte, nécessairement basée sur la théorie positive de l'existence collective ou du nouvel Être-suprême, prépare, en effet, admirablement, celle du dogme et du régime, en lui fournissant les vues d'ensemble et les inspirations affectives qui doivent sans cesse la diriger, et en posant d'avance le terme où chacun d'eux doit aboutir.

Ce simple aperçu caractérise donc pleinement l'homogénéité de la religion finale, où l'amour conduit à la foi, et où la foi vient à son tour régler l'amour, pour mieux inspirer et diriger la conduite. C'est ainsi que le dogme devient le lien systématique entre le culte et le régime, comme le sacerdoce entre le sexe aimant et la force pratique, d'après l'aptitude des lois intellectuelles, ou logiques, à lier les lois morales avec les lois physiques, de manière à instituer une pleine unité entre le domaine religieux et l'existence sociale. Toutefois, malgré cet office essentiel du dogme, le culte n'en reste pas moins, par sa destination morale, le principal élément de la religion, et qui suffirait seul à la représenter réellement, comme pouvant instituer directement l'unité humaine par la culture de l'altruisme, si les conditions matérielles de notre existence n'exigeaient toujours l'intervention systématique du dogme, soit pour régler l'amour lui-même, soit afin de conduire notre activité. C'est pourquoi, malgré son importance morale, la prépondérance du culte sur le reste du domaine religieux ne peut être instituée définitivement envers ses autres parties, qu'en vue d'améliorer la conception du dogme et la pratique du régime, qui ont dès lors pour office principal d'éclairer le sentiment et d'assurer son action. Le culte de l'Humanité n'est donc qu'une préparation sympathique à la vie sociale révélée par la foi démontrable, et instituée par le régime positif. Il a pour but essentiel de nous faire mieux comprendre les conceptions philosophiques de la première, et de nous aider à mieux accomplir les obligations pratiques résultées du second. C'est à ce point de vue que l'on voit aisément comment il est à la fois l'idéalisation du dogme et du régime, puisqu'il consiste, dans son degré le plus élevé, à condenser sous une forme esthétique et concrète, facilement accessible, les abstractions philosophiques qui constituent la foi démontrée ; et à réaliser, par la culture affective, une existence subjective qui développe et perfectionne les meilleures tendances et les plus hautes obligations de la vie réelle.

Le culte positif, d'après la nature même des deux principaux éléments de la population humaine auxquels s'adressent ses hommages et ses vœux, la Priorité et la Postérité, comme d'après l'éloignement ou l'absence habituelle de l'ensemble du Public, doit être essentiellement subjectif. C'est-à-dire que, par la nature des choses, nous sommes obligés, dans une telle adoration, de nous représenter intérieurement des ancêtres, des descendants, et même des contemporains que nous ne pouvons contempler extérieurement, ou bien des attributs abstraits que nous associons entre eux par la pensée, pour concevoir la suprême existence dans toute son unité. Le culte positif repose donc sur l'essor journalier, privé et public, de la vie subjective, dont la pratique universelle est indispensable à la religion finale. Cette nécessité intellectuelle est loin de se trouver opposée, du reste, à nos dispositions originelles, ce qui la rendrait très difficile à satisfaire ; elle est, au contraire, si naturelle à notre espèce, que tous les cultes antérieurs, surtout les plus éloignés de nous, et par conséquent les plus spontanés, en l'appliquant à des êtres fictifs, l'ont bien autrement développée que le positivisme, qui ne fait que la restreindre et la systématiser. La différence essentielle entre l'ancienne et la nouvelle subjectivité, c'est que la dernière est toujours sentie, reconnue, réglée, et qu'elle doit renoncer entièrement à toute réalité objective : on voit volontairement en soi les objets de l'adoration subjective, au lieu de s'efforcer inutilement de voir au dehors des êtres qui n'y existent point. C'est donc par la contemplation intérieure, par l'imagination aidée du souvenir et stimulée par le sentiment, que nous reproduisons en nous, dans notre cerveau, l'image des êtres absents, passés, présents ou futurs, et que nous obtenons la représentation subjective des types, privés ou publics, restés, ou devenus chers à notre cœur, malgré l'éloignement ou la mort. Mais jamais nous ne croyons voir au dehors, objectivement, corporellement, les êtres absents ou ravis, ni, à plus forte raison, ceux, nécessairement fictifs, comme dans tout théologisme, dont personne n'a jamais directement constaté l'existence.

Dans le nouveau culte, la vie subjective est donc toujours subordonnée à la vie objective, la contemplation intérieure, à la réalité extérieure ; c'est-à-dire que le souvenir doit toujours rester suffisamment conforme à la vérité. Sous cette condition permanente, l'institution systématique de l'existence subjective peut négliger volontairement, en ce qui concerne les types vénérés, les influences inférieures, physiques et même vitales, pour laisser mieux prévaloir les lois supérieures, intellectuelles et surtout morales, sans manquer aucunement à la réalité. C'est ainsi que les morts nous apparaissent toujours comme affranchis des nécessités matérielles, que nous ne songeons plus aux besoins qui les affectaient pendant leur existence, et qu'ils gardent toujours le même âge dans nos souvenirs. Si loin que se prolongent les regrets d'une mère, l'enfant qu'elle a perdu ne vieillit pas avec elle, et reste, dans sa mémoire, ce qu'il était au moment de sa mort. De plus, l'institution de la vie subjective permet, sous le rapport moral, l'idéalisation par soustraction. C'est-à-dire que, sans exagérer jamais les qualités du type considéré, et surtout sans lui en accorder de nouvelles, on doit en négliger les imperfections. C'est la systématisation légitime de notre tendance spontanée, irrécusable et générale, à oublier les défauts des morts, pour ne nous rappeler que leurs vertus et leurs bienfaits. De même que, dans le cours empirique des choses humaines, on ne voit survivre à l'oubli que les mémoires dignes d'être conservées, de même le culte positif n'incorpore à l'Humanité que des types d'élite, purgés des imperfections inséparables de la nature humaine. La durée subjective de l'homme, ou son immortalité, n'est donc que le prolongement perfectionné, quoique réel, de sa vie objective, quand elle fut digne d'une telle transformation. D'après cette noble perpétuité, nos morts sont affranchis des nécessités physiques et vitales, dont l'effacement ne sert plus qu'à nous les mieux représenter. Mais ils ne sont point dépouillés de leurs qualités morales, de l'ascendant intellectuel ou sympathique résulté de leur vie spirituelle. Leurs œuvres et leurs bienfaits subsistent, nous éclairent, nous améliorent, nous servent et nous lient; ceux à qui nous les devons ne cessent point, par conséquent, d'aimer, ni même de penser en nous et par nous. Ils ne sont donc point anéantis par la mort, mais continuent, sous un mode peut-être plus efficace, de vivre parmi nous : car le doux échange de sentiments et d'idées que nous entretenions avec eux pendant leur vie corporelle, devient à la fois plus intime et plus continu, d'après le caractère idéal et sacré que leur confère la transformation subjective et que leur assure le culte funèbre. Leur action se trouve sans cesse et profondément mêlée à la nôtre : nous agissons sous leur inspiration, nous leur devons nos meilleures démarches, nous développons notre esprit pour les y mieux retenir, nous épurons notre cœur pour les y conserver plus saintement. Ils nous défendent donc contre le mal, nous poussent au bien et au vrai, et dirigent réellement notre conduite, privée ou publique, suivant le caractère domestique ou social qu'eut leur existence objective, et que revêt leur immortalité. On peut comprendre alors comment cette conception positive de la vie future, outre qu'elle est la seule vraie, devient éminemment féconde et bienfaisante, puisqu'elle peut servir de récompense aux morts, et de consolation aux survivants, mieux que ne fît jamais la croyance théologique, nécessairement égoïste et chimérique.

Le procédé usuel, le mode d'exercice habituel de la vie subjective qui constitue l'essence même du culte positif, comme de tout culte réel, c'est la Prière : non plus cet acte qui, dans l'ancienne religion, se réduit fatalement à une demande égoïste, inspirée par la peur et par des préoccupations exclusivement personnelles : mais une élévation véritable de l'homme à l'Humanité, dans laquelle nous lui exprimons à elle-même, ou à ses meilleurs représentants, la reconnaissance et l'amour qu'ils nous inspirent. Le positivisme épure donc et développe cette précieuse institution pour en faire la principale idéalisation de notre vie. Car ici, prier, c'est à la fois aimer, penser et même agir, d'après l'expression indispensable au véritable exercice de la prière ainsi régénérée. Jamais, en effet, les trois aspects essentiels de l'existence humaine ne purent être aussi profondément unis que dans ces nobles épanchements de gratitude et de sympathie, dans ces effusions domestiques, civiques ou sociales, dont aucun motif intéressé ne vient souiller la pureté. On ne peut demander au nouveau Grand-Être que de nobles progrès spirituels, sans aucun accroissement matériel de richesse ou de puissance, qu'il serait aussi absurde qu'immoral d'attendre de lui. Et, en souhaitant devant l'Humanité de devenir plus tendre, plus vénérant et plus courageux, chaque croyant fait un pas efficace vers la réalisation d'un pareil désir, l'aveu sincère de son imperfection actuelle étant le premier degré de son amélioration prochaine. Tous les efforts et les vœux subjectifs que le positivisme exprime par la Prière, se bornent donc au perfectionnement de l'ordre humain, le plus noble et le plus modifiable de tous ; ils n'aspirent qu'à un progrès moral qui devient le plus souvent réalisable. C'est ainsi que ce culte parvient à s'emparer finalement du domaine sacré réservé jusqu'ici à la grâce surnaturelle. Le dogme de la religion universelle enseigne que les sources réelles de cette moralisation suprême sont en nous ; et le culte de l'Humanité nous dispose à nous y abreuver sans cesse ! La pratique assidue d'une telle adoration doit donc élever puissamment la nature humaine sans jamais l'amoindrir ou la dégrader. D'après la liaison cérébrale des organes de la pensée avec ceux de l'affection, ou d'après la réaction des sentiments sur les idées, elle développe notre esprit en même temps que notre cœur. Et, de plus, d'après la loi vitale du perfectionnement organique par l'exercice fonctionnel, on conçoit facilement combien la pratique journalière de la prière, du recueillement subjectif et de l'élévation religieuse, tend à améliorer finalement notre constitution cérébrale et nos facultés spirituelles, en développant, par l'action, ses organes altruistes, et atrophiant, par la désuétude, ses instruments égoïstes. Enfin, le culte positif peut aussi développer directement les éléments de notre intelligence, soit l'expression esthétique constamment utilisée pour son accomplissement privé ou public, soit même la conception scientifique, en perfectionnant la logique universelle, fondée sur l'association continue des signes, des images et des sentiments, pour assister la méditation.

Le culte positif se décompose en privé et public, suivant qu'il se rapporte à l'idéalisation de la vie domestique, ou de la vie sociale. Le premier s'adresse à la femme, qui, d'après la prépondérance spontanée de son altruisme, peut fournir la plus digne personnification objective du Grand-Être. Le second concerne exclusivement l'Humanité. Mais le culte privé est essentiel, fondamental : il prépare au culte public, comme la vie domestique conduit à la vie sociale, et la Famille à l'Humanité : le cœur ne devant pas négliger davantage les degrés élémentaires de l'initiation affective, que l'esprit ne peut dédaigner les moindres échelons de la hiérarchie encyclopédique, pour atteindre aux plus élevés. Le culte est donc pour le cœur, ce que le dogme est à l'esprit et le régime à l'activité.

Le culte privé se décompose lui-même en personnel et domestique, selon qu'il a pour but le perfectionnement individuel, ou l'idéalisation des principaux actes de la vie privée. Le premier degré, ou culte personnel, est caractérisé par l'institution positive des véritables *anges gardiens*; cette adoration intime, aussi touchante que salutaire, est empruntée au théologisme, par le positivisme, qui la transforme en lui communiquant sa réalité propre, c'est-à-dire en lui fournissant des objets réels, au lieu de conserver les êtres chimériques dont l'ancienne foi se préoccupait. Le culte des anges gardiens consiste alors dans la glorification journalière des meilleures personnifications par lesquelles chacun peut se représenter familièrement l'Humanité : et la femme, d'après la supériorité naturelle de son organisation morale, convient spontanément à un tel office. « Toute l'existence de « l'Être-suprême étant fondée sur l'amour, qui seul réunit volontai-« rement ses éléments séparables, le sexe affectif constitue naturelle-« ment son représentant le plus parfait, en même temps que son « principal ministre (1). » Or c'est surtout au sein de la famille que se produit son action bienfaisante, et c'est le milieu domestique qui fournit à l'homme ses véritables anges gardiens (2). La mère, l'épouse et la fille, excitant respectivement en lui, par une inévitable réciprocité d'affection, la vénération, l'attachement et la bonté, l'adoration intime de ces agents familiers de son perfectionnement et de son bonheur, devient la base légitime d'un culte secret, aussi inévitable qu'indispensable. Du reste, autour de ces types prépondérants qui, comme anges ou patrons, comme protecteurs et comme modèles, servent à diriger l'essor continu de notre amour, successivement attiré par eux vers le passé, le présent et l'avenir, de manière à embrasser tous les aspects et tous les éléments de la vie sociale, peuvent se grouper tous les êtres dont le souvenir ne doit point s'effacer de nos

---

(1) *Catéchisme positiviste,* page 184.

(2) M. J.-B. Foucart a donné de cette institution des anges gardiens un spécimen poétique plein de charme et de naïveté, que nous reproduisons dans nos *Pièces justificatives,* n° 9.

cœurs. Au culte de la mère vient s'associer celui du père ou du maître ; au culte de l'épouse, celui du frère, de l'ami, du compagnon ; au culte de la fille, celui du fils, du disciple ou du serviteur. En un mot, un souvenir sympathique peut concentrer respectivement tous les dignes objets de nos affections privées autour des trois types fondamentaux qui nous rattachent sans cesse au passé par la vénération, ou amour des supérieurs, au présent par l'attachement, ou amour entre égaux, et à l'avenir par la bonté, ou amour des supérieurs pour les inférieurs.

La Prière est le mode essentiel par lequel s'effectue ce culte quotidien. Notre adoration exprimant toujours un amour motivé et développé d'après une reconnaissance croissante, chaque prière, privée ou publique, offre nécessairement deux parties : l'une passive, qui consiste dans la commémoration des motifs d'affection, et l'autre, nécessairement active, qui résulte de l'effusion que provoque en nous cette récapitulation intime ; enfin, de l'évocation finale de l'image chérie. La prière positiviste, toujours pratiquée dans l'attitude normale de la vénération, doit être renouvelée trois fois le jour, avec une durée variable : au lever, elle nous prépare par une digne invocation des types les plus propres à réveiller notre affection, au bon emploi de nos forces, à l'usage altruiste de notre travail journalier. Au coucher, elle exprime la gratitude que nous devons à cette secrète protection morale, et prolonge pendant le sommeil son influence salutaire, en écartant de nous les images perturbatrices. Dans le milieu du jour, la prière nous dégage momentanément des préoccupations théoriques ou pratiques, pour ranimer l'influence affective dont elles tendent à nous écarter. Tel est l'ensemble de pratiques religieuses élémentaires que le culte positif institue pour provoquer en nous l'essor sympathique initial le plus simple, mais le plus intense, et qui seul peut nous permettre d'éprouver réellement des sentiments sociaux plus élevés (1).

Quant au culte domestique, il consiste essentiellement dans la consécration que la religion finale établit pour chacune des phases successives de l'existence privée, afin de la rattacher à la vie publique. Il offre donc autant de confirmations spirituelles que cette existence présente d'actes fondamentaux : d'où l'institution de neuf *sacrements sociaux*. Le sacerdoce positif, comme tous ceux qui l'ont précédé, consacre d'abord, mais au nom de l'Humanité, la nais-

---

(1) Voir l'*Essai sur la prière*, par M. Joseph Lonchampt, troisième édition, Paris 1878 ; un volume in-32, avec une introduction sur le culte de l'Humanité, et une *Lettre sur la mission religieuse de la Femme*.

sance de chaque enfant présenté par les sectateurs du nouveau culte. Il reçoit des parents, naturels et artificiels ou supplémentaires (parrain et marraine), l'engagement solennel de préparer convenablement le rejeton naissant au service du Grand-Être, et fixe leur promesse par un contrat religieux ; c'est le sacrement de la *Présentation.* Viennent ensuite ceux de l'*Initiation* et de l'*Admission* qui, à un intervalle de sept années chacun, consacrent respectivement, pour le jeune positiviste, à quatorze ans, le passage de l'éducation spontanée donnée par la mère à l'éducation systématique fournie par le sacerdoce, et plus tard, à vingt et un ans, sa participation réelle à la vie pratique, au service de l'Humanité, d'après la préparation générale, scientifique, littéraire et professionnelle (l'apprentissage d'un métier) qu'il a précédemment reçue. Le quatrième sacrement est celui de la *Destination*, qui fixe religieusement, vers l'âge de vingt-huit ans, le choix définitif de la profession, théorique ou pratique, qu'embrasse chaque citoyen : « Le culte ancien n'en offrait l'ébauche qu'envers les plus hautes fonctions, par l'ordination des prêtres et le sacre des rois. Mais la religion positive doit toujours instituer socialement toutes les professions utiles, sans distinction de publiques ou de privées (1). » Enfin, le principal sacrement social, celui du *Mariage*, vers trente ans, qui ne peut être conféré avant l'âge indiqué pour le précédent, ni avant ce sacrement lui-même, en rattachant fortement cette institution domestique à la vie publique, dont elle forme la base essentielle, lui confère son dernier perfectionnement. Non-seulement le culte positif consacre à jamais la monogamie catholique, mais il la complète par l'institution vraiment auguste du veuvage éternel, qui épure et consolide directement le lien conjugal, en satisfaisant aux aspirations spontanées des meilleurs époux de tous les temps, quant à la perpétuité de cette association fondamentale. Chaque couple positiviste, pour obtenir la consécration religieuse de son union civile, *toujours obligatoire, indépendante et préalable*, doit prendre librement l'engagement moral de ne former aucun autre lieu postérieur. L'époux, ou l'épouse, devenu veuf après un tel serment, doit le rester absolument et volontairement toute sa vie, *sans qu'aucune puissance temporelle vienne l'y contraindre*. On comprend la supériorité morale d'une telle institution, son efficacité domestique et même civique, son heureuse influence personnelle, pour développer dans toute sa pureté et son étendue le culte subjectif dont dépend le progrès moral, pour chacun

---

(1) *Catéchisme positiviste*, page 196.

de nous. Les autres sacrements sociaux, qui suivent ordinairement le mariage, comme les précédents y préparent, sont successivement : le sacrement de la *Maturité*, qui confirme l'homme, à quarante-deux ans, dans la plénitude de son développement organique et social, et qui lui rappelle que le temps est venu de sa plus grande efficacité publique, comme de son entière responsabilité personnelle ; celui de la *Retraite*, après lequel chaque agent humain, en cessant, à soixante ans, sa participation active au service commun, pour ne plus exercer dans la société que l'influence consultative, inaugure cette importante action, en indiquant publiquement le choix de son successeur, dès lors soumis au contrôle sacerdotal et populaire ; celui de la *Transformation*, par lequel le sacerdoce associant, au lit des mourants, les regrets de la société aux larmes de la famille, cherche à obtenir d'eux les réparations désirables et possibles, et adoucit le moment suprême en faisant espérer, sans jamais la promettre cependant, la perpétuité subjective qui est la récompense finale de toute carrière honorable. Enfin, le dernier sacrement social est celui de l'*Incorporation :* « Sept ans après le mort,
« quand toutes les passions perturbatrices sont assez éteintes, sans
« que les meilleurs documents spéciaux soient déjà perdus, un
« jugement solennel, dont la sociocratie emprunte le germe à la
« théocratie, vient irrévocablement fixer le sort de chacun. Le sacer-
« doce ayant prononcé l'*incorporation,* il préside au pompeux trans-
« port des restes sanctifiés, qui, jusqu'alors déposés au champ
« civique, viennent occuper leur place éternelle dans le bois sacré
« qui entoure le temple de l'Humanité. Chaque tombe s'y trouve
« ornée d'une simple inscription, d'un buste, ou d'une statue, suivant
« le degré de la glorification obtenue.

« Quant aux cas exceptionnels d'indignité caractérisée, la flétris-
« sure se manifeste en transportant convenablement le funeste fardeau
« au désert des réprouvés, parmi les suppliciés, les suicidés et les
« duellistes (1). »

Il convient de rappeler aussi que les sacrements sociaux, d'ailleurs subordonnés aux actes civils correspondants, doivent toujours demeurer, légalement, facultatifs ; et qu'ils n'imposent jamais qu'un devoir moral, démontré par l'éducation et sanctionné par l'opinion, mais dépourvu de toute coercition temporelle. Ils n'ont pas force de loi.

Voilà comment le culte domestique, en rattachant noblement la vie privée à la vie publique, et en développant des sentiments

---

(1) *Catéchisme positiviste,* p. 201.

civiques plus élevés et plus étendus que nos affections personnelles, nous prépare plus directement à l'adoration finale de l'Humanité.

L'objet de ce dernier culte, comme des deux précédents, est de nous faire mieux comprendre et mieux accomplir l'existence correspondante.

Cette idéalisation générale se trouve, du reste, préparée par l'institution du *Calendrier positiviste* (1), qui établit une sorte de culte concret du Grand-Être, surtout propre à la transition actuelle, par la commémoration quotidienne des principaux types ayant concouru à l'évolution humaine, et dont la glorification systématique nous dispose admirablement, d'esprit et de cœur, à concevoir enfin la suprême existence.

Le culte public idéalise d'abord les liens fondamentaux qui constituent l'existence sociale, savoir : l'*Humanité*, le *Mariage*, la *Paternité*, la *Filiation*, la *Fraternité* et la *Domesticité*; puis, les préparations essentielles qu'elle exige : le *Fétichisme*, le *Polythéisme* et le *Monothéisme*; enfin, les fonctions normales dont elle se compose : la *Femme*, ou la providence morale, le *Sacerdoce*, ou la providence intellectuelle, le *Patriciat*, ou la providence matérielle, le *Prolétariat*, ou la providence générale.

Le tableau sociolâtrique ci-contre *(F)*, que nous empruntons au *Système de politique positive*, pourra, à défaut d'explications plus étendues, qui nous sont interdites par les limites de cette notice, donner une idée de l'ensemble de cette adoration abstraite dont on trouvera tous les détails dans l'ouvrage indiqué.

Toutefois, je dois ajouter, qu'à ce degré, le culte positif reste encore trop analytique. Pour devenir usuel, directement accessible et entièrement conforme à la destination synthétique, il devait condenser la conception positive du Monde et de l'Homme dans une pensée assez vaste pour résumer l'ensemble de l'ordre universel.

Ce résultat essentiel, sans lequel la religion démontrable aurait manqué d'unité, a été définitivement obtenu par son fondateur d'après deux institutions philosophiques de la plus haute portée : la combinaison systématique de l'esprit fétichique avec la raison positive, et l'emploi rationnel de l'utopie substituée au mystère, dans l'état définitif de la religion.

Si l'harmonie humaine exige une puissance extérieure et une affection intérieure capables de subordonner toute personnalité, cette puissance, pour être facilement reconnue, doit occuper un siège

---

(1) Voir aux *Pièces justificatives*, n° 10, la 8ᵉ édition de ce calendrier.
Nous l'avons fait suivre, pour plus de développement, de l'Ode de M. J.-B. Foucart : *La Toussaint*.

[F] L'Amour pour principe et l'Ordre pour base, le Progrès pour but.

TABLEAU SOCIOLATRIQUE
RÉSUMANT EN 81 FÊTES ANNUELLES
l'adoration universelle de l'HUMANITÉ

Vivre pour Autrui.
La Famille, la Patrie, l'Humanité

LIENS FONDAMENTAUX

1er Mois. L'HUMANITÉ
- 1er Jour de l'année... Fête synthétique du Grand-Être.
- Fêtes hebdomadaires de l'Union sociale :
  - religieuse.
  - historique.
  - nationale.
  - communale.

2me Mois. LE MARIAGE
- complet.
- chaste.
- inégal.
- subjectif.

3me Mois. LA PATERNITÉ
- complète : naturelle. artificielle.
- incomplète : spirituelle. temporelle.

4me Mois. LA FILIATION — *Mêmes subdivisions.*

5me Mois. LA FRATERNITÉ — *Idem.*

6me Mois. LA DOMESTICITÉ
- permanente : complète. incomplète.
- passagère : *Même subdivision.*

ÉTATS PRÉPARATOIRES

7me Mois. LE FÉTICHISME
- spontané : nomade (*Fête des Animaux*). sédentaire (*Fête du Feu*).
- systématique : sacerdotal (*Fête du Soleil*). militaire (*Fête du Fer*).

8me Mois. LE POLYTHÉISME
(Salamine)
- conservateur... (*Fête des Castes*).
- intellectuel :
  - esthétique (*Homère, Eschyle, Phidias*).
  - théorique (*Thalès, Pythagore, Aristote, Hippocrate, Archimède, Apollonius, Hipparque*).
- social... (*Scipion, César, Trajan*).

9me Mois. LE MONOTHÉISME
- théocratique... (*Abraham, Moïse, Salomon*).
- catholique :
  - (*Saint-Paul*).
  - (*Charlemagne*).
  - (*Alfred*).
  - (*Hildebrand*).
  - (*Godefroi*).
  - (*Saint-Bernard*).
- islamique... (*Mahomet*). *(Lépante)*
- métaphysique :
  - (*Dante*).
  - (*Descartes*).
  - (*Frédéric*).

FONCTIONS NORMALES

10me Mois. LA FEMME
Providence morale.
- mère.
- épouse.
- fille.
- sœur.

11me Mois. LE SACERDOCE
Providence intellectuelle.
- incomplet... (*Fête de l'Art*).
- préparatoire... (*Fête de la Science*).
- définitif : secondaire. principal (*Fête des Vieillards*).

12me Mois. LE PATRICIAT
Providence matérielle.
- banque (*Fête des Chevaliers*).
- commerce.
- fabrication.
- agriculture.

13me et dernier Mois. LE PROLÉTARIAT
Providence générale.
- actif (*Fête des Inventeurs : Gutenberg, Colomb, Vaucanson, Watt, Montgolfier*).
- affectif.
- contemplatif.
- passif (*Saint-François-d'Assise*).

Jour complémentaire .... Fête universelle DES MORTS.
Jour bissextile .... Fête générale DES SAINTES-FEMMES.

précis, tandis que l'affection qui prépare et maintient son empire, exige un objet unique, auquel elle puisse directement s'attacher. Pour atteindre ce but, le génie positif a dû systématiser d'abord les dispositions fondamentales de l'esprit humain à regarder tous les êtres comme doués de vie et combiner cette inspiration spontanée avec les résultats définitifs de l'investigation scientifique. Dès lors, les éléments de l'ordre général, atmosphère, astres, terre, végétalité, animalité, et l'Humanité elle-même, ont été considérés comme formant un immense tout, concourant, à des degrés divers, à l'œuvre du perfectionnement universel. Mais en reprenant ainsi les principales tendances du fétichisme, et en les rectifiant, d'après les données fondamentales du positivisme, la sagesse religieuse a pris soin d'en fixer rigoureusement l'emploi, afin que l'on ne puisse les considérer jamais que *comme de simples artifices logiques, comme des procédés purement subjectifs*, principalement destinés à développer en nous la bienveillance générale. Elle a donc pu, sans aucun danger théorique, rendre à la matière l'activité réelle que lui avait reconnue notre première mentalité, et que lui avait enlevée injustement, quoique nécessairement, la transition théologico-métaphysique, et considérer l'action cosmologique comme sympathique à notre égard, sans lui accorder toutefois l'intelligence que lui attribuait la raison fétichique en la confondant avec la vie elle-même. Dès lors, l'ensemble de notre monde est représenté par l'idéalisation positive comme tendant spontanément, quoique aveuglément, à l'accomplissement de nos destinées, ce qui nous place envers lui dans une disposition générale de gratitude et d'affection dont la réaction intime, théorique ou pratique, ne saurait être indifférente pour faire prévaloir chez nous l'altruisme sur l'égoïsme, l'humanité sur l'animalité. L'ordre universel est donc enfin conçu d'après la succession hiérarchique de l'Espace, considéré comme le siège passif et aveugle, mais sympathique, de tous les attributs matériels, des lois abstraites propres au monde inorganique et même des formes de tous les êtres ; puis de la Terre, théâtre actif et bienveillant dont le concours volontaire, quoique aveugle, est toujours indispensable à la suprême existence, qui ne saurait se maintenir contre son entière hostilité ; enfin, de l'Humanité, chez qui, seule, l'intelligence assiste le sentiment, pour diriger l'activité vers un but reconnu et désiré.

Le culte public place donc au premier rang de la Trinité positive qui forme l'objet éternel et définitif de sa plus haute adoration, le Grand-Être, qui domine immédiatement l'ordre universel et dirige son perfectionnement continu ; puis, le Grand-Fétiche ou la Terre, mère nourricière de tout ce qui vit, soutien de tout ce qui est ; enfin, le Grand-Milieu ou l'espace, qui se trouve aussi indispensable au maintien de l'ordre général qu'à sa conception systématique (1).

L'Humanité étant l'élément prépondérant de la Trinité positive, qu'elle explique et gouverne en se conformant à ses lois, peut et doit donc être directement reconnue par tous, comme la seule puissance réelle à qui chacun doit se subordonner. Son idéalisation définitive, la concentration personnelle qui va l'offrir comme un objet unique à l'affection religieuse ou universelle, est suffisamment déterminée par la nature constamment bienveillante de son action réfléchie. D'après la concordance spontanée qui existe entre cette suprême existence et la véritable nature féminine, où l'attribut fondamental, l'amour, se trouve également prépondérant, le Grand-Être doit être symbolisé et habituellement représenté sous la figure d'une femme portant son jeune fils entre ses bras : personnification touchante et juste qui exprime à la fois la prééminence normale et la sainte tutelle qu'elle exerce constamment envers chacun de nous. Or, cette idéalisation dernière a reçu du génie sacerdotal le perfectionnement final qui pouvait seul conférer réellement à la nature féminine le privilège de cette représentation sacrée, en la purgeant *subjectivement* d'une grave imperfection naturelle : je veux parler de la noble utopie qui, en concevant la femme comme pouvant être délivrée, par l'amélioration systématique de l'ordre humain, des nécessités inférieures attachées à son indispensable fonction reproductrice, la rapprocherait, autant que le permettrait la réalité, de la grande existence qu'elle doit représenter, pour la placer finalement, comme un être intermédiaire entre l'homme, dont elle est la providence morale, et l'Humanité, qu'elle doit par cela même lui faire mieux comprendre et surtout mieux aimer.

Sans qu'on doive se préoccuper jamais de la réalisation d'une telle espérance, il faut apprécier surtout son importance morale et son efficacité dogmatique. Sous le premier aspect, sa valeur est immense, puisqu'elle concentre tous les efforts religieux vers un progrès décisif et qui améliorerait profondément notre constitution cérébrale en la purgeant du plus perturbateur de nos penchants égoïstes ; puisqu'elle aspire au plus noble fonctionnement de l'ordre à la fois le plus important, le plus élevé et le plus modifiable. Sous le second point de vue, elle résume complètement le culte, par conséquent le dogme et le régime qu'il idéalise, et la religion positive elle-même, comme le mystère eucharistique symbolisait

---

(1) Voir pour les développements qui sont nécessaires pour saisir convenablement cette trop courte indication, la mémorable introduction du 1ᵉʳ volume de la *Synthèse subjective*, et le c. XII de la 2ᵉ partie de cette notice.

à lui seul la dernière synthèse provisoire. Elle caractérise donc la systématisation finale et lui assure son entière unité, en faisant concourir tous ses éléments vers un idéal moral qui en résume chaque aspect.

Voilà comment le positivisme, après un renouvellement total de la pensée, de l'affection et de l'activité humaines, reprend la tradition rompue, et comment il rétablit la continuité de l'action religieuse indispensable à la conservation et au développement de la société. Il n'est donc bien, malgré des différences fondamentales et indispensables, que la religion elle-même, intellectuellement et moralement régénérée, venant ressaisir, après des siècles d'efforts nécessités par cette auguste transformation, le gouvernement spirituel de l'Humanité.

En résumé, le culte positif est une idéalisation continue de la vie humaine, une culture permanente de la sociabilité. Du berceau jusqu'à la tombe il développe notre altruisme ; il nous offre une conception meilleure et plus synthétique du Grand-Être qui nous domine ; il nous ouvre les voies d'une activité subjective plus élevée que celle de la vie réelle. Mais l'inaltérable vérité de son objet l'empêche d'égarer jamais notre amour dans les écarts d'un mysticisme stérile ; et s'il développe notre tendresse, notre pureté, notre énergie, c'est pour nous rendre plus courageux et plus dévoués dans la famille, dans la cité, dans la patrie, dans l'église, envers l'Humanité ! Il constitue donc, en réalité, la partie fondamentale de la religion nouvelle, dont il épure et agrandit tous les aspects, dont il manifeste les plus sublimes tendances, et qu'il peut le mieux caractériser.

V. — Régime Politique — L'Industrie régénérée

Le régime institue directement les règles générales qui doivent présider aux actes humains ou diriger la conduite individuelle et sociale. Or le dogme démontre que la véritable destinée de l'homme consiste à vivre pour autrui ; le culte fournit les moyens les plus propres à obtenir un tel résultat en développant les sentiments qui lui sont indispensables ; le régime doit donc s'efforcer de faire prévaloir dans la vie pratique cette sociabilité qui est le principe de l'harmonie universelle. Mais, à cet égard, la religion n'intervient qu'envers les dispositions générales de l'organisation sociale, pour apprécier ses diverses fonctions et les rallier à l'ensemble, en abandonnant au gouvernement proprement dit tout ce qui concerne l'exécution.

Pour bien comprendre un tel office, il est essentiel de distinguer dans l'existence pratique, qui toujours a pour but le progrès, deux sortes de perfectionnement, l'un extérieur et l'autre humain. Quoique tous deux se rapportent à nous, le premier ne concerne que notre situation, tandis que le second regarde notre propre nature. Or, cette situation ne comprenant que les conditions vitales et surtout cosmologiques dans lesquelles nous sommes placés, l'action qui s'occupe de les améliorer est qualifiée de matérielle ; tandis que celle qui a en vue le perfectionnement de notre nature est considérée comme étant surtout morale. D'où la division fondamentale du domaine pratique en matériel, qui reste au gouvernement, et en moral, qui revient au sacerdoce, et la séparation des forces sociales vouées au perfectionnement universel, en pouvoir pratique et pouvoir théorique. Quoique le premier soit seul prépondérant, le second lui est cependant supérieur, d'après la prééminence du progrès moral sur l'amélioration physique.

Le perfectionnement direct et spécial de l'ordre extérieur constitue donc le domaine propre de la politique ou de l'industrie considérée comme action de l'homme sur sa planète, en vue de l'améliorer. Car l'activité humaine étant désormais vouée au service du Grand-Être, elle se trouve par cela même détournée de toute destination militaire ou destructrice. Dès lors, le pouvoir pratique s'organise d'après les convenances naturelles des travaux qu'il accomplit, en restant toujours strictement limité à l'exploitation de l'ordre matériel. Spontanément représenté dans la famille par la prépondérance du père, il surgit également des nécessités de l'action collective dans la cité, qui n'est que l'association politique des familles pour la satisfaction des besoins matériels. Ce qui suffit pour consacrer ce principe fondamental : *Il n'y a pas de société sans gouvernement ;* car l'organisation hiérarchique de la cité, pour assurer par la guerre ou par l'industrie la conservation et le développement de tous ses habitants, étant un fait aussi spontané qu'universel, représente une des conditions d'existence les plus fondamentales de l'Humanité, une loi de l'ordre humain.

Quant au pouvoir théorique, il ne participe au nouveau régime politique qu'indirectement : en assurant le progrès spirituel des agents, et par la connaissance complète (qu'il possède seul) de toutes les lois essentielles de l'ordre extérieur, dont la notion sert de base à l'action pratique, sans la dispenser d'études spéciales. Le pouvoir pratique, qui n'aspire qu'à diriger le présent, méconnaît le plus souvent les indications du passé et les nécessités de l'avenir. C'est pourquoi il a besoin de voir confirmer son autorité, si souvent en butte à d'envieuses contestations, par une puissance plus élevée que la sienne et généralement respectée. Cette autorité supérieure est celle des ministres de Dieu, sous le régime provisoire, et des ministres de l'Humanité, dans le régime définitif. Quant au double titre du sacerdoce pour consacrer tous les pouvoirs humains, il ne saurait être douteux, puisque seul, comme interprète et organe direct du Grand-Être, il peut à la fois instituer la liaison du présent avec le passé et l'avenir, tout en éclairant son action. Ce qui établit ce second axiome politique : *Il n'y a pas de société sans sacerdoce*. Indispensable à tous pour l'éducation et le conseil, le pouvoir théorique est par cela même seul capable de consacrer les gouvernants, pour les faire accepter, et de protéger les gouvernés en refusant aux premiers, s'ils sont indignes, la consécration qui leur est nécessaire. Il est, dans la société, le modérateur normal de la vie publique, comme la femme, dans la famille, est celui de la vie privée. On peut donc justement le qualifier de pouvoir spirituel, puisqu'il cherche à discipliner les volontés en agissant sur les sentiments et sur les idées, par persuasion et par conviction, sans jamais recourir à aucune action coercitive ; tandis que le pouvoir pratique, qui ne règle que les actes et qui impose ses décisions par la force, comporte la qualification de matériel. De plus, le pouvoir théorique parlant au nom du passé et de l'avenir, et maintenant la continuité humaine, peut encore être qualifié d'éternel ; tandis que le pouvoir pratique, qui ne s'applique qu'au présent, et qui ne concerne que la solidarité, prend le titre de temporel. Enfin, le premier est universel et le second purement local.

La fonction principale du sacerdoce, dans le régime positif, est l'éducation systématique, c'est-à-dire l'enseignement public et universel du dogme de la religion démontrée. Dans l'état final, l'éducation se décompose en deux phases distinctes : la première, nécessairement spontanée, s'accomplit au sein de la famille exclusivement, sous l'assistance prépondérante de la mère. Elle est surtout affective ou morale, principalement destinée à la culture de l'altruisme, sans négliger le progrès intellectuel ni surtout le développement physique. Dans cette première période, la culture mentale, principalement esthétique et toujours subordonnée à l'essor affectif, reste nécessairement empirique : la mère transmet à l'enfant, sur le monde et sur l'homme, tous les renseignements concrets, toutes les notions vulgaires indispensables pour aborder plus tard l'instruction dogmatique, pour laquelle l'initiation intellectuelle de l'enfant est confiée au sacerdoce. De quatorze à vingt et un ans, sans quitter la famille, il doit recevoir dans le temple de l'Humanité l'enseignement abstrait qui l'initie systématiquement à la connaissance de l'ordre universel. Cette instruction proprement dite, qui caractérise la seconde phase de l'éducation positive, résulte essentiellement de l'étude de la hiérarchie encyclopédique formée par les sept sciences fondamentales, de l'exposition du dogme de la religion démontrable, précédée par celle des lois générales de la *philosophie première;* elle s'élève donc graduellement de la mathématique à la morale, qui rappelle et concentre toutes les méditations sur la conception finale du Grand-Être.

L'enseignement positif est complet et universel, c'est-à-dire que chaque membre du sacerdoce, ou plutôt chaque prêtre de l'Humanité, conduit progressivement le même auditoire par les sept degrés de l'initiation théorique, et que ses leçons, toujours facultatives et gratuites, sont professées sans distinction de sexe ni de condition. Les femmes devant élever les hommes et pratiquer comme eux la religion démontrée, ont autant besoin de la connaître ; et c'est aux prolétaires, privés des moyens d'acquérir autrement l'instruction, qu'un tel enseignement est surtout destiné. Il ne comporte donc de différences secondaires qu'envers chaque sexe, qui subit séparément son initiation.

Cette éducation, qui consiste dans l'apprentissage de la doctrine générale sur laquelle doit reposer la conduite privée et publique de chaque individu, pendant toute sa vie, est donc bien réellement la fonction principale du nouveau sacerdoce, non seulement d'après sa destination propre qui est de transmettre et propager la foi positive, mais aussi parce qu'elle pose les bases de son influence personnelle, domestique ou sociale. Tous les autres attributs, la prédication, le conseil, l'arbitrage, la consécration, le jugement, etc., dépendent en effet uniquement de l'autorité que lui confèrent ses lumières ou sa sagesse, ainsi que de l'ascendant inévitable que lui a conquis l'enseignement d'une doctrine unanimement reconnue comme devant régler l'existence humaine.

Dans sa période spontanée, comme dans sa phase systématique, l'éducation positive enseigne à vivre pour autrui, afin de vivre plus tard par autrui et dans autrui. C'est surtout au nom de ce principe général, que le sacerdoce établit pendant l'initiation religieuse et qu'il doit s'efforcer de faire respecter pendant tout le reste de la vie, qu'il peut influer sur la conduite publique. Mais il a d'autres moyens encore pour maintenir dans le devoir et réprimer les déviations : c'est d'abord l'admonestation personnelle, secrète, qu'il adresse au transgresseur de la morale positive, puis l'appel à l'opinion publique. Ici, le sacerdoce fait ses représentations au coupable, en présence de sa famille d'abord, et l'engage à modifier sa conduite : c'est l'admonestation domestique. S'il persiste, un blâme public peut lui être infligé ; et s'il persévère dans le mal après cette remontrance et cet avertissement solennels, la répression religieuse doit aller jusqu'à prononcer l'excommunication sociale, d'ailleurs temporaire ou perpétuelle, suivant les cas. Du reste, l'approbation du public, l'assentiment de l'opinion, constituent la seule sanction de cette grave intervention du sacerdoce, sans qu'il puisse s'y joindre aucune peine temporelle ou condamnation légale.

L'action matérielle, coercitive, appartient exclusivement au pouvoir politique qui, par la législation proprement dite, influe sur les actes et punit les délits ou les crimes. L'emprisonnement, l'amende, la confiscation partielle ou totale et la peine de mort constituent ses moyens d'agir. Mais quoique cette intervention temporelle doive toujours rester nécessaire, il est permis d'espérer que l'action spirituelle, d'après le progrès intellectuel et moral qu'elle s'efforcera sans cesse de réaliser, deviendra de plus en plus suffisante pour diminuer les infractions, et que les délits et les crimes décroissant progressivement, la fréquence et la rigueur des châtiments iront aussi en s'atténuant.

Dans un tel régime, le sacerdoce doit donc renoncer, non seulement à la domination temporelle, mais même à la richesse. Chaque aspirant aux fonctions théoriques prend cet engagement solennel en recevant le sacrement de la destination. Les prêtres de l'Humanité ne possèdent donc pas et n'héritent point, fût-ce de leur propre famille : et de plus, il leur est interdit de tirer aucun profit de leurs travaux quelconques, de leurs leçons ou de leurs livres. Leur service est entièrement gratuit; c'est pourquoi la classe contemplative doit être nourrie, défrayée, matériellement soutenue par la classe active. Ce qui a lieu d'abord au moyen de libres subsides volontairement fournis par les premiers adhérents, et plus tard par l'indemnité pécuniaire régulièrement prélevée sur le trésor public, quand la foi devient unanime. Le sacerdoce ne peut donc posséder en propre, individuellement ou collectivement, ni terres, ni maisons, ni rentes, etc.; devant toujours se borner à conseiller, il ne doit jamais pouvoir commander, même par la seule influence de la richesse et en dehors de toute action politique.

L'unité indispensable à l'action spirituelle, éternelle et universelle, chargée par conséquent de maintenir la continuité et la solidarité humaines, dépend du groupement hiérarchique de ses organes naturels ou de la constitution propre à la classe sacerdotale. L'ensemble des fonctionnaires théoriques, faisant partie du sacerdoce à des degrés divers, comme aspirants, vicaires, ou prêtres consacrés, est constamment et intimement relié, dirigé par un organe unique, par un chef suprême, le Grand-Prêtre de l'Humanité, dont le siège éternel est Paris, métropole future de l'Occident régénéré, et qui sera plus tard le centre spirituel de notre Terre (1). A ce haut fonctionnaire appartient le gouvernement du clergé positiviste, et la direction générale du ralliement humain.

Le régime positif se décompose, comme le culte, en privé et public, suivant qu'il concerne l'existence individuelle ou sociale. Le régime privé institue les règles de la conduite personnelle et de la vie domestique. La première, au lieu de rester égoïste, comme sous le régime théologique ou métaphysique, doit devenir pleinement altruiste, d'après la règle fondamentale qui prescrit la subordination constante et générale de la personnalité à sociabilité. Tout en nous appartient à l'Humanité, tout nous vient d'elle : la vie, la nourriture, le foyer, la fortune, les talents, le savoir, les institutions sociales, les accumulations matérielles et spirituelles, capitaux, arts industriels, beaux-arts, sciences, l'intelligence, la tendresse, l'énergie, etc.; ce que nous lui devons est donc immense, et ce que nous pouvons lui rendre est infiniment petit. Tous ces biens nous sont transmis par les parents d'abord, puis par les maîtres théoriques ou pratiques, enfin par l'intermédiaire continu d'agents divers, dont nous ne connaissons jamais que le plus petit nombre. Il est donc incontestable que chacun de nous ne vit que par autrui, et que, vivre pour autrui devient, pour chacun, dans l'âge qui succède à celui de la préparation, le fondement général de tous les devoirs. Or, d'après l'existence naturelle des penchants bienveillants, d'après la tendance qu'ils ont à s'exercer de plus en plus dans l'état social, enfin d'après la noble satisfaction qui résulte de leur plein essor, cette loi du devoir devient aussi celle du bonheur humain, l'un et l'autre devant résulter de l'exercice continu du dévouement. C'est donc cette règle fondamentale qui fournit le principe de la discipline de nos instincts égoïstes, et qui, sans jamais méconnaître la légitimité de nos besoins réels, systématise la conduite personnelle en épurant notre moral, sans rendre le corps incapable d'un service social efficace.

Le régime privé règle donc d'abord la vie personnelle, en vue de la vie publique, c'est-à-dire en subordonnant au but social la satisfaction de nos besoins et l'exercice de nos penchants égoïstes. Les plus fondamentaux eux-mêmes, l'instinct nutritif et l'instinct sexuel, sont accessibles à cette indispensable discipline, ce qui fournit en même temps les bases de notre épuration individuelle et la seule solution à la fois efficace et morale de questions considérées de nos jours comme très redoutables, l'insuffisance de la production ou l'excès de la population, etc. Si, d'une part, la religion démontrée

---

(1) Selon la prévision d'Anacharsis Cloots.

proclame la nécessité d'assurer à chacun les conditions physiques et vitales dont la science biologique reconnaît la nécessité, d'autre part, elle réprouve énergiquement les dilapidations nutritives, les abus privés où publics qui dissipent si préjudicablement les ressources matérielles de la société. De même, au nom d'une morale toujours positive, elle parvient à régler la procréation, en faisant sentir combien une fonction qui a pour seul but légitime d'entretenir l'élément objectif du Grand-Être, doit être subordonnée, sous l'aspect physique et surtout moral, à sa destination sociale. Quant à l'instinct destructeur, qui se trouve déjà bien atténué par la réglementation des deux premiers (lesquels exercent sur lui une réaction si puissante), il est encore directement comprimé, comme étant contraire au but sympathique de toute l'existence. Et si la religion positive peut discipliner ainsi les passions fondamentales de la nature humaine, à plus forte raison parvient-elle à contenir nos autres instincts égoïstes, naturellement moins énergiques, et d'ailleurs beaucoup moins exclusifs, surtout l'orgueil et la vanité.

Quant au régime domestique, il concerne principalement les modifications destinées à régénérer la famille. Premièrement, il établit la constitution altruiste du mariage humain, représenté jusqu'ici comme ayant pour but exclusif d'assurer la satisfaction des appétits sexuels tendant à la reproduction de l'espèce. D'après la grande notion de l'existence naturelle des sentiments bienveillants, la religion positive a pu concevoir la régénération de ce lien fondamental, en le considérant désormais comme étant surtout destiné au perfectionnement mutuel des deux sexes, abstraction faite de toute sensualité. D'après sa supériorité morale, la femme améliore l'homme en excitant et développant en lui la tendresse. L'homme, au contraire, d'après la prépondérance incontestable de ses qualités pratiques, principales sources du commandement, lui fournit l'appui matériel dont elle a besoin. Il en est de même de l'esprit, dont les facultés, inversement développées, se prêtent un mutuel appui. De là l'efficacité réciproque de cette intime association, qui permet la plus parfaite amitié et la plus complète identification, en dehors de toute rivalité. Ce but élevé, finalement assigné au mariage humain par la synthèse positive, en fait une obligation morale universelle, à laquelle le sacerdoce surtout ne saurait se soustraire : pas de célibat.

Dans le régime positif, la plénitude du lien conjugal, déjà assurée par l'indissolubilité du mariage civil, se trouve encore renforcée par l'institution religieuse du veuvage éternel, dont nous avons déjà fait connaître les principales conditions. Quant à sa constitution, la famille doit ébaucher l'organisation plus complexe de la société. La femme y exerçant comme épouse et comme mère surtout, une influence équivalente à celle que développe le sacerdoce envers l'Etat, doit être, comme lui, affranchie de la vie active, et renoncer à tout commandement réel comme à toute possession matériélle. Cette double condition est indispensable à sa prééminence affective. Toute femme doit donc être affranchie du travail extérieur, afin de mieux accomplir, au sanctuaire domestique, sur son époux et sur ses enfants, sa noble mission moralisatrice et son devoir de ménagère. Mais une telle constitution matérielle ne peut être assurée que d'après le patronage actif de l'homme qui, désormais, doit nourrir fa femme sur le produit de son travail. Il est donc l'élément temporel de la famille : c'est lui qui commande, qui agit à l'extérieur, qui gagne, qui gére et qui possède. Aussi sa liberté civile, son influence matérielle, doivent encore être accrues par la faculté de tester et d'adopter. Cette importante disposition, principalement destinée à faciliter la transmission sociale de la richesse et des grandes fonctions temporelles, a, en outre, une heureuse réaction morale : elle achève de purifier et de consolider tous les liens domestiques, en les dégageant d'une convoitise qui les altère et les souille si souvent aujourd'hui. Le chef de famille ne doit, matériellement, à ses enfants, que ce qui est nécessaire à leur éducation et à leur installation sociale. L'application de ce principe permettra à l'affection filiale ou fraternelle de se développer librement, sans aucune arrière-pensée de convoitise ni de concurrence réciproque ; et la suppression des dots, qui résulte du renoncement de la femme à toute possession matérielle, fera cesser aussi le scandale et le danger des mariages intéressés.

C'est sur des familles ainsi régénérées qu'un sacerdoce respecté étendra son influence moralisatrice, en rappelant à tous leurs devoirs réciproques : aux femmes, qui ne doivent attendre que de l'amour leur ascendant normal, la subordination volontaire envers leurs maris ; aux hommes, la protection matérielle de la famille ; aux enfants, la soumission respectueuse et dévouée, enfin l'affection fraternelle.

Envers le régime public, ou la politique proprement dite, la régénération positive consiste surtout à substituer la notion du *devoir* à celle du *droit*. Cette modification est même aussi essentielle à son égard que l'est la substitution de la *loi* à la *cause*, en ce qui concerne le dogme. Les droits, quels qu'ils soient, individuels ou collectifs, monarchiques ou populaires, théologiques ou métaphysiques, supposent toujours, en effet, une origine surnaturelle, qui peut seule les soustraire à la discussion humaine. Ils ne sauraient donc être conservés dans le régime positif, où des lois naturelles, servant de base à toutes les prescriptions, peuvent toujours être démontrées et surmonter, par conséquent, toute contestation. Les droits, concentrés dans la classe des gouvernants pendant le régime théologique et militaire qui servit à développer les forces sociales, furent très efficaces pour obtenir une obéissance toujours indispensable : mais, répartis entre les gouvernants et les gouvernés depuis l'époque révolutionnaire, ils sont respectivement devenus aussi rétrogrades qu'anarchiques, et ne tendent plus qu'à perpétuer le désordre social. Le positivisme n'admet donc que des devoirs, de chacun envers tous et de tous envers chacun, suivant la détermination fournie par les lois naturelles. Toujours éminemment réelle et sociale, cette doctrine ne peut admettre des droits qui sont toujours essentiellement chimériques et individuels. La souveraineté du peuple, comme le droit divin des rois en fournissent la preuve, puisque ces principes émanent également d'une source théologique, pour aboutir de même à l'autocratie personnelle.

Nous naissons chargés d'obligations de toute espèce envers nos prédécesseurs, nos successeurs et nos contemporains; ces obligations sont encore augmentées par tout ce que nous recevons pendant le temps de notre préparation théorique ou pratique : sur quel fondement humain serait donc basé pour nous le droit individuel (celui de l'enfant en particulier), qui suppose toujours une efficacité préalable, puisque nous ne pouvons, quelle que soit la durée de notre existence, rendre à la société qu'une faible partie de ce que nous en avons reçu ? Tout droit humain serait donc absurde, autant qu'immoral, puisqu'il reposerait sur une appréciation erronée, et qu'il nous pousserait à des prétentions égoïstes ; la politique positive ne saurait s'appuyer sur ce fondement défectueux. Puisque, de par la science, il n'y a plus de droits divins, mais seulement des lois naturelles, cette notion de droit doit être complètement éliminée du domaine politique, comme exclusivement propre au régime provisoire, théologique ou métaphysique. Une telle doctrine est totalement incompatible avec l'état positif de la raison humaine qui n'admet, en politique, que des devoirs correspondant aux fonctions normales de l'existence collective, déterminées par la science sociale. Nous avons assez expliqué déjà comment tous ces devoirs se confondent dans la règle générale *vivre pour autrui :* nous devons rappeler, en outre, le principe social qui prescrit de *vivre au grand jour*, c'est-à-dire de ne rien entreprendre qui ne soit avouable ; et qui recommande le respect continu de la vérité, le scrupuleux accomplissement des promesses quelconques, surtout de la parole donnée. C'est là le double devoir admirablement introduit par le moyen-âge et qui résume toute la morale sociale.

La vie publique comporte une appréciation distincte, suivant que l'on considère son caractère civique ou religieux. Sous le premier aspect, la Patrie est, comme nous l'avons dit, l'intermédiaire sociologique nécessaire entre la Famille et l'Humanité ; mais, pour lui rendre toute son efficacité naturelle, il est indispensable de la ramener à des proportions bien moins considérables que celles des agglomérations excessives résultées des guerres politiques qui succédèrent à la rupture du lien catholique, au temps de la Réforme. D'après la notion normale de patrie, qui réduit cette association politique à la cité, entourée du territoire nécessaire à la satisfaction de ses besoins matériels, les républiques futures ne doivent pas excéder ordinairement, en étendue, l'espace occupé par cinq de nos départements actuels, de manière à équivaloir, par exemple, à la Sicile, à la Toscane, à l'Irlande, à la Suisse, à la Belgique, à la Hollande, etc. La vie politique devant être, dans l'avenir, essentiellement industrielle et pacifique, le travail y remplaçant la conquête et la défense, elle ne saurait se constituer normalement dans des populations plus étendues. Mais dans des États tels que ceux dont nous avons parlé, la vie civique pourra reposer naturellement sur ce double principe habituellement senti et appliqué : *dévouement des forts aux faibles, respect des faibles pour les forts,* ou des inférieurs pour les supérieurs, de manière à faire constamment reposer l'harmonie sociale sur les deux penchants altruistes les plus élevés de notre nature, la bonté et la vénération, préalablement développées, ainsi que l'attachement, par la vie de famille. Or, ce grand résultat politique ne peut être obtenu que d'après la division fondamentale, d'ailleurs pleinement justifiée théoriquement, des deux puissances sociales, spirituelle et temporelle. Car on ne peut assurer le dévouement des forts aux faibles que par l'avènement d'une classe de forts qui ne puissent obtenir d'ascendant social qu'en se dévouant systématiquement aux faibles, d'après la libre vénération que ceux-ci leur consacrent. Tel est le sacerdoce qui, restreint au conseil et dénué de tout commandement, devient l'âme de la vie sociocratique. Son intervention civique est donc principalement destinée à régler les relations entre le prolétariat et le patriciat.

La constitution normale de l'industrie moderne repose en effet sur deux conditions essentielles : la division entre les entrepreneurs et les travailleurs, et la hiérarchie des chefs industriels d'après leurs fonctions, d'où résulte naturellement celle des prolétaires. Cette organisation se trouve complétée par la subordination des campagnes envers les villes. La hiérarchie industrielle s'élève ainsi des agriculteurs aux fabricants, puis de ceux-ci aux commerçants, pour monter enfin aux banquiers, en constituant chaque classe sur la précédente. Ce classement est fondé sur la nature même des opérations respectives, qui, étant de moins en moins directes, exigent successivement des agents plus choisis et moins nombreux, et aussi des conceptions plus générales et plus abstraites, comme une plus vaste responsabilité.

Le *patriciat*, ou la classe des entrepreneurs, doit être assez concentré pour que chaque membre y administre tout ce qu'il peut convenablement diriger de la fortune publique, afin de réduire autant que possible les frais de gérance et d'augmenter la responsabilité du fonctionaire. Cette concentration de la richesse est une condition essentielle de son efficacité, car de grands devoirs nécessitent de grandes forces, et d'ailleurs, le plein développement de l'industrie et la satisfaction des besoins sociaux, exigent autant la concentration des capitaux que la dispersion des produits. Confiance entière et pleine responsabilité, tel doit donc être le double caractère de la nouvelle organisation politique.

La richesse, ou la possession mobilière et immobilière, y reçoit toujours une appropriation personnelle, mais elle est reconnue comme étant sociale dans sa source, et dans sa destination. La création d'un capital quelconque étant toujours un résultat collectif, auquel l'individu a infiniment moins de part que l'ensemble de ses prédécesseurs et de ses contemporains, jamais sa possession ne peut constituer un droit personnel absolu, ou seulement arbitraire. Tout propriétaire n'est qu'un fonctionnaire public, un détenteur responsable, chargé par l'Humanité de gérer une portion de la richesse commune, et obligé de l'employer de la manière la plus profitable à tous. Libéralement dotés par leurs prédécesseurs, les contemporains doivent transmettre à leurs successeurs l'héritage des générations passées : tel est le principe réel de la coopération sociale, théorique ou pratique. Comme conséquence d'une telle régénération politique, l'hérédité théocratique émanée du régime des castes, et qui s'est prolongée sous diverses formes jusqu'à nos jours, doit être remplacée par l'hérédité sociocratique. C'est-à-dire que le patricien doit choisir librement son successeur ou son héritier, même en dehors de sa famille, sous sa responsabilité morale, avec le contrôle sacerdotal et populaire, qui ne peut, du reste, influer qu'indirectement, par des représentations, mais jamais par la force. Ce mode de transmission des fonctions temporelles, ainsi que de la richesse qui en constitue la base, est une application du principe plus général qui, dans le régime positif, fait toujours choisir les fonctionnaires inférieurs par leurs supérieurs immédiats. Nul ne pouvant être convenablement apprécié, jugé, que par son supérieur réel, les inférieurs, dans une fonction quelconque, sont donc généralement incompétents pour choisir leurs chefs, ce qui écarte entièrement, dans l'état normal, le régime électif démocratique. Ce procédé est, en effet, aussi infidèle qu'immoral, puisqu'il aboutit toujours à l'inconvenance des choix, d'après l'incompétence des juges, et à une irresponsabilité déplorable dans une fonction aussi importante (1).

Le gouvernement temporel proprement dit doit être exercé, dans chaque république sociocratique, par les principaux industriels : c'est-à-dire, d'après la hiérarchie sociale que nous avons indiquée, par les banquiers les plus importants, que la généralité et la difficulté croissantes de leurs relations commerciales, manufacturières et agricoles placent au sommet de la série pratique dont les travailleurs forment la base. C'est à eux que, dans les cas de conflit, le sacerdoce, par l'intermédiaire de son organe suprême, devra soumettre les réclamations du prolétariat. « La classe exceptionnelle qui contemple « habituellement l'avenir et le passé, applique alors au présent toutes « ses sollicitudes, en parlant à ceux qui vivent au nom de ceux qui « vécurent et pour ceux qui vivront (2). »

Quant au *prolétariat*, ses travaux quelconques, sous le nouveau régime politique, prennent nécessairement un caractère social, comme services volontairement rendus à l'Humanité. Cette noble destination, qui relève si efficacement chaque action particulière par le sentiment habituel de sa coopération au bien public, ennoblit l'obéissance autant qu'elle consolide le commandement; car tout ordre véritable, émanant du Grand-Être, ne saurait dégrader celui qui l'exécute. Enfin, cette destination du travail humain développe activement le sentiment social dans des fonctions jusqu'alors réduites à de simples préoccupations personnelles. Toutes les professions utiles deviennent libérales; et le prolétaire cesse d'être un esclave émancipé, pour prendre définitivement dans la société le rang de citoyen. Dès lors aussi, le salaire n'est plus regardé comme payant la valeur du fonctionnaire, ou comme acquittant le service rendu, mais comme indemnisant seulement le travailleur de la dépense en provisions, matériaux et instruments indispensables à l'accomplissement de sa fonction, à son entretien personnel, ainsi qu'à celui de sa famille. Cette façon nouvelle d'envisager le salaire ne dispense donc

---

(1) Nous en avons eu, en France, trop d'exemples depuis cent ans, pour qu'il soit nécessaire d'insister.

(2) *Catéchisme positiviste*, page 303.

aucunement de la gratitude qui revient à tout service réel, ni de l'appréciation spéciale du dévouement et du talent que nécessitent tant d'actes industriels ; elle permet, au contraire, de faire pleinement ressortir le mérite de chacun aux yeux de tous, même quand il s'agit des plus humbles travaux, dont quelques-uns exigent trop souvent le risque de la vie. C'est ainsi que devient possible le classement abstrait de tous les hommes, d'après leur valeur intrinsèque, intellectuelle et surtout morale, indépendamment du classement concret résulté de la subordination des professions, et assigné par la situation sociale, ou par la fonction. Ce contraste permanent, librement développé par le sacerdoce, ramènera sans doute les chefs temporels à des appréciations plus judicieuses et à des dispositions meilleures envers leurs subordonnés, en leur faisant sentir que leur propre élévation peut tenir davantage de leur situation que de leur mérite, et que tels de ceux-ci leur sont réellement supérieurs individuellement.

Le sacerdoce fera encore apprécier au prolétariat l'avantage d'une condition où l'absence de responsabilité, et par conséquent de tous les soucis qui s'y rattachent, permet de s'abandonner sans trouble aux douceurs d'une vie de famille désormais convenablement assurée sous le triple rapport matériel, intellectuel et moral. Les travailleurs reconnaîtront alors que le principal office du patriciat étant de procurer à tous le paisible essor de la félicité domestique, ils doivent le respecter et le seconder de tous leurs efforts ; et ils ne manqueront point d'éprouver une reconnaissance réelle pour de tels services. Les conflits politiques ou industriels deviendront donc moins fréquents : et pour les cas où ils seront inévitables, le sacerdoce s'efforcera d'obtenir des chefs et des subordonnés le renoncement formel à tout procédé militaire, ou violent, pour vider de tels débats. Désormais, la lutte doit exclusivement s'engager entre la force concentrée ou dispersée, d'après le retrait des capitaux ou le refus du travail, mais ne jamais consister dans la violence exercée sur les personnes ; un tel moyen ne devant être usité qu'envers les malfaiteurs. C'est dire que l'institution de la grève, qui forme la principale garantie politique du prolétariat, ne saurait disparaître du régime normal de l'industrie, et que le sacerdoce devra en régulariser l'emploi en déconseillant et blâmant celles qui seraient injustes, en fortifiant de son approbation celles qui seraient légitimes.

Voilà pour l'organisation de la cité ; quant à la politique universelle, elle offre deux degrés principaux, suivant que l'on considère les populations régénérées, c'est-à-dire positivistes, ou bien les peuples demeurés étrangers à la vraie religion. Dans le premier cas, l'action politique consiste dans l'extension de l'influence sacerdotale, seule universelle, aux diverses républiques sociocratiques temporellement distinctes et indépendantes, dont elle doit maintenir l'union spirituelle, par la communauté de sentiments et d'opinions résultée de l'identité d'éducation. Cette influence devra même s'étendre à l'adoption de certaines dispositions pratiques, telles que l'uniformité de monnaies, de poids et mesures, de langage, etc., que le sacerdoce pourra seul faire prévaloir universellement, malgré les rivalités locales. L'union des divers États entre eux reposant surtout sur des mœurs uniformes et sur des fêtes communes, sera donc religieuse et nullement politique. Et si quelque gouvernement temporel devenait véritablement oppressif chez lui ou subversif au dehors, le sacerdoce, d'après l'influence spirituelle qu'il possède dans chacune des autres républiques, parviendrait toujours, par leur intervention, à ramener le transgresseur, si ses avis directs demeuraient méconnus.

Envers le second cas, la politique positive consiste dans l'incorporation successive des populations hétérogènes à la religion de l'Humanité. Émanée du centre français, la nouvelle foi s'étendra à peu près simultanément aux quatre autres populations avancées qui, depuis Charlemagne, constituent, avec la France, la République occidentale, savoir : l'Italie, l'Espagne, l'Angleterre et l'Allemagne, avec leurs annexes respectives, surtout européennes et même coloniales. Viendront ensuite les autres populations monothéiques : les Turcs et les Arabes d'abord; après, les Russes et les Persans; puis la race jaune, polythéiste; enfin la race noire, encore fétichique. C'est ce noble prosélytisme extérieur, toujours éclairé, pacifique, bienfaisant et réparateur, qui deviendra la principale occupation collective du sacerdoce positif, quand la régénération occidentale sera assez assurée. Ainsi se trouvera finalement réalisé le vœu de l'unité humaine, par l'extension de la foi démontrable à tous les peuples de la Terre, par la fusion des trois races fondamentales qui offrent chacune un attribut de la sociabilité humaine respectivement prépondérant, et dont l'association religieuse, en permettant l'exploitation systématique de notre commune demeure, facilitera le perfectionnement définitif de notre constitution cérébrale, en l'amenant à mieux aimer, à mieux penser et à mieux agir (1).

---

(1) Je rappelle, en terminant ce résumé trop imparfait de la doctrine positiviste, qu'il ne peut donner une idée suffisante de cette immense systématisation, ni surtout permettre de la juger. Son principal but est de présenter les motifs théoriques de la glorification que j'ai entreprise dans la seconde partie de cet opuscule, et une telle exposition ne saurait aucunement dispenser de recourir aux œuvres du fondateur : le *Cours de philosophie positive*, le *Système de politique positive*, la *Synthèse subjective*, le *Catéchisme positiviste*.

VI. — Transition de l'état actuel a l'état normal.

D'après ce qui précède, il est aisé d'entrevoir quel immense changement la religion positive introduit dans le monde, puisqu'elle y renouvelle, en l'améliorant, l'exercice du sentiment, de la pensée et de l'action. A l'antique égoïsme des motifs théologiques, elle substitue des mobiles sociaux entièrement désintéressés ; au lieu du régime arbitraire et mystérieux des volontés surnaturelles, elle introduit la précision et la fixité des lois démontrables dans l'explication de l'ordre universel ; enfin, elle substitue, dans la politique, le devoir au droit, l'industrie à la guerre, et fonde entre les sentiments, les idées et les actes, une convergence jusqu'alors inespérée, une incomparable harmonie. C'est donc la plus profonde révolution et la plus universelle à laquelle ait encore aspiré l'Humanité.

Mais cette complète évolution n'est pas moins accessible que fondamentale, car la religion qui l'institue consacre, en les développant, tous les éléments nécessaires, toutes les fonctions normales du grand organisme : sa base active, le prolétariat et le patriciat ; sa direction théorique, le sacerdoce ; son intime et permanente impulsion morale, la femme. Elle établit l'harmonie de toutes ces forces indispensables. Elle consolide donc la Famille, la Patrie, l'Église, éléments éternels de l'existence sociale ; elle rétablit leurs relations nécessaires sur des bases mieux assurées.

Perfectionnant partout l'ordre universel, surtout humain, la religion finale n'apporte pas moins au progrès : elle développe dans tous les sens la nature de l'homme et dirige ses meilleurs efforts vers la conquête des trésors spirituels (le beau, le bien, le vrai), seuls véritablement communs et inépuisables. Affranchissant, au nom de la science et de la morale, d'une misère inique, l'immense classe de ceux qui produisent toute richesse, elle ouvre aux travailleurs l'accès de la famille régénérée ; elle étend leur action publique, des plus humbles intérêts de la société, jusqu'à ses préoccupations les plus nobles. Elle donne au gouvernement humain sa véritable force et sa seule dignité, par la moralisation du commandement et de l'obéissance, qui deviennent également un devoir. Enfin, elle assure la liberté, d'après l'ordre, l'indépendance personnelle et le concours social, en séparant à jamais les deux grands pouvoirs théorique et pratique, en étendant l'influence spirituelle, et adoucissant la force matérielle. Surtout elle reconstitue fortement l'Église, qu'elle élève à sa plus entière généralité. Et c'est vers ce point, où convergent depuis tant de siècles les plus hautes aspirations de la société, que la religion positive concentre tous ses efforts, pour réaliser le perfectionnement suprême, pour instituer, enfin, l'harmonie recherchée par toutes les préparations antérieures. Conservant du passé ce qu'il eut de beau, de grand, d'organique et de définitif, et n'éliminant de ce précieux héritage que ses résultats passagers, ou ses imperfections nécessaires, elle consomme le vœu de l'unité romaine et de l'universalité catholique! Elle vient donc prendre la direction générale des affaires terrestres pour modifier systématiquement les diverses situations contemporaines, qu'elle seule comprend et respecte, et pour les amener au terme définitif de toute évolution humaine. A ce noble labeur, à ce concours suprême, elle convie tous ceux qui, enfants de l'Humanité, aspirent à devenir ses serviteurs en assurant ce progrès final, afin que débarrassés des vices, des erreurs et des faiblesses de l'adolescence, nous puissions aborder notre maturité dans des sentiments, des croyances et une activité véritablement dignes de citoyens de la Terre. Alors plus de haine funeste, plus de préjugés trompeurs, plus d'agitation homicide ou de défaillance vaine, partout la sympathie, la clairvoyance et la fermeté : partout l'homme tendant à l'homme une main fraternelle, pour exploiter la patrie commune ; pour féconder, en la bénissant, cette Terre dont dépend l'existence de tous, pour l'améliorer et l'embellir, pour en faire un séjour de bonheur et de paix, où chacun puisse accomplir dignement sa véritable destinée, qui est de concourir librement à la conservation et au perfectionnement de l'Humanité.

La synthèse positive concilie donc toutes les nécessités de l'ordre et du progrès : expliquant d'une manière naturelle la succession des mutations humaines, elle démontre la légitimité, la fatalité même d'un régime rationnel et pacifique qui succède, d'après l'effort de la révolution moderne, au régime catholico-féodal; elle rattache le présent au passé, la république à la monarchie, les progressistes aux conservateurs; enfin elle rétablit la continuité sociale si longtemps et si dangereusement rompue. Elle vient fermer l'ère des révolutions et inaugurer l'âge béni de la concorde, en rapprochant les personnes, les classes, les partis, les sectes, les races, les tribus, les nations, par une même foi et par un seul amour, le culte de l'Humanité!

Comment marcher, dans le présent, vers ce glorieux et bienfaisant avenir, dont la science nous offre aujourd'hui la promesse, et dont elle nous fait entrevoir l'inévitable avènement? Car, bien que la société ne puisse échapper à ses lois, bien que le terme naturel de son évolution ne puisse être évité, il dépend de nos efforts de devancer le moment du triomphe, et d'atteindre plus tôt le but. La religion nous fournit encore ici sa tutélaire assistance.

D'abord, elle ne fait dépendre l'avènement de la foi positive et l'installation du régime pacifique que des efforts de ses adhérents. C'est l'action purement spirituelle qu'ils exerceront sur leurs contemporains, par l'exemple de leurs mœurs, par l'ascendant de leur parole et de leur conduite, par la prédication et par l'enseignement, par leur jugement et leur initiative envers les grands événements sociaux et politiques, en renonçant à tout recours matériel et coercitif, à tout emploi de la force pour exercer leur influence, c'est cette action, dis-je, que reconnaît seule la nouvelle foi, et que doivent exercer ceux qui la professent. Persuasion, démonstration, dévouement, voilà les moyens, les armes uniques qu'ils puissent et veuillent employer pour entreprendre et consommer la régénération moderne, pour faire prévaloir finalement la religion universelle, pour amener le règne de l'Humanité.

Mais après l'influence systématique résultée de l'enseignement religieux, les positivistes peuvent s'adresser plus directement à l'opinion publique, afin de la faire accéder aux principes de la politique transitoire qui doit conduire à l'installation définitive du régime final. Pour ouvrir ultérieurement cette phase préparatoire, dont toutes les bases ont été posées dans le Traité de sociologie (1), leurs efforts actuels doivent amener le public à admettre quelques propositions politiques qu'il faut évidemment faire pénétrer chez tous les esprits actifs, si l'on veut obtenir la seule issue normale de la crise où se trouve engagé l'Occident.

D'abord, les hommes de toutes les opinions et de tous les partis qui veulent sincèrement l'ordre ou le progrès, doivent reconnaître pleinement, aujourd'hui, que la situation est nécessairement transitoire, puisque les conservateurs et les progressistes s'efforcent également d'en sortir, quoique d'une manière différente. Ils doivent reconnaître que cette situation n'est pas le résultat d'un simple accident momentané (la crise de 1789 par exemple), mais l'effet d'une immense révolution dans les idées et dans les mœurs, qui dure et se développe depuis cinq siècles environ. Et que, dès lors, ils ne peuvent espérer de faire cesser, par des mesures immédiates, un état aussi grave, aussi ancien, qui nécessite un changement toujours lent et difficile dans les opinions et dans les habitudes. De plus, comme le retour aux anciennes croyances et aux vieilles institutions, s'il était

---

(1) V. dans la *Politique positive*, t. IV, le chapitre consacré à la transition moderne : *Appréciation systématique du présent, d'après la combinaison de l'avenir avec le passé.*

possible, ne ferait que replacer la société au point où elle n'a pu se maintenir et dont elle est partie pour tomber dans la révolution, il est évident que la restauration de l'ancien régime ne présente aucun recours assuré contre le désordre actuel, et qu'il faut, pour en sortir, un système entièrement nouveau, vers l'établissement duquel la politique contemporaine doit tendre de plus en plus.

On n'improvise pas une société : et la modification totale des opinions et des mœurs, de laquelle dépend finalement l'institution du régime nouveau, devant être inévitablement lente et graduelle, il s'ensuit que l'on ne peut aucunement décréter ce régime. L'action politique, les mesures gouvernementales immédiates, sont donc ici tout à fait impuissantes, incompatibles, et l'on doit surtout recourir à l'action spirituelle, qui s'exerce sur les idées et les sentiments desquels dépend la conduite humaine. Cette action n'est pas moins exigée encore par l'extension même des populations à régénérer et par leur état de liberté, qui implique de leur part un assentiment volontaire, inconciliable avec tout commandement politique proprement dit. C'est pourquoi le conseil philosophique convient mieux à une telle opération que les injonctions temporelles ; c'est pourquoi les libres efforts de chacun pour modifier ses opinions et ses dispositions acquièrent à cet égard une importance capitale, car c'est de cette transformation personnelle et spontanée que dépendent l'avènement du nouveau régime et la terminaison de la révolution. Voilà ce que doivent méditer et comprendre tous les hommes qui veulent sortir de la situation présente, les progressistes surtout, puisque seuls ils cherchent activement les conditions de la réorganisation moderne, et que les rétrogrades, restant à l'état passif, gardent ordinairement la défensive.

Ce n'est pas tout encore, et puisqu'une telle situation n'est qu'une transition entre le passé et l'avenir, on doit y respecter sincèrement les forces sociales créées par ce passé (la puissance temporelle surtout, richesse et gouvernement), et les accepter telles qu'il les a réparties, sans renoncer cependant à les modifier, puisque ce changement essentiel est le but même de la révolution. La rénovation consiste, à cet égard, à faire surgir de l'étude rationnelle des forces développées par l'évolution antérieure, la nature des améliorations qu'elles comportent, au lieu de les bouleverser ou de les détruire par une intervention jalouse et inconsidérée. Pour devenir véritablement progressiste, il faut donc être organique, il faut abandonner les procédés négatifs pour les mesures constructrices, et, au lieu de renverser toujours, se proposer de conserver en améliorant. Enfin, il faut renoncer à jouir immédiatement des bienfaits d'une rénovation qui ne saurait être subite, et se contenter, comme l'ont fait nos pères, de travailler pour les descendants.

Voici quelques-unes des mesures générales que de telles dispositions mentales et morales devraient inspirer à l'action politique. Son premier devoir, la plus urgente nécessité de notre temps, c'est de maintenir l'ordre matériel au milieu du désordre spirituel résulté de l'état révolutionnaire, mais de manière à permettre la rénovation. La divergence des opinions et l'égoïsme des sentiments, leur antagonisme, augmentant chaque jour, il faut nécessairement contenir le désordre des actes, si l'on veut empêcher la dissolution de l'état social. Un tel résultat dépend certainement aujourd'hui de l'institution d'un gouvernement civil dictatorial, et du renoncement sytématique à toute direction parlementaire. La dictature n'est autre chose, au fond, que la concentration dans les mêmes mains, du pouvoir législatif et du pouvoir exécutif : le premier portant de plus en plus sur les intérêts d'ordre matériel et administratif, et de moins en moins sur les choses spirituelles. Que la dictature émette les décrets nécessités par la gestion des affaires temporelles ; que l'assemblée qui lui est adjointe soit purement administrative, financière, chargée de voter et de contrôler son budget ; qu'elle soit choisie par le suffrage universel, pour éviter les intrigues de la richesse et de la *capacité :* mais que jamais un parlement omnipotent et irresponsable, accaparant toutes les hautes fonctions sociales et tous les pouvoirs, confondant le spirituel et le temporel, n'édicte arbitrairement des lois sur la religion, la morale, la philosophie, la science, la politique et l'industrie ! Des praticiens appelés à légiférer en matière spirituelle et des théoriciens pourvus d'une autorité politique pour imposer leurs idées au lieu de les exposer, sont deux choses aussi contradictoires au point de vue de la raison, que menaçantes envers l'ordre et la liberté. La séparation de la théorie et de la pratique, de l'Église et de l'État, l'attribution à des organes respectifs et indépendants de l'influence spirituelle et de l'autorité temporelle, enfin la concentration de l'action politique au sein d'une dictature responsable, exclusivement pratique, telles sont aujourd'hui les seules garanties de l'ordre et du progrès, de la conservation et de la liberté, le seul moyen d'éviter l'arbitraire et la confusion politiques, la lutte et les excès des partis, *l'inquisition et la terreur,* qui sont aussi bien le dernier mot de la rétrogradation que de l'anarchie !

En fait, la dictature, sous une forme quelconque, gouverne l'Occident depuis le commencement de l'ère révolutionnaire, c'est-à-dire depuis la fin du XIIIe siècle, où commença la décomposition manifeste du régime catholico-féodal. L'anarchie croissante des opinions exigeait qu'il en fût ainsi ; et, en présentant systématiquement ce mode gouvernemental comme la base nécessaire de la politique contemporaine, le positivisme ne fait que régulariser un état de choses qui existe depuis longtemps. Voici, d'une manière très générale, quels sont les principes de cette importante systématisation.

Rappelons avant tout que la dictature est indispensable au maintien de l'ordre social tant qu'il y a divergence dans les esprits, puisqu'en l'absence de principes fixes pour la conduite privée et publique, des agents multiples étant nécessairement divisés, ne peuvent exercer une action coordonnée. Mais elle assure encore son établissement final à un point de vue bien plus important : en subordonnant au pouvoir politique les légistes et les métaphysiciens, la dictature tend à éliminer les classes transitoires, les forces sociales descendantes, qui doivent nécessairement disparaître ; et elle favorise l'avénement des forces ascendantes ou des classes normales, patrons, ouvriers, savants, artistes, non-seulement en secondant le mouvement industriel et positif qui leur est propre, mais aussi en les préservant de la déviation parlementaire, où les patriciens ne manquent jamais de devenir les subordonnés des théoriciens subalternes, docteurs de toute sorte et avocats. Résultat funeste, surtout au moment où les dépositaires de la fortune publique doivent devenir les véritables chefs temporels de la société, afin de diriger convenablement la grande lutte de l'homme contre le monde extérieur, qui est le but final de la politique humaine. Du reste, sous le régime parlementaire, la dégradation n'est pas moins à craindre pour les prolétaires que pour les chefs industriels, et le parlementarisme démocratique n'est pas moins dangereux, à cet égard, que le parlementarisme bourgeois, puisque l'intrigue et l'intérêt (comme on l'a vu dans beaucoup de cas), se substituent aussi bien aux principes dans la conduite politique du peuple que dans celle de la bourgeoisie. Tout espoir de rénovation serait donc perdu, si le parlementarisme généralisé arrivait à altérer profondément le prolétariat, puisque ce régime n'est autre chose que l'insurrection permanente, que l'émeute systématique des classes transitoires contre l'avénement de l'état normal.

Nécessaire au maintien de l'ordre, la dictature n'est pas moins indispensable au développement du progrès, qui en est l'extension systématique. Voici les principales modifications qu'exige cette institution pour qu'elle arrive à améliorer en conservant. D'une manière générale, l'action dictatoriale doit renoncer à la direction spirituelle et favoriser la décentralisation administrative.

Sous le premier point de vue, celui de l'abstention spirituelle, la dictature moderne doit donc abandonner toute prétention théocratique, pour prendre ouvertement le caractère sociocratique. C'est-a-dire qu'uu tel gouvernement doit s'appuyer, pour agir et durer, non plus sur le droit divin et absolu que dut nécessairement invoquer la direction royale au sortir du moyen âge, et d'après l'influence de la consécration théologique, mais sur l'approbation et le respect des gouvernés, sur la conformité de sa politique avec les besoins et les tendances de la situation sociale, en un mot, sur son utilité, qui est désormais la seule base de toute légitimité. La division réelle, la séparation totale des deux pouvoirs sociaux théorique et pratique, spirituel et temporel, suffiront pour assurer cette transformation. Et leur indépendance se trouvera assez établie, quand la dictature se sera reconnue elle-même comme uniquement chargée de maintenir l'ordre matériel, et qu'elle ne s'attribuera plus que le gouvernement politique proprement dit; quand elle aura institué la pleine et entière liberté d'exposition et de discussion qui est indispensable à la propagation et à l'avènement de la nouvelle doctrine générale qui peut seule terminer la révolution. Outre l'abolition de toutes les mesures restrictives actuellement infligées à la liberté spirituelle, sa complète et indispensable restauration ne peut donc être effectuée que par la suppression des budgets théoriques (celui des Cultes, et surtout celui de l'Uuiversité), qui constituent un monopole oppressif en faveur des croyances subventionnées. Tout en respectant scrupuleusement les opinions correspondantes, l'État doit cesser de les salarier. Dans l'exercice de ses attributions politiques et administratives, il ne doit manifester aucune prédilection théorique officielle; comme la loi, et pour lui appliquer l'heureuse formule d'un légiste contemporain, le gouvernement doit être athée, c'est-à-dire qu'il ne doit régler sa conduite politique d'après aucune foi religieuse spéciale, quelles que soient, d'ailleurs, les croyances personnelles de ses agents. Avec la liberté de conscience, il ne peut y avoir de religion d'État (1).

D'après la suppression des budgets théoriques, le culte et l'enseignement deviendront libres, ce qui sera pour tous deux, mais surtout pour le catholicisme, la condition essentielle de sa transformation finale, ou d'une digne extinction. Le gouvenement, tout en ne con-

---

(1) Je ne fais ici qu'énoncer le principe, sans donner aucun développement, renvoyant le lecteur, à cet égard, aux ouvrages d'Auguste Comte. Je dois rappeler seulement que, quant à la liberté de la presse, le pouvoir temporel doit toujours se prémunir lui-même, et sauvegarder les personnes contre les attaques des *bravi* littéraires; et que, quant à la suppression des budgets spirituels, tous les ménagements convenables lui sont recommandés pour sauvegarder les intérêts des fonctionnaires engagés dans les carrières correspondantes.

On trouvera aussi quelques développements relatifs à ce sujet dans la seconde partie de cette notice, c. IX.

servant à cet égard qu'une surveillance administrative et relative aux intérêts d'ordre public, doit cependant retenir dans ses attributions l'*enseignement primaire*, qu'il cherchera à développer. Car cette instruction n'est que la vulgarisation gratuite des notions que tout homme doit aujourd'hui posséder, indépendamment de ses opinions quelconques. Par le même motif, il conservera la direction de quelques *Écoles spéciales*, également indépendantes de toute croyance politique ou religieuse, comme les écoles vétérinaires, etc. Hors cela, l'État laisse tout surgir et ne protège rien. Tel est le seul moyen d'instituer réellement la liberté spirituelle (liberté de conscience, liberté religieuse, liberté philosophique, liberté d'enseignement, d'exposition et de discussion), sans aucun danger pour l'ordre matériel.

D'autre part, étant pourvue de la centralisation politique (réunion des pouvoirs législatif et exécutif et assimilation des décrets aux lois), la dictature moderne peut effectuer la décentralisation administrative, afin d'éliminer autant que possible une bureaucratie onéreuse, oppressive, gênante, et pour rétablir dans chaque localité un centre d'activité civique. Surtout, elle doit devenir irrévocablement pacifique, et proclamer le grand fait social de la substitution de l'activité industrielle à l'agitation militaire, du travail à la guerre et de la solidarité de tous les peuples, qui, en tant que membres d'une même famille et parties d'un seul organisme, ne sauraient rester en opposition réciproque. La dictature devra donc tendre immédiatement à restreindre l'armée dans les limites qu'exige le maintien de l'ordre intérieur, c'est-à-dire à la supprimer en principe et à la transformer, de fait, en une gendarmerie toujours trop faible pour consommer une oppression générale, mais assez forte pour prémunir le gouvernement contre des émeutes partielles. Telle est la condition expresse d'après laquelle chaque dictature occidentale obtiendra, à l'intérieur, la confiance et le respect des gouvernements et des nations.

La politique de l'Occident envers le reste de la Terre doit être basée sur le même principe et consister dans l'exclusion de toute oppression, surtout militaire, à l'égard des populations moins avancées. En attendant un prosélytisme direct, toujours éclairé et bienveillant, elle doit donc réduire ses relations étrangères à de simples rapports commerciaux, et substituer au mépris systématique qu'elle témoigne si injustement aujourd'hui envers les membres attardés de la grande famille humaine, l'appréciation relative et sympathique que nécessite et que mérite leur situation.

En résumé : maintenir énergiquement l'ordre matériel, seconder sagement le mouvement industriel et faire respecter scrupuleusement la liberté spirituelle, telle est, suivant la foi positive, la tendance qui convient actuellement à la politique occidentale, surtout française, pour entrer dans la voie de la régénération finale. On peut penser que de telles mesures seront convenablement appréciées par les gouvernants : mais comment le public les accueillera-t-il? Sans aucun doute, elles finiront par acquérir la sympathie des masses passives de toutes les opinions, et l'adhésion de l'élite du prolétariat : mais elles provoqueront, plus sûrement encore, ainsi que l'a fait déjà la doctrine générale dont elles émanent, l'aversion des meneurs de tous les anciens partis.

Les vrais révolutionnaires, ceux qui veulent reconstruire la société en dehors du théologisme et de la guerre, trouveront dans le positivisme trop de points de contact avec leurs propres aspirations, pour s'en laisser toujours écarter par les sophismes dont on les abuse aujourd'hui. Ils ne sauraient méconnaître plus longtemps les affinités d'une doctrine qui écarte radicalement l'ancien régime pour lui substituer un système entièrement conforme aux besoins de la société moderne. La politique positive reprend en effet le mouvement humain où l'avait laissé la Convention, pour le diriger vers son aboutissant normal ; et l'on peut espérer qu'elle sera finalement appréciée de tous les véritables progressistes.

Malgré la déviation anarchique qu'a fait subir aux travailleurs le parlementarisme démocratique, ils peuvent encore être ramenés au véritable esprit de la révolution : car la masse prolétaire est politiquement indifférente et désire avant tout la réorganisation sociale. Elle tend partout, sous le rapport des institutions, vers l'état pacifique ou industriel, et, à l'égard des opinions, vers l'état rationnel ou scientifique. Quant à l'élite, qui constitue le prolétariat actif, elle est surtout communiste (on dit aujourd'hui *collectiviste*) : dominée par le sentiment social, elle sacrifie trop l'indépendance personnelle au concours public ; elle professe donc le meilleur socialisme, mais elle peut être aussi ramenée, puisque, grâce à l'élévation et à la sincérité du sentiment, l'esprit peut y rectifier une aberration purement intellectuelle, et s'élever enfin au positivisme, qui subordonne la personnalité à la sociabilité sans sacrifier l'indépendance au concours. Il est donc permis d'espérer que le prolétariat, qui constitue, comme classe, la plus solide espérance de la régénération moderne, pourra satisfaire bientôt à ses conditions essentielles : qu'il renoncera, sous l'influence de la prédication positiviste, aux grossiers appâts de l'industrialisme, qu'il comprendra l'importance des efforts individuels pour le perfectionnement intellectuel et moral, et qu'il délaissera dès lors l'insurrection et le déclassement comme procédés usuels pour améliorer sa situation.

Pour les conservateurs sincères, c'est-à-dire les riches auxquels il est resté quelque sentiment social, fatigués d'oscillations perpétuelles entre la rétrogradation et l'anarchie, ils finiront sans doute aussi par accorder leurs sympthies et leur confiance à la seule doctrine qui peut et veut, aujourd'hui, concilier à la fois les intérêts de l'ordre et les exigences du progrès. Ils sentiront que la nature rétrograde des principes épuisés qu'ils emploient encore pour guider leur action publique, doit les rendre essentiellement impropres à diriger la politique réelle dans un milieu social dont l'anarchie est primitivement due à l'impuissance de ces croyances elles-mêmes. « Tous « reconnaissent aujourd'hui que notre activité pratique doit cesser « de se consumer en hostilités mutuelles, pour développer paisible-« ment notre commune exploitation de la planète humaine. Mais « nous pouvons encore moins persister dans cet état d'enfance intel-« lectuelle et morale où notre conduite ne repose que sur des motifs « absurdes et dégradants. Sans répéter jamais le dix-huitième siècle, « le dix-neuvième doit toujours le continuer, en réalisant enfin le « noble vœu d'une religion démontrée dirigeant une activité paci-« fique (1). »

Enfin, les catholiques ne pourront sans doute s'empêcher d'apprécier un jour le positivisme, quand ils auront reconnu combien cette doctrine honore et comprend ce qu'il fut autrefois et qu'elle regarde aussi le perfectionnement moral, la culture du cœur, comme le soin le plus important de la vie, comme l'intérêt vraiment prépondérant de l'état social. C'est par là que la religion positive doit espérer d'influer progressivement sur la masse féminine, seule véritablement religieuse, et sans l'assentiment de laquelle la révolution occidentale ne saurait être terminée. Une fois rapprochées du positivisme, les femmes ne tarderont point à l'apprécier, car elles ne sont pas rétrogrades par nature, et ne repoussent l'état révolutionnaire, l'anarchie, que par nécessité, à cause de ses inconvénients moraux, et par suite de leur supériorité affective. Préférant l'état religieux, elles inclineront donc vers la synthèse qui réalise le mieux l'unité humaine, vers la religion la plus parfaite. Quand elles auront assez compris sa supériorité intellectuelle et morale, elles ne pourront adhérer bien longtemps au dogme imparfait et provisoire « qui proclame les inclinations bienveillantes « comme étrangères à notre nature, qui méconnaît la dignité du « travail jusqu'à le faire dériver d'une malédiction divine, et qui « érige la femme en source de tout mal (2) ». Nul doute qu'elles

---

(1) *Catéchisme positiviste,* préface, pages IX et X.

(2) *Ibidem,* page XIV.

n'embrassent alors avec ardeur une foi qui obtient le ralliement humain d'après des motifs plus élevés et des croyances plus fortes, pleinement compatibles avec les aspirations modernes.

« Afin de mieux incorporer les femmes à la révolution occiden-
« tale, il faut concevoir sa dernière phase comme devant leur offrir
« un profond intérêt spécial, directement relatif à leur propre des-
« tinée.

« Les quatre grandes classes qui composent le fond de la société
« moderne durent subir successivement l'ébranlement radical qu'exi-
« geait d'abord sa régénération finale. Il commença, dans le dernier
« siècle, par l'élément intellectuel, instituant enfin une insurrection
« décisive contre l'ensemble du régime théologique et militaire.
« L'explosion temporelle qui devait s'ensuivre surgit bientôt d'une
« bourgeoisie qui, depuis longtemps, aspirait de plus en plus à rem-
« placer la noblesse. Mais la résistance européenne de celle-ci ne put
« être surmontée qu'en appelant les prolétaires français au secours
« de leurs nouveaux chefs temporels. Indroduit ainsi dans la grande
« lutte politique, le prolétariat occidental éleva d'irrésistibles préten-
« tions sur sa juste incorporation à l'ordre moderne, quand la paix
« lui permit une suffisante manifestation de ses propres vœux. Toute-
« fois, cet enchaînement révolutionnaire n'embrasse point encore
« l'élément le plus fondamental du vrai régime humain. La révolution
« féminine doit maintenant compléter la révolution prolétaire, comme
« celle-ci consolida la révolution bourgeoise, émanée d'abord de la
« révolution philosophique.

« C'est seulement alors que l'ébranlement moderne aura vraiment
« préparé toutes les bases essentielles de la régénération finale. Tant
« qu'il ne s'étend point jusqu'aux femmes, il ne peut aboutir qu'à
« prolonger nos déplorables oscillations entre la rétrogradation et
« l'anarchie. Mais ce complément décisif résulte de l'ensemble des
« phases antérieures plus naturellement qu'aucune d'elles n'émana
« de la précédente. Il se lie surtout à la révolution populaire, d'après
« l'évidente solidarité qui subordonne l'incorporation sociale du pro-
« létariat au digne affranchissement de la femme envers tout travail
« extérieur. Sans cette universelle émancipation, complément néces-
« saire de l'abolition du servage, la famille prolétaire ne saurait être
« vraiment constituée, puisque l'existence féminine y reste habituel-
« lement abandonnée à une horrible alternative entre la misère et la
« prostitution.

« Le meilleur résumé pratique de tout le programme moderne
« consistera bientôt dans ce principe incontestable : *L'homme doit*
« *nourrir la femme,* afin qu'elle puisse remplir convenablement sa

« sainte destination sociale. Ce cathéchisme fera, j'espère, apprécier
« l'intime connexité d'une telle condition avec l'ensemble de la grande
« rénovation, non seulement morale, mais aussi mentale et même
« matérielle. Sous la sainte réaction de la révolution féminine, la
« révolution prolétaire se purgera spontanément des dispositions
« subversives qui la neutralisent jusqu'ici. Tendant partout à faire
« justement prévaloir l'influence morale, le sexe affectif réprouve
« spécialement les brutalités collectives : il supporte encore moins le
« joug du nombre que celui de la richesse. Mais sa secrète impulsion
« sociale produira bientôt des modifications aussi précieuses, quoique
« plus indirectes, envers les deux autres faces de la révolution occi-
« dentale. Elle y secondera l'avènement politique du patriciat indus-
« triel et du sacerdoce positif, en les disposant à se dégager irrévo-
« cablement des classes hétérogènes et éphémères qui dirigèrent
« la transition négative. Ainsi complétée et purifiée, la révolution
« occidentale tendra fermement et systématiquement vers sa paisible
« terminaison, sous la direction générale des vrais serviteurs de
« l'Humanité (1). »

C'est d'après cet ensemble d'influences que, malgré leur faiblesse et leur obscurité actuelles, malgré les antipathies du siècle et malgré son indifférence, les positivistes peuvent espérer de mener à fin le grand œuvre de la régénération moderne. Ils vaincront par leur doctrine, qui seule aujourd'hui, parmi toutes les croyances humaines, présente la consistance et l'unité ; qui seule possède une véritable puissance, une autorité, puisqu'elle démontre ce qu'elle enseigne, et que sa tradition vénérable remonte sans interruption des derniers résultats du génie positif et de la sociabilité humaine au premier essor de leurs manifestations initiales ; ils vaincront par le dévouement, qui sait lever tous les obstacles ! Animés par l'amour de l'Humanité, armés par la puissance de leur foi, trempés aux sources fortifiantes du courage et de la fermeté civiques, ils feront prévaloir la vraie religion sur l'irréligion contemporaine, pour le salut du présent et le bonheur de la postérité.

Il y a trente ans que la première édition de ce livre a paru. Depuis, que d'événements, que de signes des temps !... D'une manière générale, on peut dire que le mouvement de décomposition sociale et morale s'est démesurément accéléré dans tout l'Occident et qu'il a gagné bien au-delà ; le progrès et le développement industriels seuls ont marché.

---

(1) *Catéchisme positiviste,* préface, pages XXXVI à XXXIX.

L'ancienne foi s'énervant et perdant de jour en jour, et, avec elle, la discipline morale qu'elle imposait, il n'y a guère plus d'autorité reconnue, incontestée, pour les individus que pour les peuples. Cet état de dissolution se manifeste par l'augmentation des scandales de toute sorte et dans toutes les classes, des délits et des crimes d'ordre privé ou public, par l'envahissement redoutable des maladies cérébrales et des dégénérescences organiques. Dans la vie collective, les guerres intestines ou internationales se renouvellent sans cesse et prennent de plus en plus un caractère de brigandage farouche.

Chez nous, un grand changement s'est produit : la République s'est relevée, qui, si elle a favorisé par son régime de liberté le mouvement de réorganisation sociale, a aussi activé celui de décomposition des préjugés et des habitudes propres à l'ancienne société, mais sans pousser suffisamment à l'avènement de la doctrine régénératrice et au travail correspondant de reconstruction des idées communes, des mœurs et des institutions nouvelles.

C'est dans cet état troublé et difficile que nous sommes aujourd'hui.

Les conservateurs sentent le péril, mais ils repoussent le remède ; ils ne voyent pas que le progrès est aussi légitime, aussi inévitable et aussi indispensable que l'ordre, et que l'harmonie sociale ne peut résulter que de leur accord. Les partisans du progrès, de leur côté, s'obstinent à garder, pour reconstruire, les idées négatives et la méthode critique qui ont servi à détruire l'ancien régime. Non seulement ils méconnaissent les nécessités de l'ordre, mais ils poursuivent avec ardeur, comme le terme le plus élevé du perfectionnement humain, la destruction des institutions-mères sur lesquelles repose toute société : la propriété, la famille, le gouvernement, la religion. Ils ne voyent que l'exaltation de l'individu au-dessus de la collectivité.

Et pendant cette lutte sans issue, si ce n'est par l'acceptation d'idées communes nouvelles et de sentiments plus convergents, le capital moral que les différents nationalités qui composent la République occidentale (France, Italie, Espagne, Angleterre et Allemagne) ont reçu de la civilisation catholique et féodale et de l'antiquité, dans lequel elles prenaient pour maintenir la continuité et la solidarité nécessaires à leur durée pendant l'interrègne révolutionnaire, va s'épuisant chaque jour, sans que l'on voye ni au nord, ni au sud, ni à l'est, ni à l'ouest, un mouvement prononcé, décisif, vers la réforme des opinions et des mœurs ou la refonte des institutions.

Comme l'a dit de notre siècle, il y a longtemps déjà, Alfred de Vigny : « le monde a la démarche d'un sot, il s'avance en se balançant mollement entre deux absurdités : le droit divin et la souveraineté du peuple. »

Cependant le temps presse, car l'organisme social, pour subsister, pour se maintenir et se développer, a autant besoin d'idées concordantes et de sentiments convergents, que d'aliments, d'air ou de soleil.

Or, à voir se prolonger cette lutte aveugle entre les deux intérêts les plus généraux et les plus fondamentaux de la société, l'ordre et le progrès, à contempler l'antagonisme des peuples et des classes, les sourdes colères des déshérités, la froide haine des privilégiés et l'entêtement inflexible de tous, sans parler des convoitises sauvages internationales, qui maintiennent des armements sacrilèges et ruineux ; à compter, dis-je, les attentats de la corruption, le dévergondage du crime, les retours cyniques à la bestialité ; enfin, à entendre les craquements répétés du vieil édifice et le murmure profond, les remous plaintifs ou stridents des foules tourmentées : on comprend que la machine du monde est détraquée, et, au travers des fissures de ses étais pantelants on semble apercevoir les profondeurs du gouffre où elle pourrait sombrer.....

L'impossibilité, pour le corps social comme pour l'organisme individuel, de vivre toujours dans un état de crise, sous un régime troublé, rend donc de plus en plus instants et nécessaires la divulgation, l'avènement de l'entreprise régénératrice qui a commencé au dix-huitième siècle, avec les Encyclopédistes, et qui, sous l'effort puissant de Comte, s'est constituée de notre temps.

C'est pourquoi nous avons considéré comme un devoir, en terminant cette exposition de la synthèse positive ou du ralliement humain par la science, la seule autorité qui reste aujourd'hui, d'adresser un appel convaincu à tous les esprits réfléchis et soucieux du bien public, pour les convier à ce grand labeur. *Sursum corda* :

> L'Humanité ne peut périr.
> En vain l'on croit qu'elle chancelle,
> Erreur ! elle se renouvelle
> Pour un glorieux avenir.

DEUXIÈME PARTIE

VIE D'AUGUSTE COMTE

Ceux qui vont ici bas cherchant la vérité,
Si leur cœur n'est de bronze, ont d'après destinées.
Les fleurs de leur printemps sont bien vite fanées,
Leur vie est dans le deuil et dans l'austérité.

Ils marchent constamment sous un ciel irrité,
L'infortune poursuit ces têtes condamnées,
Toutes les passions contre eux sont déchaînées,
La mort seule leur fait une immortalité !

Mais leur âme, domptant les atteintes du sort,
S'élève, calme et forte, en un sublime essor,
Comme la mer se dresse au vent de la tempête.....

N....Y.

DEUXIÈME PARTIE

VIE D'AUGUSTE COMTE

> Vivre pour autrui,
> Vivre au grand jour.

I. — Enfance et première jeunesse

Je vais essayer, dans cette seconde partie, de retracer les principaux aspects de la vie du fondateur du positivisme. Comme bien on pense, la grande existence qui s'est consacrée à l'avènement de la religion de l'Humanité fut toute de travail et de dévouement. J'en fournirai les preuves, et je ferai connaître en même temps les hautes vertus, les qualités intellectuelles, morales et pratiques qui permirent l'accomplissement d'une telle œuvre. Mais je rappelle encore que je n'entreprends ici qu'une notice, qu'une esquisse insuffisante et bien imparfaite.

Outre les documents laissés par Auguste Comte lui-même, et dans lesquels j'ai largement puisé, je me suis adressé à toutes les sources normales pour obtenir des indications sur ce grand sujet; et je dois remercier spécialement notre excellente sœur, Mme Sophie Thomas, nos confrères, MM. Audiffrent, Joseph Lonchampt, J.-B. Foucart, et surtout notre cher et honoré directeur, M. Pierre Laffitte, pour les conseils et les renseignements qu'ils ont bien voulu me donner.

Auguste Comte naquit à Montpellier, le 19 janvier 1798, dans une maison que l'on voit encore aujourd'hui rue de la Merci, en face de l'église Sainte-Eulalie. Sa famille était dans une condition modeste, entre l'aisance et la pauvreté, son père exerçant l'emploi de caissier à la recette générale du département de l'Hérault.

Mme Rosalie Boyer, sa mère, femme d'un grand cœur et d'un grand caractère, appartenant à la famille des médecins qui ont illustré ce nom, pratiquait ardemment le catholicisme et partageait les opinions monarchiques de son mari. Mais cette double influence ne put empêcher des dispositions très opposées chez leur enfant, qui, dès l'âge de quatorze ans, se trouvait spontanément dégagé de toute croyance théologique et sans aucune sympathie royaliste. Ce résultat, contradictoire autant que prématuré, dû sans aucun doute à la force d'une organisation cérébrale très supérieure, peut encore être accessoirement expliqué par le système d'éducation auquel fut soumis le jeune Comte. Au lieu d'être élevé dans sa famille avec son frère et sa sœur, sous la direction maternelle, il était entré de très bonne heure au lycée de Montpellier, et il avait subi dans cet établissement une influence différente sans doute de celle qu'il aurait éprouvée sous le toit paternel.

Dans le cours de sa vie, Auguste Comte a souvent déploré cette fatalité de ses premiers ans, qui l'arracha de si bonne heure aux salutaires douceurs du foyer et de l'éducation domestiques pour le priver d'un inappréciable développement affectif. Il sentit profondément tout ce qu'il avait perdu de ce côté, et dans les derniers temps de son existence il exprimait encore à cet égard les plus touchants regrets.

Quoi qu'il en soit, à peine âgé de neuf ans, il figurait comme élève interne au lycée de Montpellier. Bien qu'il n'ait eu jusqu'alors pour tout maître qu'un vieux professeur de lecture et d'écriture qui lui avait appris aussi quelques mots de latin, il avait déjà pour le travail tant d'aptitude et de volonté, que ses progrès furent rapides et ses succès brillants. A défaut de la culture morale, qu'il est impossible de recevoir dans les éducations de ce genre, il développa tant bien que mal son esprit et son caractère; car il était aussi rebelle à la discipline scolastique qu'ardent à l'étude, et dans ses débats journaliers avec des maîtres subalternes trop souvent oppressifs et grossiers, il déploya une énergie surprenante, et donna plusieurs fois des preuves de cette intrépidité qui le soutint plus tard dans des luttes autrement sérieuses. Entre autres preuves de courage, nous devons rappeler ici sa contenance pendant la longue et douloureuse opération que lui fit Delpech pour enlever une tumeur qui s'était développée à la région du cou. Quoique bien jeune encore, il supporta cette épreuve avec la fermeté du Spartiate, sans faire un mouvement, sans proférer une plainte, et sans souffrir surtout qu'on lui appliquât aucune entrave.

A douze ans, le jeune Comte avait achevé l'initiation littéraire de ce temps, et dévoré pour ainsi dire toute la substance de l'enseignement qu'on donnait alors dans les établissements d'instruction publique. Le directeur du lycée sollicita et obtint de son père l'autorisation de lui faire commencer les mathématiques; et l'on ne saurait donner une plus juste idée de la vigueur qu'il déploya dans cette étude nouvelle qu'en rappelant qu'il obtenait à seize ans une des premières places à l'École polytechnique (1) : encore avait-il été forcé d'attendre une année qu'il eût atteint l'âge d'admission. Pendant ce temps, il avait accompli brillamment, comme élève externe du lycée de Montpellier, une mission bien délicate et bien honorable. Son professeur, épuisé déjà par la maladie à laquelle il devait trop tôt succomber, l'avait choisi pour le suppléer dans son enseignement. L'élève répondit à l'attente du maître, et fit avec un remarquable succès le cours de mathématiques spéciales, ayant alors parmi ses auditeurs plusieurs des surveillants qui l'avaient si rudement éprouvé.

C'est ici le lieu de rendre hommage à une digne mémoire : Auguste Comte eut le rare bonheur, pour ses dernières années d'études classiques, de tomber à un homme aussi éminent par le cœur que par l'esprit, le vénérable Daniel Encontre, ensuite professeur de dogme à la faculté de théologie protestante de Montauban, qui enseignait alors les mathématiques au lycée de Montpellier. Ce contact fut décisif. Le pasteur Encontre joignait à une nature morale des plus délicates un esprit philosophique nourri de connaissances aussi étendues que profondes, et la rare élévation de son enseignement sut allumer chez son élève la flamme d'un génie qui ne s'éteignit jamais. C'est à lui qu'Auguste Comte dédia le premier volume de sa dernière œuvre, la *Synthèse subjective*, et l'on peut y voir que le temps n'avait rien effacé de la profonde impression que ce noble maître avait faite sur un tel disciple.

Lorsque Auguste Comte arriva à l'École polytechnique (1814), l'esprit républicain y vivait encore, quoique bien atténué déjà depuis la fondation de cet établissement. L'émancipation et le civisme de nos temps héroïques illuminaient d'un dernier reflet la jeunesse de cette époque, et cette influence vint stimuler favorablement les inclinations naturelles du jeune homme. Mais on doit reconnaître que le

---

(1) Il y avait alors quatre examinateurs pour l'admission des candidats, et chacun d'eux produisait une liste. Il y avait donc, en réalité, quatre premiers sur la liste totale des candidats admis. Auguste Comte était le premier sur la liste de M. Francœur, examinateur pour le Centre de la France et le Midi.

développement scientifique qu'il reçut à l'École, aussi bien que l'esprit politique qu'il y rencontra, ne firent qu'activer chez lui une évolution déjà commencée, et que, sans déterminer sa direction philosophique et sociale, cette influence contribua cependant beaucoup à l'assurer.

Les études mathématiques qu'il achevait avec autant de facilité que de succès ne l'absorbant pas entièrement, Auguste Comte consacrait aux lectures philosophiques et politiques tout le temps qui lui restait. Les écrits du xviiie siècle, les annales de la révolution, les légendes républicaines, l'attachaient surtout fortement ; et le témoignage de quelques condisciples encore existants prouve qu'il méditait déjà sérieusement sur les révolutions que présente l'histoire moderne de l'Europe et de l'Amérique, et sur les constitutions qu'elles ont produites. Ainsi s'établissait le contact, la filiation réelle du génie qui doit caractériser notre temps avec ses véritables prédécesseurs immédiats ; et déjà se manifestait en lui ce besoin de régénération universelle vers laquelle aspiraient les penseurs et les hommes d'État du dernier siècle, et qui fut l'œuvre de sa vie tout entière. L'initiation scientifique, surtout mathématique, qu'Auguste Comte poursuivait à l'École polytechnique lui faisait, en effet, pressentir la seule voie qui pût alors conduire à la rénovation de l'entendement humain, et le mettait en possession d'une méthode puissante qui fortifiait singulièrement son esprit, et qu'il devait bientôt appliquer à des études plus élevées. En même temps, ses sentiments républicains, excités par l'influence d'un tel milieu, lui faisaient aborder l'étude sociale avec l'ardeur qu'exigeait sa transformation.

Sous les apparences d'une nature physique enfantine et maladive, le jeune Comte, à l'âge de seize ans, avait déjà, suivant le dire de ses camarades de promotion, la raison et la maturité d'un homme : il ne parlait point avec l'ardeur d'un adolescent, mais avec la fermeté d'un citoyen. Cette précocité, cette force d'esprit et de caractère le distinguaient profondément, et il était généralement considéré comme une nature exceptionnelle par ses condisciples et par ses professeurs les plus compétents. Mais à cette supériorité d'intelligence, à cette inflexibilité du caractère, ne pouvait se joindre l'aptitude à la soumission, et l'élève de Daniel Encontre se faisait souvent remarquer par son insubordination systématique. Des infractions concertées envers les règlements et la discipline militaires (surtout contre le casernement) lui attiraient des répressions fréquentes, sévères, et le firent même priver du grade de caporal que lui conférait son rang d'entrée à l'École (il n'y avait pas alors de sergents parmi les élèves de première année).

Pendant l'été de 1815, il coopérait avec sa fermeté habituelle, dans le bataillon de l'École polytechnique, aux tentatives effectuées par la population parisienne pour défendre contre l'étranger la capitale de la France.

Enfin, en 1816, un événement auquel il ne demeura pas indifférent devint l'occasion du licenciement projeté par le nouveau gouvernement, et appela sur lui des mesures de rigueur. Un répétiteur avait choqué par ses manières impertinentes les élèves de première année ; les anciens prirent fait et cause, et l'on décida que ce personnage était déchu de ses fonctions. En conséquence, une sommation lui fut aussitôt remise ; elle était ainsi conçue : « Monsieur, quoiqu'il nous « soit pénible de prendre une telle mesure envers un ancien élève de « l'École, nous vous enjoignons de n'y plus remettre les pieds. » L'École polytechnique fut dissoute, et le jeune Comte, auteur et premier signataire de la lettre, fut reconduit dans sa famille par ordre de l'autorité supérieure, et placé sous la surveillance de la police (1).

Cette surveillance ne fut, on le pense, ni gênante ni de longue durée envers un si jeune homme, et qui n'était, d'ailleurs, aucunement suspect de bonapartisme. Mais il en fut autrement de la malveillance que lui sucitèrent ce début polytechnique, son indépendance de caractère et son émancipation d'esprit ; car ces antécédents le tinrent pour longtemps éloigné de toute carrière officielle et de toute réussite professionnelle.

Après quelques mois de séjour à Montpellier, pendant lesquels il suivit divers cours à la Faculté de Médecine de cette ville, Auguste Comte revint à Paris, malgré les instances de sa famille. Comme elle s'opposait à ce départ, elle ne lui fournit alors que très peu de secours, et ne l'assista réellement que plus tard, au moment de sa crise cérébrale. Invinciblement attiré vers le centre de la vie occidentale, il vint s'y fixer sans autre ressource que son savoir et son énergie. Un cœur comme le sien, déjà rempli des plus hautes aspirations, ne pouvait guère s'effrayer d'une misère inévitable ; et le travail, qui fut toujours une de ses plus constantes et plus naturelles vertus, lui promettait au moins la subsistance : au pis aller, c'était vaincre ou mourir (2).

(1) On a écrit qu'Auguste Comte était entré à l'École polytechnique le premier, et qu'il en était sorti le quatrième. Cela n'est pas exact. Il entra, comme nous l'avons dit, le premier d'une des quatre listes d'examinateurs, l'un des quatre premiers par conséquent, et sortit, comme tous les autres, sans être classé, lors du licenciement général. Dans le premier classement de fin d'année, en 1815, il fut placé au neuvième rang, par suite de son indiscipline et de son inhabileté graphique. Mais l'opinion générale lui accordait la prééminence pour le savoir et la force intellectuelle.

(2) Voir, pour cette partie si intéressante de la vie de Comte, la correspondance qu'il échangea, de 1815 à 1844, avec M. Valat, un ami d'enfance et un camarade de collège. En l'espèce, c'est un document de premier ordre.

II. — Relations avec Saint-Simon

Une fois réintégré au foyer de la préparation moderne, et après avoir pourvu aux premières nécessités par un enseignement privé assez incertain dans l'origine, il reprit ses études et ses méditations.

A cet égard, on doit une profonde reconnaissance aux deux hommes qui surent alors apprécier assez le jeune philosophe pour le soutenir et empêcher qu'il fût écrasé : MM. Poinsot et de Blainville. Le premier, qui avait été professeur d'Auguste Comte à l'École polytechnique, l'avait reconnu dès l'abord pour une intelligence très-supérieure, et le considéra toujours comme tel, à partir de ce moment. C'est surtout à sa justice que M. Comte dut de pouvoir vivre, dès lors et depuis, de l'enseignement mathématique, et c'est à lui qu'il dut de compter, en 1817, un prince de Carignan parmi ses élèves. De son côté M. de Blainville rendit des services semblables; et ces deux honorables savants s'unirent plus tard pour soutenir Auguste Comte dans sa lutte avec l'Académie des sciences. M. Poinsot le défendit même publiquement au sein de cette assemblée contre les attaques de M. Arago. Voilà comment, en 1818, il sortit d'embarras.

Mais sa position fut un moment si difficile qu'il faillit quitter la France. Le général Bernard, envoyé par le président des États-Unis d'Amérique afin de recruter chez nous un corps de professeurs pour l'École polytechnique que l'on voulait alors fonder à Washington, désirait vivement se l'attacher. Il entra en rapport et lui fit accepter la chaire d'analyse. Heureusement le projet échoua, et le futur auteur de la *Philosophie positive* resta acquis à sa patrie (1). A travers mille obstacles, il reprit la route qu'il s'était déjà tracée, étendant sans cesse le cercle de ses connaissances, complétant ses études en cosmologie, en biologie, en histoire, et voyant de jour en jour grandir en lui le sentiment de la véritable hiérarchie scientifique et de l'harmonie qui allait bientôt s'établir entre ses aspirations politiques et les tendances positives de son esprit. Mais à ce moment décisif, lorsqu'il était déjà dans la direction qu'exigeait la rénovation moderne, et qu'il se trouvait pourvu de ses conditions principales, le sentiment social et l'instruction scientifique, l'ensemble des fatalités qui dominent

---

(1) *Lettres d'Auguste Comte à M. Valat, professeur de mathématique, ancien recteur de l'Académie de Rhodez*, 1 volume in-8, Paris, 1870.

chaque existence individuelle le poussa vers un homme qui ne satisfaisait aucunement à ces exigences, et qui faillit compromettre son essor spontané.

Les déclarations qu'Auguste Comte a consignées en différents endroits de ses ouvrages sur ce personnage célèbre, et sur la nature des relations qu'il eut avec lui, auraient dû fixer l'opinion à cet égard; mais les manœuvres d'une presse hostile ne l'ont point permis, et l'accord d'écrivains malveillants, de toutes opinions, d'ailleurs, semble avoir mis hors de doute que le positivisme soit une émanation, une bouture en quelque sorte de l'industrialisme saint-simonien. Le fait serait grave : car la tentative de Saint-Simon ayant aussi totalement que justement avorté, en ce qui concerne la réorganisation moderne, c'est frapper au cœur le nouveau système que de l'en faire procéder. Voyons donc si cette filiation est légitime ?

« Depuis que la situation écarte toute tendance purement négative, « dit Auguste Comte dans la préface de son *Catéchisme*, il n'y a de « vraiment discréditées, parmi les écoles philosophiques du dernier « siècle, que les sectes inconséquentes dont la prépondérance dut « être éphémère. Les démolisseurs incomplets, comme Voltaire et « Rousseau, qui croyaient pouvoir renverser l'autel en conservant le « trône ou réciproquement, sont irrévocablement déchus, après « avoir dominé, suivant leur destinée normale, les deux générations « qui préparèrent et accomplirent l'explosion révolutionnaire. Mais « depuis que la reconstruction est à l'ordre du jour, l'attention « publique retourne de plus en plus vers la grande et immortelle école « de Diderot et Hume, qui caractérisera réellement le XVIIIe siècle, en « le liant au précédent par Fontenelle et au suivant par Condorcet. « Également émancipés en religion et en politique, ces puissants « penseurs tendaient nécessairement vers une réorganisation totale « et directe, quelque confuse qu'en dût être alors la notion. Tous se « rallieraient aujourd'hui à la seule doctrine qui, fondant l'avenir sur « le passé, pose enfin les bases inébranlables de la régénération occi- « dentale. C'est d'une telle école que je m'honorerai toujours de des- « cendre immédiatement, par mon précurseur essentiel, l'éminent « Condorcet. Au contraire, je n'attendis jamais que des entraves, « spontanées ou concertées, chez les débris arriérés des sectes super- « ficielles et immorales émanées de Voltaire et de Rousseau.

« Mais à cette grande souche historique, j'ai constamment rattaché « ce qu'offrirent de vraiment éminent nos derniers adversaires, soit « théologiques, soit métaphysiques. Tandis que Hume constitue « mon principal précurseur philosophique, Kant s'y trouve accessoi- « rement lié; sa conception fondamentale ne fut vraiment systématisée

« et développée que par le postivisme (1). De même, sous l'aspect
« politique, Condorcet dut être, pour moi, complété par de Maistre,
« dont je m'appropriai dès mon début tous les principes essentiels,
« qui ne sont plus appréciés maintenant que dans l'école positive.
« Tels sont, avec Bichat et Gall comme précurseurs scientifiques, les
« six prédécesseurs immédiats qui me rattacheront toujours aux trois
« pères systématiques de la vraie philosophie moderne, Bacon,
« Descartes et Leibnitz. D'après cette noble filiation, le moyen âge,
« intellectuellement résumé par saint Thomas d'Aquin, Roger Bacon
« et Dante, me subordonne directement au prince éternel des véri-
« tables penseurs, l'incomparable Aristote. »

Or, je le demande, à quel titre Saint-Simon pourrait-il entrer dans cette famille d'élite, et de quelle manière a-t-il coopéré, dans la science ou la philosophie, à l'élaboration de la synthèse générale qu'Auguste Comte a construite en résultat de cette préparation séculaire? Cette question seule devrait suffire pour écarter ici la paternité spirituelle d'un penseur manqué, d'un faux philosophe, et résoudre le problème des origines positivistes; mais les erreurs accréditées de nos jours à cet égard nous obligent d'insister.

D'après l'ignorance actuelle envers les travaux de la grande école philosophique qui caractérise réellement le XVIIIe siècle, et qu'Auguste Comte a si justement réhabilitée (l'école de Diderot et de Hume), une littérature superficielle qui ne connaît guère, de cette époque, que les critiques de Voltaire ou les déclamations de Rousseau, a pu attribuer à Saint-Simon quelques-uns des résultats de ce temps, et le faire passer, grâce à cette méprise, pour un rénovateur. Mais une telle prétention ne saurait être admise, et nous allons démontrer qu'on n'a pu lui fournir quelque apparence de légitimité qu'en donnant en propre à cet écrivain les idées et les aspirations qu'il a empruntées au *grand siècle*, et en lui rapportant, d'autre part, une élaboration scientifique et philosophique ultérieure, à laquelle il fut totalement étranger.

Comme on a pu le voir d'après ce qui précède, le vrai XVIIIe siècle fut loin de borner ses efforts à la destruction de l'ordre ancien. Il eut, au contraire, un sentiment très énergique de la reconstruction qui devait suivre, et tous ses penseurs, comme ses hommes d'État les plus éminents, tendirent manifestement vers le régime pacifique

---

(1) Il s'agit ici de la distinction établie par le philosophe de Kœnisberg, au point de vue de la formation de nos idées et de nos connaissances, entre ce qui appartient aux choses, aux *objets* (c'est ce qu'il nomme l'*objectif*), et ce que notre esprit y ajoute de son propre fond et qui n'appartient qu'au *sujet* pensant (c'est ce qu'il appelle le *subjectif*); dans le grand dualisme philosophique, le monde serait donc l'*objet*, et l'homme le *sujet*.

et rationnel réservé à la maturité de notre espèce. Tous sentirent que dans l'avenir, l'ordre ancien se trouvant éliminé, l'unité humaine sera rétablie par une foi positive, et définitivement assurée par la paix. Telle est la tendance générale de cette mémorable phase, que Hume, Turgot, d'Holbach, Condorcet, ont si admirablement exprimée, et que nos grands types constitutionnels et républicains manifestèrent avec tant d'énergie. On peut donc affirmer que la puissante école de Diderot posa dans les idées, comme les hommes politiques qui lui correspondent, à l'Assemblée constituante et à la Convention nationale, instituèrent dans les faits, le problème légué par le moyen-âge aux temps modernes, savoir : l'établissement d'une foi démontrable et l'incorporation du prolétariat à la société, ou la substitution de la science à la théologie et celle de l'industrie à la guerre. Voilà la double aspiration générale qui fut transmise à Saint-Simon par d'Alembert, son précepteur, ainsi que par le milieu social où il vécut d'abord, et qui développa chez lui ce vague instinct de rénovation qui l'agita toute sa vie sans l'élever jamais à aucune réalisation.

Mais malgré d'héroïques efforts, nos pères n'avaient fait que poser, sans la résoudre, une question dont la solution définitive ne pouvait appartenir qu'à notre temps. La nature et le plan de cette opération n'en étaient pas moins indiqués : la réforme des idées devait précéder celle des sentiments et des institutions; et la nouvelle doctrine générale, vu le discrédit théologique, vu l'impuissance métaphysique et l'ascendant croissant de la science, devait prendre pour base, comme l'avaient parfaitement senti ces vigoureux penseurs, l'ensemble des connsissances réelles; puis, par un pas décisif, étendre aux conceptions sociales elles-mêmes les procédés et les vues de l'esprit positif, de manière à rattacher enfin tous les phénomènes connus au système des *lois naturelles,* et à fournir, par la connaissance exacte de l'ordre universel, une base inébranlable à la nouvelle foi. Cette grande élaboration dépendait donc, en définitive, de la découverte des *lois sociologiques,* de la constitution de la science qui leur correspond, la science sociale, et de la coordination de tout le système positif en une doctrine systématique, d'après ce terme prépondérant.

Eh bien! je le répète, Saint-Simon a-t-il accompli cette tâche? A-t-il effectué, d'après une création préalable de la science sociale, la systématisation positive des pensées, des sentiments et des actes humains, c'est-à-dire la synthèse qui doit présider à la régénération des opinions et des mœurs, à la refonte des institutions?

Aussi dépourvu de savoir que de méthode, loin de pouvoir créer cette science, la plus élevée et la plus difficile de toutes après la morale, il ne sut même pas s'assimiler les notions cosmologiques et biologiques qui en sont l'indispensable préliminaire. Jamais il n'eut sur l'ensemble des connaissances positives constituées de son temps (mathématique, astronomie, physique, chimie et biologie) que des notions superficielles ou erronées, et il resta nécessairement aussi étranger à leur véritable esprit et à leurs procédés logiques, qu'il était ignorant de leur objet (1). Comment donc aurait-il pu trouver le dernier terme de la série scientifique et créer la philosophie des sciences, puisqu'il en possédait à peine les premiers éléments ; puisque l'esprit abstrait, qui est la condition essentielle de toute construction scientifique et de toute philosophie, lui fit constamment défaut ; puisqu'à aucune époque il ne put s'élever à l'état positif en s'affranchissant du théologisme et de la métaphysique, et que jamais il ne comprit l'incompatibilité radicale qui existe entre la science et la théologie, entre la *loi naturelle* et la *volonté arbitraire* (2) ? Ce qu'il appelle l'*idée-Loi* n'a en effet aucun rapport avec la notion positive de loi. Il est donc possible que cette idée soit identique à l'*idée-Dieu,* mais ni l'une ni l'autre ne représentent, assurément, la notion scientifique de loi naturelle, qui sert de base au positivisme. Les lois réelles quelconques, physiques, intellectuelles ou morales, résultent toujours, comme nous l'avons dit précédemment, de la combinaison d'un élément objectif avec un élément subjectif, ou d'une observation développée par un raisonnement, d'un objet fourni par le monde extérieur et d'un rapport saisi et établi par le sujet contemplateur ; or, cet élément objectif, cette observation, cet objet n'existent pas plus dans l'idée-Loi que dans l'idée-Dieu de nos métaphysiciens. Ces idées sont donc purement subjectives et chimériques ; elles n'ont rien de réel ni de positif, rien de commun, par conséquent, avec la notion scientifique de loi naturelle. L'*idée-Loi* n'est pas le positivisme.

Du reste, Saint-Simon ne considérait point lui-même les phénomènes sociaux comme formant une catégorie distincte d'événements, et il les confondit sans cesse avec la partie supérieure de l'étude biologique sous le nom de *science de l'Homme*. Il n'entrevit donc aucunement que l'existence sociale devait être étudiée séparément et former, par l'introduction de l'abstraction dans l'étude des phénomènes historiques, une science distincte de celle des êtres vivants, aussi bien que de la politique proprement dite, qui n'est que l'art cor-

---

(1) Dans l'appréciation qui va suivre, nous fournirons à l'appui de notre jugement des citations tirées des écrits de Saint-Simon. Comme l'étendue de ces textes est considérable, nous les avons reportées à la fin du volume pour moins couper notre récit et pour rassembler en un seul tout les preuves que nous apportons, et qu'il est indispensable de considérer attentivement. — Voir aux *Pièces justificatives*, n° 11, § 1er, *Préparation et capacité scientifiques* de Saint-Simon.

(2) Voir aux *Pièces justificatives*, n° 11, § II, *Emancipation théologique* de Saint-Simon.

respondant, et de la morale, ou étude de l'homme individuel. Il se doutait si peu qu'une telle science pût fournir, par la conception symtématique de l'Hmanité, le principe de la synthèse moderne, qu'il empruntait contradictoirement à la cosmologie et à la théologie l'élément coordinateur de ses dissertations, à savoir *l'attraction universelle soumise à l'action divine* (1). Enfin, il regardait la systématisation générale comme devant être objective et reposer sur une série concrète d'êtres et de faits, rigoureusement continue. Il n'entrevit donc point que cette coordination ne peut être faite qu'en vue de sa destination, et qu'elle doit rester subjective, parce qu'il est aussi impossible de réduire toutes les lois naturelles à une seule, que de former une échelle non interrompue des êtres qui les manifestent. Or, ce caractère empirique de la tentative saint simonienne ne la distingue pas moins profondément de la systématisation positive que son incomplète émancipation, et doit faire admettre également l'irrationalité des tendances de son auteur et la divergence totale de ses aspirations.

En résumé, la réorganisation dévolue au XIXe siècle consistait à élaborer d'abord une nouvelle doctrine générale, une philosophie qui pût remplacer la théologie et la métaphysique désormais épuisées, et qui n'est autre que la philosophie des sciences, ou *philosophie positive;* puis à instituer d'après elle une politique également dégagée des motifs théologiques et des procédés militaires, c'est-à-dire à fonder une autre religion, une systématisation nouvelle et complète des pensées, des sentiments et des actes humains. Or Saint-Simon n'a fait aucune philosophie, surtout positive, puisqu'il s'est borné, à cet égard, à associer le matérialisme scientifique au déisme métaphysique ; il n'a institué aucune politique nouvelle, puisqu'il n'est jamais sorti, dans cette direction, de la royauté ou de l'empire ; enfin, il n'a effectué aucune rénovation religieuse, puisque, dans ce sens, il a rétrogradé jusqu'au christianisme primitif. N'ayant pu s'affranchir en philosophie ni en politique, n'étant ni libre-penseur, ni républicain, ni savant, il ne pouvait trouver ni même chercher les lois des phénomènes sociaux. La fondation de la sociologie lui était fatalement interdite, et dès lors aussi la première partie de l'opération rénovatrice, la systématisation des idées humaines. C'est pourquoi le complément déductif, la systématisation des sentiments et des actes, ou la réorganisation morale et sociale lui demeura également inaccessible. Il avorta donc aussi pleinement en politique qu'en philosophie, et *l'industrialisme* ne fut pour lui, à part le profit qu'il

---

(1) Voir aux *Pièces justificatives*, n° 11, § III, *Capacité philosophique* de Saint-Simon.

espérait en tirer, que l'atténuation parlementaire du régime monarchique ou militaire, comme le *physicisme*, l'amoindrissement métaphysique du régime mental institué par la théologie. Quant à sa tentative néo-chrétienne, elle ne constitue réellement qu'une dernière aberration, qui couronne dignement la série de ses inconséquences littéraires.

Saint-Simon n'inventa non plus aucun moyen logique : et l'on comprendra facilement son impuissance à cet égard, si l'on se rappelle son défaut de préparation scientifique. La *méthode sériaire*, que lui attribuent ses apologistes, n'est point un procédé récent, mais un mode d'investigation scientifique aussi anciennement que généralement usité, et qui consiste à rapprocher les faits observés, d'après leurs rapports naturels. Saint-Simon a nommé *série*, comme on l'avait fait avant lui depuis Aristote et même Thalès, ce groupement abstrait des phénomènes, qu'il voulut appliquer maladroitement aux êtres, d'après sa constante préoccupation concrète; mais cet emploi abusif du procédé en question ne saurait constituer une méthode nouvelle. Il en est de même du raisonnement *à priori* et *à posteriori*, dont une admiration concertée a encore voulu gratifier exclusivement ce littérateur. Si l'on entend par là les deux grandes méthodes *subjective* et *objective* dont nous avons parlé, il faut convenir que leur emploi lui est bien antérieur : car nos ancêtres fétichistes usèrent largement de la première, et toute l'évolution scientifique, depuis son origine jusqu'à nos jours, s'est accomplie d'après la seconde. Quant à la *méthode intuitive* ou *par intuition analogique*, dont quelques adeptes lui attribuent l'invention, nous n'avons pu bien comprendre en quoi elle consiste; mais si c'est l'*abstraction* que l'on veut désigner de la sorte, il est certain que son avénement doit être placé bien plus haut dans l'histoire de la logique humaine, et que peu d'écrivains en firent moins d'usage.

Sous aucun rapport essentiel et définitif, ce personnage ne franchit donc victorieusement le seuil du nouveau monde philosophique et social ; il ne put jamais se dégager entièrement de l'ancien régime, et on ne lui doit aucun progrès décisif. Du reste, l'impossibilité où il se trouva toujours d'achever les essais qu'il avait entrepris, fournit la meilleure preuve de son incapacité rénovatrice. Des écrits pompeusement annoncés par lui comme devant fournir les bases de la réorganisation européenne, d'après la construction d'une nouvelle doctrine générale, aucun ne fut achevé ni même convenablement ébauché. L'*Introduction aux travaux du* XIXe *siècle*, le *Mémoire sur la science de l'homme*, le *Travail sur la gravitation universelle*, sont des programmes incohérents, dépourvus de toute valeur scientifique ou logique ; et des quatre traités fondamentaux promis dans la dernière de ces publications, aucun ne fut abordé ! L'*Encyclopédie nouvelle,* que son auteur proclamait comme l'œuvre capitale du xix⁰ siècle, n'eut qu'une livraison et se borna, comme ses précédents écrits, à un prospectus emphatique et ridicule. Le *Catéchisme des industriels* resta également inachevé. Enfin, plusieurs autres publications ne peuvent être considérées que comme de simples spéculations de librairie. L'inventeur du *physicisme* a donc failli à l'œuvre de reconstruction, et il dut renoncer de lui-même à la réorganisation qu'il avait promise. Ce déni formel, incontestable, consacre à jamais son impuissance, et nul n'a le droit de le présenter comme ayant résolu le problème ou comme ayant sérieusement coopéré à sa solution.

Poussé dans la carrière littéraire par les suggestions d'une vanité excessive, porté vers les questions générales par l'influence de son illustre précepteur et par l'impulsion du milieu philosophique, confirmé dans cette direction par son inaptitude à se fixer dans la vie pratique, soit comme homme politique, soit comme militaire ou comme industriel, limité enfin par les préoccupations et les entraves intellectuelles de l'époque où il commença d'écrire, Saint-Simon fit à son début de la littérature scientifique, comme plus tard de la littérature industrialiste, sous l'influence de la réaction pacifique de 1815, entreprise et poursuivie avec tant d'énergie et de dignité par des hommes autrement recommandables que lui, MM. Charles Comte (l'avocat) et Dunoyer (l'économiste), et comme plus tard encore de la littérature théologique, sous la pression de la réaction théocratique et de la renaissance déiste et romantique des dernières années de la restauration. Mais en obéissant à ces impulsions contraires, jamais il ne suivit, comme on l'a prétendu, une marche systématique ; aucune action ne fut, au vrai, moins libre, moins réfléchie, moins coordonnée et moins une que la sienne, et nulle part il ne construisit une doctrine proprement dite. La contradiction réciproque de ses divers écrits met cette proposition à l'abri de toute contestation. Il n'est donc pas vrai de dire, avec son école, qu'il ait voulu traiter la question scientifique avant la question politique, ou qu'il se soit refusé « à entrer dans l'examen de la *série temporelle,* avant d'avoir complètement achevé la *série spirituelle.* » Surtout, il est faux de prétendre qu'il ait résolu le problème de la réorganisation moderne, puisqu'il se borna toujours à présenter, en l'altérant trop souvent, l'énoncé qu'en avaient fourni les encyclopédistes.

Sans parler de l'impulsion décisive émanée de Descartes, que l'on doit regarder comme le premier fondateur de la philosophie positive, puisqu'il voulut éliminer la métaphysique de tous les sujets qui comportaient alors une telle épuration, pour y substituer la raison scientifique, rappelons seulement les écrits philosophiques et politiques de Fontenelle, de Montesquieu, de Hume, de Diderot, de d'Alembert, de Turgot, de d'Holbach, de Georges Leroy, de Boulanger, d'Adam Smith, de Volney, de Condorcet, etc., qui tous voulaient régénérer la croyance humaine par la science, et réorganiser la société en vue d'une destination pacifique ; rappelons enfin les immenses résultats obtenus d'après de tels prédécesseurs, et dans cette direction, par le fondateur du positivisme, et nous aurons fait comprendre la faiblesse, la stérilité totale, le parasitisme constant et la triste défection de l'auteur du *Nouveau christianisme*.

Enfin, la direction littéraire que Saint-Simon essaya de suivre à une certaine époque lui fut si directement imprimée, qu'on ne saurait non plus lui reconnaître aucune initiative à cet égard. Sa conduite lui fut alors tracée, en effet, par un homme qui appartenait incontestablement au xviiie siècle par ses aspirations et par ses idées : je veux parler du docteur Burdin. Parmi les gens cultivés dont Saint-Simon s'entourait en 1798, se trouvait cet honorable médecin. Animé de l'esprit et du sentiment social propres à la grande école philosophique dont nous avons tant de fois parlé, parfaitement initié à toute sa tradition et aux résultats de la science contemporaine, le docteur Burdin communiqua libéralement à Saint-Simon le résumé de ses aspirations régénératrices. C'est d'après ce programme, certainement remarquable malgré ses lacunes et ses imperfections, qui lui fut trop modestement soumis, et qu'il aurait été lui-même incapable de concevoir, que cet écrivain a fourni la plus grande partie de sa carrière dite philosophique, et qu'il publia des fragments que l'on a trop longtemps regardés comme originaux. Tout ce que nous avons de lui en ce genre se trouve postérieur à cette communication (1), et l'on y reconnaît partout les pensées, les inspirations, et jusqu'aux expressions textuelles du docteur Burdin, regrettablement délayées dans le fatras littéraire du comte de Saint-Simon. Telle est la source essentielle, sinon exclusive, de ces fameuses *idées-mères* qui firent considérer ce personnage comme un penseur original, par un public peu au courant, quoiqu'il se soit toujours borné à paraphraser seulement quelques aperçus philosophiques ou politiques qu'il empruntait ainsi au xviiie siècle. La sensation qu'il produisit de nos jours résulta donc surtout, outre son habileté dans l'intrigue, de ce qu'il reprit le

---

(1) On peut et doit lire ce document intéressant dans le Mémoire de Saint-Simon sur la cience de l'homme, préface générale, p. 20 à 35 de l'édition des *Œuvres choisies*, 3 vol. in-12, Bruxelles, 1859.

langage de ce temps, à un moment où il était si tristement oublié.

Quant aux déductions pratiques que Saint-Simon aurait, suivant ses disciples actuels, tirées d'un préambule théorique aussi imparfait, elles sont nécessairement bien arbitraires. On peut dire que le seul perfectionnement qu'il fournit aux théories des économistes est la systématisation de la distinction entre les entrepreneurs et les travailleurs, dont il fit convenablement ressortir l'importance. En général, ses écrits sur l'économie politique sont de beaucoup supérieurs à ses essais philosophiques proprement dits, et l'on y trouve, sur le régime industriel, des considérations secondaires qui ne manquent pas d'intérêt. Ce qui prouve que la nature de son esprit était bien plutôt pratique que théorique. Pour le reste, Saint-Simon ne fut ni moins vague ni moins contradictoire en industrialisme qu'en physicisme, et s'il n'avait pas craint de baser la science sur la théologie, il n'hésita pas davantage à l'asservir à l'industrie, c'est-à-dire à placer finalement la pratique avant la théorie. Sa fameuse devise : *Tout par l'industrie, tout pour elle*, suffit pour caractériser cette étrange inversion ; et l'abandon qu'il fit, en construisant sa politique, des principes philosophiques qu'il aurait, suivant ses disciples, posés dans la première partie de sa carrière, n'est pas moins décisif à cet égard. Saint-Simon n'établit, en effet, aucune filiation entre ces deux phases de sa vie, et il aborda directement la réorganisation sociale quand les circonstances extérieures l'y poussèrent, sans avoir aucunement satisfait aux nécessités fondamentales d'une telle opération, c'est-à-dire sans avoir construit la nouvelle doctrine générale qui doit servir de base à toute réforme des institutions. Délaissant entièrement cet indispensable préliminaire, il asservit, avec une brutalité caractéristique, l'action théorique à la force pratique : en déclarant que le pouvoir spirituel doit être soumis, moyennant salaire, au pouvoir temporel, il reconnut les chefs industriels comme étant seuls aptes à juger, en dernier ressort, de la valeur des théories qu'ils ne peuvent construire, conserver, ni perfectionner ; et il leur présenta le problème politique comme consistant à instituer à leur plus grand avantage les choses spirituelles et sociales. Dangereux et grossier renversement de l'ordre humain, qui, consacrant l'oppression de nos plus nobles attributs par les nécessités inférieures, mettrait la société à la merci de la force brutale et de la richesse effrénée, au lieu de subordonner de plus en plus la puissance matérielle à l'influence morale, qui doit sans cesse la modérer, la purifier, l'éclairer et l'adoucir ! Matérialisme funeste à notre siècle, transmis par Saint-Simon à tous les réformateurs empiriques, et qui n'a que trop contribué à pervertir le sentiment et le jugement des masses quant aux véritables principes de la réforme moderne, où la régénération des opinions et des mœurs doit certainement, et sous peine des plus dangereux tâtonnements, précéder de beaucoup la refonte des institutions.

Tel fut, intellectuellement, celui que l'on s'efforce de représenter comme ayant institué les bases de la réorganisation moderne. La nature de son intelligence, où la faculté d'expression l'emportait démesurément sur celle de conception, et l'esprit concret sur l'aptitude abstraite; la surperficialité de son instruction, la banalité et la contradiction perpétuelle de ses écrits; la prétention de résoudre ou de faire résoudre par d'autres toutes les questions, sans remplir aucune condition de compétence; enfin des dispositions pratiques qui le portaient à allier sans cesse les spéculations financières aux préoccupations théoriques, obligent à le considérer définitivement, non point comme un philosophe, ni même comme un penseur, mais comme un simple utopiste, comme un brasseur d'affaires (1), et l'un des types les plus entreprenants qu'ait enfantés le journalisme.

Cependant si Saint-Simon ne fut point le précurseur philosophique d'Auguste Comte, peut-être fut-il son initiateur moral, par l'exemple du sacrifice et par l'ascendant spontané d'une grande vie. On parle beaucoup, en effet, de son dévouement social; on ose même vanter son civisme! Or, pouvait-il transmettre une foi politique bien ardente et bien pure, avait-il un sincère amour de la Patrie et de l'Humanité, celui qui put spéculer froidement sur nos désastres publics, durant la crise révolutionnaire, au moment le plus solennel de la défense républicaine, quand la France, qui concentrait alors en elle les destinées du monde, pouvait à tout moment s'abîmer sous l'effort de la conjuration féodale? Que faisait ce zélé citoyen, cet ardent humanitaire, cet intrépide apôtre du progrès, tandis que nos héroïques phalanges couraient à la frontière défendre la patrie et la liberté? IL AGIOTAIT!!!....... pensant, comme il le dit ensuite, qu'il fallait être riche pour devenir philosophe (2).

---

(1) Il disait, en effet, à la fin de sa carrière, qu'il avait passé la première moitié de sa vie à acquérir des idées, et la seconde à en vendre.

(2) Voir aux *Pièces justificatives*, n° 11, § V, *Fixité politique* de Saint-Simon.

De documents qui nous ont passé sous les yeux aux Archives nationales, il nous semble résulter que, sous le nom d'Henri Simon, il faisait, avec Cerfbeer, partie des agents enrôlés par l'abbé d'Espagnac pour fournir l'armée française en Belgique (1792); et que, certainement, sous le même nom, il exploitait ensuite, rue du Cardinal-Lemoine, la fabrication des cartes à jouer républicaines. C'est alors qu'il commença ses spéculations sur les biens nationaux avec le Prussien de Redern.

Sa prétendue carrière scientifique nous offre une égale sincérité, un pareil désintéressement (1).

Enfin, quand une douloureuse fatalité fit échoir le gouvernement de la France au moins favorable des dictateurs militaires que la situation révolutionnaire tendait à faire surgir, quel rôle prit à son égard le philosophe Saint-Simon? Flatteur abject de la puissance du moment, renégat éhonté de la tradition du XVIIIe siècle, on le vit, après avoir *déifié*, dans une adresse menteuse, les principes et les hommes de la Révolution, glorifier la rétrogradation théologique et militaire, applaudir au rétablissement des entraves dont la Convention avait déblayé la route du progrès, et insulter bassement à ses plus grandes œuvres comme à la mémoire de ses plus nobles représentants (2)! C'est alors qu'il proposa son *physicisme*, stratagème libéral qui, sous prétexte d'ordre public, instituait pour les riches l'émancipation intellectuelle et l'exploitation sociale, en réservant aux pauvres les langueurs de l'ignorance et les rigueurs de l'oppression. Là est le véritable esprit du système de Saint-Simon, tel qu'il le conçut toujours, et tel qu'il fut appliqué depuis par les meneurs de son école. Le *physicisme* devint, en effet, l'Évangile philosophique, comme l'*industrialisme* fut le Code politique de cette ploutocratie qui institua la nouvelle exploitation populaire, et qui consomma notre plus funeste mystification sociale. La royauté constitutionnelle, sous Louis-Philippe, en systématisant une telle action, en faisant perdre à notre France le sentiment et l'intelligence de la grande rénovation qu'elle devait accomplir, n'a que trop réalisé le programme de Saint-Simon! Si cet homme avait compris le mouvement moderne, s'il avait eu une foi réelle dans la régénération rationnelle et pacifique à laquelle aspire notre société, si un sincère amour de l'Humanité avait jamais échauffé son cœur, aurait-il ainsi glorifié l'oppression, et systématisé l'obscurantisme, comme moyens de gouvernement? Cette conduite coupable mérite donc à son auteur une ineffaçable flétrissure! et la force des choses est telle, que les plus exaltés parmi ses admirateurs n'ont pu s'empêcher de formuler eux-mêmes les motifs de son irrévocable condamnation : « A ces vérités, ont-ils dit, se
« mêlent des erreurs capitales : un penchant exagéré vers l'autorité ;
« l'aristocratie de la science substituée à l'aristocratie de la naissance ;
« L'ALLIANCE OUVERTEMENT PRÊCHÉE ENTRE LE CAPITAL ET L'INTEL-

---

(1) Voir aux *Pièces justificatives*, n° II, § IV, *Désintéressement et sincérité théoriques de* Saint-Simon.

(2) Voir aux *Pièces justificatives*, n° II, §§ IV et V.

« LIGENCE, EN VUE DE MAINTENIR DANS L'ORDRE LA PLÈBE IGNORANTE
« ET PAUVRE (1) ! »

Mais cette détestable trahison n'empêcha pas le fondateur de l'industrialisme d'entonner la trompette humanitaire quand le moment fut venu, et de faire alors du socialisme, comme il avait voulu faire du despotisme. Toutefois, pour apprécier à leur juste valeur ses déclamations néo-chrétiennes, on doit se rappeler qu'alors même il continuait d'adorer ardemment la richesse, comme autrefois la puissance militaire, et qu'il voulait mettre la société tout entière à la merci des chefs industriels non régénérés, c'est-à-dire confier le gouvernement général de l'Humanité à des organes qui en sont totalement indignes. Du reste, à cet égard encore, il n'eut pas plus d'originalité que de sincérité, puisque ses formules ne sont qu'une reproduction atténuée des thèmes habituels de la prédication catholique, si révolutionnaire à son début, envers l'ordre romain.

Si donc on considère que Saint-Simon fut trafiquant pendant la Révolution ; qu'il fit, sous l'Empire, de l'adulation bonapartiste et de la littérature scientifique pour obtenir des récompenses pécuniaires, des honneurs et des sinécures académiques ; enfin, qu'il redevint royaliste et néo-catholique sous la Restauration ; si l'on tient compte de ses palinodies et de ses contradictions perpétuelles ; si l'on se rappelle la dangereuse équivoque de son physicisme, son hypocrisie déplorable et la duplicité intéressée de son industrialisme (tentatives qui ne furent que trop encouragées et qui contribuèrent certainement à faire éconduire la Révolution et à l'éloigner de son but) ; si l'on considère qu'il fut toujours spéculateur, homme d'affaires, et qu'en systématisant l'agiotage moderne, le matérialisme industriel, comme en consacrant à titre définitif le parlementarisme et le déisme, il ouvrit la voie aux plus fâcheuses déviations de notre temps, on restera convaincu de son infériorité mentale et morale, autant que de son incapacité inévitable envers la régénération spirituelle et temporelle de l'Occident.

III. — MÊME SUJET.

Les considérations qui précèdent devraient suffire pour démontrer que le positivisme ne peut émaner du saint-simonisme ; mais il aut des raisons plus directes encore, pour désabuser les esprits

---

(1) Voyez les *Œuvres choisies* de Saint-Simon, précédées d'un essai sur sa doctrine, Bruxelles, Van Meenen et Cⁱᵉ, 1859. — T. I, Introduction, page XXI.

prévenus qui ne se donnent pas la peine d'aller jusqu'au fond des choses. C'est pourquoi nous allons descendre aux faits et preuves de détail.

Auguste Comte avait vingt ans quand il entra en rapport avec Saint-Simon (1818). Sa préparation scientifique était pour ainsi dire complète, et sa foi républicaine, l'élévation naturelle de son cœur et de son esprit, l'avaient depuis longtemps placé au point de vue général que nécessitait la rénovation. Or, il s'en fallait de beaucoup, nous l'avons déjà dit, que l'inventeur du physicisme fût dans les mêmes condiitions. Il suivait le mouvement libéral depuis 1814 seulement, et faisait alors de la politique constitutionnelle. Mais il mettait dans ses écrits un faux air de xviiie siècle qui leur procurait une originalité relative, et c'est cette apparence qui trompa le jeune Comte. Il crut reconnaître en lui un héritier du grand siècle et se rallia avec enthousiasme; l'habileté de Saint-Simon fit le reste. « Séduit par lui, dit le premier, vers la fin de ma vingtième
« année, mon enthousiasme, jusqu'alors appliqué seulement aux
« morts, me disposa bientôt à lui rapporter toutes les conceptions
« qui surgirent en moi pendant la durée de nos relations. Quand
« cette illusion fut assez dissipée, je reconnus qu'une telle liaison
« n'avait comporté d'autre résultat que d'entraver mes méditations
« spontanées, antérieurement guidées par Condorcet, sans me pro-
« curer d'ailleurs aucune acquisition. Tandis que divers contacts
« personnels me firent alors obtenir des éclaircissements secon-
« daires, dont je me plus toujours à proclamer les sources, celui-
« là resta dépourvu de toute efficacité réelle, scientifique ou
« logique. » (1).

Voilà comment le fondateur du positivisme devint le secrétaire d'abord, puis le collaborateur, et enfin l'*élève* du fondateur de l'industrialisme, pour demeurer finalement sa dupe; car celui-ci, loin de rien céder, intellectuellement ou matériellement, à son prétendu disciple, ne cessa de l'exploiter, sous ce double rapport, en s'appropriant ses premiers travaux.

On s'étonnera sans doute qu'Auguste Comte ait pu se méprendre à ce point; mais il faut considérer d'une part son extrême jeunesse, et de l'autre, se rappeler que la phase impérialiste que venait de parcourir Saint-Simon était alors généralement ignorée, par suite de la constante réserve de sa publicité. Il n'avait en effet, comme il le dit lui-même, placé ses ouvrages « *qu'en mains sûres* », et les personnages officiels auxquels il les avait adressés étaient, à ce moment,

---

(1) *Politique positive*, préface, p. XVI, t. III.

trop occupés de leurs propres affaires pour signaler au public son brusque changement d'opinion. On ne connaissait donc de lui que ses derniers écrits politiques, ses pamphlets libéraux, et il pouvait se présenter en toute assurance comme ayant assisté en philosophe à la Révolution et à la réaction qui l'avait suivie, sans y prendre d'autre part que de méditer sur de tels événements. C'est le fruit de cette longue et civique étude qu'il venait offrir à ses contemporains en vue de leur être utile, et pour les mener au port où ils devaient se reposer après tant d'orages. Auguste Comte ne fut pas le seul à croire qu'il en était ainsi; et bien des gens, aujourd'hui même, n'en sont pas encore désabusés.

Or, que professait ce littérateur, lorsque Comte vint à lui? En philosophie, le principe de la gravitation universelle soumise à l'action divine constituait sa dernière explication du monde et de l'homme : soit un compromis impossible entre les lois de la matérialité et le surnaturalisme. En politique, il avait délaissé l'absolutisme militaire pour le parlementarisme constitutionnel; il prêchait l'application universelle de la constitution anglaise. En économie sociale, il arrivait à l'industrialisme, c'est-à-dire à l'exploitation de la société par les banquiers, les commerçants, les fabricants et les propriétaires, qu'il regardait comme appelés à prendre l'initiative de la réorganisation moderne. Que professa-t-il après sa rupture avec Auguste Comte? Le déisme chrétien! Et pendant leur liaison, que lui vit-on propager?

A peine eut-il subi le contact ou plutôt l'ascendant du jeune philosophe, qu'on aperçoit son langage changer : il devient moins banal et moins vague; ses idées se précisent, ses tendances paraissent plus positives. Il semble comprendre un moment la division de la théorie et de la pratique, car il enlève alors aux industriels l'initiative de la rénovation, qu'il rend aux artistes et aux savants. Il abandonne lui-même la direction théorique, qu'il laisse à son *collaborateur*, et suit exclusivement la direction pratique. De 1820 à 1824, il se livre donc à des projets de réforme politique et sociale, sans se préoccuper personnellement de la refonte des opinions. Oubliant ou délaissant volontairement son ancien physicisme, il garde à cet égard le plus profond silence, et au lieu de s'appuyer sur cette prétendue base intellectuelle, il accepte pour philosophie de l'histoire, et comme guide politique, l'exposé sociologique fait en 1820, par son jeune secrétaire, dans le journal l'*Organisateur*, sous le titre de *Sommaire appréciation de l'ensemble du passé moderne*. Il *se laisse attribuer ce travail*, et en amalgame les principaux résultats dans ses autres écrits. Il critique donc et rejette l'adoption de la constitution anglaise, récemment proclamée par lui comme l'unique planche de salut de la société européenne. Il cesse un moment de condamner aussi aveuglément la révolution française ; il blâme et flétrit la déviation militaire qu'il avait tant applaudie ! Il attaque le régime métaphysique, parle de forces sociales positives, intellectuelles et pratiques, de méthode historique. Il fait ressortir la nécessité d'élever la politique au rang des sciences, en laissant prévaloir l'observation sur l'imagination, le point de vue organique sur le point de vue critique. Enfin, en 1822, il annonce, *pour la première fois*, la découverte d'une grande loi dans la direction des sciences morales et politiques, *qui doit être aux phénomènes sociaux ce que la gravitation est aux phénomènes physiques*, mais il ne la formule pas : il n'en donne aucun énoncé, il n'en fait aucune explication, il ne se l'attribue pas formellement !

Il y a loin de là assurément aux idées exprimées dans le *Mémoire sur la science de l'homme* et dans le *Travail sur la gravitation;* et aucun lecteur impartial ne saurait méconnaître l'influence qu'eut Auguste Comte dans un pareil changement : car c'est précisément à cette époque qu'il découvrit lui-même les lois abstraites de l'évolution sociale, *ce qui explique la singulière annonce qu'en put faire son patron*. Et si l'on songe à l'impossibilité propre, scientifique et logique, où se trouvait celui-ci à l'égard d'une semblable découverte, ainsi qu'à l'impuissance où il fut toujours de la déclarer sienne, de la comprendre, de se l'assimiler, de l'appliquer, en un mot d'en tirer un parti quelconque, il sera mis hors de doute qu'il n'y a point participé. Au contraire, la capacité scientifique et philosophique d'Auguste Comte, l'exposition véritablement magistrale qu'il fit, dès le début, de cette découverte fondamentale, les immenses déductions qu'il sut en tirer aussitôt et depuis, montrent pleinement que lui seul en est l'auteur.

Il y a plus, un texte qui parle haut, en l'espèce, conservé et retrouvé dans les papiers de Comte, prouverait qu'à ce moment même, 1822, il aurait été question, pour l'auteur du *Plan des travaux scientifiques nécessaires pour réorganiser la société*, de vendre, et, pour Saint-Simon, d'acheter le dit opuscule ! ce qui tranche définitivement la question de paternité des lois sociologiques (1).

Cependant l'école saint-simonienne, à une ou deux personnes près, a toujours revendiqué pour son propre chef la découverte des

---

(1) V. à nos Pièces justificatives le n° 12 : *Vente sous-seing privé*, et les suggestions qui s'y rapportent.
V. en outre le n° 13, *Témoignage d'Auguste Comte sur ses relations avec Saint-Simon*.

grandes lois historiques qui servirent à fonder le positivisme, et s'est appuyée, pour assurer cette prétention, sur les déclarations d'Auguste Comte lui-même.

Voici ce que l'on trouve à cet égard dans l'Introduction aux *Œuvres choisies* de Saint-Simon, publiées en 1859 à Bruxelles : « Ce quatrième cahier (du *Catéchisme des Industriels*) n'était point destiné seulement à continuer l'exposition des principes politiques et moraux dont le développement avait commencé dans le premier et dans le second cahier, il avait surtout pour objet de rectifier et de compléter l'exposition de politique positive qu'Auguste Comte, qui se glorifiait alors du titre d'élève de Saint-Simon, avait faite dans le troisième cahier, avec une clarté et une vigueur de style qu'on regrette de ne point retrouver dans ses autres écrits.

« *Comte, adoptant dès lors la classification historique à laquelle il s'est longtemps arrêté* (1), *considère le progrès de l'Humanité comme s'accomplissant en trois phases : phase théologique, phase métaphysique, phase positive ou rationaliste*, et subordonne les facultés morales et physiques aux facultés intellectuelles (2).

« Cette façon de former la série historique et cette hiérarchie des facultés humaines qui en était à la fois la conséquence et le principe (3) *paraissaient incomplètes et fausses à Saint-Simon* (4), qui tenait à placer sur le pied d'une entière égalité la faculté sentimentale et la faculté rationnelle, dont la combinaison devait, selon lui, former le pouvoir spirituel, tandis que la faculté industrielle constituait le pouvoir temporel (p. LXVI et LXVII).

— « A la même époque (1825-26), Auguste Comte, qui figura parmi les premiers rédacteurs de ce recueil (*Le Producteur*), persévère dans la direction étroite où il s'était engagé, *malgré les avertissements de Saint-Simon*, en écrivant le troisième cahier du *Catéchisme des Industriels*. » — (p. C II.)

Bien que cette appréciation ne soit nullement exacte en ce qui concerne la nature de l'élaboration d'Auguste Comte, ni même l'opinion de Saint-Simon sur son mémorable travail, que celui-ci qualifia, en 1822, de « pièce fondamentale », dans la préface du *Contrat social*, et qu'il reconnut encore, en 1824, être le « meilleur écrit qui ait

---

(1) Toujours. — R.
(2) Erreur. — R.
(3) Même erreur. L'auteur met ici *faculté* au lieu de *capacité*. — R.
(4) Ce n'était donc pas lui qui avait trouvé cette façon de former la série historique, cette loi des trois phases, puisqu'il les jugeait fausses ? — R.

jamais été publié sur la politique générale », cependant elle ne manque pas d'importance comme établissant que la direction d'Auguste Comte lui fut constamment propre, et qu'elle n'émana point de Saint-Simon.

L'auteur anonyme de l'Introduction aux *Œuvres choisies* ne se contente pas, du reste, de cette déclaration ; il est si persuadé que les principes et les tendances d'Auguste Comte sont opposés à ceux de Saint-Simon, qu'il écarte absolument leur appréciation de l'analyse très détaillée qu'il fait des différents écrits de ce dernier. Ainsi, il ne dit pas un mot du *Contrat social*, quoiqu'il ait été publié sous le nom de Saint-Simon, et quoiqu'il en connaisse parfaitement l'existence. Il garde la même réserve à l'égard du troisième cahier du *Catéchisme des Industriels,* qu'il n'a pas cru à propos de réimprimer, parce qu'il « *n'appartient point à la série des travaux de Saint-Simon !* »

Ce fait est assez significatif, je pense (1).

En effet, le jeune philosophe, au peu plus fort de la fascination exercée sur lui par son prétendu maître, en 1824, inscrivit la déclaration suivante dans l'avertissement dont il fit précéder, dans le troisième cahier du *Catéchisme des Industriels,* la réimpression de son opuscule fondamental : *Plan des travaux scientifiques nécessaires pour réorganiser la société*, en lui superposant le titre général bien décisif, quoique prématuré, de *Système de politique positive :*

« Afin de caractériser avec toute la précision convenable l'esprit
« de cet ouvrage, quoiqu'étant, j'aime à le déclarer, l'élève de M. Saint-
« Simon, j'ai été conduit à adopter un titre général distinct de celui
« des travaux de mon maître. Mais cette distinction n'influe point sur
« le but identique des deux sortes d'écrits, qui doivent être envisagés
« comme ne formant qu'un seul corps de doctrine, tendant, *par deux*
« *voies différentes,* à l'établissement du même système politique.

« J'ai adopté complètement cette idée philosophique émise par
« M. Saint-Simon, que la réorganisation actuelle de la société doit
« donner lieu à deux ordres de travaux spirituels, *de caractère opposé,*
« mais d'égale importance. Les uns, qui exigent l'emploi de la capa-
« cité scientifique, ont pour objet la refonte des doctrines générales ;
« les autres, qui doivent mettre en jeu la capacité littéraire et celle
« des beaux-arts, consistent dans le renouvellement des sentiments
« sociaux.

(1) Ces deux publications : Le *Contrat social* et le *Traité de politique positive* (3ᵉ cahier du *Catéchisme des Industriels*), ne sont autres qu'une première et seconde édition du *Plan des travaux scientifiques nécessaires pour réorganiser la société*, par Auguste Comte.

« La carrière de M. Saint-Simon a été employée à découvrir les
« principales conceptions nécessaires pour permettre de cultiver
« efficacement ces deux branches de la grande opération philoso-
« phique réservée au XIXe siècle. Ayant médité depuis longtemps
« les idées-mères de M. Saint-Simon, je me suis exclusivement atta-
« ché à systématiser, à développer et à perfectionner la partie des
« aperçus de ce philosophe qui se rapporte à la direction scienti-
« fique. Ce travail a eu pour résultat la formation du système de
« politique positive, que je commence aujourd'hui à soumettre au
« jugement des penseurs.

« J'ai cru devoir rendre publique la déclaration précédente, afin
« que si mes travaux paraissent mériter quelque approbation, elle
« remonte au fondateur de l'école philosophique dont je m'honore de
« faire partie. »

Cette déclaration paraît décisive, il faut en convenir : cependant il est aisé de prouver qu'elle n'établit aucunement la filiation spirituelle d'Auguste Comte envers Saint-Simon, surtout en ce qui concerne la *loi des trois états*, mais qu'elle témoigne seulement de son aveugle enthousiasme, de son excessive délicatesse et de l'entière captation dont il était victime.

Premièrement, Auguste Comte n'attribue explicitement ni implicitement à celui qu'il proclame son maître, la découverte des lois lois sociales : il ne mentionne point, quoi qu'on l'ai dit et imprimé, la loi d'évolution intellectuelle comme étant une des idées-mères de cet écrivain, et ne lui reconnaît pas davantage celle de l'activité pratique, ni la loi du classement positif des conceptions humaines qui est le complément nécessaire de la première. Tout ce qu'il dit sur ce qu'il croit devoir à Saint-Simon, peut et doit s'entendre de la communauté des tendances et du but, malgré la divergence des moyens, divergence qu'il constate et qu'il maintient, tout en la regrettant.

En second lieu, le *maître* établit plus formellement encore l'originalité des idées de son disciple et leur incompatibilité avec les siennes propres, dans une déclaration non moins importante qui précéda, dans le même opuscule, l'avertissement que nous venons d'apprécier. Il dit :

« Ce troisième cahier est de notre élève, M. Auguste Comte. Nous
« lui avions confié, ainsi que nous l'avions annoncé dès notre pre-
« première livraison, le soin d'exposer les généralités de notre sys-
« tème : c'est le commencement de son travail que nous allons
« mettre sous les yeux du lecteur.

« Ce travail est certainement très bon, considéré du point de vue
« où son auteur s'est placé ; mais il n'atteint pas exactement au but

« que nous nous étions proposé, il n'expose point les généralités de
« notre système, c'est-à-dire, il n'en expose qu'une partie, et il fait
« jouer le rôle prépondérant à des généralités que nous ne considé-
« rons que comme *secondaires*.

« *Dans le système que nous avons conçu, la capacité industrielle*
« *est celle qui doit se trouver en première ligne ; elle est celle qui doit*
« *juger la valeur de toutes les autres capacités, et les faire travailler*
« *toutes pour son plus grand avantage*.

« Les capacités scientifiques, dans la direction de *Platon* et dans
« celle d'*Aristote*, doivent être considérées par les industriels comme
« leur étant d'une égale utilité, et ils doivent par conséquent leur
« accorder une considération égale, et leur répartir également les
« moyens de s'activer.

« Voilà notre idée la plus générale ; *elle diffère sensiblement de*
« *celle de notre élève*, qui s'est placé au point de vue d'Aristote,
« c'est-à-dire au point de vue exploité de nos jours par l'Académie
« des sciences physiques et mathématiques : il a *considéré par*
« *conséquent la capacité aristotienne comme la première de toutes,*
« *comme devant primer le spiritualisme ainsi que la capacité indus-*
« *trielle et la capacité philosophique*.

« De ce que nous venons de dire, il résulte que notre élève n'a
« traité que la partie scientifique de notre système ; mais qu'il n'a
« point exposé sa partie sentimentale et religieuse : voilà ce dont
« nous avons dû prévenir nos lecteurs. Nous remédierons autant
« qu'il nous sera possible à cet inconvénient dans le cahier suivant,
« en présentant nous-mêmes nos généralités.

« Au surplus, malgré les imperfections que nous trouvons au
« travail de M. Comte, par la raison qu'il n'a rempli que la moitié
« de nos vues, nous déclarons formellement qu'il nous paraît le
« meilleur écrit qui ait jamais été publié sur la politique générale. »

Il est impossible de caractériser plus nettement l'opposition fondamentale qui a toujours existé entre le positivisme et l'industrialisme, et cette déclaration nous paraît décisive. Oui, Auguste Comte place, *dans le travail de rénovation, et pour effectuer la reconstruction de la doctrine générale*, la capacité scientifique (c'est-à-dire la méthode et l'esprit positifs) avant la capacité sentimentale et religieuse, et surtout avant la capacité industrielle, la régénération des opinions avant la réforme des institutions, la systématisation des idées avant celle des sentiments et des actes, en un mot, la conception avant l'exécution : par le seul motif qu'il faut savoir afin d'agir et de pourvoir. Oui, il reprend la direction d'Aristote, dont il est le véritable disciple ; mais il diffère aussi profondément que possible de Saint-Simon, qui, certainement, n'est point son maître (1).

Mais pourquoi celui-ci, sentant et appréciant cette divergence, voulut-il présenter un tel rival ou tout au moins un pareil contradicteur comme son élève, et s'approprier des travaux aussi opposés aux siens ?

Une première fois, en 1820, il s'était fait attribuer, comme nous l'avons déjà dit, une très remarquable appréciation historique d'Auguste Comte sur l'ensemble du passé moderne. Nous ne parlons pas des travaux de tous genres, articles de journaux, de revues, etc., principalement sur l'économie politique, que Comte écrivait alors gratuitement pour Saint-Simon, qui les signait (2). Bientôt après, en 1822, il s'était magistralement emparé du mémorable opuscule où, pour la première fois, *son élève* exposait la grande découverte sociale qu'il venait d'accomplir, et le plan de rénovation qu'elle lui avait inspiré. Pour cela, le *maître* avait simplement superposé au titre spécial et modeste de l'ouvrage (*Prospectus des travaux scientifiques nécessaires pour réorganiser la société*, par Auguste Comte, ancien élève de l'École polytechnique). Cette étiquette pompeuse et mensongère : *Du contrat social*, par Henri Saint-Simon. Cependant, la seule part qu'il avait prise à cette mémorable publication, qu'il qualifiait avec raison de pièce fondamentale, c'était de l'avoir, sans aucun scrupule, annoncée aux industriels, dans une courte préface, comme une exposition de *la partie scientifique de son système !* exposition dont il avait chargé son jeune collaborateur (il ne l'appelle point son *élève*, et Auguste Comte lui-même ne prend pas encore ce titre). Mais quel était donc ce système dont parle ici Saint-Simon ? Ce n'était point le physicisme, assurément, puisqu'il l'avait complètement abandonné, dissimulé, laissé inachevé, et que d'ailleurs, comme nous l'avons démontré précédemment, il diffère trop profondément du positivisme, même à l'état naissant, pour que celui-ci puisse en être considéré comme le résumé ou le développement. Sans aucun

---

(1) Voir à nos *Pièces justificatives*, n° 13, l'article essentiel intitulé : *Témoignage d'Auguste Comte sur ses relations avec Saint-Simon*.

(2) Voir aux *Pièces justificatives*, n° 13, les extraits de la correspondance d'Auguste Comte avec M. Valot ; et, n° 12, le projet d'achat ou le contrat de vente entre l'auteur et l'exploiteur du livre (*Plan des travaux scientifiques*, etc.) ; et surtout, dans la *Revue occidentale*, dirigée par M. Pierre Laffitte (6ᵉ année, n°ˢ 4, 5, 6 ; 7ᵉ année, n°ˢ 2, 3, 5 ; 8ᵉ année, n° 1), la restitution de tous les articles publiés par le collaborateur de Saint-Simon dans *L'Organisateur*, le *Producteur*, *L'Industrie*, *Le Censeur*, etc., que des recherches patientes et éclairées ont rassemblés, avec tant d'autres renseignements précieux, de manière à former un véritable monument biographique et bibliographique élevé à la mémoire du fondateur du positivisme, sous le titre de : *Matériaux pour servir à l'histoire d'Auguste Comte*.

doute, c'était l'industrialisme. Or, puisque son inventeur qui, depuis 1814, ne s'était occupé que de polémique, n'avait élaboré aucune systématisation théorique, surtout positive; puisqu'une telle construction n'existe nulle part dans ses écrits, et qu'il fut toujours incapable de l'effectuer, comment osait-il présenter comme le résumé d'opinions scientifiques et philosophiques qu'il n'avait point, l'œuvre de son soi-disant collaborateur?... Cette action déloyale, ce détournement intéressé de la pensée d'autrui, qui, pour nous, représente un des plus coupables abus de confiance, appellent encore sur leur auteur une réprobation sévère, une véritable condamnation! Et ce n'est point avec plus de justice que l'école soutient cette prétention déloyale. Si le positivisme est la partie scientifique de l'œuvre de Saint-Simon, s'il s'y rattache à un degré quelconque, pourquoi les saint-simoniens le repoussent-ils? pourquoi l'attaquent-ils? pourquoi ont-ils constitué leur système en dehors de cette base nécessaire, avant qu'elle fût élaborée? comment sont-ils parvenus à des conclusions diamétralement opposées aux siennes? pourquoi leur dogme est-il métaphysique et non point scientifique?

Enfin, pour ceux que les considérations qui précèdent n'auraient pas convaincus, ajoutons ces paroles, en quelque sorte testamentaires, prononcées par le Socrate moderne un peu avant sa mort et rapportées par Enfantin dans ses *Œuvres* :

« J'ai voulu essayer, comme tout le monde, dit Saint-Simon, de systématiser la philosophie de Dieu; je voulais descendre successivement du phénomène univers au phénomène système solaire, de celui-ci au phénomène terrestre, et enfin à l'étude de l'espèce considérée comme une dépendance du phénomène sublunaire, et déduire de cette étude *les lois de l'organisation sociale*, objet primitif et essentiel de mes recherches.

« *Mais je me suis aperçu à temps de l'impossibilité d'établir jamais une loi positive et coordinatrice dans cette philosophie......* »

Le novateur reconnait donc lui-même, ici, et déclare, qu'il n'a pu trouver les lois sociologiques!

Or, en 1824, alors que Saint-Simon, incapable de toute transformation positive, retournait de plus en plus au déisme : bien qu'il connût depuis deux ans le travail d'Auguste Comte; bien qu'il l'eût publié et annoncé depuis comme le manifeste de ses propres opinions en sociologie, il le fit réimprimer dans son catéchisme économiste, *pour le désavouer presque immédiatement*. Qu'est-ce autre chose, en effet, qu'un complet désaveu des principes de la philosophie et de la politique positives, que ce projet de constitution qu'il publia dans le quatrième cahier du *Catéchisme des industriels*, comme l'exposition générale de son système, *en rectification des opinions de son disciple ?* Je laisse à chacun le soin d'en juger :

— « R. Voici notre réponse à votre première interrogation ; elle
« mérite de fixer toute votre attention, car elle est un résumé relatif
« à la question la plus importante que vous puissiez nous adresser.

« La royauté héréditaire, dans l'ordre de primogéniture, est
« l'institution fondamentale des grandes sociétés politiques actuelles.

« Le Collége scientifique suprême, composé de la manière que
« nous avons indiquée ci-dessus, forme le conseil initiatif de S. M. ;

« Les projets arrêtés dans le conseil initiatif sont envoyés à
« l'examen de l'Académie des sentiments et de l'Académie des rai-
« sonnements.

« Ces projets, après avoir été examinés par l'Académie des rai-
« sonnements et par celle des sentiments, sont présentés, avec les
« observations faites par ces deux Académies, au Conseil adminis-
« tratif suprême.

« Le Conseil administratif suprême se compose des industriels
« les plus importants. Ce Conseil est composé des industriels :
« d'abord, parce qu'ils sont, de tous les Français, ceux qui ont fait
« preuve de la plus grande capacité en administration ; ensuite,
« parce qu'ils sont les représentants naturels de la classe industrielle,
« qui forme l'immense majorité de la nation ;

« Ce Conseil est chargé de faire tous les ans le projet de budget,
« et de vérifier si les ministres ont employé convenablement les
« sommes qui leur ont été accordées par le budget précédent ;

« Ce Conseil alloue, dans son travail sur le budget, les sommes
« qui lui paraissent convenables pour l'exécution des projets qni ont
« été soumis à son jugement, et dont la réalisation lui paraît utile ;

« Le projet de budget, ainsi élaboré, est remis au conseil des
« ministres, qui, d'après les ordres du Roi, le présente aux Chambres
« et en poursuit l'exécution dans tous les détails. » — (Saint-Simon,
4ᵉ cahier du *Catéchisme des Industriels*).

Qu'est-ce que cette élucubration légitimiste, résumé des idées les plus avancées et des aspirations les plus hautes de Saint-Simon, dernier mot de son action rénovatrice en 1824, peut avoir de commun, je ne dis pas avec le positivisme constitué et tel que nous l'avons ébauché au commencement de cette notice, mais avec l'opuscule fondamental qui fut la première pierre de cette immense construction ? et comment pourrait-elle légitimer cette étrange assertion du fondateur de l'industrialisme : « Ce travail, *dont nous avons jeté les bases,* et dont nous avons confié l'exécution à notre élève Auguste Comte, exposera le système industriel *à priori*, pendant que nous continuerons dans ce catéchisme son exposition *à posteriori ?* » Qu'on y regarde d'aussi près que l'on voudra, et la comparaison attentive du *Plan des travaux scientifiques nécessaires pour réorganiser la société*, ou du 3ᵉ cahier du *Catéchisme des Industriels* avec ceux qui le précèdent, et surtout avec le suivant (le 4ᵉ), mettra de plus en plus en évidence la divergence radicale, ineffaçable, qui exista toujours entre les opinions d'Auguste Comte et celles de Saint-Simon. Tandis que le premier, éliminant les conditions essentielles de la civilisation catholico-féodale, proposait de réorganiser la société en substituant la science à la théologie et l'industrie à la guerre, le second, conservant le déisme et la royauté, c'est-à-dire les bases fondamentales de l'ancien régime, n'en présentait qu'une atténuation arbitraire. Des comités pratiques et des comités théoriques, ou l'introduction du parlementarisme dans l'industrie et l'extension du régime académique à tout le monde spirituel ; des industriels dans le Parlement, des théologiens et des mécaniciens dans l'Académie ; l'asservissement de tous les organes théoriques aux fonctionnaires pratiques commandés par un chef militaire, le roi : tel est le plus grand effort de rénovation auquel cet esprit médiocre et parasite ait pu s'élever finalement. Dès lors il n'est plus permis de confondre sa ridicule tentative, son indigeste panacée, cette grossière entreprise de chantage industrialiste, avec la vaste synthèse élaborée par Auguste Comte ; et, sans même invoquer contre ce singulier maître la rétrogradation décisive instituée par le *Nouveau christianisme*, on peut attendre désormais de tous les appréciateurs compétents et honnêtes qu'ils reconnaissent enfin l'abîme qui sépara toujours le positivisme du saint-simonisme (1).

---

(1) L'asservissement du spirituel au temporel et la confusion des deux pouvoirs sociaux théorique et pratique, ont été consacrés par Saint-Simon en termes encore plus formels :

« UNION GÉNÉRALE

« DES CAPACITÉS INDUSTRIELLES ET SCIENTIFIQUES

« (L'objet de cette union est l'établissement du régime industriel).

— « Les industriels et les publicistes forment deux comités séparés.

« Le comité des industriels administre les fonds de la société.

« Les travaux que les publicistes désirent publier sont soumis à l'examen de ce comité, et
« *ne peuvent point être imprimés sans son consentement.* »

. . . .

« Le comité des publicistes fera un premier examen des travaux scientifiques *qui auront*
« *pour objet l'établissement du système industriel.*

« Ce comité jugera ces travaux en première instance, c'est-à-dire il les rejettera, ou bien
« il les présentera au comité des industriels pour en obtenir *la permission et les moyens de les*
« *faire imprimer.*

« Tous les savants, artistes et littérateurs de France et des pays étrangers seront invités

Mais puisque cette doctrine s'est élevée en dehors du positivisme naissant, et sans attendre que sa base théorique fût achevée; puisqu'elle a surgi en contradiction formelle avec son principe logique fondamental, qui prescrit de systématiser les idées avant les sentiments et les actes; puisqu'elle n'admit et n'appliqua jamais aucune des conceptions, même les plus essentielles, de la philossphie positive, pourquoi Saint-Simon et ses disciples se sont-ils obstinés à revendiquer pour eux l'origine de ce système? C'est que la faveur qui fut accordée de 1820 à 1825 aux publications collectives de ce littérateur par un public d'élite était due surtout aux écrits qu'Auguste Comte y insérait, et que même l'assistance matérielle qui fut alors offerte à Saint-Simon par un éminent industriel et par d'autres personnages était spécialement destinée par eux à l'élaboration de la *Politique positive!* Voilà pourquoi le fondateur de l'industrialisme, tout en suivant une marche opposée à celle de *son disciple*, fit en sorte de se rattacher ses travaux, et pourquoi ses adeptes imitèrent plus tard cette conduite, quand ils se furent constitués en secte religieuse. On sait par quel sophisme ils essayèrent d'incorporer le positivisme au saint-simonisme, malgré son incompatibilité radicale, et comment ils accomodèrent le régime des lois naturelles avec celui des volontés arbitraires. Ayant décrété l'identité de l'*idée-Loi* et de l'*idée-Dieu*, ils purent attribuer à l'auteur du *Nouveau christianisme* la découverte des lois sociologiques, et consommèrent cette spoliation en attaquant leur véritable inventeur comme plagiaire et comme hérésiarque (1829).

Mais les contemporains ne se sont point mépris à cet égard, et ce n'est pas à Saint-Simon qu'ils rapportèrent les encouragements ou les attaques que suscita la première ébauche de cette grande rénovation. Les opuscules d'Auguste Comte causèrent une sensation pro-

---

« par la société à lui communiquer ceux de leurs travaux *qui auront pour objet l'établissement*
« *du système industriel.*
 « Etc..... *(Catéchisme des Industriels*, 2ᵉ cahier, 1824). »
 Il résulte de là que Saint-Simon n'a jamais compris ni admis la division de la théorie et de la pratique, la séparation des pouvoirs spirituel et temporel, qui est la base essentielle de la réorganisation moderne; que de plus il reconnaissait lui-même n'avoir point construit la nouvelle doctrine générale ni le système politique correspondant, puisqu'il conviait à cette œuvre les savants et les artistes européens; qu'enfin il méconnaissait totalement la nature et les conditions d'une telle opération, puisqu'il la considérait comme devant résulter d'efforts multiples, de discussions académiques, de votes par assis et lever, etc., tandis qu'une *synthèse* ne peut jamais être effectuée que par une seule tête, pour passer ensuite dans toutes les autres, si elle est admissible.
 Que signifient donc les prétentions des disciples actuels de Saint-Simon à le représenter comme ayant construit le système philosophique et politique de l'avenir?

fonde dans le monde intellectuel à une époque où la réorganisation spirituelle était encore à l'ordre du jour et préoccupait tous les esprits actifs. Son début social lui attira donc des approbations aussi remarquables que diverses, parmi lesquelles nous devons mentionner surtout celles du grand Carnot et du ministre de Villèle. C'était bien encore à Auguste Comte, et non point à son prétendu maître, que s'adressait l'appréciation que M. de Lamennais produisit dans le *Mémorial catholique*, en février 1826, sur la restauration positive du pouvoir spirituel; c'était bien à sa philosophie, et non pas au *Nouveau Christianisme*, que Benjamin Constant lançait l'anathème du libéralisme, et que la plupart des écrivains émancipés de ce temps, sans en excepter M. Guizot, prétendaient se rattacher; c'est à elle, enfin, que Saint-Simon dut les sympathies et la protection d'un homme véritablement élevé, M. Ternaux, que la fortune n'avait point détourné des devoirs civiques et des préoccupations sociales. Eh bien ! il faisait une telle différence entre l'industrialisme et le positivisme, entre Auguste Comte et Saint-Simon, qu'il en vint à refuser à ce dernier son assistance pécuniaire pour toute autre destination que l'élaboration de la *Politique positive*. C'est ce qui détermina celui-ci au simulacre de suicide du 9 mars 1823, et c'est ce qui amena certainement la réimpression de l'opuscule fondamental d'Auguste Comte dans le *Catéchisme des industriels*, réimpression qui, autrement, resterait inexplicable, d'après la divergence absolue de cet écrit avec les autres parties du recueil.

Après sa rupture avec l'auteur du *Nouveau christianisme*, Auguste Comte eut encore des relations avec M. Ternaux, et en reçut plusieurs fois des encouragements et des appuis. Sa reconnaissance en demeura si vive qu'il devait, après bien des années, consacrer cette noble assistance en dédiant au grand industriel français le dernier volume de sa *Synthèse subjective*, relatif à la systématisation finale de l'action collective de l'homme sur le monde extérieur ou à l'industrie positive. Outre cette protection directe, il reçut encore à cette époque des marques très explicites de sympathie, sinon d'adhésion, envers l'esprit général de sa philosophie. Sans parler des démarches de J.-B. Say et d'autres publicistes éminents, nous rappellerons qu'au moment où il fut question de créer une inspection du commerce et de l'industrie (1827), une pétition chaleureusement apostillée par MM. Poinsot, J.-B. Say, Charles Dupin, Ternaux, Guizot, comte Alexandre de Laborde, Thénard, Chaptal, Fourier, de l'Académie des sciences, F. Arago, etc., demandait cette fonction pour Auguste Comte, dont les signataires attestaient également le mérite théorique et pratique (1).

Au reste, les hommes qui n'hésitèrent point, malgré l'évidence, à lui contester la découverte des lois sociales et la propriété de sa fondation philosophique, ne devaient pas respecter davantage sa réputation privée. Ils le représentent donc habituellement comme ayant aggravé son larcin théorique par la plus noire ingratitude envers celui qu'ils désignent comme son maître et comme son bienfaiteur. Un intraitable orgueil, qui, selon eux, aurait porté le jeune philosophe à ne reconnaître ni *supérieur* ni *égal*, une sécheresse de cœur qui lui interdisait toute affection privée ou publique, seraient les motifs réels de cette double trahison. C'est du moins ce qui ressort des dires mis en circulation par l'école saint-simonienne, et qui sont acceptés et propagés par le journalisme; c'est ce qui résulta surtout d'une réponse faite à Auguste Comte par M. Michel Chevalier, dans *le Globe* du 13 janvier 1832. Or la fascination qu'exerça Saint-Simon sur son jeune secrétaire résulta certainement plutôt de ses dispositions naturelles à l'enthousiasme et à la vénération que de la supériorité réelle du maître et de son ascendant théorique, puisqu'elle aboutit seulement à lui faire attribuer à ce littérateur les conceptions initiales qui surgissaient en lui sans qu'il en fût rien en réalité, et sans qu'il se laissât même aucunement devier par ses tendances irrationnelles. Les sentiments trop généreux et trop aveugles qui portèrent Auguste Comte à considérer et proclamer Saint-Simon comme son maître; la dignité de sa rupture avec lui; la délicate réserve qu'il garda à cet égard jusqu'au moment où le positivisme fut compromis par les prétentions des saint-simoniens et sa moralité intéressée par leurs diffamations; la qualification de *maître* qu'il refusa, à son tour, de la part d'un des premiers disciples de la philosophie positive pour ne garder que le titre de *collègue* et d'*ami;* la vivacité et la délicatesse d'affection dont témoignent indubitablement, à cette époque, quelques-unes de ses relations privées : tout cet ensemble de faits concorde peu, déjà, avec l'orgueil et la sécheresse que lui attribuent ses ennemis. Mais le sentiment social qui respire dans tous ses écrits, oppose un démenti formel à ces accusations : aucun écrivain, aucun savant, aucun philosophe ne proclama jamais avec autant de générosité, d'admiration et de respect

---

(1) Voir pour toutes ces relations, les précieux documents que M. Pierre Laffitte a extraits des archives positivistes et publiés dans la *Revue occidentale*, deuxième année, t. II; troisième année, n°s 2, 5 et 6; quatrième année, n° 1; cinquième année, n° 2; neuvième année, n°s 1 et 2; et surtout le n° 19 de nos Pièces justificatives.

les résultats obtenus par ses devanciers ; et s'il repoussa la filiation saint-simonienne, ce ne fut, comme nous l'avons rappelé, que pour se rattacher par Condorcet à sa véritable tradition, à ses précurseurs réels. Tout prouve donc qu'Auguste Comte était aussi richement doué par le cœur que par l'esprit ; et ses ennemis se sont étrangement abusés en attribuant à un défaut de tendresse l'inflexibilité résultée de l'énergie de son caractère et des nécessités de sa mission.

Ajoutons enfin, et ceci est capital, qu'il ne reçut pas davantage de Saint-Simon matériellement qu'intellectuellement ou moralement. Il ne lui dut point sa subsistance, même temporaire ; et tout fait penser que, sous ce rapport, il perdit encore à un tel contact. Il est vrai qu'il fut introduit chez ce personnage à titre de secrétaire et aux appointements de trois cents francs par mois : *mais il ne reçut jamais que le premier trimestre de ce traitement,* et fut indemnisé du surplus par des promesses et des fins de non-recevoir, comme il arrive trop souvent en pareil cas. Comte travaillait gratuitement et sans cesse à la célébrité de son *employeur,* qui tirait parti de ses écrits, pécuniairement aussi bien que littérairement. Les subsides qui lui étaient accordés par M. Ternaux, et qu'il s'appropriait directement, étant destinés, en majeure partie, à la publication de la *Politique positive,* il s'ensuit qu'en définitive Saint-Simon bénéficia autant sur Auguste Comte au temporel qu'au spirituel. C'est donc à bon droit, et sans la moindre ingratitude, que celui-ci se sépara en 1824, lorsqu'il se fut aperçu de la nullité philosophique et morale du personnage, et qu'il eut enfin reconnu la double exploitation dont il était victime (1).

Enfin la lettre suivante, écrite le 13 janvier 1832 par l'auteur du *Cours de philosophie positive* au directeur du *Globe,* M. Michel Chevalier, témoigne qu'il ne figura jamais parmi les membres de l'école saint-simonienne, et indique nettement la nature des relations qu'il eut avec eux. C'est pourquoi nous la reproduisons ici :

« Monsieur,

« Il est tellement désagréable de prendre la plume pour entrete-
« nir le public de considérations personnelles, au lieu de l'occuper
« d'idées seules susceptibles de l'intéresser, que j'ai d'abord hésité à
« réclamer contre l'article qui me concerne dans *le Globe* du mardi
« 3 janvier 1832. Cependant, après une telle provocation, je crois
« devoir surmonter cette juste répugnance, et je ne puis me dispen-

---

(1) Voir à nos *Pièces justificatives,* n° 13, son jugement définitif sur Saint-Simon, et le détail de ce marchandage philosophique.

« ser de relever les expressions fort inconvenantes que vous avez
« employées à mon égard, sans en avoir probablement senti toute la
« portée, quand vous avez parlé de ma prétendue *séparation* de la
« société saint-simonienne.

« Comme vous étiez, je crois, encore occupé de faire vos études
« à l'époque des événements auxquels votre article se rapporte, il
« n'est pas étonnant, Monsieur, que vous n'en ayez point une con-
« naissance exacte. Si vous vous en étiez informé avec plus de soin,
« vous auriez été convaincu que je n'ai jamais fait partie, sous aucun
« rapport, de l'association saint-simonienne, et vous vous seriez sans
« doute dispensé d'expliquer pourquoi je m'en serais *séparé*.

« J'ai eu, Monsieur, pendant plusieurs années, avec M. de Saint-
« Simon, une liaison très intime, fort antérieure à celles qu'ont pu
« avoir avec lui aucun des chefs de votre société. Mais cette relation
« avait entièrement cessé environ deux ans avant la mort de ce phi-
« losophe, et par conséquent à une époque où il n'était pas encore
« question le moins du monde de saint-simoniens. Je dois d'ailleurs
« vous faire observer que M. de Saint-Simon n'avait point encore
« adopté alors la couleur théologique, et que notre rupture doit
« même être attribuée en partie à ce que je commençais à apercevoir
« en lui une tendance religieuse profondément incompatible avec la
« direction philosophique qui m'est propre.

« Depuis la mort de M. de Saint-Simon, j'ai inséré dans *le Pro-
« ducteur*, pendant les deux derniers mois de 1825 et les trois pre-
« miers mois de 1826, six articles destinés à faciliter au public l'in-
« telligence de mes idées fondamentales sur la refonte des théories
« sociales. Mais ma coopération à ce journal, à la fondation duquel
« j'avais été absolument étranger, fut purement accidentelle. J'ai
« consenti à publier par cette voie quelques articles portant ma signa-
« ture, comme j'eusse pu le faire par la *Revue encyclopédique*, ou
« dans tout autre recueil dont la direction politique n'eût pas été
« radicalement opposée à la mienne. J'ai d'ailleurs cessé toute inser-
« tion aussitôt que je me suis aperçu que les éditeurs de ce journal
« tournaient aux idées religieuses, dont il n'avait d'abord été nulle-
« ment question. Du reste, même pendant le court intervalle de cette
« sorte de coopération, je n'ai jamais assisté *une seule fois* aux réu-
« nions régulières ou irrégulières des rédacteurs de ce recueil, qui me
« sont presque tous absolument inconnus. Mes rapports avec *le Pro-
« ducteur* étaient donc purement littéraires ; et je les avais, dès l'ori-
« gine, tellement simplifiés, même sous ce point de vue, que je me
« suis toujours borné à adresser mes articles au rédacteur général
« (M. Cerclet), qui eût pu refuser de les publier, mais que je n'avais

« nullement autorisé à y introduire la moindre modification, et qui
« de fait les a tous textuellement insérés. D'après ces renseigne-
« ments, vous serez sans doute disposé, Monsieur, à préjuger dès à
« présent la légèreté de la singulière explication que vous avez
« donnée de faits qui n'ont jamais existé. Quoique plus jeune que
« les chefs de votre secte, mes travaux et mes écrits ont été très
« antérieurs aux leurs. La première émission du commencement de
« mon *Système de politique positive*, dont mes articles du *Producteur*
« ne sont que le développement partiel, date de 1822 (j'avais alors
« vingt-quatre ans); un second degré de publicité a été donné à cet
« ouvrage au commencement de 1824, près de deux ans avant l'ap-
« parition du *Producteur*. Comme je n'ai jamais varié le moins du
« monde de la direction philosophique que j'avais dès lors nette-
« ment caractérisée, et dont la publication de mon *Cours de philoso-*
« *phie positive*, commencée en 1830, n'est qu'une plus ample et plus
« générale manifestation, il serait difficile de concevoir que j'eusse
« jamais pu rien devoir aux travaux des *pères* saint-simoniens, qui
« affectent peu d'ailleurs, ce me semble, une telle prétention. Il est,
« au contraire, très certain que l'influence de ma parole ou de mes
« écrits a contribué dans l'origine à l'éducation philosophique et
« politique de vos chefs actuels; ce dont je suis, du reste, fort loin
« de me plaindre, en regrettant seulement qu'ils n'en aient pas
« mieux profité. Mais quoi qu'il en soit, Monsieur, j'ai lieu de
« m'étonner d'avoir été confondu dans votre exposé avec les per-
« sonnes qui, ayant commencé leur carrière philosophique au sein
« de votre société et sous les inspirations de ses chefs, ont cru
« devoir plus tard s'en séparer; ce que je regarde d'ailleurs comme
« une grande preuve de bon sens.

« Par suite des mêmes considérations, il me paraît peu facile de
« comprendre comment j'aurais pu, selon vos doctorales expres-
« sions, *rester en arrière dans la marche du saint-simonisme, faute*
« *d'en pouvoir suivre le progrès*. Entré avant vos *pères suprêmes* ou
« *non suprêmes* dans la carrière philosophique, et y ayant marché
« sans interruption dans une direction invariable, je ne pourrais me
« trouver maintenant à l'arrière que par suite d'une infériorité intel-
« lectuelle bien prononcée. Or, quoique vos chefs se soient hardi-
« ment *posés* comme les hommes les plus capables de France et
« même du monde entier, je ne sache pas qu'ils soient encore allés
« jusqu'à penser qu'une telle prétention pût devenir un article de
« foi ailleurs que parmi leurs dévots. Je crois donc que s'ils eussent
« été consultés à l'avance, ils n'auraient nullement ratifié les termes
« que vous avez employés à mon égard. Ils savent parfaitement que

« je n'ai jamais hésité, à aucune époque, à regarder et à proclamer
« hautement l'influence des idées religieuses, même supposées stric-
« tement et constamment réduites à leur moindre développement,
« comme étant aujourd'hui, chez les peuples les plus avancés, le
« principal obstacle aux grands progrès de l'intelligence humaine et
« aux perfectionnements généraux de l'organisation sociale. La voie
« scientifique dans laquelle j'ai toujours marché depuis que j'ai
« commencé à penser, les travaux que je poursuis obstinément pour
« élever les théories sociales au rang des sciences physiques, sont
« évidemment en opposition radicale et absolue avec toute espèce de
« tendance religieuse ou métaphysique (1). Ainsi le public éclairé
« comprendra difficilement, Monsieur, comment j'aurais pu rester
« en arrière dans une direction qui n'a jamais été la mienne, et que
« j'ai toujours regardée comme essentiellement rétrograde. Si vos
« supérieurs, après avoir suivi pendant quelque temps la direction
« positive (qu'ils n'ont d'ailleurs jamais bien comprise faute d'avoir
« fait les études préliminaires convenables), ont jugé à propos d'en
« prendre une autre entièrement opposée, ils ont sans doute cru bien
« faire ; mais je ne puis m'empêcher de trouver fort singulier que ce
« soit en leur nom que vous parliez à mon égard de déviation et de
« ralentissement. Soyez persuadé, Monsieur, que tous les observa-
« teurs impartiaux et compétents seraient choqués de cet étrange
« renversement de rôles, s'ils pouvaient prendre quelque intérêt à
« un tel débat.

« Il est possible, Monsieur, que ma persistance invariable dans
« la voie philosophique que j'ai suivie dès mes premiers travaux
« passe dans votre esprit pour une sorte de répugnance aveugle à

---

(1) Il est indispensable, pour ne pas se méprendre sur le sens de certains passages contenus dans la lettre que nous reproduisons ci-dessus, de se rappeler qu'ici, comme dans ses premiers opuscules et dans le *Cours de philosophie positive*, Auguste Comte emploie encore le terme *religion* et ses dérivés, comme équivalents du mot *théologie*, etc. Alors, en effet, il n'avait point explicitement accompli l'analyse fondamentale, qui, distinguant à jamais la théologie de la religion, pose celle-ci comme le procédé essentiel de la synthèse humaine, dont la première ne forme plus qu'un cas particulier, et propre au début d'une telle évolution. Ce résultat décisif ne fut obtenu par lui que dans son œuvre principale, fruit de sa maturité, celle qui caractérise absolument ses tendances et son génie, le *Système de politique positive*. Néanmoins, *les Opuscules*, comme la *Philosophie*, témoignent incontestablement des mêmes aspirations synthétiques ou religieuses, mais *non théologiques*, vers le rétablissement de l'unité humaine par l'avénement d'une foi scientifique ou démontrable. Il n'existe donc de désaccord, à cet égard, que dans la forme, et nullement quant au fond. C'est pourquoi le lecteur impartial doit remplacer ici et ailleurs les mots *religion* ou *religieux* par ceux : *théologie, théologique*, qui donnent le véritable sens. Dès lors, le passage qui nous occupe serait ainsi transformé : « Les travaux que je poursuis obstinément pour élever les théories sociales au rang des sciences physiques, sont évidemment en opposition radicale et absolue avec toute espèce de tendance théologique ou métaphysique. » — (R).

« toute innovation, quoique vous fussiez certes le premier à m'adres-
« ser un tel reproche. Mais quand même je ne serais pas profondé-
« ment convaincu que la direction positive est la seule qui puisse
« aujourd'hui nous conduire à une vraie et définitive rénovation des
« théories sociales, et par suite des institutions politiques, j'aurais de
« la peine à comprendre qu'on exécutât jamais rien d'important en
« changeant tous les deux ou trois ans ses conceptions principales.
« Du reste vous conviendrez, Monsieur, que si je me suis trompé
« dans la direction générale de ma philosophie, je n'ai pas choisi du
« moins celle qui se prête le plus commodément à l'infériorité et à la
« paresse de l'intelligence. Au lieu des longues et difficiles études
« préliminaires sur toutes les branches fondamentales de la philoso-
« phie naturelle qu'impose absolument ma manière de procéder en
« science sociale ; au lieu des méditations pénibles et des recherches
« profondes qu'elle exige continuellement sur les lois des phéno-
« mènes politiques (les plus compliqués de tous), il est beaucoup
« plus simple et plus expéditif de se livrer à de vagues utopies dans
« lesquelles aucune condition scientifique ne vient arrêter l'essor
« d'une imagination déchaînée. Il est surtout très attrayant, je
« l'avoue, pour ceux qui visent à la quantité des suffrages beaucoup
« plus qu'à leur qualité, après avoir adhéré à trois ou quatre épi-
« graphes sacramentelles et sans prendre d'autre peine que celle de
« composer quelques verbeuses homélies, de se trouver tout à coup
« un grand homme, du moins momentanément, aux yeux d'un cercle
« assez nombreux par lequel d'ailleurs on a l'avantage d'être vénéré
« comme un modèle de vertus. Ajoutez que la voie saint-simo-
« nienne conduit à la fortune et la mienne à la misère, et vous aurez
« achevé de démontrer que j'ai suivi une fort mauvaise direction.
« Cependant, Monsieur, je suis tellement obstiné que je ne voudrais
« pas en changer, quoique je sois assez jeune pour pouvoir le faire
« avantageusement. L'estime et la sympathie d'un très petit nombre
« d'esprits éminents, juges compétents de mes travaux, telle est la
« seule grande récompense que se soit jamais proposée mon ambi-
« tion, trop modeste ou trop élevée, comme vous croirez devoir
« l'entendre.

« Votre société n'a point encore, à ce que l'on m'apprend, arrêté
« les bases de sa nouvelle morale; j'espère cependant, Monsieur,
« que, vous conformant, par provision du moins, aux vieilles règles
« de la moralité littéraire, vous voudrez bien insérer textuellement
« dans le plus prochain numéro du *Globe*, ma réponse à l'attaque
« inconsidérée que vous vous êtes permise envers moi. Je désire
« qu'elle ait sur vous assez d'influence pour vous empêcher désor-

« mais de me mêler en rien dans aucune histoire de la secte saint-
« simonienne, à laquelle j'ai le droit d'exiger qu'on me regarde
« comme ayant toujours été absolument étranger. Quand vous
« croirez seulement devoir vous livrer à une critique quelconque de
« ma philosophie, je garderai le plus profond silence, parce qu'elle
« est effectivement tombée, par le fait de la publicité, dans le domaine
« des journalistes disposés à la juger. Mais il ne saurait en être de
« même lorsqu'il s'agit d'assertions erronées relatives à ma per-
« sonne, et qu'il m'importait beaucoup de démentir.

« Je dois vous prier, Monsieur, de vouloir bien excuser la lon-
« gueur de cette lettre; mais vous reconnaîtrez sans doute que, s'il
« est aisé de présenter en deux lignes toute la position d'un écrivain
« sous un point de vue absolument faux, la rectification ne peut
« jamais être aussi concise.

« J'ai l'honneur d'être, etc.

« A. COMTE,

« Ancien élève de l'École polytechnique,
« Rue Saint-Jacques, n° 159.

« Paris, jeudi soir, 5 janvier.

« *P. S.* — Je dois vous prévenir, Monsieur, que dans le cas où
« l'insertion exacte de cette lettre dans votre journal me serait
« refusée, j'aurais recours, quoique avec le plus grand regret, à la
« publicité des autres journaux. »

Une dernière considération doit terminer l'appréciation qui nous occupe : c'est que la *purification morale* qui est le but suprême de la religion de l'Humanité, et la *glorification de la chair* qui caractérise finalement le saint-simonisme, de même que le caractère ploutocratique du premier et la nature éminemment sociale du second, montrent sous un tel jour l'opposition radicale de ces deux doctrines parvenues à leurs conséquences extrêmes, qu'il n'est plus permis désormais de les confondre, ni même de les comparer. Il est donc légitime d'espérer qu'un public sérieux ne verra dans les efforts actuels de nos littérateurs et des entrepreneurs de biographies pour rattacher l'œuvre d'Auguste Comte à la tentative de Saint-Simon, qu'une intrigue blâmable tendant à compromettre et entraver l'avénement de la religion universelle.

Pour terminer ce chapitre, et pour ne rien omettre dans une discussion aussi essentielle, nous rapporterons encore ici, malgré sa longueur et sauf à nous exposer à des redites, le jugement en dernier ressort que Comte porta sur tous ces faits, vingt-neuf ans après qu'ils se furent passés, en 1853 par conséquent, dans la préface du troisième volume de son *Système de Politique positive* :

« Dès le début de ma carrière, dit-il, je n'ai jamais cessé de représenter le grand Condorcet comme mon père spirituel. Cette filiation normale ressort directement de la comparaison des doctrines ; puisque ma fondation de la sociologie consista surtout à réaliser dignement le projet conçu par mon précurseur pour subordonner la politique à l'histoire. Mais l'analogie personnelle confirme, j'ose le dire, la succession philosophique, en montrant, des deux côtés, avec un invariable dévouement, une tendance continue à transporter l'esprit scientifique dans le domaine social, d'après une préparation mathématique.

« Outre mes constantes déclarations, de tels rapprochements doivent suffire aux esprits impartiaux et judicieux pour rejeter comme absurde toute autre supposition sur l'impulsion initiale de mes travaux. Cependant, la funeste liaison de ma première jeunesse avec un jongleur dépravé (H. de Saint-Simon — R.) poussa l'envie et la frivolité vers une hypothèse qui, malgré son irrationnalité, se propagea beaucoup. Une secte éphémère, bien digne, à tous égards, du chef qu'elle se forgea, devint le principal organe d'une fable qui lui permettait, en satisfaisant sa haine, d'exploiter impunément mes premiers écrits. Voilà pourquoi je crus devoir insérer, à ce sujet, une note spéciale dans la dernière préface de mon ouvrage fondamental (1).

---

(1) *Cours de philosophie positive*, t. VI, préface, p. VII, VIII et IX:
« A cette époque, et quand j'étais parvenu à sentir à la fois la portée et l'insuffisance de la grande tentative de Condorcet, mon évolution spontanée fut profondément troublée pendant quelques années, sans cependant être jamais déviée ni suspendue, par une liaison funeste avec un écrivain fort ingénieux, mais très superficiel, dont la nature propre, beaucoup plus active que spéculative, était assurément peu philosophique, et ne comportait réellement d'autre mobile essentiel qu'une immense ambition personnelle (le célèbre M. de Saint-Simon). Il avait, de son côté, déjà senti, à sa manière, le besoin d'une régénération sociale fondée sur une rénovation mentale, quelque vague et incohérente notion qu'il se formât d'ailleurs de l'une et de l'autre, d'après la profonde irrationalité de son éducation générale. Cette coïncidence devint pour lui, à mon égard, la base d'une désastreuse influence, qui détourna longtemps une partie notable de mon activité philosophique vers de vaines tentatives d'action politique directe ; quoique, il en soit résulté chez moi, outre une plus vive excitation à une publicité immédiate et peut-être même prématurée, une attention plus décisive à l'efficacité sociale du développement industriel, sur laquelle, toutefois, j'avais été auparavant éveillé par les doctrines économiques, premier fondement réel de la direction qui caractérisait surtout M. de Saint-Simon. Une telle conformité apparente, quoique très incomplète, en effet, constitua aussi, après notre rupture, le motif ou le prétexte des envieuses insinuations dirigées contre l'originalité de mes premiers travaux en philosophie politique, en attribuant une importance factice à une vicieuse qualification (celle d'*élève*, — R) que m'avait inspirée, en 1824, une générosité fort mal entendue, ainsi étrangement récompensée, et que ne portait point, deux ans auparavant, la première édition de l'écrit correspondant (*Prospectus des travaux scientifiques nécessaires*, etc.
— R). L'ensemble de mon essor ultérieur a depuis longtemps écarté spontanément ces vaines récriminations contre un philosophe qui a souvent, j'ose le dire, accordé à chacun de ses divers

Je me serais borné toujours à cette explication décisive, si je n'eusse ensuite reconnu qu'elle n'avait point empêché plusieurs écrivains, même bienveillants envers moi, de propager, par irréflexion, une supposition plus ridicule encore qu'odieuse. La comparaison directe des doctrines a, depuis longtemps permis d'apprécier cette calomnie contradictoire, où mes premières inspirations émaneraient d'une source qui les repousse. Mais, afin que mon silence ne concoure point à prolonger une telle méprise, je reviens une dernière fois sur de pénibles souvenirs pour déclarer ici que je ne dus rien à ce personnage, pas même la moindre instruction.

« Séduit par lui vers la fin de ma vingtième année, mon enthousiasme, jusqu'alors appliqué seulement aux morts, me disposa bientôt à lui rapporter toutes les conceptions qui surgirent en moi pendant la durée de nos relations. Quand cette illusion fut assez dissipée, je reconnus qu'une telle liaison n'avait comporté d'autre résultat que d'entraver mes méditations spontanées, antérieurement guidées par Condorcet, sans me procurer d'ailleurs aucune acquisition. Tandis que divers contacts personnels me firent alors obtenir des éclaircissements secondaires dont je me plus toujours à proclamer les sources, celui-là resta dépourvu de toute efficacité réelle, scientifique ou logique.

« Une telle stérilité s'explique aisément d'après la nature et l'éducation d'un écrivain vague et superficiel. Il ne se distingua réellement des autres littérateurs que comme moins lettré, quoique autant

prédécesseurs, fort au-delà de ce qu'il en avait véritablement tiré, d'après la double tendance qui m'entraîne, soit à éviter des détails indifférents au public en rapportant la valeur totale de chaque conception à celui qui en a manifesté le premier germe distinct, lors même que la saine appréciation et la réalisation principale m'en sont essentiellement dues, soit à montrer, autant que possible, les racines antérieures qui peuvent donner plus de force à mes propres pensées.

« Quoique ce célèbre personnage ait, à mon égard, indignement abusé du facile ascendant individuel que devait lui procurer mon extrême jeunesse sur une nature profondément disposée à l'enthousiasme politique et philosophique, je dois cependant profiter d'une telle occasion pour venger ici sa mémoire des graves imputations que doivent inspirer à tous les hommes sensés et à toutes les âmes pures les honteuses aberrations éphémères qu'on a osé introduire sous son nom après sa mort. S'il eût vécu quelques années de plus, son absence totale de vraies convictions et son entraînement presque irrésistible vers les bruyants succès immédiats eussent peut-être égaré sa vieillesse fort au-delà des bornes qu'il avait toujours spéculativement respectées. Mais, quoi qu'il en soit d'une telle conjecture, je puis directement assurer que, pendant six années environ d'une intime liaison, je ne lui ai pas entendu proclamer une seule fois aucune de ces maximes profondément subversives de toute sociabilité élémentaire qui lui furent ensuite impudemment attribuées par des jongleurs qu'il n'avait jamais connus. J'ai pu seulement observer en lui, après l'affaiblissement résulté d'une fatale impression physique, cette tendance banale vers une vague religiosité, qui dérive aujourd'hui si fréquemment du sentiment secret de l'impuissance philosophique, chez ceux qui entreprennent la réorganisation sociale sans y être convenablement préparés par leur propre rénovation mentale. »

dépourvu d'instruction scientifique. Toujours incapable de rien créer, il se bornait à refléter les inspirations extérieures, même dans ses aberrations.

« Son éclat passager constituera, pour la postérité, l'un des symptômes caractéristiques de notre anarchie mentale et morale, puisqu'il résulta seulement d'un charlatanisme effréné, dépourvu de tout vrai mérite. Le cœur et l'esprit de ce personnage se retracent exactement dans le cynique résumé qu'il se plaisait à faire de sa propre vie, dont il représentait les deux moitiés comme respectivement consacrées à l'achat et à la vente des idées. »

IV. — Turgot, Burdin, ou Comte ?

Mais la critique ne s'arrête pas pour si peu ; elle ne désarme jamais.

S'il était difficile, — on n'a pas dit impossible, — d'attribuer à Saint-Simon la loi d'Auguste Comte, il restait à essayer d'en reporter à d'autres la découverte.

Les néo-Kantiens ou Kanto-Platoniciens, comme les appelait Broussais, dont plus d'un avait des attaches saint-simoniennes, et des hommes qui, pendant un temps, avaient suivi le fondateur du positivisme, trouvèrent bientôt (après sa mort, toutefois), en remontant ou descendant, comme il plaira, jusqu'au spiritualiste Buchez, qu'il n'était pour rien dans l'établissement des lois sociologiques ; qu'il les avait volées ; et que ses disciples s'étaient faits, par leur silence ou leur ignorance, les complices de ce détournement. Voici la thèse : Comte n'a pas découvert la loi du *processus* intellectuel ; Turgot et Burdin en sont les seuls inventeurs.

MM. Audiffrent et Sémérie ont répondu comme il convenait (1) ; nous nous sommes associé à cette défense ; M. Pierre Laffitte a clos le débat (2), que nous allons résumer, en laissant de côté, bien entendu, comme n'ayant d'intérêt qu'au moment de la polémique, les insinuations malveillantes, les intentions de ridiculiser, les mensonges ou erreurs de fait, les injures et tout ce que les haines d'écoles savent inventer.

Il faut bien dire que la découverte des lois sociologiques *était*

---

(1) Voir une brochure topique intitulée : *La loi des trois états*, réponse à M. Renouvier, directeur de la Critique philosophique, par E. Sémérie, in-8, Paris, Leroux, 1875.

(2) Dans le n° 4 de *La Revue occidentale* (5ᵉ année, 1ᵉʳ juillet 1882), p. 1 à 47, *Matériaux pour servir à la biographie d'Auguste Comte*. — Essentiel.

dans l'air à la fin du XVIIIe siècle, et que tous les penseurs de l'école encyclopédique y tendaient, ceux au moins qui appartenaient au groupe s'occupant plus spécialement d'économie sociale, de philosophie politique et de philosophie de l'histoire : Turgot, Diderot, Georges Leroy, de Brosses, Quesnay, Boulanger, Condorcet, etc. Au commencement de ce siècle, Fontenelle avait même parlé de lois naturelles pour les phénomènes sociaux, sans en formuler aucune ; il avait de plus émis un pressentiment non moins remarquable sur la nature collective de l'Humanité.

Sans la crise révolutionnaire et l'orgie militaire qui suivit, on peut être certain que l'on n'aurait pas attendu jusqu'à 1822 pour trouver les bases théoriques de la science sociale.

Cela est si vrai qu'il n'y a pas jusqu'au chevalier de Boufflers qui n'ait eu son éveil et qui n'ait dit son mot à ce sujet. Il commence ainsi un *Discours sur la littérature*, prononcé devant l'Académie des sciences et belles-lettres de Berlin, le 9 août 1798 : « Tout est venu par degrés dans la société comme dans la nature : le moral suit le physique aussi constamment que l'atmosphère se meut avec la planète ; *nos idées même semblent soumises à la loi du développement des êtres organisés,* et les progrès constants de la croissance, depuis le fœtus jusqu'à l'homme fait, sont l'image en raccourci des pas continuels de l'esprit humain vers ce qu'il appelle sa perfection. » On ne saurait mieux parler.

Doit-on ajouter le nom du docteur Burdin à ceux que nous venons de citer, s'il n'a été que l'écho des élaborations, dires et écrits de ces nobles penseurs ; s'il n'a fait que transmettre le résumé de leurs approximations envers l'institution des lois sociologiques, sans y rien ajouter de lui-même, et s'il n'a laissé sur ce grand sujet, pour sa part d'efforts personnels, que le résultat de leurs vues particulières, accaparées par Saint-Simon dès 1798, sans aucune fécondation ultérieure, et reproduites par lui en 1813, dans le *Mémoire sur la science de l'Homme ?*

D'ailleurs Burdin, qui procédait sans doute de Haller, de Vicq d'Azir et de Buffon en biologie, se rattachait encore plutôt, pour la sociologie, à Dupuis et à Bailly, qu'à Turgot ou Condorcet. Cependant, il nous semble avoir connu, du moins on peut le présumer, les *Dieux fétiches* et la *Méchanique des langues* du président de Brosses, les dernières lettres sur l'Homme, de Georges Leroy, et certains travaux de Boulanger sur l'antiquité et l'économie sociale.

Voyons d'abord le texte de Turgot.

Il se trouve dans le plan de son deuxième discours sur l'histoire universelle, dont l'objet était : *Les progrès de l'esprit humain.* — Le premier avait pour sujet : *La formation des gouvernements et le mélange des nations.*

Ce grand esprit avait en effet, dès sa première jeunesse, de vingt-quatre à vingt-cinq ans, arrêté dans sa tête et jeté sur le papier le projet d'une histoire universelle, dont son célèbre discours en Sorbonne, le 11 décembre 1750, sur les progrès successifs de l'esprit humain, n'était que le brillant prélude. Mais la vie politique, dans laquelle il entra de si bonne heure, et sa fin prématurée, ne lui laissèrent pas le temps de réaliser, dans l'âge mûr, cette suggestion de sa jeunesse.

Avec un tel penseur et un tel savant, on est loin, du reste, des vagissements philosophiques de Saint-Simon, et l'on sent, d'autre part, combien il est regrettable que Comte n'ait pas eu pour guide, à son début, les premiers essais de ce grand homme sur la science sociale (1), avec ceux de Condorcet, au lieu de s'empêtrer dans les réminiscences confuses et diffuses du fondateur de l'industrialisme.

« Avant de connaître la liaison des effets physiques entre eux, dit Turgot, il n'y eut rien de plus naturel que de supposer qu'ils étaient produits par des êtres intelligents, invisibles et semblables à nous ; car à quoi auraient-ils ressemblé ? Tout ce qui arrivait sans que les hommes y eussent part eut son dieu, auquel la crainte ou l'espérance fit bientôt rendre un culte, et ce culte fut encore imaginé d'après les égards qu'on pouvait avoir pour les hommes puissants ; car les dieux n'étaient que des hommes plus puissants et plus ou moins parfaits, selon qu'ils étaient l'ouvrage d'un siècle plus ou moins éclairé sur les vraies perfections de l'Humanité.

« Quand les philosophes eurent reconnu l'absurdité de ces fables, sans avoir acquis néanmoins de vraies lumières sur l'histoire naturelle, ils imaginèrent d'expliquer les causes des phénomènes par des expressions abstraites, comme *essences* et *facultés*, expressions qui, cependant, n'expliquaient rien, et dont on raisonnait comme si elles eussent été des êtres, de nouvelles divinités substituées aux anciennes. On suivit ces analogies et on multiplia les facultés pour rendre raison de chaque effet.

« Ce ne fut que bien tard, en observant l'action mécanique que les corps ont les uns sur les autres, qu'on tira de cette mécanique d'autres hypothèses que les mathématiques purent développer, et l'expérience vérifier. — Voilà pourquoi la physique n'a cessé de dégénérer en mauvaise métaphysique, qu'après qu'un long progrès

---

(1) Il résulte d'une lettre de M. Pierre Laffitte, datée du 10 juin 1875, que ce ne serait qu'en 1852 ou 1853, qu'Auguste Comte aurait pris connaissance du discours de Turgot.

dans les arts et dans la chimie eut multiplié les combinaisons des corps, et que, la communication entre les sociétés étant devenue plus intime, les connaissances géographiques ont été plus étendues, que les faits ont été plus certains, et que la pratique même des arts a été mise sous les yeux des philosophes. — L'imprimerie, les journaux littéraires et scientifiques, les mémoires des académies, ont augmenté la certitude au point que les seuls détails sont aujourd'hui douteux. » (1).

Tel est l'*aperçu* de Turgot sur la loi naturelle du *processus* mental ou des progrès de l'esprit humain ; car il n'y a qu'aperçu et non pas loi tant que toutes les conditions de l'évènement ou du phénomène considéré ne sont pas explicitées et liées, de manière à embrasser tous les cas. Turgot, en effet, ne rend pas compte de la nécessité de cette marche spontanée de notre intelligence ; de plus, il n'indique que le cas polythéique de l'explication théiste, et ne dit rien de l'état fétichique ni monothéique ; il est très confus aussi sur le terme positif de la progression, qu'il caractérise à peine. — Ceci n'est pas un reproche, bien entendu, mais une constatation. — Car le jeune et profond philosophe n'en a pas moins indiqué, on ne peut s'y méprendre, la progression spontanée, théologique, métaphysique et scientifique, dans la recherche de la vérité.

Enfin Turgot, cela est certain, n'a pas senti toute l'importance de son aperception, puisqu'il n'y est pas revenu, puisqu'il ne l'a jamais reprise, étendue, complétée ; puisqu'il ne la signale point, dans sa correspondance, à Condorcet principalement, qui, encore que marchant dans la même voie, et cherchant pour son propre compte, ne semble pas l'avoir davantage reconnue, comprise, mise en lumière, utilisée.

Passons à Burdin ; c'est Saint-Simon, nous l'avons dit, qui, au début de son *Mémoire sur la science de l'homme*, rapporte, en termes approximatifs, les idées que ce médecin philosophe lui a exposées et transmises en 1798, sur le sujet qui nous occupe :

« Toutes les sciences ont commencé par être conjecturales ; le grand Ordre des choses les a appelées toutes à devenir positives. L'astronomie a commencé par être de l'astrologie ; la chimie n'était à son origine que de l'alchimie. La physiologie qui, pendant longtemps, a nagé dans le charlatanisme, se base aujourd'hui sur des faits observés et discutés. La psychologie commence à se baser sur la physiologie et à se débarrasser des préjugés religieux sur lesquels elle était fondée.

(1) Turgot, *Œuvres*, t. II, p. 656, chez Guillaumin, Paris, 1844.

« Les sciences ont commencé par être conjecturales parce qu'à l'origine des travaux scientifiques il n'y avait encore que peu d'observations faites, que le petit nombre de celles qui avaient été faites n'avaient pas eu le temps d'être examinées, discutées, vérifiées par une longue expérience, et que ce n'était que des faits présumés, des conjectures. Elles ont dû, elles doivent devenir positives parce que l'expérience journellement acquise par l'esprit humain lui a fait acquérir la connaissance de nouveaux faits et rectifier celle plus anciennement acquise de certains faits qui avaient été observés d'abord, mais à une époque à laquelle l'on n'était pas encore en état de les analyser.

« L'astronomie étant la science dans laquelle on envisage les faits sous les rapports les plus simples et les moins nombreux, est la première qui doit avoir acquis le caractère positif. La chimie doit avoir marché après l'astronomie et avant la physiologie parce qu'elle considère l'action de la matière sous des rapports plus compliqués que la première, mais moins détaillés que la physiologie.

« Par ce peu de mots, je crois vous avoir prouvé que ce qui est arrivé est ce qui devait arriver. C'est beaucoup de savoir la raison qui a amené successivement l'ordre des choses qui nous a précédés, puisqu'elle donne le moyen de découvrir ce qui arrivera (1). »

Dans cet autre aperçu, car nous n'avons encore ici que des *aperçus*, d'une très haute valeur, mais avec des implicités importants, et non pas une loi générale explicite, on sent de suite la différence qu'il y a d'un homme de génie à un esprit moins élevé et moins vigoureux, quoique encore bien ferme et bien pénétrant. Turgot, en effet, embrasse la généralité du phénomène et reste au degré d'abstraction nécessaire pour le caractériser; Burdin, au contraire, omet un chaînon esssentiel, la phase métaphysique, sans laquelle le processus est rompu, insaisissable. De même, il n'établit pas le caractère théologique indispensable de son état primitif conjectural. Cependant, il indique un point important qui avait échappé à Turgot : il touche en quelques mots, vagues il est vrai, à la question capitale du classement des phénomènes, dans l'effort spontané pour arriver de l'état initial et fictif à l'état définitif ou scientifique.

Quoi qu'il en soit, nous n'avons certainement pas encore la loi d'évolution mentale, telle que l'a seul établie et formulée Auguste Comte. Avant d'en exposer la découverte totale, ouvrons une paren-parenthèse, elle est indispensable.

La critique est-elle bien assurée, a-t-elle *prouvé* que Saint-

---

(1) Saint-Simon, *Œuvres choisies*, T. II, pages 21 et 22.

Simon ait communiqué au jeune Comte, à ce singulier *élève*, à ce néophyte de vingt-quatre ans qu'il entraînait dans son orbite depuis quatre années, — les lois sociologiques furent découvertes et formulées par l'ancien polytechnicien en 1822, et il était entré au service de son patron en 1818, — qu'il lui ait communiqué, dis-je, le *Mémoire sur la science de l'homme*, et notamment les 15 ou 16 pages qu'il y attribue au docteur Burdin ?

Nous nous permettons d'en douter.

En effet, l'auteur nous apprend lui-même et à plusieurs reprises, — principalement lorsqu'il se défendit si platement, dans le vain espoir de séduire l'*Empereur* (!!), d'avoir propagé le physicisme (c'était sa doctrine d'alors), — qu'il n'avait fait imprimer son travail qu'à un très petit nombre d'exemplaires et qu'il ne les avait placés qu'*en mains sûres* (1). Or, de 1818 à 1824, époque de son exégèse industrialiste, il taisait et cachait avec un soin jaloux sa phase antérieure, ses élucubrations physicistes et son adulation bonapartiste, dont on ne trouve aucune trace dans la correspondance d'Auguste Comte avec M. Valat (2). Après une légère opposition et des velléités libérales qui, sans doute, devaient ajouter plus de prix à sa capitulation prochaine, Saint-Simon redevenait alors royaliste et néo-catholique. Il est donc peu probable déjà qu'il ait choisi ce moment pour communiquer à « son élève » le *Mémoire sur la science de l'homme*.

En effet, s'il en eût été ainsi, si Comte avait pu prendre alors dans cette communication généreuse et bénévole de « son maître », la loi de la marche de l'esprit humain, celui-ci lui aurait-il reconnu, presque aussitôt et en le critiquant, comme nous l'avons précédemment établi, la propriété de cette découverte ? Surtout, lui aurait-il proposé de la lui acheter, comme tout porte à croire qu'il l'a fait (3) ?

Cent fois non !

Il aurait justement, publiquement, par la presse tout au moins, sinon par les tribunaux, réclamé son bien, son dû, et traité son disciple prévaricateur comme il l'eût mérité !

Ajoutons que Burdin, qui cependant ne mourut qu'en 1836, aurait eu également beau jeu à protester et revendiquer ; ce qu'il ne fit pas davantage que Saint-Simon, à ce moment ni plus tard.

---

(1) Voici la liste des destinataires : MM. Pariset, Portal, Pelletan, Cuvier, Geoffroy-Saint-Hilaire, Hallé, Blainville, Chaussier, Dupuytren, Burdin, Itard, Pinel, Corvisart, Girard, Lordat, Prunelle, de Candolle, prince de Bénévent (Talleyrand), de Choiseuil-Gouffier, de Ségur, de Jaucourt, de Narbonne, Sœmmering, Antenrieth, Gall, Œlsner, Ancillon, Scarpa, Everard-Home. — *Œuvres choisies*, T. II.

(2) Voir à nos *Pièces justificatives*, n° 13, les lettres d'Auguste Comte ; et n° 11, § IV, *Désintéressement et sincérité théoriques de Saint-Simon*.

(3) Voir la pièce n° 12.

C'est donc que ni l'un ni l'autre ne s'y croyait autorisé.

Ceci nous paraît forcé, incontestable:

Néanmoins, comparons le travail du jeune philosophe, dans l'opuscule de 1822 (*Prospectus des travaux scientifiques nécessaires pour réorganiser la société*), aux passages cités de Turgot et de Burdin :

« ..... *Les savants doivent aujourd'hui élever la politique au rang des sciences d'observation.* Tel est le point culminant et définitif auquel il faut se placer.....

« *Par la nature même de l'esprit humain, chaque branche de nos connaissances est nécessairement assujettie, dans sa marche, à passer successivement par trois états théoriques différents : l'état théologique ou fictif; l'état métaphysique ou abstrait; enfin, l'état scientifique ou positif*..... (1)

« Dans le premier, des idées surnaturelles servent à lier le petit nombre d'observations isolées dont la science se compose alors. En d'autres termes, les faits observés sont *expliqués*, c'est-à-dire *vus à priori*, d'après des faits inventés. Cet état est nécessairement celui de toute science au berceau. Quelque imparfait qu'il soit, c'est le seul mode de liaison possible à cette époque. Il fournit, par conséquent, le seul instrument au moyen duquel on puisse raisonner sur les faits, en soutenant l'activité de l'esprit, qui a besoin, par dessus tout, d'un point de ralliement quelconque. En un mot, il est indispensable pour permettre d'aller plus loin.

« Le second état est uniquement destiné à servir de moyen de transition du premier vers le troisième. Son caractère est bâtard, il lie les faits d'après des idées qui ne sont plus tout à fait surnaturelles, et qui ne sont pas encore entièrement naturelles. En un mot, ces idées sont des abstractions personnifiées, dans lesquelles l'esprit peut voir à volonté ou le nom mystique d'une cause surnaturelle, ou l'énoncé abstrait d'une simple série de phénomènes, suivant qu'il est plus près de l'état théologique ou de l'état scientifique. Cet état métaphysique suppose que les faits, devenus plus nombreux, se sont en même temps rapprochés d'après les analogies plus étendues.

« Le troisième état est le mode définitif de toute science quelconque; les deux premiers n'ayant été destinés qu'à le préparer

---

(1) Plus tard, Comte condensa et compléta encore beaucoup sa formule, dont voici la dernière expression :

« Chaque entendement présente la succession de trois états : fictif, abstrait et positif, envers les conceptions quelconques, avec une vitesse proportionnée à la généralité des phénomènes correspondants. » — Le premier état est toujours provisoire, le second purement transitoire, et le troisième seul définitif. — (*Philosophie première*, Août 1854).

graduellement. Alors, les faits sont liés d'après des idées ou lois générales d'un ordre entièrement positif, suggérées et confirmées par les faits eux-mêmes, qui souvent même ne sont que de simples faits assez généraux pour devenir des principes. On tâche de les réduire toujours au plus petit nombre possible, mais sans jamais imaginer rien d'hypothétique qui ne soit de nature à être vérifié un jour par l'observation, et en ne les regardant, dans tous les cas, que comme un moyen d'expression générale pour les phénomènes......

« En considérant la politique comme une science et lui appliquant les observations précédentes, on trouve qu'elle a déjà passé par les deux premiers états, et qu'elle est prête aujourd'hui à atteindre au troisième.

« La doctrine des rois représente l'état théologique de la politique. C'est effectivement sur des idées théologiques qu'elle est fondée en dernière analyse. Elle montre les relations sociales comme basées sur l'idée surnaturelle du droit divin. Elle explique les changements successifs de l'espèce humaine par une direction surnaturelle immédiate, exercée d'une manière continue depuis le premier homme jusqu'à présent. C'est ainsi que la politique a été uniquement conçue jusqu'à ce que l'ancien système ait commencé à décliner.

« La doctrine des peuples exprime l'état métaphysique de la politique. Elle est fondée en totalité sur la supposition abstraite et métaphysique d'un contrat social primitif, antérieur à tout développement des facultés humaines par la civilisation. Les moyens habituels de raisonnement qu'elle emploie sont les droits, envisagés comme naturels et communs à tous les hommes au même degré, qu'elle fait garantir par ce contrat. Telle est la doctrine primitivement critique, tirée, à l'origine, de la théologie, pour lutter contre l'ancien système, et qui ensuite a été envisagée comme organique. C'est Rousseau, principalement, qui l'a résumée sous une forme systématique, dans un ouvrage qui a servi et qui sert encore de base aux considérations vulgaires sur l'organisation sociale (1).

« Enfin, la doctrine scientifique de la politique considère l'état social sous lequel l'espèce humaine a toujours été trouvée par les observateurs, *comme la conséquence nécessaire de son organisation*. Elle conçoit le but de cet état social comme déterminé par le rang que l'homme occupe dans le système naturel, tel qu'il est fixé par les faits, et *sans être envisagé comme susceptible d'explication*. Elle voit, en effet, résulter de ce rapport fondamental la tendance cons-

---

(1) *Du Contrat social, ou principes du droit politique.* 1762. — (R).

tante de l'homme à agir sur le surplus de la nature pour la modifier à son avantage. Elle considère ensuite l'ordre social comme ayant pour objet final de développer collectivement cette tendance naturelle, de la régulariser, de la concerter pour que l'action utile produite soit la plus grande possible. Cela posé, *elle essaye de rattacher aux lois fondamentales de l'organisation humaine, par des observations directes sur le développement collectif de l'espèce, la marche qu'elle a suivie et les états intermédiaires par lesquels elle a été assujettie à passer, avant de parvenir à cet état définitif.....*

« Tel est l'esprit de la doctrine positive qu'il s'agit d'établir aujourd'hui, en se proposant pour but d'en faire application à l'état présent de l'espèce humaine civilisée, et en ne considérant les états antérieurs que comme nécessaires à observer pour établir les lois fondamentales de la science.

« Il est aisé de s'expliquer tout à la fois pourquoi la politique n'a pas pu devenir plutôt une science positive et pourquoi elle y est appelée aujourd'hui.......

« *Les sciences sont devenues positives, l'une après l'autre, dans l'ordre où il était naturel que cette révolution s'opérât. Cet ordre est celui du degré de complication plus ou moins grand de leurs phénomènes, ou, en d'autres termes, de leur rapport plus ou moins intime avec l'homme.* Ainsi, les phénomènes astronomiques d'abord, comme étant les plus simples, et ensuite, successivement, les physiques, les chimiques et les physiologiques, ont été ramenés à des théories positives ; ceux-ci à une époque toute récente. La même réforme ne pouvait s'effectuer qu'en dernier lieu pour les phénomènes politiques, qui sont les plus compliqués, puisqu'ils dépendent de tous les autres. Mais il est évidemment aussi nécessaire qu'elle s'effectue alors, qu'il eût été impossible qu'elle arrivât plutôt........ (1).

« En résumé, il n'y a donc jamais eu de révolution morale à la fois plus inévitable, plus mûre et plus urgente, que celle qui doit maintenant élever la politique au rang des sciences d'observation entre les mains des savants européens combinés. Cette révolution peut seule faire intervenir dans la grande crise actuelle une force vraiment prépondérante, seule capable de la régler et de préserver la société des explosions terribles et anarchiques dont elle est menacée, en la plaçant dans la véritable route du système social perfectionné que réclame impérieusement l'état de ses lumières. »

---

(1) En voici la formule ultérieure et complète : *Toutes nos conceptions* (et par conséquent toutes les sciences) *passent successivement de l'état théologique initial par l'intermédiaire métaphysique, à l'état positif, conformément à l'ordre de complication croissante et de généralité décroissante de leurs phénomènes* (Auguste Comte). — C'est la loi de classement.

Cette fois il ne peut plus y avoir de doute, la loi du *processus* intellectuel est trouvée : avec une abstraction et une généralité convenables, toutes inconnues dégagées et toutes les conditions en fonction dans le phénomène bien explicitées (V. *Revue occidentale*, 5ᵉ année, nº 4, p. 1-47, la démonstration de M. P. Laffitte)! Aussi le jeune inventeur d'en proclamer d'ores et déjà les conséquences inévitables : la possibilité de construire la science sociale, et, par elle, de régler aussi la politique en lui communiquant un degré de positivité suffisant.

Mais telle est la force des choses et du lien naturel des opérations logiques de notre entendement, que du même coup, Comte sentit que ce n'était pas encore assez, et qu'il fallait d'autres considérations pour asseoir définitivement la science sociale sur l'explication et la coordination de toute la série des temps écoulés, afin de lui donner prise sur la politique.

C'est ainsi que, par une marche objective directe, en s'appuyant sur l'examen de la série historique, il arriva à la découverte de la progression naturelle ou de la loi de l'activité humaine, en même temps qu'à celle de la marche de notre intelligence (1).

« Nous croyons, dit-il dans le célèbre opuscule, que cette histoire peut être partagée en trois grandes époques ou états de civilisation, dont le caractère est parfaitement distinct *au temporel et au spirituel*. Elles embrassent la civilisation considérée à la fois dans ses éléments et dans son ensemble.......

« La première est l'époque théologique et militaire.

« Dans cet état de la société, toutes les idées théoriques, tant générales que particulières, sont d'un ordre purement surnaturel. L'imagination domine franchement et complètement sur l'observation, à laquelle tout droit d'examen est interdit.

« De même, toutes les relations sociales, soit particulières, soit générales, sont franchement et complètement militaires. La société a pour but d'activité unique et permanent la conquête. Il n'y a d'industrie que ce qui est indispensable pour l'existence de l'espèce humaine. L'esclavage pur et simple des producteurs est la principale institution.

« Tel est le premier grand système social produit par la marche naturelle de la civilisation. Il a existé dans ses éléments à partir de la première formation des sociétés régulières et permanentes. Il ne s'est complètement établi dans son ensemble qu'après une longue suite de générations.

---

(1) Voici la formule de cette loi : Notre activité, dans tous les temps et dans tous les lieux, passe inévitablement, dans son évolution naturelle, par trois états successifs : militaire conquérant, militaire défensif, pacifique ou industriel. — A. C.

« *La seconde époque est l'époque métaphysique et légiste*. Son caractère est de n'en avoir aucun bien tranché. Elle est intermédiaire et bâtarde, elle opère une transition.

« Sous le rapport spirituel, elle a déjà été caractérisée dans le chapitre précédent. L'observation est toujours dominée par l'imagination, mais elle est admise à la modifier entre certaines limites. Ces limites sont ensuite reculées successivement, jusqu'à ce que l'observation conquière enfin le droit d'examen sur tous les points. Elle l'obtient d'abord sur toutes les idées théoriques particulières, et, peu à peu, par l'usage qu'elle en fait, elle finit par l'acquérir aussi sur les idées théoriques générales, ce qui est le terme naturel de la transition. Ce temps est celui de la critique et de l'argumentation.

« Sous le rapport temporel, l'industrie a pris plus d'extension, sans être encore prédominante. Par suite, la société n'est plus franchement militaire et n'est pas encore franchement industrielle, soit dans ses éléments, soit dans son ensemble. Les relations sociales particulières sont modifiées. L'esclavage individuel n'est plus direct; le producteur encore esclave commence à obtenir quelques droits de la part du militaire. L'industrie fait de nouveaux progrès, ils aboutissent enfin à l'abolition totale de l'esclavage individuel. Après cet affranchissement, les producteurs restent encore soumis à l'arbitraire collectif. Cependant, les relations sociales générales commencent bientôt à se modifier aussi. Les deux buts d'activité, la conquête et la production, sont menés de front. L'industrie est d'abord ménagée et protégée comme moyen militaire. Plus tard son importance augmente, et la guerre finit par être conçue, à son tour, systématiquement, comme moyen de favoriser l'industrie, ce qui est le dernier état de ce régime intermédiaire.

« *Enfin, la troisième époque est l'époque scientifique et industrielle*. Toutes les idées théoriques particulières sont devenues positives, et les idées générales tendent à le devenir. L'observation a dominé l'imagination quant aux premières, et elle l'a détrônée, sans avoir encore aujourd'hui pris sa place, quant aux secondes.

« Au temporel, l'industrie est devenue prépondérante. Toutes les relations particulières se sont établies, peu à peu, sur des bases industrielles. La société, prise collectivement, tend à s'organiser de la même manière, en se donnant pour but d'activité unique et permanent, la production.

« En un mot, cette dernière époque est déjà écoulée, quant aux éléments, et elle est prête à commencer, quant à l'ensemble. Son point de départ direct date de l'introduction des sciences positives en

Europe par les Arabes et de l'affranchissement des communes, c'est-à-dire du xi° siècle environ....... »

C'est de ces incomparables prémisses que Comte sut tirer, avec le temps, par une méditation irrésistible, des déductions grandioses : la science sociale, statique et dynamique, la morale positive, théorique et pratique, la série encyclopédique des sciences abstraites, en un mot, toute la philosophie positive, et plus tard encore la politique rationnelle qui lui correspond, enfin cette religion de l'Humanité à laquelle avaient aspiré, vainement, l'antiquité et le moyen-âge, et qu'entrevirent certainement, au xviii° siècle, les plus grands penseurs et les plus ardents révolutionnaires! Burdin, d'après d'Holbach et d'après la tentative d'établissement du culte de la Raison, la religion de l'an II, en reconnaissait la nécessité, il en pressentait les bases intellectuelles et le caractère humain, et cette noble vision hanta et tourmenta infructueusement Saint-Simon pendant la plus grande partie de son existence.

V. — Les Opuscules sociaux. — La Conception définitive de la philosophie des sciences.

Il résulte de ce que nous avons établi précédemment, que l'élaboration des premières œuvres dans lesquelles Auguste Comte épancha l'élan initial et spontané de ses aspirations rénovatrices, avant que d'entreprendre leur développement systématique, constitue une des phases les plus remarquables et les plus émouvantes de sa vie.

La vigueur de ce début lui conserve une chaleur qui pénètre, un prestige qui impressionne profondément, et l'on y sent au vrai le continuateur du grand xviii° siècle, des Diderot, des Hume, des d'Alembert, des Lagrange, des Buffon, des Turgot, des Condorcet.

De vingt à vingt-huit ans, en effet, Comte sut poser le problème de la réorganisation moderne, si admirablement abordé par son prédécesseur le plus direct dans l'*Esquisse d'un tableau historique des progrès de l'esprit humain*, et donner sa solution générale avec une rectitude et une force qui n'appartiennent qu'au génie.

On ne saurait assez admirer ce grand phénomène social par lequel un organe d'élite devient, à un moment donné, pour l'Humanité tout entière, le promoteur des plus éminents progrès. Doué d'un esprit puissant, d'un grand cœur et d'une indomptable énergie, pourvu d'une instruction rigoureuse et complète, inspiré par la Révolution et placé par elle dans le sens du mouvement humain, déterminé enfin par l'urgence du moment, Auguste Comte fut, pour notre temps, ce glorieux initiateur.

Nous avons dit son civisme spontané, sa positivité croissante, et l'insatiable besoin qui le poussait à accorder ses tendances intellectuelles avec ses aspirations sociales : nous devons rappeler encore le mémorable événement qui fit surgir en lui cette indispensable unité. En 1822, après bien des travaux et des efforts, dans le feu d'une ardente méditation (1), il découvrait, comme nous l'avons établi précédemment, la loi fondamentale de l'évolution humaine, intellectuelle et pratique. Par elle, la réorganisation politique et sociale recevait une base positive, et la rénovation moderne se trouvait assurée.

Quand on songe aux difficultés effectives et à l'importance capitale de cet enfantement, aux efforts d'assimilation et d'abstraction qu'il suppose, à la force scientifique et logique de cette première élaboration, quand on apprécie la construction philosophique et religieuse dont elle devint l'origine, on n'hésite point à la considérer comme une des plus grandes découvertes qui aient éclairé la voie du progrès ; car, une fois dégagée du chaos de l'histoire, cette admirable loi sociologique allait bientôt permettre à une déduction hardie de fixer le sens et le but de la civilisation humaine, et son infatigable révélateur pouvait aussitôt proclamer, au sein d'une société de plus en plus déchirée par les efforts de l'empirisme rétrograde ou anarchique :

Que tous les phénomènes réels, sans excepter ceux de la politique, sont soumis à des relations invariables, à des lois naturelles ;

Que notre esprit, d'après une de ces lois, passe toujours des croyances théologiques initiales aux conceptions positives et finales, par l'intermédiaire éphémère des explications métaphysiques; tandis que notre activité, d'après une semblable impulsion, suit une marche non moins constante et naturelle, en allant de son début guerrier conquérant à son terme pacifique ou industriel, par la transition de l'état guerrier défensif ;

Que toujours et partout l'état des opinions et des mœurs détermine celui des institutions, et que la nature des croyances générales amène en politique un ordre correspondant ;

---

(1) — « En l'année 1822, où je fis, me disait Auguste Comte, mon système de politique positive, je travaillai pendant cinq nuits successives, de 7 heures du soir à 10 heures du matin, et c'est à la fin de la deuxième de ces nuits, vers le matin, que je découvris et formulai définitivement la loi des trois Etats ». — A ce sujet, Auguste Comte remarquait que la condition nécessaire pour les grandes découvertes était une intense continuité d'efforts. — M. P. Laffitte.

Que la philosophie donc, ou la croyance générale, passant de l'état théologique et métaphysique à l'état positif, la politique doit substituer le régime de l'activité pacifique à celui de l'activité militaire ;

Et qu'enfin, la réorganisation spirituelle, condition préalable et nécessaire de la réforme sociale, doit résulter de l'avènement d'une *autorité démontrable*, basée sur l'ensemble de la réalité scientifique, ayant pour organe la classe des savants régénérés, constitués en corporation philosophique ou en sacerdoce, afin de procéder à la rénovation universelle.

Le but de l'évolution humaine était donc enfin positivement établi d'après les tendances réelles ou les lois manifestées par cette progression elle-même, et représenté comme consistant en un état de civilisation définitif dans lequel l'homme pourrait librement développer toutes les aptitudes légitimes de sa nature, pour sa plus grande satisfaction et celle de ses semblables, d'après une activité pacifique toujours dirigée par une foi démontrable. Tout devait se résumer dans une morale positive, uniquement fondée sur des motifs humains, instituant, d'après une autorité spirituelle unanimement reconnue, un vaste système de devoirs privés et publics.

La série d'écrits par lesquels Auguste Comte établit, à son début, ces importantes propositions sociologiques, a été reproduite par lui, sur la fin de sa carrière, dans le dernier volume de son *Système de Politique positive*, afin de faire sentir la parfaite harmonie de tous ses travaux. On ne saurait, en effet, méconnaître l'unité d'une telle entreprise, en songeant que son dernier terme théorique (la *Synthèse subjective*, commencée en 1856), avait été annoncé dans l'opuscule de 1822, comme la *Politique* le fut dans les conclusions du *Cours de Philosophie positive* (1842); c'est pourquoi nous donnons ici la liste de ces premiers travaux, en appelant l'attention des hommes sérieux sur ces admirables productions, qui permettent de suivre, pour s'initier au positivisme, la marche spontanée de son fondateur, et qui témoignent de ses tendances constantes vers l'établissement de la religion démontrée.

Ces opuscules, les seuls qu'Auguste Comte ait jugés dignes d'être conservés, tous ses autres essais ayant été détruits ou désavoués par lui, comme étant prématurément conçus ou mal inspirés, sont, dans l'ordre chronologique :

1º *Séparation générale entre les opinions et les désirs* (juillet 1819) ;

2º *Sommaire appréciation de l'ensemble du passé moderne* (publiée en 1820 dans l'*Organisateur*, et attribuée à Saint-Simon);

3º *Plan des travaux scientifiques nécessaires pour réorganiser la société* (imprimé pour la première fois en 1822, dans une brochure intitulée *Du contrat social*, par H. de Saint-Simon; réimprimé en 1824, dans le troisième cahier du *Catéchisme des industriels*, sous le titre général de *Système de Politique positive*);

4° *Considérations philosophiques sur les sciences et les savants* (publiées en 1825, dans les n°ˢ 7, 8 et 10 du *Producteur)*;

5° *Considérations sur le pouvoir spirituel*; 1826, n°ˢ 13, 20 et 21 du *Producteur*;

6° *Examen du traité de Broussais, sur l'irritation et la folie*, dans le *Journal de Paris*, août 1828.

En conséquence, toute autre publication que l'on voudrait attribuer à ce philosophe doit être considérée, suivant son vœu et sa volonté expresse, comme apocryphe ou récusée.

Le second de ces opuscules, en ébauchant la conception générale du passé moderne, distinguait déjà les deux mouvements, positif et négatif, ou de décomposition et de recomposition, dont le concours caractérise la révolution occidentale. Le contraste historique entre la France et l'Angleterre, suivant que prévalut le pouvoir central ou la force locale, s'y trouvait assez établi pour avoir dès lors guidé plusieurs écrivains qui n'en ont jamais indiqué la source. Le troisième, qui est aussi le plus essentiel, déterminait irrévocablement la direction philosophique et sociale de son auteur, d'après sa découverte des lois sociologiques et par la combinaison intime des deux points de vue scientifique et politique. Son titre général (*Système de Politique positive*), quoique prématuré, atteste cependant la constante unité d'une action théorique qui promettait, dès son début, la systématisation qui ne pouvait être effectuée que par sa maturité. Le quatrième opuscule (*Considérations sur les sciences et les savants*) manifestait une tendance encore plus directe vers l'établissement d'une nouvelle autorité spirituelle, d'après une philosophie fondée sur la science. Une démonstration suffisante des deux lois fondamentales de l'évolution sociale y précédait l'appréciation générale de la marche continue de l'Humanité vers la réorganisation du pouvoir théorique. Enfin, le cinquième et dernier écrit sociologique exposait d'une manière décisive la constitution du nouveau pouvoir philosophique, d'après la division essentielle des deux puissances sociales élémentaires, théorique et pratique, ou spirituelle et temporelle.

Quant à l'étude consacrée à l'examen du livre de Broussais (sixième et dernier opuscule), Comte y abordait d'emblée la théorie de la nature intellectuelle et morale de l'homme ou des fonctions du cerveau (qu'il ne devait entièrement achever qu'en 1854), ce qui complétait l'ébauche puissante de toutes ses créations ultérieures et permet de dire que la série des opuscules sociaux, de 1819 à 1828, contenait en germe tout le système. Cela dément, par les faits eux-mêmes, cette affirmation osée de M. Littré, qu'il y aurait *hiatus* et changement de front entre la *philosophie* et la *politique positive* (1).

Telle est cette phase initiale où fut posée, d'inspiration en quelque sorte, la première pierre de l'édifice positiviste. Dans la candeur de cet âge, Auguste Comte fit un appel solennel et naïf aux savants de l'Europe : il les conviait au grand œuvre, à la construction effective de la nouvelle doctrine générale. Mais il apprit bientôt, par leur silence et leur éloignement, que l'esprit synthétique et le sentiment social n'étaient plus en eux, et qu'ils étaient, désormais, irrévocablement tombés, descendus au régime de la spécialité dispersive, étroite, de l'intérêt personnel et de l'indifférence pour les choses sociales. Le développement continu, ardent, de ses aspirations régénératrices, le rapide et vigoureux élan de son génie constructeur ne tardèrent pas à lui faire comprendre que cette tâche immense revenait tout entière à celui qui l'avait conçue et qu'il fallait s'y préparer. Loin de lui donc les hésitations et le doute : à lui la foi dans l'avenir et le *labor improbus*, le travail créateur et irrésistible ; à lui seul l'élaboration de la philosophie positive.

Afin de donner toute la précision qu'elle mérite à cette première phase de la vie théorique de Comte, et pour faire assister le lecteur au détail de cette immense fondation, en même temps que pour montrer l'existence précaire, incertaine et déprimante au milieu de laquelle elle fut poursuivie, nous rapporterons ici deux lettres qu'il écrivit alors à M. Valat, son ami le plus intime (XVII et XVIII de la correspondance), et qui constituent un témoignage aussi assuré qu'intéressant :

« Paris, le 3 septembre 1824.

« ..... Je veux décidément m'occuper, pendant ces vacances, d'asseoir mon existence matérielle sur des bases un peu moins précaires que celles que je lui ai données jusqu'à présent. Je suis profondément ennuyé de cet ordre d'occupations ; mais je reconnais que, jusqu'ici, j'ai donné trop peu d'importance au matériel de ma vie, si bien que j'en ai souvent souffert, et que j'en souffrirais encore plus si cela continuait ; je reconnais qu'il est temps enfin de songer à cela

---

(1) Ces travaux préliminaires, les seuls que l'auteur avoue et revendique, ont été réunis en un charmant volume, sous le titre de *Opuscules de philosophie sociale,* par Auguste Comte, in-12 de 300 pages, chez E. Leroux, Paris, 1883.

un peu sérieusement, et, comme me le disait un de ces jours M. *Guizot*, de m'en occuper fortement une bonne fois, afin d'en être débarrassé pour toujours.

« ..... Ne crains pas, mon cher ami, que le commencement de succès moral obtenu par mes premiers travaux me fasse illusion sur la confiance que je dois leur accorder sous le rapport secondaire de mon existence matérielle. Non, je suis trop convaincu que le nombre d'hommes qu'ils peuvent intéresser est trop restreint, et que l'intérêt même qu'ils inspirent à la plupart d'entre eux n'est pas assez vif pour que, de très longtemps, et peut-être même de toute ma vie, il m'en revienne autre chose que de l'estime et de la gloire. C'est là, et tout ce que j'espère, et tout ce que j'ambitionne : je travaillerai toute ma vie, et de toutes mes forces, *à l'établissement de la philosophie positive*, mais je le ferai parce que telle est ma vocation irrésistible, parce que là est la source de mon principal bonheur, et sans prétendre jamais à aucune autre récompense qu'à l'estime des têtes pensantes d'Europe. Sous le rapport pécuniaire, si je puis retirer de mes publications de quoi suffire aux frais d'impression (et j'en suis sûr, même dès à présent), je serai parfaitement content, et ne m'attends pas à davantage. Tu vois donc, mon cher Valat, qu'il est difficile que je sois attrapé et que mes espérances soient déçues, car elles ne sont pas fort étendues. Mais il faut vivre, et pour cela je vais chercher tout bonnement à régulariser le moyen d'existence qui m'a suffi jusqu'ici, et que j'ai eu le tort de trop négliger, c'est-à-dire l'enseignement.....

« Je dois commencer par te remercier beaucoup, mon cher Valat, du jugement favorable contenu dans ta première lettre ; il m'a fait un bien grand plaisir, et a confirmé la confiance que beaucoup d'autres approbations honorables et distinguées m'avaient déjà donnée dans la route que je me suis tracée. Mais comme les compliments n'avancent guère les discussions, j'aime mieux, au lieu de m'étendre à ce sujet, me livrer à un premier examen de tes objections.

« Celle qui porte sur l'incertitude des connaissances humaines, et qui est la plus essentielle, me paraît, je te l'avoue franchement, porter tout à fait faux. On peut dire certainement de fort belles choses qui seront même vraies en grande partie, sur l'incertitude de nos connaissances, et depuis Pascal, et avant, on n'y a pas manqué. Mais tout cela n'est pas la question. Il ne s'agit pas de savoir, en général, si les méthodes d'investigation de l'homme ne sont pas nécessairement entachées d'une très grande imperfection ; on sait bien que nous ne pouvons jamais raisonner avec la sûreté et la netteté que nous donnerait sans doute une meilleure organisation, pour laquelle il y aurait même encore de nouvelles choses à désirer, car tout être est fait nécessairement de manière à concevoir au-delà de ce qu'il peut exécuter, et cela est même indispensable pour assurer les progrès de l'espèce. En un mot, l'absolu, dans quelque sens que ce soit, non seulement n'existe pas, mais ne peut pas même être imaginé par nous, et tel a été jusqu'ici le vice fondamental de la philosophie. Mais en rentrant dans la condition réelle des choses et des hommes, il est question, lorsqu'on parle de méthode, non de savoir si la meilleure que les hommes puissent employer n'est pas nécessairement très imparfaite, mais uniquement de décider laquelle de toutes celles que l'esprit humain peut concevoir est la plus avantageuse à ses recherches, ou, si l'on veut, la moins mauvaise. Toute discussion qui ne porte pas là-dessus est nulle et chimérique de sa nature. Pour préciser mon idée, on pourra crier tant qu'on voudra contre la méthode employée dans les sciences positives, on pourra faire un tableau très sombre (ou exagéré, ou même vrai) de leur faiblesse; mais quand on aura fini, il restera toujours à examiner si la méthode positive n'est pas, à tout prendre, préférable encore à la méthode théologique et à la méthode métaphysique, les seules que l'esprit humain puisse employer nécessairement dans ses investigations quand il ne se sert pas de la première. Or, posée ainsi, la question ne peut pas être d'une bien longue discussion; et la prédominance relative de la méthode positive sur les méthodes théologique et métaphysique est aujourd'hui un fait que personne ne peut contester ni ne conteste. Voilà ma réponse essentielle à ta grande objection. Je te dirai, d'ailleurs, quoique cela ne soit pas indispensable pour ma justification, que tu as, à ce qu'il me semble, singulièrement exagéré l'imperfection actuelle des connaissances positives. Pour moi, je t'avoue que je suis beaucoup plus en admiration des pas immenses qui ont été faits dans toutes les directions spéciales, *depuis moins de deux siècles que le germe de la philosophie positive a commencé à se développer*, qu'étonné de ce qu'il n'a pas été fait encore de plus grands progrès. Je vois, en chimie par exemple (qui ne date réellement que de cinquante ans), un beaucoup plus grand nombre de résultats positifs et hors de toute contestation que tu n'en trouves; le reste me paraît tenir à l'enfance de la science. Les incertitudes qui te tourmentent en physique me paraissent beaucoup plutôt porter sur les formes que sur le fond, car les systèmes sur la lumière, la chaleur, etc., ne doivent être envisagés que comme des méthodes d'investigation, et jamais, même quand ils seront plus perfectionnés, comme ayant aucune réalité intrinsèque; et de ce point de vue il est évident que les changements de système dans les sciences physiques n'empêchent pas et même servent puissamment le développement réel de la connaissance, car on ne quitte un système pour un autre que lorsque celui-ci permet de concevoir d'une manière plus étendue les faits généraux qui sont l'essentiel de la science, et dont il est très clair qu'à travers toutes les incertitudes dont tu te plains, le nombre a considérablement augmenté dans ces derniers temps et augmente de jour en jour. Je comprends beaucoup moins encore ce que tu me dis relativement à la physiologie. Je ne dis pas et n'ai point dit que cette science fût très avancée, car elle est évidemment dans l'enfance, vu sa difficulté et le peu de temps depuis lequel on lui applique la méthode positive; il est même clair que je la représente dans mon ouvrage comme moins avancée que les autres par cette double raison. Mais j'ai énoncé un fait que je continue à croire exact pour tous ceux qui sont au courant de cette science, qu'aujourd'hui tous les phénomènes physiologiques proprement dits (c'est-à-dire ceux qui se rapportent à l'individu ou au couple considéré isolément) sont soumis à des considérations positives qui certainement ont infiniment besoin d'être perfectionnées, mais qui n'en sont pas moins, dès aujourd'hui, positives, c'est-à-dire entièrement dégagées de théologie et de métaphysique.

« Je t'avoue franchement, mon cher ami, qu'il ne m'est pas possible d'entrer dans ta colère et ton indignation au sujet de la doctrine de Gall. Je la regarde, au contraire, comme ayant complété la révolution qui a rendu positive la physiologie, en soumettant l'ordre de phénomènes vulgairement appelés *moraux* à la méthode positive. Crois bien que tu te trompes à l'égard de cette théorie, dont on a commencé, suivant l'usage, par rire il y a vingt ans, mais dont, je puis te le garantir *de visu et auditu*, il n'est pas aujourd'hui un physiologiste éclairé et vraiment au courant qui n'admette les idées fondamentales, quoique aucun, pour ainsi dire, n'en regarde l'application immédiate telle que Gall l'a tentée que comme tout à fait hasardée. C'est là une de ces idées-mères dont on trouve le germe et l'aperçu partiel dans tous les penseurs qui se sont occupés précédemment de ce sujet avec quelque force. Voici, à cet égard, ma manière de voir. Cabanis (pour ne pas remonter plus haut, ce qui est inutile en ce moment) a conçu nettement le premier que l'époque était arrivée de soumettre les phénomènes *moraux* aux mêmes lois, considérations et méthodes que les phénomènes *physiques*, ou, pour mieux dire, de faire cesser la différence fondamentale de nature qu'on supposait entre eux, malgré les nombreux et importants rapports qui les liaient évidemment, et dont il a donné de si frappants résumés partiels. En un mot, Cabanis a conçu que les phénomènes dits *moraux* devaient dorénavant s'appeler *cérébraux et nerveux*, et s'étudier en conséquence ; il a fortement insisté sur l'importance et la nécessité de cette grande réformation. Mais son opération était incomplète ; ses travaux, tout en prouvant qu'il fallait faire ainsi, ne renfermaient pas une conception fondamentale propre à mettre en activité et à établir comme étude courante, ce qui, dans son ouvrage, ne se présentait en définitive que comme un simple conseil dépourvu de mode d'exécution : il a fait ce qu'il a pu, on n'a pas de reproche à lui adresser ; mais il n'en restait pas moins une grande lacune à remplir. Les travaux de Gall me semblent avoir pour tendance et pour résultat de la combler, après les avoir bien étudiés et médités. Au lieu de se borner à concevoir, en thèse générale, et même péniblement, comme l'a fait Cabanis, les phénomènes moraux comme dépendant de l'organisation, Gall a dit : « En vertu de l'axiome fondamental de la physiologie, *il n'y a point de fonctions sans organe,* je considère, d'après les expériences incontestables faites de tout temps, le système nerveux cérébral comme le siège des fonctions intellectuelles et affectives en général, et, en second lieu (ce qui était absolument indispensable pour compléter la conception), l'expérience et la discussion immédiate de ces fonctions nous les montrant distinctes et indépendantes quoique ayant entre elles de nombreuses et importantes relations, je considère le système nerveux cérébral, et le cerveau en particulier, non comme un seul organe, mais comme un ensemble d'organes (ce qui d'ailleurs est confirmé par l'anatomie humaine ou comparée) dont chacun est le siège d'une fonction morale particulière, sauf à trouver, par l'observation et l'expérience dirigées par une sage analyse, quelles sont et les fonctions réellement distinctes et les organes correspondants. » Si Gall s'en était tenu à cette généralité, tout le monde pensant l'eût approuvé, car tout cela est courant aujourd'hui chez les physiologistes ; mais peut-être n'eût-il pas fait révolution. Il y a joint une première détermination des fonctions et de leurs sièges qui est évidemment absurde sous plusieurs rapports, et hasardée sous presque tous, mais qui, à prendre la chose de mon point de vue philosophique, me semblait indispensable pour *fixer les idées* et bien entraîner les esprits sur ce terrain, en comptant que la discussion et la culture de la nouvelle branche de la science rectifieraient de jour en jour la détermination primitive, ce qui effectivement arrivera à coup sûr. C'est là la partie faible de Gall et malheureusement la seule que les hommes qui n'y ont pas beaucoup pensé en connaissent ; mais elle n'est évidemment que d'une importance secondaire. Quant aux bosses du crâne, sur lesquelles se sont jetés les gens d'esprit qui ont voulu juger ce qu'ils ne comprenaient pas, il est très rationnel d'admettre qu'à une fonction morale prépondérante il doit correspondre un organe cérébral plus développé, et on sait d'ailleurs très positivement par l'anatomie que la forme du cerveau est traduite extérieurement par celle du crâne. Je sais fort bien que tu n'ignores pas cela, mais je me trouve entraîné à le rappeler, pour te faire sentir que si effectivement la liste des fonctions intellectuelles et affectives et celle des parties cérébrales qui en sont le siége étaient faites d'une manière positive (ce qui, je le répète, n'est pas encore et ne sera pas, avant une ou deux générations au moins, puisque ce doit être l'œuvre du temps et d'une observation variée), il serait très naturel de juger jusqu'à un certain point par la forme du crâne des dispositions prédominantes, soit intellectuelles, soit affectives. Car tu ne doutes pas, je pense, qu'il n'y ait des dispositions innées, indépendantes de l'éducation et des circonstances extérieures, sans prétendre pour cela que les actes qui en résulteraient d'après telle ou telle éducation et dans telles ou telles circonstances soient rigoureusement déterminés par l'organisation, absurdité qu'on reproche vulgairement au docteur Gall, et qu'il n'a certainement jamais avancée, quoiqu'il soit loin d'être exempt de blâme sous d'autres rapports très essentiels.

« Je te demande pardon de toute cette digression qui, malgré sa longueur, est bien loin d'être suffisante pour l'objet que je m'y proposais. J'y reviendrai si tu le désires ; mais je serai content aujourd'hui si les aperçus que je viens de t'indiquer peuvent te faire envisager avec plus de sang-froid et de réflexion un ordre de travaux qui, malgré ses grandes et nombreuses imperfections, n'en est pas moins destiné à faire époque dans l'histoire de l'esprit humain.

« Crois bien ce que je te dis, que c'est à peu près l'opinion commune, soit ostensible, soit secrète, de tous les physiologistes actuels de quelque valeur, et qu'une doctrine ne se soutient pas ainsi en ascendance pendant vingt ans à travers tout le ridicule et toutes les prétentions même odieuses qu'on a jetés sur elle, si elle n'a pas quelque fondement réel qui mérite qu'on y prenne garde plus que tu ne me sembles l'avoir fait. Mon opinion est, en résumé, que la physiologie est devenue aujourd'hui une science entièrement positive, non seulement malgré la doctrine de Gall, mais en partie à cause de cette doctrine.

« Après avoir ainsi discuté ta grande objection sur les sciences positives en général, il est assez inutile que j'insiste en particulier sur la partie de cette objection relative à la politique. Car on ne voit pas effectivement pourquoi les phénomènes que présente le développement d'une espèce sociale n'auraient pas de lois tout comme les autres, et pourquoi ces lois ne seraient pas susceptibles d'être découvertes par l'observation tout comme celle des autres, à la réserve seulement que la nature de cette fraction de la *physique* en rend l'étude plus difficile ; ni enfin pourquoi les hommes ne pourraient pas tomber d'accord sur l'existence de ces lois, une fois constatées par cette méthode, comme ils l'ont fait dans les autres cas. Du reste, je suis certain que toute la discussion que je viens d'entamer, et que je continuerai si tu veux, sera signgulièrement éclaircie dans ton esprit quand tu verras ma deuxième partie, où j'examine d'un premier coup d'œil général la marche historique de l'esprit humain, et où tu trouveras l'explication des contradictions et des anomalies apparentes que cette marche présente à celui qui se borne à un aperçu superficiel. Je crois que je parviendrai à faire sentir, par le fait même, qu'il y a des lois aussi déterminées pour le développement de l'espèce humaine que pour la chute d'une pierre.

« Ta seconde objection est beaucoup moins importante, mais elle a bien plus de réalité que la première, et je crois depuis longtemps que mon ouvrage a besoin là-dessus d'une rectification que j'exécuterai quand cette partie se réimprimera. Je n'ai pas prétendu et je ne prétends pas que les savants *actuels* doivent être mis immédiatement à la politique, ce qui, d'ailleurs, est impraticable, comme je l'ai dit en note. Il faut transporter aux choses ce que j'ai dit, dans le texte, des personnes.

« *C'est la méthode employée par les astronomes, les physiciens, les chimistes et les physiologistes, qui doit être appliquée à la politique théorique, si on veut sortir du bavardage et des extravagances*, et non les individus eux-mêmes, qui y sont très impropres dans leur état actuel. Mais je suis convaincu qu'on ne peut véritablement connaître aujourd'hui la méthode positive sous ses divers aspects, assez pour l'appliquer à de nouveaux objets (et probablement il en sera toujours ainsi), qu'en faisant une étude directe et approfondie des applications qui en ont été faites jusqu'ici. Et d'ailleurs, je regarde comme indispensable la connaissance des lois générales des phénomènes pour pouvoir bien étudier la politique, car l'homme et surtout l'homme social n'est point dans la nature un phénomène isolé qu'on puisse étudier sans connaître les autres ordres de phénomènes..... »

Paris, le 3 novembre 1824.

« .... J'aurais, par exemple, beaucoup de développements à ajouter aux discussions contenues dans ma dernière lettre sur l'esprit de ma doctrine; mais, dans l'ignorance de l'effet qu'elles ont produit sur toi, je ne sais sur quels points je devrais spécialement insister, et, de peur de frapper faux, je me tiendrai tranquille aujourd'hui. Je te dirai seulement un mot sur la dernière phrase de ta petite lettre du 25 août, qui m'annonce que tu trouves une remarquable analogie entre ma philosophie politique et celle de M. Cousin, ou, plus exactement, la partie de la philosophie de Kant que M. Cousin a propagée en France. Ton observation n'est pas assez précisée pour que je puisse te dire avec certitude si je la trouve juste; car il est possible, en effet, que pour certains points de détail je me trouve arriver aux mêmes résultats que le kantisme, dans lequel il y a certainement de fort bonnes choses, au milieu d'une foule d'extravagances. Mais quant à l'esprit général de mes travaux, et surtout quant à la méthode, il y a opposition absolue entre ma doctrine et celle du kantisme, et surtout avec cette partie du kantisme professée par Cousin, et qui n'est certainement pas ce qu'il y a de mieux, il s'en faut. Il y a entre ces deux manières de procéder et entre les résultats auxquels elles conduisent, la même différence qu'entre la physique péripatéticienne et celle qui se fait depuis Galilée; en un mot, l'une est de la métaphysique pure, l'autre de la physique positive. Mais, je le répète, je ne disconviens pas qu'il n'y ait, à quelques égards, une certaine analogie entre la tendance de mes travaux et celle des idées les plus générales de Kant. Quant à M. Cousin, c'est fort différent; il est bien loin de comprendre la portée des idées-mères du philosophe de Kœnigsberg....... »

Mais ce n'est pas tout encore, et nous voulons insister plus fortement ici sur ce point essentiel : que c'est à 1826 qu'Auguste Comte fixa lui-même la date de cette conception suffisante et définitivement arrêtée dans son esprit, de la systématisation de la philosophie positive, qui a exigé de sa part des efforts de méditation si exceptionnels.

Afin de le prouver, nous allons rapporter aussi la mémorable lettre qu'il écrivit à ce sujet à M. de Blainville (1) :

---

(1) Nous empruntons ce document à un travail publié par M. Pierre Laffitte, dans le n° 2 de la *Revue occidentale*, 3ᵉ année.

« Paris, ce lundi 27 février 1826.

« Mon Cher Monsieur de Blainville,

« Connaissant toute la valeur de votre temps, et attachant une grande importance à n'en pas troubler l'économie dans les cas où je n'en ai pas un besoin immédiat, je me borne aujourd'hui à déposer chez votre portier le paquet de numéros du *Producteur* contenant les trois articles que j'ai déjà publiés sur la question du pouvoir spirituel ; et j'y laisse aussi ce billet, destiné à vous expliquer le motif principal de cette communication, motif que je préfère d'ailleurs vous exprimer par écrit, pour plus de précision.

« Je sais que vous me connaissez assez pour penser que ce ne sont pas des éloges que je cherche essentiellement, quoique de la part d'un homme tel que vous, mon amour-propre y soit infiniment sensible, et que je considère une telle approbation comme la plus grande récompense à laquelle je puisse jamais prétendre, et le plus efficace encouragement qui puisse soutenir mon activité philosophique. Mais vous croyez, j'espère, en général, que ce que j'attends surtout de vous, c'est une censure raisonnée (passive ou même active) capable de me pousser au perfectionnement de l'ensemble de mes travaux, et même de m'en indiquer la voie, directement ou indirectement. Voilà principalement ce qui me fait attacher une importance capitale à ces précieuses consultations philosophiques, spontanées ou combinées, mais portant toujours sur les points fondamentaux, que vous seul (absolument seul) au monde pouvez me fournir à ce degré. Je n'ai jamais eu plus besoin que dans ce moment-ci de ce *critérium* si décisif.

« Un travail continu de quatre-vingts heures, dans lequel le cerveau n'a pas cessé d'être dans le plus haut degré d'excitation normale, sauf quelques intervalles de sommeil extrêmement courts, a été occasionné en moi (il y a huit jours) par le troisième article de cet examen du pouvoir spirituel que je vous apporte. Il en est résulté une véritable *crise* nerveuse (qui dure encore, quoique affaiblie) qui m'a fait voir sous un jour beaucoup plus complet et beaucoup plus net que jamais il ne m'était arrivé, l'ensemble de ma vie. Je vous en ai donné une idée vendredi, en vous disant que cette vue avait porté à la fois sur ma vie intellectuelle et sur ma vie sociale, combinaison à laquelle je ne m'étais jamais élevé jusqu'ici. Tous ces symptômes me portent à croire que cette sensation vraiment *d'ensemble* laissera en moi des traces profondes, et exercera sur mon avenir total une direction prépondérante, surtout si je parviens à me la maintenir habituelle, au degré possible, ce que je pense avoir lieu d'espérer. Je vous ai déjà dit que son premier effet intellectuel avait été de me faire concevoir, dès à présent, mon cours avec le degré d'importance qu'il doit avoir pour être traité dignement. Je dois vous parler aujourd'hui d'un effet subséquent, qui m'a conduit, en dernier résultat, à concevoir une refonte totale, et, à mon gré, vraiment *systématique* de mon ouvrage sur la *politique positive*, dont vous avez la première partie. Au lieu d'entreprendre la deuxième partie, comme je l'avais compté jusqu'ici, je me propose maintenant d'exécuter d'abord cette refonte, si vous en avez la même opinion que moi. Dans cette hypothèse, je l'exécuterai certainement lorsque les circonstances de ma position me laisseront la disponibilité matérielle rigoureusement suffisante, ou que je serai parvenu, malgré ces circonstances, à me procurer artificiellement cette disponibilité, et afin de remplir convenablement la grande tâche qui m'a été imposée par cela seul qu'un homme tel que vous s'est porté pour mon garant.

« Vous rappelez-vous, mon cher Monsieur, m'avoir bénévolement critiqué, il y a environ deux ans, sur le titre de *système* donné à mon travail, et m'avoir dit que si cette qualification exprimait une *intention* réelle et profonde, elle n'exprimait pas *encore* un *fait*? Cet arrêt, si précieusement sévère, est une nouvelle vérification de votre maxime favorite, devenue aussi la mienne, sur la nécessité des obstacles. Il a, d'abord, sans doute, par un effet instinctif, un peu choqué mon ambition philosophique; mais cette sensation passagère n'a pas empêché l'action plus durable exercée sur la région frontale. Cette seconde influence, qui n'a pas cessé depuis lors de se faire sentir comme avertissement dans toutes mes méditations, d'abord très vaguement, et ensuite de plus en plus nettement, serait au besoin pour tout physiologiste une preuve infaillible, quoique indirecte, de la profonde justesse de votre décision salutaire.

« Enfin, pour abréger cette exposition, je me bornerai à vous dire, en ce moment, quel a été le résultat final de cette série de sensations, tel qu'il m'a été révélé par ma dernière *crise*, sans vous faire passer par une succession graduelle d'états moins caractéristiques, qu'il est inutile de vous reproduire, et que, d'ailleurs, il me serait bien difficile de retracer, même approximativement. Je suis donc parvenu aujourd'hui à voir très distinctement que cet ouvrage (même en le supposant complété par ma deuxième partie), ne remplissait pas complétement les conditions fondamentales d'un véritable *système* (à la manière dont vous et moi entendons ce mot), sinon peut-être dans la nature même de la conception qui y domine, mais du moins, en tout cas, dans la nature intime du mode d'exposition qui y règne, ce qui doit certainement influer, à un degré quelconque mais important, sur la pensée même de l'ouvrage. Voilà pour la partie critique de ma petite révolution intellectuelle.

« Quant à la partie organique, qui est pour vous et pour moi le véritable point de la difficulté, c'est sur cela précisément que je vous demande aujourd'hui une consultation directe afin de décider si je n'ai qu'à exécuter, avec toute la maturité et toute la modération possibles, ou bien si je dois encore chercher dans la même direction jusqu'à ce que j'aie atteint l'état vraiment *systématique*.

« Je vous entretiendrai dans quelque temps de mon plan de refonte, qui, quoique arrêté, n'est pas encore assez développé pour que je puisse vous en parler aujourd'hui directement. Je me borne dans ce moment à vous indiquer les éléments. Si je vous demande, en cet état des choses, une opinion que tout autre trouverait peut-être prématurée, vous sentez que c'est afin d'assurer ma marche si je suis décidément dans la voie de la solution directe, ou, dans le cas contraire, de me remettre le plus promptement possible à de plus profondes élaborations.

« Dans la première série d'articles (n°s 7, 8 et 10 du journal) que vous avez lue, je me suis attaché à présenter mon ensemble d'idées sous la face *scientifique,* ou abstraite. Dans la série que je vous apporte, je le présente directement sous la face *politique,* ou concrète. Je vous prie de vouloir bien lire ces trois articles (surtout le deuxième et encore plus le troisième) avec toute l'attention que vous savez mettre aux choses sérieuses, en prenant pour cela le temps absolument à votre convenance.

« Je ne défends en aucune manière l'exposition des idées qui s'y trouvent, laquelle n'est point certainement assez systématique ; vous savez que lorsque la *production* coïncide avec l'expression, il est fort difficile de remplir cette grande condition, à moins que le travail n'ait préalablement atteint, dans la conception même, l'état systématique. Mais je crois que vous trouverez dans ces articles de véritables idées de *gouvernement,* dont vous déplorez si justement l'extrême rareté ; vous verrez, comme vérification, que je suis arrivé à me séparer nettement et profondément, sur les points capitaux, de la politique des industrialistes et des économistes (qui sont au fond les mêmes), toutefois en observant dans les formes tous les ménagements convenables.

« Dans le quatrième article, j'examinerai directement la nature de l'organisation spirituelle moderne, en considérant le pouvoir spirituel : 1° en lui-même, dans son caractère propre ; 2° dans son mode d'action sur l'ensemble de la société, nationale ou européenne ; 3° dans sa relation générale avec le pouvoir temporel.

« Le cinquième article sera consacré à constater les éléments de réorganisation spirituelle qui existent aujourd'hui et à exposer la marche générale de cette réorganisation, conçue comme devant précéder et préparer nécessairement la réorganisation temporelle. La conclusion de cet article et de tout le travail sera, finalement, de ramener le point de vue de la première série d'articles, et de montrer la formation de ma *physique sociale* comme étant, soit sous le rapport de la *doctrine,* soit même sous celui de l'*organisation*, un commencement direct de reconstruction. C'est surtout ce *retour* auquel j'arrive naturellement, si bien même, que c'est sans l'avoir prévu en commençant le travail, qui me fait espérer que je suis enfin parvenu à l'état vraiment *systématique*, dont il est, ce me semble, le symptôme le plus formel. Enfin, en terminant ce cinquième article, ou, ce qui vaudrait mieux, dans un article spécial, destiné à couronner l'œuvre, j'indiquerai directement la *combinaison* des deux points de vue dominants dans les deux séries d'articles. Je présenterai ma conception de la politique comme *physique sociale*, et la loi générale que j'ai découverte sur les trois états successifs de l'esprit humain, comme n'étant qu'une seule et même *pensée* considérée sous les deux points de vue distincts de *méthode* et de *science;* cela posé, je démontrerai que cette pensée unique satisfait directement et complètement au grand besoin social actuel, considéré sous ses deux faces de besoin théorique et de besoin pratique. Je ferai donc voir que ce qui, d'un côté, tend à consolider l'avenir en rétablissant l'ordre et la discipline entre les intelligences, tend, d'un autre côté, à régulariser le présent, autant qu'il est possible, en fournissant aux hommes d'État la base d'une pratique *rationnelle*.

« Pour un homme aussi habitué que vous à *enjamber* sur les détails après avoir conçu l'ensemble, je pense que vous n'avez pas besoin d'attendre l'exécution de ces deux ou trois derniers articles pour porter un jugement décisif sur la question que je vais vous soumettre et que j'ai d'ailleurs tant d'intérêt à vous proposer le plus promptement possible. J'arrive donc, en résultat de tous ces préliminaires, à la poser directement.

« Considérez tous mes travaux précédents, y compris ce dernier, comme de simples *études,* de véritables *préparations;* supposez, de plus, que ce dernier travail soit entièrement terminé et concevez enfin que son grand résultat philosophique pour moi, savoir la *combinaison* directe et intime de mes deux points de vue abstrait et concret, soit convenablement et suffisamment élaborée. Si, après cette sorte de *noviciat* général, je refais la première partie de mon livre avant d'entreprendre la deuxième (dont vous vous rappelez bien l'objet) en la faisant précéder d'un discours préliminaire où j'exposerai sommairement mon idée-mère sous ses trois faces de *méthode*, de *science* et de *théorie,* et n'employant tout ce que j'aurai fait jusqu'alors que comme *matériaux*, et que j'exécute ce travail bien strictement dans le même esprit qui aura présidé à sa conception, aurai-je enfin acquis véritablement le droit d'intituler cet ouvrage SYSTÈME de *philosophie positive* ? Telle est, réduite à sa plus simple expression, la question fondamentale que je vous soumets. Elle doit exercer une puissante influence sur toute ma vie, sous les rapports les plus importants. Je n'ai pas trop de toute la vie cérébrale qu'il m'est encore permis d'espérer, pour exécuter dignement un plan ainsi conçu, en y joignant l'activité que je dois avoir, dans un ordre d'idées plus général, pour la *philosophie positive*. Si je ne me suis pas abusé, vous pouvez compter que, avant la fin de cette année, mon premier volume aura paru, exécuté dans cet esprit, de manière qu'ensuite je n'aie plus qu'à donner à ce système le second degré de développement indispensable pour qu'il puisse s'emparer complètement des esprits, ce qui m'occupera jusqu'à ce que je consacre essentiellement à la philosophie positive le reste de mon activité possible.

« Il s'agit donc pour moi, mon cher Monsieur, dans cette grave circonstance, d'une véritable *expérience* physiologique sur moi-même, dont vous seul au monde pouvez être le juge compétent. Si vous croyez, comme je l'espère, pouvoir prononcer une opinion positive sans que l'état des choses soit plus caractérisé, j'aurai, suivant votre avertissement, ou à creuser encore pour arriver à cette couche d'idées vraiment systématique que je veux atteindre absolument, ou a commencer la construction de l'édifice sur cette base granitique propre. Ces deux ordres de travaux étant essentiellement différents, vous sentez qu'il m'importe infiniment de savoir, autrement que par un instinct, lent à se prononcer avec précision, quel est celui auquel je dois me livrer directement. J'ai déjà un commencement d'opinion à ce sujet, je dois l'avouer franchement, mais votre avis influera considérablement, vous n'en doutez pas, sur ma décision finale. Le jugement que vous porterez après un mûr examen aura sur moi, quel qu'il soit, une action fort supérieure à celle que pourrait avoir l'avis unanime en sens contraire de toutes les académies d'Europe réunies en concile scientifique pour décider la question, parce que je suis pleinement convaincu que lorsqu'il s'agit de *système,* c'est à vous qu'il faut s'adresser aujourd'hui, surtout dans un genre qui a été l'objet de vos méditations directes quoique passives. Par cette consultation, vous ajouterez un nouvel et important service à toutes les obligations analogues qui vous ont assuré déjà, avec d'autres plus personnelles, l'affection profonde quoique respectueuse de celui dont vous possédiez auparavant l'estime la plus complète et la mieux sentie.

« Votre tout dévoué,
« A. COMTE. »

« *P.-S.* — J'ai écrit à Humboldt dans le sens que vous m'aviez si judicieusement indiqué, et je viens d'en recevoir une réponse flatteuse, affectueuse même, qui m'assigne un rendez-vous ce soir. »

La conclusion de tout ce qui précède s'impose :
Comte procède directement de Condorcet, qu'il rectifie dès lors, développe et complète :
Par la découverte des lois sociologiques et par la conception ferme de la philosophie positive ;
Par l'assimilation qu'il s'est faite et qu'il introduit dans la philosophie de l'histoire, des idées des de Maistre et des Bonald sur l'ordre humain : d'où la formation d'une série historique sans *hiatus,* d'après l'appréciation normale du moyen âge ; d'où encore, la conception d'une nouvelle foi, à base scientifique, et d'un nouveau pouvoir spirituel : soit la transformation positive de la religion.
Notons que c'est ce côté organique du positivisme naissant qui valut à son auteur la sympathie de conservateurs dignes de ce nom, dont Blainville est assurément un des plus importants et des plus illustres.
Il est donc aisé, d'après ce qui précède, de saisir toute l'importance de la période d'incubation qu'Auguste Comte traversait à ce moment, et la grandeur des résultats auxquels il saurait parvenir un jour, si la possibilité lui en était laissée par les événements.

VI. — LE MARIAGE. — LA FOLIE.

Mais avant de raconter les travaux auxquels nous devons la fondation de la philosophie positive, il faut descendre encore plus avant dans l'intimité d'une vie depuis longtemps remplie d'amertume et de difficultés.

C'est une des plus tristes fatalités de notre temps que cette émancipation d'esprit qui laisse tant de jeunes âmes sans frein et sans direction. Les inconvénients de cette anarchie morale ne sont pas aussi saillants chez les natures vulgaires, souvent retenues par l'intérêt lui-même, ou par une médiocre activité des passions : mais les âmes ardentes en éprouvent, au contraire, les plus funestes effets. Or, plus que tout autre, Auguste Comte devait subir ce redoutable affranchissement, dont sa mission rénovatrice lui faisait une inévitable nécessité. Pour mieux sentir l'urgence de la reconstruction, il devait éprouver tous les dangers de la négation ; et cette obligation fut pour lui bien pesante ! Si, pour oser reconstruire, il fallait, pour un temps, rompre tout lien dans le présent comme dans le passé, cette révolte systématique contre les prescriptions de la sagesse vulgaire et de la tradition n'était pas sans danger ; car le mépris des *préjugés*, c'est-à-dire des règles morales spontanément établies et empiriquement acceptées, qui sont si souvent respectables, attire parfois sur ceux qui s'en rendent coupables, les plus regrettables calamités.

A l'âge de vingt-sept ans, au plus fort de son élan rénovateur, mais avant qu'il eût pu reconstituer la morale sur des bases positives, le jeune et malheureux philosophe vint donc se briser contre un des plus dangereux écueils de la vie : en dépit de la famille, qui réclame la déférence et la subordination filiales, en dépit de la société qui recommande la convenance des unions, l'honnêteté des liens conjugaux, il contracta le triste mariage qui remplit de tourments et de regrets tout le reste de son existence. C'était le 29 février 1825, sans autre consécration que l'enregistrement municipal, sans autre assistance que celle des témoins officiels : il épousait, malgré son père et malgré sa mère, la femme, elle-même sans famille, sans domicile et sans état avouables, qu'un entraînement fatal le poussait à s'associer..... Trop de confiance dans la puissance du cœur, et trop de rigueur envers des préjugés vénérables, le portèrent à cet égarement funeste, qui fut la seule faute vraiment grave de toute sa vie, et dont les terribles conséquences le poursuivirent jusqu'au delà du tombeau (1).

Il faut voir aussi, selon nous, dans cette union déplorable, outre le paroxysme de l'état révolutionnaire dans une nature absolue et tout d'une pièce, outre le défi aux idées reçues, la détestable influence, mais bien réelle cette fois, du dévergondage intellectuel et moral de Saint-Simon : l'homme vraiment libre et original et la femme libre,

---

(1) *Revue occidentale*, 12ᵉ année, nᵒˢ 3, 4 et 5, *Précis de la vie et des écrits d'Auguste Comte*, par J. Lonchampt ; et pièces justificatives, nº 15.

combinés *pour faire une expérience !* La résultante n'en fut pas heureuse.

C'est au début d'une telle union, et parmi les complications morales qu'elle vint bientôt ajouter aux difficultés de sa situation, qu'Auguste Comte entreprit sa fondation philosophique. Sans aucune fortune personnelle, doublement séparé de sa famille par sa vocation sociale et par son mariage, exclu d'ailleurs, d'après ses antécédents polytechniques et ses premiers travaux philosophiques, de toute fonction dépendante du gouvernement, il n'avait d'autre ressource que celle de son travail. Il obtenait, comme nous l'avons dit, sa subsistance par l'enseignement privé des mathématiques ; et ce pénible exercice, auquel il devait consacrer la meilleure partie de son temps, venait encore entraver l'accomplissement d'une œuvre qu'il poursuivait à travers tant d'obstacles avec la plus énergique persévérance. Il allait même en exposer le plan dans un cours particulier que n'avaient pas dédaigné de vouloir entendre des hommes tels que Fourier (le géomètre), de Humboldt, Broussais, de Blainville, Arago et des jeunes gens comme Carnot (le fils), Mongéry, d'Eichtal, Gondinet, etc., quand un événement terrible vint brusquement l'arrêter (1). Ébranlée par tant de secousses et de fatigues, son âme accablée devait perdre quelques instants sa puissance et son unité pour subir un orage aussi passager que violent. Le trouble fut tel, que l'on crut devoir placer le précieux malade dans un établissement spécial, affecté au traitement de la folie. La crise dura de longs mois, et ce n'est que vers la fin de cette triste année, que le calme put se rétablir. Enfin, la guérison était assez assurée, dès 1828, pour permettre au jeune philosophe de reprendre la suite de ses travaux.

Dans la vie ordinaire, lorsqu'un homme est frappé d'un semblable malheur, chacun s'empresse de le secourir ou de le plaindre : parents, amis, connaissances, étrangers même, lui témoignent une généreuse pitié. La sympathie les porte à protéger l'infortuné, à compenser pour lui les rigueurs de la fatalité par un redoublement de délicatesse et d'affection. S'il vient à guérir, et qu'il puisse reprendre la pratique de la vie, une sollicitude charitable l'entoure encore, éloignant tout ce qui pourrait lui rappeler son malheur. Et quiconque oserait le lui reprocher, serait flétri par l'opinion comme ayant forfait à la bienfaisance. Il n'en est pas toujours ainsi dans la république des lettres, et le pédantisme, comme l'émancipation d'esprit, dispense, à ce qu'il paraît, des obligations de la moralité vul-

---

(1) Ce cours s'ouvrit chez M. Comte, qui demeurait alors rue Saint-Jacques, n° 159. Il n'eut que trois séances, la maladie étant survenue.

gaire. Malgré les éclatantes preuves de génie, de puissance et de rectitude mentales qu'Auguste Comte ne cessa de donner après comme avant cette fatale épreuve, malgré la pratique constante des plus mâles et des plus hautes vertus, une basse envie n'a pas craint d'exploiter contre lui cette grande infortune, et d'infirmer, à ce titre, ses plus éminents travaux. Des concurrents avides, des rivaux sans pudeur, ont usé de cette arme exécrable pour l'écarter de leur chemin; après sa mort, une honteuse critique fit de ce douloureux épisode le principal fondement de ses lâches attaques; enfin, quelques-uns de ceux qui, dans un temps, l'approchèrent de plus près pour l'abandonner ensuite, n'ont pas rougi de ramasser dans le champ de la calomnie ce triste et coupable expédient et de s'en faire un moyen pour porter devant les tribunaux mêmes les revendications les plus osées ! Tant d'ingratitude et de haine fut souvent le partage des plus augustes bienfaiteurs de l'Humanité, et il aurait manqué quelque chose sans doute à la gloire du fondateur de la religion universelle, s'il n'avait eu aussi l'auréole du malheur, s'il n'avait bu jusqu'à la lie ce calice amer de l'injustice sociale, auquel la trahison sait mêler tant de fiel. Il connaissait si bien ce triste privilège du génie et l'abaissement de ses contemporains, qu'il adressait, dans le dernier volume de son œuvre philosophique, cette mémorable déclaration à toutes les âmes loyales capables d'en apprécier le vrai caractère :

« L'essor initial de cette opération orale (le premier cours de phi-
« losophie positive) fut douloureusement interrompu, au printemps
« de 1826, par une crise cérébrale résultée du fatal concours de
« grandes peines morales avec de violents excès de travail. Sagement
« livrée à son cours spontané, cette crise eut sans doute bientôt
« rétabli l'état normal, comme la suite le montra clairement. Mais
« une sollicitude trop timide et trop irréfléchie, d'ailleurs si naturelle
« en de tels cas, détermina malheureusement la désastreuse inter-
« vention d'une médication empirique, dans l'établissement parti-
« culier du fameux Esquirol, où le plus absurde traitement me
« conduisit rapidement à une aliénation très caractérisée. Après que
« la médecine m'eut enfin heureusement déclaré incurable, la puis-
« sance intrinsèque de mon organisation, assistée d'affectueux soins
« domestiques, triompha naturellement, en quelques semaines, au
« commencement de l'hiver suivant, de la maladie, et surtout des
« remèdes (1). Ce succès, essentiellement spontané, se trouvait, dix-

---

(1) Ces affectueux soins domestiques dont parle ici l'auteur de la Philosophie positive, et sur la nature desquels il fut si longtemps abusé, ne sont autres, en réalité, que ceux de son excellente mère, accourue à Paris pour l'assister dans sa maladie.

Voir la pièce n° 15, *très importante à consulter*.

« huit mois après, tellement consolidé que, en août 1828, appréciant
« dans un journal le célèbre ouvrage de Broussais sur l'irritation et
« la folie, j'utilisais déjà philosophiquement les lumières personnelles
« que cette triste expérience venait de me procurer si chèrement
« envers ce grand sujet. Le lecteur sait assez, d'ailleurs, comment je
« constatai irrécusablement, l'année suivante, que ce terrible épisode
« n'avait nullement altéré la parfaite continuité de mon essor mental,
« en accomplissant jusqu'au bout l'élaboration orale ainsi interrom-
« pue trois ans auparavant, et qui a ensuite fait naître le traité que
« j'achève aujourd'hui.

« Je crois être maintenant assez connu pour qu'on n'impute
« point à de vaines préoccupations personnelles la confidence hardie
« que je viens d'adresser à tous ceux qui sauront l'apprécier. En un
« temps où l'anarchie morale comporte, chez des natures inférieures,
« le recours aux plus indignes moyens, sous l'excitation passagère
« ou permanente des antipathies individuelles ou collectives, j'ai cru
« devoir me garantir d'avance, par cette franche exposition, contre
« les insinuations infâmes que pourraient ainsi secrètement susciter
« les animosités diverses que soulèvera de plus en plus l'essor de ma
« nouvelle philosophie, et auxquelles ce dernier volume doit surtout
« imprimer spontanément une dangereuse impulsion (1). »

Pendant le reste de son existence, Auguste Comte put souvent constater la justesse de cette prévision ; et depuis sa mort, les diatribes honteuses dont il a été l'objet ne l'ont que trop largement réalisée. Tous ceux qui vont demandant au journalisme ou aux dictionnaires biographiques, même les plus nouveaux et qui ont le plus de prétentions à la justice et à l'impartialité, ce qu'on doit penser des hommes et des choses, seraient bien surpris, assurément, si quelqu'un leur apprenait que l'auteur du *Système de Politique positive* n'est point un misérable insensé ! Ce résultat odieux prouve assez l'abaissement du niveau mental et moral dans cette classe de littérateurs qui, sous prétexte d'instruire, pervertit le plus souvent les esprits et les cœurs. Si Auguste Comte n'est pas, comme le prétendent ces tristes instituteurs, un fou dangereux, un ennemi du genre humain ; si, comme quelques hommes le croient ardemment, sa philosophie, sa politique et sa morale surgissent en un temps de dissolution sociale pour éclairer, améliorer, pacifier et unir, quel mal n'ont pas produit ces blasphémateurs à gages, ces accusateurs intéressés, ces fanatiques aveugles trônant pour la plupart dans nos académies ou nos coteries littéraires, qui, pendant tant d'années, ont tenu la lumière sous le

(1) *Cours de Philosophie positive*, t. VI, préface, p. X et XI.

boisseau, et s'efforcent encore aujourd'hui d'empêcher l'avènement d'une doctrine fatale à leur prépondérance, en appelant l'odieux et le ridicule sur la personne de son fondateur?

VII. — Fondation de la philosophie positive

Dès la fin de 1828 Auguste Comte reprenait publiquement, à l'*Athénée* de Paris, l'exposition orale précédemment interrompue rue Saint-Jacques; et cette fois il pouvait l'achever entièrement, en suivant le programme qu'il s'était tracé en 1826, et qui avait alors circulé manuscrit parmi ses auditeurs (1).

C'est seulement après une telle épreuve, qui témoigne de l'immense travail philosophique accompli chez lui dès cette époque, et qui peut seule donner une idée convenable de sa prodigieuse activité mentale et de la force de son génie, qu'il entreprit la publication de son ouvrage fondamental, le *Cours* ou *Système de philosophie positive*. Cette grande élaboration n'est, en effet, que le développement écrit de ses méditations antérieures et de ses leçons orales. Dès que le caractère social de son entreprise fut pleinement établi, il avait abordé la construction de la doctrine générale qu'il avait précédemment annoncée. En 1826 il en avait déjà coordonné le vaste plan, et c'est le violent effort nécessité par cette systématisation difficile qui, combiné à des perturbations affectives, provoqua la crise terrible dont nous venons de parler. En 1828 il en exposait publiquement le système, et de 1830 à 1842 il en fournissait le complet développement.

Le premier volume du *Cours de philosphie positive* parut donc en 1830, et le dernier en 1842. La lenteur de cette publication s'explique d'après les obstacles privés et publics imposés à son auteur, encore plus que par la difficulté de l'œuvre; car, outre les embarras résultés d'occupations professionnelles absorbantes et de troubles domestiques continuels, la crise commerciale qui suivit l'explosion de juillet 1830, et qui ruina son premier éditeur, l'empêcha de rien publier avant 1835. Toutefois, l'importance comme la nouveauté du sujet le forcèrent de donner à la sociologie un développement qu'il n'avait pas d'abord prévu.

Quand on compare entre eux les pricipaux opuscules d'Auguste Comte, on ne peut y méconnaître une progression continue, dont le dernier terme caractérise nettement le but commun à tous les autres,

---

(1) Voir aux *Pièces justificatives*, nº 16.

savoir : la réorganisation du pouvoir spirituel d'après la rénovation de la philosophie. Dès son début, il avait cru cette réorganisation directement accessible : mais l'ensemble de ses premiers essais le conduisit bientôt à reconnaître qu'elle exigeait un travail intellectuel préalable, sans lequel il était impossible d'établir la doctrine générale destinée à terminer la révolution occidentale. Voilà pourquoi il dut finalement consacrer la première moitié de sa carrière à construire, d'après les résultats scientifiques obtenus, une philosophie vraiment positive, seule base possible de la religion universelle. Il fallait, en effet, à la nouvelle synthèse une assise immuable qui lui permît de résister à toute attaque, à toute discussion; une force étrangère à l'ancienne inspiration religieuse comme à toute révélation théologique : *la démonstration!*... Mais quand ce fondement théorique fut solidement établi par un labeur incessant de seize années, l'auteur dut revenir à son point de départ et consacrer le reste de ses forces à la destination sociale qu'il avait d'abord entrevue. Cette incontestable continuité de ses deux carrières, philosophique et religieuse, est manifestement attestée, du reste, comme nous l'avons dit, par le titre même de sa grande construction politique, qui se trouve identique à celui de l'opuscule fondamental de 1824 (*Système de Politique positive*). La philosophie positive n'est donc que la base intellectuelle de cette synthèse définitive, et son élaboration doit être envisagée comme une immense parenthèse intercalée par son auteur entre le début spontané et la réalisation systématique de ses premières aspirations sociales. Mais jamais cette opération préliminaire ne saurait être considérée comme présentant un caractère opposé à celui de la construction qui l'a suivie et à laquelle elle sert de fondement.

Considérée d'une manière générale et dans son état de complet développement, la nouvelle philosophie n'est autre chose, comme je l'ai précédemment exposé, que la systématisation positive des idées humaines, ou l'explication réelle du monde et de l'homme, d'après le régime des lois naturelles substitué partout au règne des volontés arbitraires. Elle consiste donc essentiellement dans l'application complète de la notion de loi naturelle à tous les ordres de phénomènes réels, objectifs et subjectifs, ou dans la conception positive de l'ordre universel, cosmologique, vital, social et moral. Elle délaisse par conséquent les causes quelconques, théologiques ou métaphysiques, premières ou finales, comme étant à la fois inaccessibles et vaines; elle abandonne le *pourquoi* des choses et n'en recherche que le *comment*, c'est-à-dire les lois effectives des phénomènes de tous genres, leurs rapports réels et constants; enfin, elle substitue partout le relatif à l'absolu, et renonce à toute systématisation extérieure, objective, d'après une cause première unique et omnigénératrice, pour n'admettre que des lois multiples, dont la coordination ne peut être faite que subjectivement, par rapport à l'Humanité. En outre, la philosophie positive repose tout entière sur la séparation du concret et de l'abstrait, sur la division de la science et de l'art ; elle ne spécule directement que sur l'existence, sur les phénomènes qui la composent, mais nullement sur les êtres qui la manifestent, et dont l'étude spéciale appartient à la pratique. Enfin, elle assure la combinaison finale des deux grandes méthodes subjective et objective, et institue la logique positive qui associe la réaction affective (logique des sentiments) à l'emploi des images et des signes, pour faciliter l'essor habituel de la méditation et procurer l'exercice normal de la vie cérébrale. Au point de vue logique comme au point de vue scientifique, la philosophie positive institue donc un renouvellement total et un état plus parfait de l'entendement humain.

Mais bien qu'elle ait été constituée avec tous ses caractères essentiels dans l'ouvrage fondamental d'Auguste Comte, elle a cependant reçu de ses traités ultérieurs (la *Politique positive* et la *Synthèse subjective*) des perfectionnements de la plus haute importance. C'est ainsi que son domaine fondamental, ou la hiérarchie abstraite des sciences élémentaires correspondant aux six grandes catégories de phénomènes réels, s'est accru d'un terme capital, par la subdivision nécessaire de l'ordre humain en *sociologie* et *morale* ; c'est ainsi que le système des lois naturelles, que nous appelons aujourd'hui *philosophie seconde*, s'est vu précéder d'un préambule extrêmement important, la *philosophie première*, qui comprend un ensemble de lois plus générales encore, complètement indépendantes de la nature propre des phénomènes et pouvant être constatées dans chacune des grandes catégories d'événements qui forment l'ordre universel.

Quant au *Cours* ou *Système de philosophie positive*, outre l'institution de la hiérarchie encyclopédique, il contenait une construction scientifique aussi neuve que décisive, qui complétait l'édifice abstrait, et permettait la coordination de ses parties. Cet ouvrage fondamental expose donc la philosophie des sciences, depuis la mathématique jusqu'à la sociologie inclusivement : chacune y est appréciée quant à sa nature, c'est-à-dire dans son objet propre, dans ses principes, et dans ses divisions intérieures ; quant à sa position relative dans le système général, ou dans ses rapports avec chacun des éléments qui le composent. On sait que la généralité décroissante et la complication croissante des conceptions et des phénomènes correspondants, sont le principe universel de cette vaste coordination. Or, les fondements essentiels des sciences préliminaires, mathématique, astronomie, physique et chimie, ceux même de la biologie, étaient établis avant Auguste Comte, mais leurs lois n'étaient rapprochées qu'en mathématique, de manière à représenter une véritable construction scientifique. Outre ce travail élevé et difficile de systématisation préliminaire et de coordination respective qui consiste à tirer des constructions abstraites des observations précédemment accumulées, le fondateur de la philosophie positive devait donc créer avant tout le dernier terme de l'édifice abstrait, la *sociologie* ou physique sociale ; car toute coordination générale, et même partielle, restait impossible sans cet élément prépondérant et final, les intermédiaires devant toujours être subordonnés aux extrêmes dont ils opèrent la liaison. C'est ce qu'il fit avec une incomparable vigueur : pour la première fois, les phénomènes historiques furent soumis à une méditation pleinement positive, dégagée de toute préoccupation concrète, de tout alliage théologique ou métaphysique. Il fut établi que les phénomènes sociaux, malgré leur mobilité infinie, malgré leur extrême complication, présentent cependant des relations constantes et naturelles, qu'ils sont, comme tous les autres, soumis à un ordre régulier, dont les dispositions fondamentales sont immuables ; que l'existence sociale a des lois fixes pour chacun de ses attributs élémentaires (l'intelligence, l'activité, la sociabilité) ; que ces lois expliquent rationnellement l'ordre humain individuel et collectif ; qu'enfin elles se subordonnent à celles des phénomènes moins élevés, quoique n'en résultant jamais, ce qui permet d'établir leurs rapports envers elles, et de combiner ces grandes relations en un système général qui représente l'ordre universel.

Le premier volume du *Cours de Philosophie positive* expose d'abord le plan et le but de l'ouvrage, puis la philosophie mathématique. Le second fournit la philosophie astronomique et physique ; le troisième, la philosophie chimique et biologique. Les autres tomes sont consacrés à la *Physique sociale*. Le quatrième commence par exposer la nécessité de rendre enfin positives les conceptions sociologiques ; il donne une admirable appréciation de la politique théologique et de la politique métaphysique ; il démontre leur danger et leur impuissance ; leur antagonisme nécessaire : puis il pose les bases essentielles, logiques et scientifiques, d'une politique positive, ou science sociale, envisagée au point de vue statique, mais surtout dynamique, ce dernier étant plus propre à mettre en évidence, surtout au début, la réalité de l'ordre humain. Quant aux cinquième et sixième volumes, ils apportent à l'appui des principes posés dans le précédent, l'institution de la série historique, c'est-à-dire l'explication scientifique de l'évolution humaine, philosophique, politique et sociale, une véritable *philosophie de l'histoire;* en outre, le tome final établit, d'après ces prémices, le terme positif de l'évolution générale, l'état scientifique-industriel ; et il expose les moyens généraux offerts par la nouvelle philosophie pour assurer l'avènement de ce régime définitif. Sa conclusion contient en germe tous les résultats développés et obtenus depuis par le *Système de politique positive,* dont elle annonce l'élaboration ; elle forme donc le lien indissoluble qui unit ces deux grandes opérations successives.

Nous donnons à la fin de cette notice l'annonce que fit alors Auguste Comte, de son ouvrage fondamental, et le plan qu'il traça lui-même de cette grande exposition (1). Mais pour concevoir la valeur et la portée d'une telle œuvre, il est indispensable de la méditer profondément, si l'on a la préparation scientifique et la force intellectuelle qu'exige une semblable étude. A cet égard, nous nous contenterons de répéter, après tant d'appréciateurs compétents, que cette immortelle fondation, en complétant l'évolution positive et renouvelant les voies de l'entendement humain, place incontestablement son auteur dans la grande famille intellectuelle qui préside éternellement au progrès humain, à côté d'Aristote, de Bacon et de Descartes.

VIII. — Conséquences personnelles de la fondation de la philosophie positive.

Quoi qu'il en soit de la philosophie positive, l'œuvre et l'auteur restèrent absolument inconnus et méconnus pour les contemporains immédiats, et cette grande construction théorique ne sembla provoquer d'abord que l'outrage et l'abandon. Nous devons soulever ici le voile qui recouvre les péripéties de ce temps d'épreuve, et laisser entrevoir les motifs d'une semblable défection. Mais pour mieux faire comprendre cette réaction antipathique, nous ferons précéder notre récit de quelques réflexions sur l'état mental et moral du milieu spécial où elle s'est développée.

Depuis l'affaiblissement de l'autorité spirituelle instituée au moyen âge, c'est-à-dire depuis la décadence inévitable et indispensable de la foi catholique, deux ordres d'idées ont de plus en plus dirigé la masse des esprits actifs en Occident, savoir : les opinions scientifiques ou positives, et les croyances métaphysiques ou négatives ; les unes élabo-

(1) *Pièces justificatives,* n° 17.

rant l'ensemble des notions réelles qu'il nous est permis d'acquérir sur le monde et sur l'homme, les autres éliminant, par une critique indéfinie, les explications générales de la théologie et liant provisoirement, par des abstractions également chimériques, toutes les données isolées obtenues par l'investigation positive. Or, savants et métaphysiciens acquirent, par la force des choses, et surtout d'après la désuétude croissante du théologisme, un tel ascendant social, que l'empirisme gouvernemental, afin de se subordonner ces forces théoriques et pour s'en assurer le concours, fut conduit à les consacrer officiellement. C'est ainsi que s'est relevé et corroboré chez nous le régime académique, où toutes les spécialités scientifiques et toutes les sectes métaphysiques furent rassemblées, réunies en un faisceau dans la main de l'autorité temporelle, d'après la fondation de l'Université de France par l'instinct et la volonté rétrogrades de Bonaparte, qui, de la sorte, en même temps qu'il maintenait administrativement l'unité dans le monde intellectuel, y faisait prévaloir sans contestation possible sa propre domination. Cinq ans à peine après la Révolution française, nous avions ainsi une science et une philosophie d'État, sans compter les trois religions reconnues par le Concordat. C'est bien à partir de ce moment que, excepté Comte, il n'y eût plus chez nous de *philosophes,* c'est-à-dire d'hommes joignant à toutes les connaissances particulières, toutes les idées générales de leur temps. Le XVIIIe siècle était clos, on entrait dans l'âge de la spécialité.

D'autre part, et pour obvier à l'incomplète investigation de la science officielle, qui laisse volontairement en dehors de l'étude positive les phénomènes intellectuels, moraux et sociaux, en les abandonnant à une métaphysique évidemment incapable de résoudre de semblables problèmes, et surtout de diriger la conduite humaine, privée ou publique, le mouvement de décomposition spirituelle a fait surgir une nouvelle classe d'organes quasi-théoriques, qui font leur objet propre de l'étude de la politique, et même de sa direction. Cet avènement du journalisme consomme donc la division mentale et morale des sociétés actuelles, puisque le sentiment et la culture du cœur y restent au théologisme, tandis que la direction intellectuelle y appartient à l'académisme, partagé lui-même entre les métaphysiciens et les savants, et que le contrôle politique et social s'y trouve de plus en plus exercé par les organes de la presse périodique.

Les inconvénients de cette dispersion de l'action spirituelle ne sont que trop manifestés par le désordre qui règne actuellement partout dans les opinions et dans les mœurs; mais c'est surtout parmi les nouveaux organes de la fonction théorique que le mal est parvenu à son comble. Les savants se laissent de plus en plus détourner du but général de la culture scientifique, pour s'égarer dans une analyse indéfinie; les métaphysiciens, refusant toute base objective à leurs spéculations, creusent sans cesse l'abîme de l'irrationalité et de la divagation; et les journalistes, tiraillés à leur tour entre un empirisme grossier et une ontologie chimérique, appliquent sans scrupule, pour la plupart, une incompétence générale aux plus difficiles questions qui puissent être proposées à la méditation humaine. L'action d'un tel corps théorique se trouvant nécessairement privée d'une direction commune, comme de toute vraie destination sociale, reste donc arbitraire, contradictoire, et l'absence de réglementation y entretient une irrationalité de culture, une anarchie d'opinions, un égoïsme de tendances et d'aspirations qui concourent également à son abaissement mental et moral. La science, comme la métaphysique et la politique, ne sont plus guère aujourd'hui que des moyens d'élévation personnelle, et les diverses classes qui se partagent leur domaine sont plutôt constituées en vue de l'exploiter collectivement, que pour le conserver et l'accroître. Elles semblent surtout préoccupées de perpétuer entre leurs mains le monopole qui leur est attribué, et forment, en réalité, des corporations avides, oppressives, ardentes à écarter et à détruire tout ce qui pourrait porter atteinte à leur privilège.

On comprend quel accueil était fatalement réservé, dans un tel milieu, à la doctrine qui prétendait restaurer l'autorité spirituelle, régler les forces intellectuelles en vue de leur destination sociale, enfin, remplacer la dispersion académique et l'agitation parlementaire par une régénération totale des opinions, des mœurs et des institutions. L'Académie et l'Eglise repoussèrent la nouvelle philosophie, comme le journalisme la nouvelle politique, et toutes ces forces, rétrogrades ou anarchiques, se trouvèrent spontanément coalisées pour empêcher l'avénement d'une religion nécessairement contraire à la perpétuité de leurs abus. Ainsi s'explique la malveillance, la haine, la rage même, que suscita la première comme la seconde élaboration de la foi nouvelle, et la réprobation unanime qu'elle rencontra, dès lors et toujours, parmi ces classes intéressées. Quel contraste avec l'approbation distinguée, éclairée et chaleureuse, qui, sous la Restauration, c'est-à-dire au sortir du premier empire et quand on sentait encore en France le souffle de la Révolution, avait accueilli les essais philosophiques de Comte! On peut mesurer par là l'intensité de la chute, l'abaissement de l'esprit public, son écrasement par la terrible machine d'obscurantisme ou par l'enseignement d'Etat qu'avait installé le despotisme impérial.

« Dès l'origine de mon essor philosophique, dit le réformateur,

« dans la mémorable préface du tome VI° de son ouvrage fonda-
« mental, dénué de toute fortune personnelle, même future, j'ai eu
« le bonheur de comprendre que mon existence matérielle devait
« directement reposer sur des occupations professionnelles indépen-
« dantes de mes travaux spéculatifs, dont le succès serait, par leur
« nature, trop lointain et trop incomplet pour jamais suffire à conso-
« lider ma position privée. Afin toutefois que cette nécessité continue
« tendît, autant que possible, à développer ma vocation principale,
« sans jamais pouvoir l'altérer, je choisis spontanément, à cet effet,
« en 1816, l'enseignement mathématique, envers lequel mon aptitude
« spéciale avait été, j'ose le dire, déjà remarquée, pendant que j'étu-
« diais à l'École polytechnique, aussi bien par mes chefs que par
« mes camarades. Cet enseignement a sans cesse constitué, depuis
« cette époque, dans ses divers degrés, et sous tous ses modes, mon
« unique moyen d'existence. »

Après une longue et pénible pratique de cet enseignement privé, le professorat officiel lui étant alors interdit par la nature de ses idées et la notoriété de ses opinions politiques, et quand la Révolution de juillet eut un peu désarmé cette rigueur, M. Comte fut introduit à l'École polytechnique en 1832, sous les auspices de M. Navier, professeur titulaire, comme répétiteur d'analyse transcendante et de mécanique rationnelle. En 1836, il y occupait, par intérim, la principale chaire mathématique, et s'acquittait de cette fonction avec une supériorité qui témoignait hautement de sa profonde capacité scientifique et didactique. Cette mémorable épreuve lui valut un triomphe bien flatteur : car on vit, fait exceptionnel, la noble sollicitude qu'elle suscita chez tous ses élèves, rivaliser avec celle de son chef principal, l'illustre Dulong, alors directeur des études, pour faire retentir avec éclat, dans tout le monde savant, la rare élévation de cet enseignement vraiment supérieur (1). C'est à la suite de cette manifestation si honorable qu'Auguste Comte devint examinateur d'admission, tout en conservant ses fonctions de répétiteur. Ce cumul lui permettant de réduire ses leçons particulières, il ne retint, en dehors de l'Ecole polytechnique, que le cours de mathématiques spéciales qu'il profes-sait dans l'établissement de M. Laville, et qui était surtout apprécié pour la partie la plus difficile, l'enseignement du calcul différentiel, qu'il ajoutait de lui-même au programme ordinaire de ces cours.

Il fut examinateur d'admission jusqu'en 1844, répétiteur jusqu'en

---

(1) V. la correspondance Valat, principalement les lettres XXXV, XXXVI et XXXVII, et la préface du t. VI du *Cours de philosophie positive*.

1852; et de 1830 à 1848, pendant dix-sept années, il fit gratuitement, à la mairie du troisième arrondissement de Paris, un cours public d'astronomie qui attirait un auditoire de plus en plus nombreux. Cet enseignement très actif, très varié, très étendu, qui ne subit jamais d'interruption, n'enlevait pas moins de huit heures par jour à ses travaux philosophiques ; et, sans compter les publications et les cours relatifs à sa mission sociale, il put encore fournir, dans cet intervalle, deux ouvrages scientifiques proprement dits : la *Géométrie analytique*, qui parut en 1843, et l'*Astronomie populaire* qui est de 1844.

Quant à l'influence qu'il exerça sur le public mathématique, elle fut surtout due à ses fonctions d'examinateur. Élèves et professeurs sont en général trop dominés aujourd'hui par l'intérêt personnel pour sacrifier quelque chose au seul attrait scientifique. Tant que le philosophe put influer sur les admissions polytechniques, on fit donc quelques efforts pour s'élever jusqu'à lui ; mais tout retomba dans l'ornière de la dégénération algébrique, lorsque la chute de l'auteur de la *Géométrie analytique* replaça l'École sous l'influence de l'esprit académique. Un instant ralentie par le puissant effort d'Auguste Comte, la déviation mathématique reprit donc, aussitôt qu'on l'eut écarté, son mouvement et sa vitesse antérieurs.

Toutefois, l'impression qu'il laissa dans ce milieu fut, on peut le dire, aussi honorable qu'unanime : c'est, avant tout, le souvenir d'une moralité profonde, d'une intégrité parfaite, et ensuite le sentiment d'une incontestable supériorité théorique. Et l'on peut dire à cet égard qu'il fut autant apprécié par ses condisciples et par ses élèves que par ses supérieurs officiels, MM. Fourier, Navier, Dulong, Poinsot surtout. Du reste, son émancipation totale était si bien connue, malgré qu'on en ignorât la véritable tendance et la portée, que c'était un dire courant parmi les élèves que le « *père Comte* » avait mis Dieu en équation, et qu'il ne lui avait trouvé que des racines imaginaires. Mais, encore que sa justice et son incorruptibilité fussent généralement reconnues, son inflexibilité même et sa manière d'examiner le faisaient redouter de tous les candidats aux épreuves d'admission. Son mode d'interrogation, aussi nouveau qu'efficace, la difficulté des problèmes qu'il proposait aux élèves, et qui, très souvent, embarrassaient les professeurs eux-mêmes, provoqua parmi eux une véritable levée de boucliers, des mécontentements et une animosité très vive, ce qui n'empêcha point ces questions de tomber dans le domaine public, et de passer plus tard dans les habitudes du corps enseignant (1).

(1) Voir la *Revue occidentale*, 13ᵉ année, n° 3, p. 272-300, *Auguste Comte répétiteur d'analyse et de mécanique à l'École polytechnique*, par M. Pierre Laffitte.

Il y a deux indications bien distinctes dans un examen du genre de ceux que faisait subir M. Comte : il faut s'assurer d'abord que l'élève possède l'ensemble des connaissances nécessaires pour suivre l'enseignement supérieur qu'il doit recevoir en cas d'admission ; puis apprécier, autant que possible, en dehors de cette capacité d'assimilation, la force intrinsèque de l'intelligence, la nature et la portée intellectuelles du candidat. L'interrogation de M. Comte répondait toujours à cette double nécessité ; et il fixait son jugement définitif d'après les résultats de cette investigation composée. Le degré d'instruction acquise était constaté par les questions ordinaires, et c'est seulement après qu'il introduisait ces problèmes ingénieux et profonds qui mettaient en jeu l'intelligence proprement dite, dont il tenait grand compte dans ses jugements.

Mais pourquoi des esprits très forts, qu'il avait présumés tels et admis par conséquent dans un bon rang à l'école, en sortaient-ils souvent dans les degrés moyens ou ultimes, tandis que des intelligences bien inférieures obtenaient les premiers rangs? Il y a à cela des raisons morales et intellectuelles, nous ne parlerons que des dernières. Sous l'influence de la direction académique, l'enseignement de l'école qui serait plus justement appelée aujourd'hui *monotechnique* que *polytechnique*, d'après l'envahissement croissant des sciences physiques et mathématiques par le calcul algébrique, est devenu tellement vicieux, au dire de ceux qui se rangent à la manière de juger de M. Comte, que la combinaison des signes y remplace presque partout les grandes théories et les conceptions essentielles, et que toute idée d'ensemble et de but y a disparu. Dès lors, les bons esprits, dégoûtés d'une culture aussi aride qu'inutile, s'en éloignent et la délaissent de plus en plus, tandis que les intelligences médiocres, où la mémoire et l'expression l'emportent sur la méditation, fleurissent dans la culture d'une telle déviation. C'est pourquoi M. Comte avait coutume de dire, d'après sa longue et judicieuse expérience, que les premiers sortants de cette école n'étaient le plus souvent et sauf exception, que des esprits faux ou des intelligences amoindries ; c'est pourquoi il se trouvait, à cet égard, en dissentiment si profond avec ses confrères et ses derniers supérieurs officiels, et pourquoi son enseignement et sa manière d'examiner, quoique meilleurs, ont été attaqués et dépréciés par tous ceux qui devaient en subir l'embarrassante supériorité.

L'enseignement ne fut pas du reste entre les mains du philosophe un vulgaire instrument de lucre, un moyen banal d'avancement personnel. En y apportant tous ses soins et cette scrupuleuse moralité qui distingua toujours sa conduite, il sut le rattacher directement à sa mission, et de très bonne heure il aborda la rénovation mentale par la régénération des théories inférieures.

Vers la moitié du siècle dernier l'esprit humain avait achevé ses principales acquisitions mathématiques. Les éléments essentiels de cette grande science se trouvant désormais élaborés, leur coordination devait bientôt paraître autant accessible qu'urgente. Et c'est vers un tel but que le génie de Lagrange dirigea ses principaux efforts, ses découvertes spéciales ayant toujours tendu à lui faciliter cette haute opération. Cependant, malgré la puissance d'un tel esprit, malgré l'importance de sa mémorable tentative, il faut reconnaître que la systématisation de l'illustre géomètre a réellement avorté. La cause de cet insuccès résulte de ce que Lagrange ne pouvait se placer encore à un point de vue assez général ni assez élevé, la série scientifique n'étant pas encore complétée, et toute systématisation partielle du savoir humain se trouvant, par la nature même des choses, impraticable.

Auguste Comte reprit ce grand problème comme élément de la rénovation mentale qu'il méditait. Maître de tout le domaine positif, d'après la constitution récente de la sociologie, il put, en subordonnant toujours le premier degré de la science universelle à son ensemble, réaliser la systématisation vainement tentée par son illustre prédécesseur. Quelques mots suffiront pour rappeler ici comment fut effectuée cette coordination.

Élémentaires ou supérieures, les études mathématiques ont toutes pour objet la connaissance des propriétés des nombres, de l'étendue et du mouvement. C'est-à-dire que cette science aborde directement, et sans aucun préambule, l'étude de l'existence universelle réduite à ses phénomènes les plus simples et les plus généraux, ceux sur lesquels reposent nécessairement tous ses autres attributs. Il n'existe aucun objet, aucun être qui ne présente ces qualités fondamentales, tandis que la nature nous offre beaucoup de corps chez lesquels nous ne pouvons en constater d'autres. Tels sont les astres, par exemple, que leur situation lointaine ne nous permet d'explorer que sous le point de vue numérique, géométrique et mécanique. Ces trois aspects se trouvant réunis, du reste, dans tous les corps qui nous entourent, on a pu les y découvrir et les étudier plus facilement que dans les cas astronomiques, après avoir fait abstraction des autres évenements qui en compliquaient l'observation. Dès lors, tout corps offrant ces attributs élémentaires, et certains êtres naturels n'en présentant aucun autre, on doit les considérer comme les phénomènes les plus généraux et les plus simples de l'existence universelle, tout ce qui ne comporte pas cette triple appréciation ne pouvant réellement exister que dans notre entendement. C'est pourquoi la mathématique est la science fondamentale, préliminaire, servant d'introduction nécessaire à toutes les autres, dont l'objet est à la fois plus spécial et plus élevé.

Le domaine naturel de cette science une fois reconnu, la coordination de ses trois éléments principaux, et celle de leurs parties respectives, deviennent une application de la loi du classement positif de nos conceptions, d'après leur généralité décroissante et leur complication croissante. Or, il est certain que les idées de nombre sont plus universelles et plus simples que celles d'étendue, qui sont elles-mêmes plus générales et moins compliquées que celles de mouvement. Car le nombre, indépendant par sa nature des deux autres attributs mathématiques, et pouvant s'appliquer à une bien plus grande quantité d'objets, est, en réalité, le terme extrême de l'abstraction positive, la notion la plus générale et la plus simple que comporte notre entendement. L'ordre mathématique est donc fidèlement représenté par la succession hiérarchique du calcul, de la géométrie et de la mécanique. Et cette progression, qui reproduit à la fois la marche historique de l'esprit humain et l'ordre didactique qui convient à son initiation, est en même temps conforme à l'ensemble du système abstrait.

Ainsi constituée quant à son domaine et à sa distribution intérieure, la mathématique se rattache à la hiérarchie scientifique par l'affinité de son terme supérieur, la mécanique, envers le second degré de la science universelle. En effet, l'astronomie, qui nous offre l'application la plus directe et la plus complète de la mathématique, se confond avec elle par sa base essentielle, le double mouvement de la Terre et les lois de sa gravitation étudiées au seul point de vue géométrico-mécanique.

Enfin je dois rappeler aussi que l'élément mathématique le plus général, le calcul (surtout algébrique), possède, outre son utilité propre, une importante destination logique, son office essentiel consistant à développer autant que possible notre puissance déductive. Au contraire, sous le rapport scientifique, la science fondamentale consiste principalement dans la géométrie et la mécanique, qui instituent réellement la théorie de l'existence universelle, d'abord passive ou statique, dans l'étude de la forme, puis active ou dynamique, dans celle du mouvement.

Tel est, en résumé, la conception générale qui a présidé à la systématisation de la mathématique. A cette indication trop sommaire, nous devons ajouter quelques détails sur la régénération spéciale de la géométrie analytique, afin de laisser entrevoir à ceux qui ne connaissent point ce travail, la puissance philosophique et la portée scientifique de son auteur, celui à qui l'académicien F. Arago ne reconnaissait de « titres mathématiques d'aucune sorte, ni grands ni petits. »

On peut dire, à cet égard, qu'Auguste Comte est, avec d'Alembert, le seul qui ait convenablement senti et proclamé la haute importance de la rénovation mathématique commencée par Descartes. Cette grande initiative, surtout remarquable au point de vue logique, consiste dans la fondation d'une méthode nouvelle, bien plus que dans l'acquisition de théorèmes jusqu'alors inconnus. Surtout préoccupé de la rénovation mentale, Auguste Comte sut apprécier dignement l'œuvre de ce grand précurseur, et il en fit le premier comprendre la véritable nature. A ce point de vue déjà, la systématisation de la géométrie analytique par l'auteur de la philosophie positive, présente un puissant intérêt (1).

Dans cet ouvrage, après avoir hautement reconnu la valeur de l'initiative cartésienne, Auguste Comte introduit systématiquement la division fondamentale entre les spéculations abstraites et les recherches concrètes, en classant les objets de son étude d'après les diverses propriétés générales des différents types géométriques, dont l'appréciation particulière peut être dès lors effectuée d'après la connaissance de ces propriétés elles-mêmes. C'est ainsi que surgit, dans le cas le plus simple, la distinction fondamentale entre l'abstrait et le concret, bientôt appliquée par la philosophie positive à toute la série de nos conceptions réelles, depuis les plus inférieures jusqu'aux plus élevées. Partout l'abstrait étudie les propriétés et les évènements : le concret s'appliquant seulement aux êtres.

Les anciens étudiaient courbe par courbe, individu par individu, et la révolution cartésienne a consisté dans la substitution de l'étude générale des propriétés, à l'étude spéciale des êtres géométriques. Toute l'évolution moderne s'est produite sous l'influence de cette conception rénovatrice qui, malgré les efforts d'Auguste Comte pour en faire comprendre la valeur, reste vraiment encore inaperçue, bien qu'elle gouverne tous les esprits (2).

Le *Traité philosophique d'Astronomie populaire*, le cours qu'il résume et la systématisation que l'un et l'autre ont élaborée, sont

---

(1) *Traité élémentaire de géométrie analytique à deux et à trois dimensions,* contenant toutes les théories générales de géométrie accessibles à l'analyse ordinaire, un vol. in-8 de 600 p., Paris, 1843.

(2) Nous devons à l'obligeance et au profond savoir de M. Laffitte les faits et les données essentielles de cette appréciation mathématique d'Auguste Comte, outre ce que nous avons emprunté au *Catéchisme positiviste.*

encore une application de la méthode générale de Descartes. Aussi, chacun de ces cours était-il précédé d'une importante introduction philosophique, qui faisait ressortir les caractères essentiels du véritable esprit scientifique, et qui rattachait l'astronomie au système complet des notions positives, en lui assignant son rang encyclopédique, entre la mathématique et la physique, auxquelles elle se trouve respectivement liée (1).

C'est ce discours préliminaire sur l'esprit positif qui, prenant d'année en année plus d'importance et d'extension, finit, en ajoutant à son caractère philosophique une tendance profondément sociale, par ébaucher, en 1847, la grande construction religieuse réalisée plus tard par le Traité de sociologie.

Quant à l'ouvrage lui-même, après un préambule qui institue l'astronomie comme l'étude céleste de la planète humaine, c'est-à-dire, comme la connaissance positive de nos relations géométriques et mécaniques avec les astres susceptibles d'affecter nos destinées en modifiant l'état de la Terre : après avoir élucidé quelques questions préliminaires, et indiqué les moyens généraux d'observation précise, l'auteur y classe les objets de l'astronomie proprement dite (géométrie et mécanique célestes), d'après les diverses recherches générales dont les astres sont susceptibles, au lieu d'étudier, comme on l'avait fait jusqu'alors, les différents corps spéciaux qui entrent dans la composition du système solaire. Ainsi, il considère successivement la question générale des distances, des formes, des mouvements, etc., et présente, dans un second cas très important, une nouvelle application décisive de l'abstraction scientifique (2).

De tels travaux, des spéculations aussi élevées, qui avaient pour objet de fonder la philosophie des sciences, et qui parvinrent à ce résultat, portaient leur auteur à regarder le monde savant comme le centre normal de son action rénovatrice. C'est pourquoi ses efforts se dirigèrent spontanément vers un milieu dont il devait espérer un accueil intelligent et sympathique. Il s'adressa donc, pour faire apprécier et prévaloir plus sûrement ses efforts de réforme philosophique, aux organes sociaux qui lui semblaient devoir les comprendre et les seconder le mieux. C'est dans ce but qu'il demanda, en 1832, à M. Guizot, ministre de l'instruction publique, qui le

---

(1) *Discours sur l'esprit positif,* prononcé à l'ouverture du cours d'astronomie populaire, Paris, 1844, un vol. in-8°, chez V. Dalmont et Dunod, libraires-éditeurs, quai des Augustins, 49.

(2) *Traité philosophique d'astronomie populaire* ou exposition systématique de toutes les notions de philosophie astronomique, soit scientifiques, soit logiques, qui doivent devenir universellement familières; un vol. in-8 de 486 pages, Paris, Dalmont et Dunod, 1844.

connaissait depuis 1824, et qui avait paru apprécier ses premiers travaux, de fonder au collège de France, pour la lui confier, une chaire où serait enseignée l'histoire philosophique des sciences (1). C'est ainsi que, postérieurement, il crut devoir faire appel à l'Académie des sciences de Paris. Mais une triste expérience ne tarda pas à lui faire sentir, dans tous ces cas, combien il s'était trompé.

Convenablement apprécié par la dernière génération de savants qui se rattache, chez nous, au XVIIIe siècle, il se vit repoussé de tous, quand cette grande famille intellectuelle vint à s'éteindre. Après la mort de Fourier (le géomètre), après celle de Navier, Auguste Comte se trouva en butte à l'animosité de corporations aveugles, où la noble protection de son dernier appréciateur mathématique, M. Poinsot, fut aussi impuissante que le zèle énergique de M. de Blainville, un de ses juges les plus éclairés. Du reste, l'isolement que subirent eux-mêmes, au milieu de la foule académique, ces deux hommes éminents, représentants ultimes du mouvement scientifique du siècle, confirme assez l'insuffisance de ce public. Loin de lui conquérir la considération, les encouragements et l'assistance qu'il méritait, l'essor philosophique d'Auguste Comte ne fit donc que provoquer à son égard une répulsion systématique. Et ce déplorable résultat fut surtout amené par la jalousie que suscitait, chez des individualités étroites, son incontestable supériorité, et par les appréhensions que leur inspirait une philosophie qui mettait en évidence les dangers et les vices du régime académique.

C'était une conséquence nécessaire de la systématisation positive d'après la prépondérance de la sociologie, que la juste revendication de la haute influence si longtemps exercée par la mathématique. Les géomètres, habitués depuis un siècle à une domination absolue sur les différents domaines scientifiques, ne virent pas sans émoi leur suprématie définitivement contestée par celle de la science sociale, et ils accueillirent avec une invincible répugnance la discipline mentale qui les obligeait à respecter désormais chacun des termes élémentaires de la grande échelle dont ils ne devaient occuper que le degré le plus infime, c'est-à-dire le plus éloigné des hautes études sociologiques et morales. Une telle subordination, quoique indispensable et légitime, ne pouvait être acceptée que par des hommes sincèrement dévoués au progrès ou d'esprit assez puissant pour s'élever du plus humble échelon de la positivité abstraite à son couronnement socio-

---

(1) Voir aux Pièces justificatives n° 19, les faits relatifs à cette demande et au refus de M. Guizot.

logique : personne ne répondit à l'appel du fondateur du positivisme ! Le monde savant se retrancha derrière la triple barrière de l'intérêt collectif, de la routine académique, de l'orgueil pédantesque : et toutes ses antipathies se concentrèrent au sein de l'Académie des sciences de Paris, pour écraser le rénovateur. C'est ainsi que le continuateur de Descartes, pour avoir fondé la sociologie et créé la philosophie des sciences, vit organiser par les savants une opposition destinée à étouffer sa voix, en détruisant ses moyens d'existence.

Seul excepté, d'après les exigences du parti théologique, de la réparation qui compensa, pour tous ses camarades, le dommage résulté de la proscription générale de 1816, il fut, en outre, formellement exclu de l'enseignement public. Écarté plus tard de la même carrière par l'influence du parti métaphysique et privé de la publicité que méritaient ses travaux, d'après le silence concerté d'une presse essentiellement soumise à l'influence de ce parti (1), Auguste Comte n'obtint jamais de la classe intellectuelle à laquelle il appartenait, celle des savants, ni égards, ni protection, ni justice. Frustré deux fois, à l'École polytechnique, de la chaire mathématique à laquelle ses services, son mérite et ses travaux lui donnaient un incontestable droit, il fut dépouillé, sans plus de raison, de ses fonctions d'examinateur en 1844 et de son modeste emploi de répétiteur en 1851, à l'âge de cinquante-quatre ans, après dix-neuf années d'un irréprochable service !

Pour accomplir de pareils actes, il fallut violer ouvertement les règlements de l'Académie, abandonner les traditions administratives de l'École, préférer des rivaux dérisoires, combiner, enfin, les déplorables ressources de l'intrigue et de la calomnie (2). Tel fut le résultat des tentatives que fit le fondateur de la philosophie positive pour régénérer les savants. Tel fut l'accueil que reçut d'eux, dans sa patrie, celui dont le génie honorait déjà la France aux yeux de l'étranger. Mais tandis qu'il se voyait ainsi sacrifié par des coteries ennemies, il quittait le théâtre de sa chute emportant de la jeunesse qu'il avait scrupuleusement servie, sans jamais la flatter, et des chefs pratiques

---

(1) Voir aux *Pièces justificatives*, n° 19, l'appréciation de cette influence, par Auguste Comte lui-même, dans la note relative à M. Guizot.

(2) Les gestes de cette lutte, on peut dire acharnée, se trouvent relatés dans les diverses préfaces dont M. Comte faisait précéder ses ouvrages, notamment dans celle du VIe volume de *Philosophie positive* et dans ses lettres à M. Valat.

Nous reproduisons en outre, à nos Pièces justificatives, celles qu'il écrivit, en 1840, au président de l'Académie des sciences ; en 1844, au maréchal Soult ; en 1848, au général Lamoricière, comme ministres de la guerre ayant l'Ecole polytechnique dans leurs attributions ; ainsi que l'appel qu'il adressa, en 1848, au public occidental (n°s 20, 21 et 22).

immédiats qui avaient pu le connaître, les témoignages les plus honorables d'estime, de considération et de regret (1).

Mais si la direction générale des travaux d'Auguste Comte inspirait un éloignement unanime à nos diverses classes spéculatives, il était présumable que leur caractère social les ferait apprécier par des hommes qui semblaient chercher en dehors du monde officiel des éléments de progrès et de régénération. Il n'en fut rien : malgré ses antécédents républicains et sa sollicitude constante pour l'élévation des prolétaires, malgré l'indépendance et la dignité de son caractère, en dépit du civisme et de la haute émancipation de tous ses écrits, il ne fut ni mieux accueilli ni mieux jugé par les meneurs de notre démocratie. Bien qu'il fût connu de tous ses chefs, et qu'il eût figuré comme Vice-Président parmi les membres les plus dévoués de l'*Association polytechnique,* dont une des aspirations les plus importantes fut d'organiser un enseignement populaire (2), il ne put jamais influer, individuellement ou collectivement, sur ce qu'on appelait alors l'opposition républicaine. Ce résultat, qu'on ne saurait attribuer à l'indignité du successeur de Condorcet, s'explique par la profonde divergence d'opinions qui le séparait des membres de ce parti. Parmi les hommes qui marchaient alors, dans des intentions diverses, sous le drapeau de la Révolution, bien peu se trouvaient encore animés par le véritable esprit de son glorieux début. Ce grand mouvement social avait rapidement dévié de sa direction normale, et l'instinct républicain, si sûr et si puissant à son origine, s'était de plus en plus affaibli. L'édifice féodal une fois renversé et l'indépendance du foyer régénérateur se trouvant assurée, il fallait, suivant l'admirable pressentiment du grand parti qui a réellement accompli cette phase essentielle de notre histoire, instituer un état de choses

---

(1) Nous devons surtout rappeler ici la lettre du général qui commandait l'Ecole en 1852 (M. Aupick, croyons-nous).

On trouvera également des détails pleins d'intérêt sur ce duel émouvant, dans la correspondance Valat, dernières lettres, surtout les n°s XXXV, XXXVI et XXXVII, complétées par celles que Comte a échangées avec John Stuart Mill de 1841 à 1846 (a).

On pourra lire aussi avec fruit le *Précis* de J. Longchampt, et surtout, dans la *Revue occidentale*, 9e année, n° 2 (relations avec Poinsot); 10e, 11e et 12e années, n° 1, 2, 6 (publication de la *Philosophie positive*, affaire de l'Ecole polytechnique), par M. Pierre Laffitte.

(2) C'est comme membre de cette association qu'Auguste Comte ouvrit, en 1830, le cours public et gratuit d'*Astronomie populaire* qu'il continua jusqu'en 1847, bien que depuis longtemps il se fut séparé de la société polytechnique.

Voir la *Revue occidentale*, 4e année, n° 1, p. 94 et 96 : Lettres d'A. Comte au Président de l'Association polytechnique, salle Saint-Jean, à l'Hôtel de Ville, et une lettre de M. Adolphe Gondinet, camarade de promotion d'Auguste Comte à l'Ecole polytechnique (promotion de 1814-1815), dans une brochure intitulée : L'*Association polytechnique* (33e année), *Distribution des prix*, etc., Paris, 1863.

(a) Un vol. in-8, chez Leroux, Paris, 1877.

régulier, quoique provisoire, dans lequel une dictature progressive pût maintenir l'ordre matériel indispensable à l'existence sociale et assurer l'entière liberté spirituelle nécessaire à la réorganisation. Au contraire, après la chute de Danton, la sanglante et funeste réaction métaphysique de Robespierre vint inaugurer une période véritablement rétrograde, en s'efforçant d'instituer l'ordre nouveau d'après les principes négatifs qui avaient présidé au renversement de l'ordre ancien, et même en considérant le régime exceptionnel de la Terreur comme l'état normal de notre société.

Les dangers et les impossibilités d'une telle politique expliquent assez la nécessité des efforts continus exercés par le parti conservateur pour replacer la France sur ses anciennes bases, au lieu de l'abandonner à l'aveugle initiative de ces dangereux progressistes. De là cette série d'oscillations fatales, tantôt rétrogrades et tantôt anarchiques, qui depuis un siècle bouleversent le foyer de la préparation moderne sans atteindre à son véritable but, la conciliation de l'ordre et du progrès. Mais tandis que, cédant aux circonstances, aux nécessités de leur temps, nos conservateurs ont su modifier leurs principes absolus et les plier aux exigences contemporaines, le parti révolutionnaire, trop peu soucieux des leçons du passé, trop ignorant des progrès récemment accomplis, semble s'attacher irrévocablement aux préceptes d'un négativisme condamné. La philosophie de Rousseau et la politique de Robespierre inspirant toujours les sentiments, les pensées et les actes de la démocratie, elle méconnaît aujourd'hui comme alors les véritables tendances de la Révolution, le caractère organique et positif de la transition qui succède à sa période destructive pour nous mener à la réorganisation poursuivie depuis 89.

Il y a donc chez nous bien peu de républicains, parmi tant de révolutionnaires. Et c'est ainsi qu'Auguste Comte, recueillant presque seul le véritable esprit de la Convention, la grande direction philosophique et sociale du XVIIIe siècle, celle des encyclopédistes, se trouvait isolé dans le camp démocratique, sans action sur les chefs, sans influence sur les masses. Résumant, d'après l'inspiration dantonienne, la politique contemporaine dans l'institution d'une dictature civile et progressive, il devait rester incompris de tous ces rêveurs qui poursuivaient des systèmes absolus et projetaient des constitutions éternelles, le règne indéfini de la tribune et des assemblées parlantes irresponsables, le gouvernement des comités impersonnels, l'application du jacobinisme à l'industrie. Aussi le voyons-nous, après l'ébranlement de 1830, rappeler vainement, au roi et au peuple, le grand principe de la transition moderne (1), et accomplir, sans plus de fruit, en 1835, sur le parti démocratique, sa dernière tentative personnelle. Figurant au procès d'avril comme défenseur d'Armand Marrast, avec M. de Lamennais et tant d'autres, il fit de vains efforts pour combattre, chez ces jeunes hommes, les principes décevants de la métaphysique révolutionnaire, leur déisme rétrograde, leur égalité utopique, le dogme *absolu* de la souveraineté populaire (2). Mais que pouvait, sur des âmes ardentes, imprégnées de négativisme, avides de satisfactions immédiates, de réformes radicales et soudaines, l'austère et inflexible philosophe qui voulait remplacer l'entraînement des passions par une méditation sévère, par une étude consciencieuse, qui prêchait la réforme individuelle, une longue et difficile éducation, qui posait enfin la reconstruction de l'ordre spirituel, celle des principes, comme l'indispensable condition d'une sage et véritable réorganisation sociale ?

Une expérience solennelle est venue, depuis, soumettre la politique révolutionnaire à une épreuve décisive : le gouvernement de la France échut, pour un temps, en 1848, à cette ardente et sincère démocratie : ses principes essentiels furent appliqués. On sait, hélas ! quel terrible démenti l'impitoyable logique des faits et le suffrage universel lui-même vinrent infliger au parlementarisme démocratique, et combien ce régime, contre le gré de ses instituteurs, devint funeste à la cause qu'il prétendait servir...

Pour achever de caractériser la lourde pression qui fut, à cette époque, exercée par un milieu incompatible et dévié sur le fondateur du positivisme, nous devons revenir sur l'intrigue instituée contre lui par la presse occidentale (surtout française), et qu'il a si justement qualifiée de *conspiration du silence*. Par une entente générale vraiment remarquable, les travaux de ce penseur furent si soigneusement dissimulés, que longtemps on ignora, en Europe et même en France, l'existence de cette vaste systématisation et jusqu'au nom de son auteur. Après les appréciations diverses qui accueillirent, en 1826, les premiers essais d'Auguste Comte, essais qui caractérisaient assez la nature et la force de son esprit, la tendance de ses recherches, un silence concerté, que rien ne put troubler, couvrit le

---

(1) Voir aux *Pièces justificatives*, n° 18, l'adresse rédigée par Comte au nom de l'*Association polytechnique*, et remise par lui à M. de Montalivet, dans une circonstance assez critique, le 22 décembre 1830, à quatre heures du soir, le jour de l'*émeute des ministres*.
Voir aussi la *Revue occidentale*, passim.

(2) *Revue occidentale*, 6° année, n°s 2 et 3 (relations avec Armand Marrast et le parti républicain); 7° année, n° 4 (relations avec Fabien Magnin et le groupe communiste).

développement progressif de son œuvre ; et la philosophie positive était depuis longtemps achevée, que rien n'en avait encore transpiré, du moins chez nous. C'est ainsi que cette grande construction demeura si longtemps ignorée, malgré l'hommage que lui avaient rendu à l'étranger (notamment en Angleterre), quelques hommes trop élevés pour se soumettre à de semblables artifices (1).

Ce n'est que vers 1844, après le signal parti de l'Angleterre, et grâce à l'intervention d'un écrivain assez connu, que la France put apprendre, par la voie de la presse périodique, le grand œuvre récemment accompli par un de ses enfants. M. Émile Littré, membre de l'Institut, estimé déjà comme érudit et comme littérateur, honoré même comme homme public, pour son caractère et sa fixité politiques, prit enfin sur lui de rompre le silence qui pesait depuis quinze années sur l'élaboration de la philosophie positive, et publia, dans le journal le National, une série d'articles remarquables, où cette philosophie se trouvait dignement appréciée (2). Dans le même temps, d'autres appréciations surgirent, en Hollande, en Italie, en Amérique, qui toutes saluaient convenablement l'apparition de la nouvelle philosophie (3). Mais ces libres hommages, qui prouvent la puissance de la foi positive, bien que déjouant le silence obstiné de la presse, ne purent modifier ses dispositions. Au lieu du mutisme

---

(1) Voir aux *Pièces justificatives*, n° 19, le passage de la *Philosophie positive* relatif au silence de la presse métaphysique, à l'égard du positivisme, dans la note consacrée à M. Guizot. Quant aux manifestations qui se produisirent en Angleterre et qui précédèrent celle de M. Littré, en France, outre l'appréciation de sir David Brewster, qui parut dans la *Revue d'Edimbourg* en 1838, nous signalerons un compte rendu signé F. C., extrait du *British and foreing Review*, et reproduit par la *Revue britannique*, dans son numéro d'août 1843. Cet article est intitulé : *Les Philosophes français*. L'auteur, après avoir examiné les diverses Ecoles françaises, adhère formellement à la philosophie positive :

« Une philosophie de l'histoire est chose nécessaire, dit-il. Si la base que M. Comte a posée est bonne, son livre (le *Cours de Philosophie positive*) sera l'ouvrage le plus mémorable du xix⁰ siècle ; il aura fondé une science et fourni la loi qui y préside. M. Comte sera en même temps le Bacon et le Newton de la science sociale.....

« Pour nous, dit-il encore, M. Comte est le philosophe qui a montré, depuis Bacon, la compréhension la plus vaste et la plus universelle.....

« Ce que nous disons ici (il s'agit du style) après tant d'éloges, nous est inspiré par notre
« sincère désir de voir se répandre une doctrine qui est la nôtre, et que nous croyons destinée
« à être enfin la seule et vraie philosophie. »

(2) Les appréciations de M. Littré, publiées dans le *National*, de 1844 à 1850, ont été réunies en un volume sous le titre de *Conservation, révolution et positivisme* (chez Ladrange, rue Saint-André-des-Arts, 41. Paris, 1852). Bien que cette exposition du positivisme soit incomplète à beaucoup d'égards, et même inexacte sur quelques points, elle n'en constitue pas moins une publication pleine d'intérêt. — Nous sommes obligé d'ajouter à cette note de la première édition de notre livre, que depuis, M. Littré a renié cet opuscule.

(3) Je dois rappeler à ce sujet, dans la *Revue méthodiste* publiée à New-York, le cahier de janvier 1852, où l'œuvre philosophique d'Auguste Comte fut si dignement appréciée par un adversaire théologique.

oppressif qu'avait observé pendant dix-huit ans le journalisme occidental, et qui continue encore à beaucoup d'égards, on vit se développer chez la plupart de ses organes un système de critique et de diffamation qui s'organisa surtout après la mort d'Auguste Comte, en France et en Angleterre, et sur lequel nous aurons à revenir.

Maudit par les théologiens, renié par les savants, écarté par les métaphysiciens et par les journalistes, incompris des révolutionnaires, profondément inconnu du peuple, Auguste Comte dut se retirer et attendre que l'on vînt à lui. Il vécut donc, pour un temps, dans un isolement absolu, mais qui ne fut pas, on le verra, sans profit pour l'Humanité.

Au moins recevait-il dans son intérieur l'appui moral, le concours affectif dont il avait besoin pour supporter les peines du dehors? et la compagne qu'il s'était si témérairement choisie sut-elle adoucir, par une identification sympathique, la répulsion d'un monde ennemi? Non. Le mariage qu'il avait contracté dans un moment d'entraînement aveugle resta la source de tourments et de regrets bien amers, les pures et douces joies du foyer n'en devinrent point le fruit, et les affections pleines de charme qui font le prix de la vie domestique ne lui furent pas accordées. Jamais il ne fut encouragé, consolé, soutenu par celle qu'il s'était si généreusement associée, et le poison des chagrins intérieurs se mêla constamment, dans le calice journalier de ses douleurs, au fiel des tribulations du dehors. Que d'heures cruelles dans cette triste cellule où fut achevée la *Philosophie positive !* Quel froid glacial à son foyer désert! Qui pourra dire les souffrances, les sombres pensées, les tentations funestes, tous les dangers, enfin, de ce temps d'épreuve?..... et la magnanimité, la moralité profonde, l'incomparable énergie qu'il fallut à cet homme de cœur pour sortir de ce terrible combat?

Mais dans le temps même que se tramait sa perte, et que le monde officiel allait lui être fermé, dans le temps qu'il achevait, au milieu des plus douloureux déchirements intérieurs, son œuvre philosophique, sa plus pénible épreuve arrivait à son dénoûment. Le 5 août 1842, Mme Comte abandonnait volontairement un foyer qu'elle ne devait revoir qu'après la mort du fondateur de la religion démontrée.

Si l'on embrasse d'un regard la période de quinze années environ, qui répond à l'élaboration de la philosophie positive ; si l'on se représente la difficulté propre de cette œuvre immense, l'importance des résultats qu'elle a provoqués ; si l'on se rappelle les obstacles de tous genres, matériels et moraux, privés et publics, qui ne cessèrent d'entraver son auteur ; si l'on tient compte, enfin, de son délaissement absolu, du sacrifice complet et volontaire qu'il fit alors de sa personne à sa mission philosophique, on peut se demander quel fut le plus grand en lui de l'esprit ou du cœur ?... Assurément, si le plus puissant génie pouvait seul accomplir une aussi vaste opération mentale, il fallait une sollicitude sociale et une énergie au moins égales, pour l'inspirer et la soutenir ; et son immortel auteur nous apparaît incomparable, au milieu de la faible génération qui n'a pu le comprendre, et qui n'a pas mieux apprécié ses grandes pensées que le puissant sacrifice dont toute sa vie fut un exemple.

VIII

Une fois délivré de l'oppression intérieure qui si longtemps avait pesé sur lui, Auguste Comte dut jouir avant tout d'un calme nécessaire. « Après dix-sept années d'intimes souffrances », il trouvait un véritable bonheur dans cet affranchissement tardif, quoique la satisfaction négative qui en résultait fût incapable de procurer un aliment réel à ses besoins moraux. Longtemps absorbé par un travail excessif et des tourments quotidiens, il avait vu ses goûts esthétiques se réveiller aussitôt qu'il avait abordé le domaine de la sociologie : il put les cultiver librement alors, excitant par là, sans les satisfaire entièrement, des dispositions sympathiques trop longtemps refoulées. Ainsi ébranlée, son âme généreuse et tendre renaissait à la vie et s'exaltait à la pensée d'une félicité prochaine, si la faveur d'un noble amour lui était accordée.

Bien donc qu'il songeât à la grande composition qu'il avait promise et qui devait reprendre la construction sociale abordée par les premiers essais de sa jeunesse, Auguste Comte se voyait irrésistiblement entraîné vers des relations indispensables à l'unité comme à la plénitude de son existence. Dans une telle attente, d'heureux contacts personnels lui fournirent une occasion decisive, unique peut-être. C'était en 1845 : il rencontra dans une famille bourgeoise où il était reçu, une jeune dame dont la distinction fixa pour jamais son cœur. Outre les qualités essentielles qui recommandent la femme, tendresse et pureté, outre les charmes de l'esprit et les grâces du corps, Mme Clotilde Devaux offrait une singulière et touchante conformité de situation avec l'auteur de la *Philosophie positive*. Pour elle aussi la vie avait déployé toutes ses rigueurs, et le mariage avait été une épreuve terrible ! Un événement sinistre, affreux, l'avait séparée de celui dont elle portait le nom, sans qu'elle dût jamais le revoir. Victime innocente et soumise d'une infortune imméritée, elle supportait dignement le poids d'une profonde imperfection légale qui l'attachait, hélas ! au réprouvé que la société avait dû rejeter de son sein. Libre moralement, elle ne pouvait civilement s'appartenir.

Moins irréprochable et moins accablé dans son malheur, qui résultait d'une généreuse, mais coupable témérité, Auguste Comte ne se trouvait ni moins libre ni moins retenu envers l'épouse qui s'était séparée de lui, et qu'il ne devait plus revoir. Une telle fatalité, cette fraternité dans le malheur, un égal isolement et un égal besoin d'affection, tendaient déjà à rapprocher ces deux nobles victimes ; mais l'estime et la sympathie que le temps fit surgir entre elles vinrent bientôt les unir par les liens les plus dignes que comportât leur situation.

Dans l'état d'exaltation morale et de tension affective où se trouvait Auguste Comte, le contact de Mme Devaux fut une révélation : il sentit aussitôt qu'en elle était le bonheur auquel il aspirait. Cependant il contraignit longtemps l'explosion de son cœur, et ne découvrit qu'en tremblant son amour. Ses premiers aveux sont pleins de délicatesse et de déférence, et ne furent accueillis que par une réserve imposante, qui commandait plutôt le respect et la crainte qu'une libre tendresse. La lettre qu'écrivit le philosophe le 2 juin 1845, à l'occasion de la Sainte-Clotilde, indique assez comment il devait et savait aimer (1).

En août de la même année, M. Comte fut, avec son amie, parrain d'un enfant nouvellement né dans la famille de cette dame ; et ce lien spirituel vint encore resserrer leur union. Il put, dès lors, la fréquenter plus souvent, plus intimement ; et le charme naturel des relations sympathiques, l'attrait réciproque qui rapproche les âmes élevées, le besoin de deux cœurs jusqu'alors privés des jouissances les plus pures et les plus légitimes, engagèrent ces nobles amants dans les voies d'une indissoluble affection. L'inaltérable pureté de la dame, l'énergique loyauté, le respect chevaleresque du philosophe, assurèrent à leur commune tendresse un commerce vraiment élevé, qu'aucune faiblesse ne put ternir. C'est ainsi que le fondateur de la foi positive reçut de sa chaste et généreuse amie les dons du cœur, les bienfaits de la grâce, l'investiture et la consécration morales.

Rien, dans notre temps, ne saurait approcher de ces nobles amours ; et la grossièreté contemporaine, qui ne peut distinguer de la pure tendresse un instinct perturbateur et grossier, a dû les blas-

---

(1) Voir le premier volume de *Politique positive*, dédicace, page XXXIV.

phémer sans les entendre. C'est donc aux plus dignes interprètes du moyen-âge, aux sublimes amants de Béatrice et de Laure, que l'on doit remonter aujourd'hui pour comprendre une telle passion.

Et pourtant il y a là un enseignement précieux, la révélation d'un touchant mystère, la condition du bonheur à venir : je parle de la régénération intime de l'homme, de sa transformation morale par la puissance de l'ascendant féminin. Heureux ceux qui peuvent dire avec le poète :

> Quella che imparadisa la mia mente,
> Ogni basso pensier dal cor m'avulse.

A ce point de vue, quelle n'est pas la grandeur de la nouvelle Béatrice ? Elle paraît, et le cœur du philosophe est ému, touché : la charité l'enflamme, ses meilleurs sentiments s'exaltent, son attachement, sa vénération, sa bonté s'accroissent, son génie prend un nouvel éclat, son énergie se retrempe à ce foyer vivifiant ! On devait le croire épuisé par tant d'efforts, consumé par une existence de lutte et de travail, et le voilà qui renait à une autre vie, plein d'enthousiasme, de force et de majesté, prêt à reprendre sa course jusqu'à ce qu'il ait accompli la fondation de la religion universelle.....

Auguste Comte a laissé de son amour un monument inappréciable : c'est la correspondance qu'il eut avec sa bien-aimée. Et l'on trouve dans ses admirables lettres de si intimes preuves de sa grandeur morale, de la délicatesse et de l'excellence de son cœur, que nous n'avons pu résister au désir d'en présenter ici quelques fragments :

XXXIIe Lettre (1)

5 août 1845.

« Avant de reprendre enfin la grande composition que je fus forcé, il y a trois mois, d'interrompre dès son début, j'éprouve, ma chère amie, le besoin d'avoir avec vous une explication définitive sur le vrai caractère général de cette mémorable crise, destinée à exercer une influence si fondamentale sur tout le reste de ma vie, tant publique que privée.

« Déjà, l'intime affection que j'ai eu le bonheur de concevoir pour

---

(1) V. *Testament d'Auguste Comte*, avec les documents qui s'y rapportent, publié par ses exécuteurs testamentaires; 1 vol. gr. in-8, Paris, 1884, 10, rue Monsieur-le-Prince.

vous, peut être regardée comme ayant assez subi l'épreuve du temps, puisqu'elle s'enracina toujours plus profondément à mesure qu'elle s'épura davantage. Le moment est donc venu de vous faire directement apprécier l'éternelle gratitude que je vous dois à ce titre, et dont vous ne pourriez autrement vous former une juste idée. Sans avoir d'abord satisfait à cette douce obligation générale, je ne saurais dignement commencer une élaboration où le cœur n'aura pas moins de part que l'esprit. En même temps, un tel préambule doit tendre à mieux développer, en la caractérisant davantage, la salutaire influence permanente que vous êtes ainsi appelée à exercer, fût-ce à vote insu, sur ce long travail.

« Jusqu'ici c'était surtout de ma vie publique qu'avaient dû émaner les consolations propres à ma vie privée. Voici maintenant arrivée enfin, grâce à vous, l'heureuse réaction par laquelle, au contraire, mes affections personnelles vont directement perfectionner mon activité sociale. Telle est, ma Clotilde, l'importante explication que je dois aujourd'hui vous exposer convenablement une fois pour toutes, en réclamant d'avance, d'une manière spéciale, votre cordiale attention dans une appréciation aussi dificile, qui, tout en m'efforçant de l'éclaircir autant que possible, ne pourra devenir assez nette qu'après une lecture réitérée.

« Dès l'origine de notre liaison, vous savez que je vous signalai expressément cette grande connexité, dont j'éprouvais déjà le sentiment intime quoique encore confus. Mais les circonstances mêmes au milieu desquelles s'accomplissait cette indication initiale devaient vous disposer à n'y voir alors qu'une sorte d'exagération passionnée. Tout au plus, aviez-vous pu y constater une nouvelle confirmation de la célèbre maxime générale de Vauvenargues, sur la relation nécessaire de l'essor mental à l'élan moral. Cependant, en consacrant à ma *sainte Clotilde* une délicieuse matinée, dont les suites m'ont été si précieuses à divers titres, et d'où datera toujours le cours régulier de notre sainte amitié, je vous donnai bientôt une manifestation effective du profond caractère qu'avait spécialement pris en moi cette affinité fondamentale. Néanmoins, un tel exemple ne pouvait que préparer, sans y suppléer, l'explication réfléchie que je tente maintenant, et d'après laquelle, écartant des généralités incontestables, mais trop vagues, pour considérer surtout la nature propre de mes travaux, et même la phase actuelle de leur développement total, j'espère vous faire bien comprendre, comme j'en suis profondément convaincu, que l'éternelle affection qui semble seulement destinée à charmer désormais ma vie privée, doit aussi améliorer notablement ma vie publique. En un mot, l'harmonie fondamentale de ces deux ordres d'existence, qui jamais n'avait pu jusqu'ici s'accomplir chez moi, vient de se constituer enfin sur des bases durables, pendant cet heureux trimestre exceptionnel où votre scrupuleuse amitié a pu craindre, au contraire, d'avoir involontairement troublé le cours général de mes travaux : voilà ce dont il m'importe aujourd'hui de vous convaincre, par suite d'une suffisante appréciation sommaire de ma double vie antérieure.

« Naturellement voué, presque au sortir de l'enfance, à poursuivre de toutes mes forces l'immense régénération sociale profondément annoncée par mes précurseurs révolutionnaires, j'eus l'avantage de sentir suffisamment, de très bonne heure, que cette noble destination de ma vie entière exigeait avant tout une forte préparation scientifique. Après avoir complètement satisfait à cette difficile condition fondamentale par une longue continuité d'efforts à la fois spontanés et systématiques, je dirigeai aussitôt mes premiers travaux personnels vers la réorganisation spirituelle des sociétés modernes, seule base solide d'une vraie rénovation ultérieure de leur système politique proprement dit. Mais le cours même de cette opération initiale me conduisit bientôt à reconnaître, il y a vingt ans, qu'une telle entreprise sociale resterait nécessairement prématurée tant qu'elle ne reposerait pas d'abord sur une pleine systématisation abstraite de toutes nos conceptions réelles, d'après laquelle la raison commune serait préalablement soumise à la graduelle initiation mentale que j'avais individuellement subie, et dont j'avais cru jusqu'alors pouvoir ainsi dispenser essentiellement le public. Suivant une telle conviction, je dus donc suspendre, presqu'à son début, ma grande élaboration politique, pour consacrer la première moitié de ma vie publique à la fondation d'une véritable philosophie, base indispensable de tous les travaux ultérieurs de rénovation sociale. Ma crise personnelle de 1826, que le fatal concours des peines morales avec les efforts intellectuels rendit épisodiquement si horrible, fut déterminée par l'établissement de cette intime solidarité, et me conduisit à la conception générale de cette philosophie nouvelle, directement destinée à imprimer enfin au XIXe siècle un caractère spéculatif convenablement distinct de celui du siècle dernier. Outre les immenses difficultés mentales propres à une telle construction, les soins de ma santé et les divers embarras, intérieurs ou extérieurs, de ma situation individuelle, prolongèrent beaucoup la suffisante exécution, d'abord orale, puis écrite, de cette grande entreprise préalable, qui, comme vous le savez peut-être, n'est réellement achevée que depuis trois ans. Sa terminaison me ramenait dès lors, suivant le plan naturel de l'ensemble de ma vie publique, à reprendre désormais, sur cette large et solide base, mon élaboration primitive de la réorganisation sociale, que j'annonçai aussitôt, en effet, devoir constituer directement la destination nécessaire de la seconde partie de ma carrière, après un suffisant intervalle, aujourd'hui accompli, de repos et de préparation. Tel devait donc être le cours général de mon évolution philosophique, inévitablement partagée en deux grandes époques : l'une par dessus tout mentale, où le point de vue social ne domine que comme principale source de la systématisation abstraite, l'autre éminemment sociale, où il s'agit enfin de reconstituer, d'après une saine doctrine préalable, la vie morale de l'Humanité.

« La réorganisation spirituelle des sociétés modernes, où ma jeunesse avait vu une opération unique, se décompose nécessairement en deux entreprises successives, d'après les deux faces simultanées mais distinctes de notre existence morale, suivant que l'on considère la systématisation des idées ou celle des sentiments, double préparation indispensable à la systématisation finale des actions humaines. Si j'eusse persisté à systématiser les sentiments avant les idées, mon essor philosophique, contraire à la coordination naturelle, aurait pris inévitablement un caractère vague et même mystique, finalement dangereux, comme tendant à prolonger radicalement l'anarchie actuelle au lieu de la résoudre. Mais, aujourd'hui que la base intellectuelle est dignement posée, je dois directement tourner mes principales forces vers la partie morale de ma grande entreprise. C'est ainsi, chère amie, que je suis enfin parvenu, pendant ces trois mois qui peut-être vous semblaient perdus pour mes travaux, à concevoir nettement le caractère qui doit profondément distinguer la seconde moitié de ma vie philosophique. Dans mon ouvrage fondamental, l'esprit de recherche, et même de discussion, devait prévaloir, afin de m'élever graduellement, suivant l'ordre naturel de nos diverses conceptions, au vrai point de vue définitif de la sagesse humaine. Maintenant que j'y suis solidement établi, il ne s'agira plus que de procéder désormais, d'après des principes déjà admis, à une dogmatisation sociale directement destinée surtout à systématiser nos sentiments essentiels. En un mot, je puis maintenant regarder la supériorité intellectuelle du positivisme comme assez constatée, du moins chez tous les esprits d'avant-garde; il me reste donc, dans mon second grand ouvrage, à en constituer aussi la supériorité morale, seule sérieusement contestable aujourd'hui.

« Telle est, ma chère Clotilde, l'unique portion qui puisse jamais être convenablement divulguée de l'importante explication que je vous expose maintenant. Déjà mes plus intimes amis ont reçu l'équivalent d'une semblable appréciation, que je communiquerai bientôt à d'autres, et un jour peut-être au public lui-même. Mais l'ensemble de l'explication restera nécessairement réservé toujours pour vous seule, vu l'intime éclaircissement personnel qui en constitue l'indispensable complément. Car cette sommaire détermination du vrai caractère propre à chacune des deux grandes parties de ma vie publique indique spontanément une disposition corrélative de ma vie privée, qui pourtant ne comporte, au moins de ma part, qu'un simple examen secret.

« Au début de ma carrière philosophique, où je poursuivis prématurément une immédiate réorganisation morale, j'ai vivement senti combien l'essor des affections tendres importait, non seulement à mon bonheur personnel, mais aussi à la plénitude de mon action sociale, et cette intime persuasion ne contribua pas peu à mon fatal mariage. L'imparfaite satisfaction d'un tel besoin détermina surtout le douloureux caractère de l'orage de 1826, qui, si j'eusse été assez heureux pour trouver alors une Clotilde, ne serait pas devenu, malgré sa gravité propre, plus dangereux que la crise, fort analogue au fond, d'où je sors amélioré à tous égards. Toutefois, la nature, plus intellectuelle que sociale, de mes principaux efforts philosophiques pendant les douze ans environ qui suivirent cet ébranlement décisif, ne dut pas me donner lieu, sauf les pertes de temps et de forces, de déplorer beaucoup, quant à ma vie publique, les tristes lacunes affectives inhérentes à ma malheureuse situation domestique. Mais, depuis trois ans, mon élaboration doit, au contraire, devenir, pour tout le reste de ma vie, encore plus morale que mentale; en sorte que les besoins du cœur, toujours restés si énergiques chez moi, faute d'avoir jamais été convenablement satisfaits, ont dû bientôt acquérir une irrésistible prépondérance. En même temps, par une précieuse coïncidence, une indispensable séparation, d'autant plus irrévocable de ma part, que je ne l'ai nullement provoquée, m'a pleinement affranchi d'une intolérable oppression intérieure, heureusement convertie enfin en une simple charge pécuniaire, dont mon caractère m'empêche de sentir le juste poids réel. A la vérité, les deux premières années de cette nouvelle situation, pendant l'intervalle naturel entre ma grande élaboration primitive et le début de la suivante, se sont surtout passées à savourer la sorte de félicité négative résultée pour moi de ce calme inespéré, succédant à une si longue agitation journalière. C'est seulement depuis un an, environ, que l'approche de mon second grand ouvrage essentiel et le pressentiment graduel de son vrai caractère général, ont dû m'indiquer spécialement l'importance d'un essor personnel des affections douces, suivant les nouvelles exigences d'une élaboration philosophique où le cœur doit désormais avoir encore plus de part que l'esprit : cette stimulation publique a été d'ailleurs en pleine harmonie spontanée avec l'impulsion privée qui, après avoir assez goûté le simple repos, devait naturellement me faire désirer le bonheur et redouter l'isolement. Telle est, ma très chère Clotilde, la double disposition intime qui, à votre insu, m'a rendu si pleinement opportun le naïf développement de notre précieuse amitié, à quelques restrictions que puisse l'assujettir l'état préalable de votre propre cœur. Vous devez ainsi concevoir maintenant que je ne cède à aucun entraînement passionné en persistant aujourd'hui, autant qu'il y a trois mois, à considérer ce doux sentiment habituel comme devenu désormais aussi indispensable au perfectionnement de ma vie publique qu'au bonheur de ma vie privée.

« Pour mieux concevoir la vraie relation générale des deux crises qui circonscrivent la seule partie de mon passé, public ou privé, qui puisse vous intéresser directement, il n'est pas inutile d'y joindre l'indication d'une sorte de crise intermédiaire, à caractère moins prononcé, mais de pareille nature, déterminée, en 1838, par le passage du préambule purement scientifique de ma grande construction philosophique à l'élément sociologique qui devait la constituer définitivement. Quoique dans cette seconde et principale moitié de ce long travail, le point de vue social dût rester surtout spéculatif, et par suite ne pût tendre aussi puissamment qu'aujourd'hui à développer en moi les besoins affectifs, cependant cette époque forme réellement une phase remarquable dans une telle histoire intime de ma double existence. Son principal résultat caractéristique a consisté en une vive excitation permanente de mon goût naturel des divers beaux-arts, surtout de la poésie et de la musique, qui reçut alors un notable accroissement habituel. Vous en sentez aussitôt l'affinité spontanée avec ma tendance ultérieure vers une vie principalement affective; et d'ailleurs il influa très heureusement sur l'amélioration immédiate de mon ouvrage, en tout ce qui concerne l'évolution esthétique de l'Humanité. Dans l'ordre privé, cette époque présente aussi quelque intérêt comme également intermédiaire entre les deux crises essentielles; car, c'est alors que je cessai, pour la première fois, de solliciter, tout en la permettant encore, une nouvelle cessation d'une séparation provisoire, et que je signifiai ma ferme résolution de rendre désormais irrévocable toute pareille situation renaissante.

« Enfin, il n'est peut-être pas superflu de compléter l'appréciation de ces trois crises personnelles, à la fois mentales et morales, en y indiquant accessoirement un sigulier caractère matériel, qui, quoique secondaire, m'a beaucoup servi à perpétuer d'une manière plus tranchée leur souvenir respectif. Un de mes petits secrets philosophiques, dont je veux bien vous faire part, consiste dans ce précepte général, plus précieux qu'il ne semble d'abord : pour consolider et faciliter tout perfectionnement intellectuel ou affectif, il importe beaucoup de le lier à quelque perfectionnement physique, relatif surtout à une amélioration habituelle du régime matériel. C'est de ce principe que dérive au fond tout ce qu'il y a d'essentiel dans la théorie positive des sacrements, dont l'empirisme sacerdotal sentit confusément la portée, comme signes physiques de nos divers progrès spirituels.

A ce titre, je puis vous dire que les trois crises essentielles de ma double évolution personnelle, pendant les années 1826, 1838 et 1845, se trouvent pour moi familièrement consacrées par un durable symptôme matériel, en ce que j'y ai été respectivement conduit à l'abstinence définitive, d'abord du café, puis du tabac, et aujourd'hui du vin.

« Telles sont, ma chère amie, les diverses indications secrètes qui complètent la partie ostensible de ma difficile explication sur la nouvelle physionomie, à la fois publique et privée, propre à la seconde moitié de ma carrière. Les vrais connaisseurs de la nature humaine soupçonneront bien que l'une des deux portions de cette analyse suppose nécessairement l'autre, mais sans qu'ils puissent réellement la deviner. Ils savent, en effet, qu'on ne peut agir profondément sur les sentiments des autres qu'en y participant soi-même, et que, par conséquent, une élaboration philosophique désormais relative directement à la vie affective exige, dans celui qui l'accomplit, le vif essor simultané d'une telle existence. Après avoir jadis conçu toutes les idées humaines, il faut maintenant que j'éprouve aussi tous les sentiments, même en ce qu'ils ont de douloureux : c'est une irrésistible condition préalable, naturellement prescrite à tous les régénérateurs de l'Humanité. Une expansion habituelle de nos principales émotions, surtout de la plus décisive et de la plus douce à la fois, devient donc autant indispensable aujourd'hui à mon second grand ouvrage que mon ancienne préparation mentale dut d'abord l'être au premier. J'espère que, d'après ces aperçus, vous ne pouvez plus conserver aucun doute essentiel sur l'heureuse efficacité philosophique que j'attends de notre éternelle amitié.

« Mon organisation a reçu d'une très tendre mère certaines cordes intimes, éminemment féminines, qui n'ont pu encore assez vibrer, faute d'avoir été convenablement ébranlées. L'époque est enfin venue d'en développer l'activité, qui, peu sensible directement dans le premier volume, essentiellement logique, de mon prochain ouvrage, caractérisera fortement le tome suivant, et encore plus le quatrième ou dernier. C'est de votre salutaire influence que j'attends, ma Clotilde, cette inestimable amélioration, qui doit dignement écarter les reproches de certains critiques sur le prétendu défaut d'onction propre à mon talent, où quelques âmes privilégiées ont seules reconnu déjà une profonde sentimentalité implicite, en m'avouant avoir pleuré à certains passages philosophiques, ceux-là même que j'avais, en effet, écrit tout en larmes. A vous seule j'oserai librement soumettre d'avance tout ce que j'ai rêvé pour développer en tous sens la grandeur morale de l'homme, maintenant que vous commencez enfin à sentir combien serait étrange une amitié qui ne comporterait jamais d'entretiens sans témoins. Vous seule pourrez entièrement dissiper une mauvaise honte philosophique de paraître trop sensible, parce que la pureté et la sincérité de mes émotions ne vous seront jamais suspectes, quelque exaltées qu'elles puissent d'abord vous sembler. Il s'agit surtout, au fond, d'incorporer intimement au positivisme, avec des améliorations radicales, tout ce que le système catholique du moyen âge a pu réaliser, ou même ébaucher, de grand ou de tendre : l'éminente supériorité de votre nature morale me garantit que ce qui reste en vous d'esprit voltairien ne saurait vous empêcher de sympathiser dignement avec de telles tentatives, quand elles vous seront familièrement indiquées dans nos doux épanchements.

« Un célèbre écrivain (M. de Lamennais), qui connaissait déjà ma triste situation domestique, disait de moi, il y a vingt ans : *c'est une belle âme qui ne sait où se prendre*. J'espère lui avoir jusqu'ici prouvé que je le sais, s'il a réellement suivi de bonne foi mon développement total. Mais je compte, grâce à vous, l'empêcher désormais de conserver à cet égard le moindre doute sincère. Ne craignez pas, d'ailleurs, ma noble amie, que votre insuffisante instruction préalable vous prive d'exercer assez envers moi cette inappréciable assistance, que je chercherais vainement hors de votre éminente affection. Une douloureuse initiation personnelle a spontanément développé, dans votre rare intelligence, la plus fondamentale de toutes les études, celle de la nature humaine, qui, même à l'état empirique, importe bien davantage à la réalisation d'une telle influence philosophique qu'une vaine préparation scientifique, d'où, en ce qu'elle offre de plus efficace, c'est-à-dire l'éducation mathématique, découle trop souvent aujourd'hui l'altération radicale du vrai régime logique par l'habitude d'un ergotage sophistique résulté d'une irrationnelle tendance à déduire quand il faudrait observer.

« Cette explication fondamentale, où l'esprit et le cœur ont également participé, est elle-même très propre à caractériser, par le fait, l'heureuse connexité naturelle que j'ai voulu vous y rendre directement familière pour servir de base à la précieuse réaction philosophique que j'attends habituellement de notre amitié. La prochaine exécution d'un ouvrage que j'entreprends, j'ose le dire, dans la plus sainte disposition à saisir partout et à perpétuer dignement les divers mérites de l'ordre antérieur, en rendant toujours une affectueuse justice à tous nos prédécesseurs quelconques, ne pouvait être mieux préparée que par cette secrète dédicace où, en vous témoignant une digne reconnaissance de l'utile amélioration que je vous dois déjà, je place désormais mon essor direct de l'amour universel sous la douce stimulation continue de notre pur attachement privé.

« Votre ami dévoué,

« A^{te} COMTE. »

« *P.-S.* — Ma gratitude me semblerait incomplètement exprimée, si, à cette précieuse influence permanente, je ne joignais ici l'indication d'une autre réaction favorable, qui, quoique passagère, doit vous être brièvement signalée. C'est l'aptitude spontanée de votre affectueux dévouement à écarter les graves inquiétudes que ma situation matérielle aurait récemment inspirées à tout autre, et peut-être aussi un peu à moi-même, malgré mes habitudes invétérées d'heureuse insouciance philosophique. Des embarras temporaires, inhérents à la petite persécution financière dont nos coteries scientifiques m'ont honoré, n'offrent plus maintenant aucun danger sérieux, quoiqu'ils ne soient pas encore totalement dissipés (1); mais ils ont acquis, pendant les derniers mois, un aspect assez menaçant pour m'affecter si je n'eusse pas été délicieusement préoccupé de vous. Or, je puis me rendre, à cet égard, la pleine justice que, grâce à cette éminente diversion, ma crise nerveuse, d'ailleurs très grave au fond, n'a pas été un seul instant troublée par aucune fâcheuse réflexion sur des difficultés qui devaient pourtant me sembler alors inévitables et prochaines. Recevez-en aujourd'hui, ma Clotilde, mon remerciement spécial. »

.... LETTRE (2)

« Je vous ai promis, ma noble amie, de vous indiquer sommairement l'ensemble des saines notions philosophiques sur l'importance fondamentale du mariage et de la famille. Une juste impatience me

---

(1) On sait qu'au lieu de se ralentir, comme l'espérait alors Auguste Comte, avec sa longanimité habituelle, cette persécution ne fit que s'aggraver et finit par le priver totalement de ses moyens d'existence (Note du biographe).

(2) Cette épitre, ou plutôt cette composition philosophique sur le mariage, se rapporte à la 140e lettre de la correspondance d'Auguste Comte avec Mme Devaux (*a*). Elle fut écrite le dimanche 11 janvier 1846, à la demande de cette dame et pour elle, en vue d'un roman qu'elle avait en préparation et que la maladie l'empêcha de publier.

(*a*) *Testament* p. 482.

pousse à accomplir cette heureuse tâche plus promptement que je ne l'espérais, afin de hâter l'instant où mes conceptions trop systématiques acquerront, sous votre aimable plume, la grâce et l'onction qui peuvent seules les faire doucement pénétrer chez toutes les intelligences, en les rendant chères à tous les cœurs.

« La nouvelle philosophie sociale se distinguant surtout par son caractère toujours historique et son esprit sagement relatif, je crois devoir vous signaler d'abord la vraie filiation générale des opinions actuelles sur ce grand sujet. Cette seule appréciation préalable suffit pour y écarter spontanément de longues discussions et de stériles déclamations. Elle ne saurait être convenablement indiquée sans la rattacher rapidement à la vraie théorie fondamentale de l'ensemble de l'évolution humaine, à la fois intellectuelle et sociale.

« Il n'existe, en tout genre, que trois manières de philosopher : 1º la méthode théologique, franchement fondée sur des fictions qui ne comportent aucune preuve; 2º la méthode métaphysique, procédant toujours d'après des abstractions personnifiées; 3º la méthode positive, qui part directement d'une exacte appréciation de la réalité. Chez l'individu et dans l'espèce, le premier mode convient seul à l'enfance de la raison humaine, et le dernier à sa pleine virilité; le second, incapable de rien organiser, n'est destiné qu'à préparer l'émancipation mentale en permettant la transition de l'un à l'autre état. La vulgaire division générale des temps historiques constitue spontanément une sorte d'aperçu empirique de cette marche nécessaire; car l'esprit de l'antiquité fut éminemment théologique, et celui du moyen âge essentiellement métaphysique, tandis que l'esprit moderne est principalement positif, comme l'indique de plus en plus, depuis cinq siècles, son essor préliminaire.

« Toutes les spéculations humaines, sans excepter les plus simples, ont d'abord surgi sous l'inspiration théologique, pour aboutir finalement à la démonstration positive, en passant par l'argumentation métaphysique. Mais cette marche commune a dû être plus ou moins rapide, suivant la complication croissante des divers sujets de contemplation. Les doctrines sociales devaient donc subir, après toutes les autres, cette transformation fondamentale, dont l'extension à ce principal domaine constitue la seule issue intellectuelle de l'immense révolution qui s'opère maintenant, d'après l'initiative française, dans tout l'occident européen.

« Pendant le siècle dernier, l'esprit métaphysique a irrévocablement complété l'émancipation préliminaire de la raison humaine, en ôtant à l'esprit théologique l'empire qu'il conservait encore sur les principales notions morales et politiques. Ce salutaire ébranlement préalable était aussi indispensable pour l'ordre que pour le progrès, parce que l'influence religieuse, si longtemps nécessaire à tous deux, avait dû, depuis la fin du moyen âge, devenir à la fois oppressive,et impuissante. Mais cet immense service temporaire, maintenant assez accompli, ne doit pas empêcher aujourd'hui de reconnaitre la nature purement négative de la philosophie métaphysique, qui dut triompher au. XVIIIe siècle, et dont l'influence, quoique radicalement énervée, dirige encore la plupart des esprits actifs. Après avoir abouti partout au doute spéculatif, son génie exclusivement critique devait toujours pousser à l'anarchie sociale, en discréditant les anciennes maximes, sans pouvoir en établir de nouvelles. Succédant à ce déblai nécessaire, la systématisation positive reconstruira bientôt l'ensemble des saines notions sociales, sur des bases vraiment inébranlables, que ne comporta jamais le régime théologique. Mais pendant ce fatal interrègne, notre faible raison se trouve inévitablement livrée aux plus dangereuses fluctuations, d'abord théoriques, puis pratiques, envers toutes les règles fondamentales de la sociabilité.

« Un sophisme caractéristique, qui contenait en germe toutes les aberrations ultérieures, a conduit la métaphysique révolutionnaire, chez son plus éloquent organe (1), à condamner radicalement toute société, en faisant prévaloir la chimérique conception d'un préalable état de nature, qu'un prétendu contrat originaire avait fait de plus en plus dégénérer en existence sociale. Cette dangereuse hypothèse fournissait alors le seul moyen d'imprimer assez d'énergie, soit active, soit même spéculative, pour dégager l'avant-garde de l'Humanité des liens oppressifs d'une organisation caduque, afin de l'entraîner vers une régénération totale. Néanmoins, de telles conceptions constataient spontanément l'impuissance radicale de l'esprit métaphysique à s'emparer convenablement du domaine social, toujours antipathique à son caractère essentiellement individuel. Sa tendance critique eut trop longtemps, et conserve encore, une véritable utilité politique, en s'appliquant au régime ancien. Mais depuis que cette application est assez complète pour avoir manifesté le besoin d'un système nouveau, cet esprit négatif, désormais privé de sa principale destination, est entraîné, par sa nature absolue, à une activité morale de plus en plus désastreuse, aveuglément tournée contre les bases élémentaires de la sociabilité humaine, de manière à constituer un obstacle direct à la régénération finale, en s'opposant à tout véritable régime quelconque. L'inévitable débordement des utopies anarchiques, bornées d'abord à l'ordre politique proprement dit, s'étend maintenant jus-

---

(1) Jean-Jacques Rousseau. — R.

qu'au triple fondement universel de l'existence sociale, la propriété, la famille et le mariage.

« On cherche vainement à contenir ces ravages métaphysiques en s'efforçant de ranimer l'esprit religieux (1), dont la tendance, finalement rétrograde, a seule accrédité un tel abus du raisonnement. Ces efforts empiriques n'aboutissent réellement qu'à perpétuer et à aggraver le mal, en inspirant à la raison moderne des inquiétudes propres à maintenir l'office transitoire de l'esprit critique, qui, sans cela, resterait livré à son inopportunité actuelle, faute de toute importante application. L'inaptitude évidente des croyances théologiques à conserver leur antique empire intellectuel démontre assez leur impuissance radicale à protéger réellement les notions sociales laissées sous leur dangereux patronage. Il est certain, au contraire, qu'une telle solidarité compromet aujourd'hui de plus en plus toutes les saines maximes morales comme tous les vrais principes politiques, en faisant rejaillir sur elles le discrédit croissant d'un ordre d'idées devenu depuis longtemps incompatible avec notre essor mental. Toutes les notions élémentaires sur le mariage et la famille sont tellement conformes aux tendances spontanées des populations modernes qu'elles n'ont, à vrai dire, pour les intelligences actuelles, d'autre tort essentiel que la forme religieuse encore inhérente à leur conception dogmatique. C'est donc exclusivement à l'esprit positif qu'est aujourd'hui réservée la sage consolidation de ces maximes fondamentales, qu'il peut seul dégager des sophismes métaphysiques. L'abus du raisonnement ne saurait être contenu par une philosophie hostile à l'essor final de la raison humaine, mais uniquement par celle qui le développe en le régularisant, et qui, à ce titre, peut seule surmonter désormais d'inévitables discussions.

« Quoique l'esprit positif ait dû surgir d'abord envers les plus simples sujets, il a ensuite étendu graduellement son domaine à des études de plus en plus compliquées. La systématisation directe des notions sociales constitue certainement sa principale destination, qu'il peut aujourd'hui aborder immédiatement, en résultat final de ce long préambule. Son incontestable supériorité intellectuelle devient le gage assuré de sa pleine efficacité morale. C'est à lui seul qu'il appartient de dissiper le fatal conflit qui existe, chez les modernes, entre les besoins du cœur et ceux de l'intelligence. En vertu de sa réalité caractéristique, il doit être éminemment social, puisque tout notre essor spéculatif s'accomplit par la société et pour elle : tandis que l'esprit théologique, naturellement personnel, n'avait pu devenir

---

(1) *Religieux* pour *théologique*. — R.

social qu'indirectement, en fournissant à la sagesse sacerdotale un précieux moyen initial de consacrer les résultats empiriques de l'expérience universelle.

« La saine philosophie conçoit, à tous égards, l'active intervention humaine comme subordonnée à un ordre invariable, spontanément résulté, en chaque cas, de l'ensemble des lois correspondantes. Cet ordre naturel n'est jamais modifiable qu'entre certaines limites déterminées, d'autant plus distantes qu'il s'agit d'événements plus complexes. Quoique les effets sociaux comportent, à ce titre, plus de modifications que tous les autres, ils n'en sont pas moins autant assujettis à d'inaltérables lois, dont la découverte y offre seulement plus de difficultés. Il faut toujours s'attacher d'abord à connaître suffisamment cette économie spontanée, que notre sagesse systématique doit tendre ensuite à consolider et améliorer le plus possible. Un tel fondement extérieur peut seul prévenir les divagations et contenir les divergences auxquelles notre faible raison est sans cesse exposée ; en même temps, un tel but garantit constamment notre vraie dignité, en assignant à notre judicieuse activité une noble et vaste destination, à la fois individuelle et collective, pour le perfectionnement universel. On comprend ainsi en quoi les institutions humaines sont également naturelles et artificielles.

« En ce qui concerne la famille, et surtout son principal fondement, le mariage, la part de la nature et celle de notre sagesse deviennent aisément appréciables, quand on se place au point de vue convenable. On ne peut douter que l'homme ne soit, comme beaucoup d'autres animaux, et même à un plus haut degré, entraîné spontanément vers l'état de mariage, dont il nous offre toujours et partout la réalisation essentielle, caractérisée surtout par la fixité d'union. La consécration systématique de la société n'intervient ensuite que pour mieux assurer la plénitude et la stabilité de ce lien élémentaire, en dissipant l'irrésolution et en prévenant l'inconstance.

« Cette double nécessité s'explique aisément par une saine appréciation de la nature humaine, envisagée surtout quant à la diversité des sexes. Notre humanité est principalement supérieure à toute animalité en vertu de sa combinaison caractéristique entre la raison et la sociabilité. Or, de ces deux attributs élémentaires, le premier est plus prononcé chez l'homme, et le second chez la femme. De là résulte la prééminence naturelle du mariage sur toute autre association quelconque ; puisque les deux sexes se trouvent ainsi placés dans la disposition habituelle la plus favorable à leur perfectionnement mutuel, qui consiste surtout, pour chacun d'eux, à mieux développer par là les qualités qu'il possède moins. Telle est la noble destination sociale du mariage, directement envisagé, et même abstraction faite de la propagation sur laquelle on a trop exclusivement appuyé son appréciation réelle. Pour bien concevoir cette aptitude fondamentale, il faut considérer sommairement l'analyse positive de toute existence humaine.

« Notre vie se compose à la fois de pensées, de sentiments ou penchants, et d'actes. Dans leurs vaines disputes sur la prééminence de l'existence spéculative ou de l'existence active, les philosophes ont essentiellement négligé l'existence affective, qui pourtant imprime seule aux deux autres leur impulsion habituelle, sans laquelle leur exercice s'épuiserait bientôt en stériles efforts. Sous cet aspect, le positivisme consacre systématiquement l'heureux aperçu pressenti par l'instinct social du catholicisme, qui, à travers ses formes mystiques, proclama réellement l'amour universel comme le vrai mobile central de l'Humanité. Les travaux de spéculation, et même ceux d'action, quoique beaucoup mieux adaptés à la plupart des organismes, déterminent communément, par leur persistance prolongée, une intolérable fatigue. Au contraire, les affections bienveillantes peuvent seules persévérer au plus haut degré sans jamais lasser, et leur simple diminution passagère inspire toujours d'intimes regrets. Elles constituent donc la principale base du bonheur personnel, outre leur tendance directe à garantir le bonheur général en poussant chacun à servir les autres, soit par ses pensées, soit par ses actes.

« C'est ainsi que le mariage devient le premier lien de l'Humanité, en développant spécialement nos facultés affectives. Après que l'éducation proprement dite a rendu chacun apte à l'action et à la spéculation, il complète cette double préparation élémentaire, par un digne essor de l'affection qui doit animer la vie sociale. En effet, c'est seulement entre les deux sexes, et en vertu de leur diversité caractéristique, d'abord naturelle, puis civile, que peut exister habituellement une entière liaison. Dans le même sexe, l'amitié reste presque toujours exposée à d'inévitables rivalités, qui en altèrent la sécurité avant d'en corrompre la pureté. La concurrence ne peut totalement disparaître que d'un sexe à l'autre, pour donner lieu, par leur union, au plus doux concours, résulté d'une tendance spontanée de leurs moyens respectifs vers leur commune fin. Qu'est-ce, en effet, que le sentiment conjugal, sinon la véritable amitié, consolidée et embellie par une incomparable possession mutuelle ? C'est ainsi que le plus énergique instinct de notre animalité, cessant de nous entraîner à de brutales perturbations, nous conduit à la plus douce harmonie dans cette sainte intimité qui utilise toute l'aptitude naturelle d'un tel appétit à nous dégager de l'égoïsme fondamental. S'il était possible que cette admirable économie n'eût pas encore existé, celui qui nous en offrirait l'utopique avénement serait certainement regardé comme le plus grand bienfaiteur de l'Humanité. Auprès de cette notion fondamentale, on néglige bientôt, malgré leur gravité réelle, les inconvénients accessoires ou passagers, et même les dangers exceptionnels, que l'imperfection humaine attache inévitablement à cette première base du bonheur intime, individuel ou social. Quoiqu'on doive, sans doute, tendre toujours à diminuer autant que possible, ces maux secondaires, le rétrécissement d'esprit et le dévergondage de cœur propres aux temps de transition anarchique ont pu seuls conduire à en exagérer la considération spéciale jusqu'à méconnaître l'efficacité essentielle d'une telle institution.

« Sa pleine spontanéité n'est pas douteuse pour celui qui apprécie judicieusement les efforts mêmes que l'excentricité, naturelle ou factice, a souvent tentés contre elle. Les plus rebelles à de tels liens finissent d'ordinaire par en déplorer amèrement l'absence. Toutes les intimités vraiment recommandables qui s'établissent hors de cet ordre régulier tendent bientôt à revêtir, autant que possible, ses principaux caractères, en constituant une affection à la fois exclusive et indissoluble. Quand l'imagination humaine s'est librement élancée à la conception idéale du parfait bonheur, elle a érigé l'éternité d'union en attribut essentiel de ses plus nobles utopies sur la vie future. L'inconstance systématique que tant d'esprits superficiels osent aujourd'hui prôner, ne pourrait aboutir qu'à dégrader radicalement, chez les deux sexes, les principaux attributs de l'Humanité, en s'opposant à toute profonde moralisation mutuelle.

« Malgré d'incontestables abus, la solennelle intervention de la puissance sociale est habituellement indispensable à la pleine efficacité de cette économie naturelle. Les organisations énergiques, seules susceptibles d'affections profondes, n'ont peut-être besoin d'une telle sanction que pour compléter leur doux bonheur par une noble publicité. Chez l'immense majorité, où tout est médiocre, en bien comme en mal, l'esprit, le cœur et le caractère, chaque vie privée, sans ce frein salutaire, se consumerait bientôt en capricieux essais aussi désastreux que superflus. On aperçoit aujourd'hui cette funeste tendance là où le protestantisme a assez altéré les mœurs modernes pour introduire un usage réel du divorce. Quant aux inconvénients propres à l'indissolubilité, ils sont ordinairement compensés, dans l'état normal, par les mêmes causes qui la rendent nécessaire. Car l'aptitude à se modifier beaucoup résulte spontanément de cette médiocrité native qui interdit toute tendance très prépondérante. Une telle faculté ne peut alors se développer assez qu'en présence d'une situation vraiment inaltérable. Nul n'a choisi son père ni son fils, et pourtant ces relations comportent une pleine harmonie. Quoique l'union conjugale ne puisse être aussi préparée, le libre choix personnel qui lui est propre tend à compenser cette moindre consistance naturelle, mais seulement quand la consécration sociale a imposé un invincible frein aux caprices individuels. Entre deux êtres aussi divers, y a-t-il trop de toute leur vie pour se bien connaître et s'aimer dignement? La virginité préalable, la fidélité continue et le veuvage final, resteront toujours en honneur, même chez le sexe prépondérant.

« Outre cette indissoluble sanction, la société générale exerce spontanément une heureuse réaction sur le lien élémentaire qui lui sert de base, en assignant aux deux sexes des destinations distinctes, essentiellement conformes, d'ordinaire, à leur nature respective. Quelque séditieuses réclamations qu'excite aujourd'hui cette répartition fondamentale, l'étude de l'homme et de l'Humanité démontrera de plus en plus une telle harmonie, sans laquelle d'ailleurs on ne saurait comprendre l'universelle persistance de cette économie. Aucun esprit sérieux ne tentera d'expliquer, par le simple abus de la force matérielle, un ordre où l'on voit si souvent la plus frêle créature obéie et respectée, même dans ses caprices, par tant de vigoureux agents. La vie affective étant spécialement prépondérante chez la femme, rien n'est plus sage qu'une constitution sociale qui lui en confie la principale culture permanente, en réservant à l'homme les travaux suivis, soit de spéculation, soit d'action, qui, d'ordinaire, lui conviennent mieux. Si la nature féminine est, en général, moins susceptible de résolutions à la fois énergiques et persévérantes, elle devient par cela même plus modifiable et s'adapte plus aisément à toute invariable situation. L'uniformité de destination se trouve aussi, chez les femmes, en harmonie spontanée avec la variété beaucoup moindre de leurs types individuels. Toute saine appréciation de notre nature conduira donc à admirer profondément la sagesse instinctive de l'économie fondamentale qui, dans chaque acte social, réserve communément à l'homme la décision finale, en attribuant à la femme l'influence consultative ou modificatrice. La seule époque où l'intervention sociale des femmes ait été ainsi constituée dignement, sous l'ascendant du principe chevaleresque, indique hautement la noble efficacité que comporte cette apparente restriction. Si, par une impraticable aberration, les deux sexes pouvaient jamais être appelés à suivre indifféremment les mêmes carrières, on peut assurer que cette fatale concurrence, loin de seconder l'essor féminin, le rendrait bientôt impossible, en lui imposant des luttes trop inégales. Une situation impartiale, sans être indifférente, qui dispose à l'observation sans pousser à l'action, est certainement très favorable au développement, à la fois intellectuel et moral, des facultés propres aux femmes dans le mouvement journalier de l'Humanité. L'absence correspondante de responsabilité pratique, et le droit fondamental à vivre du travail masculin, constituent d'ailleurs d'inévitables compensations habituelles de cette inertie relative, en complétant le régime élémentaire de toute association humaine.

« Telle est, en aperçu, l'appréciation positive de l'institution du mariage, envisagée dans ce qu'elle offre d'essentiellement commun à tous les modes quelconques de sociabilité. Une étude rationnelle des principales variations qu'y apporte successivement l'évolution nécessaire de l'Humanité n'aboutit qu'à éclaircir et à confirmer cette théorie élémentaire ; quoique le spectacle inopportun de ces changements ait souvent conduit jusqu'ici, faute d'une véritable doctrine historique, à de très dangereuses fluctuations, qui disposent encore tant d'esprits irréfléchis à regarder comme radicalement arbitraires les plus saines maximes sociales.

« Le positivisme constitue spontanément la conciliation nécessaire, si vainement cherchée jusqu'ici, entre l'ordre et le progrès, en montrant que non seulement l'ordre est, à tous égards, la première condition du progrès, mais que sous tous les aspects sociaux, le perfectionnement humain consiste surtout à développer de plus en plus l'ordre fondamental, qui contient, dès l'origine, le germe naturel de toute amélioration quelconque. C'est ce que l'ensemble du passé prouve clairement quant au mariage.

« Si cette union élémentaire est destinée directement à permettre aux deux sexes l'essor mutuel de leurs facultés caractéristiques, on peut dire que ses variations régulières ont toujours tendu à la mieux adapter à ce grand but. Bien loin de disposer les deux types humains à la vaine égalité qu'on rêve aujourd'hui, le cours de la civilisation développe nécessairement leurs principales différences, surtout mentales et morales, qui sont d'abord peu prononcées, comme nous le montrent encore les rangs inférieurs, où se conserve spontanément, à beaucoup d'égards, l'image de chaque phase antérieure.

« Dans l'antiquité grecque et romaine, le pas principal a consisté, sous ce rapport, à substituer la monogamie à la polygamie primitive. Quoiqu'une superficielle appréciation ait souvent conduit à représenter la diversité de ces deux modes comme essentiellement régie par le climat, un plus mûr examen démontre qu'elle dépend partout du degré de civilisation. Au nord autant qu'au sud, on retrouve toujours la polygamie en remontant assez le cours des âges sociaux : le midi ne manifeste pas moins que le nord la tendance finale de notre espèce vers la vie pleinement monogame, qui prévaudra bientôt chez les plus civilisés Orientaux. Mais, quelle que fut l'importance de ce premier progrès, chez les populations grecques et surtout romaines, il s'y trouvait trop neutralisé, soit par la nullité sociale des femmes chez des nations militaires, soit par l'existence de l'esclavage domestique, qui maintenait une sorte de polygamie pratique, soit aussi par l'excessif privilège de répudiation conservé aux hommes. C'est pourquoi le mariage y resta encore essentiellement borné à sa destination physique, et les sympathies morales que les modernes y apprécient surtout furent alors cherchées ailleurs, même par les plus éminentes natures.

« A l'admirable révolution accomplie au moyen âge, sous le catholicisme, l'Humanité devra toujours la première ébauche de la vraie constitution normale du mariage propre à notre espèce. La famille n'était constituée chez les anciens que d'après le despotisme presque illimité du chef domestique. Sauf cela, l'État ne s'y inquiétait que des qualités personnelles susceptibles de mieux développer la commune activité guerrière. Par l'initiation catholique, l'Humanité a commencé à sentir l'importance fondamentale de la vie domestique, soit comme la plus convenable à la plupart des hommes chez les sociétés industrielles, soit aussi comme la meilleure école de la vie pleinement sociale. Le mariage a pris, en même temps, la prépondérance qui lui convient dans l'ensemble des liens élémentaires : elle fut alors heureusement représentée par l'innovation spontanée qui obligea la femme à renoncer au nom de son père pour prendre celui de son époux. En ébauchant enfin l'indépendance radicale de la morale envers la politique, cette grande phase a irrévocablement placé dans la famille le véritable centre de la moralité humaine. Un aveugle esprit révolutionnaire peut seul entraîner aujourd'hui à méconnaître cet immense progrès, et à tendre vers l'antique subordination directe de l'individu à l'État, qui ne constituerait maintenant qu'une intime rétrogradation. Pendant cet âge catholique, que la métaphysique protestante ou déiste taxe si follement d'une ténébreuse barbarie, l'éducation sentimentale de notre espèce accomplit le plus grand pas qu'elle ait pu faire jusqu'ici. L'admirable institution de la chevalerie vint alors témoigner au monde que, du moins chez les classes supérieures qui servirent ensuite de type universel, l'amour jusque-là si brutal, avait enfin développé la noble nature qui le distingue dans l'Humanité. Fréquemment parvenu à la plus exquise délicatesse, il devint capable, par ses moindres encouragements, de déterminer avec persévérance d'actifs dévouements, également favorables au perfectionnement moral, et même physique, de l'un et l'autre sexe. La vraie condition sociale des femmes, la juste liberté de leur vie intérieure, les droits matériels et moraux inhérents à leur situation, et la sage restriction d'une indispensable suprématie, furent alors aussi normalement établis que le permirent la civilisation contemporaine et la nature propre de la doctrine précaire qui servait d'organe imparfait à la sagesse sacerdotale pour diriger l'essor spontané des populations d'élite.

« Sous tous ces aspects, le positivisme, successeur nécessaire du catholicisme, après la clôture de l'interrègne métaphysique, devra surtout accomplir dans un milieu plus favorable la systématisation finale de la morale humaine tentée par le noble régime du moyen âge, en consolidant sur des bases inébranlables et perfectionnant d'après de meilleures inspirations ce que le système antérieur n'avait pu ébaucher qu'avec des croyances passagères, bientôt hostiles au développement naturel de l'intelligence et de la sociabilité. C'est dans un tel changement de principes que doit aujourd'hui consister essentiellement la saine reconstruction philosophique de la doctrine du mariage. L'institution actuelle n'exige d'ailleurs aucune grande innovation spéciale, sauf les précieuses améliorations qu'amènera spontanément la refonte générale de l'éducation et des mœurs. Depuis la fin du moyen âge, l'ascendant catholique, même avant que sa décadence devînt ostensible, a radicalement perdu son ancienne aptitude à faire convenablement respecter les prescriptions morales que l'Humanité avait établies sous sa direction initiale. Il n'a pu lancer qu'une impuissante flétrissure sur le dévergondage habituel qui discréditait de plus en plus, même publiquement, toutes les saines maximes conjugales, encore dangereusement adhérentes à des croyances justement déchues. Comment espérer, par exemple, qu'une indispensable émancipation pût maintenir un respect sincère pour la vraie subordination des sexes, quand sa consécration officielle dérivait uniquement d'une puérile fiction religieuse sur l'origine physique de la femme? La systématisation positive peut seule garantir ces grandes notions, comme toutes les autres conceptions vraiment sociales, aussi bien contre les frivoles sarcasmes que contre les sophismes anarchiques. Privé du caractère sacré que lui imprima le catholicisme, le mariage n'a pu être réduit que provisoirement, par la métaphysique de nos légistes, à la grossière nature d'un simple contrat temporel. Une véritable réorganisation lui rendra bientôt, suivant un mode plus efficace et plus durable, l'auguste consécration spirituelle qu'exige le premier lien élémentaire de toute société humaine. La même puissance morale qui en dirigera surtout l'usage habituel se trouvera d'ailleurs naturellement autorisée, par la nouvelle conviction publique, à corriger autant que possible ses inconvénients accessoires ou exceptionnels, sans recourir presque jamais, sauf les dispositions secondaires, à une intervention temporelle qui tend à dégrader cette sainte institution, quelque indispensable qu'y soit aujourd'hui son office hétérogène, jusqu'à l'avènement d'un ordre normal.

« Je n'ai pas besoin, ma chère amie, d'indiquer davantage cette sommaire appréciation, que votre esprit et votre cœur développeront sans difficulté, en l'adaptant convenablement à votre noble composition actuelle. La troisième partie de la lettre philosophique que j'eus le bonheur de vous offrir à l'occasion de la sainte Clotilde renferme d'ailleurs quelques aperçus directs, que j'ai pu dès lors écarter ici, sur l'avenir social de votre sexe sous l'ascendant final du positivisme.

« En commençant l'indication que je viens d'achever, je comptais y aborder l'ensemble de la constitution de la famillle humaine, qui, fondée par les liens conjugaux, se perpétue par les relations filiales, et s'étend par les rapports fraternels. Mais le sujet principal m'a trop entraîné pour me permettre, du moins cette fois, l'examen des deux autres éléments de cette théorie fondamentale : ils me semblent d'ailleurs beaucoup moins utiles à votre élaboration. Au reste, si vous désiriez, à leur égard, quelques éclaircissements immédiats, vous pourriez consulter avec fruit le cinquantième chapitre de mon grand ouvrage. Sa lecture spéciale, déjà recommandée, vous deviendra, pour l'étude de cette lettre, bien plus facile que ne le suppose votre admirable modestie. Ce n'est point aux savants que je m'y suis surtout adressé, mais à tous les esprits sains qu'animent des cœurs honnêtes, sans aucune autre initiation philosophique que celle qui ressort spontanément de l'ensemble de la vie réelle.

« Adieu, ma digne amie ; je vous remercie solennellement de m'avoir ainsi procuré la douce satisfaction spéciale de vous servir personnellement sans cesser de poursuivre convenablement ma mission sociale.

« A^{te} Comte. »

11 janvier 1846.

CXLVIIe Lettre

« Quoique la réouverture de mon cours (1) doive désormais diminuer beaucoup la disponibilité de mon dimanche, j'espère, ma très chère amie, qu'elle ne m'ôtera pas entièrement le bonheur, dont j'ai si souvent joui pendant les six derniers mois, de m'occuper spécialement de vous ce jour-là. J'aime à vous le prouver déjà en vous adressant ces deux lignes cordiales avant d'aller à ma séance initiale. Votre noble ascendant a désormais lié profondément chez moi l'essor habituel des plus hautes pensées à celui des plus tendres sentiments. Ne soyez donc pas surprise que je tienne à inaugurer secrètement ce seizième service annuel par un souvenir spécial de ma bien-aimée. Je ne puis voir revenir cette journée sans me rappeler aussitôt combien l'ensemble de mon existence se trouve heureusement changé depuis la dernière réouverture, par la noble tendresse qui m'anime. Cette courte effusion ne peut d'ailleurs que me préparer mieux au ministère que je vais remplir, en faisant spontanément prévaloir la disposition la plus favorable à un tel acte philosophique.

« Le charmant bonjour auquel je n'ai pu répondre avant-hier me laissera le souvenir permanent d'une affectueuse expression caractéristique, dont j'éprouve le besoin de vous remercier spécialement, quand vous y avez daigné mentionner votre bonheur de *m'acquérir*. En effet, c'est bien là, ma Clotilde, le mot qui nous convient mutuellement, pour désigner à chacun de nous sa meilleure propriété. Plus notre intimité se développe et se consolide, mieux je sens journellement que cette chaste union est devenue chez moi la principale condition d'un bonheur que j'avais toujours ardemment rêvé, mais sans pouvoir, hélas! l'éprouver jamais avant d'avoir subi votre bienfaisant empire.

« Combien je le comprenais hier, par exemple, pendant ces heures trop rapides de tendre contemplation et de libre épanchement que chaque semaine me ramène maintenant dans votre auguste solitude! Quoique je ne vous aie point encore remerciée assez directement de cette incomparable concession, vous savez que j'en sens dignement tout le prix. Chacune de nos deux libres entrevues hebdomadaires a son heureux caractère propre. Le jour que je vous reçois, il me semble que je commence enfin à posséder convenablement un véritable intérieur. Mais, quand je viens vous voir, c'est vous-même que j'apprécie surtout. La noble simplicité de votre modeste asile me

---

(1) Le cours d'Astronomie populaire (Note du biographe).

rappelle plus vivement et vos malheurs exceptionnels et les éminentes qualités de votre cœur comme de votre esprit. Tout ce qui m'entoure y tend spécialement à me pénétrer davantage d'une affectueuse admiration, que ranimerait moins une brillante demeure. Ce contraste involontaire entre votre situation et votre mérite me fait mieux apprécier alors l'aimable résignation qui vous dispose habituellement à attendre sans impatience un plus digne avenir, que bientôt, j'espère, déterminera votre sage persévérance dans une précieuse élaboration.

« Adieu, ma noble et tendre Clotilde, comptez à jamais sur le respectueux amour dont votre cher philosophe se sent aussi fier qu'heureux.

« A^{te} COMTE. »

« Dimanche matin, 25 janvier 1846 (10 heures).

« Quoique j'aie très peu dormi, je suis assez bien portant pour espérer que ma séance m'excitera sans me fatiguer, malgré la solennelle émotion qu'une longue habitude et une pleine conviction ne m'empêchent pas d'éprouver lors de chaque réapparition annuelle devant mon public. L'acte d'adoration que je viens d'accomplir rapidement m'inspire, je le sens, un surcroît de zèle et de confiance pour le devoir qui va m'arracher à vous. »

On voit, d'après le caractère de ces entretiens, quelles préoccupations, quels sentiments animaient ces nobles cœurs; la profonde moralité qui dominait leurs plus secrets épanchements, et l'idéal auquel il leur fut donné d'atteindre.

Cependant, Auguste Comte ne devait pas jouir longtemps d'un tel bonheur : après une année de relations exceptionnelles, sa dame lui fut ravie! Coup affreux, qui l'ébranla profondément..... Sa douleur fut immense, telle qu'il n'en aurait pu supporter de plus forte; et son cœur infiniment sensible, profondément attaché, fut déchiré cruellement. Rien ne témoigne mieux de sa peine et de ses respects que l'effort accompli pour reprendre à la mort, à l'oubli, au néant, cette douce et angélique personne! Pour un temps il ne sembla survivre qu'afin d'immortaliser son amie : et c'est à elle que fut dédié son principal ouvrage, sa grande construction religieuse. On ne saurait lire sans émotion la touchante dédicace qui lui consacre le *Système de politique positive*, tant elle renferme de larmes et de regrets, de noble résignation, d'inépuisable gratitude :

« . . . Ton adorable modestie, cédant enfin à mon affectueuse
« insistance, avait franchement accepté la juste dédicace de ma

« seconde élaboration philosophique, commencée, l'an dernier, sous
« la naissante stimulation de la noble tendresse qui, malgré la mort,
« continuera d'embellir tout le reste de ma mélancolique existence.
« Que ta mémoire sacrée reçoive donc cet hommage solennel d'une
« reconnaissance convenablement motivée, qui n'est plus contenue
« par tes touchants scrupules. . . . .

« A toi seule, ma Clotilde, j'ai dû ainsi, pendant une année sans
« pareille, l'expansion tardive mais décisive des plus doux sentiments
« humains. . . . .

« Ceux qui savent que l'essor continu des instincts sympathiques
« constitue la principale source du bonheur, personnel ou social,
« respecteront ici ma solennelle gratitude pour l'ineffable félicité
« que tu m'as dévoilée. . . . .

« Après avoir noblement consacré la première moitié de ma vie
« publique à développer le cœur par l'esprit, je voyais sa seconde
« partie vouée surtout à éclairer l'esprit par le cœur, sans les inspi-
« rations duquel les grandes notions sociales ne peuvent acquérir
« leur vrai caractère. Mais pouvais-je aspirer à ces nouvelles lumières
« si je n'eusse dignement subi l'énergique ascendant du sentiment le
« mieux propre à dégager l'homme de sa personnalité fondamentale,
« en faisant dépendre d'autrui sa principale satisfaction?. . . . .

« Toi seule m'as donc permis de développer convenablement cette
réaction du cœur sur l'esprit, devenue indispensable à l'ensemble de
ma mission (1) ! ».

Mais cette manifestation solennelle d'une douleur et d'une reconnaissance infinies, n'est pas seulement un acte personnel, sa portée
sociale est immense, puisqu'elle met le progrès sous le patronage de
l'ascendant féminin, qui lui semblait fatalement hostile. Motivée sur
la participation féconde et décisive qu'eut une noble dame envers la
transformation religieuse de la philosophie positive, elle associe intimement la femme au grand mouvement de régénération. Par elle, en
effet, son puissant promoteur sentit la force et le charme des affections privées, et leur inestimable prix, comme condition du développement réel des sentiments sociaux. Dès lors il comprit le rôle du
cœur, sa prépondérance universelle, et put saisir enfin la véritable
grandeur de la femme, sa sainteté, la mission sacrée qu'elle remplit
dans le monde comme amante, comme épouse et comme mère. Destination suprême dont dépend la terminaison de l'immense révolution
qui, depuis tant de siècles, agite l'Occident ; l'unité devant se rétablir
par l'adhésion du sexe aimant aux principes de la sociabilité moderne.

---

(1) Voir la dédicace du *Système de politique positive*, tome Ier, page 11.

A ceux qui peuvent comprendre la grandeur de ce résultat, la glorification de Clotilde Devaux ne paraîtra point exagérée; et les âmes élevées sentiront toujours l'immensité de son bienfait. Sa gloire fut d'avoir mérité, et d'avoir laissé surgir le profond amour qui rouvrit au philosophe les sources bénies de la grâce, les voies sacrées de la religion ! Associée dans le temps, par la vénération des âmes régénérées, à la gloire du fondateur de la synthèse universelle, comme elle lui fut unie, dans l'espace, par la plus pure affection, cette si digne et si touchante femme doit passer dans les plus lointains souvenirs, comme la compagne immuable de celui dont elle a charmé et grandi l'existence, pour le plus grand bien de l'Humanité.

IX

L'influence de Mme Devaux, loin de cesser après sa mort, n'en devint que plus intime. Au lieu de laisser s'affaiblir le souvenir de la femme qu'il avait si profondément aimée, Auguste Comte fut amené, par la grandeur de son attachement et par l'extrême tendresse de sa nature, à lui vouer un culte quotidien qui devint à la fois et sa meilleure consolation et la source de tous ses progrès ultérieurs. C'est la réaction mentale et morale de cette salutaire adoration qui suscita le renouvellement spirituel auquel il dut les inspirations et les lumières indispensables à sa nouvelle élaboration, la régénération sympathique qui caractérise sa *seconde vie*. Grâce à la généreuse affection qui ne cessa de le posséder depuis lors, il éprouva tellement la puissance du cœur, son invincible suprématie naturelle, que cette excitation constante lui inspira directement le principe affectif de la systématisation finale, les voies logiques de son accomplissement. De suite, il reconnut que le grand problème consistait à soumettre l'esprit au cœur, la personnalité à la sociabilité, l'égoïsme à l'altruisme, le monde à l'amour ! Et tirant aussitôt des prémisses de la sociologie la notion fondamentale de l'Humanité, il en forma le principe de la régénération politique, désormais instituée en vue de cette existence suprême. De là le règlement et le ralliement des forces humaines, l'unité individuelle et sociale obtenue par la religion démontrée. *L'amour pour principe et l'ordre pour base ; le progrès pour but :* telle est, dès ce moment, la formule essentielle de la réorganisation moderne, que le fondateur du positivisme puisa dans les inspirations de son culte privé, et qu'il sut admirablement développer, sous l'assistance continue de cette même providence morale, dans son immortel Traité de sociologie.

Comme nous l'avons dit précédemment, la dédicace du *Système de politique*, écrite en 1846, dans les premiers moments d'un deuil éternel, put seule amener la reprise des grands travaux qu'imposait à Auguste Comte l'accomplissement de sa mission. Et dès l'année suivante on put apprécier la puissance de cette incubation secrète, où la douleur et l'amour apportaient au génie tant de forces nouvelles. Le préambule philosophique du *Cours d'astronomie populaire* acquit alors un caractère et un développement qu'il n'avait jamais eu. Dans les douze séances consacrées à cette mémorable introduction, et qui occupèrent les mois de février, mars et avril 1847, le futur auteur de la *Politique positive* sut condenser tout le plan de cette immense construction, dès lors arrêtée dans les profondeurs de son génie ; et par cette exposition saisissante, par ces longues et puissantes improvisations sur les plus éminents sujets de la science humaine, la nouvelle philosophie acquit déjà la consistance et la dignité d'une véritable religion.

L'auditoire nombreux et recueilli qui suivait ce cours était surtout formé de prolétaires : Auguste Comte fut toujours, on le sait, désireux et fier d'un tel public, et toujours il lui réserva son meilleur enseignement. Or l'exposition de 1847 fut, entre toutes, recherchée des auditeurs populaires ; et ce fait nous semble aussi important que mémorable, bien qu'il ait excité les railleries mal inspirées de quelques pédants. Deux cents communistes, attirés par le bruit que commençait à faire la prédication positiviste, à une époque où le peuple cherchait et méditait profondément, s'étaient donné rendez-vous, pour apprécier la nouvelle doctrine sociale, aux séances consacrées à l'exposition des théories sur la propriété et le régime industriel. Bien qu'une telle démarche n'ait eu d'autre résultat effectif que de provoquer quelques conversions personnelles, elle n'en constitue pas moins un fait historique plein d'intérêt, puisqu'elle témoigne hautement des ardentes préoccupations sociales qui animaient alors le prolétariat. Une presse superficielle et qui comptait sans doute exploiter, sans le comprendre, ce grand mouvement populaire, eut beau mettre tous ses soins à le laisser ignorer, il n'en fut que plus irrésistible quand, en 1848, il vint surprendre tant de gens *habiles* et mettre un terme à l'expérimentation constitutionnelle. Auguste Comte achevait alors la première partie du *Discours sur l'ensemble du positivisme*, et ce grand travail, résumé de la prédication religieuse et sociale qu'il avait faite en 1847, l'élevait naturellement au point de vue qui convenait à cette nouvelle situation. Quand éclata la révolte, il venait de résumer les principes philosophiques qui doivent servir de base à la reconstruction de l'ordre moderne et d'indiquer les éléments sociaux qui peuvent concourir à ce grand avénement : l'influence des idées régénératrices ne pouvant s'exercer assez que par l'alliance des prolétaires et des philosophes, et par l'adhésion des femmes aux nouveaux principes de sociabilité. L'événement qui confondait tant de prétendus sages trouva donc le fondateur du positivisme admirablement préparé : instruit de l'avenir par la méditation continue du passé, il se mit à l'œuvre pour éclairer le présent, et put surmonter victorieusement cette épreuve capitale. Sans s'émouvoir d'un désordre inévitable ni se laisser entraîner par de folles espérances, sans s'effrayer de l'immensité de son isolement ni se laisser imposer par l'entraînement de tout un peuple ; avec l'inflexible conviction du savant et l'intrépide fermeté du citoyen, il sut tracer à cette société chancelante sa route vers l'avenir, fixer le but et organiser les moyens.

Ainsi, le 25 février 1848, au lendemain de la lutte, au milieu du bouleversement général, il publiait un *Appel* qui témoigne autant de la constante unité de sa foi que de la fermeté de sa conduite (1). Le 8 mars suivant, en annonçant la formation d'une Association politique dont il se trouvait à la fois le fondateur et le président, il émettait son remarquable manifeste (2). Enfin, le *Discours sur l'ensemble du positivisme* venait, en juillet 1848, fixer définitivement la nature et les principes de la réorganisation moderne (3). Son épigraphe caractéristique : *Réorganiser, sans Dieu ni roi, par le culte systématique de l'Humanité*, résumait admirablement l'esprit d'une telle œuvre, puisque la double tendance irrécusable des sociétés modernes vers une foi positive et vers une activité pacifique, s'y trouvait pleinement consacrée, en même temps qu'elle y était noblement associée à la réalisation des plus hautes aspirations du Moyen-Age envers l'établissement d'une religion universelle.

Ce grand discours préliminaire, qui établissait les caractères fondamentaux de la synthèse moderne, en attendant le traité magistral auquel il sert d'introduction, allait former le code de la phalange régénératrice dont la Société positiviste devenait le premier noyau. Et l'on peut dire que dès cette époque le positivisme se trouvait à la fois constitué comme école philosophique, comme parti politique et comme secte religieuse.

(1) *Association libre pour l'instruction positive du peuple dans tout l'Occident européen;* Paris, 25 février 1848. Voir aux *Pièces justificatives*, n° 23.

(2) *Le Fondateur de la Société positiviste à quiconque désire s'y incorporer.* Paris, le 8 mars 1848. Voir aux *Pièces justificatives*, n° 24.

(3) *Discours sur l'ensemble du positivisme*, par Auguste Comte, auteur du *Système de philosophie positive*. — Paris, juillet 1848, 1 volume in-8°.

Mais la société fondée par Auguste Comte, dominée par des obstacles et par des conditions qu'il est aisé de se rappeler, ne put s'agrandir beaucoup ni devenir prépondérante. Si l'on en excepte un écrivain connu, M. Littré, elle n'était formée que d'hommes neufs, sans réputation et sans influence actuelles : des prolétaires, quelques médecins, quelques professeurs, d'anciens élèves de l'École polytechnique, etc., s'y trouvaient agrégés à des titres divers, c'est-à-dire avec des degrés différents de conviction et de sympathie. Toutefois, elle tirait de la personne de son fondateur une haute importance, et reçut de lui une direction que nulle autre association de ce genre ne sut alors présenter.

S'il est vrai qu'en renversant le régime catholico-féodal, la première partie de notre révolution ait mis à l'ordre du jour la reconstruction de l'ordre social, il est certain aussi que la seconde moitié de ce grand ébranlement doit aspirer de plus en plus à remplacer ce qui a été détruit. Eh bien! la Société positiviste est la seule qui, dans ce temps et grâce à la direction qui lui fut imprimée par son illustre président, resta sans cesse, au milieu de la divagation générale, dans le véritable sens du mouvement humain; la seule qui ait reconnu, proclamé, que la reconstruction cherchée devait s'accomplir, non pas d'après les principes négatifs qui avaient dirigé la démolition, mais d'après ceux, réellement organiques, que l'ensemble de notre évolution avait fait surgir pour un tel office, et que la philosophie positive a depuis longtemps établis. A ce point de vue, on ne saurait contester que la Société formée par Auguste Compte pour assister les premiers efforts de reconstruction, ne mérite dans l'histoire (malgré le peu de retentissement de ses actes) une place vraiment importante : car son intervention marque le point de départ du mouvement organique communiqué par le fondateur du positivisme et dont la continuation doit amener la terminaison de la révolution occidentale, par l'avènement d'un état social définitif. C'est pourquoi nous regardons comme essentiel de résumer ici les travaux de cette assemblée.

Dès qu'il eut constitué la Société positiviste, Auguste Comte y présenta sa théorie politique de la transition moderne, et le résumé de cette exposition servit de base aux rapports que nous devons analyser. Deux concernent l'organisation temporelle de la république naissante, tandis qu'un troisième a pour objet de préparer sa direction spirituelle.

Le premier de ces actes est le *Rapport sur la question du travail*, lu le 24 mai 1848, à la Société positiviste, par un de nos confrères les plus éminents, M. Fabien Magnin, ouvrier menuisier. Auguste Comte a lui-même jugé ce travail, qu'il qualifie de mémorable, et dans lequel, dit-il, le vrai mécanisme industriel se trouve mieux apprécié, en quelques pages, que dans tous les volumes consacrés à la prétendue science des économistes. Je me bornerai donc à dire que le publiciste prolétaire, convaincu que l'imprévoyance sociale est la principale cause des désordres industriels, concluait qu'en attendant une organisation réelle de l'industrie humaine, qui ne peut résulter selon lui que d'une régénération préalable des opinions et des mœurs, le gouvernement devait, autant que possible, avec intelligence et sagesse, intervenir pour atténuer les plus criants abus ; pour lever les embarras les plus proches, parer aux désordres les plus remédiables, et provoquer surtout, parmi les chefs industriels, des habitudes plus désintéressées et plus sages. Autrement dit, il invitait les gouvernements modernes, et celui de la République française en particulier, à exercer désormais la plus importante de leurs attributions initiatrices, durant la période transitoire qui doit nous élever de l'état de guerre à l'état de paix, en secondant sagement l'industrie, base essentielle du régime futur (1).

Quant au second rapport (2), sans être aussi original par le fond, il était plus important peut-être par son objet, directement relatif à la nature et au plan du gouvernement qui convenait alors à la situation française. Il fut présenté à la Société le 2 août 1848, par M. Littré, rapporteur, assisté, pour l'élaboration du projet, par MM. Laffitte, aujourd'hui directeur du positivisme, et Fabien Magnin, précédemment cité. Une exacte condensation des indications qu'avait fournies Auguste Comte relativement à la direction politique de la transition actuelle, fait de ce travail un document très remarquable, et dont il nous faut rappeler les points principaux.

L'état révolutionnaire de la France et de tout l'Occident se trouvant plus manifestement démontré par l'ébranlement de février, il fallait, après la chute de la monarchie constitutionnelle, établir un gouvernement qui répondît, chez nous d'abord, aux besoins d'une telle situation, et qui pût s'appliquer ensuite à toutes les parties de la république occidentale, à mesure que les circonstances l'exigeraient. Or, la principale condition d'un tel système était, bien évidemment, de régler le présent en vue d'un avenir déterminé, tout en tenant compte d'un passé irrévocable. La conception rationnelle de la nouvelle direction sociale ne pouvait donc émaner que de la phi-

---

(1) *Rapport à la Société positiviste par la Commission chargée d'examiner la question du travail.* Paris, juin 1848.

(2) *Rapport à la Société positiviste par la Commission chargée d'examiner la nature et le plan du nouveau gouvernement révolutionnaire de la République française.* Paris, août 1848.

losophie positive, puisque seule elle avait su expliquer l'ensemble du mouvement humain et fixer son terme réel.

C'est ainsi qu'Auguste Comte se trouvait conduit à anticiper sur le plan de ses travaux ultérieurs, et à en détacher les considérations relatives à cette politique de transition.

D'après l'étude positive des antécédents et du but, cette situation intermédiaire devait être conçue comme tendant à instituer le régime pacifique et rationnel qui caractérisera l'état final de l'Humanité, et la direction politique correspondante, comme destinée à préparer cette transformation décisive. A une situation transitoire et révolutionnaire il fallait un gouvernement de circonstance, sciemment révolutionnaire, c'est-à-dire temporaire et préparatoire. Et comme le principe fondamental de l'organisation politique, pour l'état final, consiste dans la séparation complète des deux grands pouvoirs sociaux, spirituel et temporel, les fonctions intellectuelles n'y devant plus être exercées par les mêmes organes que les fonctions gouvernementales, et ces deux grandes actions sociales devant rester mutuellement indépendantes, la nature exclusivement pratique de la direction intérimaire s'y trouvait formellement indiquée. Abdiquant donc toute prétention théorique, et laissant aux philosophes le soin de la rénovation spirituelle, un tel pouvoir devait se borner à assurer l'existence sociale par un énergique maintien de l'ordre (tranquillité intérieure, paix extérieure), et à favoriser le progrès en secondant sagement le développement industriel, et surtout en faisant scrupuleusement respecter la liberté d'exposition et de discussion indispensable à l'avènement d'une nouvelle doctrine générale.

Tel était le caractère essentiel de la dictature progressive indiquée par la vraie théorie historique, pour franchir dignement l'intervalle qui nous sépare encore du terme définitif où l'Occident aspire depuis tant de siècles.

La nature sociocratique et la destination relative d'un tel pouvoir se trouvant incompatibles avec les habitudes absolues et les prétentions éternelles des gouvernements fondés sur le droit divin ou populaire, ou même résultés d'une transaction quelconque entre ces deux principes, il devait présenter une constitution également étrangère aux formes monarchique, démocratique et parlementaire. Le progrès étant finalement incompatible avec la royauté (puisqu'elle représente le dernier vestige du régime des castes, fatalement théologique, militaire, et par conséquent rétrograde), comme l'ordre est certainement inconciliable avec la démocratie (puisqu'aucun gouvernement normal n'est possible au moyen d'assemblées délibérantes), la forme républicaine, irrévocablement consacrée, restait ici la condition fondamentale du progrès, tandis qu'une dictature civile, pratique et collective, limitée quant au nombre de ses agents par la nature des fonctions à remplir, y devenait le sûr garant de l'ordre. La devise caractéristique, *ordre et progrès*, surgissait donc pour indiquer la tendance fondamentale d'un gouvernement pacifique et constructeur, où trois *gouverneurs*, dirigeant respectivement (avec l'assistance d'une assemblée purement administrative), l'extérieur, l'intérieur et les finances, se trouvaient investis des seules attributions légitimes de l'ancienne royauté, modifiées selon les exigences de l'esprit et de la sociabilité modernes.

Pour donner au progrès des gages irrévocables, tout en assurant puissamment la permanence de l'ordre, l'action politique, le gouvernement, qui, dans l'état final, doit appartenir aux chefs industriels régénérés, se trouvaient ici déférés, pendant cette transition exceptionnelle, aux plus éminents prolétaires, parmi lesquels devaient être choisis les *triumvirs*, tandis que l'*assemblée*, exclusivement chargée de voter le budget et de contrôler son emploi, se composerait naturellement de riches choisis par le suffrage universel convenablement modifié. C'était reconnaître solennellement, sans aucune menace perturbatrice, la plus haute obligation politique de la situation moderne, l'incorporation du prolétariat à la société, et consacrer aussi, sans aucun danger de rétrogradation, la légitimité et la nécessité de l'appropriation des capitaux humains. Car le progrès et l'ordre politiques dépendent certainement de ces deux conditions respectives.

Enfin une mesure décisive, satisfaisant à la double tendance de notre temps vers une activité pacifique et vers une foi démontrable, réduisait l'armée (transformée en gendarmerie) à ce qu'exige le maintien du repos public, et assurait sincèrement la liberté spirituelle, en supprimant le monopole universitaire et théologique par l'abolition des budgets correspondants : « La révolution ne sera close, « disait judicieusement le rapporteur, M. Littré, que quand les opi-« nions et les mœurs auront été réorganisées sur les principes de « philosophie positive. Or, tant que le gouvernement fera enseigner « à titre officiel, soit la doctrine théologique, soit la doctrine méta-« physique, il entravera, autant qu'il est en lui, cette révolution « finale..... Les trois doctrines sont en présence, la théologie, la « métaphysique et le positivisme; c'est d'une discussion générale, « parfaitement libre, parfaitement égale, que le jugement définitif « doit sortir. »

Telle était la marche rationnelle que devait suivre la nouvelle république pour reprendre l'œuvre de son énergique devancière, pour continuer le XVIII° siècle sans le reproduire, et pour nous élever enfin à l'état social entrevu par cette grande époque.

Le dernier rapport dont nous ayons à rendre compte se rattache à l'organisation du nouveau pouvoir spirituel (1). Exécuté d'après les indications d'Auguste Comte, ce travail fut présenté par le docteur Segond (rapporteur), et lu en assemblée le 28 février 1849.

Former une classe de théoriciens mentalement et moralement régénérés, entièrement consacrés au service de l'Humanité, telle était la destination de l'*École positive* et le but du projet soumis par le rapport correspondant à l'examen du public. S'il eût pu recevoir son accomplissement, la transition se serait trouvée bientôt pourvue d'organes spirituels, comme elle l'aurait été de véritables chefs temporels, par l'établissement du triumvirat proposé.

Pour assurer cette marche, pour consolider cette organisation et rattacher plus étroitement le présent, ainsi régularisé, à l'ensemble du mouvement humain, la glorification du passé devenait indispensable. Tel fut le but d'une autre création, le *Calendrier positiviste* (2). Cette grande conception, qui témoigne chez son auteur autant de savoir que de puissance mentale, et qui ne pouvait émaner que d'une âme aussi sympathique, est surtout destinée à rallier dans un même sentiment de reconnaissance, de profonde et réelle vénération envers des bienfaiteurs et des ancêtres communs, les instincts civiques, patriotiques, humanitaires, spontanément développés par la civilisation occidentale. Exposée par Auguste Comte à la Société positiviste, elle fut bientôt condensée par lui dans une publication mémorable qui présentait la systématisation du culte spontané des grands hommes, d'après la vraie philosophie de l'histoire, et qui préparait, par la glorification des types qui ont le mieux servi l'évolution générale, l'adoration abstraite de l'Humanité.

Le *Calendrier positiviste* comprend donc la série des ancêtres intellectuels et sociaux de la grande famille occidentale, depuis le début théocratique de nos plus lointains aïeux jusqu'à l'ouverture de la crise finale qui entraîne depuis plus de cent ans l'élite de notre espèce vers son organisation définitive. Chaque grande phase historique y

---

(1) *Rapport à la Société positiviste par la Commission chargée d'examiner la nature et le plan de l'École positive, destinée surtout à régénérer les médecins*; in-8, Paris, 1849.

(2) *Calendrier positiviste*, ou système général de commémoration publique, destiné surtout à la transition finale de la grande République occidentale, composée des cinq populations avancées, française, italienne, espagnole, britannique et germanique, toujours solidaires depuis Charlemagne; par Auguste Comte, auteur du *Système de philosophie positive,* et publié au nom de la Société positiviste. Paris, avril 1849 (soixante-unième année de la grande Révolution).
— Voir aux *Pièces justificatives*, n° 10, la 8ᵉ édition de ce Calendrier.

est représentée par un nombre déterminé de types individuels, tandis que le grand ébranlement qui vint nous arracher alors au passé et nous pousser vers l'avenir y est solennellement consacré par l'usage exclusivement positiviste qui fait dater l'ère moderne du commencement de la Révolution (1789).

« Cette commémoration systématique de tout notre passé est sur-
« tout destinée à développer profondément, chez la génération
« actuelle, l'esprit historique et le sentiment de continuité, afin d'im-
« primer à la seconde partie de la grande Révolution son vrai carac-
« tère propre. L'énergie de nos pères ne pouvait entrevoir une pleine
« rénovation sans leur haine instinctive du régime qui enchaînait
« leurs conceptions. Au contraire, notre essor décisif vers l'avenir ne
« peut désormais reposer que sur une digne glorification du passé
« dont ils nous ont affranchis. Depuis leur victoire, cette solennelle
« justice constitue la seule condition qui manque encore à notre irré-
« vocable émancipation. L'ordre et le progrès l'exigent également,
« car les utopies subversives et les tendances rétrogrades ne
« trouvent plus d'appuis vraiment dangereux que d'après l'entière
« ignorance des lois fondamentales de l'évolution humaine. »

Tels sont les actes principaux directement ou indirectement émanés du fondateur de la Société positiviste, et qui distinguent hautement l'existence de cette assemblée. Inspirés par une franche sociabilité, éclairés par une science profonde, empreints d'un véritable civisme, tous tendaient à diriger le présent, par des voies rationnelles et légitimes, vers un avenir assuré ; tous se recommandaient aux méditations des gouvernements et des peuples par la sagesse des vues et par l'opportunité des moyens. Si de tels efforts sont demeurés impuissants, si ces enseignements salutaires ont été négligés et sont restés sans écho parmi notre génération, la faute en est à l'abaissement moral et à la débilité intellectuelle de ce temps. Oubliant quels faibles commencements ont eu les plus grandes choses, et quel triomphe obtient finalement la vérité, les rêveurs officiels, les empiriques accrédités, tous ceux, en un mot, qui ne s'inclinent que devant l'ascendant matériel et qui n'ont que la religion du succès, purent accueillir ces grandes leçons avec une dédaigneuse et superbe ironie : elles n'en restent pas moins la loi de l'avenir. Quant au présent, nul ne peut mettre en doute ce qui fut advenu si l'action positiviste, franchissant l'enceinte de la petite assemblée, se fût produite dans ces immenses réunions où le peuple cherchait vainement la lumière, et si l'esprit de l'Humanité l'eût assez profondément pénétré pour que la grande pensée moderne, s'unissant à la force populaire, conquît enfin l'universel ascendant ?

Au lieu de ralentir l'activité d'Auguste Comte, ces travaux préliminaires ne faisaient que le préparer à l'achèvement de son œuvre principale. L'élaboration de la *Politique positive* se poursuivait, en effet, à travers ces civiques occupations, au point de n'être plus retardée déjà que par des obstacles extérieurs. La dédicace de ce grand ouvrage avait été écrite en 1846, son discours préliminaire en 1848, et son introduction fondamentale se trouvait achevée dès 1850. L'ensemble de l'œuvre, préparé par des expositions hebdomadaires faites à la Société positiviste et par les cours philosophiques de 1849, 1850 et 1851, à la Mairie des Petits-Pères et au palais Cardinal, devait recevoir une pleine réalisation dès que les entraves matérielles qui y mettaient empêchement viendraient à être levées.

Pour comprendre les difficultés qui retinrent la publication du traité de *Politique*, on doit considérer le dénûment de son auteur, et se rappeler que le fondateur du positivisme regardant justement les productions de l'esprit, les œuvres spirituelles, comme appartenant à l'Humanité plutôt qu'à l'individu, avait renoncé, dès cette époque, à tout mercantilisme philosophique et à tout profit résultant de la vente de ses écrits. Repoussant, en son nom et pour ses successeurs, le bénéfice de la prétendue *propriété littéraire*, il avait résolu d'affecter invariablement le produit de ses œuvres à l'acquittement des frais d'impression et à la fondation d'un fonds typographique destiné aux publications de l'École positiviste. Mais pour devenir ainsi son propre éditeur, et pour disposer à son gré de la vente ou de la distribution gratuite de ses livres, Auguste Comte devait, avant tout, obtenir la coopération d'un imprimeur, circonstance qui, vu sa constante pauvreté, demeura longtemps un obstacle.

Ce n'est qu'en 1851 que le positivisme se trouva assez avancé pour qu'une intervention de son propre public vint écarter ces regrettables difficultés. M. Joseph Lonchampt couvrit les frais d'impression du premier volume de la *Politique positive*, comme l'avaient fait en 1848, pour le Discours préliminaire, de généreux disciples hollandais (1), et comme le fit, en 1854, M. Georges Audiffrent envers le tome final de ce grand ouvrage, M. Thunot, l'honorable et habile imprimeur d'Auguste Comte, n'ayant exigé aucune garantie pour ses autres publications. Nous manquerions à un véritable devoir si, en consacrant ici cette noble protection, à laquelle nous devons la *Politique positive* et l'institution de notre fonds typographique, nous n'exprimions à son égard la profonde reconnaissance qu'elle mérite.

---

(1) MM. Vertduchéne, de Stirum, de Capellen, Willem de Constant-Rebecque, etc.

On doit remarquer enfin que si ces conditions étaient favorables à l'indépendance et à la dignité de la publicité positiviste, en lui évitant l'avide oppression des éditeurs et le scandale qui résulte trop souvent de la réclame commerciale, elles pouvaient cependant, surtout au début, lui être nuisible par le peu de retentissement qu'elles lui procuraient.

L'obstacle matériel une fois levé, l'entière publication du *Système de Politique positive* se fit avec une régularité vraiment imposante, et s'accomplit avec une remarquable célérité. Le premier volume (depuis longtemps achevé) parut en juillet 1851; le second en mai 1852 (la même année que le mémorable opuscule qui résume si admirablement la religion de l'Humanité, — le *Catéchisme positiviste*); le troisième fut édité en 1853, et le dernier en août 1854. Ainsi se trouvait assurée la plus grande tâche d'Auguste Comte, la réorganisation de la société moderne par la religion démontrée, d'après les bases fournies par la philosophie positive. Ainsi se trouvait réalisé, dans son âge mûr, le hardi projet de sa jeunesse, quant à la restauration de l'autorité spirituelle.

X. — La Politique positive. — Institution de la Religion de l'Humanité

Inspirée de la résurrection affective dont nous avons parlé, préparée par la rénovation philosophique qui l'avait elle-même précédée, la *Politique positive*, justement consacrée par son auteur à la mémoire de Mme Clotilde Devaux, constitue la principale création d'Auguste Comte, son œuvre essentielle.

Sa *Philosophie* avait accompli, au point de vue réel, la systématisation des idées humaines; pour construire la foi nouvelle indispensable à l'Occident, pour instituer le sacerdoce définitif, la *Politique* devait effectuer, d'après les données de la première, la systématisation des sentiments. Elle institua donc la coordination des affections, la théorie des devoirs, l'exercice normal de la sociabilité humaine, et prit ainsi possession définitive du domaine pratique. Car on ne peut régler l'esprit et le cœur sans diriger aussi les actes, sans atteindre la vie pratique, sans modifier les mœurs et les institutions, qui sont, au fond, le résultat de nos croyances et de nos affections. Voilà comment la systématisation morale, d'après la synthèse réelle, conduisit à l'institution d'une politique positive, et comment la saine philosophie, émanée de la science abstraite, put aboutir à la vraie religion.

Mais malgré leur indissoluble connexité, ces deux grandes constructions d'Auguste Comte devaient différer entre elles, d'après la distinction même de leur objet respectif, les opinions et les mœurs. Tandis que le caractère intellectuel distinguait la *Philosophie*, le point de vue moral devait nécessairement prédominer dans la *Politique*. L'esprit devait prévaloir dans le premier traité pour y établir la supériorité du positivisme sur un théologisme quelconque, et le cœur dans le second pour manifester la prééminence morale de la vraie religion. Cette différence fondamentale rend compte aussi de la supériorité de la dernière élaboration sur la première, puisque la systématisation affective s'y surajoute à la coordination intellectuelle, qui reste la même, pour constituer la synthèse universelle.

La *Philosophie* et la *Politique* positives devaient en outre développer respectivement le point de vue dynamique ou statique; car, dans le premier ouvrage, il s'agissait surtout d'établir l'existence des lois sociales, la réalité de l'ordre humain, et, pour y parvenir, il fallait avant tout déterminer la marche du progrès, en ramenant à une évolution invariable l'ensemble des phénomènes historiques, ce qui exigeait la prépondérance de l'appréciation dynamique. Au contraire, dans le second, l'auteur s'adressant à des esprits déjà convaincus de la nécessité des lois sociologiques, et persuadés de leur existence d'après les résultats obtenus par la *Philosophie*, l'étude abstraite de l'ordre devait y prévaloir sur celle du progrès qui n'en devait paraître que la conséquence naturelle et le complément nécessaire.

Enfin, le mode d'exposition propre à ces deux grands traités ne pouvait pas moins différer que leur esprit général. L'un présente surtout le caractère de recherche et de discussion nécessaire pour tirer de sciences dispersées les éléments de la philosophie réelle; l'autre, uniquement préoccupé de construire la vraie religion d'après des principes déjà établis, prend le caractère dogmatique conforme au régime normal.

Cette différence de forme se rattache surtout à la diversité logique qui constitue le principal contraste entre la *Philosophie* et la *Politique*. Tandis que dans la première élaboration, où il fallait prolonger l'investigation scientifique jusqu'à son terme normal (la sociologie), l'auteur avait dû employer exclusivement la méthode objective, qui convient seule à une initiation s'élevant toujours du monde à l'homme; il lui avait fallu, au contraire, en vertu même des succès qu'elle avait précédemment obtenus, remplacer, pour la systématisation politique, où l'on descend constamment de l'homme au monde, cette marche préliminaire, par la méthode subjective qui, *en s'exerçant sans cesse et rigoureusement sur les résultats objectifs acquis par la première*, peut seule permettre leur coordination nouvelle, pour une systématisation universelle. Le rétablissement de la prépondérance normale de cette logique supérieure, enfin régénérée et relevée par le positivisme, correspond naturellement, du reste, à l'ascendant spontané du cœur sur l'esprit, d'après l'office réel du sentiment envers l'intelligence dans leurs relations ordinaires.

Au lieu donc de suivre de bas en haut les degrés successifs de l'ordre universel, comme avait dû le faire la *Philosophie positive*, pour arriver à sa connaissance complète par la voie analytique, la *Politique* institue de haut en bas, et par la voie synthétique, tous les termes de la systématisation subjective. *D'abord suffisamment pourvue de la connaissance des lois naturelles des phénomènes*, elle établit, en vue de l'Humanité et au nom de l'amour universel, le système de l'homme, de la société et même du monde ; elle institue, d'après cette destination suprême, les conceptions scientifiques dont elle était primitivement émanée ; elle fixe leur esprit général, leurs limites normales, leurs prétentions légitimes ; en un mot, elle coordonne tout le système d'après le but moral.

Les principaux résultats de cette reconstruction subjective sont d'abord l'institution de la Morale comme science distincte, ajoutée en terme final à l'édifice abstrait. Cette fondation capitale résulte, comme je l'ai expliqué précédemment, de la distinction de l'ordre humain en collectif et individuel. Ce terme définitif, aboutissant nécessaire de toute science, rapproche autant que possible l'homme de l'Humanité et unit intimement, par son affinité naturelle avec l'art correspondant, la théorie à la pratique. Secondement, la systématisation subjective institue la théorie positive de la nature humaine individuelle, affective, intellectuelle et active, la conception systématique des relations du moral et du physique de l'homme. Cette construction, base de la morale, de l'éducation et de la politique, en démontrant la prépondérance naturelle du cœur sur l'intelligence et l'activité, en élevant la morale au-dessus de toutes les sciences et de tous les arts, provoqua aussi l'avènement du culte avant le dogme et le régime, dans l'arrangement définitif des trois parties essentielles de la religion, conformément à la formule la plus générale qui puisse représenter l'existence humaine : *aimer, penser, agir*.

Enfin, la systématisation finale enrichit aussi la philosophie positive d'un terme préliminaire extrêmement important, qui la complète et lui assure son indispensable universalité. Il s'agit du préambule abstrait qu'Auguste Comte a définitivement proposé sous le titre de *Philosophie première* et comme introduction générale à l'étude de la philosophie positive proprement dite, ou de la hiérarchie des sciences fondamentales, connue désormais sous la dénomination de *Philosophie seconde*. Cette systématisation initiale, que l'on doit regarder comme la réalisation d'un vœu confusément exprimé par Bacon, et qui satisfait en même temps aux aspirations les plus élevées de tous les vrais penseurs positifs ainsi que des grands métaphysiciens, comprend, nous l'avons déjà dit, outre l'institution logique du dogme positif, l'exposition des *principes universels*, c'est-à-dire des lois abstraites les plus générales, qui sont indépendantes de la nature même des phénomènes, et que l'on peut constater dans chacune des grandes catégories d'événements composant l'ordre réel.

Nous devons maintenant analyser en lui-même le *Système de Politique positive*, ou *Traité de Sociologie instituant la Religion de l'Humanité*, après avoir résumé ses caractères généraux et ses dispositions essentielles. Il comprend quatre parties principales, quatre volumes.

Le premier contient un exposé général de la doctrine positiviste et une introduction à la fois scientifique et logique. L'exposé préliminaire, qui n'est autre que le *Discours sur l'ensemble du Positivisme*, publié séparément en 1848, résume successivement l'esprit fondamental de la nouvelle foi, sa destination sociale, son efficacité populaire, son influence féminine, son aptitude esthétique et sa nature religieuse. Quant à l'introduction, elle établit d'abord la nécessité de la logique subjective, sa prééminence intellectuelle et morale envers la construction de la synthèse finale, puis elle procède à la régénération directe des théories scientifiques (cosmologie et biologie) qui servent de base à la science sociale. L'unité encyclopédique se trouvant instituée au nouveau point de vue logique, le tome second peut dès lors aborder la construction directe de la philosophie politique.

Il accomplit cette synthèse principale en établissant la théorie abstraite de l'ordre humain, qui, en vertu de sa complication supérieure, offre un résumé nécessaire de l'ordre universel. L'existence sociale y est étudiée dans tous ses éléments fondamentaux, et l'auteur y détermine envers chacun, d'abord le régime normal qui lui est propre, ensuite la nécessité qui subordonne son avénement définitif à une longue préparation graduelle. Ainsi l'aspect le plus général de l'existence collective, le seul universel, y est immédiatement considéré, et fournit la théorie positive de la religion, envisagée suivant sa double aptitude sociale à régler et rallier (1). La nature fonda-

---

(1) Cette théorie positive de l'unité humaine, où la religion se trouve enfin distinguée de la théologie, avait été conçue par Auguste Comte dès 1843, et indiquée par lui dans les différents cours publics qu'il fit après cette époque, ainsi que dans le *Calendrier positiviste*, le *Discours sur l'ensemble* et le *Catéchisme*.

mentale et la destination définitive de cette institution y sont donc caractérisées d'une manière complète, ainsi que les diverses phases qui durent successivement préparer son état normal. On comprend l'importance de cette systématisation décisive, qui fournit le principe essentiel de la réorganisation moderne et qui constitue la partie fondamentale du Traité de politique. Toute l'œuvre est là.

Les autres chapitres de ce second volume exposent successivement, et de la même manière, c'est-à-dire dans leur état définitif et leurs mutations progressives, la nature du problème humain, qui donne lieu à la théorie de la propriété matérielle; la théorie positive de la famille, comme élément naturel de la société et comme base indispensable de l'essor moral, son état normal et ses vicissitudes, suivant les temps et les lieux; la transition naturelle de la famille à la société, d'après l'institution fondamentale du langage, qui a surgi de la première et qui s'est développée dans la seconde; la théorie positive de l'organisme social, analysé dans tous ses éléments essentiels, organes et fonctions communs à tous les temps et à tous les lieux; enfin la théorie positive des limites générales de varations propres à l'ordre humain, qui permet de déterminer les modifications résultées de l'espace et du temps de celles qui sont dues à notre intervention.

Le tome troisième est consacré à la *dynamique* sociale, comme le précédent à la *statique*. Il expose la théorie du mouvement ou du progrès humain, et construit la vraie philosophie de l'histoire. Or, tout progrès réel n'étant jamais que le développement de l'ordre, cette dynamique constitue le complément nécessaire de la sociologie statique, qui, considérée isolément, resterait incapable de guider la vie réelle, où son application exclusive susciterait souvent de graves perturbations. De même, il est indispensable de ne pas séparer l'étude du mouvement de celle de l'existence, sous peine de n'arriver à supprimer l'absolu qu'en consacrant l'instabilité. C'est pourquoi ces deux points de vue essentiels, quoique distincts et nécessitant une étude successive, ne doivent jamais être réellement séparés. C'est pourquoi encore, dans ce volume, les théories dynamiques sont toujours rigoureusement rapportées et subordonnées aux conceptions statiques. Les lois de l'évolution collective se trouvent donc ainsi purgées de tout empirisme, en rattachant l'ensemble du mouvement humain à la constitution même de notre nature, ce qui, après leur institution objective, leur procure une confirmation déductive qui les affermit doublement.

Le premier chapitre de la dynamique sociale, ou philosophie de l'histoire, établit la théorie fondamentale des évolutions, d'après la démonstration systématique des trois grandes lois sociologiques relatives à l'intelligence, à l'activité et au sentiment. Il explique la marche originale résultée des mutations spontanées et successives des populations les plus avancées, et les modifications propres aux civilisations retardées, qui pourraient être désormais soumises à des impulsions vraiment systématiques.

Le second chapitre aborde directement, d'après un tel préambule, l'explication du passé, en commençant par l'étude du fétichisme. Cette indispensable appréciation, à peine indiquée dans la *Philosophie positive*, est magistralement accomplie par la *Politique;* et l'on peut dire qu'elle constitue la partie la plus originale et la plus remarquable de la systématisation historique. Cet état fondamental, le seul qui ne puisse jamais être évité dans aucune initiation humaine, individuelle ou collective, spontanée ou systématique, et dont la prépondérance se fait sentir dans toutes les grandes phases historiques préliminaires, y est exposée avec une puissance et une pénétration vraiment admirables. Quoique étant le plus important à bien connaître, ce premier âge de l'Humanité était précisément le moins connu et le plus difficile à apprécier ; car, à défaut de renseignements historiques suffisants sur la vie de nos plus lointains prédécesseurs, il fallait, pour s'éclairer sur ses caractères véritables, suppléer par la méditation à la simple observation, en s'aidant des notions acquises sur la nature humaine, et de l'examen philosophique des civilisations les moins avancées. Ce travail fut effectué, nous l'avons dit, avec un plein succès, et l'étude de cette partie de notre histoire, qui arrache à une antiquité mystérieuse ses plus intimes secrets, offre au cœur, encore plus qu'à l'esprit, un attrait irrésistible. Les âmes vraiment humaines ne peuvent contempler sans une émotion profonde ce tableau à la fois touchant et solennel de l'existence de nos premiers pères, qui posèrent, au milieu de tant de difficultés et avec tant d'efforts, les fondements de l'état social dont nous jouissons paisiblement aujourd'hui.

Le troisième chapitre apprécie l'état théocratique, qui succéda partout à l'état fétichique, par l'intermédiaire d'une transition astrolâtrique. La théocratie constitue le seul mode durable de l'organisation théologique, dont tous les autres degrés ne sont que des modifications passagères et décroissantes. Ce régime est entièrement fondé sur la grande institution des castes, dont le principe procure à toutes les phases sociales suivantes la seule source de leur consistance religieuse et politique. La théocratie, ou polythéisme conservateur, offre le premier type de systématisation générale de toutes les forces humaines, et c'est de son action que procédèrent directement tous les progrès ultérieurs de la civilisation. A ce régime initial succède une immense transition, dont la terminaison révolutionnaire se prolonge jusqu'à nos jours. Ce mouvement n'est pas, du reste, commun à tous les peuples, mais il se concentre successivement chez des populations d'élite, la masse dont elles se détachent restant à l'état théocratique, astrolâtrique ou même fétichique.

La transition qui s'étend de la théocratie initiale à la sociocratie finale que vient instituer le positivisme reste donc longtemps organique, puis elle devient de plus en plus révolutionnaire. Sa première phase, que l'on peut regarder encore comme véritablement évolutive, se décompose en trois parties nécessaires, spécialement relatives au développement de l'intelligence, de l'activité et du sentiment, et dont la succession spontanée explique l'ensemble des temps compris entre l'antiquité théocratique et le mouvement moderne. Ce sont : l'élaboration grecque, l'incorporation romaine, et l'initiation catholico-féodale, qui se trouvent respectivement appréciées dans les chapitres quatrième, cinquième et sixième du volume en question. Cet enchaînement représente le Moyen-âge comme étant spontanément émané de l'ensemble de la civilisation antique, et comme constituant la moins durable des trois transitions organiques, celle qui peut, par conséquent, être le plus facilement épargnée aux civilisations retardées.

Cette dernière préparation une fois accomplie, le système théologique et militaire se trouve essentiellement épuisé; sa décomposition ultérieure ne peut donc plus tendre que vers une pure anarchie, devenue cependant inévitable, d'après l'impossibilité radicale d'instituer alors l'état final, dont la nature ne peut même pas encore être connue, vu le faible développement de la science et de l'industrie. Alors surgit la révolution qui sépare du Moyen-âge proprement dit, la crise finale où se trouve actuellement engagé l'Occident. Le septième et dernier chapitre du troisième volume de la *Politique positive* est donc consacré à l'appréciation des cinq siècles qui constituent la phase révolutionnaire de la transition générale ; et il caractérise les deux mouvements simultanés de décomposition croissante du régime provisoire et d'élaboration graduelle des éléments propres à l'ordre définitif. « Unique issue de ce double mouvement, l'avènement décisif
« de la religion universelle devient aujourd'hui le résultat inévitable
« de l'ensemble des préparations antérieures et la base indispensable
« des efforts destinés à surmonter l'anarchie moderne. Il constate et
« complète l'épuisement connexe du théologisme et de la guerre, de
« manière à calmer déjà toutes les sollicitudes, en montrant qu'une
« courte transition nous sépare seule de l'état normal. Une politique
« pleinement homogène, fondée sur l'explication totale du passé,

« nous guidera directement vers l'avenir, sans craindre le retour « d'orages essentiellement dus à l'impossibilité de systématiser la « marche occidentale (1). »

Après cette inébranlable systématisation des lois de l'ordre et du progrès humain dont tous les esprits sérieux comprendront l'importance et le prix, en présence du désordre actuel, le dernier tome du traité de sociologie construit la théorie de l'avenir. Ce complément décisif consiste principalement à caractériser l'état normal avec la précision qu'exige la pratique sociale, et que pouvait seule procurer une suffisante explication du passé. Cette construction résulte donc de la combinaison des données statiques et dynamiques, par la morale, afin de respecter à la fois, dans la conception de l'état futur, les lois générales de la constitution humaine et la suite essentielle de nos antécédents, rapprochées en vue du meilleur progrès. La considération de l'intelligence et de l'activité prévaut en sociologie, mais leur essor décisif permettant enfin leur vraie systématisation, fait explicitement dominer, en politique, le sentiment, qui constitue le domaine essentiel de la morale. Cette conception systématique de l'avenir est donc caractérisée surtout d'après sa correspondance complète avec la connaissance exacte de la nature humaine, qui proclame l'universelle prépondérance du cœur. Elle est destinée à fonder une politique capable de guider systématiquement la marche spontanée de chaque population vers l'état normal (scientifique-industriel) dont l'opportunité a été précédemment établie, et de caractériser ce système final dans tous ses détails et sa précision. Pour cela, il faut exposer la religion de l'Humanité, guide universel de notre état adulte, dans son ensemble d'abord, puis dans chacune de ses parties essentielles. C'est pourquoi le premier chapitre de ce volume institue directement la théorie fondamentale du Grand-Être, d'où résulte le tableau simultané de la religion universelle et de l'existence normale. D'après cette base systématique, les trois chapitres suivants exposent respectivement : le culte, d'après le tableau général de l'existence affective; le dogme, d'après celui de l'existence théorique; enfin, le régime, d'après l'ensemble de l'existence active, de manière à régler les trois éléments fondamentaux de notre nature, le sentiment, l'intelligence et l'activité. Le dernier chapitre vient alors intercaler le présent, entre l'avenir et le passé, par la théorie générale de la transition extrême, pour terminer la révolution occidentale et prévenir sa reproduction chez les autres peuples. Voilà comment ce dernier volume, résumé par une conclusion rigoureuse et suivi de la noble

(1) Auguste Comte, *Politique positive,* tome III, page 622.

action de grâces de l'auteur de la *Politique positive* envers Mme Clotilde Devaux, qui complète la touchante dédicace de l'œuvre tout entière, inaugure irrévocablement la religion démontrée d'après son exposition directe, dirigeant une application décisive.

Tel est l'ensemble de cette systématisation sans pareille, qui dépose les générations présentes sur le seuil de l'avenir, qui place son immortel auteur dans l'auguste phalange des grands fondateurs religieux, parmi les plus glorieux bienfaiteurs de l'Humanité, et qui même l'élève au-dessus d'eux par la puissance intellectuelle et par le sentiment religieux, puisque la prééminence mentale et morale de la synthèse positive sur toutes les systématisations préliminaires ne saurait être contestée.

XI. — Période sacerdotale

Jusqu'ici, nous n'avons considéré ce grand homme que comme philosophe et comme fondateur de la synthèse moderne : mais après l'achèvement du Traité de sociologie instituant la religion démontrée, nous le voyons grandir et s'élever tellement, sous l'ascendant moral et la réaction personnelle du nouveau culte, que nous ne pouvons l'envisager désormais que comme organe sacerdotal, comme agent du pouvoir spirituel régénéré, en un mot comme prêtre de l'Humanité. Nous allons donc, à ce nouveau point de vue, rappeler comment le fondateur du positivisme sut accomplir les fonctions essentielles de tout véritable sacerdoce : l'enseignement, le conseil, la consécration et le jugement.

Mais avant de retracer cette phase suprême d'une existence constamment vouée au triomphe du bien et du vrai, nous devons parler d'une institution qui plaça le nouveau Grand-Prêtre dans une situation normale, et assura la liberté de son essor religieux.

Lorsqu'en 1848 l'auteur du *Système de Philosophie positive* dut renoncer définitivement à l'espérance de recouvrer son principal office à l'École polytechnique, il se trouvait pour ainsi dire sans ressources ; car il avait presque entièrement abandonné l'enseignement privé des mathématiques pour remplir ses fonctions d'examinateur, et la rétribution qu'il recevait comme répétiteur d'analyse était loin de pouvoir répondre aux charges et aux nécessités de sa situation domestique. Cette position était donc anxieuse et difficile, surtout si l'on songe aux loisirs dont avait besoin le futur auteur de la *Politique positive*. En reponse à l'appel adressé par Auguste Comte, en juillet de cette même année, au public occidental (1), M. Littré prit alors, avec les principaux positivistes qui se trouvaient à Paris, l'initiative d'une souscription destinée à réparer l'iniquité dont ce savant était victime et à lui assurer l'existence matérielle que l'on avait voulu détruire. Nous reproduisons, à la fin de ce volume, la circulaire rédigée à cette occasion et adressée à toute personne que l'on présumait devoir s'intéresser à l'injuste détresse du philosophe et de l'homme de bien (2).

Quoique instituée et acceptée à titre de réparation sociale, cette souscription garda pendant plusieurs années, sous la direction de M. Littré, le caractère personnel que les circonstances lui avaient assigné. Mais à mesure que le positivisme grandissait et que son fondateur s'élevait au rôle qui devait finalement lui appartenir, la nécessité se faisait sentir de donner un caractère plus large et une destination plus étendue à une institution primitivement surgie d'une nécessité individuelle (3).

Dès ses premières circulaires, Auguste Comte avait donné à cette mesure privée un véritable caractère social, et laissé entrevoir la convenance de sa transformation ultérieure; mais un fait aussi significatif qu'inespéré vint bientôt le confirmer dans cette tendance spontanée. Au lieu d'être alimenté par des souscriptions provenant du milieu où pouvait être appréciée la spoliation, le subside positiviste ne fut réellement composé, même à son origine, que des cotisations émanées de ceux qui avaient embrassé les conséquences sociales ou religieuses du positivisme. Des hommes étrangers au monde scientifique proprement dit avaient seuls reconnu l'obligation morale d'empêcher cette oppression; Auguste Comte se trouvait assuré qu'on soutenait en lui le rénovateur, et qu'on voulait la continuation de son œuvre.

Lorsqu'eut lieu, en novembre 1851, sa dernière exclusion polytechnique, c'est-à-dire lorsqu'il fut dépouillé de la dernière place qu'il occupait à l'Ecole, le patronage qu'on n'avait d'abord institué que temporairement envers lui dut devenir définitif, et cette nécessité prépara directement la transformation de l'institution initiale. C'est ainsi que le subside positiviste, primitivement destiné à subvenir d'abord temporairement puis bientôt après d'une manière per-

---

(1) Voir aux *Pièces justificatives*, n° 22.

(2) *Ibidem*, n° 25.

(3) V. n° 32, la collection des Circulaires annuelles adressées par Auguste Comte à chaque coopérateur du *Subside positiviste*. — Cette lecture est indispensable pour bien apprécier le développement religieux du positivisme.

manente à l'entretien personnel d'Auguste Comte, reçut enfin pour but, en 1854, d'assurer la formation du nouveau sacerdoce.

Auparavant (septembre 1852), une importante simplification avait été introduite dans l'administration de ce noble protectorat : la centralisation des souscriptions qui avait jusqu'alors appartenu à M. Littré, passa, dès cette époque, sous la direction d'Auguste Comte, qui put ainsi se mettre en rapport immédiat avec chaque coopérateur, ou tout au moins avec chaque centre de coopération.

Ce changement fut brusquement amené par l'attitude que prit cet académicien vis-à-vis du philosophe, lors du coup d'État de Décembre 1851.

Le président de la Société positiviste crut voir dans cet événement une modification politique heureuse, en ce sens qu'elle mettait fin à l'anarchie parlementaire dont le pays était si las ; mais sans pour cela menacer, croyait-il, l'existence de la République. Pour lui, ce changement était un pas décisif et confirmatif vers l'institution de la dictature républicaine qu'il venait précisément de recommander dans le *Rapport sur le gouvernement révolutionnaire*. Il approuva donc la mesure et motiva cette opinion devant la Société positiviste, exceptionnellement convoquée, et dont la plupart des membres désapprouvaient et condamnaient absolument l'attentat bonapartiste. D'où une discussion violente et un dissentiment profond, par suite desquels M. Littré donna sa démission, avec quelques-uns de ceux qui pensaient comme lui.

Mais ce n'était là qu'un prétexte.

Depuis quelque temps déjà, et à mesure que la République perdait du terrain, M. Littré s'éloignait visiblement du positivisme et de son fondateur. Il n'attendait qu'une occasion pour brûler ce qu'il venait d'adorer ! et, au fond, le coup d'État ne fut pour lui qu'un à-propos impatiemment attendu pour opérer sa retraite. Avec les progrès croissants de la réaction et son triomphe probable, il ne se sentait plus rassuré dans un groupe politique où il s'était mis en évidence et où il avait signé un rapport sur le gouvernement révolutionnaire.

— Il nous disait, pendant les jours d'émeute : « Il ne s'agit de rien moins, pour M. Comte et pour moi, que d'aller coucher ce soir à Vincennes ! » — Il envoya donc sa démission le lendemain même de la victoire de Louis-Napoléon, le lendemain aussi de cette réunion de la Société positiviste où il avait contredit et attaqué le président avec une violence et même une grossièreté qui étaient loin de lui être familières : — « Vous avez la berlue, vous dormez tout éveillé ! » — lui criait-il, pendant que celui-ci s'efforçait d'exposer ses idées au milieu de l'effervescence générale.

Parmi ceux qui se retirèrent avec M. Littré et pour différents motifs, figuraient : MM. Charles Robin, professeur agrégé à la Faculté de médecine, homme prudent et plus tard sénateur de l'empire; Peyronnet, employé des Finances, parent de M. Littré; Leblais, publiciste, collaborateur au fameux Dictionnaire; Belpeaume, ouvrier bottier, représentant de Mme Comte, etc. Parmi ceux qui demeurèrent étaient, entre autres : MM. Fabien Magnin, ouvrier menuisier; Eugène Simon, ouvrier modeleur, ancien compagnon d'armes de Barbès; Joseph Mignin, Fili, Maire, ouvriers mécaniciens; Lablanche, tabletier; Piéton, horloger; Pierre Laffitte, Charles Yundzill, professeurs de mathématiques; Dr Segond, sous-bibliothécaire à la Faculté de médecine; Joseph Lonchampt, banquier; Mieulet de Lombrail, employé des Finances, ancien élève de l'Ecole polytechnique; Bazalgette, Robinet, Foley, Lefebvre, étudiants en médecine, etc.

D'ailleurs, il faut bien le dire, avec son tempérament de libéral (il l'a assez montré sous la troisième République), avec ses préjugés académiques et ses habitudes littéraires, M. Littré, une fois son emballement de 1848 calmé, ne pouvait guère rester dans un milieu intellectuel et social où l'on prétendait marcher droit à la suppression du parlementarisme et des Académies, à la séparation de l'Église et de l'État et à l'incorporation effective du prolétariat à la société. Enfin, disons que des influences personnelles plus intimes et moins avouables le détachaient aussi chaque jour davantage du fondateur de la religion de l'Humanité, jusqu'à ce qu'elles aient fait de lui un implacable et détestable ennemi (1).

Quoiqu'il en soit, c'est à partir de ce moment que le subside, resté jusqu'alors insuffisant, prit une consistance qui lui permit enfin de répondre au but primitif de son institution. Ce résultat, que peut déjà motiver l'extension du public positiviste, malgré l'épuration de la Société et la retraite spontanée de ses éléments incompatibles, se trouve surtout expliqué par la consolidation des convictions, depuis l'entière publication du *Système de Politique positive*. Il indique nettement que cette institution avait atteint sa véritable destination en prenant un caractère public et religieux, au lieu de rester simplement personnelle et philosophique. Enfin sa persistance, et même son accroissement, depuis la mort d'Auguste Comte, sont une irrévocable preuve de l'opportunité de cette transformation.

Désormais abrité contre la misère par le libre protectorat de ses

---

(1) Voir la note 15 à la fin de ce volume. Au reste, M. Littré a pris soin lui-même, dans ses écrits ultérieurs, notamment dans la préface de la 2e édition de *Conservation, Révolution et Positivisme*, de décrire tous les degrés de sa défection, de renier et de flageller sa première et complète adhésion à la philosophie, à la politique et à la religion positivistes.

vrais adhérents, complètement affranchi de l'influence de ses persécuteurs, et placé dans la situation indépendante et désintéressée qui convient au prêtre, le fondateur du positivisme put développer librement son action et poursuivre sans entraves l'accomplissement de sa mission.

Son enseignement, pendant cette phase sacerdotale, comprend le *Cours philosophique sur l'histoire générale de l'Humanité* et la publication du *Catéchisme positiviste*.

Pour des raisons facilement appréciables, d'après ce que nous avons dit précédemment sur les personnes et sur les choses politiques de ce temps, le gouvernement de 1848 avait cru devoir sacrifier aux rancunes de certaines coteries l'enseignement qu'Auguste Comte donnait gratuitement, depuis dix-sept années, à la mairie du IIIe arrondissement de Paris. Tandis que de tous côtés on détournait de leur destination habituelle des établissements publics pour les ouvrir à l'exposition et à la discussion des théories révolutionnaires, le local consacré par des services aussi anciens et aussi profitables, était retiré à l'auteur du *Cours d'astronomie populaire*. Et ce n'est qu'en 1849, sous la Présidence, et par l'influence de MM. Viellard, adhérent et ami d'Auguste Comte, et M. de Bineau (alors ministre des Travaux publics), qu'une salle fut accordée de nouveau à l'auteur du *Discours sur l'ensemble du positivisme*, pour y reprendre l'enseignement sociologique qu'il avait associé, à titre de préambule, à son cours d'astronomie.

Bien que progressivement développé, et sans cesse perfectionné, pendant les trois années consécutives de sa durée, le cours sur l'histoire générale de l'Humanité se montra, dès l'origine, aussi supérieur par la nature de son objet et la haute portée de sa destination, que par la richesse du fonds, la dignité de la forme et l'énergique loyauté de l'exposition. La foule, alors entraînée vers d'autres soins et toujours empêchée par les mêmes obstacles, ne vint point consacrer par son concours enthousiaste cette dogmatisation sans égale; mais il n'en reste pas moins vrai qu'aucune chaire, aucune tribune ne retentit jamais de leçons plus élevées, de vérités plus essentielles, d'un enseignement aussi profond (1).

Après une séance d'ouverture concernant la nature philosophique et la destination sociale du positivisme, le fondateur de la religion démontrée développait la théorie complète de l'évolution humaine, exposant successivement les lois intellectuelles et sociales de cette

---

(1) Voir aux *Pièces justificatives*, nos 27 28 et 29, l'annonce et le programme de ces mémorables prédications.

immense progression, d'après leur origine cérébrale et leur manifestation domestique, c'est-à-dire d'après la constitution fondamentale de la nature humaine et l'organisation spontanée de la famille.

A cet imposant début succédait l'exposition historique du développement social, depuis son origine fétichique jusqu'à la transition actuelle. L'antiquité, le moyen-âge et la préparation moderne, profondément analysés au triple point de vue intellectuel, moral et social, y apparaissaient dans leur enchaînement indissoluble, comme les degrés progressifs par lesquels l'Humanité s'est élevée de la barbarie primitive à la sociabilité finale. Et la religion, guide tutélaire de cette immense évolution, se montrait présidant à chacune des grandes phases de notre civilisation : spontanée sous le fétichisme, inspirée chez nos ancêtres polythéistes et révélée dans le monothéisme, on la voyait s'affermir et s'épurer à sa transformation dernière pour devenir enfin démontrée sous le positivisme. C'est ainsi que cette progression séculaire était finalement conçue comme offrant deux seuls grands régimes systématiques et durables : la théocratie initiale et la sociocratie finale, séparées par une immense révolution, conduisant de l'une à l'autre par les phases successives de l'élaboration grecque, de l'incorporation romaine, de l'initiation catholico-féodale et de la préparation moderne.

En même temps qu'il fournissait une si haute vérification de la théorie d'évolution précédemment exposée, ce grand tableau sociologique embrassant à la fois le temps et l'espace, tous les âges et presque tous les lieux, constituait irrévocablement la vraie philosophie de l'histoire. Œuvre incomparable, puisque nul, avant Auguste Comte, ne put l'exécuter ni presque la concevoir !

Enfin, comme conclusion générale, surgissait la conception normale de l'avenir réglé par la religion de l'Humanité. Puis un mémorable discours de clôture résumait l'ensemble de la nouvelle doctrine, de manière à présenter dans une seule parole la leçon des siècles écoulés, la loi des âges futurs et le devoir des contemporains. C'est à ce moment solennel que le premier Grand-Prêtre de l'Humanité, interprète autorisé de l'élite des morts envers les générations suivantes, osa proclamer, dans ces termes énergiques, l'avènement de la foi et de l'action régénératrices : « Au nom du passé et de l'avenir,
« les serviteurs théoriques et les serviteurs pratiques de l'HUMANITÉ
« viennent prendre dignement la direction générale des affaires
« terrestres, pour construire enfin la vraie providence, morale,
« intellectuelle et matérielle; en excluant irrévocablement de la
« suprématie politique tous les divers esclaves de Dieu, catholiques,

« protestants, ou déistes, comme étant à la fois arriérés et pertur-
« bateurs (1) ».

On sent combien il est difficile de rendre compte d'un enseignement aussi élevé, et de donner une idée convenable de cette exposition où le plus inébranlable civisme relevait hautement une science profonde, une raison invincible, une ardente sociabilité. La force nous manque pour rappeler le génie de ces hautes leçons : nous avons été subjugués par leur puissance, sans en pouvoir rendre toute la grandeur. Leur souvenir n'a pu s'effacer avec l'âge, et il nous remue profondément encore le cœur, à quarante années de distance, en nous rappelant cette parole vénérable, quelquefois sévère et même terrible, toujours grave et magnanime. Oui, dans ces heures exceptionnelles, où s'annonçaient de si grandes destinées, nous avons senti le souffle de l'Humanité, nous avons entrevu sa réalité, sa grandeur, nous l'avons reconnue, et le saint enthousiasme de la foi démontrée s'est pour toujours allumé dans nos cœurs !

Telles furent les prédications du Palais-Cardinal.

Un livre admirable, que le scepticisme révolutionnaire a méconnu, le *Catéchisme positiviste*, a résumé cet enseignement auguste; mais si précieuse que puisse être une telle condensation de la foi nouvelle pour en répandre les vérités principales, nous devons déplorer à jamais qu'une prédication si propre à la communication des grandes pensées et des plus hautes émotions ait été finalement entravée. Malgré le protectorat d'un disciple puissant et dévoué, M. Vieillard, le fondateur du positivisme ne garda point la liberté de sa parole, et tous les trésors de sa profonde science, de son perfectionnement progressif, furent désormais perdus pour l'enseignement oral. Malgré des instances vainement répétées, Auguste Comte ne désespéra pas cependant de recouvrer cette liberté d'exposition si indispensable à son office sacerdotal, et toute sa vie il ne cessa d'aspirer à une chaire enfin digne des vérités qu'il apportait. Il fit le plan de leur exposition systématique, et nous nous empressons de rapporter ici ce document (2). Il espérait alors reprendre au Palais-Cardinal le cours interrompu de ses prédications philosophiques; mais le Panthéon, consacré par la Révolution au culte des grands hommes, aurait-il donc été détourné de cette civique destination, s'il fût devenu le premier temple ouvert à la religion de l'Humanité?

Le conseil, qui, dans tout véritable régime, forme une attribution

---

(1) Cette proclamation décisive ouvre le *Catéchisme positiviste*, introduction, page 1, et se trouve reproduite dans la *Politique positive*, tome IV, pages 532 et 533.

(2) Voir aux *Pièces justificatives*, n° 29.

essentielle de l'office sacerdotal, a surtout pour but d'obtenir que la vie réelle soit toujours instituée d'après les principes transmis et reçus pendant l'éducation. Ainsi, l'influence du pouvoir spirituel sur les jeunes générations qu'il a préparées par l'initiation systématique, ne s'arrête pas à cette première période, mais s'étend à toute l'existence, afin qu'il puisse rappeler sans cesse au but général de l'association humaine, ceux que les suggestions de la vie pratique parviendraient à en écarter. Office tutélaire qui tend à maintenir, par l'ascendant moral, en évitant des divergences funestes, la généralité de vues et la communauté de sentiments dont dépend l'harmonie sociale.

C'est cette haute attribution spirituelle, épreuve décisive et suprême aptitude de la capacité sacerdotale, que le premier prêtre de la religion universelle sut exercer avec tant de grandeur. Son ardente sociabilité tourna sans cesse les lumières de son intelligence et les efforts de son caractère vers la direction de la conduite privée et publique, afin d'engager ses contemporains dans les voies d'un véritable progrès et de les avancer vers le but réel de l'évolution qui s'achève. Sollicitude infatigable et dévouée, pleine de délicatesse et de désintéressement, qui put s'appliquer à tout, sans cependant atteindre aucune liberté respectable, ni blesser aucune susceptibilité légitime.

Pour mieux apprécier cet office, nous l'envisagerons sous un double aspect, c'est-à-dire dans son exercice social et dans ses rapports avec les personnes.

Dans la première direction, Auguste Comte fit de généreux efforts pour arracher la politique actuelle à l'empirisme qui la domine, pour l'engager dans la voie normale et définitive. S'adressant à la fois à tous les éléments politiques de notre société, tantôt aux conservateurs, tantôt aux révolutionnaires, tantôt aux gouvernants et tantôt aux gouvernés, toujours il s'efforça de leur faire instituer le présent en vue de l'avenir, d'après les principes et par les moyens que recommande la connaissance des lois propres à l'ordre et au progrès de l'Humanité. Mais sa sollicitude ne fut pas réduite à susciter l'installation du régime final dans l'Occident européen, elle tenta de préparer aussi l'extension de cette politique régénérée au reste du système humain, en agissant sur les chefs respectifs des peuples qui doivent servir d'intermédiaires à cette noble transmission. Ainsi, tandis que la lettre à M. Vieillard indiquait la conduite des vrais conservateurs (1), celles qu'il écrivit à MM. Barbès et Blanqui, dans leur prison, fixaient la marche des aspirations progressistes; des con-

---

(1) Voir la *Lettre à M. Vieillard*, sénateur de la République française, dans le tome II de la *Politique positive*, pages xxv et suivantes de l'appendice de la préface.

seils importants, adressés aux peuples et aux gouvernements (1), faisaient lumineusement ressortir les véritables conditions de la conciliation fondamentale entre l'ordre et le progrès ; un éminent opuscule, dont le but général était de faire pénétrer la religion démontrée chez les conservateurs dignes de ce nom, se trouvait spécialement destiné à fournir des principes de conduite au parti qui doit diriger la politique occidentale jusqu'à l'installation de la transition systématique, et reprendre la gestion des intérêts temporels après l'avènement définitif du régime scientifique-industriel (2). Le manifeste au tzar (3), la lettre à Reschid-Pacha (4) venaient poser les bases théoriques sur lesquelles deux grands empires doivent fonder leur régénération intérieure et partager leurs relations extérieures entre l'Occident et l'Orient. Enfin, une démarche de la plus haute importance était accomplie par un jeune aspirant au sacerdoce positiviste, M. Sabatier, d'après la délégation formelle du fondateur de la religion universelle. Le prêtre du nouveau culte mandait au chef de l'un des ordres religieux qui ont le plus contribué à la persistance de l'ancien (le Père Bex, général des Jésuites), qu'il voulût, de Rome, s'associer à lui pour obtenir *l'abolition du budget ecclésiastique* et concourir ainsi à favoriser le libre avènement de la nouvelle spiritualité, et à placer l'ancienne dans des conditions d'indépendance et de moralité nécessaires à sa transformation positive ou à sa digne extinction.

Cette haute initiative, dont on ne saurait trop apprécier le caractère, et qui devra longtemps fixer la méditation publique, fournit un ensemble imposant de principes et de moyens destinés à éclairer, à raffermir la marche chancelante des sociétés modernes dans leur aspiration vers un état régulier. En même temps, elle assure une gloire durable à celui qui, au milieu de l'anarchie actuelle, sut ressaisir et porter le sceptre spirituel avec tant de vigueur et de majesté. Force de vérité, grandeur morale, fermeté civique, tout se retrouve dans ces nobles exhortations, et tout y conspire pour témoigner de la sagesse et du dévouement qui les ont inspirées. Sans doute, une telle action ne fut point accueillie et ne put réformer le présent ; mais,

---

(1) Voir les préfaces des tomes II, III et IV de la *Politique positive*, et les *Conseils urgents* adressés par le fondateur de la religion de l'Humanité à tous les vrais Républicains français : P. j., n° 30, § A et B ; et, § C et D, les lettres à Barbès et à Blanqui.

(2) *Appel aux Conservateurs*, par Auguste Comte, auteur du *Système de Philosophie positive* et du *Système de politique positive*. — Paris, août 1855.

(3) *Lettre à Sa Majesté le Tzar Nicolas*, tome III de la *Politique positive*, pages XXIX et suivantes de l'appendice de la préface.

(4) *Lettre à S. E. Reschid-Pacha*, ancien grand-vizir de l'Empire ottoman, tome III de la *Politique positive*, pages XLVII et suivantes de l'appendice de la préface.

sans compter les actes mémorables qu'elle a suscités, l'enseignement qu'elle a laissé n'est pas perdu : il éclaire, au contraire, les voies de l'avenir, pour des générations plus élevées et plus fortes. Une telle conduite a posé les fondements de l'ordre futur, et fournit partout le type normal que des successeurs empressés devront s'efforcer d'approcher ou d'atteindre.

Quant à ces actes graves et si dignes d'être rappelés, sur lesquels nous ne pouvions nous ouvrir au moment où a paru la première édition de cette notice, au commencement du second empire, ils consistent dans les tentatives loyales, hardies, que fit Auguste Comte auprès de M. Vieillard, en rectification de sa première appréciation du Coup d'Etat (1).

Il ne fut pas longtemps, on le pense bien, à s'apercevoir que Louis-Napoléon n'était pas le directeur sociocratique qu'il avait espéré, et, dès qu'il l'eût jugé, il n'arrêta pas de le combattre. C'est par M. Vieillard qu'il s'efforça d'agir sur et contre lui, au mieux de l'intérêt général ou républicain.

Une phrase de la lettre décisive qu'il écrivit au premier le 28 février 1851 et qui montre comment il entendait l'événement de Décembre, fera mieux comprendre sa disposition d'esprit :

« Notre dernière crise a fait, ce me semble, passer la République française de la phase parlementaire, qui ne pouvait convenir qu'à une révolution négative, à la phase dictatoriale, seule adaptée à la révolution positive d'où résultera la terminaison graduelle de la maladie occidentale, d'après une conciliation décisive entre l'ordre et le progrès. *Si même un trop vicieux exercice de la dictature qui vient de surgir, forçait à changer, avant le temps prévu, son principal organe* (Louis-Napoléon Bonaparte — R), cette fâcheuse nécessité ne rétablirait pas réellement la domination d'une assemblée quelconque, sauf peut-être pendant le court intervalle qu'exigerait l'avènement exceptionnel d'un nouveau dictateur. » (2)

C'est bien d'après de telles vues qu'au fur et à mesure que le prétendant parut incliner à l'empire, le président de la Société positiviste devint un de ses adversaires les plus inflexibles; et qu'après avoir déterminé M. Vieillard, qui avait conservé sur son ancien élève une certaine influence, à le détourner de son projet par tous les conseils, avertissements et adjurations appropriés, il le somma, au nom de ses croyances positivistes, lors du vote du Sénat pour le

---

(1) Nous rappelons que M. Vieillard était un adhérent de la philosophie positive et qu'il avait été le précepteur du Prince-Président.

(2) *Système de politique positive*, t. III, préface, p. XXV.

rétablissement du trône impérial, de développer publiquement dans cette assemblée les motifs de son opposition à une pareille mesure, et même d'exiger la mise en accusation de l'usurpateur; déclarant hautement et non sans péril à l'honorable sénateur et à la Société positiviste que, par cette violation du pacte politique, il mériterait le sort de Charles Ier. Vieillard, pour des raisons de tout ordre, publiques et personnelles, ne se conforma pas à l'injonction, mais il y eut une seule voix d'opposition dans le vote du sénatus-consulte rétablissant l'empire : *ce fut la sienne*.

Cependant ces hautes préoccupations publiques ne détournaient pas le nouveau Grand-Prêtre des soins particuliers de la direction spirituelle, et il fit de constants efforts pour avancer la régénération de ceux qui l'entouraient.

Après le début politique dont nous avons parlé, la Société positiviste, limitée par les conditions défavorables du temps, c'est-à-dire par le despotisme ombrageux de l'empire, dut de plus en plus restreindre son action extérieure et se borner à augmenter, au dedans, sa cohésion et son unité. C'est ainsi qu'après l'élimination spontanée des éléments incompatibles qui s'y étaient agrégés dans l'origine, laquelle eut lieu, comme nous l'avons dit, en décembre 1851, elle tendit à former une véritable famille, où se développèrent les premières intimités nécessaires à toute action collective. Alors s'établit un heureux concours affectif résultant de l'attitude paternelle de celui qui dirigeait ses réunions, ainsi que de la fraternité réelle et de la vénération croissante de tous ceux qui y assistaient, entre eux et envers leur illustre président. Auguste Comte s'efforçait, dans ces soirées hebdomadaires, de maintenir une convergence d'idées et de sentiments si difficile à rencontrer de nos jours, d'élever les cœurs, d'éclairer les esprits, de prévenir les entraînements irréfléchis, les suggestions perturbatrices, les espérances et les défaillances injustifiables ; de réformer les vieilles habitudes, les anciens errements ; de préparer, enfin, des hommes tels qu'en réclamait l'accomplissement des destinées modernes.

C'est aussi pour concourir à ce grand résultat et préparer intellectuellement la régénération occidentale, qu'il fut amené à faire dans la bibliographie universelle un choix d'ouvrages essentiels destinés à remplacer habituellement des livres imparfaits ou même absolument mauvais, souvent aussi nuisibles au cœur qu'à l'esprit. Présenté d'abord sous le titre de *Bibliothèque du prolétaire au* XIXe *siècle*, ce choix systématique reçut finalement celui de *Bibliothèque positiviste;* et si le premier indiquait mieux la constante sollicitude du réformateur envers l'immense classe au bénéfice de laquelle doit surtout se terminer la Révolution, le second, moins exclusif, montrait une destination plus générale et plus durable.

Au reste, cette collection précieuse, qui condense en quelques volumes le trésor intellectuel de l'Humanité (poésie, science, histoire, religion, morale et philosophie), offre en même temps un ensemble complet d'études positives, le fonds inaliénable de la pensée collective, où l'on peut retrouver tous les germes, tous les éléments de la synthèse moderne et la confirmation de ses plus hautes vérités. La *Bibliothèque positiviste* peut suffire aux lectures et à l'étude contemporaine, dans tout l'Occident européen, et fournir ses preuves permanentes à la nouvelle foi. En même temps, elle prépare l'avènement de la fraternité réelle des peuples, en popularisant la connaissance réciproque de leur histoire, ainsi que de leurs principaux chefs-d'œuvre esthétiques, scientifiques, politiques et philosophiques. Car elle contient tout ce qui s'est fait d'indispensable et de grand, depuis l'antiquité gréco-romaine jusqu'à nos jours, et met en lumière la coopération de chaque époque, de chaque nationalité, envers l'œuvre générale du développement humain, depuis les synthèses préliminaires les plus éloignées jusqu'à l'immense systématisation qui vient de s'accomplir.

Ceux que l'anarchie actuelle a égarés dans le désordre des lectures incohérentes, et qui n'ont trouvé dans cette ardente investigation que fatigue, erreur, dégoût; ceux qui ont usé leur temps et leurs forces à chercher, sans fil conducteur et sans résultat, le beau, le bon, le vrai, dans le labyrinthe infini des publications de tant de siècles, sentiront l'immense service rendu à notre époque par ce choix systématique que la sollicitude sacerdotale devait seule inspirer, et qu'une si haute intelligence pouvait seule instituer convenablement (1).

Mais l'influence régénératrice d'Auguste Comte s'exerçait encore, à un degré plus intime, dans ces entretiens familiers que sa bonté accordait chaque jour aux besoins moraux de ceux qui l'approchaient. Nul ne sut se faire, avec plus de générosité et de charme, « *tout à tous,* » selon la délicate et juste expression de son amie. C'est dans ces instants de douce et bienfaisante communication (moments tant regrettés de nous!) qu'il exerça le conseil, la direction privée, avec autant de charité que d'efficacité. Ils sont nombreux ceux que sa parole, dans ces heures saintes, a pour toujours arrachés au doute, à l'ennui, à l'irrésolution, aux tourments et aux dangers de la maladie révolutionnaire, à la mort morale, à cette lèpre envahissante de

---

(1) Voir aux *Pièces justificatives,* n° 31, le catalogue de la Bibliothèque positiviste.

l'égoïsme, qui, de nos jours, dévore tant de natures égarées ! Et beaucoup pourraient témoigner que jamais ils n'approchèrent ce grand homme de bien sans le quitter meilleurs, plus clairvoyants et plus résolus. Son ascendant fut tel, que plus d'un superbe dut passer, dans ces épreuves secrètes, sous les fourches caudines de la vénération, et courber l'infimité de son irréligion sous le poids de cette irrésistible grandeur. Tutélaire influence d'une âme élevée, magnanimité du cœur, splendeur de l'intelligence, héroïsme du caractère, quelle puissance vous est accordée !.....

C'est par cette action directe, par ces contacts intimes et répétés, qu'Auguste Comte parvint à fonder la famille positiviste, finalement composée de ceux de ses disciples qui, issus des diverses populations occidentales (France, Italie, Espagne, Grande-Bretagne, Allemagne, et annexes), étaient venus à lui par l'esprit et surtout par le cœur, de ceux enfin que la religion nouvelle avait sincèrement touchés et réellement convertis.

Mais outre ce noyau fondamental d'hommes entièrement dévoués, fortement convaincus, et qui, on doit le reconnaître, formèrent toujours son principal appui, sa providence matérielle et sa consolation, l'action directe du fondateur de la synthèse moderne s'étendit au loin. Après les adhésions religieuses complètes et vraiment actives, après les soumissions intellectuelles inévitables (nul ne pouvant se soustraire à l'évidence de la démonstration qu'il a comprise), les témoignages d'une admiration sincère, d'un sympathie vive et réelle l'accueillirent de plus en plus. De sorte qu'en quelques années son influence s'était notablement accrue, sans même la comparer ici au douloureux et complet isolement dans lequel il passa sa vie jusqu'au temps où surgit la religion de l'Humanité.

Ainsi, de généreux Anglais, touchés de la situation de l'auteur de la *Philosophie positive*, MM. Grote, Molesworth et Rankes Currie, subvinrent, en 1845-46, à son existence, inopinément atteinte par l'opposition académique (1). En 1853, ce grand ouvrage fut publié en Angleterre, traduit et condensé par un écrivain des plus estimés, miss Harriet Martineau, à l'instigation d'un autre positiviste britannique, qui, sur le point de mourir, avait provoqué cette importante élaboration, aux frais de laquelle il pourvut généreusement par acte testamentaire (2). La même année, de jeunes Hollandais avaient pris

---

(1) V. aux Pièces justificatives, n° 20, § D, les débats auxquels ont donné lieu cette intervention. — V. également le n° 26, qui contient des passages relatifs à cette affaire.

(2) Elle fut ensuite remise en français, et très habilement, par notre distingué confrère M. Avezac-Lavigne, et publiée à Bordeaux en 1871.

l'initiative de traduire et de publier les deux premières leçons du *Cours de philosophie positive*, en y mettant une préface enthousiaste qu'ils envoyèrent à l'auteur avec une lettre sympathique (1). Enfin, vers la même époque, en France, un artiste de mérite, M. Antoine Étex, prit une initiative qui vaut, à tous égards, d'être signalée. Touché par une première connaissance du positivisme, il demanda spontanément à Auguste Comte de faire son portrait et son buste, et lui offrit libéralement son œuvre lorsqu'elle fut achevée. Quoique ses sympathies ne soient pas devenues des convictions complètes, sa conduite n'en mérite pas moins une vive reconnaissance, puisque nous lui devons une double image dont la mort de notre maître a encore augmenté le prix.

Enfin, pour achever de caractériser l'influence consultative qu'Auguste Comte exerça sur son milieu, nous devons rappeler l'usage des *circulaires annuelles* qu'il adressait à tous les coopérateurs du libre subside d'abord spontanément institué pour lui, et bientôt systématiquement consacré à l'avénement du nouveau sacerdoce. Ces mandements périodiques annonçaient les besoins et la conduite de la nouvelle direction religieuse, en même temps qu'ils exposaient les progrès de l'Église naissante, reprenaient ses fautes, encourageaient ses efforts, et fixaient sa marche ou sa situation (2).

La consécration, dans tout culte réel, est, comme on le sait, une sanction publique apportée aux principaux actes de la vie domestique par l'intervention sacerdotale, qui les dégage de leur spécialité propre, et leur donne un caractère général en les instituant au nom de la puissance universelle et éternelle, c'est-à-dire en les rapportant au service de la suprême Existence qui fait l'objet de la foi et de l'adoration communes. Elle rattache donc la vie privée à la vie publique, et l'y subordonne de manière à établir une harmonie convenable entre l'indépendance personnelle ou domestique et le concours social, d'où résulte la véritable unité.

Deux seulement des consécrations que la religion finale institue pour sanctifier les actes de la vie domestique, ceux de la naissance et du mariage, furent conférées par le fondateur du positivisme. Devant les nouveaux croyants assemblés au berceau de leur foi, le premier prêtre de l'Humanité reçut les enfants que des parents positivistes vouaient au service du vrai Grand-Être, et les consacra pour cette noble destination. Ou bien encore, des époux prirent devant lui l'engagement de l'éternelle union qui constitue l'indispensable com-

(1) V. la pièce n° 21.
(2) Voir aux *Pièces justificatives*, n° 32, la série complète de ces Circulaires.

plément d'une monogamie réelle. Dans tous ces cas, le prêtre consacrait, au nom de l'Humanité, la naissance et le mariage, et signait avec les assistants le contrat de cette obligation morale. Enfin, la proclamation sacramentelle se trouvait précédée d'une instruction détaillée, qui exposait les devoirs résultés de pareils engagements.

Pour apprécier la valeur de tous ces actes, on doit se reporter à ce que nous avons dit du culte positif dans la première partie de cette notice et se rappeler sa destination réelle, toujours relative au développement affectif et au perfectionnement moral. On sent alors le vrai caractère de ces premières applications d'une doctrine appelée surtout à régénérer le sentiment, et l'importance d'une initiative aussi difficile qu'urgente. En se dégageant assez des influences perturbatrices d'un présent anarchique pour s'élever au véritable point de vue moral, on reconnaît bientôt la nécessité sociale de semblables institutions, et l'on éprouve une admiration profonde pour la courageuse sagesse qui les a posées en face de l'irréligion contemporaine comme les pierres d'attente inébranlables d'une prochaine et indispensable reconstruction.

Mais, outre leur efficacité morale, outre leur urgence sociale actuelle et définitive, ces consécrations recevaient de la situation même, et surtout de la personne qui les conférait, un caractère singulier d'importance et de grandeur. Chacune d'elles était un acte d'initiative, un précédent institué, une systématisation profonde, qu'on voyait surgir et se développer. Toute la puissance mentale et morale d'Auguste Comte se condensait dans ces improvisations sacrées, où il développait avec tant de science et de majesté les fondements sociologiques et moraux de ces institutions, et tous ceux qui ont assisté avec une foi réelle à ces célébrations touchantes, en ont ressenti un ébranlement dont le noble souvenir ne s'effacera jamais. La religion ouvrait alors à l'infirmité révolutionnaire les trésors de sa grâce et comblait tant d'enfants prodigues de ses dons les plus chers : la paix du cœur, la fixité de l'esprit, l'amour, la foi, l'unité ! En présence de tant de bienfaits accordés dans le présent et réservés à l'avenir par le plus noble des cultes, les murmures de l'irréligion s'éteignent et les doutes du scepticisme sont levés.

Enfin, l'acte suprême par lequel le sacerdoce doit, dans l'avenir régénéré, apprécier la valeur de chaque existence accomplie, par un jugement intellectuel, moral et social des actes qu'elle a produits, s'éleva, sous le fondateur du positivisme, à une incomparable hauteur, dans la composition du *Calendrier*. Car la décision qui incorpore à cette admirable hiérarchie plus de cinq cents types d'élite, d'après leur coopération respective à la grande évolution, fournit le plus éminent exemple de la pratique de ce difficile devoir, et la preuve mémorable de l'aptitude sacerdotale à juger les morts d'après l'ensemble de leur existence achevée (1).

Tout le temps qui ne se trouvait point absorbé par ces grands travaux était consacré à la vie morale par le futur auteur de la *Synthèse subjective*. Cette culture altruiste, inspirée par le souvenir de Clotilde Devaux, était encore activement stimulée par l'influence d'un affectueux entourage domestique. Eloigné de sa famille par les fatalités de sa mission et surtout par les incompatibilités résultées de son mariage; abandonné de sa femme; contraint par ses tendances et par ses travaux de s'isoler d'une société qui répugnait autant à son caractère qu'à ses idées, Auguste Comte se serait vu condamné (surtout après la mort prématurée de son amie) à une solitude absolue, bien amère et bien pesante, sans vie intime et sans foyer, si l'assistance dévouée qu'il rencontra dans une excellente famille prolétaire n'était venue combler ce vide de tous les instants. Mais une telle compensation n'eut rien de fortuit : il était légitime, inévitable même, que celui qui consacra sa vie à l'amélioration du sort humain, qui voua ses plus nobles efforts à assurer l'élévation sociale des travailleurs, et qui savait si généreusement apprécier et honorer les véritables natures prolétaires, fût lui-même accueilli, reconnu, entouré par les meilleurs d'entre les enfants du peuple.

Sa grandeur d'âme, son malheur et ses chagrins avaient profondément ému la noble servante introduite à son foyer par l'épouse qui allait le quitter; un généreux instinct de protection la retint alors près de lui : et c'est à sa respectueuse affection, à sa charité, que le fondateur du positivisme dut, à ce moment, de ne pas être payé de son infatigable dévouement par un délaissement universel. Bientôt même, le développement spontané de ces relations touchantes amena leur mémorable transformation, quand le maître fut assez grand pour considérer et proclamer comme sa fille celle qui l'aimait et le servait comme un père. C'est à ce titre, en effet, qu'après des épreuves décisives, Auguste Comte adopta cette excellente personne, et c'est ainsi qu'il put se créer par elle une véritable famille, en étendant son affection à son mari et à ses enfants incorporés au foyer commun. Cette adoption magnanime reçut la consécration du temps, une publicité complète, toute l'authenticité dont pouvait la revêtir le fon-

---

(1) En 1850, Auguste Comte fit même acte de jugement sacerdotal dans un cas des plus intéressants, c'est-à-dire envers un contemporain illustre dans la science des corps vivants, Henri-Marie Ducrotay de Blainville, professeur au Muséum, qu'il plaça, *avec son assentiment*, dans le Calendrier positiviste, comme adjoint du grand naturaliste français qui avait été son maître, le chevalier de Lamarck. — V. la Pièce justificative n° 26.

dateur de la religion universelle, et demeure comme un gage solennel de l'alliance entre les prolétaires et les philosophes, qui fait la condition essentielle de la rénovation moderne (1).

C'est au sein de cette famille choisie, à laquelle on doit toujours adjoindre quelques disciples affectionnés, qu'Auguste Comte passait sa vie la plus intime ; c'est d'après son assistance qu'il put prolonger autant sa carrière ; c'est par son contact bienfaisant qu'il fut pleinement initié aux joies, aux labeurs, aux réalités du foyer. Son génie systématique se retrempait aux sources vivifiantes de la spontanéité populaire, et des conceptions très élevées furent plus d'une fois le fruit de ce rayonnement sympathique. Lorsqu'on médite les pages qu'il a tracées sur la vie domestique et sur l'avenir du prolétariat régénéré, lorsqu'on se rappelle la tendre sollicitude dont il était entouré, on sent combien ces nobles serviteurs méritent d'être associés par la reconnaissance publique à la grande existence qu'ils ont si dignement soutenue. Ne craignons pas de rappeler que cette assistance alla jusqu'au plus entier sacrifice, M. et Mme Thomas ayant généreusement offert à Auguste Comte, dans le temps de sa plus réelle misère, après son renvoi de l'École polytechnique, la totalité de leurs économies (2).

C'est dans ce milieu dévoué, et sous l'inspiration croissante de sa noble patronne, que le fondateur de la religion démontrée put mener cette existence exceptionnelle qui l'approcha de plus en plus de la perfection.

Un régime austère et laborieux assurait le développement croissant de cette vie toute spirituelle. Auguste Comte se levait invariablement à cinq heures du matin et se couchait à dix ; sa journée s'ouvrait et se couronnait par la prière, qui était pour lui l'heure du complet recueillement et de la plus haute élévation, de l'expansion affective la plus tendre, des meilleures inspirations et des plus grandes pensées. Sauf une journée régulièrement réservée, chaque semaine, à une correspondance très active, le fondateur du positivisme consacrait toutes ses matinées et toutes ses après-midi au travail constant de méditation, d'étude ou de rédaction, qu'exigeait l'élaboration de ses œuvres. Excepté le mercredi, où il présidait la Société positi-

---

(1) Voir les conclusions du Traité de *Politique positive*, les *Circulaires annuelles*, les *Confessions*, la *Correspondance* et le *Testament* d'Auguste Comte. Ces trois dernières sections, jointes à ses *Prières quotidiennes*, ont été publiées en un fort vol. in-8, par les Exécuteurs testamentaires, en 1884.

(2) Au reste, la confiance et l'estime qu'inspirait un pareil homme étaient si entières, qu'à la même époque l'honorable M. Bazan, propriétaire, chez lequel il habitait depuis longtemps, lui laissa, pour son logement, un crédit illimité.

viste, toutes ses soirées (de sept à neuf heures) étaient destinées à recevoir, ainsi que l'après-dînée du dimanche, qui devait faciliter son accès aux prolétaires. Celle du mercredi était également enlevée au travail par une visite hebdomadaire à la tombe de Mme Devaux.

Longtemps avant de connaître son amie, Auguste Comte avait spontanément renoncé aux superfluités nutritives qui jouent un si grand rôle dans l'existence actuelle, au café, au tabac, puis au vin; et le contact de cette noble femme lui avait, en outre, apporté la plus importante de toutes les purifications. Sous le rapport spirituel, il avait renoncé de bonne heure aux lectures critiques et dispersives qu'offre la presse contemporaine, surtout périodique, pour s'adonner à la lecture habituelle des chefs-d'œuvre esthétiques. Il consacrait tous les jours un temps variable à ces lectures salutaires, et reprenait entre autres, chaque année, dans un ordre constant, la contemplation des plus grandes œuvres poétiques, celles d'Homère, de Dante et d'A Kempis. Tandis que son âme n'était entretenue que des préoccupations les plus élevées et les plus pures, son corps était réduit au plus strict nécessaire : deux repas chaque jour soutenaient son activité; l'un était simplement composé de lait, et l'autre, plus substantiel, bien que rigoureusement mesuré, se terminait par une pratique touchante : Auguste Comte y avait remplacé le dessert par un morceau de pain qu'il mangeait en songeant aux hommes, encore si nombreux, hélas! auxquels un travail excessif ne peut même assurer toujours une réparation nutritive aussi indispensable que légitime.

Dans ses prières quotidiennes et dans les confessions annuelles qui en sont le complément, ce grand homme s'adressait à son amie comme à la meilleure personnification de l'Humanité; il rappelait toutes les phases, tous les événements de leur trop courte réunion; le charme et le bonheur de ces moments inespérés, la grande transformation qu'ils avaient accomplie! Heureusement recueillis par des mains pieuses, ces documents précieux, monuments d'une admirable tendresse, restent pour l'édification du présent et la glorification de l'avenir. Le fondateur du positivisme y a déposé tout ce que sa grande âme avait de bonté, d'exquise tendresse, de délicatesse chevaleresque, de pur et saint attachement. Et ces nobles épanchements, où la douleur, l'amour, les regrets et la reconnaissance confondent leurs élans généreux, montrent toute la puissance et toute l'élévation de son cœur. Une touchante commémoration retrace dans chaque prière les émotions croissantes d'après lesquelles sa noble bienfaitrice l'avait initié aux plus sublimes inspirations de l'altruisme, et une intime effusion, qui emprunte souvent les formes de la plus haute poésie, couronne cette contemplation sympathique par la proclamation d'une impérissable gratitude envers l'angélique organe de cet intime perfectionnement :

> O amanza del solo amore, o diva,
> Non è l'affezion mia tanto profonda
> Che basti a render voi grazia per grazia.

« .... C'est uniquement à toi, ma sainte Clotilde, que je
« dois de ne pas quitter la vie sans avoir dignement éprouvé les
« meilleures émotions de la nature humaine. Une incomparable an-
« née fit spontanément surgir le seul amour, à la fois pur et pro-
« fond, que comportât ma destinée. L'excellence de l'être adoré per-
« mit à ma maturité, mieux traitée que ma jeunesse, d'entrevoir
« dans toute sa plénitude le vrai bonheur humain : *vivre pour*
« *autrui*. Voilà le vrai bonheur, comme le vrai devoir. Toi seule
« m'enseignas à fondre leurs formules : Quels plaisirs peuvent l'em-
« porter sur ceux du dévouement ?........

« Cher ange méconnu, ton admirable ascendant ne devint digne-
« ment appréciable qu'en me disposant toujours à mieux servir le
« Grand-Être auquel je te sens irrévocablement incorporée, et dont
« tu m'offres la meilleure personnification. Pendant une année sans
« pareille, ta douce impulsion spontanée a profondément facilité le
« plein essor du vrai caractère finalement propre à ma philosophie,
« la systématisation réelle de toute l'existence humaine d'après la
« prépondérance fondamentale du cœur sur l'esprit, en consacrant
« l'intelligence au service continu de la sociabilité........

« Oui, ta mort même consolide à jamais le lien fondé sur mon
« affection, mon estime et mon respect........

« Au milieu des plus graves tourments qui puissent jamais résul-
« ter de l'affection, je n'ai pas cessé de sentir que l'essentiel pour le
« bonheur c'est toujours d'avoir le cœur dignement rempli.....
« même de douleur, oui même de douleur, de la plus amère dou-
« leur.

> Sagrada es ya mi passion,
> La divinizó la muerte !

> Addio, la mia Beatrice! addio, Clotilda! addio, Lucia! addio,
> Quella che'mparadisa la mia mente, addio !

> Amem te plus quam me, nec me nisi propter te!

C'est à cette intime adoration, véritable élévation de l'homme à l'Humanité par l'angélique intermédiaire de la femme, qu'Auguste Comte dut ses plus éminents progrès et le perfectionnement continu de sa puissante nature. Loin d'affaiblir ses forces, cette douce excitation permanente des plus tendres sentiments ravivait son génie et retrempait son caractère, tout en épurant son grand cœur. Et c'est ainsi que son âme put atteindre les hauteurs morales où nous avons peine à le suivre. Dans ce commerce auguste, où il venait épancher dans le sein de son amie ses pensées, ses projets, ses aspirations, il recevait, en retour de son inaltérable affection, des lumières plus vives, des inspirations plus douces, des résolutions plus élevées, et trouvait à cette source féconde l'ascension progressive et la permanente jeunesse d'un génie qui ne faiblit jamais. Travail et prière, création et dévouement continus, civisme et sainteté, tel fut, de plus en plus, le résumé d'une vie désormais dégagée de toute infirmité morale, entièrement consacrée au service de l'Humanité.

C'est en de telles dispositions que Comte songea à remplir un grand devoir : la rédaction et la communication relative de son testament, dont chaque exécuteur, par lui désigné, eut, après en avoir pris connaissance, une année entière pour accepter ou refuser le mandat qui lui était offert. Aucun ne déclina cet honneur.

Le testament d'Auguste Comte comprend sept divisions principales, des additions, une note secrète et des pièces justificatives.

D'une manière générale, il a pour objet de développer les trois dispositions fondamentales présentées en 1854 dans l'invocation finale qui couronne le *Système de politique positive* et d'indiquer les moyens propres à assurer leur exécution. En voici le texte :

« 1º L'ensemble de mes adhérents continuera l'annuité viagère de
« 2.000 francs indiquée dans ma quatrième circulaire, afin que j'ac-
« complisse jusqu'à son terme naturel l'obligation résultée, dès ma
« jeunesse, de ma seule faute vraiment grave ;

« 2º Une annuité viagère, de 1.500 francs, sera consacrée, par la
« reconnaissance des vrais croyants, à la fille adoptive qui m'a voué,
« depuis treize ans, son incomparable assistance ;

« 3º Cette éminente prolétaire gardera, pour mon successeur,
« dans son état actuel, aux frais de l'église universelle, le saint domi-
« cile où surgit et s'accomplit l'évolution religieuse du positivisme,
« dont les rites sacrés continueront de s'y célébrer jusqu'à l'avéne-
« ment d'un temple spécial. »

La première partie du testament, A, institue le corps des treize organes à la fidélité desquels est confiée son exécution. Ces treize mandataires sont choisis par Auguste Comte parmi ses disciples occidentaux, théoriciens et praticiens. M. Pierre Laffitte, directeur actuel du positivisme et qui vivait alors depuis quatorze années déjà dans l'intimité du testateur, est nommé président perpétuel de ce corps, définitivement composé de :

MM. Audiffrent, docteur-médecin, ancien élève de l'École polytechnique ;
De Capellen, attaché militaire de Hollande à Paris ;
Le baron Willem de Constant-Rebecque, officier de la marine hollandaise ;
Deullen, banquier ;
Don José Segondo Florez, homme de lettres ;
Foley, docteur-médecin, ancien élève de l'École polytechnique, officier de marine démissionnaire ;
Auguste Hadery, propriétaire-cultivateur ;
Pierre Laffitte, professeur de mathématiques (président) ;
Joseph Lonchampt, associé d'agent de change, ancien élève de l'École polytechnique ;
Fabien Magnin, ouvrier menuisier ;
Papot, professeur de mathématiques ;
Robinet, docteur-médecin ;
Le comte Van Limburg-Stirum, officier du génie hollandais.

Dans la seconde partie de son testament, section B, Auguste Comte explique la nature et les conditions d'un tel acte. Irrévocablement lié par l'imprudent et trop généreux contrat qu'il avait souscrit lors de son mariage, il lui était interdit de rien léguer désormais, puisque nul ne peut disposer deux fois d'une même chose (1). Mais, comme depuis son élimination de l'École polytechnique, le subside positiviste était devenu la source unique où il pût puiser de quoi parfaire l'annuité de 2.000 francs qu'il avait volontairement constituée à son épouse au moment où elle se sépara de lui, M. Comte pensait qu'en assurant à cette dame, après qu'il serait mort, la continuation de cette rente, il obtiendrait d'elle, à la faveur d'une telle mesure, l'exécution de ses autres volontés, d'où la possibilité de tester encore malgré le contrat initial.

La troisième partie du testament, C, contient des recommandations relatives à l'inhumation : refus de toute entrevue ou cérémonie théologique, soit avant, soit après le moment suprême ; interdiction motivée de toute investigation anatomique, comme de toute opération d'embaumement ; désignation du lieu de sépulture ; indications sur

(1) Outre une pleine communauté de biens actuels et futurs, reversibles au dernier vivant, son inexpérience et sa générosité lui avaient fait légalement consacrer une fiction trop usitée de nos jours, en reconnaissant à celle qu'il épousait un apport de vingt mille francs, environ vingt fois supérieur à l'ensemble de ce qu'elle possédait.

la marche et la composition du cortège funèbre, dont se trouvaient formellement exclus quatre faux disciples, et tout concours individuel ou collectif émané de la veuve, ou de l'École polytechnique. Viennent ensuite quelques indications concernant l'ensevelissement, l'inhumation proprement dite, et l'érection de la tombe.

La quatrième partie, section D, se rapporte au paiement des dettes, tant privées que publiques, que le fondateur du positivisme avait dû contracter par suite du dénûment où il fut laissé par ses contemporains. Les premières devaient être immédiatement soldées, après sa mort, par ses exécuteurs testamentaires; voici ce qui est dit à cet égard : « Premièrement, M. Captier, mandataire des fabricants de draps de Lodève, demeurant à Paris (22, rue Neuve-Bréda), m'a noblement prêté *mille francs* le 26 mars 1846. Secondement, mon excellente Sophie et son digne mari m'ont offert, de la manière la plus touchante, quand ma détresse a commencé, *six cents francs*, que leurs saintes instances m'ont enfin fait accepter, le 20 octobre 1848. Quoique dans ces deux cas personne n'ait compté faire un placement, j'espère que mes exécuteurs testamentaires y pourront obtenir, en mon nom, de joindre au remboursement de la dette le paiement des intérêts simples à cinq pour cent l'an. » — *(Testament,* page 8 du duplicata).

Quant aux dettes publiques, elles résultent des frais d'impression de divers ouvrages, qu'Auguste Comte n'avait encore pu acquitter, d'après le produit de leur vente, au moment de sa mort. De plus, il faut y comprendre la somme non évaluée destinée à la publication d'un volume posthume, dont il charge ses Exécuteurs testamentaires, et qui devra contenir, outre tout ce qui resterait de la *Synthèse subjective*, son testament lui-même, ses prières quotidiennes, ses confessions annuelles et sa correspondance avec Mme Devaux, ainsi que sa correspondance générale (1). Enfin, à ces diverses obligations, il faut ajouter les charges plus durables dont le fondateur de la religion universelle a grevé le budget de la nouvelle Église, savoir : *la pension de sa veuve*, l'annuité viagère de sa fille adoptive, et la conservation de son domicile comme siège religieux du positivisme.

La cinquième section, E, contient, outre des développements relatifs aux trois dispositions précédentes, des recommandations concernant l'engagement pris par le fondateur du positivisme de souscrire personnellement pour 100 fr. par an à l'entretien du clergé catholique, dès que la suppression générale des divers budgets théoriques aura été obtenue. On sait que cette noble promesse fut faite

(1) La publication de ce volume a eu lieu en 1884.

publiquement par lui, en 1851, au Palais-Cardinal, dans la prédication philosophique où il invoqua la suppression du budget des cultes et de l'instruction publique comme la seule garantie réelle d'une véritable liberté de conscience, comme le moyen le plus indispensable à l'affranchissement et à la régénération du pouvoir spirituel, enfin, comme la condition essentielle du libre avènement de la nouvelle foi et de la digne transformation des anciennes croyances, chaque culte se trouvant dès lors soutenu seulement par les contributions volontaires émanées de ses vrais adhérents. Quant à la préférence ainsi témoignée au culte catholique, elle est trop légitimée, je crois, d'après les immenses services sociaux rendus, au Moyenâge, par ce dernier précurseur du positivisme, pour qu'il soit nécessaire de la commenter ici.

Après ces dispositions générales, vient la notification des legs particuliers laissés par Auguste Comte aux divers membres de sa famille naturelle ou adoptive, ainsi qu'à quelques-uns de ses disciples. Il lègue son buste à son respectable père; son portrait lithographié à mademoiselle Alix Comte, sa sœur; il lègue entre autres, à sa fille adoptive, madame Sophie Thomas, le portrait de madame de Vaux, qu'il appelle, en cette circonstance, *notre* Clotilde; enfin, il laisse des livres ou des objets consacrés par son usage personnel à ses plus intimes disciples. Sauf ces détournements spéciaux, tout ce qui, à sa mort, sera trouvé dans son domicile, meubles, livres, tableaux, lettres, manuscrits, etc., appartient à ses successeurs sacerdotaux, et doit y être conservé aux frais de l'Eglise positiviste. Il est aisé de sentir combien le caractère social de ces dispositions ajoutait de prix et méritait de respect à son héritage!

La sixième section du Testament, F, renferme des recommandations ayant rapport aux intérêts publics du positivisme et à sa direction générale. Elle fournit quelques indications relatives à la composition du nouveau sacerdoce; contient la nomination d'un successeur perpétuel comme président de la Société positiviste; enfin des désignations concernant la formation *du Comité occidental* et quelques autres fonctions publiques.

Dans le dernier paragraphe, G, le testateur résume au point de vue philosophique et moral la nature et l'ensemble des émotions suscitées en lui par l'accomplissement de cet acte suprême, qui le dispose à mieux aborder sa grande élaboration finale, la *Synthèse subjective*.

Commencé le dimanche 21 Frédéric 67 (25 novembre 1855), le testament d'Auguste Comte, entièrement écrit de sa main, fut terminé le jeudi 11 Bichat (13 décembre 1855), signé par lui comme fondateur de la religion de l'Humanité, et revêtu de son cachet sacerdotal.

Les additions, toutes postérieures à cette date, furent écrites à mesure que de nouvelles indications se présentaient. Quatre sont relatives à d'autres legs particuliers ; deux renferment des modifications secondaires ; une troisième exclut encore du convoi funèbre un faux disciple déjà déchu de toute participation au subside sacerdotal ; enfin, les deux dernières exposent : l'une, un projet tendant à assurer aux Exécuteurs testamentaires la propriété des œuvres d'Auguste Comte ; l'autre, un incident qui donna lieu aux explications qu'il crut devoir leur fournir, le dimanche 20 Moïse 68 (20 janvier 1856), sur ses malheurs domestiques et sur l'ostracisme dont il fut l'objet de la part de l'Académie.

Les pièces justificatives annexées au Testament sont des lettres relatives aux deux sujets précédents ; jointes à la *note secrète*, elles fournissent, pour ceux qui en auraient besoin, tous les éléments de la justification d'Auguste Comte.

Tel est l'ensemble de ce testament qui, dans les circonstances difficiles où il fut composé, témoigne chez son auteur autant de sagesse que de justice et de magnanimité (1).

XII. — LA SYNTHÈSE SUBJECTIVE

La *Synthèse subjective*, ou système des conceptions propres à l'état normal de l'Humanité, est le dernier effort de l'action philosophique de ce grand homme. Résultante de tous ses travaux antérieurs, ce nouveau traité fut commencé par le fondateur de la religion universelle dans les dispositions spéciales où le plaçait l'institution récente de son testament. Et c'est en quelque sorte du sein de la tombe qu'il devait formuler pour la postérité ses dernières pensées sur l'exercice normal et définitif de la vie humaine. Cette œuvre finale, dont la promesse avait été faite dans l'opuscule initial de 1822, puis renouvelée dans la conclusion du *Cours de philosophie positive* et dans celle du *Système de politique*, devait comprendre trois

---

(1) D'après le contrat de mariage dont nous avons parlé, le testament de M. Comte ne pouvait avoir de valeur légale, en ce qui concerne quelques-unes de ses dispositions. Il ne lui reconnaissait donc lui-même, à certains égards, qu'une autorité morale ; et il est essentiel de remarquer qu'il avait préféré cette solution aléatoire à toute fiction judiciaire qui aurait parfaitement atteint son but, mais qu'il dut rejeter comme indigne de son caractère.

ouvrages successifs intimement liés entre eux : le *Système de logique positive* ou Traité de Philosophie mathématique ; le *Système de morale positive* ou Traité de l'éducation universelle ; le *Système d'industrie positive* ou Traité de l'action totale de l'Humanité sur sa planète.

Le *Système de Politique positive* formait la base naturelle de cette élaboration complémentaire, qui devait achever la grande trilogie successivement consacrée à la systématisation des idées, des affections et des actions humaines. C'est pourquoi son auteur souhaitait, en préparant la principale de ces trois élaborations, que la mort ou la misère ne vint point l'empêcher d'en accomplir le dernier terme, *nil actum reputans, si quid superesset agendum!*

Ce noble vœu ne fut point satisfait, une mort à jamais déplorable ayant frappé le philosophe au moment où il allait aborder le Traité de Morale positive. Le premier terme de la *Synthèse subjective* fut donc seul achevé.

Ceux qui ont suivi la marche d'Auguste Comte, et qui ont le sentiment de son œuvre, peuvent seuls comprendre l'étendue de cette perte : le *Système de morale* devait condenser toutes les pensées, les recherches, les observations et les méditations que cet irrésistible génie avait, depuis tant d'années, accumulées en vue de résoudre le plus difficile de tous les problèmes philosophiques, celui de la nature humaine ; et il suffit de jeter les yeux sur le plan qu'il a laissé de ce travail, pour juger du désastre.

L'esprit général et le but de la *Synthèse subjective* se trouvent résumés dans l'importante introduction qui précède sa première partie, le *Système de logique positive*. Le terme moyen de la construction totale, le Traité de morale, devait régler l'harmonie affective, tandis que le premier et le troisième développeraient la prépondérance normale du sentiment sur l'intelligence et l'activité, de manière à établir systématiquement l'unité humaine, en subordonnant le progrès à l'ordre, l'analyse à la synthèse et l'égoïsme à l'altruisme, c'est-à-dire en instituant définitivement l'harmonie des trois éléments fondamentaux de notre nature. Cette synthèse définitive était donc surtout destinée à guider le sacerdoce actuel dans l'accomplissement de la régénération mentale, et à fonder l'enseignement normal, dont elle devait instituer les deux termes extrêmes, la mathématique et la morale. Ainsi, des quatre parties qui devaient composer l'œuvre entière, deux auraient réglé la contemplation la plus simple (logique positive), puis la plus noble (morale théorique), et les deux autres l'action la plus éminente d'abord (morale pratique), puis la plus grossière (industrie positive) ; le traité moyen (morale théorique et morale pratique) concernait à la fois l'une et l'autre.

Cette systématisation finale du positivisme devait donc être caractérisée par l'institution de la prépondérance effective du cœur sur l'esprit et l'activité, du culte sur le dogme et le régime, enfin de la logique des sentiments sur celle des images et des signes. Pour atteindre un tel résultat, il fallait que le domaine de l'idéalisation, qui est invariablement lié au culte, et qui ne doit être cultivé que par la poésie, devînt aussi systématique que celui de la vérité pure, qui fait l'objet propre du dogme ou de la science. C'est cette nécessité qui amena la combinaison de la fétichité initiale avec la positivité finale et l'annexion de cet état spontané de l'esprit humain au domaine de la raison abstraite. Ce grand résultat fut consigné dans la mémorable introduction du premier volume de la *Synthèse subjective* et caractérisé par l'institution de la Trinité positive, où la Terre est présentée comme siège actif et bienveillant du Grand-Être, tandis que l'Espace y figure comme siège sympathique des lois abstraites. L'état normal de la mentalité humaine exigeant une combinaison permanente entre le dogmatisme et l'empirisme, entre la raison abstraite et la raison concrète, entre la théorie et la pratique, une telle harmonie ne pouvait être réalisée que par cette incorporation du fétichisme au positivisme, en complétant l'ordre légal, ou le système des lois abstraites, par l'ordre volontaire, ou l'ensemble des exigences pratiques propres à chaque cas; en maintenant toutefois la constante prépondérance des lois sur les volontés. Mais ce fétichisme systématique, sciemment subjectif, et strictement destiné à l'idéalisation poétique, nécessitait une hypothèse préliminaire sur le monde extérieur; il fallait considérer les corps que le fétichisme spontané croit vivants, et la science, actifs seulement, comme vivants en effet, mais n'étant doués que de sentiment et de volonté, sans aucune intelligence. C'est ainsi que la Terre et l'Espace peuvent être regardés comme favorisant sympathiquement, quoique aveuglément, le développement de l'Humanité, affectueusement, intelligemment et volontairement assistée par ses serviteurs réels et ses libres auxiliaires, de manière à fonder véritablement sur l'amour la conception de l'ordre universel et l'institution de l'harmonie générale.

Il est aisé de sentir la valeur morale et la portée sociale d'une telle conception; mais il est bon, pour qu'elle ne semble pas au premier abord trop éloignée des habitudes actuelles et de la nature même de l'homme, ainsi que de l'état réel du milieu, de la rapprocher de dispositions analogues, spontanément développées dans le monde contemporain. Ces tendances sont de deux sortes : les unes, philosophiques, sont représentées par le panthéisme proprement dit; les autres, purement esthétiques, sont manifestées par le développement croissant des poésies fétichiques, depuis le commencement de ce siècle. Or, bien qu'on ne puisse considérer l'inspiration finale d'Auguste Comte comme émanée d'un tel mouvement, puisqu'il y fut toujours profondément étranger; bien que ces tendances vagues et empiriques ne puissent, en aucune manière, être assimilées aux constructions systématiques du positivisme, il n'en est pas moins remarquable de voir cette doctrine, d'après sa réalité et son universalité propres, donner finalement aux aspirations affectives des âmes les plus délicates, une satisfaction que l'incompatibilité des doctrines antérieures, théologiques ou négatives, leur avait toujours refusée. Du reste, il ne faut pas oublier que le nouveau fétichisme reconnaît partout sa nature fictive, sa destination purement esthétique, surtout morale, et que jamais il ne saurait altérer la rigueur des lois abstraites, qu'il doit seulement compléter.

Quant au premier terme de la synthèse subjective, le *Système de logique positive*, ou Traité de philosophie mathématique, le seul achevé, et qui parut en novembre 1856, il institue religieusement la science fondamentale en lui donnant pour destination principale de préparer l'esprit, par des habitudes de clarté, de précision et de consistance acquises dans l'étude la plus simple, à aborder convenablement le domaine sacré de la morale. En outre, une telle étude institue, dès le début de l'initiation mentale, le perfectionnement moral lui-même, par l'habitude de la soumission, qui résulte de l'adhésion nécessaire de notre esprit à d'inébranlables démonstrations, d'où provient le premier degré de la discipline de l'intelligence, qui est certainement l'attribut le plus perturbateur de notre nature.

L'ensemble des lois mathématiques est de plus conçu, dans ce traité, d'après l'institution des *milieux subjectifs*, comme étant empreint dans un espace sympathique qui le reçoit et qui nous fournit ainsi le premier type d'adoration du destin abstrait qui nous domine. Enfin, l'auteur élucide de plus en plus, dans le courant de cet admirable ouvrage, à mesure que les diverses théories mathématiques lui en fournissent l'occasion, la connaissance des lois qui régissent l'entendement humain, et dont il a découvert un si grand nombre.

Le second terme de la Synthèse subjective est le *Système de morale positive*, divisé en deux parties, dont chacune devait successivement paraître en 1858 et 1859.

Après une année de méditation assidue, cette construction suprême, la plus importante de celles qu'eût accompli le fondateur du positivisme après le traité de sociologie instituant la religion démontrée, allait être abordée, le plan en était tracé et le développement intérieur commençait à s'en faire, quand la maladie, la mort, ravirent brutalement à l'Humanité l'infatigable serviteur qui a tant fait pour son honneur et ses progrès.

Ce plan de la *Morale positive*, communiqué par l'auteur à ses plus proches disciples et religieusement conservé par eux, a été reproduit scrupuleusement ici (p. 49-50), comme le seul vestige manuscrit de cette œuvre capitale, comme l'inappréciable témoignage de son importance et de sa grandeur.

Cette indication doit sans doute augmenter les regrets en mesurant l'étendue de la perte, mais elle fournit un guide précieux pour l'avenir, et permet d'espérer qu'il se trouvera quelque esprit assez puissant pour exécuter, d'après ce magnifique programme, en suivant ses données et toutes celles qui sont inscrites dans le Traité de politique positive, non point l'œuvre à jamais perdue d'Auguste Comte, mais une construction capable de satisfaire sur ce point aux besoins de l'Humanité (1).

Quant au troisième terme de la *Synthèse subjective*, rien n'en est resté, sauf quelques indications générales et un touchant projet de dédicace. Le *Système d'industrie positive* devait être dédié, comme nous l'avons dit précédemment, au digne industriel qu'Auguste Comte ne cessa d'appeler le *grand Ternaux*. Le Traité de morale aurait été consacré à la mémoire de la vénérable mère du fondateur de la religion démontrée ; et des deux autres ouvrages qu'il se réservait d'écrire au temps de sa retraite, sa biographie et celle de son amie, enfin un poëme en treize chants sur l'Humanité, ce dernier devait être dédié à son plus ancien et plus éminent disciple, M. Pierre Laffitte, président perpétuel de ses exécuteurs testamentaires.

Le fondateur du positivisme ne put donc remplir complètement la tâche théorique qu'il s'était imposée ; mais son œuvre n'en est pas moins entière dans ses dispositions essentielles ; et, telle que nous la possédons, elle suffit pleinement au renouvellement poursuivi depuis tant de siècles par l'élite de notre espèce.

Il nous reste à raconter comment se termina cette grande existence, par quel déplorable concours de fatalités toujours tristes et douloureuses sa fin se trouva provoquée.

---

(1) Depuis la publication de ces lignes, ou de la première édition de notre Notice, celui qu'Auguste Comte appelait à juste titre son principal disciple, M. Pierre Laffitte, a tenté de combler une aussi exigente lacune. Il n'a cessé d'élaborer d'abord et d'enseigner ensuite la morale positive. Ceux qui l'ont suivi peuvent seuls juger s'il s'est élevé à la hauteur de l'entreprise.

XIII. — Mort d'Auguste Comte

Quoique Auguste Comte ait été primitivement doué d'une constitution robuste, tant de luttes, de travaux et d'émotions n'avaient pu manquer d'user son corps avant le temps. Malgré la tranquillité qu'obtinrent ses dernières années, ses forces physiques présentèrent alors un décroissement prématuré, inversement proportionné en quelque sorte au développement incessant de sa puissance mentale et morale. A cette époque, on peut le dire, il avait réduit à sa dernière limite la satisfaction des besoins matériels, et atténué autant qu'il est possible l'activité corporelle au profit de l'exercice cérébral.

Si l'on sent toute la noblesse d'une telle existence, on en comprend aussi la fragilité ; et, bien qu'on pût raisonnablement espérer de voir cette vie si précieuse se prolonger assez pour consommer sa tâche tout entière, on devait craindre sans cesse que le moindre choc ne vînt à la briser.

C'est alors, avril 1857, que M. Vieillard tomba dans un état de maladie qui dut bientôt inspirer des craintes très vives à tous ses amis. Profitant d'un rétablissement apparent, M. Comte avait obtenu du malade une entrevue qui fut la dernière, et dont la complète intimité avait beaucoup resserré leurs liens. Tout à coup l'on apprit que M. Vieillard était à l'extrémité, et sa mort fut si prompte que la personne envoyée par M. Comte pour avoir des nouvelles de sa santé, rapporta la lettre qui le conviait aux funérailles. Ce coup lui fut très sensible ; il en éprouva un saisissement profond, malgré lequel il se rendit en toute hâte, à pied, de la rue Monsieur-le-Prince à la rue Blanche où habitait son ami.

Il arriva un peu en retard à la maison mortuaire et refusa, par une raison de convenance morale, de monter dans une voiture de deuil pour rejoindre le convoi. Il ne put donc l'atteindre immédiatement ; et comme les billets d'enterrement indiquaient pour lieu de réunion l'église Saint-Louis-d'Antin, il s'y rendit isolément, ignorant que la marche du cortège venait d'être modifiée, la famille de M. Vieillard ayant scrupuleusement respecté son refus de toute intervention ou cérémonie théologique. M. Comte attendait donc que le convoi, qui s'était directement porté sur le cimetière de l'Est, arrivât en l'église Saint-Louis, lorsqu'il fut rejoint et averti de son erreur par un de ses disciples, M. le capitaine du génie Anfrie. Tous deux gagnèrent le cimetière rapidement et toujours à pied ; ils arrivèrent essoufflés, et cherchèrent longtemps le lieu de la sépulture, auquel ils ne parvinrent que quand les discours étaient finis et que la foule commençait à se retirer.

Le temps était orageux, la pluie menaçait; M. Comte, harassé de fatigue, dut s'aider d'une voiture pour regagner son domicile. En arrivant il fut pris de malaise et de frisson, la fièvre l'obligea à se coucher, sa nuit fut mauvaise et sans sommeil.

Telle est l'origine d'une indisposition déterminée par une forte émotion morale, suivie d'une grande fatigue physique, qui amena dans la santé de notre maître un dérangement général caractérisé par de la courbature, par un léger état de fièvre, par la perte de l'appétit, par des saburres, de l'insomnie et de l'agitation nocturne, soit un embarras gastrique fébrile.

Cet état dura quelques semaines, du 21 mai aux premiers jours de juin, en s'améliorant progressivement, jusqu'au rétablissement complet. Toutefois, bien que ce trouble ait pu se dissiper spontanément, il augmenta la faiblesse générale dont nous avons parlé et rendit M. Comte encore plus accessible aux causes de perturbation. C'est ainsi qu'une attaque brutale subie le 13 juin suivant, et dont il aurait en toute autre occasion facilement triomphé, parvint à le frapper mortellement. En effet, à l'agitation qui suivit immédiatement cette commotion si intempestive, succédèrent bientôt la fièvre, la prostration des forces, l'inappétence, une très forte congestion de l'appareil digestif, surtout de l'estomac et du foie, enfin une ictère considérable. En un mot, une perturbation morale violente provoqua ici une maladie aiguë nettement caractérisée, qu'on ne saurait, à aucun titre, rapporter à l'existence d'une affection organique ancienne.

Envers un tel état, M. Comte institua lui-même, dès le début, un régime parfaitement approprié : le repos, une diète sévère, des boissons délayantes, des bains tièdes, etc.; mais il ne jugea pas à propos de recourir à aucune émission sanguine locale, bien qu'il en ait eu un moment la pensée. Comme il arrive le plus souvent en pareil cas, l'effervescence initiale une fois calmée, l'ordre vital se rétablit insensiblement. Vers le milieu de juillet, l'état général s'était notablement amélioré, et tous les appareils affectés, sauf un seul, avaient repris leurs fonctions normales. Les palpitations, l'insomnie, l'agitation, la fièvre avaient disparu; la teinte ictérique était de moins en moins prononcée; les évacuations alvines (d'abord entièrement décolorées, puis diarrhéiques et bilieuses) prenaient un meilleur aspect ; la miction redevenait normale quant à son produit et dans son mode d'accomplissement; enfin, les forces s'étaient relevées au point de permettre au malade de recevoir des visites et de répondre à quelques lettres. Mais l'appétit tardait à reparaître, l'abdomen, surtout à l'épigastre, restait sensible et embarrassé.

A cette époque, le malade s'était mis de lui-même à la diète lactée, qu'il observait rigoureusement; il y joignait quelques boissons rafraîchissantes. Mais il refusa d'employer des moyens thérapeutiques plus actifs et notamment des révulsifs cutanés énergiques, que j'avais été conduit à lui proposer dans le but de diminuer la congestion gastro-hépatique, le moment des émissions sanguines étant passé. Pressé d'achever sa dernière œuvre, il craignait que ces agents perturbateurs ne ramenassent l'état fébrile qui venait d'entraver ses méditations, et il pensait que les efforts spontanés de son organisme, aidés de moyens surtout hygiéniques, pourraient amener la guérison.

C'est alors que se produisit l'accident du 26 juillet, où un vomissement de sang considérable (plus d'un demi-litre), survint, sans effort ni douleur, et amena beaucoup de soulagement dans la partie la plus souffrante, l'estomac. Le malade n'éprouvant plus dès lors qu'une extrême faiblesse, résultée de la perte du sang et de la longue diète qu'il avait subie, fut spontanément conduit à considérer comme une crise salutaire un phénomène qui pouvait amener un heureux changement dans son état, mais qui constituait cependant un événement très anxieux; car une hémorrhagie de ce genre, sans impliquer l'existence d'une lésion fatalement mortelle, résulte le plus souvent d'un état de perturbation profonde; et dans la situation difficile où se trouvait M. Comte, un pareil accident devait être regardé, même dans la meilleure hypothèse, comme une épreuve bien critique, ne fût-ce qu'au point de vue de l'affaiblissement qui allait en résulter.

On comprend que l'institution du traitement était ici chose délicate, car la situation présentait deux indications aussi urgentes qu'opposées : d'une part, il fallait réparer les pertes physiques et soutenir les forces défaillantes ; d'autre part, on devait laisser le tube digestif dans l'inaction qu'exigeait le désordre dont il était affecté. L'illustre malade satisfit de lui-même aux nécessités d'une telle position en gardant d'abord un repos corporel et cérébral absolu, et ne prenant que quelques boissons appropriées; puis il revint progressivement et *suâ sponte* à la première indication, celle de l'entretien des forces. L'alimentation fut reprise avec prudence; et les boissons nourrissantes, le lait, l'eau albumineuse, les gelées animales, etc., précédèrent de quelque temps les aliments proprement dits. Mais aucune médication active ne fut mise en usage.

Malgré l'incertitude et le danger même que comporte toute intervention médicale énergique, je regrettai longtemps que l'on n'ait pas davantage entrepris dans cette voie, et que l'on n'ait point insisté sur l'emploi des astringents, comme antihémorrhagiques, quels qu'aient pu être leurs inconvénients immédiats. Car, en présence du péril, le désir d'agir est aussi impérieux que spontané, sans être souvent pour cela ni mieux fondé, ni plus efficace. Je dois donc reconnaître que, même alors, je ne prétendais rien affirmer quant au succès d'une intervention thérapeutique.

Quoi qu'il en soit, les forces se relevant par l'effet d'un régime assez substantiel, et de mieux en mieux supporté, M. Comte commença, vers le milieu du mois d'août, à ne plus s'aliter dans le jour; il reprit sa correspondance et reçut quelques disciples. Cette amélioration apparente, réelle même à certains égards, lui fit penser qu'il était enfin parvenu à une convalescence dont l'amaigrissement et la faiblesse constituaient le seul danger, et qui serait nécessairement très longue, très anxieuse, vu le degré d'une telle complication. Or, de bien autres symptômes, auxquels il n'accorda point assez de gravité peut-être, et que son énergie naturelle le portait à considérer comme un simple résultat de son épuisement, ce qui était vrai en partie, d'autres symptômes, dis-je, vinrent bientôt nous frapper des plus sinistres appréhensions. Dès les derniers jours de juillet, on avait pu suspecter la formation d'un épanchement séreux abdominal; le 1er août, la présence d'une certaine quantité de liquide dans le ventre était bien évidente, et un peu d'infiltration se montrait aux extrémités inférieures. Ces accidents ne firent qu'augmenter à partir de ce jour et prirent bientôt une intensité effrayante : toute la cavité abdominale se remplit de liquide, et les parties inférieures du corps, les pieds, les jambes, les cuisses, le scrotum, les parois du ventre même s'infiltrèrent successivement. De telle sorte que bientôt les mouvements devinrent extrêmement pénibles, et que la respiration se trouva entravée; jusqu'à ce qu'une nouvelle hémorrhagie gastrique, nécessairement mortelle, vînt tarir les sources de la vie et mettre un terme à tant de souffrances.

Tels sont les faits principaux de cette maladie. Après les avoir résumés, nous devons chercher à les faire comprendre : et pour que cette explication soit suffisante, nous la ferons précéder d'une exposition sommaire de la théorie pathologique que devait contenir le Traité de morale, et qui constitue le dernier bienfait philosophique d'Auguste Comte.

D'après cette conception finale, qui forme le complément indispensable de la théorie positive de la nature humaine et la base de la systématisation rationnelle de la pathologie, la maladie doit être considérée comme ayant toujours sa source dans l'encéphale et principalement dans la région des *instincts*, dans les organes des facultés affectives; les troubles de la vie végétative et animale, que l'on a regardés jusqu'ici comme la maladie elle-même, n'en constituant réellement, malgré toute leur importance, que la réaction corporelle.

On ne saurait nier, en effet, que le cerveau, qui représente le véritable foyer de toute existence développée, surtout humaine; qui est l'aboutissant de toutes nos impressions et le point de départ de toutes nos réactions (le centre de nos principaux réflexes); qui, dans l'état normal, stimule et coordonne la vie de nutrition et la vie de relation; qui constitue le siège de nos passions, de nos conceptions et de nos résolutions, et qui est, en un mot, l'agent essentiel du ralliement et de l'action organiques: que le cerveau, dis-je, ne conserve dans la maladie, en ce qui concerne *sa production, sa durée et sa terminaison*, un rôle aussi prépondérant que celui qu'il exerce dans l'état de santé. Et, puisque la santé résulte de l'harmonie générale du physique et du moral, du corps et du cerveau, d'après l'unité obtenue dans les fonctions de ce grand appareil par la prépondérance habituelle des instincts sympathiques sur les sentiments personnels (1), il s'ensuit que la maladie ne peut provenir que de la rupture de cette unité, quand l'altruisme, ou l'égoïsme, mais presque toujours ce dernier, sort des limites de son action normale, soit par excès, soit par défaut. Et de même que dans l'état de santé, l'union entre le cerveau et le corps est indissolublement établie par le système des vaisseaux et des nerfs qui subordonnent le premier à la vie de nutrition comme à celle de relation, et qui lui permettent de réagir sur elles; de même, envers la maladie, c'est par cet intermédiaire inévitable que le cerveau se trouve affecté par le corps, ou qu'il le domine à son tour. C'est donc ce double lien vasculaire et nerveux dont la connexité explique la possibilité et le mode des rapports du physique avec le moral et réciproquement, l'action du moral, de l'âme ou du cerveau sur le physique, c'est-à-dire sur le corps (2).

La nouvelle théorie pathologique peut ainsi se résumer dans l'action que le cerveau troublé dans son équilibre affectif (surtout et essentiellement d'après les variations de l'*instinct conservateur*) vient exercer sur le corps par le moyen des nerfs et des vaisseaux qui, dans l'intimité des parenchymes, leur sont inextricablement unis;

---

(1) Voir 1ʳᵉ partie, p. 8-9 et 44-50; p. j., nº 33.

(2) Le cerveau modifie le corps par les nerfs moteurs et nutritifs; il est à son tour modifié par les nerfs sensitifs et par les vaisseaux. Ceux-ci peuvent aussi modifier le corps, mais toujours par l'intermédiaire des nerfs, qui provoquent les phénomènes fluxionnaires ou inverses, l'hyperémie et l'anémie des organes.

l'action cérébrale peut être, du reste, directe et spontanée, ou bien indirecte et provoquée par des influences d'ailleurs extérieures ou intérieures. Autrement dit, le cerveau qui, dans l'état de santé, par l'intermédiaire de la moelle, du grand sympathique et des nerfs proprement dits, sensitifs, moteurs et trophiques, relie en un seul tout, par sa prépondérance et son action continue, les différentes parties de l'organisme et institue l'harmonie totale, le *consensus* individuel, manque, dans l'état de maladie, à cette indispensable coordination des actes vitaux ; et c'est cette rupture de l'unité normale, cette absence de ralliement et de gouvernement, qui constituent la *maladie* proprement dite, les actions organiques isolées et fatalement déréglées qui en résultent (exagération ou diminution des fonctions corporelles) n'étant, comme nous l'avons annoncé déjà, que les effets ou les symptômes du trouble cérébral. Tant que le cerveau n'est pas intéressé par le dérangement du corps, il n'y a donc pas véritablement maladie, mais seulement *indisposition* ou *lésion*, et le trouble du cerveau ou la maladie résultant surtout de la rupture de l'harmonie morale, par excès ou défaut de l'égoïsme ou de l'altruisme normal, c'est-à-dire des instincts, sentiments et passions qui les constituent, il s'ensuit qu'en définitive la maladie, comme la santé, dépend de l'unité cérébrale, et que, par conséquent, la médecine, qui s'efforce de rétablir la santé, comme l'hygiène, qui a pour but de la conserver, est étroitement subordonnée à la *morale,* qui fournit seule les moyens d'instituer et de maintenir une telle unité (1).

Enfin, il est essentiel d'ajouter que l'action des causes perturbatrices, physiques ou morales, est d'autant plus puissante qu'elle s'exerce sur des cerveaux plus développés et dont le degré d'impressionnabilité, comme celui de réaction, est d'autant plus grand, ainsi que le prouve l'observation de la série animale et surtout celle de notre espèce. Mais cette considération ne suffit pas encore pour expliquer, d'après la théorie précédente, l'invasion de la maladie sans cause extérieure directe ou d'après une simple perturbation

---

(1) Les limites de cette notice nous interdisant de donner à ce grand sujet tout le développement qu'il exige, nous sommes forcés de renvoyer le lecteur au *Système de politique positive*, où est exposée la théorie de la nature humaine, et surtout aux précieuses *Lettres sur la maladie* dans lesquelles Auguste Comte a ébauché le complément pathologique de cette grande théorie, que nous reproduisons à la fin de ce volume. Voir aux *Pièces justificatives*, n° 33.

Il est bien entendu que nous exceptons, pour le moment, de cette théorie pathogénique, les empoisonnements d'origine végétale, animale ou minérale, ainsi que les destructions de tissus et d'êtres par cause physique (incinération, congélation, attrition, etc.), quoique dans la résistance de l'organisme à ces différents moyens de mortification, l'influence du système nerveux central trouve encore à s'exercer.

morale, ainsi que la persistance des désordres corporels, après que l'équilibre cérébral s'est rétabli ; pour les faire comprendre, il est nécessaire que nous ajoutions quelques mots sur la prédisposition morbide, ou sur ce que les pathologistes ont appelé *constitution médicale*.

La systématisation positive de cette importante notion, introduite par M. le docteur Audiffrent dans sa thèse inaugurale et développée dans ses autres ouvrages de biologie (1), tant d'après une indication d'Auguste Comte que d'après ses propres méditations sur les résultats consignés à cet égard dans les écrits des grands épidémistes, résulte de la considération de la relation directe de l'homme avec son double milieu cosmologique et social, c'est-à-dire de la réaction de ce milieu, dont le second élément prend de plus en plus de prépondérance, sur les trois appareils cérébral, nerveux et viscéral, qui subissent respectivement son influence. Or l'étude de ces appareils, qui composent le dualisme organique fondamental cerveau et corps, démontre que la constitution qui prédomine aujourd'hui est caractérisée par une grande instabilité cérébrale, par un éréthisme considérable, à la fois nerveux et sanguin, enfin, par une altération des humeurs (surtout du sang), consistant en une diminution de leur plasticité, qui prédispose singulièrement aux troubles nerveux et aux désordres végétatifs : fluxions sanguines rapides, suppurations, ulcérations, hémorrhagies et infiltrations. C'est-à-dire que, chez de pareils tempéraments, le défaut d'harmonie cérébrale tenant toujours une porte ouverte à la maladie (ou rupture de l'unité propre à l'encéphale), celle-ci se produit brusquement et pour la moindre cause, et que, d'abord cérébrale, elle devient bientôt viscérale d'après la violence de ses réactions nerveuses et l'état des parenchymes où elles s'exercent. Cette vue complémentaire de la grande théorie pathologique d'Auguste Comte permet enfin d'expliquer d'une manière positive tous les états morbides, en tenant compte, bien entendu, des causes personnelles et de l'idiosyncrasie ou de l'état particulier de chaque individu.

Eh bien, c'est cet état spécial de prédisposition individuelle que nous devons déterminer, chez le fondateur du positivisme, avant d'analyser en elle-même l'affection à laquelle il a succombé. Quelle était sa situation cérébrale et corporelle quand il fut atteint de la perturbation finale ?

Auguste Comte était né, je le répète, avec une forte constitution,

---

(1) *Réflexions sur un cas de névrose de la cinquième paire, et sur les névroses en général*, par le docteur Audiffrent ; thèse pour le doctorat en médecine ; Montpellier, 1859.

dont son extrême activité mentale avait arrêté le développement dans l'âge de l'adolescence surtout ; car la concentration intellectuelle est directement défavorable à l'accroissement organique, en troublant et entravant le travail digestif et l'élaboration nutritive. Cette suractivité cérébrale coïncidant chez lui, et de très bonne heure, avec une vie tout à fait sédentaire, enlevait à son corps la stimulation nécessaire, et plaça bientôt toutes ses fonctions végétatives et animales dans un état de langueur qui ne manqua pas de se compliquer des susceptibilités nerveuses qui se développent en pareil cas. De là, ces troubles digestifs qui le tourmentèrent si longtemps. Le meilleur correctif d'une pareille disposition est, sans aucun doute, le repos de l'âme, la modération de l'exercice intellectuel et une activité corporelle suffisante ; mais la situation personnelle et domestique de M. Comte, les besoins irrésistibles de sa nature mentale et morale, les exigences de sa vocation, son dénûment matériel, ne permirent jamais chez lui de semblables ménagements ; il ne put même avoir, pendant longtemps, un régime nutritif convenable. Des excès de travail incessants, une alimentation insuffisante, à l'âge même où le corps a le plus besoin, une grande irrégularité de régime, les chagrins et les luttes qui furent le triste et constant apanage de toute sa vie, amenèrent de bonne heure, chez lui, l'arrêt du développement végétatif, la débilité du système musculaire, la détérioration de sa constitution, cette surexcitation nerveuse à laquelle se joignit bientôt la singulière mobilité fluxionnaire que tous ceux qui l'ont connu ont pu remarquer et qui avait provoqué, dès son enfance, une hémorrhagie pulmonaire à laquelle il faillit succomber ; puis cette flaccidité des chairs et cette tendance à l'infiltration qui, du reste, paraîtrait héréditaire dans sa famille.

D'autre part, malgré son énergie exceptionnelle, malgré ses vives dispositions spontanées à la vénération et à la bienveillance, par suite même de son entreprise de rénovation, l'équilibre cérébral resta fort instable chez lui jusqu'au moment où la profonde affection qu'il conçut pour Mme Devaux lui permit d'atteindre sa plénitude et son unité morales. Un organisme aussi délicat, un cerveau aussi sensible à l'impression, aussi prompt à la réaction, exigeaient sans aucun doute un milieu social plus stable et moins perturbateur que celui résulté de la décomposition révolutionnaire : mais il y a des fatalités inéludables (1).

Chacune des grandes compositions d'Auguste Comte fut donc pré-

---

(1) Nous rappelons que nous devons au Dr Audiffrent la majeure partie de ces considérations.

cédée de crises pathologiques dont les deux extrêmes furent véritablement foudroyantes. La première, résultée de chagrins accablants et des méditations excessives qu'avait exigées la conception de la philosophie positive, aboutit à la terrible maladie de 1826. La seconde, qui survint pendant le travail préparatoire du Traité de politique, se termina, après une longue agitation fébrile, par un érysipèle de la face; la troisième consista dans l'exaltation nerveuse qui précéda la rédaction du premier volume de la *Synthèse subjective;* enfin, la dernière, déterminée par une émotion meurtrière survenue pendant l'excitation résultée de la méditation préparatoire du Traité de morale, termina une existence qui s'était accomplie dans les luttes les plus anxieuses et les plus pénibles contre une organisation corporelle dont la faiblesse acquise constituait déjà une cause permanente d'insurrection. Car, d'après un éréthisme nerveux spontané, accru par cette débilité organique, l'abstraction continuelle exigée par des travaux transcendants laissait le corps habituellement dépourvu d'action cérébrale régulière, de gouvernement, et dès lors accessible à toutes les influences étrangères perturbatrices.

Ainsi donc, à l'époque où nous prenons cette histoire, au commencement de l'année 1857, M. Comte, bien que sa santé ait paru s'améliorer d'après la disparition de ses dérangements gastriques antérieurs, qui avaient cessé par suite du calme moral résulté à la fois de son culte quotidien, de la transformation de sa position sociale et de l'achèvement de son élaboration la plus essentielle (la Politique positive), M. Comte, dis-je, n'en était pas moins dans un état d'affaiblissement progressif très sensible et très inquiétant, où la tendance fluxionnaire se prononçait de plus en plus. L'indisposition qui suivit la mort de M. Vieillard avait encore accru, comme je l'ai dit précédemment, sa faiblesse et sa susceptibilité nerveuse, la tendance aux congestions par conséquent, et l'imminence de tous les accidents qui peuvent en résulter. C'est alors qu'eut lieu, le 13 juin, par suite d'une attaque aussi inattendue qu'imméritée, la violente commotion morale qui vint porter le dernier coup à cet organisme déjà si fatigué. Cette agression brutale et les funestes débats que suscita sa répression, provoquèrent en effet un orage intérieur, une rupture momentanée de l'unité cérébrale, dont le corps aurait, en tout autre temps, surmonté le contre-coup, mais qu'il subit à ce moment d'une manière désastreuse. Le moral réagissant trop fortement sur ce physique délabré, y porta le trouble qui l'agitait, et produisit bientôt l'anarchie organique que nous avons décrite : la fièvre, des congestions rénale, gastro-intestinale, hépatique, l'ictère; enfin, la plupart des dérangements viscéraux qui correspondent à une perturbation profonde de l'harmonie cérébrale. L'unité morale fut bientôt rétablie, il est vrai, et le plus grand nombre des organes végétatifs affectés revint, quoique lentement, à son état normal ; mais, ce que l'on pourra comprendre d'après les données théoriques que nous avons fournies plus haut, l'appareil digestif, le foie et l'estomac surtout, soit qu'ils fussent antérieurement plus affaiblis que les autres parties, ou qu'ils aient été sur le moment davantage frappés, restèrent le siège d'une congestion passive considérable et persistante. Et c'est cet état d'hyperémie chronique qui donna lieu aux principaux accidents que nous avons signalés, à l'ulcération de la muqueuse, à l'hémorrhagie et à l'ascite.

Voici donc, en résumé, comment on peut concevoir, selon nous, l'ensemble de cette perturbation : le trouble cérébral fut suivi d'un état spasmodique des viscères abdominaux portant principalement sur le foie et sur le système capillaire gastro-intestinal (sur tous les vaisseaux qui envoient leur sang à la veine porte) ; ce spasme détermina d'abord la résorption de la bile et l'ictère, qui se dissipa peu à peu, avec le relâchement des conduits hépatiques. Quant au spasme des capillaires, il produisit d'abord les troubles habituels, tels que la diminution ou la suspension des sécrétions normales, puis sa résolution fut suivie d'une congestion passive intense de ces vaisseaux, résultée de la faiblesse de leurs parois, qui ne pouvaient opposer à la distension une résistance suffisante. De cette congestion provinrent, entre autres, l'empâtement abdominal, les pesanteurs épigastriques et lombaires, les ardeurs vésicales, l'ulcération de la muqueuse de l'estomac, l'ascite, enfin la première hémorrhagie. Après cet accident il y eut nécessairement augmentation de la faiblesse générale, de la laxité des tissus et de l'appauvrissement du sang, comme en témoignent les progrès rapides de l'ascite et l'infiltration de toute la partie inférieure du corps ; enfin, la seconde hémorrhagie en fut encore une conséquence, car la congestion gastro-intestinale, toujours passive, dut nécessairement se reformer aussitôt après le premier dégorgement, les vaisseaux se trouvant de plus en plus incapables de toute rétraction tonique de leurs parois, et activer le travail d'ulcération sur le point où il s'était d'abord produit (ulcère simple de l'estomac, *ulcus rotondum*). Cette seconde perte de sang, quoique peu considérable, amena inévitablement la mort, par épuisement.

Auguste Comte a donc succombé aux suites d'une maladie aiguë, que tout autorise à considérer, dans l'origine, comme un ictère idiopathique ou essentiel ; affection d'abord cérébrale, puis bientôt corporelle, et finalement incurable, d'après les dispositions antérieures du malade ; car, au lieu de se dissiper entièrement, après que l'ordre général fut rétabli, le désordre local s'aggrava de plus en plus, sans que les efforts spontanés de l'organisme, ni les moyens diététiques parfaitement appropriés qui furent mis en usage parvinssent à le dissiper. Tout autorise donc à croire que, vu l'état de faiblesse corporelle antérieur, la réaction cérébrale provoquée par une cause trop intense, fit dépasser de prime abord à son organisme les limites de variation vitale qui lui étaient alors assignées, et que sa destruction devint dès ce moment inévitable, bien que l'affection dont il était atteint ne fût, de sa nature, aucunement incurable, puisqu'elle guérit au contraire souvent dans les conditions ordinaires de la vie.

Tous les faits que nous avons recueillis à cet égard, tous les symptômes que nous avons constatés et que nous avons précédemment reproduits, confirment cette manière de voir qui, de plus, se trouve parfaitement conforme à la théorie positive de la nature humaine, seule source réelle, pour nous, d'explications positives relatives à la santé ou à la maladie. C'est donc avec une entière conviction, et ce n'est point sans autorité, que nous repoussons ici l'idée d'une affection organique, d'un cancer de l'estomac ou même du foie. Cette opinion, d'ailleurs émise par des hommes qui n'ont point assez suivi la maladie, qui ne l'ont point observée directement ou d'une manière complète, et qui sont du reste opposés à la conception positive de l'homme, comme à la nouvelle théorie pathologique, se trouve en contradiction trop formelle avec les faits pour qu'il soit possible de l'accepter.

Entre autres symptômes, le cancer de l'estomac et même celui du foie, s'annoncent par un dérangement constant des digestions et par un amaigrissement progressif, bien avant que l'affection soit localement appréciable. Cette lésion est caractérisée, au début, par une marche lente, presque insensible, le plus souvent sans état aigu et sans causes déterminantes immédiates, et aussi par une répugnance invincible pour les aliments. Plus tard, elle donne lieu à des vomissements fréquents de plus en plus caractéristiques, à des douleurs particulières dans la région affectée, à une tumeur plus ou moins appréciable, à une coloration jaune-paille des téguments, très différente de la teinte ictérique. S'il se produit des hématémèses, ce qui n'a lieu pour le cancer du foie que si l'estomac est en même temps affecté, elles ont encore, sous le rapport de la fréquence, de la qualité et de la quantité, des caractères assez spéciaux. Enfin survient l'impossibilité de digérer ; les malades meurent d'inanition en quelque sorte.

Or, dans le cas qui nous occupe, pas de perte d'appétit ni de dérangement des digestions avant l'invasion de la maladie, pas d'amaigrissement progressif; au contraire, les troubles gastriques antécédents avaient, comme nous l'avons expliqué, disparu depuis quelques années, et l'affaiblissement organique auquel nous avons fait allusion donnait plutôt lieu à une sorte d'infiltration et de bouffissure des tissus qu'au desséchement observé dans le cancer. Survient la maladie : elle a une cause immédiate parfaitement connue et prend un caractère aigu, fébrile. C'est un ictère simple. Les troubles et les désordres se dissipent peu à peu, mais au lieu d'une convalescence franche et complète, la partie moyenne du tube digestif restant passivement congestionnée, on observe de l'inappétence, des malaises épigastriques et lombaires, un empâtement général de l'abdomen. Du reste, le foie, non plus que l'estomac, ne présente de variations de volume anormales, de bosselures ou d'indurations, *aucune tumeur appréciable* (1). On ne voit non plus, ni les *douleurs en barre* du cancer gastrique, ni les vomissements qui l'accompagnent toujours. L'hématémèse se produit : elle est très abondante, facile, de sang noir mais nullement altéré ; elle amène un soulagement immédiat de l'estomac, l'appétit reparait et s'accroît peu à peu, les *digestions se font*, les évacuations alvines qui avaient gardé quelque temps la coloration noire, due au sang versé dans l'estomac et passé dans l'intestin, perdent progressivement cette teinte et reprennent quelque consistance ; il n'y a aucune régurgitation d'aliments, de mucosités, ni surtout de matières noires pathognomoniques de *marc de café*. La veille de sa mort, le malade avait encore *digéré* sa nourriture quotidienne ! Sont-ce là, je le demande, les symptômes du cancer ?

On ne peut donc admettre que la double hémorrhagie gastrique qui survint dans le cours de la maladie d'Auguste Comte, soit due à une affection organique de l'estomac ou du foie, incurable et fatalement mortelle de sa nature. Et l'on doit reconnaître qu'elle eut pour cause la congestion passive qui se forma, suivant le mode et d'après les motifs que nous avons indiqués, dans le réseau capillaire du foie et de la muqueuse gastro-instestinale supérieure, dans les radicules correspondants de la veine porte. C'est là que se produisit, secondairement, l'ulcération qui donna lieu aux hémorrhagies et à la mort (2).

Cependant, des personnes qui, sans avoir suivi ni observé la maladie du fondateur du positivisme, conclurent de l'hématémèse à

---

(1) Ajoutons que les autres viscères, le cœur, les poumons, les reins, etc., soigneusement explorés, ne présentèrent aucun dérangement important. L'urine, d'abord rare et très concentrée, devint ensuite plus abondante, et resta quelque temps chargée de bile, mais elle ne contint jamais ni sucre, ni albumine, ni pus.

(2) V. la pièce n° 34.

l'existence d'un cancer, taxèrent d'irrationnel le traitement diététique qui fut adopté, et donnèrent à penser que le défaut de connaissances médicales, que l'inhabileté pratique et l'absence de soins suffisamment éclairés, furent pour beaucoup dans la mauvaise issue de cette affection.

Comme tous ces dires intéressés, qui fournirent au journalisme le thème de railleries méprisables, ont de plus excité les regrets de personnes bienveillantes, mais mal informées, il est de notre devoir de les réfuter ici. Pour cela, il suffira, je crois, de signaler la contradiction manifeste qui existe entre ces diverses allégations : car si Auguste Comte était réellement atteint de cancer, qu'importait le traitement de cette inexorable affection ? Les princes de la science ne la guérissent pas davantage que les médicastres campagnards, et tous les praticiens savent combien il est avantageux de ne point tourmenter un tel état pathologique par des efforts thérapeutiques inconsidérés. Qu'ils mettent donc leurs discours d'accord, ceux qui, pour décharger un coupable d'une responsabilité lourde, émettent des assertions aussi incompatibles et aussi injustes, et qu'après avoir, autant qu'il dépendait d'eux, entravé, tourmenté, compromis l'existence du fondateur de la religion universelle, ils ne viennent point reprocher sa perte à ceux qui lui furent toujours dévoués, et qui s'efforcèrent constamment d'assurer ou de prolonger sa vie.

Mais ce serait peu que d'avoir réduit de semblables imputations, et je dois surtout insister sur la haute initiative que prit Auguste Comte en conservant la direction générale de son traitement. La grandeur d'une telle résolution devait, en effet, échapper à des hommes exclusivement préoccupés de trouver dans sa conduite des sujets de blâme ou de ridicule, et ce n'était point à eux qu'il appartenait de la signaler à l'attention publique.

Ici, comme partout ailleurs, le fondateur du positivisme voulut fournir un type de la conduite humaine régénérée, un exemple anticipé de l'existence normale. Il dut, par conséquent, dans cette grave circonstance, appliquer courageusement, à ses risques et périls, les règles morales qui prévaudront dans l'avenir. A ce nouveau point de vue, la maladie étant toujours individuelle, et ne concordant pas assez avec les types abstraits construits par la raison théorique, le malade reste le meilleur juge de sa situation. C'est ce qui fut formulé par notre Maître, pendant sa maladie, dans cet aphorisme important : *La médecine présente un vice logique essentiel, puisqu'elle est réduite à recourir à des procédés généraux dans des cas spéciaux.* Donc, tout malade qui possède les connaissances biologiques indispensables, s'il conserve, au milieu du trouble pathologique, son intelligence et son énergie, doit toujours pouvoir instituer lui-même l'ensemble du traitement qui lui convient, en fournir les indications principales et ne recourir au médecin proprement dit que pour obtenir des renseignements plus exacts sur la valeur des symptômes, ou sur l'emploi particulier des moyens. C'est ce que fit Auguste Comte : il conserva jusqu'à la fin l'institution, la surintendance et la *responsabilité* de son traitement, et ne demanda d'avis médicaux que pour préciser la signification de certaines manifestations pathologiques ou de quelques applications thérapeutiques(1).

Quelle conduite plus ferme, plus digne, plus conforme à ses principes, et aussi plus prudente et plus sage, pouvait-il tenir ? Nul ne contestera, je pense, la compétence biologique de l'auteur de la théorie positive de la nature humaine ? Nul, sa lucidité constante et son inébranlable énergie pendant la longue maladie qui le conduisit au tombeau ? Quoi de plus rationnel et de plus sage alors que son refus de recourir à l'empirisme médical, si souvent incapable de justifier ses prescriptions, et auquel, il faut bien le reconnaître, les insuccès ne font pas défaut ? N'en déplaise donc aux susceptibilités pédantesques, en s'affranchissant de cette dernière tutelle provisoire comme il s'était affranchi déjà de la théologie, de la métaphysique et même de la science, c'est-à-dire *en gardant de chacune d'elles tout ce qui pouvait s'incorporer au positivisme,* Auguste Comte agit normalement et comme un véritable maître !..... Devait-on préférer de lui voir abdiquer, en cette circonstance suprême, et son génie, et son courage, pour remettre en tremblant à des étrangers peut être incompétents, le soin de son existence menacée ?.....

Si, pendant toute sa vie, le fondateur du positivisme avait témoigné de la plus constante énergie, l'exemple qu'il donna durant sa dernière épreuve vint dignement couronner sa carrière. Pendant le temps qui sépara les deux hématémèses, c'est-à-dire du 26 juillet aux 4 et 5 septembre, temps qui fut si rempli de souffrances, il témoigna

---

(1) Ces avis spéciaux furent demandés par Auguste Comte à plusieurs de ses disciples médecins : entre autres, à MM. les docteurs Segond, alors professeur agrégé près la Faculté de médecine de Paris, et Audiffrent, de la Faculté de Montpellier, qui le visitèrent à différentes époques. M. le docteur de Montègre le vit également. Enfin, notre Maître voulut encore, par un excès de bienveillance dont je demeure aussi confus que reconnaissant, me demander particulièrement des avis. Il m'annonça par une lettre du mercredi, 7 Dante 69 (23 juillet 1857), qu'il m'avait choisi pour être son médecin, *comme il l'entendait,* et comme je viens de l'expliquer ci-dessus. Je le visitai donc plus souvent depuis cette époque, surtout dans les derniers temps de sa maladie; et, bien qu'il se soit toujours réservé le choix des médications qui lui furent appliquées, bien qu'il ait écarté mes conseils, j'ai cru devoir m'honorer quelque temps d'un titre qui ne convient guère à ma médiocrité, je le reconnais, mais qui reste à jamais précieux pour moi, comme étant un témoignage de la trop généreuse affection que voulut bien m'accorder ce grand homme (Voir la *pièce justificative* n° 34).

d'une patience et d'une force d'âme incomparables. Alors aussi put se montrer dans toute son étendue l'affection de la famille prolétaire qui s'était consacrée à son assistance domestique, et dont le dévouement atteignit en cette circonstance sa plus touchante et sa plus vive expression.

Convaincu de la nécessité de ses derniers travaux, Auguste Comte voulait vivre encore, non pour lui, mais pour autrui, pour les contemporains et pour les descendants, pour achever la *Synthèse subjective* et surtout le *Traité de morale*, enfin pour assurer plus fortement l'action de la nouvelle doctrine par le choix et l'installation de son successeur religieux. Rien de grand comme la lutte qu'il soutint alors; et l'on doit admettre, comme je l'ai dit, que c'est cette force de volonté qui lui permit de résister aussi longtemps. Maîtrisant la douleur, insensible à toute infirmité, jugeant avec sang-froid le danger de sa situation, il put rester impassible devant la mort, plein de sérénité morale, de vigueur intellectuelle, de confiance et de fermeté. Tels furent son héroïsme et sa foi, jusqu'au moment où la seconde hématémèse vint lui annoncer qu'il fallait se recueillir et quitter la vie. Cette mâle intrépidité, ce complet renoncement personnel, procurèrent à ses derniers moments une paix profonde, qui jamais ne permit à sa grande âme de faiblir sous le poids des fatalités corporelles.

Dans les derniers jours d'août, et même au commencement de septembre, l'état d'Auguste Comte était demeuré stationnaire, les forces physiques, excitées, suppléées par son énergie morale, semblaient se ranimer; et, bien que l'infiltration progressât aux parties inférieures, l'appétit et les digestions se maintenaient encore. Le malade ne s'alitait plus, même la nuit, et préférait s'étendre sur un canapé. Son sommeil était rare, entrecoupé, plus difficile encore sa locomotion. M. Comte passait sa vie dans des alternatives de repos éveillé et de lente déambulation dans son appartement. Il partageait son temps entre ses méditations habituelles, sa correspondance intime et ses visites familières; il s'entretenait souvent avec sa fille adoptive et son excellent mari, dont l'assistance lui devenait de plus en plus indispensable; enfin, il trouvait dans les épanchements de son culte privé le soulagement et le repos. Je le visitais autant qu'il m'était permis par mon éloignement et les exigences de ma profession, et le souvenir de notre dernier entretien ne s'effacera jamais.

Lors de notre précédente entrevue, l'auguste malade, apercevant que je ne partageais point sa fermeté, m'avait invité à lui livrer le fond de ma pensée sur sa situation, et le courage m'avait manqué pour formuler un tel aveu en sa présence. J'avais donc répondu

d'une manière évasive; mais sentant bientôt la gravité d'une semblable dissimulation, je lui avais écrit, avec autant de ménagements que possible, combien sa position me semblait actuellement désespérée : « Pardonnez (disais-je en terminant ma lettre), cher et vénéré
« Maître, une démarche aussi hardie; mais je ne crois pas qu'il soit
« convenable d'abuser un malade tel que vous. Ce triste expédient,
« ressource des âmes faibles, est indigne d'un grand cœur, et si
« chaque mortel, avant de rendre à la Terre ses organes corporels,
« doit se recueillir religieusement et résumer dans le chant du cygne
« une existence qui s'achève, combien cette grande pensée de la
« mort ne doit-elle pas être familière et présente aux méditations du
« philosophe et du prêtre, pour qui le passage à l'immortalité doit
« encore être un acte de dévouement et d'enseignement social! »
— (31 août 1857).

Lorsque je l'abordai, Auguste Comte me parla de cette lettre, qui ne l'avait aucunement ébranlé. Il me reprocha paternellement *ma faiblesse*, et me rappela que médicalement il avait fait tout ce qui était raisonnable pour écarter la mort; tandis que, par son testament, il avait pourvu, en ce qui dépendait de lui, aux suites d'un tel événement; qu'alors il fallait attendre avec calme l'issue naturelle d'une lutte très anxieuse en effet, mais dont il ne désespérait pas encore de sortir triomphant. Il m'entretint ensuite d'une entrevue toute récente que sa longanimité habituelle n'avait pu refuser aux instances de M. Littré, et me dit toute la peine que lui avait causée cette regrettable visite. A travers les remontrances, les objections et les critiques qui avaient rempli la conversation de celui-ci, il avait senti la profonde animosité, la haine que nourrissait contre lui cet ancien disciple, et il s'était promis de ne plus le revoir (1).

Laissant alors les préoccupations du présent, son entretien se porta sur les espérances de l'avenir; il me parla du grand travail qu'il achevait et des projets qu'il avait conçus pour hâter l'avénement du positivisme. Puis, s'abandonnant à l'ardeur habituelle de ses épanchements familiers, il éleva la conversation vers les plus hautes régions de l'action religieuse, en contemplant chez nos descendants régénérés tout ce que son génie avait conçu pour la grandeur et l'amélioration de l'homme. Tel je l'avais vu dans ses plus grands jours, au temps des prédications philosophiques du Palais-Cardinal, dans le feu de ses aspirations les plus nobles, tel je le revoyais alors. L'ardeur et la majesté de son âme enflammaient son regard, transformaient ses traits et sa voix! Au lieu d'un mourant, j'avais devant

---

(1) — « Littré, me dit-il, est venu voir pour combien j'en avais encore dans le ventre ».

moi le fondateur du positivisme aussi plein de grandeur et de force que je l'eusse jamais rencontré. Avec un sentiment indicible d'enthousiasme et de douleur, de confiance et de désespoir, j'embrassai respectueusement ses mains amaigries; c'était la dernière fois que je devais entendre sa parole... Je m'en fus éperdu, navré par le spectacle de sa décadence physique, exalté par la puissance de sa nature morale, hésitant entre la réalité corporelle et la splendeur cérébrale. Certes je n'espérais plus que son organisme épuisé pût triompher des désordres qui le minaient, mais je m'abandonnais à la pensée qu'une âme aussi puissante pourrait soutenir quelque temps encore ses instruments débilités.

La journée du 4 septembre fut passable. M. Comte put prendre quelques dispositions d'administration domestique, et régla sa dépense avec l'ordre caractéristique qu'il introduisait partout. Mais au repas du soir l'appétit fit défaut; le malade éprouvait un malaise général, inaccoutumé, une tristesse et des pressentiments involontaires; il dut refuser sa nourriture et s'étendre sur son lit de repos. A neuf heures du soir le désordre s'accrut et présenta tous les signes d'une hémorrhagie interne. En effet, M. Comte s'étant levé pour chercher quelque soulagement, rejeta aussitôt par la bouche une petite quantité de sang. Cet événement plongea dans la consternation la famille qui, nuit et jour, veillait sur lui. Elle voulait me faire mander immédiatement, mais notre Maître, par un regrettable excès d'altruisme, et pour éviter à tous ce dérangement, préféra qu'on attendît au jour. A quatre heures du matin, se sentant soulagé, il exigea que *ses enfants*, qui depuis si longtemps ne dormaient guère et qui avaient encore passé cette nuit tout entière auprès de lui, allassent prendre du repos. Ils se retirèrent, mais veillèrent à sa porte au lieu de se coucher. Vers cinq heures du matin, ayant entendu quelque bruit, ils entrèrent et trouvèrent leur cher malade étendu sans forces et sans mouvement auprès de l'autel de son culte privé. Tandis qu'il offrait à sa noble patronne les derniers actes de sa gratitude, le meilleur et le plus profond de son cœur, un nouveau vomissement de sang l'avait surpris et abattu.

— « M. Robinet avait raison, mes enfants (murmura-t-il d'une voix éteinte), il faut le prévenir: mais faites en sorte de ne point l'effrayer. »

Puis il se fit étendre sur un tapis, la tête posée sur un coussin, devant le canapé où il avait passé la plus grande partie de sa maladie; et, désirant se recueillir, il pria ses enfants de s'éloigner, en se faisant attacher au bras le cordon d'une sonnette, afin d'appeler s'il en était besoin. A sept heures il sonna pour demander quelque boisson:

« Voilà, dit-il à Mme Sophie, comment je serai dans ma tombe. » Il resta dans la même attitude jusqu'à midi qu'il appela pour se faire conduire à son lit, afin d'y attendre stoïquement la mort. Comme il refusa de s'y laisser porter, et que sa chambre était assez éloignée, cette translation fut longue et difficile, tant il était entravé, défaillant. « Que je suis donc faible, mes enfants! » furent les seuls mots qu'il prononça.

Après s'être couché, il eut un peu d'agitation, quelques mouvements automatiques; il demanda souvent à boire et exprima plusieurs fois son regret de ne me voir point arriver. Enfin, vers trois heures, il voulut parler à M. Lonchampt; notre confrère était venu dans la matinée déjà, et m'avait de suite averti par dépêche télégraphique. Mais la fatalité voulut que je fusse absent pour le service de ma profession, et cet empêchement me laissera des regrets éternels...

Lorsque M. Lonchampt revint, il était quatre heures : Auguste Comte se trouvait plongé dans un abattement dont il ne sortait, par intervalle, que pour jeter un regard éteint sur le bouquet de fleurs artificielles, ouvrage et présent de Clotilde Devaux, qui se trouvait placé en face de son lit. Ce signe de vie fut le dernier! Privées de leur excitant normal, toutes les fonctions de ce grand organisme allaient s'éteindre une à une, lentement, paisiblement: les plus élevées d'abord, les sens, le mouvement, la pensée, l'affection; puis les plus élémentaires, celles qui servent de base indispensable à nos meilleurs attributs.

Quand j'arrivai, le malade venait de tomber dans un assoupissement profond. Son regard était fixe, sa physionomie calme et imposante; le sourire de la résignation et de la paix intérieure animait encore son visage, mais il s'y mêlait une navrante expression de regret! L'immobilité de la mort s'était emparée de lui. La respiration, très irrégulière, était à peine sensible; le pouls, intermittent et misérable, annonçait la fin de la lutte. Les enfants adoptifs d'Auguste Comte, assistés de M. Lonchampt, veillaient en silence à son chevet; ils attendaient *son réveil!* Je dus briser cette illusion dernière et déchirer ces cœurs si profondément attachés au meilleur et au plus grand des hommes, en annonçant que ce calme trompeur n'était qu'une irrévocable agonie, le prélude inexorable de la mort! Parole cruelle et dont ceux-là seuls qui ont perdu les êtres les plus chers à leur affection pourront comprendre tout l'effet. Nous confondions notre douleur, nos larmes et nos sanglots au chevet de ce père bien-aimé, quand les cris déchirants de la malheureuse Sophie annoncèrent que le fondateur de la religion de l'Humanité venait de rendre le dernier soupir (samedi, 5 septembre 1857, six heures et demie du soir).

La nuit se passa dans les plus tristes émotions, à veiller près du lit funèbre, à prendre les mesures que nécessitait le fatal événement. Les 6 et 7 septembre furent employés en préparatifs funéraires, sous la direction de M. Lonchampt, et de la manière la plus conforme aux recommandations du défunt. Son corps, laissé jusque-là sur son lit de mort dans l'attitude suprême, fut respectueusement préservé de toute investigation anatomique comme de toute opération d'embaumement, et ne fut enveloppé du linceul et renfermé dans la bière que quand les progrès de la décomposition physique eurent fourni la preuve absolue de la mort. Ceux des disciples d'Auguste Comte qui étaient venus se joindre à ses enfants adoptifs pour veiller près de lui, accomplirent avec eux ce pieux devoir.

D'après le souhait qu'il avait formulé pour le cas où il ne pourrait obtenir la communauté de sépulture qu'il regardait comme sa meilleure récompense, le fondateur du positivisme fut placé dans son cercueil la main droite sur son cœur et tenant embrassé le médaillon que Clotilde Devaux lui avait offert, garni de ses cheveux, en l'appelant le *don du cœur*. A défaut du cercueil conjugal, un simple cénotaphe portant l'inscription suivante : *Clotilde Devaux, éternelle compagne d'Auguste Comte, née le 3 avril 1815, à Paris, et décédée le 5 avril 1846 à Paris*, fut placé dans la bière avec un autre emblème consacrant un vœu filial et un regret bien touchant, ainsi exprimés : *A la digne mère d'Auguste Comte, Rosalie Boyer, née le 28 janvier 1764, à Jonquières (Hérault), et décédée le 3 mars 1837, à Montpellier.*

Les funérailles eurent lieu le 8 septembre : elles furent ce qu'elles devaient être, simples, touchantes, respectueuses. Vu l'éloignement de la plupart des positivistes (quelques-uns étaient accourus de bien loin cependant), le cortège était peu nombreux. Des voisins et quelques invités s'étaient joints aux disciples proprement dits et marchaient dans l'ordre suivant : les cordons du char funèbre étaient tenus par MM. Fabien Magnin, Auguste Hadery, Martin Thomas et Robinet; les exécuteurs testamentaires suivaient, puis les membres de la Société positiviste, enfin les assistants étrangers. Quelques dames accompagnaient, dans les voitures de deuil, la fille adoptive d'Auguste Comte, et partageaient sa douleur.

Le convoi se rendit au cimetière du Père-Lachaise, choisi par notre Maître comme lieu de sépulture ; et, suivant son vœu, en passant dans la rue Saint-Antoine, on s'arrêta quelques instants devant l'église Saint-Paul pour consacrer un pieux souvenir. Au champ du repos, le corps fut déposé dans un caveau provisoire, où il devait attendre qu'une tombe définitive fût prête à le recevoir. Au milieu de l'émotion générale, quelques paroles de regret et de glorification furent prononcées (1), et les disciples du fondateur de la religion universelle se séparèrent après avoir déposé sur sa tombe et sur celle de son éternelle compagne l'hommage funèbre de leur vénération.

XIV. — Jugement sur Auguste Comte

Avant de fermer ce livre, nous devons nous recueillir un instant encore et jeter un dernier regard sur la vie qui l'a inspiré, afin d'en retenir une impression plus forte.

Lorsque surgit Auguste Comte, en 1820, l'anarchie et la rétrogradation étaient également discréditées : le régime sanglant de Robespierre avait trop prouvé l'impuissance organique de la métaphysique révolutionnaire, et la domination militaire vainement tentée par Bonaparte n'avait pas moins démontré l'impossibilité de toute rétrogradation systématique. Comme après la crise qui termina le xviii° siècle, et plus encore qu'à cette époque, la société exigeait une réorganisation instituée en dehors des anciens principes évidemment épuisés.

La reconstruction de l'ordre spirituel était donc aussi urgente qu'indispensable, et il fallait dès ce moment un esprit capable de l'accomplir ; car l'Humanité prépare le progrès, elle en élabore tous les éléments, mais la coordination finale dont il résulte, à un moment donné, ne peut jamais être effectuée que par un organe déterminé. Ici, l'entreprise était bien difficile, puisqu'il s'agissait, en s'appuyant sur tout le travail des générations antérieures, de changer les bases de la mentalité humaine. Un génie de premier ordre, tel qu'en possédèrent Aristote et Descartes, était donc avant tout nécessaire ; mais cette rare et précieuse condition ne suffisait pas encore. Il fallait que le sentiment social, assistant puissamment un tel esprit, le poussât vers les spéculations générales. Or, parmi les plus grandes intelligences de cette époque, aucune ne suivait cette voie : Condorcet n'était plus ! de Maistre donnait à sa recherche un caractère rétrograde tout à fait incompatible, et manquait de préparation scientifique, — à plus forte raison de Bonald et de Lamennais ; Guizot, d'ailleurs métaphysicien, tendait à la domination politique ; Gall,

(1) Voir aux *Pièces justificatives*, les n°⁸ 35 et 36.

Broussais, de Blainville, s'occupaient de questions essentielles, mais spéciales. Seul Auguste Comte, à la fois savant, philosophe et républicain, aspirait à la régénération sociale. Rappeler l'urgence et la difficulté d'une telle œuvre, la manière dont elle fut conduite et achevée, c'est dire combien un tel homme fut indispensable et précieux, combien il était nécessaire au progrès et au salut de l'Humanité (1); car l'avénement d'un pareil organe était possible, d'après les antécédents intellectuels et politiques, surtout d'après les résultats du xviiie siècle: mais on conçoit aisément qu'il aurait pu tarder et même ne jamais avoir lieu. Dès lors, la société occidentale demeurait condamnée à languir longtemps encore dans des oscillations indéfinies entre la métaphysique et la théologie, entre l'anarchie et la rétrogradation, voire à se dissoudre sous l'action du ferment révolutionnaire, malgré toute compression matérielle. C'est d'après de telles considérations qu'il faut mesurer l'influence et la valeur des grands hommes.

Malgré son admirable unité, la vie du fondateur du positivisme peut se partager en trois phases distinctes : dans la première, qui a surtout un caractère social, il conçoit et proclame la nécessité de la restauration spirituelle ; dans la seconde, principalement philosophique, il construit les bases systématiques de cette nouvelle autorité ; dans la troisième, essentiellement religieuse, il institue le culte et le régime correspondant au dogme préalablement élaboré.

Comme nous l'avons expliqué précédemment, avant d'ouvrir la première phase de sa vie publique, Auguste Comte s'était préparé spontanément par la culture de la philosophie du xviiie siècle et de la période révolutionnaire, en même temps que par l'étude approfondie du système scientifique. Il réunissait donc les deux conditions indispensables à une telle mission : l'aspiration sociale et l'esprit positif; il joignait l'ardeur rénovatrice au véritable génie philosophique.

Dès 1822 il fournit la solution du problème vainement abordé par Condorcet, en découvrant les lois sociologiques ; dès 1825 et 1826 il donnait à cette découverte un grand but social, en la prenant pour base d'une nouvelle autorité spirituelle, destinée à rétablir l'ordre mental et moral dans tout l'Occident européen et par suite à réorganiser les institutions politiques et sociales. Les principes de la régénération moderne étaient posés, il fallait passer à l'œuvre et commencer l'application. C'est alors que le jeune rénovateur s'aperçut que le dogme de la foi nouvelle n'était ni complet ni coordonné, et

---

(1) Nous avons emprunté les considérations ci-dessus et les suivantes au cours de M. Laffitte sur l'Histoire générale de l'Humanité.

qu'il fallait avant tout effectuer cette immense systématisation. Laissant donc pour un temps son entreprise sociale, il consacra patiemment à cette élaboration fondamentale seize années de son existence, et produisit le système de la philosophie positive, dogme de la religion finale, où tout le savoir humain se trouve condensé en vue de la sociologie et de la morale.

C'est alors seulement qu'il put reprendre « le hardi projet de sa jeunesse » : fonder la religion universelle et instituer un nouveau sacerdoce. Mentalement, il avait tous les éléments nécessaires; moralement, l'aspiration et l'énergie ne lui faisaient pas défaut. Cependant il est à craindre que, sans le développement d'une affection à la fois profonde et pure dont il avait été jusqu'alors privé, il n'ait pu consommer cette tâche décisive; car, pour instituer ce dernier terme, il fallait systématiser *le sentiment*, restaurer la culture du cœur, et pour cela il était indispensable d'avoir aimé profondément, d'avoir éprouvé le bienfait des affections tendres, l'action intime des sentiments les plus purs et les plus délicats. On sait comment Auguste Comte obtint ce bonheur; il ne pensa plus dès lors que sous la bienfaisante inspiration de la femme, et produisit son œuvre principale, le Traité de sociologie instituant la religion de l'Humanité.

Mais il n'y a pas de religion sans sacerdoce : fonder une religion c'est fonder un sacerdoce, qui a pour but d'en conserver les principes, de les enseigner à tous, et de régler la conduite humaine d'après une croyance commune. Auguste Comte commença le nouveau sacerdoce par lui-même; il donna, comme nous l'avons vu en toute occasion pendant sa seconde vie, l'exemple d'une existence vraiment régénérée, et agit, par l'enseignement de sa doctrine, sur quelques hommes assez préparés par l'esprit et par le cœur pour en recevoir le bienfait. Il renonça à toute possession et bénéfices matériels, à toute fonction temporelle (1), prêcha, conseilla, consacra, en un mot remplit les fonctions spirituelles comme s'il eût vécu dans le régime normal. Et non seulement il fonda le sacerdoce par lui-même, mais encore il en institua, pour ses successeurs, les conditions essentielles, personnelles, intellectuelles et morales. Dès lors il n'était plus simplement philosophe, mais prêtre dans toute la rigueur du mot, fondateur et premier pontife de la religion finale, quoiqu'on en ait dit.

A ce moment d'organisation et de rayonnement spirituels, et

---

(1) Le renoncement temporel d'Auguste Comte fut proclamé par lui le 27 février 1848, en son nom et celui de tous les véritables aspirants au sacerdoce de l'Humanité, dans sa prédication philosophique hebdomadaire, à la mairie du IIIe arrondissement.
Voir la préface du *Discours sur l'ensemble du positivisme*.

quand il s'apprêtait à fournir la foi positive de son plus précieux complément, Auguste Comte mourut. Sa perte est irréparable, car, outre son action directe, elle priva l'Humanité du Traité de morale qu'il allait élaborer, c'est-à-dire de la construction la plus essentielle qu'il ait pu produire, après l'institution de la religion elle-même.

Toutefois la mort n'a pu détruire ni arrêter son œuvre, et la continuité du mouvement régénérateur s'est maintenue. Nous dirons ailleurs comment elle fut assurée; nous devons ici insister seulement sur les attributs puissants et les vertus fondamentales qui lui permirent de concevoir, d'entreprendre et de consommer sa mission.

Il reste trop de preuves de sa grandeur intellectuelle, des monuments trop imposants de son génie, pour qu'il soit besoin d'attirer l'attention publique sur ce côté nécessairement saillant de sa nature. Laissant donc aux esprits compétents le soin de mesurer eux-mêmes à quel degré de puissance il porta chacune des facultés élémentaires de l'intelligence, quelles furent sa force d'assimilation, sa vigueur créatrice, inductive ou déductive, et surtout sa puissance d'abstraction, j'insisterai plutôt sur les qualités moins connues de son cœur et de son caractère. Toutefois, pour ceux qui ne liront jamais Auguste Comte, je dois ébaucher les principaux traits de sa nature mentale.

Outre ses connaissances concrètes, c'est-à-dire des notions très étendues sur les arts techniques et libéraux, sur les faits de l'histoire naturelle proprement dite, sur les théories théologiques et métaphysiques; outre sa profonde instruction historique et une culture esthétique extrêmement riche, Auguste Comte possédait à fond toutes les *sciences abstraites* : mathématique, astronomie, physique, chimie et biologie. Il avait donc une capacité encyclopédique, une universalité d'instruction au moins aussi étendue que celles de Diderot et de Condorcet; et, suivant l'expression d'un praticien émérite, qui fut aussi un érudit des plus distingués, M. P. Janet : « aucune science n'eut pour lui de secrets. » C'est sur ce fonds précieux, embrassant tout le savoir humain, surtout abstrait, qu'il exerça sa méditation, de manière à en dégager les lois de la sociologie et l'immense systématisation scientifique qui constitue la philosophie positive. Comme savant, Auguste Comte a donc créé la *science sociale,* la plus élevée et la plus difficile de toutes les sciences; comme philosophe, il a fondé la philosophie des sciences, accompli la systématisation positive des idées humaines et institué le système de logique qui lui correspond; enfin, comme fondateur religieux, on lui doit la théorie posive de la nature humaine, la systématisation des sentiments et l'institution de la religion démontrable, à laquelle il devait encore donner pour couronnement le traité de morale positive, dont il ne put que poser les bases essentielles.

Voilà pour l'intelligence proprement dite; quant à l'expression elle fut ce qu'elle devait être. Auguste Comte écrivit la philosophie et la politique comme on doit écrire toute science, comme écrivaient Clairaut, Leibnitz, Bossuet. Ils se méprennent donc étrangement, ceux qui imputent au style de ce philosophe la difficulté qu'ils éprouvent à le comprendre. En présence de conceptions aussi fortes, c'est leur intelligence et leur instruction qui font défaut, mais non pas la parole du Maître. Qu'ils se rappellent, avant de critiquer un style aussi subtantiel, qu'à vingt-quatre ans Auguste Comte découvrait les lois de la sociologie; qu'alors il écrivait des opuscules dont un seul suffirait pour immortaliser un penseur; qu'à vingt-huit ans, et dans le feu d'une méditation non interrompue de quatre-vingts heures, il arrêtait le plan de la philosophie positive; que cette œuvre fondamentale fut écrite pendant les loisirs insuffisants que lui laissaient des occupations professionnelles très absorbantes, et que troublaient encore des déchirements intérieurs; qu'enfin, l'auteur de la *Philosophie* et de la *Politique positive* livra toujours ses manuscrits à l'impression sans les transcrire, sans même y faire de corrections notables.

A contempler tant de puissance, on pourrait croire que l'esprit fut ce qu'Auguste Comte eut de plus grand. Cependant, si l'on se rappelle combien ce noble instrument a besoin, pour s'exercer à un aussi haut degré, d'être inspiré, sollicité, soutenu par le sentiment, on concevra facilement que, chez un tel homme, le cœur dut encore surpasser l'intelligence. Ceux même qui n'ont point connu le fondateur du positivisme peuvent s'assurer de la tendresse de sa nature par le profond altruisme qui respire dans tous ses écrits, et d'après le principe même de sa doctrine : la subordination de l'esprit au cœur, et de la personnalité à la sociabilité. Son âme est empreinte dans les pages immortelles qu'il a laissées, et partout on y retrouve les élans de l'amour le plus élevé. La vénération, qui relie au passé, l'attachement et la bonté, qui rattachent au présent comme à l'avenir, étaient les sentiments prépondérants de cette nature exceptionnellement aimante, chez qui la suprême qualité du cœur, l'*humanité*, s'étendait, suivant le privilège des âmes nobles, à tout ce qui est faible, opprimé, souffrant. Cette excellence morale était, du reste, la condition indispensable de la conception d'une rénovation dans laquelle la première obligation de la politique est de se soumettre sans cesse à une morale résumée par la devise *vivre pour autrui*, et dont la maxime la plus générale prescrit le *dévouement des forts aux faibles*. Aussi l'amour est-il le principe de la religion positive; et le sacerdoce qui l'enseigne doit surtout diriger la force morale destinée à épurer et adoucir la puissance matérielle chargée de guider, dans l'intérêt de tous, l'exploitation collective du monde extérieur. Il est donc impossible de ne point reconnaître l'immense charité qui a suscité tant de vues bienfaisantes, la profonde sociabilité qui a fait concevoir et organiser le concours permanent de toutes les forces sociales (actuellement encore si opposées), afin d'assurer la constante élévation de l'homme, la plus complète amélioration de sa situation, comme de sa nature; et l'on ne peut s'empêcher de vénérer cette force de cœur qui donne pour but essentiel à la plus haute systématisation mentale d'assurer la délivrance et la rédemption des classes déshéritées, l'incorporation sociale de ces immenses et généreuses phalanges de travailleurs courbés depuis tant de siècles sous le poids de fatalités écrasantes, et qui pourront enfin s'élever à une existence véritablement digne, en recevant l'investiture civique de la religion démontrée.

La sociabilité d'Auguste Comte ne fut pas moindre dans la vie privée : son abord était des plus faciles, son commerce plein de bienveillance et d'aménité. Il appliquait à la pratique des hommes une maxime tout opposée à celle de l'égoïsme bien entendu, et faisait toujours sur ceux qui l'approchaient la meilleure hypothèse compatible avec l'ensemble des renseignements qu'il obtenait par la fréquentation. Jamais même il ne se départait de ce premier jugement qu'à la dernière extrémité, quand des preuves contraires et certaines le forçaient à le modifier. On comprend à quelles déceptions dut l'exposer cette confiance systématique, à une époque où le dérèglement de l'esprit et la révolte de la personnalité suppriment tous les scrupules et tous les devoirs. Auguste Comte fut donc bien souvent éprouvé dans ses relations intimes, indignement circonvenu, grossièrement trompé, lâchement trahi par ceux-là même qu'il avait le plus libéralement traités. Et l'on peut dire qu'aucun de ses ennemis publics ne se porta jamais à des excès comparables à ceux dont se rendirent coupables les hommes qui, sous ce rapport, lui devaient le plus. Mais cette ingratitude n'ôte rien à la magnanimité de sa conduite ; et les inconvénients pratiques résultés de son excessive bienveillance ne sauraient équivaloir, en aucun cas, aux avantages moraux de son inaltérable disposition à aimer, à estimer, à secourir, à jeter sans cesse, sur les faiblesses et les infirmités humaines, le voile généreux de la pitié. Il était si charitable et si bon que le malheur avait souvent recours à lui; et plus d'une fois, malgré sa pénurie, il lui arriva de partager avec l'indigent ses dernières ressources. Dès sa première jeunesse il avait spontanément offert de se désister de toute prétention à l'assistance et même à l'héritage paternels, afin de faciliter l'établissement de sa sœur.

Mais des âmes sincères approchèrent aussi le fondateur de la religion démontrée, et il eut, en compensation, des rapports vraiment intimes avec quelques disciples dévoués. A ces hommes aimants et respectueux il prodiguait, nous l'avons déjà dit, dans une noble familiarité, toutes les grâces de son affection, tous les charmes de sa bienveillance : prolétaires, bourgeois, aristocrates, tous étaient accueillis avec une égale bonté, traités avec autant de délicatesse et de sympathie. Les femmes surtout, quelle que fût leur condition, étaient pour Auguste Comte l'objet d'égards et de respects que la grossièreté contemporaine a presque bannis de nos mœurs. Son culte pour Mme Devaux en offre le témoignage le plus parfait, et l'institution de sa famille adoptive en fournit une preuve tout aussi décisive.

Quant au caractère, il suffit d'avoir sur l'œuvre d'Auguste Comte une idée très sommaire pour comprendre quelle dut être son énergie. Ce n'était point assez de sentir et de concevoir le principe de la régénération moderne, il fallait consacrer toute une vie de travail et d'efforts à le dégager des obscurités qui l'enveloppaient, à l'appuyer sur tout ce qui devait lui donner de la force et le mettre en lumière, le propager et le faire accepter des contemporains. Pour arriver à ce résultat, pour s'affranchir des entraves de la tradition et des influences de l'entourage, pour s'abstraire du présent, pour remonter assez haut dans le passé et descendre assez profondément dans l'avenir : que de labeurs, que de persévérance, quelle force de volonté ! On ne peut douter qu'Auguste Comte, avec sa haute intelligence et sa forte science, n'eût pu faire, comme et mieux que tant d'autres, sa fortune et son chemin scientifiques. Mais il eût fallu pour cela renoncer à la grande mission qui l'appelait, dont il eut dès l'abord le sentiment secret, et plus tard l'entière conscience. Il repoussa donc les suggestions les plus légitimes de l'intérêt personnel et les séductions d'un succès immédiat. La certitude des tribulations qui l'attendaient dans la carrière sociale ne l'arrêta pas un instant, et avant que d'y entrer il accepta résolument la lutte; il épousa la pauvreté, le malheur et l'abandon, sans que rien pût l'ébranler : ni les menaces, ni les actes, ni l'oppression, ni la ruine !

Les sympathies d'une jeune femme également obscure, malheureuse et distinguée, le dévouement filial d'une pauvre famille prolétaire, l'attachement de quelques disciples, furent son unique récompense actuelle, et lui permirent seuls d'achever ses derniers travaux dans le recueillement et la paix.

Ce n'est pas, du reste, dans l'accomplissement de son œuvre seule qu'il déploya cette indomptable énergie, condition essentielle de toute action importante. Comme nous l'avons indiqué précédemment, la vie privée d'Auguste Comte, autant que sa vie publique, fut une lutte dans laquelle il ne faiblit jamais. Et c'est à cette force de caractère que tant de faux appréciateurs de la nature humaine, d'ailleurs souvent intéressés eux-mêmes à porter un tel jugement, imputèrent la prétendue sécheresse et la dureté de son cœur, sans jamais tenir compte des nécessités de sa mission, ni de leur propre indignité. Quand Auguste Comte avait définitivement reconnu qu'une action, une démarche, une pensée, étaient mauvaises ou fausses, il le faisait sentir avec une inflexible fermeté : rien ne lui coûtait alors pour rectifier, pour faire prévaloir le bien et le vrai. C'est cette disposition qui, malgré l'affabilité et la longanimité habituelles de sa nature sympathique, lui suscita, dans le monde et parmi ceux qui le recherchaient dans des vues diverses, tant d'ennemis et de détracteurs. C'est elle qui le fit tant de fois présenter comme insociable et tyrannique, par ceux qu'il avait dû reprendre. Chacun ne reconnaissant guère aujourd'hui, surtout envers la vie privée, que sa propre autorité, on comprend que la courageuse action du fondateur du positivisme, toujours préoccupé de régénération morale, dut plus d'une fois blesser à vif cet orgueil intraitable, cette vanité envieuse et vindicative qui forment le caractère prédominant de la personnalité moderne. De là ces haines implacables, avouées ou secrètes, impudentes ou hypocrites, mais toujours destructrices, qui le poursuivirent jusqu'à la mort, qui le frappèrent au sein du tombeau, et qui, après avoir abrégé son amère existence, cherchent à souiller au moins une mémoire qu'elles ne peuvent anéantir!

Ajoutons enfin, qu'à la splendeur du génie, à la chaleur du sentiment et à la force du caractère, Auguste Comte joignit la combinaison suprême de tous ces nobles attributs, la moralité. Ce résultat éminent est, en effet, très différent de la sociabilité elle-même, avec laquelle on le confond habituellement. Car la sociabilité consiste dans l'existence et l'exercice spontanés des sentiments altruistes, tandis que la moralité comprend, outre cette base affective, un autre élément essentiel, l'intervention mentale, qui reconnaît et fait comprendre que les bons sentiments doivent toujours subordonner leur essor à la règle commune, aux principes de conduite admis, de manière à faire regarder comme une chose sacrée, l'obligation morale, le devoir. Enfin, un certain degré d'énergie est encore nécessaire pour que cette combinaison puisse s'établir et surtout se manifester. Des individus très richement doués de sociabilité, peuvent donc manquer de moralité; et réciproquement, des hommes moins favorisés sous le rapport du cœur, peuvent porter la moralité à un très haut point. Auguste Comte possédait au degré le plus éminent cette qualité propre de l'homme de bien, la religion du devoir.

Aucun philosophe ne fut plus sincère, et il est le premier, le seul peut-être, qui n'ait fait, dans ses écrits ou dans sa conduite, aucune concession à ses intérêts, au détriment de ses convictions. Sans doute, la liberté des temps est ici différente, mais elle n'explique pas seule cette constante véracité ; et la courageuse franchise de ses écrits a pour nous sa principale source dans cette moralité profonde qui l'empêcha toujours de rien dissimuler. C'est ainsi qu'aucun organe spirituel n'osa parler avec tant de fermeté, soit au nom de l'ordre, soit au nom du progrès, et toujours en vue de leur conciliation finale. Ni de Maistre, ni Condorcet, n'eurent à cet égard plus d'ardeur ou d'opiniâtreté, comme le prouve la civique persévérance qu'il mit à flétrir, sous tous les régimes politiques, la déviation robespierriste, l'orgie militaire et la mystification parlementaire qui nous ont tant éloignés du but social entrevu par nos derniers prédécesseurs.

Le langage austère qu'il parla toujours au peuple, tout en travaillant ardemment pour son bonheur et son émancipation, en fournit une autre preuve : jamais il ne flatta ses passions ni ses entraînements ; jamais il ne fit appel à des sentiments de violence et de convoitise pour assurer le succès de sa parole. Et s'il posa d'une manière inéludable les conditions de la rédemption prolétaire, ce fut toujours en rappelant les obligations morales et les devoirs sociaux qu'elle impose.

Dans une circonstance anxieuse et solennelle, au milieu des civiques alarmes et de la douloureuse perplexité suscitées par un de nos plus graves déchirements sociaux, en juin 1848, l'ange modeste qui exerçait, comme fille, au foyer d'Auguste Comte, la salutaire protection de la femme, laissa échapper cette sentence mémorable : « *Les philosophes doivent braver les épées sans en porter.* » Tous ceux qui connaissent assez les ouvrages du fondateur du positivisme et qui ont assisté à ses courageuses prédications, sentiront combien cette noble formule résume admirablement l'intrépidité de son action publique, politique ou religieuse.

Ce profond sentiment du devoir ne domina pas moins la vie d'Auguste Comte. S'il commit une faute grave au début de sa jeunesse et quand il n'avait pas encore reconstruit les bases systématiques de la morale humaine, il employa toute sa vie à la subir, à la réparer. Pendant dix-sept années, il souffrit avec longanimité les tourments résultés de cet entraînement juvénile ; et quand une séparation qu'il n'avait aucunement provoquée vint lui rendre sa liberté morale, il se reconnut encore matériellement responsable, et consacra cette obligation au delà de la mort elle-même. Le reste de son existence offre un semblable caractère d'intégrité. Dans le temps de sa plus haute élaboration philosophique, il accomplissait avec une probité scrupuleuse les pénibles devoirs de sa fonction spéciale, et apportait dans les moindres actes de la vie privée, la rigueur et l'honnêteté les plus irréprochables (1).

C'est par cette croissante pratique de la vertu, par cette recherche continue du bien, par cette incessante préoccupation du perfectionnemement moral, qu'Auguste Comte se dégagea progressivement des infirmités inhérentes à l'homme, qu'il dépouilla graduellement les faiblesses et les vices du siècle, pour s'élever enfin, dans les derniers temps d'une existence toujours vouée au travail et constamment éprouvée par le malheur, au plus sublime état que comporte le progrès humain, la sainteté! terme auguste et qui peut seul caractériser dignement une action aussi élevée, aussi rapprochée de l'idéal moral. A ce caractère suprême, on doit reconnaître dans le fondateur du positivisme un élu de l'Humanité, et considérer son existence comme la plus grande et la plus complète qu'elle ait encore pu produire, puisqu'au génie d'Aristote il joignit la sociabilité de saint Paul et l'énergie de Junius Brutus, et qu'il confondit dans une seule âme : la sagesse antique, la tendresse chevaleresque et la pureté catholique, la raison et le sentiment modernes.

Le langage ordinaire, surtout avec l'inhabileté qui nous est propre, est au-dessous de ce qu'il faut pour rendre de pareilles actions de grâce; l'art sublime et généreux du poète peut seul s'y élever; c'est pourquoi nous reproduisons ici l'*Ode à Auguste Comte*.

L'auteur de ce chant, Charles Yundzill, polonais naturalisé, fut un des premiers disciples de la philosophie positive, un des premiers croyants de la religion de l'Humanité. Il mourut en 1856, à peine âgé de trente ans, digne de tous les regrets, plein de foi, de savoir et de talent :

> Quand de toutes parts le sol tremble,
> Sous les débris amoncelés,
> Quand le jour fuit, et que tout semble
> Périr sous des coups redoublés ;
> Effrayé notre esprit s'arrête,
> Et, reportant sa vue inquiète
> Sur ce monde près de finir,
> Il cherche, en ce vaste naufrage,
> Quelle espérance après l'orage
> Reste encore pour l'avenir.

(1) Voir aux *Pièces justificatives*, n° 37, *Souvenirs personnels d'Auguste Comte*.

Ainsi notre siècle en délire
S'avançait au gré du hasard,
Comme on voit un léger navire
Battu des vents dès le départ.
Issu du mouvement immense
Qui dévorait toute croyance
Et menaçait toute vertu,
Il brisait sa dernière idole,
Et, dans le vide, sans boussole,
Il s'élançait vers l'inconnu.

Mais, du milieu de la ruine,
Doit naître un symbole nouveau;
Une clarté nous illumine
Qui nous promet un jour plus beau.
Arrière les sombres présages,
Dont on épouvantait nos âges;
L'Humanité ne peut périr :
En vain l'on croit qu'elle chancelle,
Erreur! elle se renouvelle,
Pour un glorieux avenir.

A toi, Comte, l'honneur insigne,
D'avoir, au sein des jours obscurs,
Deviné la source plus digne
De la foi des âges futurs.
En vain autour de toi le monde,
Égaré dans la nuit profonde,
De l'erreur écoutait la voix;
Déjà ton pénétrant génie
D'une plus durable harmonie
Traçait les immuables lois.

Et, tandis que partout le doute
Ébranle les convictions,
Du temps interrogeant la route
Tu saisis ses mutations.
Et, dans le flot toujours mobile
Que déroule l'essor fragile
De toutes les opinions,
Tu sais voir d'une vue sûre
Les éléments et la mesure
De nouvelles constructions.

La science reste maîtresse
Dans le naufrage de la foi.
Elle grandit quand tout s'abaisse
Par une inexorable loi.
Elle fournit le sol propice
Et les bases de l'édifice
Où règne la vraie union :
Par elle ton œuvre commence,
Et tu couronnes la science
Pour en tirer la religion.

Elle avait exploré le monde
Et surpris ses vastes secrets;
Elle savait la loi féconde
Que suit la vie en ses progrès.
Mais, dans ce merveilleux système,
Manquait la science suprême
Qui manquerait le but certain :
Toujours revenait le problème
Que l'Humanité d'elle-même
Dresse devant l'esprit humain.

De cette sublime existence
Il fallait lire les secrets :
Il fallait de cet être immense
Embrasser les nombreux aspects.
Il fallait, et ce fut ta gloire,
Deviner le plan de l'histoire;
Pour nous permettre de saisir
Comment, le temps pressant sa course,
Ainsi qu'un fleuve dès sa source,
Le passé produit l'avenir.

Alors la science achevée
Peut embrasser tous les rapports.
Sur cette base, la pensée
Peut reposer tous ses efforts.
Et désormais, pour nous, le monde,
Dans son immensité profonde,
Se manifeste à nos regards
Comme une vaste économie
Dont la suffisante harmonie
Prévient les capricieux hasards.

L'Humanité devient le centre
De toutes les spéculations :
C'est vers elle que se concentre
Le cours de nos affections.
C'est l'idéal toujours propice
Que pressentait l'essor novice
De ses peuples encor enfants.
C'est elle que tout homme adore,
Et c'est son règne qui doit clore
Les orages de notre temps.

Tel était ton vaste problème :
Tu fus égal à ce destin.
Comte, ton ascendant suprême
A du doute marqué la fin.
Que le vulgaire de nos âges,
Égarant au loin ses hommages,
Te refuse ses vains respects :
Les siècles où tu as su lire
Seront désormais ton empire
Et ton nom vivra pour jamais.

PIÈCES JUSTIFICATIVES

PIÈCES JUSTIFICATIVES

PREMIÈRE SÉRIE

DOCUMENTS RELATIFS A L'ŒUVRE D'AUGUSTE COMTE

Dans le dernier volume de son *Système de politique positive*, consacré au *schéma* ou tableau de l'avenir régénéré, le fondateur de la Religion de l'Humanité a donné, au chapitre III de ce vaste ensemble, un conspectus général de l'existence théorique, dogme, croyance, enseignement.

Il y indique qu'à ce moment de la constitution normale et définitive de l'existence humaine, la foi positive pourra être condensée, pour les besoins dogmatiques, dans une Encyclopédie abstraite en sept volumes, correspondant chacun à une des sciences fondamentales (mathématique, astronomie, physique, chimie, biologie, sociologie, morale), qui sont la substance même de la nouvelle foi.

Quant à l'enseignement oral, surtout destiné à appuyer et développer cette condensation de l'explication scientifique du Monde et de l'Homme, Comte y fixe le nombre des leçons, pour chaque science particulière, et y indique la distribution générale des matières.

Il a même écrit personnellement, pour fournir le type des ouvrages dont l'Encyclopédie abstraite devait être formée, le premier tome de cette collection magistrale, à savoir : *La Philosophie des mathématiques ou traité de logique positive* (t. Ier de sa *Synthèse subjective*).

Il se réservait d'en rédiger également le tome final, le traité de Morale positive, théorique et pratique, laissant à ses successeurs le devoir et le soin de composer les ouvrages intermédiaires, lorsque la mort est venue le surprendre.

C'est pour obvier autant qu'il était possible à cet irréparable déficit et pour compléter l'édifice abstrait de la philosophie positive, que M. Pierre Laffitte, après la mort du Maître, s'est donné pour mission de constituer l'enseignement de la Philosophie première et de la Morale positive, en s'y conformant strictement et toujours aux bases scientifiques et logiques, ainsi qu'aux indications dogmatiques laissées dans ses ouvrages par le fondateur du positivisme, et que, par une extension courageuse et propice, vu la nécessité des temps ou l'urgence sociale, il y joignit, dans le même esprit, l'enseignement public de la Sociologie, c'est-à-dire de la science sociale, de la politique systématique considérée sous le double aspect statique et dynamique, ou de l'ordre, de l'équilibre et du mouvement des sociétés (1).

C'est pour montrer à ceux qui s'intéressent à la solution fournie par l'École au problème de la réorganisation sociale et au renouvellement de l'enseignement public et de l'éducation générale, que la mort de Comte n'a pas laissé incomplète, inachevée, l'immense tâche à laquelle il avait voué sa vie, et que le monument de la philosophie positive ou le dogme de la religion démontrée est bien réellement constitué dans son entier, que nous publions ici trois de ces programmes, en une section spéciale qui correspond exactement au résumé que nous avons fait de l'œuvre théorique du puissant réformateur qui a continué chez nous, en la faisant aboutir, la tentative de la grande école philosophique et scientifique du XVIII° siècle, depuis, Fontenelle, Montesquieu et Leibnitz, jusqu'à Diderot, Hume, Turgot, Clairaut d'Alembert, Lagrange, Lavoisier, Buffon, Vicq-d'Azir, Lamarck, Condorcet, on peut dire tous les Encyclopédistes.

R.

(1) M. Laffitte a en outre effectué, rue Monsieur-le-Prince, n° 10, comme type d'enseignement d'après le plan de la *Synthèse subjective*, le cours d'Arithmétique, de Géométrie algébrique et de Géométrie différentielle; enfin, il a rédigé le programme, leçon par leçon, d'un cours de Biologie.

N° 1.

PLAN GÉNÉRAL
DU COURS DE PHILOSOPHIE PREMIÈRE

Professé par M. Pierre LAFFITTE (1).

PREMIÈRE LEÇON.

DISCOURS D'OUVERTURE, DE LA NATURE ET DE LA DESTINATION DE LA PHILOSOPHIE PREMIÈRE.

I. *De la méthode subjective.*

1. De la destination de la méthode subjective.
2. Nécessité de la méthode subjective.
3. Organisation de la méthode subjective.
4. Applications de la méthode subjective.
5. Des fonctions intellectuelles qui interviennent dans la construction et l'emploi de la méthode subjective.
6. Histoire de l'avènement de la méthode subjective.
7. Examen des objections de M. Littré contre la méthode subjective.

II. *Du matérialisme.*

1. Du matérialisme.
2. Rôle du matérialisme.
3. Inconvénients et dangers du matérialisme.
4. Du matérialisme dans l'antiquité.
5. Du matérialisme de Descartes.
6. Du matérialisme depuis Newton.
7. Situation actuelle du matérialisme.

III. *Nature, destination et plan de la philosophie première.*

1. Institution subjective du dogme positif et de la philosophie première qui lui sert de base.
2. Première phase de l'évolution par laquelle Auguste Comte a constitué ce dogme (1822-1830).
3. De l'avènement distinct de la morale dans la constitution du dogme positif.
4. De l'avènement de la philosophie première dans la constitution du dogme positif.
5. Du but et du plan général de la philosophie première.
6. Vue générale de l'ensemble des lois du premier groupe de la philosophie première.
7. Vue générale de l'ensemble des lois du second et du troisième groupe de la philosophie première.

(1) D'après le Programme des 378 leçons qui, d'après Auguste Comte, doivent constituer l'enseignement positiviste.

SECONDE LEÇON.

DE L'INSTITUTION DE L'ABSTRACTION.

I. *De l'institution proprement dite de l'abstraction (Théorie statique de l'abstraction).*

1. De la notion d'abstraction.
2. Des idées et des relations abstraites.
3. Tableau sommaire des idées et des relations abstraites d'après l'échelle encyclopédique.
4. Nécessité d'une théorie statique de l'abstraction, ou des conditions cérébrales de son institution.
5. Constitution dogmatique et historique du dualisme entre l'objectif et le subjectif.
6. Du rôle de la contemplation dans l'institution de l'abstraction.
7. Du rôle de la méditation dans l'institution de l'abstraction.

II. *Conditions sociales de l'institution de l'abstraction (Théorie dynamique de l'abstraction).*

1. Nécessité de cette théorie.
2. Vue préliminaire de l'abstraction dans le cas de l'animalité.
3. Plan de cette théorie dynamique.
4. Du rôle de l'âge fétichique dans la constitution de la raison abstraite.
5. Du rôle de l'âge polythéique.
6. Du rôle de l'âge monothéique.
7. Du rôle de l'évolution scientifique de l'Occident.

III. *De l'institution subjective de l'abstraction.*

1. Nécessité d'instituer subjectivement l'abstraction.
2. Plan de cette théorie.
3. De la conception synthétique de l'Humanité.
4. Subordination de la raison individuelle à la raison collective.
5. Nécessité de l'abstraction pour la connaissance de l'Humanité.
6. Nécessité de l'abstraction pour le service de l'Humanité.
7. De la nécessité d'un enseignement systématique de la raison abstraite.

TROISIÈME LEÇON.

DU RÔLE NORMAL ET SYSTÉMATIQUE DE L'ABSTRACTION.

I. *Histoire des efforts successifs pour constituer la systématisation de l'abstraction.*

1. But et plan d'une telle étude.
2. De l'école de Pythagore et de son rôle à cet égard.
3. Platon et la théorie des idées.
4. Le catholicisme et la théorie du Verbe.
5. Le moyen âge et la discussion du nominalisme et du réalisme.
6. L'évolution moderne (Malebranche, Spinoza).
7. Situation actuelle. — Conclusion.

II. *De l'incorporation du fétichisme au positivisme.*

1. De la persistance spontanée du fétichisme.
2. Du mouvement spontané de retour vers le fétichisme depuis le xviii° siècle.
3. Du problème de l'incorporation du fétichisme dans le positivisme.
4. Du Grand Être.
5. Du Grand Fétiche.
6. Importance de cette incorporation.
7. Réponse à quelques objections.

III. *Du siège de l'abstraction et de son rôle définitif.*

1. Nécessité historique et dogmatique d'un siège de l'abstraction.
2. Des constructions subjectives purement logiques : de la théorie des atomes, par exemple.
3. De la construction de l'espace.
4. Du Grand Milieu.
5. Importance et utilité du Grand Milieu.
6. Du rôle de la raison abstraite.
7. Conclusion.

QUATRIÈME LEÇON.

PREMIÈRE LOI DE PHILOSOPHIE PREMIÈRE :
FORMER L'HYPOTHÈSE LA PLUS SIMPLE ET LA PLUS SYMPATHIQUE QUE COMPORTE L'ENSEMBLE DES RENSEIGNEMENTS OBTENUS.

I. *Conception générale du premier groupe de lois de la philosophie première.*

1. Conception générale des deux premiers groupes de lois de la philosophie première.
2. Du premier groupe de lois de la philosophie première.
3. Du vrai caractère à la fois objectif et subjectif des lois de ce premier groupe.
4. Du rôle de ces trois lois dans le travail mental.
5. Influence de ces lois sur la contemplation.
6. Influence de ces lois sur la méditation.
7. Conclusion.

II. *De la première loi de philosophie première, qui préside à toutes nos constructions mentales quelconques.*

1. Tendance spontanée de l'intelligence humaine à construire l'hypothèse la plus simple en rapport avec les renseignements obtenus.
2. Corrélation de cette tendance avec l'ensemble de l'état cérébral, surtout moral.
3. Nécessité de régler cette tendance.
4. Du précepte qui résulte de ce règlement.
5. Régularisation de l'intervention du sentiment.
6. Régularisation de l'intervention esthétique.
7. Loi complémentaire.

III. *Théorie des hypothèses.*

1. De la nécessité et des caractères de la théorie positive des hypothèses.
2. Des hypothèses théologico-métaphysiques.
3. Du vrai caractère des hypothèses scientifiques.
4. Des hypothèses non vérifiables et de leur rôle.
5. Des hypothèses propres à diriger l'activité pratique.
6. Des hypothèses propres au règlement de la vie mentale et sentimentale.
7. Conclusion instituant subjectivement la construction des hypothèses.

CINQUIÈME LEÇON.

SECONDE LOI DE PHILOSOPHIE PREMIÈRE :
CONCEVOIR COMME IMMUABLES LES LOIS QUELCONQUES QUI RÉGISSENT LES ÊTRES D'APRÈS LES ÉVÉNEMENTS.

I. *De la notion de loi.*

1. Première forme de la notion de loi : dépendance régulière d'un phénomène par rapport à d'autres.
2. Seconde forme de la notion de loi : la constance dans la variété. — Équivalence de ces deux formes.
3. Lois entre les êtres.
4. Des deux sortes de lois : lois de similitude, lois de succession.
5. De l'harmonie entre ces deux sortes de lois.
6. Forme mathématique de la loi. — Théorie de la constante.
7. Évolution historique de la notion de loi.

II. *Établissement du principe des lois immuables.*

1. L'établissement du principe des lois immuables résulte de la combinaison de conditions objectives et subjectives. — Première condition subjective résultant de la première loi de philosophie première.
2. Conditions subjectives émanant de la contemplation.
3. Conditions subjectives émanant de l'induction.
4. Conditions subjectives émanant de la déduction.
5. Conditions objectives résultant de la nature du milieu.
6. Élaboration historique du dogme des lois immuables : Antiquité. — Anticipation philosophique.
7. Élaboration historique du dogme des lois immuables : Temps modernes. — Réalisation effective.

III. *Institution subjective du dogme des lois immuables.*

1. Ce dogme est une création de l'Humanité.
2. Subordination de ce dogme au service de l'Humanité.
3. Principe fondamental : Construire les lois opportunes avec le degré d'approximation que demande la situation.
4. Réflexions historiques et dogmatiques sur la distinction entre les lois nécessaires et les lois contingentes.
5. Destination intellectuelle du dogme des lois immuables.
6. Destination pratique de ce dogme.
7. Sa destination morale.

SIXIÈME LEÇON.

TROISIÈME LOI DE PHILOSOPHIE PREMIÈRE :
LES MODIFICATIONS QUELCONQUES DE L'ORDRE UNIVERSEL SONT BORNÉES A L'INTENSITÉ
DES PHÉNOMÈNES DONT L'ARRANGEMENT DEMEURE INALTÉRABLE.

I. *Théorie positive de la notion de modificabilité.*

1. De la notion de la modificabilité humaine.
2. De la notion d'ordre normal.
3. De la notion générale de modificabilité.
4. Théorie théologique de la modificabilité humaine.
5. Théorie métaphysique de la modificabilité humaine.
6.
7. } Théorie positive de la modificabilité humaine.

II. *Établissement du dogme de la modificabilité.*

1. Nature de ce principe.
2. Persistance sous-entendue de la spécificité dans l'énoncé de cette loi.
3. De la modificabilité relative aux lois de similitude.
4. Examen de divers exemples.
5. De la modificabilité relative aux lois de succession.
6. Formulation plus précise du dogme de la modificabilité en concevant théoriquement toutes les lois comme réductibles à leur forme mathématique.
7. Loi d'Auguste Comte sur l'échelle de la modificabilité suivant la série encyclopédique des sciences.

III. *Institution subjective du dogme de la modificabilité.*

1. Institution du dogme de la modificabilité par l'Humanité et pour l'Humanité.
2. De l'*illusion* et de l'*inertie*.
3. De la *soumission* et du *courage*.
4. Du principe de la modificabilité dans l'ordre inorganique.
5. Du principe de la modificabilité dans l'ordre social et moral.
6. Théorie des utopies.
7. Conclusion.

SEPTIÈME LEÇON.

QUATRIÈME LOI DE PHILOSOPHIE PREMIÈRE :
SUBORDONNER LES CONSTRUCTIONS SUBJECTIVES AUX MATÉRIAUX OBJECTIFS.

I. *Considérations sur l'ensemble du second groupe des lois de la philosophie première.*

1. Des lois du second groupe de la philosophie première.
2. De la décomposition de ce groupe en deux parties.
3. Des trois premières lois du second groupe.
4. Considérations historiques sur ces trois premières lois.
5. Des trois dernières lois du second groupe.

6. Nécessité d'introduire en philosophie première les deux dernières lois du second groupe.

7. Conclusion.

II. *De la plus grande extension que comporte la notion de sensation.*

1. De la notion de sensation.
2. Des conditions anatomiques de la sensation.
3. Importance de la conception générale des conditions anatomiques.
4. Des sensations vagues et inconscientes.
5. De la sensibilité de la muqueuse. — Cabanis et Bichat.
6. Du nombre des sens.
7. Conclusion.

III. *Quatrième loi : Subordonner les constructions subjectives aux matériaux objectifs.*

1. Évolution historique de l'avènement de cette loi.
2. Rattacher cette loi à la loi plus générale de la subordination des êtres vivants au monde.
3. La sensation est un *aliment*.
4. La sensation est un *excitant*.
5. Le monde extérieur est un *régulateur*.
6. Combinaison et composition des sensations.
7. Conclusion.

HUITIÈME LEÇON.

CINQUIÈME LOI DE PHILOSOPHIE PREMIÈRE :
LES IMAGES INTÉRIEURES SONT TOUJOURS MOINS VIVES QUE LES IMPRESSIONS EXTÉRIEURES.

I. *Démonstration de la cinquième loi de philosophie première.*

1. De la notion d'image.
2. Conception précise de la cinquième loi de philosophie première.
3. Complément nécessaire de cette loi pour assurer la distinction entre la *sensation* et l'*image* dans les diverses transformations que comporte celle-ci.
4. Nécessité de compléter cette loi par une étude de la *transformation* et de la *combinaison* des images.
5. De la distinction entre les images *abstraites* et les images *concrètes*.
6. Conception générale de la combinaison des images (imagination, etc.).
7. Liaison du travail sur les images avec le reste de l'organisme.

II. *Théorie positive de la continuité des images.*

1. Théorie positive de l'objectivation de l'espace.
2. Théorie positive de la continuité du temps.
3. Conception positive du *souvenir*.
4. Nécessité d'études anatomiques et physiologiques sur les conditions du *souvenir*.
5. De la construction de l'*être*.
6. Théorie positive de l'unité du *moi*.
7. Conclusion synthétique.

III. *Des modifications pathologiques que comporte la cinquième loi de philosophie première.*

1. Double série de modifications pathologiques suivant qu'elles affectent directement l'image ou bien les constructions opérées sur ces images.
2. Images dépassant en *intensité* leurs limites normales : hallucinations simples ou complexes.
3. Des hallucinations élémentaires propres à chaque sens.
4. Des modifications pathologiques qui attirent le souvenir dans l'image.
5. De l'ensemble des conditions externes et surtout internes qui peuvent produire ces modifications pathologiques.
6. Altération pathologique de l'*unité de l'être*.
7. Conclusion synthétique.

NEUVIÈME LEÇON.

SIXIÈME LOI DE PHILOSOPHIE PREMIÈRE :
TOUTE IMAGE NORMALE DOIT ÊTRE PRÉPONDÉRANTE SUR CELLES QUE L'AGITATION CÉRÉBRALE FAIT SIMULTANÉMENT SURGIR.

I. *Considérations générales sur le travail cérébral.*

1. Vue d'ensemble sur le travail cérébral.
2. De l'élément latent du travail cérébral.
3. De la périodicité dans le travail cérébral.
4. De l'agitation cérébrale ou du travail cérébral actif.
5. Des circonstances qui influent sur l'agitation cérébrale.
6. Du mouvement des images dans le travail cérébral.
7. Conclusion.

II. *Théorie de la sixième loi de philosophie première.*

1. Des images homogènes et des images hétérogènes.
2. Vitesse dans la succession des images. — Intensité des images coexistantes ou successives.
3. Sixième loi de philosophie première.
4. Complément de cette loi : loi de la fixité de l'image.
5. Des conditions intérieures de la fixité de l'image prépondérante.
6. Des conditions extérieures résultant d'une prépondérance et d'une fixité supérieures du *Monde* et de l'*Humanité*.
7. Conclusion synthétique.

III. *Des modifications pathologiques que comporte la sixième loi de philosophie première.*

1. Nécessité de la considération de l'état pathologique.
2. Insuffisance des travaux théoriques antérieurs.
3. Des observations empiriques à ce sujet.
4. De l'*incohérence*, qui résulte de la sixième loi de philosophie première.
5. De l'*agitation*, résultant du complément de la sixième loi.
6. De la persistance de ce double état pathologique.
7. Conclusion.

DIXIÈME LEÇON.

SEPTIÈME LOI DE PHILOSOPHIE PREMIÈRE :
CHAQUE ENTENDEMENT PRÉSENTE LA SUCCESSION DES TROIS ÉTATS : FICTIF, ABSTRAIT ET POSITIF, ENVERS LES CONCEPTIONS QUELCONQUES, AVEC UNE VITESSE PROPORTIONNÉE A LA GÉNÉRALITÉ DES PHÉNOMÈNES CORRESPONDANTS.

I. *Considérations préliminaires.*

1. De l'ensemble des six lois précédentes, considérées comme destinées à caractériser l'équilibre mental.
2. De l'équilibre mental.
3. Des variations nécessaires de l'équilibre mental.
4. Conception générale des trois lois dynamiques de l'entendement.
5. Nécessité de l'étude de la loi d'activité.
6. Nécessité de la loi d'évolution du sentiment.
7. De la loi des *trois états* et de la hiérarchie des sciences.

II. *De la loi des trois états.*

1. Énoncé et démonstration inductive de la loi des trois états.
2. Démonstration déductive, surtout quant au premier état.
3. Des deux formes du premier état (fétichisme, polythéisme).
4. De l'état final ou positif.
5. De l'état métaphysique.
6. De la loi des quatre états, de M. Littré.
7. Historique. — Discussions relatives à la loi des trois états.

III. *De la hiérarchie des conceptions abstraites.*

1. Énoncé et démonstration inductive de la hiérarchie des conceptions abstraites.
2. Application de cette loi à l'éclaircissement de la précédente.
3. Déduction de la loi des trois états de la loi hiérarchique.
4. Combinaison de la loi des trois états et de la loi hiérarchique.
5. Objections à la loi hiérarchique.
6. Importance et applications de cette loi.
7. Conclusion.

ONZIÈME LEÇON.

HUITIÈME LOI DE PHILOSOPHIE PREMIÈRE :
L'ACTIVITÉ EST D'ABORD CONQUÉRANTE, PUIS DÉFENSIVE, ET ENFIN INDUSTRIELLE.

I. *Considérations préliminaires.*

1. Vue générale sur la nécessité d'étudier en philosophie première les deux lois de l'évolution active et de l'évolution sentimentale.
2. Irrationalité du point de vue individuel de la métaphysique.
3. Caractère collectif de l'évolution mentale.
4. Nécessité d'étudier d'abord la loi d'évolution active.
5. Conception biologique de l'activité.
6. Des deux sortes d'activité (réaction, expression).
7. Du champ précis de la loi d'activité.

II. *Théorie de la loi d'activité.*

1. Énoncé de la loi. — Conception générale de sa démonstration.
2. Du vrai caractère de la démonstration de cette loi.
3.
4. } De la conquête. — Premier état de l'évolution active.
5. De l'état final, ou industriel et pacifique.
6. De l'état intermédiaire ou défensif.
7. Conclusion historique.

III. *Corrélation entre les deux lois d'évolution active et mentale.*

1. Caractère général de cette recherche.
2.
3. } Corrélation entre l'état théologique et la conquête.
4. Opposition finale entre l'industrie et la guerre.
5. Corrélation entre l'industrie et la science.
6. Corrélation entre l'état métaphysique et le régime défensif.
7. Conclusion.

DOUZIÈME LEÇON.

NEUVIÈME LOI DE PHILOSOPHIE PREMIÈRE :
LA SOCIABILITÉ EST D'ABORD DOMESTIQUE, PUIS CIVIQUE, ET ENFIN UNIVERSELLE, SUIVANT LA NATURE PROPRE A CHACUN DES INSTINCTS SYMPATHIQUES.

I. *Considérations préliminaires.*

1. Importance d'une telle loi.
2. Caractère de la loi que comporte l'évolution du sentiment.
3. Nature composée de la loi d'évolution du sentiment.
4. Conception du sentiment social.
5. De la loi de combinaison des sentiments divers qui concourent à former le sentiment social.
6. De la loi d'*intensité* et de son caractère.
7. Conclusion historique.

II. *De la loi d'évolution du sentiment.*

1. Énoncé et démonstration inductive de la loi.
2. Démonstration déductive de la loi.
3.
4. } Lois d'*intensité* d'évolution du sentiment.
5. Du perfectionnement personnel.
6. De la race sociologique.
7. Conclusion historique.

III. *Corrélation entre la loi d'évolution sentimentale et les lois d'évolution mentale et active.*

1. Caractères généraux d'une telle étude.
2. De la corrélation entre l'altruisme et l'égoïsme et l'état fétichique.
3. De la corrélation du sentiment, personnel ou altruiste, avec l'état théologique.

4. De la corrélation du sentiment avec la guerre, offensive ou défensive.
5. De la corrélation du sentiment avec l'esprit métaphysique.
6-7. De la corrélation du sentiment avec la science.

TREIZIÈME LEÇON.

DIXIÈME LOI DE PHILOSOPHIE PREMIÈRE :
TOUT ÉTAT STATIQUE OU DYNAMIQUE TEND A PERSISTER SPONTANÉMENT
SANS AUCUNE ALTÉRATION EN RÉSISTANT AUX PERTURBATIONS EXTÉRIEURES (KEPLER).

I. *Considérations préliminaires.*

1. Du caractère général de ce groupe de lois de philosophie première.
2. De la *mesure* des phénomènes.
3. De la notion de *force*.
4. Des phénomènes intérieurs ; des phénomènes extérieurs ; de leur assimilation logique.
5. De la notion de causalité.
6. Théories sur la causalité.
7. Plan général de l'étude des lois objectives de philosophie première.

III. *De la loi de persistance dans les phénomènes inorganiques.*

1. Énoncé systématique de la loi.
2. Caractères essentiels et fondamentaux de cette loi.
3. Conception théologico-métaphysique de cette loi (Leibnitz).
4. Son avènement historique.
5. Conception de cette loi, en mécanique, au point de vue statique.
6. Conception de cette loi, en mécanique, au point de vue dynamique.
7. Son extension à toute la hiérarchie cosmologique.

III. *De la loi de la persistance en morale (Biologie, sociologie, morale).*

1. Du caractère fondamental de cette loi en morale, par la considération plus spéciale du *temps*.
2. De la loi de persistance en biologie, au point de vue normal.
3. En biologie, au point de vue pathologique.
4. En biologie, au point de vue de l'hérédité.
5. En sociologie, au point de vue normal.
6. En sociologie, au point de vue anormal.
7. En morale proprement dite.

QUATORZIÈME LEÇON.

ONZIÈME LOI DE PHILOSOPHIE PREMIÈRE :
UN SYSTÈME QUELCONQUE MAINTIENT SA CONSTITUTION ACTIVE OU PASSIVE,
QUAND SES ÉLÉMENTS ÉPROUVENT DES MUTATIONS
SIMULTANÉES, POURVU QU'ELLES SOIENT EXACTEMENT COMMUNES (GALILÉE).

I. *Considérations préliminaires.*

1. Conception générale de la onzième loi.
2. Corrélation de la onzième loi avec la précédente.
3. Nécessité de généraliser la notion d'état commun.

4. De la nécessité, *dans la loi de coexistence*, de considérer des phénomènes différents.
5. De la nécessité de remplacer, dans la loi de coexistence, l'*identité* par la *constance*.
6. De la notion systématique d'état commun.
7. Vue sur l'histoire de cette loi.

II. *De la loi de coexistence dans la cosmologie.*

1. Première forme de la loi de Galilée.
2. Seconde forme de cette loi.
3. Son rôle historique.
4. Vue sur l'histoire de l'avènement de cette loi.
5. Généralisation de cette loi (Carnot : mouvements géométriques).
6. Extension de la loi aux phénomènes physiques.
7. Extension de la loi aux phénomènes chimiques.

III. *De la loi de coexistence en morale.*

1. Du caractère général de cette loi en morale.
2. En biologie.
3. En sociologie.
4. Dans les perturbations sociologiques.
5. En morale.
6. Dans les perturbations morales.
7. Conclusion.

QUINZIÈME LEÇON.

DOUZIÈME LOI DE PHILOSOPHIE PREMIÈRE :
IL Y A TOUJOURS ÉQUIVALENCE ENTRE L'ACTION ET LA RÉACTION,
SI LEUR INTENSITÉ EST MESURÉE CONFORMÉMENT A LA NATURE DE CHAQUE CONFLIT
(HUYGHENS, NEWTON).

I. *Considérations préliminaires.*

1. De l'omission de la *réaction* dans les phénomènes précédemment examinés.
2. De la notion de *réaction*. — Système.
3. De la conception cartésienne.
4. Conception newtonnienne.
5. Conception leibnitzienne.
6. Distinction actuelle entre la matière et la force.
7. Conception positive.

II. *De la loi de l'équivalence entre l'action et la réaction en cosmologie.*

1. Nécessité d'étudier cette loi en mécanique d'abord.
2. Loi de Newton. — Extension à un système de phénomènes semblables.
3. De la loi d'équivalence en physique.
4. De la loi d'équivalence en chimie.
5. De la notion de *force vive* comme préambule à la loi d'équivalence entre phénomènes différents.

6. De l'équivalent mécanique de la chaleur.
7. Vraie conception du principe de l'équivalence entre des phénomènes distincts.

III. *Du principe de l'équivalence entre l'action et la réaction en morale (Biologie, sociologie, morale).*

1. Caractères généraux de cette loi en morale.
2. Loi de l'équivalence en biologie.
3. En sociologie, quant à l'individu.
4. Quant à la famille.
5. Quant à la société.
6. De la notion de *masse*. — De la notion de force extérieure. — Des *Grands hommes*.
7. Loi de l'équivalence en morale.

SEIZIÈME LEÇON.

TREIZIÈME LOI DE PHILOSOPHIE PREMIÈRE :
SUBORDONNER TOUJOURS LA LOI DU MOUVEMENT A CELLE DE L'EXISTENCE,
EN CONCEVANT TOUT PROGRÈS COMME LE DÉVELOPPEMENT
DE L'ORDRE CORRESPONDANT DONT LES CONDITIONS QUELCONQUES RÉGISSENT
LES MUTATIONS QUI CONSTITUENT L'ÉVOLUTION.

I. *De la loi de conciliation en cosmologie.*

1. Conception générale de la loi de conciliation.
2. Des notions d'*existence* et d'*évolution*.
3. Relation de la treizième loi avec les trois précédentes.
4. Du maintien de l'équilibre pendant le mouvement uniforme d'un corps.
5. Principe de d'Alembert.
6. De la perturbation et des changements brusques.
7. Conclusion.

II. *De la loi de conciliation en biologie.*

1. De la distinction, en biologie, entre l'existence et le développement.
2. De la notion des âges.
3. Forme spéciale de la loi en biologie.
4. Des divers degrés de *conciliation* suivant la série encyclopédique des sciences.
5. Des perturbations pathologiques.
6. De la *conciliation* des phénomènes vitaux et des phénomènes cosmologiques.
7. Conclusion.

III. *De la loi de conciliation en sociologie et en morale.*

1. De la notion de *limite* qu'introduit l'extension de cette loi à la sociologie et à la morale.
2. De la notion de *progrès* en sociologie et en morale.
3. Des forces *extérieures, intérieures, actives* et *passives* en sociologie.
4. De la conception exacte de la loi en sociologie.

5. Importance du règlement, d'après cette loi, de la notion de progrès.
6. De la loi de *conciliation* en morale.
7. Conception des perturbations en sociologie et en morale, d'après cette loi. — Conclusion.

DIX-SEPTIÈME LEÇON.

QUATORZIÈME LOI DE PHILOSOPHIE PREMIÈRE :
TOUT CLASSEMENT POSITIF DOIT PROCÉDER D'APRÈS LA GÉNÉRALITÉ CROISSANTE OU DÉCROISSANTE, TANT SUBJECTIVE QU'OBJECTIVE.

I. *Considérations préliminaires.*

1. De la notion de classement.
2. Importance d'une théorie du classement.
3. Théorie historique de l'évolution de la notion de classement.
4. De la double généralité subjective et objective.
5. Des diverses choses à classer.
6. Loi générale du classement.
7. Conclusion.

II. *De la loi du classement en cosmologie et en biologie.*

1. La classification des êtres repose sur celle des phénomènes.
2. Du classement en mathématique.
3. Du classement en astronomie et en physique.
4. Du classement en chimie.
5. Du classement végétal.
6. Du classement animal.
7. Conclusion.

III. *De la loi du classement en sociologie et en morale.*

1. Préciser, au point de vue du classement, la distinction entre les conceptions, les êtres et les offices.
2. Classement des conceptions.
3. Vue générale sur l'historique d'une telle classification.
4. Du classement des êtres en sociologie et en morale.
5. Du classement des institutions.
6. Du classement des offices.
7. Conclusion générale.

DIX-HUITIÈME LEÇON.

QUINZIÈME LOI DE PHILOSOPHIE PREMIÈRE :
TOUT INTERMÉDIAIRE DOIT ÊTRE NORMALEMENT SUBORDONNÉ AUX DEUX EXTRÊMES DONT IL OPÈRE LA LIAISON.

I. *Considérations préliminaires.*

1. Vue générale de la quinzième loi.
2. Relations de cette loi avec la précédente.
3. Conciliation de cette loi avec les précédentes.
4. Double caractère de cette loi.

5. Antécédents de la découverte de cette loi.
6. Du rôle d'Auguste Comte dans la découverte de cette loi.
7. Conclusion.

II. *De la quinzième loi au point de vue logique.*

1. De la nécessité des règles numériques subjectives.
2. De la *succession* logique représentée par le nombre 3, et de la règle d'exposition qui en résulte.
3. De la quinzième loi au point de vue logique.
4. Relations de la quinzième loi, au point de vue logique, avec la règle d'exposition.
5. De cette loi en mathématique.
6. De cette loi en physique, biologie, sociologie et morale.
7. Conclusion.

III. *De la quinzième loi au point de vue scientifique.*

1. De la combinaison, dans toute loi, de l'objectif et du subjectif.
2. Séparation exceptionnelle, dans la quinzième loi, de l'objectif et du subjectif. — Conception de la loi au point de vue scientifique.
3. De la corrélation, dans la quinzième loi, de ces deux points de vue.
4. Examen de cette loi, au point de vue objectif, en mathématique et en physique.
5. En chimie et en biologie.
6. En sociologie et en morale.
7. Conclusion.

DIX-NEUVIÈME LEÇON.

DES DIVERS ARRANGEMENTS QUE COMPORTE LA HIÉRARCHIE DES SCIENCES ABSTRAITES.

I. *Considérations préliminaires.*

1. De l'existence objective d'une philosophie seconde.
2. De l'existence subjective d'une philosophie seconde.
3. D'une philosophie troisième.
4. Élimination définitive du matérialisme.
5. De la nécessité d'un intermédiaire entre la philosophie première et la philosophie seconde.
6. Caractères essentiels de cet intermédiaire.
7. Conclusion.

II. *Des divers arrangements que comporte la hiérarchie propre à la philosophie seconde.*

1. Conception générale de la hiérarchie abstraite propre à la philosophie seconde.
2. Des permutations possibles des termes de la hiérarchie abstraite.
3. Nécessité, en respectant la série linéaire, de former des groupes divers, des termes de la hiérarchie abstraite.
4. Des constitutions binaires de la hiérarchie abstraite.

5. Des constitutions ternaires de la hiérarchie abstraite.
6. Des constitutions quaternaires de la hiérarchie abstraite.
7. De la constitution quinquennaire de la hiérarchie abstraite.

III. *Du rôle des divers arrangements propres à la hiérarchie abstraite.*

1. Du rôle de la constitution septennaire.
2. Du rôle des constitutions binaires.
3. Du rôle des constitutions ternaires.
4. Du rôle des constitutions quaternaires.
5. Du rôle de la constitution quinquennaire.
6. Des groupements définitivement usuels.
7. Conclusion.

VINGTIÈME LEÇON.

DISCOURS DE CLOTURE.

I. *Résultats.*

1. But du discours de clôture.
2. Nécessité d'un résumé systématique.
3. Destination de la philosophie première.
4. Des trois groupes de lois et de leurs subdivisions.
5. Analyse de ces divers groupes.
6. Liaison au système d'enseignement.
7. Conclusion.

II. *Jugement.*

1. La philosophie première est une création de l'Humanité.
2. Antécédents successifs de cette création.
3. Systématisation d'Auguste Comte.
4. La philosophie première est destinée au service de l'Humanité.
5. La philosophie première est une force donnée à chacun par l'Humanité.
6. Des devoirs créés par une telle situation.
7. Conclusion.

III. *Conclusion religieuse.*

1. Des lacunes inévitables d'une telle construction.
2. De la liaison de la philosophie première à l'*intelligence*.
3. De la liaison de la philosophie première à l'*activité*.
4. De la liaison de la philosophie première au *sentiment*.
5. De la liaison de la philosophie première à l'état futur de l'Humanité.
6. De la liaison de la philosophie première à l'état actuel de l'Humanité.
7. Conclusion.

Paris, le 1er Bichat 89 (3 décembre 1877).

Pierre LAFFITTE,
Directeur du Positivisme,
10, rue Monsieur-le-Prince.

Nos 2, 3, 4, 5

L'abondance des matières, c'est-à-dire le manque absolu de place, nous oblige, à notre plus grand regret, à supprimer ici les pièces cotées de 1 à 9 exclusivement : programme des cours de géométrie algébrique et différentielle, de biologie, de sociologie statique et dynamique, par M. Pierre Laffitte.   R.

N° 6

PROGRAMME

DU COURS DE MORALE THÉORIQUE

Professé par M. PIERRE LAFFITTE (1)

(20 LEÇONS).

INTRODUCTION

(2 leçons).

PREMIÈRE LEÇON.

CONCEPTION GÉNÉRALE DE LA MORALE (BUT, PLAN GÉNÉRAL, MORALE THÉORIQUE).

I. *But de la morale.*

1. But de la morale.
2. Evolution spontanée et plus ou moins empirique des règles de la morale.
3. De la morale théologique.
4. De la morale métaphysique.
5. De la situation actuelle au point de vue de la morale.
6. Nécessité d'une morale positive.
7. Des caractères généraux de la morale positive.

II. *Plan général de la morale.*

1. Evolution des idées d'Auguste Comte sur la morale.
2. Séparation définitive de la sociologie et de la morale.
3. Place de la morale dans la hiérarchie de la philosophie seconde.
4. Réaction de la morale sur l'ensemble de la hiérarchie scientifique.
5. De la décomposition de la morale en morale théorique et morale pratique.
6. Des caractère essentiels de chacune de ces parties.
7. Conclusion.

III. *Plan de la morale théorique.*

1. But de la morale théorique.
2. De l'évolution par laquelle la morale théorique s'est dégagée de la morale pratique.

---

(1) Ce cours a commencé le dimanche 13 Frédéric 90 (17 ovembre 1878), à deux heures de l'après-midi, rue Monsieur-le-Prince, n° 10.

3. Caractères des recherches propres à la morale théorique.

4. Décomposition de la morale théorique en trois parties fondamentales, précédées d'une *introduction* et complétées par une *conclusion*.

5. Vue générale de la première partie : théories du Grand-Être et des fonctions cérébrales.

6. Vue générale de la seconde partie : théorie de l'unité, théorie vitale.

7. Vue générale de la troisième partie : théories du sentiment, de la raison, de l'activité. — Conclusion : théorie de la religion.

DEUXIÈME LEÇON.

DE LA MÉTHODE EN MORALE.

I. *De la méthode en cosmologie.*

1. Les divers procédés de la méthode (observation, expérimentation, filiation, etc.), sont une combinaison des fonctions élémentaires de l'intelligence.

2. De l'observation en cosmologie.

3. De l'observation en morale.

4. De l'expérimentation en cosmologie.

5. De l'expérimentation en morale.

6. De la nomenclature et de l'expression en cosmologie.

7. De l'expression et de la nomenclature en morale.

II. *De la méthode en sociologie.*

1. De la comparaison en biologie.

2. De la comparaison en morale.

3. De la classification en biologie.

4. De la classification en morale.

5. De la filiation en sociologie.

6. De la filiation en morale.

7. Conclusion.

III. *De la méthode en morale.*

1. La morale emploie spécialement la méthode constructive.

2. La méthode constructive est nécessairement subjective.

3. De la forme de la déduction spécialement propre à la méthode constructive.

4. Caractères précis de la méthode constructive en morale.

5. Des procédés de vérification de la méthode constructive en morale théorique.

6. Des procédés de vérification de la méthode constructive en morale pratique.

7. Conclusion.

THÉORIE CÉRÉBRALE

FONCTIONS INTÉRIEURES, FONCTIONS EXTÉRIEURES, INNERVATION
(3 leçons).

TROISIÈME LEÇON.

DES FONCTIONS SIMPLES OU ÉLÉMENTAIRES DU CERVEAU (SENTIMENTS, INTELLIGENCE, ACTIVITÉ).

I. *Théorie des sentiments.*

1. Vue générale de la théorie cérébrale.
2. Conception générale des sentiments.
3. Théorie générale des sentiments propres à l'égoïsme direct.
4. Théorie des sentiments propres à l'égoïsme indirect.
5. Théorie des sentiments propres à l'altruisme.
6. Théorie de l'exercice et du perfectionnement propres aux sentiments.
7. Théorie de l'évolution individuelle et collective des sentiments.

II. *Théorie des fonctions intellectuelles.*

1. Conception générale des fonctions intellectuelles.
2. Théorie générale des fonctions propres à la contemplation concrète.
3. Théorie des fonctions propres à la contemplation abstraite.
4. Théorie des fonctions propres à la méditation.
5. Théorie des fonctions propres à l'expression.
6. Théorie de l'exercice et du perfectionnement propres aux fonctions intellectuelles.
7. Théorie de l'évolution individuelle et collective des fonctions intellectuelles.

III. *Théorie des fonctions du caractère ou de l'activité.*

1. Conception générale des fonctions du caractère.
2. Théorie générale du *courage*.
3. Théorie générale de la *prudence*.
4. Théorie générale de la *persévérance*.
5. Théorie générale de l'*exercice* et du *perfectionnement* propres aux fonctions du caractère.
6. Théorie de l'évolution individuelle et collective des fonctions du caractère.
7. Conclusion.

QUATRIÈME LEÇON.

THÉORIE DES FONCTIONS COMPOSÉES DU CERVEAU.

I. *Composition des fonctions élémentaires de chaque groupe considéré isolément.*

1. Position du problème de la composition.
2. Composition des fonctions élémentaires de l'*intelligence*.
3. Composition des fonctions élémentaires de l'*égoïsme*.

4. Composition des fonctions élémentaires de l'*altruisme*.
5. Composition des fonctions élémentaires du *caractère*.
6. Exercice, évolution, perfectionnement des fonctions composées.
7. Conclusion.

II. *Composition des fonctions propres aux divers groupes.*

1. Position de la question.
2. Composition des fonctions de l'*égoïsme* avec celles de l'*altruisme*.
3. Composition des fonctions de l'*égoïsme* et de l'*altruisme* avec celles du *caractère*.
4. Composition des fonctions de l'*intelligence* avec celles du *caractère*.
5. Composition des fonctions de l'*intelligence* avec celles de l'*égoïsme*.
6. Composition des fonctions de l'*intelligence* avec celles de l'*altruisme*.
7. Exercice, évolution, perfectionnement de ces fonctions composées.

III. *Harmonie générale.*

1. Position de la question.
2. Les états généraux de l'intelligence, du sentiment et du caractère.
3. Des divers types de la nature humaine.
4. De l'influence cosmologique sur les divers types.
5. De l'évolution des divers types.
6. Exercice, perfectionnement des divers types.
7. Conclusion.

CINQUIÈME LEÇON.

THÉORIE GÉNÉRALE DE LA RÉACTION CÉRÉBRALE ET DES MATÉRIAUX DE SON ACTION (FONCTIONS EXTÉRIEURES, INNERVATION, RÉACTION).

I. *Fonctions extérieures du cerveau.*

1. Résumé de la théorie biologique de la sensation.
2. Vues générales sur les lois de l'exercice des sens.
3. Des sens de l'olfaction et de la gustation.
4. Des sens de l'électrition et de la calorition.
5. Du sens de l'audition.
6. Du sens de la vision.
7. Evolution, perfectionnement des sens, types et règles à ce sujet.

II. *De l'innervation.*

1. Résumé de la théorie biologique de l'innervation.
2. Lois générales de l'innervation motrice.
3. Théorie de la moelle épinière.
4. Lois de l'innervation végétative.
5. Système du grand sympathique.
6. Exercice, développement et perfectionnement de l'innervation.
7. Conclusion.

III. *De la réaction.*

1. Vue générale de l'harmonie entre la *sensation*, les *fonctions intérieures* et l'*innervation*.
2. De la *réaction végétative* de l'homme sur lui-même.
3. Evolution et type de cette réaction.
4. Réaction de l'homme sur le monde extérieur.
5. Evolution, perfectionnement, type et règles de cette réaction.
6. Réaction de l'homme sur l'homme.
7. Conclusion. Théorie des utopies morales.

THÉORIE DU GRAND-ÊTRE

FAMILLE, PATRIE, HUMANITÉ

(2 leçons).

SIXIÈME LEÇON.

THÉORIE DE LA FAMILLE.

I. *Composition de la famille.*

1. De la nécessité de la considération des êtres collectifs.
2. Des trois degrés nécessaires de la vie collective.
3. Composition de la famille, telle qu'elle résulte de l'évolution spontanée.
4. De la composition morale de la famille. Des familles annexées.
5. Théorie du domicile.
6. Théorie de la tombe.
7. Conclusion.

II. *Des fonctions de la famille.*

1. De la conservation de l'espèce.
2. Conditions générales de la conservation de l'espèce.
3. De la famille considérée comme élément de la société.
4. Du rôle de la famille à ce point de vue.
5. Du rôle de la famille au point de vue de l'éducation proprement dite.
6. De la loi d'évolution de la famille.
7. Conclusion.

III. *Des devoirs de la famille.*

1. Position générale de la question.
2. Devoirs des époux.
3. Devoirs des parents.
4. Devoirs des enfants.
5. Des divers cas pathologiques, par excès ou par défaut, qui altèrent les devoirs de la famille.
6. Des divers degrés de sanction aux devoirs de la famille.
7. De la transition, c'est-à-dire de l'état général de la famille dans les diverses parties de l'Humanité.

SEPTIÈME LEÇON.

THÉORIE DE LA PATRIE ET DE L'HUMANITÉ.

I. *Théorie de la Patrie (Matrie)*.

1. De la conception de la notion de Patrie.
2. Des éléments normaux de toute Patrie.
3-4. De l'existence civique.
5. De l'évolution de la Patrie.
6. De la situation actuelle des diverses Patries.
7. Conclusion.

II. *Théorie de l'Humanité*.

1. Conception générale de la notion d'Humanité.
2. Des antécédents de la conception et de la fondation de l'Humanité.
3. De la constitution normale de l'Humanité.
4. De la situation de l'Humanité.
5. De l'action de l'Humanité.
6. De l'évolution de l'Humanité.
7. Théorie de l'état transitoire qui doit conduire à la constitution normale et définitive de l'Humanité.

III. *Des fonctions et des devoirs envers la Patrie et l'Humanité*.

1. Problème de la conciliation possible des devoirs de la famille et de ceux de la Patrie.
2. Théorie de la conciliation des devoirs envers la Patrie et envers l'Humanité.
3. Des devoirs de l'individu et de la famille envers la Patrie.
4. Des devoirs de la Patrie envers l'individu et la famille.
5. Des devoirs de l'individu et de la famille envers l'Humanité.
6. Des devoirs de l'Humanité envers la famille, l'individu et la Patrie.
7. De la durée de l'Humanité.

THÉORIE DE L'UNITÉ

UNION, UNITÉ, CONTINUITÉ

(3 leçons).

HUITIÈME LEÇON.

THÉORIE DE L'UNION.

I. *Position du problème*.

1. Position générale du problème de l'*unité*.
2. Des trois questions dont se compose la théorie de l'*unité*.
3. Du problème de l'*union*.
4. Des essais antérieurs de théories sur le problème de l'*union*. Théorie de la nature et de la grâce.

5. Des solutions métaphysiques du problème de l'*union*.
6. De la méthode propre à la solution du problème de l'*union*.
7. Conclusion.

II. *Solution du problème de l'union.*

1. Théorie préliminaire de l'unité du *moi*.
2. De la prépondérance du cœur sur l'esprit.
3. De l'*union* par la prépondérance de l'altruisme.
4. Des relations de l'égoïsme et de l'altruisme, propres au maintien de l'*union*.
5. Du rôle de l'esprit dans l'*union*.
6. Du rôle du caractère dans l'*union*.
7. Des conditions organiques propres à la solution du problème de l'*union*.

III. *De la stabilité de l'union.*

1. De la notion de la stabilité de l'*union*.
2. Des limites de variation de la stabilité de l'*union*.
3. Des conditions naturelles et artificielles pour le maintien de la stabilité de l'*union*.
4. Des perturbations pathologiques dans la stabilité de l'*union*.
5. Des moyens de remédier aux perturbations pathologiques de la stabilité de l'*union*.
6. Conception des devoirs relatifs à la stabilité de l'*union*.
7. Conclusion (évolution de l'*union*).

NEUVIÈME LEÇON.
THÉORIE DE L'UNITÉ.

I. *Position du problème de l'unité.*

1. Position générale du problème.
2. Principe fondamental de la subordination des phénomènes les plus compliqués aux phénomènes les plus simples.
3. Du théorème fondamental que le monde extérieur sert à la fois d'*aliment*, d'*excitant* et de *régulateur*.
4. De l'Humanité conçue, par rapport à l'homme, comme élément du monde extérieur.
5. De l'Humanité comme élément à travers lequel passe l'action du monde extérieur.
6. De l'action du monde extérieur, conçue d'une manière générale au point de vue de l'*aliment*, de l'*excitant* et du *régulateur*.
7. Conclusion.

II. *Solution du problème de l'unité.*

1. L'*unité* demande que l'intelligence se subordonne au monde qu'elle doit reproduire dans ses conceptions.
2. Marche de cette subordination de l'intelligence.
3. L'*unité* demande que l'activité se subordonne au monde qu'elle modifie.

4. Marche de cette subordination de l'activité.
5. Nécessité pour l'Humanité de faire concourir l'*union* avec l'*unité*.
6. Réalisation de ce concours.
7. Conclusion.

III. *Des conditions de stabilité de l'unité.*

1. Position du problème.
2. De la subordination du sentiment.
3. Conditions de cette subordination.
4. Des conditions de la stabilité de l'*unité*, résultant essentiellement de notre intervention systématique.
5. Organisation de cette stabilité.
6. Des devoirs inhérents d'une manière générale à la stabilité de l'*unité*.
7. Conclusion.

DIXIÈME LEÇON.

THÉORIE DE LA CONTINUITÉ.

I. *Position du problème de la continuité.*

1. Position générale du problème de la continuité.
2. De la continuité individuelle et de la continuité collective.
3.-4. Théorie préliminaire de la vie subjective.
5. Solution théologico-métaphysique du problème de la continuité.
6. Examen de diverses solutions. Leur insuffisance.
7. Conclusion.

II. *Théorie de la continuité individuelle.*

1. Position exacte du problème.
2. Des conditions mentales de la continuité.
3. Des conditions morales de la continuité.
4. Des conditions organiques de la continuité.
5. Des conditions cosmologiques de la continuité.
6. Des limites de variations de la continuité et des perturbations pathologiques qu'elle comporte.
7. Conclusion.

III. *Théorie de la continuité collective.*

1. Double aspect de la question, suivant qu'il s'agit de la modification organique de l'individu, ou de l'action directe du milieu sociologique.
2. Théorie de la race sociologique.
3. Théorie des familles exceptionnelles.
4. De l'influence du milieu sociologique sur la continuité.
5. De l'immortalité subjective.
6. De la conception générale des devoirs relatifs à l'établissement et au maintien de la continuité.
7. Conclusion.

THÉORIE VITALE

EXISTENCE, SANTÉ, MALADIE

(3 leçons).

ONZIÈME LEÇON.

THÉORIE DE L'EXISTENCE.

I. *Position de la question.*

1. Position de la question.
2. Lois fondamentales de la nutrition.
3. Lois fondamentales de l'excitation.
4. Lois fondamentales de la régularisation.
5. Lois générales de l'animalité.
6. Lois générales de la reproduction.
7. Conclusion.

II. *Théorie générale des relations du physique et du moral.*

1. Position de la question.
2. Théorie de la moelle au point de vue des relations du physique et du moral.
3. Théorie du grand sympathique au point de vue des relations du physique et du moral.
4. De la réaction de la vie organique sur le cerveau.
5. De la réaction du cerveau sur la vie organique.
6. Principes de l'évolution de la relation du physique et du moral,
7. Conclusion.

III. *Théorie du développement.*

1. Position de la question.
2. Des limites de variation de la durée de la vie.
3. De l'ensemble des influences cosmologiques sur cette durée.
4. De l'ensemble des influences sociologiques sur cette durée.
5. Théorie des âges.
6. Théorie de la modificabilité des âges.
7. Conclusion.

DOUZIÈME LEÇON.

THÉORIE DE LA SANTÉ.

I. *Position de la question.*

1. Position de la question.
2. Définition positive de la santé.
3. Considérations historiques sur l'évolution des diverses théories sur la santé.
4. Du vrai caractère de la théorie positive à ce sujet.

5. Théorie positive de l'alimentation, de l'habitation et de l'habillement.
6. Théorie positive des tempéraments.
7. Conclusion.

II. *Conditions générales de la santé.*

1. Position de la question.
2. Extension générale du problème, en embrassant les successeurs. Théorie du péché originel.
3. Des conditions sociologiques de la santé.
4. Des conditions cérébrales de la santé.
5. Des conditions cosmologiques de la santé.
6. Des conditions biologiques de la santé.
7. Conclusion.

III. *De l'ensemble des devoirs relatifs à la santé.*

1. Du vrai point de vue positiviste à ce sujet.
2. Des principes de la morale personnelle.
3. Des divers degrés de la purification humaine.
4. Des limites de notre action sur les végétaux et les animaux.
5. Des lois morales du choix des aliments.
6. Des principes de l'action publique sur la question de la santé.
7. Conclusion.

TREIZIÈME LEÇON.

THÉORIE DE LA MALADIE.

I. *Position de la question.*

1. Position de la question.
2. Théorie théologico-métaphysique de la maladie.
3. Évolution vers la théorie positive de la maladie.
4. Conception positive de la maladie.
5. Appréciation des divers éléments de la maladie.
6. Conception générale du traitement.
7. Conclusion.

II. *Théorie positive de la maladie.*

1. Position du problème.
2. Du classement des maladies d'après les symptômes.
3. Des influences cosmologiques sur les maladies.
4. Des influences biologiques sur les maladies.
5. Des influences sociologiques sur les maladies.
6. Théorie positive des épidémies.
7. Conclusion.

III. *Théorie positive de la fonction médicale.*

1. Considérations sur la théorie de l'évolution de la fonction médicale.
2. Conception positive de la fonction médicale.
3. De la participation du public dans la fonction médicale.

4. De la participation gouvernementale dans la fonction médicale. Hygiène publique.
5. Des devoirs généraux relatifs à la maladie.
6. De l'utilisation morale de la maladie.
7. Conclusion.

THÉORIE DU SENTIMENT

PERSONNALITÉ, SOCIABILITÉ, MORALITÉ

(2 leçons).

QUATORZIÈME LEÇON.

THÉORIE DE LA PERSONNALITÉ ET DE LA SOCIABILITÉ.

I. *Position de la question.*

1. Conception générale des trois théories du *sentiment*, de la *raison*, de l'*activité*.
2. De l'ordre de leur étude.
3. Conception générale de la théorie du *sentiment*.
4. Théorie générale des types et des utopies.
5. Du passage de l'abstrait au concret.
6. Conception générale de la double étude propre à cette leçon.
7. Conclusion.

II. *Théorie de la personnalité.*

1. Position de la question.
2. Type normal de la personnalité comme base de l'être humain.
3. De l'équilibre de la personnalité considérée en elle-même.
4. Des perturbations pathologiques propres à la personnalité.
5. Évolution sociologique propre à la personnalité.
6. Conception générale des devoirs propres à la personnalité.
7. Conclusion.

III. *Théorie de la sociabilité.*

1. Position de la question.
2. Type normal de la sociabilité.
3. De l'évolution sociologique de la sociabilité.
4. Des perturbations pathologiques de la sociabilité (mysticisme).
5. Des procédés de culture de la sociabilité.
6. De la conception générale des devoirs propres à la sociabilité.
7. Conclusion.

QUINZIÈME LEÇON.

THÉORIE DE LA MORALITÉ.

I. *Position de la question.*

1. Position de la question.
2. Conception positive du devoir.
3. Des éléments multiples propres à la notion du devoir.

4. Théorie théologique du devoir.
5. Théorie métaphysique du devoir.
6. De la conception du droit.
7. Conclusion.

II. *Théorie positive de la moralité.*

1. Position de la question.
2. Conception positive de la moralité.
3. Des conditions cosmologiques de la moralité.
4. Des conditions biologiques de la moralité.
5. Des conditions sociologiques de la moralité.
6. Des conditions individuelles de la moralité.
7. Conclusion.

III. *Théorie des perturbations pathologiques de la moralité.*

1. Position de la question.
2. Conception générale des divers degrés de la moralité.
3. Des perturbations générales dont est susceptible la moralité.
4. Classification de ces perturbations.
5. Des divers procédés de traitement de ces perturbations, conçues d'une manière générale.
6. De la stabilité morale.
7. Conclusion.

THÉORIE DE LA RAISON

RAISON CONCRÈTE, RAISON ABSTRAITE, HARMONIE MENTALE

(2 leçons).

SEIZIÈME LEÇON.

THÉORIE DE LA RAISON PROPREMENT DITE (RAISON ABSTRAITE, RAISON CONCRÈTE).

I. *Position de la question.*

1. Position de la question.
2. Définition précise de la raison.
3. Des conditions cérébrales de la raison.
4. De la subordination de l'individu à l'espèce, quant à la raison.
5. Distinction entre la raison concrète et la raison abstraite.
6. Du caractère relatif de cette théorie.
7. Conclusion.

II. *Théorie de la raison concrète.*

1. Position de la question.
2. Composition de la raison concrète.
3. Évolution sociale de la raison concrète.
4. Destination de la raison concrète.
5. Évolution individuelle de la raison concrète.
6. Conception des devoirs propres à la raison concrète.
7. Conclusion.

III. *Théorie de la raison abstraite.*

1. Position de la question.
2. Composition de la raison abstraite.
3. Évolution sociale de la raison abstraite.
4. Évolution individuelle de la raison abstraite.
5. Siège de la raison abstraite.
6. Conception des devoirs propres à la raison abstraite.
7. Conclusion.

DIX-SEPTIEME LEÇON.

THÉORIE DE L'HARMONIE MENTALE.

I. *Position de la question.*

1. Position de la question.
2. Inconvénients propres à la raison concrète.
3. Évolution de ces inconvénients.
4. Inconvénients propres à la raison abstraite.
5. Évolution de ces inconvénients.
6. Situation actuelle de l'Humanité à ce sujet.
7. Conclusion.

II. *Théorie de l'harmonie mentale.*

1. Position de la question.
2. Relation de l'abstrait au concret.
3. Subordination systématique de l'abstrait au concret.
4. Des conditions morales de cette subordination.
5. Des conditions cérébrales de l'harmonie mentale.
6. De la conception des devoirs propres à l'harmonie mentale.
7. Conclusion.

III. *Des perturbations de l'harmonie mentale.*

1. Position de la question.
2. De la source morale des perturbations.
3. Des perturbations émanées de la raison concrète.
4. Des perturbations émanées de la raison abstraite.
5. Des conditions sociologiques de la perturbation de l'harmonie mentale.
6. Du traitement de ces perturbations.
7. Conclusion.

THÉORIE DE L'ACTIVITE

PRATIQUE, PHILOSOPHIQUE, POÉTIQUE

(2 leçons).

DIX-HUITIÈME LEÇON.

THÉORIE DE L'ACTIVITÉ PRATIQUE.

I. *Position de la question.*

1. Position de la question.
2. Des conditions biologiques de l'activité.

3. Des trois sortes d'activité.
4. Des conditions cérébrales de l'activité.
5. Des conditions sociologiques de l'activité.
6. Considérations sur les diverses théories émises à ce sujet.
7. Conclusion.

II. *Théorie de l'activité pratique.*

1. Position de la question.
2. Caractère social des fonctions pratiques.
3. Du salaire.
4. Ordre spontané de l'activité pratique.
5. Des relations des sociocraties entre elles.
6. De l'ensemble des devoirs propres à l'activité pratique.
7. Conclusion.

III. *Théorie des perturbations propres à l'activité pratique.*

1. Position de la question.
2. Des perturbations individuelles de l'activité pratique.
3. Des perturbations sociales de l'activité pratique.
4. Du mode de traitement propre aux perturbations individuelles de l'activité pratique.
5. Du mode de traitement propre aux perturbations sociales de l'activité pratique.
6. Des principes de la pénalité.
7. Conclusion.

DIX-NEUVIÈME LEÇON.

THÉORIE DE L'ACTIVITÉ PHILOSOPHIQUE ET POÉTIQUE.

I. *Position de la question.*

1. Position de la question.
2. Théorie de la division des deux pouvoirs.
3. Organisation du pouvoir spirituel.
4. Fonction du pouvoir spirituel.
5. Conditions cérébrales de l'activité théorique.
6. Conditions individuelles de l'activité théorique.
7. Conclusion.

II. *Théorie de l'activité philosophique.*

1. Position de la question.
2. Conditions de l'activité philosophique.
3. Conditions de l'activité scientifique.
4. Déviation de l'activité philosophique.
5. Du traitement propre aux déviations de l'activité philosophique.
6. De l'ensemble des devoirs propres à l'activité philosophique.
7. Conclusion.

III. *Théorie de l'activité poétique.*

1. Position de la question.
2. Théorie de l'art.
3. Évolution de l'art.
4. Conditions de l'activité poétique.
5. Déviations de l'activité poétique et de leur traitement.
6. De l'ensemble des devoirs propres à l'activité poétique.
7. Conclusion.

VINGTIÈME LEÇON.

CONCLUSION GÉNÉRALE.

Théorie de la religion.

Paris, mercredi 9 Descartes 90 (16 octobre 1878).

P. LAFFITTE.

N° 7

PROGRAMME

DU COURS DE MORALE PRATIQUE (1)

OU TRAITÉ D'ÉDUCATION INSTITUANT LE PERFECTIONNEMENT DE LA NATURE HUMAINE.

Par M. PIERRE LAFFITTE.

(20 LEÇONS).

> Vivre pour autrui (Auguste COMTE).
> On ne doit essentiellement penser qu'à deux choses : d'abord, la vertu, puis la santé (LEIBNITZ).

INTRODUCTION

(2 leçons).

PREMIÈRE LEÇON.

BUT, PLAN ET CARACTÈRES GÉNÉRAUX DE LA MORALE PRATIQUE.

I. *But, destination et plan de la morale pratique.*

1. But de la morale pratique.
2. Des caractères essentiels, des règles de la morale pratique et du rôle de ces règles.
3. De la fonction du pouvoir spirituel dans l'établissement des règles de la morale pratique.

(1) Ce Cours public et gratuit a été commencé le dimanche 8 novembre 1885, salle Gerson, à trois heures de l'après-midi, et continué les autres dimanches à la même heure.

4. De la part du public dans l'établissement et l'application des règles de la morale pratique.
5. Des tentatives successives faites pour fonder la morale pratique.
6. Position encyclopédique de la morale pratique.
7. Plan de la morale pratique.

II. *De la méthode propre à la morale pratique.*

1. Position de la question.
2. Du rôle de l'empirisme dans la morale pratique.
3. Des secours fournis par les résultats de la philosophie seconde et de la philosophie troisième.
4. Emploi des divers procédés logiques en morale pratique.
5. De la méthode subjective ou constructive en morale pratique.
6. Des méthodes d'application en morale pratique.
7. De la casuistique.

III. *Des conditions de réalisation des règles de la morale pratique.*

1. Position de la question.
2. De l'effort personnel dans la réalisation des règles de la morale pratique.
3. Des conditions de l'effort personnel.
4. De l'opinion publique.
5. Conception générale de la pénalité.
6. Des degrés successifs de la pénalité.
7. Conclusion.

DEUXIÈME LEÇON.

RELATIONS DE LA MORALE PRATIQUE AVEC L'ENSEMBLE DES ARTS QUI AGISSENT SUR L'HOMME.

I. *De la systématisation générale des arts qui agissent sur l'homme.*

1. De la distinction des arts qui agissent sur l'homme et ceux qui agissent sur les choses.
2. De la hiérarchie des arts qui agissent sur l'homme.
3. Organisation du pouvoir spirituel.
4. Des fonctions du pouvoir spirituel.
5. Conception générale de la systématisation des arts *temporels* qui agissent sur l'homme.
6. Evolution vers la systématisation des arts qui agissent sur l'homme.
7. Situation actuelle.

II. *Diplomatie et gouvernement.*

1. Position de la question.
2. Du gouvernement.
3. Des fonctions générales du gouvernement.
4. Evolution du gouvernement.

5. Diplomatie.
6. Evolution de la diplomatie.
7. Conclusion.

III. *Droit criminel, droit civil, hygiène, médecine.*

1. Position de la question.
2. Droit criminel.
3. Organisation normale et transitoire du droit criminel.
4. Du droit civil.
5. Evolution, état transitoire et normal du droit civil.
6. Hygiène.
7. Médecine.

I

ÉDUCATION PROPRE A LA PREMIÈRE ENFANCE

(Depuis la conception jusqu'à 7 ans, sous le sacrement de la *Présentation*)

(3 leçons).

TROISIÈME LEÇON.

DE L'INSTITUTION DE LA PREMIÈRE ENFANCE SOUS LE SACREMENT DE LA PRÉSENTATION.

I. *Du sacrement de la Présentation.*

1. Position de la question.
2. Conception de l'enfant comme un produit de l'Humanité.
3. Conséquences générales de cette conception.
4. Conception générale des *sacrements*.
5. Antécédents du sacrement de la *Présentation*.
6. Sacrement de la *Présentation*.
7. Conclusion.

II. *Conditions sociologiques de la première enfance.*

1. Dépendance absolue de l'enfant.
2. Conséquences nécessaires de cette dépendance.
3. Dépendance spéciale par rapport à l'Humanité.
4. Dépendance spéciale par rapport à la Patrie.
5. Dépendance par rapport à la Famille.
6. Respect nécessaire de cette dépendance; les autres sont subies à travers celle-là.
7. Conclusion.

III. *Conditions morales de la première enfance.*

1. Position de la question.
2. Caractères organiques de la première enfance.
3. Caractères de la vie animale dans la première enfance.
4. Caractères cérébraux de la première enfance.

5. Perturbations pathologiques de la première enfance.
6. Des vies *affectives, contemplatives, actives* de la première enfance.
7. De l'*état religieux* de la première enfance.

QUATRIÈME LEÇON.
THÉORIE DE LA MORALE PERSONNELLE.

I. *Institution générale de la morale personnelle.*

1. Position de la question.
2. Des caractères généraux de la systématisation positive de la morale personnelle.
3. Des caractères généraux de l'application des règles de la morale personnelle.
4. De la pratique de la morale personnelle.
5. Du rôle fondamental de la femme dans la direction de la morale personnelle.
6. Considérations spéciales sur les diverses théories relatives à la morale personnelle.
7. Conclusion.

II. *Coordination de la morale personnelle.*

1. Position de la question.
2. Des règles morales relatives aux penchants qui ont pour base l'instinct conservateur.
3. Du règlement moral des penchants qui ont pour base les instincts sexuel, maternel, destructeur et constructeur.
4. Du règlement moral des penchants qui ont pour base l'orgueil et la vanité.
5. Du règlement moral des penchants de la sociabilité et de la moralité.
6. Du règlement moral de la santé.
7. Conclusion.

III. *Du gouvernement et de la pénalité propre à la première enfance.*

1. Position de la question.
2. Du système de pénalité considéré comme un procédé général d'expérimentation.
3. De la pénalité volontaire. Théorie positive du jeûne.
4. Théorie positive de l'évolution de l'Humanité dans une telle question.
5. Système général des peines.
6. Système général des récompenses.
7. Conclusion.

CINQUIÈME LEÇON.
MARCHE DE L'ÉDUCATION PENDANT LA PREMIÈRE ENFANCE.

I. *Institution générale de l'éducation pendant la première enfance.*

1. Position de la question.
2. Des soins relatifs à l'enfant avant la naissance. De l'avortement. De l'infanticide.

3. Etat général de l'enfant, au moment de la naissance.
4. Etat final de l'enfant, au moment de la seconde dentition.
5. Des phases successives de l'enfance, entre ces limites extrêmes.
6. Des moyens à la disposition de la mère, pour la direction de la première enfance.
7. Conclusion.

II. *Marche de l'éducation mentale et morale, pendant la première enfance.*

1. Position de la question.
2. De la construction des êtres. — Logique des sentiments.
3. Marche graduelle de cette construction. Résultats.
4. Du langage. Marche successive de son acquisition.
5. Marche successive de la raison abstraite.
6. Education de la vie affective.
7. Conclusion.

III. *Marche de l'éducation organique et animale, pendant la première enfance.*

1. Position de la question.
2. De la nutrition et des soins physiologiques.
3. De l'évolution successive de l'éducation musculaire.
4. Des jeux. De leur évolution successive.
5. Des diverses perturbations pathologiques.
6. Des diverses théories relatives à l'éducation de la première enfance.
7. Conclusion.

II

ÉDUCATION PROPRE A LA SECONDE ENFANCE

(De 7 ans à 14 ans, conduisant au sacrement de l'*Initiation*)

(3 leçons).

SIXIÈME LEÇON.

DU CULTE PRIVÉ.

I. *Institution générale de la seconde enfance.*

1. Position de la question.
2. Relations de cette phase de l'éducation de l'individu avec la phase correspondante de l'évolution de l'Humanité.
3. Caractères généraux de l'éducation propre à cette phase.
4. Caractères généraux de l'éducation physique, propre à cette phase.
5. Caractères généraux de l'éducation morale, propre à cette phase.
6. Caractères généraux de l'éducation mentale, propre à cette phase.
7. Conclusion.

II. *De la vie subjective.*

1. Position de la question.
2. Conception générale de la vie subjective.

3. Antécédents de l'institution de la vie subjective.
4. Du rôle de la vie subjective.
5-6. Organisation de la vie subjective.
7. Conclusion.

III. *Du culte privé.*

1. Position de la question.
2. Conception générale du culte privé.
3. Antécédents de l'établissement systématique du culte privé.
4. Théorie des anges gardiens.
5. Organisation du culte privé.
6. Des fêtes de famille.
7. Conclusion.

SEPTIÈME LEÇON.

DES CONDITIONS GÉNÉRALES DE LA SECONDE ENFANCE.

I. *Des conditions sociologiques de cette seconde phase.*

1. Position de la question.
2. Des conditions cosmologiques et de la manière d'en tenir compte dans cette seconde phase.
3. Des conditions de famille et de la manière d'en tenir compte dans cette seconde phase.
4. Des relations fraternelles.
5. Des conditions sociologiques générales et de la manière d'en tenir compte dans cette seconde phase.
6. Des conditions sociologiques spéciales et de la manière d'en tenir compte dans cette seconde phase.
7. Conclusion.

II. *Des conditions morales de la seconde enfance.*

1. Position de la question.
2. Des conditions organiques de la seconde enfance et de leur utilisation.
3. Des conditions pathologiques de la seconde enfance.
4. Des conditions morales de la seconde enfance, relatives à l'égoïsme.
5. Des conditions morales de la seconde enfance, relatives à l'altruisme et au caractère.
6. Des conditions mentales de la seconde enfance.
7. Conclusion.

III. *Conception générale de l'ensemble des connaissances à acquérir pendant la seconde enfance.*

1. Position de la question.
2. Tableau des connaissances cosmologiques concrètes.
3. Tableau des connaissances biologiques concrètes.
4. Tableau des connaissances sociologiques concrètes.
5. Tableau des connaissances mathématiques abstraites.

6. Tableau des connaissances cosmologiques abstraites.
7. Tableau des connaissances sociologiques et biologiques abstraites.

HUITIÈME LEÇON.
MARCHE DE L'ÉDUCATION PENDANT LA SECONDE ENFANCE.

I. *De la marche de l'éducation physique.*

1. Position de la question.
2. Marche de l'éducation de la vie organique.
3. Conception générale de l'hygiène propre à cette seconde phase.
4. De l'éducation propre à la locomotion.
5. De l'éducation propre à la sensation.
6. De la participation de l'enfant aux soins domestiques.
7. Conclusion. — Synthèse : une bonne santé.

II. *Marche de l'éducation morale pendant la seconde enfance.*

1. Position de la question.
2. De l'éducation propre à l'égoïsme fondamental.
3. De l'éducation propre à l'égoïsme de perfectionnement.
4. De l'éducation propre à l'égoïsme indirect.
5. De l'éducation propre à l'altruisme.
6. De l'éducation propre au caractère.
7. Conclusion. — Synthèse : une bonne conscience.

III. *Marche de l'éducation mentale pendant la seconde enfance.*

1. Position de la question.
2. De l'éducation de la vie contemplative concrète.
3. De l'éducation de la vie contemplative abstraite.
4. De l'éducation logique.
5. De l'éducation du langage.
6. Synthèse : — Un bon jugement.
7. Conclusion : De l'état religieux de la seconde enfance.

III

ÉDUCATION PROPRE A L'ADOLESCENCE

(De 14 ans à 21 ans, entre l'*Initiation* et l'*Admission*)

(2 leçons).

NEUVIÈME LEÇON.
DE L'INSTITUTION DE L'ADOLESCENCE.

I. *Du sacrement de l'Initiation.*

1. Position de la question.
2. Nécessité d'un système d'éducation publique.
3. Des divers modes de satisfaction de ce besoin social.

4. Situation actuelle.
5. Caractères généraux du système normal d'éducation publique.
6. Du sacrement de l'initiation.
7. Conclusion.

II. *Des conditions sociologiques de l'adolescence.*

1. Position de la question.
2. Premier caractère sociologique de l'adolescence : l'adolescent s'élève de la conception de la famille à celle de l'Humanité.
3. Deuxième caractère sociologique de l'adolescence : l'apprentissage.
4. Des diversités créées par la diversité des fonctions de famille.
5. Des voyages et déplacements de l'adolescent.
6. Des relations spéciales des familles entre elles.
7. Conclusion.

III. *Des conditions morales de l'adolescence.*

1. Position de la question.
2. Conditions physiologiques proprement dites de l'adolescence.
3. Des caractères pathologiques propres à l'adolescence.
4. Des conditions morales proprement dites de l'adolescence.
5. Des conditions relatives au caractère.
6. Des conditions mentales de l'adolescence.
7. Conclusion.

DIXIÈME LEÇON.

MARCHE DE L'ÉDUCATION PENDANT L'ADOLESCENCE.

I. *Des caractères généraux de l'éducation pendant l'adolescence (Vie effective).*

1. Position de la question.
2. Des phases principales de l'éducation pendant cette période.
3. Des soins hygiéniques et personnels.
4. De la culture morale.
5. Du culte public.
6. Du rôle du culte public pendant l'adolescence.
7. Conclusion.

II. *De l'enseignement systématique abstrait (Vie contemplative).*

1. Position de la question.
2. De la continuation de la vie contemplative concrète.
3. Vue générale de l'enseignement abstrait.
4. De l'enseignement de la *Logique*.
5. De l'enseignement de la *Physique*.
6. De l'enseignement de la *Morale*.
7. Conclusion.

III. *De l'apprentissage (Vie active).*

1. Position de la question.
2. Aperçu sur l'évolution de l'apprentissage.

3. Situation actuelle quant à l'apprentissage.
4. Conception de l'apprentissage à l'état normal.
5. Des particularités propres aux divers cas.
6. Organisation de la transition.
7. Conclusion : de l'état religieux de l'adolescence.

IV

DE L'ÉDUCATION PROPRE A LA JEUNESSE

(De 21 ans à 28 ans, entre l'*Admission* et la *Destination*)

(2 leçons).

ONZIÈME LEÇON.

DE L'INSTITUTION DE LA JEUNESSE ET DE LA MARCHE DE L'ÉDUCATION QUI LUI EST PROPRE.

I. *Du sacrement de l'Admission et de l'institution de la Jeunesse.*

1. Position de la question.
2. Du nouveau caractère civique que prend l'existence pendant la jeunesse.
3. Conséquences générales de ce caractère.
4. Du sacrement de l'*Admission*.
5. Théorie historique du salaire; — situation actuelle.
6. Théorie positive du salaire.
7. Conclusion.

II. *Des conditions sociologiques et morales de la jeunesse.*

1. Position de la question.
2. Des devoirs dans la famille.
3. Du caractère spécial de l'*indépendance* dans le concours civique.
4. De l'économie.
5. Caractère physiologique de la jeunesse.
6. Caractères moraux et intellectuels de la jeunesse.
7. Conclusion.

III. *De la vie active de la jeunesse et de la marche de l'éducation qui lui est propre.*

1. Position de la question.
2. De la culture professionnelle.
3. Théorie des particularités propres aux divers cas.
4. Culture du caractère.
5. Culture morale.
6. Culture mentale.
7. Conclusion : état religieux de la jeunesse.

DOUZIÈME LEÇON.

THÉORIE DU MARIAGE.

I. *Du sacrement du Mariage.*

1. Position de la question.
2. Vue sommaire de l'évolution de l'institution du mariage jusqu'à nos jours.
3. Situation actuelle. — Des diverses théories sur ce sujet.
4. Institution normale du mariage.
5. Du veuvage.
6. Sacrement du mariage.
7. Conclusion.

II. *Des devoirs du Mariage.*

1. Position de la question.
2. Vue générale de l'évolution de ses devoirs.
3. Situation actuelle.
4. Des devoirs de l'homme au point de vue civique.
5. Des devoirs de l'homme au point de vue religieux.
6. Des devoirs de la femme.
7. Conclusion.

III. *Théorie du domicile.*

1. Position de la question.
2. Evolution de l'institution du domicile.
3. Situation actuelle.
4. De l'institution normale du domicile.
5. Des particularités propres aux divers cas.
6. De l'institution des villes.
7. Conclusion.

V

ÉDUCATION PROPRE A LA VIRILITÉ

(De 28 ans à 42 ans, entre la *Destination* et la *Maturité*)

(3 leçons).

TREIZIÈME LEÇON.

DE L'INSTITUTION DE LA VIRILITÉ.

I. *Du sacrement de la Destination.*

1. Position de la question.
2. Du caractère social de toutes les fonctions.
3. Théorie historique et dogmatique de la distinction provisoire entre les fonctions publiques et privées.
4. De la situation actuelle.

5. Des antécédents du sacrement de la *Destination*.
6. Sacrement de la Destination.
7. Conclusion.

II. *Conditions sociologiques de la virilité.*

1. Position de la question.
2. Du caractère de responsabilité propre à cette phase.
3. Des relations de famille propres à cette phase.
4. Développement d'une famille nouvelle.
5. Du caractère des relations sociales.
6. Du caractère des devoirs sociaux propres à cette phase.
7. Conclusion.

III. *Conditions morales de la virilité.*

1. Position de la question.
2. Conditions physiologiques de la virilité.
3. Conditions pathologiques de la virilité.
4. De l'hygiène de la virilité.
5. Conditions morales de la virilité.
6. Conditions mentales de la virilité.
7. Conclusion.

QUATORZIÈME LEÇON.
THÉORIE DES DEVOIRS PROFESSIONNELS.

I. *De l'institution des devoirs professionnels.*

1. Position de la question.
2. De la systématisation du travail, en le rapportant à l'Humanité.
3. Appréciation des solutions actuelles du problème de la systématisation du travail.
4. Des devoirs généraux relatifs aux matériaux du travail.
5. Des devoirs généraux relatifs aux produits du travail.
6. Des devoirs généraux relatifs à l'exécution du travail.
7. Conclusion.

II. *De la détermination précise des devoirs professionnels.*

1. Position de la question.
2. De la hiérarchie industrielle.
3. Devoirs des entrepreneurs.
4. Devoirs des travailleurs.
5. De la judicature industrielle.
6. Des perturbations industrielles.
7. Conclusion.

III. *Extension planétaire des devoirs professionnels.*

1. Position de la question.
2. De l'évolution successive des relations planétaires.
3. Situation actuelle.

4. Des relations économiques planétaires à l'état normal.
5. Des devoirs des entrepreneurs et des travailleurs relatifs aux relations planétaires.
6. Des entreprises communes.
7. Conclusion.

QUINZIÈME LEÇON.

DE LA MARCHE DE L'ÉDUCATION PENDANT LA VIRILITÉ.

I. *Conception générale de l'éducation pendant la virilité.*

1. Position de la question.
2. De l'éducation physique pendant la virilité.
3. De l'éducation du caractère pendant la virilité.
4. De l'éducation morale pendant la virilité.
5. De l'éducation mentale pendant la virilité.
6. **Des acquisitions propres à cette phase.**
7. Conclusion : état religieux de la virilité.

II. *De la vie domestique:*

1. Position de la question.
2. Devoirs du père.
3. Devoirs de la mère.
4. Devoirs des ascendants et des parents.
5. Culture morale du père par la vie domestique.
6. Culture morale de la mère par la vie domestique.
7. Conclusion.

III. *Théorie du salon.*

1. Position de la question.
2. Évolution de la constitution du salon.
3. De la situation actuelle à ce sujet.
4. Conception normale du salon.
5. Rôle moral du salon.
6. Rôle social du salon.
7. Conclusion.

VI

ÉDUCATION PROPRE A LA MATURITÉ

(De 42 ans à 63 ans, entre la *Maturité* et la *Retraite*

(2 leçons).

SEIZIÈME LEÇON.

DE L'INSTITUTION DE LA MATURITÉ.

I. *Du sacrement de la Maturité.*

1. Position de la question.
2. Historique des conceptions sur la maturité.

3. Conception positive de la maturité.
4. De la maturité dans le cas de la femme.
5. Sacrement de la maturité.
6. Du cas spécial du sacerdoce.
7. Conclusion.

II. *Des conditions sociologiques et morales de la Maturité.*

1. Position de la question.
2. Des conditions sociologiques de la maturité dans le cas de l'homme.
3. Des conditions sociologiques de la maturité dans le cas de la femme.
4. Conditions physiologiques et pathologiques de la maturité.
5. De l'hygiène de la maturité.
6. Conditions morales et mentales de la maturité.
7. Conclusion.

III. *Marche de l'éducation pendant la Maturité.*

1. Position de la question.
2. De l'éducation physique pendant la maturité.
3. De l'éducation morale pendant la maturité.
4. De l'éducation du caractère pendant la maturité.
5. De l'éducation mentale pendant la maturité.
6. Examen des divers cas particuliers.
7. Conclusion : état religieux de la maturité.

DIX-SEPTIÈME LEÇON.

DE LA VIE PUBLIQUE.

I. *De l'institution de la vie publique.*

1. Position de la question.
2. Résumé de l'ensemble des conceptions relatives à la théorie du gouvernement et de la société.
3. Des conditions de la participation à la vie publique.
4. Rôle du prolétariat.
5. Conditions d'avènement et de recrutement des pouvoirs publics.
6. De la transition.
7. Conclusion.

II. *De l'ensemble des devoirs propres à la vie civique.*

1. De l'organisation du gouvernement.
2. Fonction sociale du gouvernement.
3. Fonction politique du gouvernement.
4. Fonction administrative du gouvernement.
5. Fonction judiciaire du gouvernement.
6. De la transition.
7. Conclusion.

III. *De la vie planétaire.*

1. Organisation normale de la planète.
2. Fonction planétaire du pouvoir temporel.
3. Fonction planétaire du pouvoir spirituel.
4. Appréciation des diverses théories émises sur un tel sujet.
5-6. De la transition.
7. Conclusion.

VII

ÉDUCATION PROPRE A LA VIEILLESSE

(De 63 ans à la mort, entre la *Retraite* et la *Transformation*)

(2 leçons).

DIX-HUITIÈME LEÇON

DE L'INSTITUTION DE LA VIEILLESSE.

I. *De l'institution de la vieillesse et du sacrement de la Retraite.*

1. Position de la question.
2. Des diverses théories émises sur la vieillesse. — Situation actuelle.
3. But de l'éducation pendant la vieillesse.
4. Du sacrement de la *Retraite.*
5. De la retraite dans le cas des chefs temporels et des prolétaires.
6. De la retraite dans le cas des chefs spirituels. — Cas des femmes.
7. Conclusion.

II. *Des conditions sociologiques et morales de la vieillesse.*

1. Position de la question.
2. Des conditions de famille pendant la vieillesse.
3. Conditions sociologiques de la vieillesse.
4. Conditions physiologiques de la vieillesse.
5-6. Conditions pathologiques de la vieillesse.
7. Conclusion.

III. *Des fonctions et des devoirs de la vieillesse.*

1. Position de la question.
2. Devoirs domestiques de la vieillesse.
3. Devoirs sociaux de la vieillesse.
4. Théorie du testament.
5. Théorie des fondations.
6. Devoirs de la société envers la vieillesse.
7. Conclusion.

DIX-NEUVIÈME LEÇON.

DE LA MORT ET DE L'INCORPORATION.

I. *Théorie générale de la mort.*

1. Position de la question.
2. Des limites naturelles de la vie.
3. De la préparation à la mort.
4. Des diverses formes de la mort naturelle.
5. Des diverses formes de la mort artificielle. — Du suicide.
6. De la peine de mort.
7. Du sacrement de la Transformation.

II. *Du culte des morts.*

1. Position de la question.
2. Antécédents du culte des morts.
3. Des cimetières.
4. Du culte privé des morts.
5. Du culte domestique des morts.
6. Situation actuelle.
7. Conclusion.

III. *Du sacrement de l'Incorporation.*

1. Position de la question.
2. Des antécédents de l'*Incorporation*.
3. De la situation actuelle.
4. Du sacrement de l'*Incorporation*.
5. Du cas privé.
6. Du cas public. — Culte public.
7. Conclusion.

VINGTIÈME LEÇON.

CONCLUSION SYNTHÉTIQUE.

I. *Résultats.*

1. Position de la question.
2. Jugement historique de l'ensemble de la construction de la morale.
3. Jugement dogmatique de l'ensemble de la construction de la morale.
4. Résultats de la morale théorique.
5. Résultats de la morale pratique.
6. Résultat final.
7. Conclusion.

II. *Incorporation religieuse.*

1. Position de la question.
2. De la trinité positive (Destin, Terre, Humanité).
3. Relations de la morale avec la conception de l'*espace* (Destin).
4. Relations de la morale avec la conception de la Terre.

5. Relations de la morale avec la conception de l'*Humanité*.
6. Transition.
7. Conclusion.

    III. *Harmonie générale de la vie humaine.*

1. Position de la question.
2. Harmonie générale de la vie humaine.
3. Harmonie de la vie affective.
4. Harmonie de la vie contemplative.
5. Harmonie de la vie active.
6. État final de l'homme.
7. Conclusion.

                      P. Laffitte, Directeur du Positivisme,
                             10, rue Monsieur-le-Prince.

N° 8

THÉORIE DE L'INDUSTRIE POSITIVE

OU RÉACTION SYSTÉMATIQUE DE L'HUMANITÉ SUR LA TERRE

(20 leçons).

PREMIÈRE PARTIE.

Introduction (5 leçons).
    Première leçon : Institution objective et subjective de la théorie de l'industrie positive.
    Deuxième leçon : Plan et position encyclopédique de la théorie de l'industrie positive.
    Troisième leçon : Appréciation de l'évolution des théories relatives à l'industrie positive.
    Quatrième leçon : Théorie générale de l'organisation spirituelle de l'industrie positive.
    Cinquième leçon : De l'organisation temporelle de l'industrie positive.

SECONDE PARTIE.

Théorie des divers modes d'activité propres à l'industrie positive (9 leçons).
Sixième leçon : Théorie de l'activité géométrique.
Septième leçon : Théorie de l'activité mécanique.
Huitième leçon : Théorie de l'activité astronomique.
Neuvième leçon : Théorie abstraite de l'activité physique.
Dixième leçon : Théorie concrète de l'activité physique.
Onzième leçon : Théorie abstraite de l'activité chimique.
Douzième leçon : Théorie concrète de la puissance chimique.
Treizième leçon : Théorie de l'activité biologique végétale.
Quatorzième leçon : Théorie de l'activité biologique animale.

TROISIÈME PARTIE.

Théorie de la hiérarchie des arts industriels (5 leçons).
Quinzième leçon : Théorie de l'agriculture.
Seizième leçon : Théorie de la manufacture.
Dix-septième leçon : Théorie générale du commerce.
Dix-huitième leçon : Théorie générale de la banque.
Dix-neuvième leçon : Théorie de l'équilibre et du mouvement du système économique.
Vingtième leçon : Conclusion synthétique.

N° 9
RELIGION DE L'HUMANITÉ, CULTE PRIVÉ.

L'ANGE GARDIEN.

Chacun de nous, ma bonne mère,
A, dit-on, son ange gardien,
Dans notre trajet sur la Terre
Cet ange nous sert de soutien.
Je pleure, tu sèches mes larmes,
Je ris, tu souris avec moi ;
Dans mon bonheur, dans mes alarmes,
Quel est mon ange, sinon toi ?

Qu'un enfant privé de sa mère
Ici-bas, n'ayant point d'amours,
D'un protecteur imaginaire
Implore l'idéal secours !
Plus heureuse et bien mieux guidée,
Je connais l'objet de ma foi ;
Ce n'est pas une vaine idée,
Mon cœur me le montre : c'est toi.

De ton lait tu nourris mon être,
Ton exemple forme mon cœur ;
L'amour qu'en ce cœur tu fais naître
Des mauvais penchants est vainqueur ;
Tu fais aimer l'obéissance
Aux enfants placés sous ta loi ;
Ma véritable Providence,
Mon gardien, mon ange, c'est toi.

J.-B. FOUCART.

Janvier 1859.

TABLEAU CONCRET DE LA PRÉPARATION HUMAINE, destiné surtout à la transition finale de la république occidentale formée, depuis Charlemagne, par la libre connexité des cinq populations avancées, française, italienne, espagnole, britannique et germanique ;

PAR LE FONDATEUR DE LA RELIGION DE L'HUMANITÉ

		HUITIÈME MOIS. **DANTE.** L'ÉPOPÉE MODERNE.	NEUVIÈME MOIS. **GUTTEMBERG.** L'INDUSTRIE MODERNE.	DIXIÈME MOIS. **SHAKESPEARE.** LE DRAME MODERNE.	ONZIÈME MOIS. **DESCARTES.** LA PHILOSOPHIE MODERNE.	DOUZIÈME MOIS. **FRÉDÉRIC.** LA POLITIQUE MODERNE.	TREIZIÈME MOIS. **BICHAT.** LA SCIENCE MODERNE.
Lundi.	1	Les Troubadours.	Marco-Polo......*Chardin.*	Lope de Vega......*Macédoine.*	Albert-le-Grand. Jean de Salisbury.	Marie de Molina.	Copernic......*Tycho-Brahé.*
Mardi.	2	Boccace......*Chaucer.*	Jacques Cœur.....*Graham.*	Moreto........Guillen de Castro.	Roger Bacon......*Raimond Lulle.*	Côme de Médicis l'Ancien.	Kepler.........*Bailey.*
Mercredi.	3	Rabelais.......*Swift.*	Gama.........*Magellan.*	Rojas.........*Guevara.*	Saint-Bonaventure......*Joachim.*	Philippe de Comines. *Guicciardini.*	Huyghens.......*Varignon.*
Jeudi.	4	Cervantès.	Néper..........*Briggs.*	Otway.	Ramus......*Le cardinal de Cusa.*	Isabelle de Castille.	Jacques Bernoulli. *Jean Bernoulli.*
Vendredi.	5	La Fontaine......*Robert Burns.*	Lazaille.	Lessing.	Montaigne.......*Érasme.*	Charles-Quint......*Sixte-Quint.*	Bradley.........*Röemer.*
Samedi.	6	Foh.........*Goldsmith.*	Cook..........*Tasman.*	Goethe.	Campanella......*Morus.*	Henri IV.	Volta..........*Sauveur.*
Dimanche.	7	**ARIOSTE.**	**COLOMB.**	**CALDÉRON.**	**SAINT-THOMAS-D'Aquin.**	**LOUIS XI.**	**GALILÉE.**
	8	Léonard de Vinci. *Le Titien.*	Benvenuto Cellini.	Tirso.	Hobbes........*Spinosa.*	L'Hôpital.	Viète..........*Harvœil.*
	9	Michel-Ange. *Paul Véronèse.*	Amontons......*Wheatstone.*	Vondel.	Pascal........*Giordano Bruno.*	Barneveldt.	Wallis.........*Fermat.*
	10	Holbein......*Rembrandt.*	Harrison......*Pierre Leroy.*	Racine.	Locke.........*Malebranche.*	Gustave-Adolphe.	Clairaut........*Poinsot.*
	11	Poussin.......*Lesueur.*	Dollond.	Voltaire.	Vauvenargues. *Mme de Lambert.*	De Witt.	Euler..........*Monge.*
	12	Velasquez......*Murillo.*	Arkwright......*Graham.*	Métastase.	Diderot........*Duclos.*	Ruyter.	D'Alembert. *Daniel Bernoulli.*
	13	Teniers.......*Rubens.*	Coulé.........*Jacquart.*	Schiller.	Cabanis......*Georges Leroy.*	Guillaume III.	Lagrange......*Joseph Fourier.*
	14	**RAPHAEL.**	**VAUCANSON.**	**CORNEILLE.**	**Le Chancelier BACON.**	**GUILLAUME-le-Taciturne.**	**NEWTON.**
	15	Froissart.......*Joinville.*	Stévin.........*Torricelli.*	Alarcon.	Grotius.........*Cujas.*	Ximénès.	Bergmann.......*Scheele.*
	16	Camoëns......*Spenser.*	Mariotte.......*Boyle.*	Mme de Motteville. *Mme Roland.*	Fontenelle......*Maupertuis.*	Sully.	Priestley........*Davy.*
	17	Les Romanciers espagnols.	Papin..........*Worcester.*	Mme de Sévigné. *Lady Montague.*	Vico..........*Hérder.*	Mazarin.	Cavendish.
	18	Chateaubriand.	Black.	Fielding.	Fréret.........*Sterne.*	Colbert.	Guyton-Morveau. *Geoffroy.*
	19	Walter-Scott.......*Cooper.*	Jouffroy......*Fulton.*	Mme de Staël. *Mies Edgeworth.*	Montesquieu. *d'Aguesseau.*	Louis XIV.......*Pombal.*	Berthollet.
	20	Manzoni.	Dalton.	Mas Edgeworth. *Richardson.*	Buffon.........*Œken.*	D'Aranda......*Campomanes.*	Berzélius.......*Ritter.*
	21	**TASSE.**	**WATT.**	**MOLIÈRE.**	**LEIBNITZ.**	**RICHELIEU.**	**LAVOISIER.**
	22	Pétrarque.	Bernard de Palissy......*Riquet.*	Pergolèse.	Grotius........*Gibbon.*	Sidney..........*Lambert.*	Harvey..........*Ch. Bell.*
	23	Thomas A'Kempis. *Louis de Grenade, d'Évreux.*	Guglielmini.	Sacchini.	Robertson......*Grétry.*	Franklin........*Hempden.*	Boerhaave. *Stahl et Borelles.*
	24	Mme de Lafayette. *Mme de Staël.*	Dohanel (du Monceau). *Bourgelat.*	Gluck.	Adam Smith......*Bourgelat.*	Washington......*Fichte.*	Kosciusko......*Linné.*
	25	Fénelon. *Saint-François-de-Sales.*	Saussure.	Beethoven.	Kant...........*Fergussen.*	Jefferson......*Joseph de Maistre.*	Haller..........*Vogel d'Age.*
	26	Klopstock.	Coulomb......*Borda.*	Rossini.	Condorcet......*Weber.*	Bolivar.*Joseph de Maistre.*	Lamarck........*Bichinvitte.*
	27	Byron. *Elisa Mercœur et Shelley.*	Carnot.........*Vauban.*	Bellini.........*Donizetti.*	Hegel..........*Sophie Germain.*	Francia. *Toussaint-Louverture.*	Broussais.......*Margagni.*
	28	**MILTON.**	**MONTGOLFIER.**	**MOZART.**	**HUME.**	**CROMWELL.**	**GALL.**

Fête universelle des MORTS. ....*Jour complémentaire.*

Fête générale des SAINTES FEMMES. ....*Jour bissextile.*

Huitième édition en Shakespeare 72 (octobre 1860), dans la première édition de la Notice sur l'œuvre et sur la vie d'AUGUSTE COMTE.

La huitième édition a été modifiée d'après les indications manuscrites laissées par Auguste COMTE.

Paris. — Imprimerie LAROUSSE, rue Montparnasse, 17.

POUR UNE ANNÉE QUELCONQUE
OU
TABLEAU CONCRET DE LA PRÉPARATION HUMAINE, destiné surtout à la transition finale de la république occidentale formée, depuis Charlemagne, par la libre connexité des cinq populations avancées, française, italienne, espagnole, britannique et germanique ;

adjoints, qui, dans les années bissextiles, remplacent les types correspondants.

PAR LE FONDATEUR DE LA RELIGION DE L'HUMANITÉ

		PREMIER MOIS. **MOÏSE.** LA THÉOCRATIE INITIALE.	DEUXIÈME MOIS. **HOMÈRE.** LA POÉSIE ANCIENNE.	TROISIÈME MOIS. **ARISTOTE.** LA PHILOSOPHIE ANCIENNE.	QUATRIÈME MOIS. **ARCHIMÈDE.** LA SCIENCE ANCIENNE.	CINQUIÈME MOIS. **CÉSAR.** LA CIVILISATION MILITAIRE.	SIXIÈME MOIS. **SAINT-PAUL.** LE CATHOLICISME.	SEPTIÈME MOIS. **CHARLEMAGNE.** LA CIVILISATION FÉODALE.
Lundi	1	Prométhée........ *Cadmus.*	Hésiode.	Anaximandre.	Théophraste.	Miltiade.	Saint-Luc.	Théodose-le-Grand.
Mardi	2	Hercule............. *Thésée.*	Tyrtée............. *Sapho.*	Anaximène.	Hérophile.	Léonidas.	Saint-Cyprien.	Pélage.
Mercredi	3	Orphée............. *Trirésias.*	Anacréon.	Héraclite.	Érasistrate.	Aristide.	Saint-Athanase.	Othon-le-Grand.... *Henri-l'Oiseleur.*
Jeudi	4	Ulysse.	Pindare.	Anaxagore.	Celse.	Cimon.	Saint-Jérôme.	Saint-Henri.
Vendredi	5	Lycurgue......... *Euripide.*	Sophocle.	Démocrite.	Galien.	Xénophon.	Saint-Ambroise.	Villiers............. *La Valette.*
Samedi	6	Romulus.......... *Longus.*	Théocrite.	Hérodote.	Avicenne.	Phocion.	Sainte-Monique.	Don Juan de Lépante. *Jean Sobieski.*
Dimanche	7	**NUMA.**	**ESCHYLE.**	**THALÈS.**	**HIPPOCRATE.** *Averrhoès.*	**THÉMISTOCLE.** *Epaminondas.*	**SAINT-AUGUSTIN.**	**ALFRED.**
	8	Bélus............... *Sésostris.*	Solon.	Sénevirama.	Euclide.	Périclès.	Constantin.	Charles-Martel.
	9	Sésostris.	Xénophanes.	Zeuxis.	Aristée.	Philippe.	Théodose.	Le Cid............. *Tancrède.*
	10	Manou.	Istinus.	Empédocle.	Théodose-de-Byzantin.	Démosthènes.	Saint-Chrysostôme... *Saint-Basile.*	Richard............. *Saladin.*
	11	Cyrus.	Praxitèle.	Théophile.	Héron............. *Céladon.*	Ptolomée Lagus.	Sainte-Pulchérie.... *Mercien.*	Jeanne-d'Arc........ *Marina.*
	12	Zoroastre.	Lysippe.	Archytas......... *Philolaüs.*	Pappus.	Philopœmen.	Sainte-Geneviève-de-Paris.	Albuquerque....... *Walter Raleigh.*
	13	Les Druides....... *Ossian.*	Apelles.	Apolonius de Tyane.	Diophante.	Polybe.	Saint-Grégoire-le-Grand.	Bayard.
	14	**BOUDDHA.**	**PHIDIAS.**	**PYTHAGORE.**	**APOLLONIUS.**	**ALEXANDRE.**	**HILDEBRAND.**	**GODEFROI.**
	15	Fo-Hi.	Ésope............. *Pilpaï.*	Aristippe.	Eudoxe.	Junius Brutus.	Saint-Benoît....... *Saint-Antoine.*	Saint-Léon-le-Grand... *Léon IV.*
	16	Lao-Tseu.	Plaute.	Antisthène.	Pythéas.	Camille........... *Cincinnatus.*	Saint-Boniface..... *Saint-Austin.*	Gerbert............. *Pierre Damien.*
	17	Meng-Tseu.	Térence........... *Ménandre.*	Zénon.	Aristarque.	Fabricius........ *Régulus.*	Saint-Isidore-de-Séville. *St-Bruno.*	Pierre-l'Ermite.
	18	Les théocrates du Tibet.	Phèdre.	Cicéron........... *Pline-le-Jeune.*	Ératosthène.	Hamilcar.	Lanfranc........... *Saint-Anselme.*	Suger.............. *Saint-Éloi.*
	19	Les théocrates du Japon.	Juvénal.	Épictète........... *Arrien.*	Ptolémée.	Paul-Émile.	Héloïse............ *Alexandre III.*	Beatrix............. *Thomas Becket.*
	20	Manco-Capac..... *Tamehameha.*	Lucien.	Tacite.	Albategnius...... *Nassir-Eddin.*	Marius.	Les Gracques. Lascaris de moyen âge. *S.-Bonavent.*	St-François-d'Ass.. *St-Dominique.*
	21	**CONFUCIUS.**	**ARISTOPHANE.**	**SOCRATE.**	**HIPPARQUE.**	**SCIPION.**	**SAINT-BERNARD.**	**INNOCENT III.**
	22	Abraham.......... *Joseph.*	Ennius.	Xénocrate.	Varron.	Auguste........... *Mécène.*	St-François-Xav. *Ignace de Loyola.*	Sainte-Clotilde.
	23	Samuel.	Lucrèce.	Philon d'Alexandrie.	Columelle.	Vespasien......... *Titus.*	St-Charles-Borrom. *Fréd. Borrom.*	Ste-Bathilde. *Ste-Math.-de-Toscane.*
	24	Salomon........... *David.*	Horace.	Saint-Jean-l'Évangéliste.	Vitruve.	Adrien............ *Nerva.*	Sta-Thérèse. *Ste-Cather.-de-Sienne.*	St-Étienne-de-Hong.. *Mat. Corvin.*
	25	Saint-Jean-Baptiste.	Tibulle.	Saint-Justin...... *Saint-Irénée.*	Strabon.	Antonin........... *Marc-Aurèle.*	St-Vinc.-de-Paule. *L'abbé de l'Épée.*	Sainte-Euisabeth de Hongrie.
	26	Isaïe.	Ovide.	Saint-Clément-d'Alexandrie.	Frontin.	Papinien.......... *Ulpien.*	Bourdaloue....... *Claude Fleury.*	Blanche de Castille.
	27	Jésus-ben-Sapphid. *Adeborat III.*	Lucain.	Origène........... *Tertullien.*	Plutarque......... *Adrien.*	Alexandre-Sévère.	Saint-Ferdinand III.. *Alphonse X.*	Saint-Ferdinand III.. *Alphonse X.*
	28	**MAHOMET.**	**VIRGILE.**	**PLATON.**	**PLINE-l'Ancien.**	**TRAJAN.**	**BOSSUET.**	**SAINT-LOUIS.**

Huitième édition en Shakspeare 72 (octobre 1860), dans la première édition de la *Notice sur l'œuvre et sur la vie* d'AUGUSTE COMTE.

La huitième édition a été modifiée d'après les indications manuscrites laissées par Auguste COMTE.

N° 10
RELIGION DE L'HUMANITÉ
CULTE PUBLIC.

I

CALENDRIER POSITIVISTE
DESTINÉ A LA TRANSITION.

La première édition fut publiée par la Société positiviste de Paris, au mois d'avril 1849.

Auguste Comte avait fait précéder son œuvre d'une explication sur la nouvelle division de l'année et d'un préambule sur le culte des grands serviteurs sociaux.

Nous en détachons les passages suivants :

« Cette commémoration systématique de tout notre passé est surtout destinée à développer profondément, chez la génération actuelle, l'esprit historique et le sentiment de continuité, afin d'imprimer à la seconde partie de la grande Révolution son vrai caractère propre. L'énergie de nos pères ne pouvait entrevoir une pleine rénovation (en 1789 et surtout en 1793 — R.), sans leur haine instinctive du régime qui enchaînait leurs conceptions. Au contraire, notre essor décisif vers l'avenir ne peut désormais reposer que sur une digne glorification du passé dont ils nous ont affranchis. Depuis leur victoire, cette solennelle justice constitue la seule condition qui manque encore à notre irrévocable émancipation. L'ordre et le progrès l'exigent également, car les utopies subversives et les tendances rétrogrades ne trouvent plus d'appui vraiment dangereux, que d'après l'entière ignorance des lois fondamentales de l'évolution humaine.

« Sans doute, ces lois naturelles, comme toutes les autres, ne peuvent être assez appréciées que par une étude abstraite, qui constituera le terme rationnel de la nouvelle éducation occidentale. Mais, pour en préparer l'avènement normal, il faut aujourd'hui appeler les cinq populations avancées à la célébration systématique de leurs principaux ancêtres, depuis les plus lointaines impulsions historiques jusqu'aux plus récentes préparations.

« Mais les avantages moraux d'une telle commémoration surpassent encore ses propriétés intellectuelles. En un temps où la prépondérance du sentiment social peut seule nous préserver d'une anarchie toujours imminente, il importe beaucoup de cultiver le plus possible l'instinct familier de la continuité historique, sans se borner à la solidarité actuelle, qui ne constitue qu'une insuffisante ébauche de notre vraie sociabilité. Rien ne peut mieux développer l'amour universel, principe unique de la régénération finale, que ces habitudes à la fois privées et publiques d'une intime et respectueuse reconnaissance pour les divers services de tous nos prédécesseurs. Cette affection deviendra d'autant plus profonde que nous sentirons davantage les immenses difficultés propres à l'élaboration originale, uniquement émanée d'un instinct spontané privé des lumières de la théorie positive, qui désormais régularisera l'essor mental et social... Par cette salutaire construction, qu'elle seule peut accomplir, la nouvelle philosophie constatera dignement son aptitude caractéristique à glorifier toutes les phases humaines, d'après sa nature toujours relative, qui lui permet de tout rattacher, sans effort, à sa vaste unité, également objective et subjective. La vénération publique rappellera enfin de leur long et indigne exil les immortelles mémoires (1), que repoussait la brutalité chrétienne. En même temps, leur retour solennel deviendra pleinement compatible avec une meilleure célébration de tous les grands noms propres au moyen âge. Car, la commémoration catholique ne comportait aucune hiérarchie : elle confondait toutes ses gloires dans une anarchique égalité, aussi pénible au cœur qu'à l'esprit. Nos principaux précurseurs catholiques ou féodaux seront donc mieux honorés, d'après la coordination propre au nouveau culte, qu'ils n'avaient jamais pu l'être par leur célébration exclusive. L'époque même, où surgit cette immense apothéose, tend à mieux marquer sa supériorité nécessaire, à la fois morale et mentale.....

« Quand le sacerdoce de l'Humanité aura ainsi fait librement adopter sa théorie du passé, il aura par cela même pris possession de l'avenir. »

Voir le tableau ci-contre (G-H) ou le *Calendrier* proprement dit.

II

LA TOUSSAINT

IDÉALISATION POÉTIQUE DU CALENDRIER POSITIVISTE.

> Les morts gouvernent les vivants.
> Auguste COMTE.

L'Élysée où va ma prière
N'est point au fond des cieux glacés ;
J'y vois régner dans la lumière
Les grands hommes des temps passés ;
Les siècles aux voiles funèbres,
Des noirs replis de leurs ténèbres
N'ont pas couvert leur souvenir.
Dans leurs œuvres survit leur âme,
Et, comme du caillou la flamme,
De leur voix jaillit l'avenir.

C'est à vous que vont nos hommages,
Héros des temps évanouis,
Phares brillant dans les nuages,
Contemporains de tous les âges,
Citoyens de tous les pays.

I.

Surgissez du fond de l'Histoire,
Initiateurs des mortels ;

---

(1) Surtout grecques et romaines — R.

Au temple de notre mémoire
Montez, créateurs des autels,
Prêtres, Théocrates sublimes,
Vous dont cent peuples anonymes
Ont suivi le pas triomphant;
Vous qui, du fond des sanctuaires,
A des tuteurs imaginaires,
Fîtes obéir l'homme enfant.

De l'oubli percez les nuages,
Prêtres des temps évanouis,
Et devenez par nos hommages
Contemporains de tous les âges,
Citoyens de tous les pays.

II.

Prenez place auprès des prophètes,
Aèdes à la bouche d'or,
Seconds pères des dieux, Poètes
Dont les voix nous bercent encor.
Marche à leur tête, vieil Homère :
L'Olympe était une chimère,
Mais tes vers seront éternels;
Si nous accueillons d'un sourire
Les fables que chantait ta lyre,
Tu survis à tes immortels.

D'un héros mort sculptons l'image,
Son marbre aura le même sort;
Mais son nom dans tes chants surnage,
Homère, et, grâce à ton hommage,
Il a vaincu deux fois la mort.

III.

Soulevez un pan du symbole
Qui voilait la réalité;
Qu'aux ordres de votre parole
Tout dieu se change en entité;
D'une autre foi montrez l'aurore,
Sages de l'Hellas, Pythagore,
Socrate, et toi, charmant Platon,
Quand près de vous le Stagirite,
Après Thalès, déjà médite
L'état normal de la raison.

Des Mythes chassez les nuages,
Sages des temps évanouis ;
Vous deviendrez par nos hommages
Contemporains de tous les âges,
Citoyens de tous les pays.

IV.

L'homme croyait, il faut qu'il pense :
Archimède, Apollonius,
Tracez sa voie à la science
Parmi les chemins méconnus ;
Il faut deux mille ans pour vous suivre :
Que nous importe ? Ouvrez le livre
Dont chaque siècle épelle un mot ;
Pour abreuver un jour le monde,
Creusez, Savants : sous votre sonde
La vérité doit sourdre à flot.

A vous nos éternels hommages,
Savants des temps évanouis ;
Vous avez entr'ouvert les pages
Que feuilleteront tous les âges
Pour éclairer tous les pays.

V.

Salut, Grèce, jeune guerrière !
Tu veux chez toute nation
Porter ton sceptre et ta lumière,
Et tu meurs, faute d'union ;
Tu meurs, et Rome est triomphante ;
Mais Rome se fait ta servante,
Pour préparer un temps nouveau,
Et César, vainqueur de la Gaule,
A la France transmet ton rôle,
Avec son glaive et ton flambeau.

Recevez nos justes hommages,
Guerriers des temps évanouis,
Qui, disciplinant les courages,
Rêviez, au seuil des premiers âges,
L'unité de tous les pays.

VI.

Rome fait l'unité du glaive,
Mais la discorde reste aux cœurs ;

Saint Paul, en un sublime rêve,
Rapproche vaincus et vainqueurs.
A la chaîne spirituelle
D'une croyance universelle
Il veut lier sujet et roi :
« Du patron le serf est le frère ;
« Hommes, vous n'avez qu'un seul père :
« N'ayez qu'un autel, qu'une foi ! »

Ta foi, Paul, malgré tes présages,
N'eut point l'universalité ;
Mais tu courbas des fronts sauvages :
Revis donc, à travers les âges,
Dans le sein de l'Humanité.

VII.

La nuit vient, nuit sombre et sans phares ;
L'Occident entier prend le deuil ;
Chaque jour des flots de barbares
De Rome foulent le cercueil ;
Arrêtant leur cours, Charlemagne
Fait un limon pour l'Allemagne
De ce torrent dévastateur.
La féodalité peut naître :
A côté de la voix du prêtre
Va parler la voix de l'honneur.

Moines, au sein des monastères,
Achevez l'œuvre des guerriers ;
Gloire à vous ! Gloire à vos bannières,
Qui s'inclinaient devant nos mères,
Ombres des loyaux chevaliers !

VIII.

Vous éclairez, pures étoiles,
La nuit de ces siècles de fer
Dont Dante souleva les voiles
Dans les cercles de son enfer.
Pâle, sombre, de pleurs trempée,
Son incomparable épopée
Est pleine d'épouvantement ;
Il peint un chaos transitoire,
Mais du fond de ce purgatoire
Son doigt montre le firmament.

Ainsi que Dante eut pour bon ange
Virgile au front toujours serein,
Dans la brume d'un temps étrange,
Morts glorieux, votre phalange
Servit de phare au genre humain.

IX.

Aussi déjà l'ombre recule :
Des lueurs dorent l'horizon,
Voici venir le crépuscule,
Bientôt va luire la raison ;
Gutenberg, par l'imprimerie,
Chercheurs, crée une artillerie
Pour vos pacifiques combats ;
Pointez bien l'humaine pensée :
Avec la presse elle est lancée
Où les canons n'atteindraient pas.

Gutenberg, à toi nos hommages :
Tous les temps par toi sont unis ;
Tu ravives les grandes pages
Que nous léguèrent tous les âges
Pour éclairer tous les pays.

X.

Ainsi qu'au soleil qui s'avance
Le coq jette son gai bonjour,
Poètes de la Renaissance,
Donnez au monde un chant d'amour.
Que tous les trésors qu'il déploie
D'une incommensurable joie
Emplissent vos cœurs et vos yeux ;
Cherchez-y les béatitudes
Qu'en fuyant vers les solitudes
Le chrétien rêvait dans les cieux.

Placez sur cette terre même
L'idéal que doit créer l'art,
Et, malgré l'antique anathème,
Vos fronts ceindront le diadème,
Shakspeare, Molière, Mozart.

XI.

Sur l'aveuglement de notre âme,
Épanche les clartés du jour,

Flambeau du vrai, fournis la flamme
Qui doit allumer notre amour.
Que tout dogme incompréhensible,
Que tout problème inaccessible,
Soient mis hors de notre examen ;
Par les rudes sentiers du doute,
Descartes, marche vers la route
Que doit suivre le genre humain.

Viens, ô Vérité, remédie
A l'âpreté de notre faim.
En vain la foi te répudie,
Toujours l'Humanité mendie
Quelques miettes de ton pain.

XII.

Devant toi mon front se prosterne,
Frédéric, philosophe et roi.
Ton sceptre à la raison moderne
Ne voulut point faire la loi :
A tout ce qui nous civilise,
A tout penseur, à toute église,
Tu laissas le droit de cité,
Et, limitant chaque puissance,
Tu sus préparer l'alliance
De l'ordre et de la liberté.

Modèle des rois et des sages,
Libres à la fois et soumis,
Nous te sacrons par nos hommages
Contemporain de tous les âges,
Citoyen de tous les pays.

XIII.

Par une méthode féconde,
Qu'animent d'incessants efforts,
Newton trouve les lois du monde,
Lavoisier explique les corps ;
Grâce à Gall, à Bichat, la vie
A des lois se montre asservie :
Chacun d'eux approche du but,
Et Comte, surpassant leur gloire,
Dans la loi qui régit l'histoire
Trouve le secret du salut.

Reçois nos plus ardents hommages,
Vienne ton règne, Humanité !
Toi que pressentirent les sages
Et les héros de tous les âges,
Guide notre postérité.

Puisse ton ascendant suprême
A si haut point nous enflammer,
Que nous nous changions en toi-même
A force de savoir t'aimer !
Puissions-nous monter, sur ton aile,
A l'harmonie universelle,
Ainsi qu'aux temples, tous les soirs,
Au haut de la voûte embaumée
S'élève la sainte fumée
Que balancent les encensoirs.

C'est à toi que vont nos hommages ;
En toi nous serons tous unis,
Car tu poursuis, dans les orages,
La solidarité des âges,
L'union de tous les pays.

1864.
J.-B. FOUCART.

DEUXIÈME SÉRIE

DOCUMENTS RELATIFS A LA VIE D'AUGUSTE COMTE.

N° 11
CITATIONS RELATIVES A L'APPRÉCIATION DE SAINT-SIMON.

§ Ier. *Préparation et capacité scientifiques de Saint-Simon.*

— « Le second ouvrage de Saint-Simon fut publié en 1808 sous le titre d'*Introduction aux travaux scientifiques du* XIXe *siècle*, 2 vol. in-4°, tirés à cent exemplaires seulement. Cet ouvrage était suscité par le programme de travail que Napoléon assigna à l'Institut : « Rendez-moi compte, avait dit l'Empereur, des progrès de la science depuis 1789, de son état actuel, et dites-moi quels sont les moyens propres à les activer. » Question immense, qui donna lieu à de beaux mémoires publiés par les secrétaires de chacune des classes de l'Institut. Saint-Simon n'entreprit rien moins que de traiter à lui tout seul et à sa manière le sujet tout entier. Son ouvrage est une vaste ébauche, *une énorme bouteille à l'encre, dont la partie scientifique ne vaut rien*: il a lui-même déclaré plus tard qu'il avait renoncé à cette entreprise, parce que, dit-il, « je me suis aperçu que j'avais mal commencé l'exposition de mes idées, et que je n'étais pas encore mûr pour rédiger et contexturer l'ouvrage que j'avais conçu. » — (*Galeries des contemporains illustres*, par un homme de rien : *Biographie de Saint-Simon*, p. 50).

— « Si l'*Introduction aux travaux scientifiques du* XIXe *siècle* mérite, par la grandeur et la nouveauté des vues générales dont le principe s'y trouve déposé, de devenir l'objet des méditations de tout esprit philosophique, *il faut reconnaître que la question purement scientifique y est traitée avec une grande faiblesse;* Saint-Simon y critique les théories de l'École sans avoir *même pris au préalable le temps et le soin nécessaires pour se mettre au courant des sujets dont il entreprend la discussion;* il relève, par exemple, chez Newton, une contradiction dans laquelle ce grand physicien n'est jamais tombé; et dans le second volume, il hasarde une théorie cosmogonique qui contredit sur plusieurs points des vérités incontestables en mécanique. » — (*Œuvres choisies de C.-H. de Saint-Simon*, précédées d'un essai sur sa doctrine, 3 volumes in-12; Bruxelles, 1859. Chez Fr. Van Meenen et Co, imprimeurs, rue de la Putterie, 33. Introduction, p. XXXVII et XXXVIII).

— « Saint-Simon publia alors ses *Lettres au bureau des longitudes*, qui ne furent pas saisies davantage. Elles contenaient, en outre d'un examen plus approfondi de l'utilité d'un nouveau système scientifique, quelques observations sur l'importance en physique des idées du vide et du frottement. La critique, à cette époque, dédaignait toutes les idées générales, quelles qu'elles fussent, aussi ne chercha-t-elle point à approfondir l'idée capitale énoncée dans l'*Introduction* et dans les *Lettres au bureau des longitudes*, pour la faire accepter et passer dans le domaine public; elle s'en prit justement à ces observations particulières que Saint-Simon du reste abandonna dans la suite, et qu'il ne produisait que comme hypothèses; car il pensait, lui aussi, que toutes les lois physiques, pour être reconnues vraies, ont besoin d'être vérifiées par le calcul, et il s'était abstenu de vérifier celles qu'il avait énoncées. C'était, de la part de la critique, bien mal comprendre son rôle, *car Saint-Simon n'a jamais prétendu faire de science proprement dite:* il visait à la philosophie des sciences, et doit être considéré comme un philosophe, non comme un savant ou comme un érudit. » — (*Saint-Simon, sa vie et ses travaux*, par M. G. Hubard; suivi de fragments des plus célèbres écrits de Saint-Simon. Chez Guillaumin et Ce, libraires, rue Richelieu, 14, Paris, 1857, 1 vol. in-12, p. 46 et 47).

— « Aussitôt que j'eus rompu avec lui (M. de Redern), je conçus le projet de frayer une nouvelle carrière à l'intelligence humaine, la carrière *physico-politique*. Je conçus le projet de faire faire un pas général à la science, et *de rendre l'initiative à l'école française.* » — (Saint-Simon, *Premier fragment sur sa vie écrite par lui-même* (1808); édition des *Œuvres de Saint-Simon*, par O. Rodrigues, p. XX).

— « J'ai employé mon argent à acquérir de la science : grande chère, bon vin, beaucoup d'empressement vis-à-vis des professeurs, auxquels ma bourse était ouverte, me procurèrent toutes les facilités que je pouvais désirer. » — (*Ibidem*, p. XXI).

— « De retour de ces voyages, je me suis marié; j'ai usé du mariage comme d'un moyen pour étudier les savants, chose qui me paraissait nécessaire pour l'exécution de mon entreprise ; car, pour améliorer l'organisation du système scientifique, *il ne suffit pas de bien connaître la situation de la connaissance humaine*, il faut encore savoir l'effet que la culture de la science produit sur ceux qui s'y livrent..... » — (*Ibidem*, p. XXIII).

— « On voit que je n'ai rien négligé, rien épargné pour assurer le succès de mon entreprise scientifique ; c'est après avoir terminé tous les travaux préparatoires dont je viens de rendre compte que j'ai pris la plume.

« J'ai d'abord fait imprimer deux volumes ayant pour titre : *Introduction aux travaux scientifiques du XIXe siècle. J'ai abandonné cette entreprise parce que je me suis aperçu que j'avais mal commencé l'exposition de mes idées. Cette expérience m'ayant prouvé que je n'étais pas encore mûr pour contexturer et rédiger l'ouvrage que j'avais conçu* (1), j'ai pris le parti de publier des lettres (2) où j'ai traité séparément les questions dont les solutions partielles sont les principes que j'emploierai à l'organisation du système scientifique. »—(*Ibidem*).

§ II. *Émancipation théologique de Saint-Simon.*

— « *C'est Dieu qui m'a parlé* : un homme aurait-il pu inventer une religion supérieure à toutes celles qui ont existé ? *Il faudrait supposer qu'aucune d'elles n'a été instituée par la Divinité* : Regardez comme le précepte est clair dans la religion qui m'a été révélée, voyez comme son exécution est assurée.......

« Je ne m'étendrai pas davantage à ce sujet : *tout homme qui croit à la révélation* sera nécessairement convaincu que Dieu seul a pu donner à l'Humanité le moyen de forcer chacun de ses membres à suivre le précepte de l'amour du prochain. »—(Saint-Simon, *Troisième lettre d'un habitant de Genève à ses contemporains*, 1802).

— « A l'époque la plus cruelle de la Révolution, et pendant une nuit de ma détention au Luxembourg, *Charlemagne m'est apparu et m'a dit :* Depuis que le monde existe, aucune famille n'a joui de l'honneur de produire un héros et un philosophe de première ligne. Cet honneur était réservé à ma maison. *Mon fils, tes succès, comme philosophe, égaleront ceux que j'ai obtenus comme militaire et comme politique*, et il a disparu. »—(Saint-Simon, *Prospectus d'une nouvelle Encyclopédie*, 1810).

— « Le conservateur. Croyez-vous en Dieu ?

« Le novateur. Oui, je crois en Dieu.

« Le conservateur. Croyez-vous que la religion chrétienne ait une origine divine ?

« Le novateur. Oui, je le crois. »—(Saint-Simon, *Nouveau christianisme*, 1825).

— « *Oui, je crois que le christianisme est une institution divine*, et je suis persuadé que Dieu accorde une protection spéciale à ceux qui font leurs efforts pour soumettre toutes les institutions humaines au principe fondamental de cette doctrine sublime : *je suis convaincu que moi-même j'accomplis une mission*

---

(1) C'est cet écrit que plusieurs des panégyristes actuels de Saint-Simon considèrent comme son œuvre fondamentale, tandis qu'il l'a regardée lui-même comme une tentative avortée (Note du biographe).

(2) Généralement désignées sous le titre de *Lettres au bureau des longitudes* (*Id.*).

divine, en rappelant les peuples et les rois au véritable esprit du christianisme. Et, plein de confiance dans la protection divine accordée à mes travaux d'une manière spéciale, je me sens la hardiesse de faire des représentations sur leur conduite aux rois de l'Europe qui se sont coalisés, en donnant à leur union le nom sacré de *sainte-alliance* ; je leur adresse directement la parole, j'ose leur dire :

Princes,

« Quelle est la nature, quel est le caractère, aux yeux de Dieu et des chrétiens, du pouvoir que vous exercez? etc. » — (*Nouveau christianisme*, 1825).

§ III. *Capacité philosophique de Saint-Simon.*

— « Le seul moyen pour faire faire des progrès positifs à la philosophie est de faire des expériences. Les expériences philosophiques les plus capitales sont celles qui portent sur des actions neuves, ou sur de nouvelles séries d'actions. Toute action neuve ne peut être classée que d'après des observations faites sur ses résultats ; ainsi, l'homme qui se livre à des recherches de haute philosophie doit, pendant le cours de ses expériences, commettre beaucoup d'actions marquées au coin de la folie.

« Enfin, il résulte de la nature des choses que, pour faire faire un pas capital à la philosophie, il faut remplir les conditions suivantes :

« 1° Mener, pendant tout le cours de la vigueur de l'âge, la vie la plus originale et la plus active possible ;

« 2° Prendre connaissance avec soin de toutes les théories et de toutes les pratiques ;

« 3° Parcourir toutes les classes de la société, se placer personnellement dans les positions sociales les plus différentes, et même créer des relations qui n'aient point existé ;

« 4° Enfin employer sa vieillesse à résumer les observations sur les effets qui sont résultés de ses actions pour les autres et pour soi, et à établir des principes sur ces résumés.

« L'homme qui a tenu cette conduite est celui auquel l'Humanité doit accorder le plus d'estime ; c'est celui qu'elle doit classer comme le plus vertueux, puisqu'il est celui qui a travaillé le plus *méthodiquement* (!) aux progrès de la science, seule véritable source de la sagesse. » — (Saint-Simon, *Troisième fragment de sa vie écrite par lui-même* (1810), p. xxxiii et xxxiv de l'édition O. Rodrigues).

— « De tout ce que nous *aurons dit* dans ce second mémoire, nous conclurons :

« 1° Qu'on peut déduire d'une manière plus ou moins directe l'explication de tous les phénomènes, de l'idée de la gravitation universelle ;

« 2° Que le seul moyen pour réorganiser le système de nos connaissances est de lui donner pour base l'idée de la gravitation, qu'on l'envisage sous le rapport scientifique, religieux ou politique ;

« 3° Que l'idée de la gravitation n'est point en opposition avec celle de

Dieu, puisqu'elle n'est autre chose que l'idée de la loi immuable par laquelle Dieu gouverne l'univers ;

« 4° Qu'en y mettant les ménagements convenables, la philosophie de la gravitation peut remplacer successivement et sans secousses, par des idées plus claires et plus précises, tous les principes de morale utile que la morale enseigne. »—(Conclusion du second mémoire inséré par Saint-Simon dans son *Travail sur la gravitation universelle ;* Paris, 1813. Ce travail avait été dédié par lui à l'empereur Napoléon, et présenté au Sénat conservateur, au conseil d'État, et aux trois premières classes de l'Institut, sous ce titre : *Moyen de forcer les Anglais à reconnaître l'indépendance des pavillons*, par Henry de Saint-Simon, cousin du duc de Saint-Simon, auteur des *Mémoires de la régence ;* décembre 1813).

— « Nous conclurons *de ce que nous aurons dit* dans ce troisième mémoire, qu'il est possible d'organiser une théorie générale des sciences, tant physiques que morales, *basée sur l'idée de la gravitation considérée comme loi à laquelle Dieu a soumis l'univers*, et par laquelle il le régit. »—(Saint-Simon, conclusion du troisième mémoire, dans le même travail).

— « Enfin, nous sommes certain de faire paraître, avant un an, notre troisième mémoire qui sera une bonne ébauche d'une théorie scientifique générale basée *sur l'idée de la gravitation universelle considérée comme loi générale, unique et immuable à laquelle Dieu a soumis l'univers, et par laquelle il le gouverne,* ébauche suffisante pour donner à la corporation des savants les moyens de faire application de cette nouvelle théorie générale à la science politique. »—(Saint-Simon, conclusion générale du *Travail sur la gravitation*).

§ IV. *Désintéressement et sincérité théoriques de Saint-Simon.*

— « . . . . Je croyais qu'une somme de 144,000 livres me suffirait pour pousser mon entreprise à bout, *et que j'obtiendrais une place scientifique honorable avant de l'avoir épuisée.* » — (Saint-Simon, *Deuxième fragment de sa vie écrite par lui-même*, 1808).

— « L'Empereur aurait besoin d'un lieutenant scientifique capable de comprendre ses projets et d'en seconder l'exécution ; il lui faudrait un second Descartes. Sous de pareils chefs, les travaux de l'École seraient prodigieux. »

— « Descartes, s'il sortait du tombeau, n'aurait pas à envier le sort d'Aristote : Napoléon, mieux qu'Alexandre, sait apprécier et utiliser la capacité des savants. »

« Les circonstances actuelles sont éminemment favorables pour l'exécution d'un grand projet scientifique. Tout ce qui est grand, tout ce qui est beau, tout ce qui est bon, tout ce qui est juste, est puissamment protégé par l'Empereur. »

« Faire une bonne encyclopédie est un travail qui exige le concours des premiers savants du globe, vingt ans de travaux et *cent millions*. Ce projet est digne d'être présenté à l'Empereur. Il est la seule réponse convenable à la question qu'il a faite à l'Institut. C'est un fruit provenu du grain qu'il a semé. » — (Saint-Simon, *Introduction aux travaux scientifiques du XIX° siècle*, t. II; Paris, 1808).

— « La capacité de l'Empereur ne pourra être jugée d'une manière très exacte que par la postérité; mais ses contemporains peuvent en avoir conscience d'une manière plus ou moins forte. L'homme le plus fort, après l'Empereur, est incontestablement *celui qui l'admire le plus profondément.* »

« Il existe trois actes de hautes dispositions organisatrices napoléoniennes, *pour lesquels je suis plus exalté d'admiration qu'aucune personne que je connaisse:* la constitution du royaume d'Italie, l'établissement de la Légion d'honneur, la combinaison des deux établissements scientifiques. » — (Saint-Simon, *ibidem*).

— « *A Sa Majesté l'Empereur.*

« SIRE.

« Voici le moyen de forcer les Anglais à reconnaître l'indépendance des pavillons :

« Que Votre Majesté rende le décret suivant :

« L'Empereur décrète :

« 1° *Il sera accordé une récompense de vingt-cinq millions* à l'auteur du meilleur projet de réorganisation de la société européenne, etc. » — (Saint-Simon, *Moyen de forcer les Anglais à reconnaître l'indépendance des pavillons*, placé en tête du *Travail sur la gravitation*, 1813).

— « Je connais plusieurs personnes qui croient à la nécessité d'une religion pour le maintien de l'ordre social, et qui sont convaincues que le déisme est usé; que la religion fondée sur le déisme ne peut pas être rajeunie, et qui travaillent en conséquence de cette opinion, à organiser une religion fondée sur le physicisme. Ces personnes se trompent sur un point essentiel : l'organisation d'une nouvelle religion n'est pas encore possible. Il n'y a d'exécutable que ce que fait le gouvernement : ce sont des concordats entre les différentes sectes déistes. » — (*Introduction aux travaux scientifiques du XIX° siècle*, t. II; 1808).

— « Mon opinion n'est pas autre chose que le résumé des réflexions que j'ai faites sur les dispositions de l'Empereur. »

« Je crois à la nécessité d'une religion pour le maintien de l'ordre social; je crois que le déisme est usé, je crois que le physicisme n'est point assez solidement établi pour servir de base à une religion.

« Je crois que la force des choses veut qu'il y ait deux doctrines distinctes : *le physicisme pour les gens instruits, et le déisme pour la classe ignorante.* »

— « Ma conduite est conforme à mon opinion; je travaille à perfectionner le physicisme; mais je ne publie point mes idées; je ne les communique qu'aux personnes suffisamment éclairées pour envisager les choses de ce point de vue, sans qu'il en résulte aucun inconvénient pour la société; *je ne mets point mon ouvrage en vente, je n'en fais point parler dans les journaux*, je le fais imprimer, mais je n'en fais tirer qu'un très petit nombre d'exemplaires ; et je ne les place qu'en mains sûres. Enfin, je respecte ostensiblement le déisme, comme étant et devant être encore pendant longtemps la doctrine publique. Je dis que c'est la conduite que je tiens, et je dis vrai ; mais je ne dis pas que je l'ai toujours tenue; j'en ai suivi une tout à fait opposée, jusqu'à l'époque à laquelle les dispositions de l'Empereur ont fait tomber la cataracte qui m'aveuglait. » — (Saint-Simon, *ibidem*).

— « Je dis, je crois avoir prouvé que l'idée Dieu ne doit point être employée dans les sciences physiques, mais je ne dis pas qu'elle ne doit pas servir dans les combinaisons politiques, au moins pendant longtemps. Elle est la meilleure manière qu'on ait trouvée de motiver les hautes dispositions législatives. » — (Saint-Simon, *ibidem*).

— « Je le répète et je le répéterai encore souvent : j'admire les dispositions du gouvernement relativement à la religion. Je suis pénétré du plus grand respect pour la profonde sagesse dont il a donné cette éclatante preuve. J'éprouve pour l'Empereur cette tendre affection et cette vive reconnaissance dont l'âme du bon écolier se sent voluptueusement agitée pour le professeur transcendant dont il a compris la leçon. » — (Saint-Simon, *ibidem*).

— « Je dis qu'il existera incessamment deux doctrines bien distinctes : celle des savants, ils seront physicistes ; celle du peuple, il restera déiste. Je le dis avec confiance, parce que telle est l'opinion que l'Empereur a manifestée dans ses dernières dispositions. »

— « Peu de jours après, l'Empereur a fondé l'Université. Il a placé à sa tête un philosophe sage, bien capable d'apprécier les travaux des physiciens *et de faire passer dans l'instruction de la jeunesse tout ce qui peut y être introduit de physicisme sans troubler l'ordre social.* » — (Saint-Simon, *ibidem*).

— « Ce n'est plus l'idée Dieu qui doit lier les conceptions des savants, *c'est l'idée de la gravitation considérée comme loi de Dieu, pour ne point entrer en opposition avec les idées superstitieuses de la classe pauvre, qui, faute d'instruction* OU DE FORCE D'INTELLIGENCE, *ne peut s'élever à la hauteur des grandes abstractions.* » — (Saint-Simon, *Travail sur la gravitation*, 1813).

« Je vois bien clairement que le pouvoir des théologiens passera dans les mains des physiciens et qu'il se revivifiera à cette époque; mais je ne suis nullement en état de dire quand ce passage aura lieu ni de quelle manière il s'opérera.

« J'attends que le chef des travaux de l'esprit humain, que le grand Napoléon ait parlé. Ses dispositions seront un trait de lumière qui éclairera mes recherches.» — (Saint-Simon, *Introduction aux travaux scientifiques du* XIXe *siècle*, t. II, 1808).

« L'idée de partager le corps scientifique en deux classes, l'une chargée du perfectionnement de la science, l'autre chargée de l'enseignement, est sublime. Cette idée trouvée, cette vérité découverte par l'Empereur servira de base à toutes les combinaisons scientifiques que je présenterai.»—(Saint-Simon, *Introd. aux trav.*, etc., t. II, 1808).

§ 5. — *Fixité politique de Saint-Simon*.

I. Sur la Révolution.

1790. — « Je suis très flatté, Messieurs, d'avoir par votre choix l'honneur de vous présider; une seule chose trouble la joie que j'en ressens, c'est la crainte que j'ai qu'en me nommant vous ayez eu l'intention de marquer un égard à votre seigneur, et que ce ne soient point mes qualités personnelles qui aient déterminé vos suffrages. Il n'y a plus de seigneurs, Messieurs; nous sommes ici tous parfaitement égaux; et pour éviter que le titre de comte ne vous induise en l'erreur de croire que j'ai des droits supérieurs aux vôtres, je vous déclare que je renonce à jamais à ce titre de comte que je regarde comme très inférieur à celui de citoyen, et je demande, pour constater ma renonciation, qu'elle soit insérée dans le procès-verbal de l'assemblée...... » — (Saint-Simon, *Discours prononcé à l'assemblée électorale du 7 février 1790, à Fulvy*, district de Péronne).

— « Frappés d'admiration à la vue de chaque article de la Constitution, pleins d'une noble fierté en pensant que notre volonté a créé le grand code de la justice et de la raison, pénétrés pour l'Assemblée Nationale du plus grand respect qu'une petite partie doit au grand tout dont elle dépend, les électeurs du canton de Marchelepot ont arrêté à l'unanimité de consacrer les premiers moments de l'existence politique qu'elle nous a donnée à la féliciter du sublime usage qu'elle fait du pouvoir suprême, de la volonté générale dont elle est l'organe.

« Nous vouons entre ses mains le plus souverain mépris à ces dévots mondains qui osent appeler Dieu au secours de leurs richesses, feignant de craindre pour la religion, à l'instant même que vingt-cinq millions d'hommes, donnant le grand exemple à l'univers de se rappeler que l'Éternel les a tous indistinctement créés à son image, cessent enfin d'insulter à la majesté de sa toute-puissance par les distinctions *impies* de la naissance, et que, ne voulant plus obéir qu'à *ceux d'entre eux qui se rapprochent le plus de ses divines perfections*, ils déclarent que tous les citoyens sont également admissibles à toutes les dignités, charges et emplois publics, selon leur capacité, et sans autres distinctions que celles de leur vertu et de leurs talents. Que l'Assemblée Nationale n'imagine pas que la chaleur avec laquelle nous sentons le principe religieux d'égalité et des droits des hommes, nous porte à voir avec chagrin qu'elle ait laissé subsister jusqu'à présent ces titres qui nous rappellent l'ordre hiérarchique de la tyrannie. Nous avons admiré au contraire sa prudence, en anéantissant tous les privilèges qui y étaient attachés, de nous avoir précisément conservé le moyen facile de distinguer ceux d'entre nous que l'intérêt séparait de la cause commune. Mais en ce jour que l'empire de la justice solidement établi ne craint plus les puissants efforts de quelques adversaires, *nos augustes législateurs ne trouveront-ils pas que l'époque heureuse à laquelle ils peuvent sans inconvénient effacer jusqu'au souvenir de l'ancien régime est enfin arrivée?* » — (Saint-Simon, adresse rédigée par lui, sur sa demande, et envoyée à l'Assemblée Nationale, le 12 mai 1790, par l'assemblée primaire du canton de Marchelepot).

Huit mois après, l'*Orateur du Peuple*, par Martel (Fréron), journal républicain, donne, à la page 87 de son XI⁰ numéro, t. 4, commencé en janvier 1791, le nom de Saint-Simon dans la liste des membres du *Club monarchique*, société archi-aristocratique et archi-rétrograde présidée par Stanislas de Clermont-Tonnerre.

1807. — « J'écris parce que j'ai des choses neuves à dire ; je présenterai mes idées telles qu'elles ont été forgées par mon esprit ; je laisse aux écrivains de profession le soin de les limer ; j'écris comme un gentilhomme, comme un descendant des comtes de Vermandois, comme un héritier de la plume du duc de Saint-Simon.

« Ce qu'il y a eu de plus grand de fait, de plus grand de dit, a été fait, a été dit par des gentilshommes : Copernic, Galilée, Bacon, Descartes, Newton et Leibnitz étaient gentilshommes. Napoléon aurait mis par écrit les conceptions qu'il exécute, si le trône ne s'était pas trouvé vacant. » — (Saint-Simon, *Introduction aux travaux scientifiques du* XIX⁰ *siècle*, t. I, 1808).

1808. — « La révolution était commencée lorsque je revins en France (1789) ; je ne voulus pas m'en mêler, parce que, d'un côté, j'avais la conviction que l'ancien régime ne pouvait pas être prolongé, et que, d'un autre côté, j'avais de l'aversion pour la destruction, et qu'il n'était possible de se lancer dans la carrière politique qu'en s'attachant au parti de la cour qui voulait anéantir la représentation nationale, ou au parti révolutionnaire qui voulait anéantir le pouvoir royal. *Mon activité se porta du côté des spéculations financières, je me livrai à des spéculations sur la vente des domaines nationaux*, je m'associai un Prussien nommé le comte de Redern. . . . .

« J'ai travaillé dans cette direction financière jusqu'en 1797, avec ardeur, confiance et succès. » — (Saint-Simon, premier fragment sur sa vie écrite par lui-même).

« C'est en 1798 que je suis entré dans la carrière scientifique ; je possédais à cette époque une somme de 144,000 livres. Cette somme n'était qu'un bien petit prélèvement sur les bénéfices auxquels j'avais droit ; *car ces bénéfices se montaient à cent cinquante mille livres de rentes en immeubles*, fortune qui existe entre les mains du comte de Redern qui n'avait droit qu'à la moindre partie de cette fortune, puisque *mon industrie* et les risques que j'avais courus avaient infiniment plus contribué à son acquisition, que les faibles capitaux versés par lui dans mes spéculations. » — (Saint-Simon, deuxième fragment sur sa vie écrite par lui-même, 1808).

1813. — « La Révolution française commence peu d'années après la publication de l'Encyclopédie ; la lie s'élève jusqu'à la partie supérieure, elle y monte en écume ; la classe ignorante s'empare de tous les pouvoirs et par son ineptie vient à bout de constituer la famine au milieu de l'abondance (1). Un homme de génie réalise les souhaits de tous les gens instruits en réorganisant la monarchie, et en lui donnant le Sénat et le Corps Législatif pour

---

(1) Est-ce donc l'ineptie des Prieur, des Cambon, des Lindet, des Carnot, etc., qui aurait affamé la France républicaine, plutôt que l'agiotage des Redern et des Saint-Simon ? — (Note du biographe).

limites constitutionnelles. » — (Saint-Simon, *Mémoire sur la science de l'homme*, 1813).

1814. — « Les novateurs cherchent un appui dans la populace qu'ils échauffent; des sociétés populaires s'établissent... Tous les pouvoirs étant placés entre les mains de la classe la plus ignorante sont mal administrés, l'anarchie s'établit, la guerre civile et la famine achèvent le malheur public... Le désordre est à son comble, les esprits fatigués cherchent à revenir à l'ordre et à la subordination, le despotisme d'un seul paraît moins fâcheux que le despotisme populaire, quiconque osera régner est sûr d'être accueilli. Alors s'élève de la foule un ambitieux hardi, un Cromwell, un Bonaparte qui, armé d'une volonté ferme et fort de la nécessité publique, arrache le pouvoir des mains *de la canaille* et le concentre dans les siennes ; et comme la force militaire pouvait seule écraser la puissance du peuple, une domination toute guerrière s'élève sur les ruines de l'anarchie démocratique . . . . .

« Quel est parmi nous l'homme parvenu à cinquante ans qui n'a pas conservé des souvenirs divers et des beaux jours de l'Assemblée Nationale, et des folies de l'Assemblée Législative, et des atrocités de la Convention? Quel est celui que n'a pas indigné la tyrannie dont la France est délivrée, et qui ne s'est pas senti émouvoir de joie en voyant les fils de Louis XII et de Henri IV nous rapporter d'un long exil, avec les vertus de leurs aïeux, des institutions convenables à nos lumières. »—(Saint-Simon, *De la réorganisation de la société européenne*, etc., par M. le comte de Saint-Simon et par A. Thierry, son élève; publié en octobre 1814, sous la première Restauration).

1822. — « Quant à moi, mon opinion a toujours été que la forme du gouvernement monarchique est celle qui nous convient le mieux, et que le trône doit rester héréditaire dans la maison de Bourbon. »—(*Du contrat social*, par H. de Saint-Simon, introduction, page 9; Paris 1822).

1823. — « L'institution de la royauté a un caractère de généralité qui la
« distingue et qui la met au-dessus de toutes les autres institutions. Son
« existence n'est point liée au système politique actuel, à un système
« politique quelconque. Cette institution conviendra également à tous les
« sytèmes d'organisation sociale, dont les progrès de la civilisation pourront
« nécessiter l'établissement . . . .
« Ainsi, le changement que nous proposons n'est point hostile à l'égard de
« la royauté, de la légitimité et *même du droit divin;* il tend au contraire
« directement à donner au roi plus de tranquillité, et à lui procurer par
« conséquent plus de bonheur positif. »—(Saint-Simon, *Catéchisme des industriels*, premier cahier).

II. Sur l'Empereur.

1802. — « Quoi de plus beau, de plus digne de l'homme, que de diriger ses passions vers le but unique de l'augmentation de ses lumières! Heureux moments que ceux où l'ambition, ne voyant de grandeur et de gloire que dans l'acquisition de nouvelles connaissances, laissera ces sources impures où elle cherchait à apaiser sa soif. Sources de misère et d'orgueil, qui serviez à désaltérer des ignorants, des héros, des conquérants, des dévastateurs de l'espèce humaine, vous tarirez par abandon, et vos philtres n'enivreront plus ces superbes mortels ! Plus d'honneurs pour les Alexandre : vivent les Archimède ! »—(Saint-Simon, *Lettres d'un habitant de Genève à ses contemporains*, première lettre).

1813. — « Il faut qu'une nation réunisse deux sortes de supériorités sur toutes les autres, pour être décidément classée comme premier peuple par les historiens impartiaux. Ces deux genres de supériorité sont la supériorité militaire et la supériorité scientifique. » — (Saint-Simon, *Mémoires sur la science de l'homme*, 1813).

1808. — « Charlemagne avait organisé la fédération européenne. Luther, en la divisant, a travaillé à la dissoudre.

« Cette belle fédération aurait été anéantie ; tous les peuples du continent auraient perdu leur liberté, ils auraient été asservis par les Anglais, si Napoléon ne les eût pas coalisés contre cette poignée d'insulaires. » — (*Introduction aux travaux scientifiques du XIX° siècle*, par H. de Saint-Simon, t. II).

— « L'Empereur conquerra le monde et lui donnera des lois ; sa supériorité, l'ascendant qu'il a acquis et la force des choses le commandent. Les Anglais résistent encore, mais bientôt ils succomberont, et la chute de leur empire terminera nécessairement la guerre, puisqu'il n'existera plus de force en état de s'opposer aux volontés de l'Empereur. . . . .

« La monarchie universelle ne sera point héréditaire. Elle n'existera qu'une fois pendant toute la durée de la planète et c'est Napoléon qui en aura été le chef. Pour donner des lois à l'Humanité, il était nécessaire qu'il réunît tous les pouvoirs dans ses mains. . . . .

« Il faudrait posséder le génie de l'Empereur et l'égaler en prévoyance pour dire ce qui arrivera après lui ; pour donner une idée de l'organisation sociale que l'Humanité aura reçue de ce législateur suprême. On peut seulement affirmer qu'elle sera la meilleure possible, puisque son législateur est le génie le plus transcendant qui ait jamais paru. . . . .

« N'est-il pas possible de conjecturer d'après les premières dispositions de l'Empereur que le pouvoir spirituel et le pouvoir temporel seront divisés ; que le premier passera dans les mains d'un pape et d'un clergé physicistes ; que le second sera réparti entre les différents princes qui se trouveront à la tête des diverses fractions de l'Humanité, et que les intérêts nationaux de chacune de ces fractions seront surveillés par des corps de représentants choisis parmi les plus grands propriétaires et les lettrés les plus marquants ?

« Les deux idées que je viens de présenter, doivent être considérées (si elles sont justes) comme l'épanouissement d'un rayon lumineux émané du foyer de l'intelligence impériale. . . . .

« L'Empereur est le chef scientifique de l'Humanité, comme il en est le chef politique. D'une main, il tient l'infaillible compas ; de l'autre, l'épée exterminatrice des opposants au progrès des lumières. Autour de son trône doivent se ranger les plus illustres savants du globe, comme les plus vaillants capitaines. L'école ayant Napoléon pour chef, doit élever, sous sa direction, un monument scientifique d'une dimension et d'une magnificence qui ne puisse être égalée par aucun de ses successeurs.

« Faire une bonne encyclopédie, organiser le système scientifique projeté par Descartes, est le seul travail scientifique digne des vues du grand Napoléon.

« Mon ouvrage sera une réponse à la question de l'Empereur. . . . .

— « Jusqu'à notre génération, il est entré dans le temple de la gloire un nombre égal d'hommes par la porte scientifique et par la porte héroïque. L'histoire moderne a écrit, en lettres d'or, les noms de cinq génies héroïques et de cinq génies scientifiques du premier ordre : Alexandre, Annibal, César, Mahomet et Charlemagne; Socrate, Platon, Aristote, Bacon et Descartes.

« Jusqu'à notre génération aucun homme n'était entré dans le temple de la gloire par les deux portes.

« L'Empereur y est entré par les deux portes.

« Pour offrir à l'Empereur un monument digne de lui, il faudrait tailler le mont Saint-Bernard, en faire sa statue qui n'aurait pour base que la terre même. »—(Saint-Simon, *Introduction aux travaux scientifiques du XIXe siècle*, 1808).

1815. — *Profession de foi du comte de Saint-Simon, au sujet de l'invasion du territoire français par Napoléon Bonaparte.*

« Paris, ce 15 mars 1815.

« Le roi convoque extraordinairement les Chambres; il semble que l'État est menacé et qu'une guerre civile se prépare. Les citoyens troublés jettent autour d'eux un regard inquiet et s'observent les uns les autres avec une sorte de défiance; dans ces conjectures, il est du devoir de quiconque a entrepris de parler ou d'écrire avec liberté sur les affaires publiques de ne point laisser un moment douter de ses vues, et de déclarer hautement ses principes à l'opinion, qui en est le juge. . . . .

« Un homme se présente à nos frontières, qui pendant dix années a désolé la France par tous les excès du despotisme militaire; cet homme a été renversé du trône par *nos volontés unanimes*, et il ose prétendre de régner encore sur nous ! Et il ose espérer que nous nous joindrons à lui contre nous-mêmes ! Croit-il donc qu'une tyrannie passée donne des droits à une tyrannie nouvelle? Croit-il qu'un peuple rendu à lui-même puisse risquer une seconde fois sa liberté? croit-il que nous oublierons ce qu'il fut, ce que nous sommes, ce que nous voulons être !

« Ce n'est point un Jacques III qui se présente, c'est un Cromwell qui nous menace; ce qu'on veut nous ravir, ce que nous avons à défendre, ce ne sont pas quelques privilèges et une famille qui nous les garantit, c'est notre constitution tout entière, c'est une dynastie qui nous l'assure; c'est un roi avec lequel notre liberté est venue et dont notre liberté a besoin.

« Napoléon promet à la France une liberté illimitée; sans insister sur l'extravagance d'une telle promesse, pense-t-il que nous puissions y croire?

« Le premier vœu d'un Français est que la France soit libre, le second qu'elle sache longtemps l'être, le troisième qu'elle soit libre sous les Bourbons, etc., etc. (1) »

(1) On ne connaît qu'un seul exemplaire de cette proclamation, et il se trouve à la bibliothèque du Louvre! — (Note du biographe).

1825. — « La seconde expérience a été celle entreprise par Bonaparte qui a tenté de faire revivre le siècle de Charlemagne. Cette seconde expérience a été moins absurde que la première, par la raison que la rétrogradation était moins forte.

« Mais ce qui avait été de la part de Charlemagne une conception portant le cachet d'un génie du premier ordre, n'a été, chez son imitateur Bonaparte, qu'une ineptie philosophique, soutenue par un grand talent et par une volonté ferme.

« L'entreprise de Bonaparte a commencé d'une manière brillante et séduisante pour la nation française, que ses succès militaires ont enivrée ; elle a obtenu surtout l'approbation complète de la partie *servile et avide* de cette nation... » — (Saint-Simon, *Opinions littéraires, philosophiques et industrielles*, 1825 ; troisième opinion : sur les tentatives faites pour réorganiser la société depuis 1789).

N° 12
VENTE SOUS SEING-PRIVÉ.

« Entre nous soussignés, il a été convenu ce qui suit :

« Moi, Auguste Comte, vends à Henry Saint-Simon, aux conditions suivantes, un volume qui se compose, pour la première partie, du *Plan des travaux scientifiques nécessaires pour réorganiser la société*, et pour la seconde partie, de l'*Esquisse d'un tableau historique du progrès de la civilisation*. Le volume sera imprimé aux frais de M. Saint-Simon, qui aura indéfiniment le droit de le faire réimprimer.

« M. Saint-Simon me remettra cent exemplaires de la première édition de ce volume. A partir du 1er avril 1825, j'aurai le droit, ainsi que M. Saint-Simon, de faire faire autant d'éditions que je voudrai de ce travail.

« Si je fais des additions ou corrections à ce travail, M. Saint-Simon aura indéfiniment le droit de le faire imprimer avec ces corrections ou additions.

« M. Saint-Simon me payera la somme de deux mille quatre cents francs, en douze payements de cent francs chacun. Le premier payement aura lieu aussitôt que le volume sera imprimé, et les onze autres payements auront lieu de mois en mois.

« Moi, Saint-Simon, accepte lesdites conditions.

« Il a été convenu, en outre, que s'il s'élevait quelque discussion entre nous relativement à ce traité, nous choisissons d'avance Monsieur Olinde Rodrigues pour arbitre et que nous admettrons le jugement qu'il prononcera comme jugement définitif.

« Fait double. »

Encore qu'il ne soit ni daté, ni signé, et qu'il ne paraisse être, à bien prendre, qu'un projet, voilà un document singulièrement suggestif! car, pour que le *Plan des travaux scientifiques nécessaires pour réorganiser la société* pût être offert comme objet de vente par Auguste Comte à Saint-Simon, il est bien évident que le premier devait être l'auteur de l'œuvre, et par conséquent l'inventeur des lois sociologiques qui s'y trouvaient pour la première fois exposées ; que le marché, d'ailleurs, ait été ou proposé ou seulement accepté par Saint-Simon.

Quel que soit, en effet, celui des deux intéressés qui ait pris l'initiative de ce projet de vente, celui-ci établit définitivement et positivement quel était le propriétaire de l'objet du marché, à savoir l'opuscule dont la démonstration première et originale de la loi dite des *trois états* constituait le fond même et le prix : c'était le vendeur, à n'en pas douter !

Ce qui est certain aussi, c'est que l'écriture du sous-seing privé n'est pas celle de Comte et que la rédaction semble encore bien moins être de son fait ; tandis qu'elle rentre beaucoup dans les habitudes de faire de Saint-Simon, qui a pu dicter ou donner à copier la pièce, s'il ne l'a pas écrite *ipsa manu* (1).

Nous joignons à cette pièce déjà si instructive des extraits d'une lettre non moins décisive qui fut écrite à Saint-Simon, par Auguste Comte, en 1818, *pour leur entrée en relations.*

Il y en eut deux sur ce curieux sujet (2) ; mais nous n'utilisons ici que la principale.

Ces deux lettres ont été communiquées à M. Laffitte par M. Gustave d'Eichtal (v. la *Revue occidentale*, 5ᵉ année, nº 4, p. 1-47) :

« ….. Vous saviez mieux que personne, Monsieur, puisque c'est vous qui l'avez dit nettement le premier, que la seule politique raisonnable est l'économie politique. Or, l'économie politique n'est point encore, à proprement parler, une science, et pour le devenir, *il lui manque une base.* Elle possède bien un grand nombre de vérités positives ; mais ces vérités ne sont guère jusqu'à présent que des observations détachées, et forment plutôt un recueil qu'un ensemble. Quoi qu'il soit aisé de les arranger de manière à leur donner un air de méthode et d'enchaînement, tout cet appareil scientifique n'empêche point que leur incohérence ne se laisse apercevoir par des yeux un peu exercés. En un mot, tous les bons esprits qui ont étudié cette science, sentent bien *qu'elle n'a point de base réelle et générale* (3). Lui en donner une est, à mon avis, ce qu'on peut faire aujourd'hui de plus important pour les progrès de la science. Or, ce but me semble rempli par votre idée fondamentale : *la propriété est l'institution la plus importante de toutes, et elle doit être constituée de la manière la plus favorable à la production.* Toutes les vérités acquises en économie politique me semblent pouvoir se rattacher à cette belle idée, et par là elle fournit les moyens de faire enfin la véritable science politique fondée sur les observations économiques. Quel beau travail ce serait, Monsieur, que celui de l'arrangement de cet ensemble, de *la formation de la politique positive!*

« Je me contente pour le moment de cette indication sommaire. Si mes

---

(1) Il résulte d'un examen qu'a bien voulu faire M. Étienne Charavay, paléographe, que la pièce n'est pas de l'écriture de Saint-Simon.

(2) Lettres sur un ouvrage intitulé : *Vues sur la propriété et la législation.*

(3) Le lecteur voit bien que le mot *base* doit être entendu ici dans le sens de lien, de *principe, d'idées fondamentales.* — R.

réflexions vous paraissaient avoir quelque intérêt et pouvoir vous être de quelque utilité, je vous adresserai plus tard un travail un peu plus développé sur l'économie politique, C'EST-A-DIRE SUR LA POLITIQUE POSITIVE. J'examinerai les progrès principaux que cette science a faits jusqu'à présent, d'abord entre les mains de ses fondateurs, les économistes français (auxquels, soit dit par anticipation, on ne rend point aujourd'hui assez de justice), et, successivement, entre celles de Smith, de Malthus et de M. Say.

« Il est même possible que je vous présente plus tard quelques considérations de morale, *car je pense que la morale est une science* A FAIRE *tout comme la politique*. Et en effet, sans avoir nullement l'intention de combattre les principes de morale très respectables et très utiles qui se trouvent en circulation, il est permis d'observer que ces principes sont insuffisants. Le plus large et le plus répandu de tous ces principes, celui de l'amour du prochain, n'est, en réalité, que l'expression d'un sentiment, et non une règle de conduite ; presque tous les autres sont dans le même cas. Or, les sentiments les plus estimables en eux-mêmes sont presque toujours stériles pour le bonheur de la société, et lui sont même quelquefois très nuisibles, quand leur action n'est pas guidée par des connaissances positives. Pour m'en tenir à l'amour du prochain, dont presque tous les autres principes ne sont guère que des modifications diverses, n'est-il point évident que si ce principe n'est pas dirigé dans son application par la connaissance des moyens d'être utile au prochain, le bien d'autrui pourra souvent n'en pas résulter ? C'est un fait d'observation banale que les bonnes intentions conduisent souvent, par le défaut de lumières, à des actions très funestes. Ce qu'il y a de plus important, ce n'est donc pas de chercher à créer chez les hommes tel ou tel sentiment, car tous les efforts qu'on fait pour cela sont presque toujours ou inutiles ou infructueux ; mais bien de chercher à utiliser pour l'espèce les sentiments dont les individus sont animés, en leur enseignant les moyens positifs d'être utiles à leurs semblables, car la nature a assez disposé les hommes à s'aimer, pour qu'ils saisissent l'occasion de s'être réciproquement utiles, dès qu'ils en voient le moyen d'une manière nette.

« Il me semble donc que, sans mériter d'être accusé du désir de bouleverser l'ordre social, on peut très bien penser et même dire des principes de morale qui sont en circulation, que ces principes sont tout à fait insuffisants, parce qu'ils ne sont tous que des sentiments ; et que, par suite, en admettant même que tous ces principes, sans distinction, soient conformes en tous points aux vrais intérêts de la société, on peut désirer la formation d'une science morale positive. Cette science, de même que la politique, me paraît devoir être entée sur l'économie politique, car je pense que les règles morales, comme les institutions politiques, doivent être jugées d'après l'influence qu'elles exercent ou peuvent exercer sur la *production*. Quel examen intéressant que celui de toutes les coutumes et dispositions morales, comme, par exemple, la Charité, considérées de ce point de vue, et, par conséquent, jugées pour la première fois sans déclamations *et d'une manière tout à fait positive ! Voilà pourtant à quoi vous conduisait votre idée, voilà ce que vous avez dédaigné.*

« Voyez, Monsieur, quelle vaste et belle carrière vous pouviez parcourir ! Elle était si facile à apercevoir tout entière du point de vue auquel votre idée a dû vous porter, que si vous ne l'avez point suivie, je ne saurais supposer que ce soit pour ne pas l'avoir connue. Je pense plutôt que c'est le noble désir de voir votre idée fructifier promptement pour le bonheur des hommes, qui vous a déterminé à la traiter sous le rapport politique et pratique. Mais, Monsieur, cette passion de philanthropie, si touchante et si respectable, nous montre malheureusement plus d'une fois les choses sous un faux jour, et nous conduit à des résultats entièrement contraires à ceux qu'elle nous avait fait désirer. Il vous a semblé d'abord que la direction politique est la plus propre à amener promptement l'adoption dans la pratique de la mesure que vous proposez. Mais en n'obéissant point sur-le-champ à cette première impulsion de votre cœur, et en réfléchissant davantage sur ce sujet, vous auriez vu que la prééminence, sous ce rapport, comme sous tous les autres, *appartient à la direction que j'ai nommée scientifique ou théorique*. Vous n'avez pas considéré, Monsieur, que votre idée serait bien plus aisément et bien plus promptement adoptée par les économistes que par le public auquel vous vous êtes malheureusement adressé. Vous n'avez pas considéré qu'elle serait bientôt admise *dans la science sociale comme un principe, comme une vérité démontrée*, et que, se présentant ensuite à la pratique avec ce caractère, elle serait bien plus favorablement accueillie. Dans quelque science que ce soit, les principes reconnus pour vrais dans la théorie finissent toujours inévitablement par s'introduire dans la pratique, et le vôtre jouirait très promptement de cet avantage, parce qu'il est assez simple pour devenir bientôt usuel.

« Ainsi, sous quelque rapport que je considère votre entreprise, je me vois conduit à penser que vous vous êtes entièrement mépris sur la direction que vous deviez suivre. Je vous ai indiqué celle que je crois la meilleure, et c'est avec l'intime persuasion de la préférence qu'elle mérite, que je vous invite à la reprendre et à abandonner entièrement l'autre s'il est possible. Votre intérêt, celui de votre entreprise, l'intérêt public, que vous désirez servir, y sollicitent également.

« J'aurai l'honneur de vous envoyer assez prochainement l'article sur l'économie politique, que je vous ai annoncé. *Heureux si mes forces et ma position me permettaient de me livrer à des recherches aussi attrayantes, et de suivre dans toute son étendue le travail dont je vous ai tracé l'aperçu.*

« JE ME FERAI CONNAITRE EN VOUS ADRESSANT CET ARTICLE.

« J'ai l'honneur de vous saluer. »

Personne ne pourra hésiter à admettre, d'après un texte aussi précis :
1° Qu'Auguste Comte, dès 1818, *avant d'avoir subi l'influence de Saint-Simon et du Dr Burdin*, par conséquent, ne fût absolument dans le courant d'idées qu'il suivit pendant tout le cours de son existence, dans la direction *positive*, et qu'il ne voulût déjà, dans cet ordre de recherches, *que la théorie précédât la pratique*. Il reprochait même, et justement, la marche inverse à son futur *maître;*

2° Que Comte se posait à ce moment, vis-à-vis de Saint-Simon, en *critique*, c'est-à-dire en juge (fort compétent, du reste), par conséquent en supérieur, quant à la chose jugée ; — il ne s'agissait guère, alors, d'être son *élève !*

3° Enfin qu'Auguste Comte avait déjà bien en propre, à ce moment, de par lui-même et *suâ sponte*, la vocation sociale et la tendance scientifique ou positive, qu'il ne reçut, par conséquent, aucunement et jamais de Saint-Simon ni d'aucun autre (1).

Quant à la découverte des lois sociologiques ou plutôt quant à la compétition que l'on a fait surgir dans le but d'enlever à Auguste Comte cette découverte, M. Laffitte a justement observé, dans un article des plus importants et des plus recommandables de la *Revue occidentale*, lequel tranche certainement la question, que l'auteur de cette conquête scientifique, très préparé et très apte naturellement à un tel travail, a seul *explicité* réellement la fonction ou la loi des phénomènes en relation dans le problème du *processus* intellectuel, fixé leur nombre et leur valeur, établi leur connexion naturelle, formulé leur succession exacte et rendu *communicable* et utilisable le résultat de cet effort d'induction ou de cette grande construction théorique, ce qui constitue rigoureusement la découverte de la loi (2).

N° 13.

TÉMOIGNAGE D'AUGUSTE COMTE

SUR SES RELATIONS AVEC SAINT-SIMON.

Nous avons cherché, dans le texte même de cette notice, à pénétrer l'intrigue qui enveloppa le jeune Comte au début de sa carrière philosophique et à en dissiper les obscurités, à en débrouiller les complications au moyen des documents subsistant et des faits les mieux constatés, dans le but d'arriver à la vérité.

Nous allons ici faire appel à *l'élève* de Saint-Simon lui-même, et lui laisser exposer et juger les faits tels qu'ils s'accomplirent et tels qu'il les subit de 1818 à 1824.

Ce complément décisif de la longue exposition, de la discussion difficile et parfois fatigante que nous avons cru devoir entreprendre sur cette phase si importante de la vie du philosophe, résulte essentiellement de lettres empruntées à la correspondance de M. Valat, et qui concordent du reste avec celles écrites à M. d'Eichtal. Elles sont d'une importance évidente ; les premières relatives à la captation, les dernières à la rupture.   R.

(1) Voir en outre, dans la *Revue occidentale*, 7° année, n°s 1, 2, 3 et 5, les articles confirmatifs publiés par Auguste Comte dans l'*Industrie*, journal de Saint-Simon, et relevés par M. Laffitte.

(2) V. R. O., 5° année, n° 4 : *Matériaux pour servir à la biographie d'Auguste Comte. — Considérations sur la période de sa vie qui s'étend de 1816 à 1827.*

VIIIᵉ LETTRE (1).

« Paris, 15 mai 1818.

«... J'ai été pendant trois mois écrivain politique dans le dernier goût; c'est-à-dire, comme tu le penses bien, dans le genre libéral; je travaillais avec Saint-Simon, un excellent homme, et un homme d'un grand mérite dont j'aurai occasion de t'entretenir dans une prochaine lettre... Cette besogne était fort intéressante et assez productive : 300 francs par mois, payés tous les dix jours. J'y avais pris goût, mais, malheureusement, cela n'a pas duré, et le père Simon, malgré sa bonne volonté et malgré qu'il fût très content de moi, a éprouvé des revers tels que le pot-au-feu en a diablement souffert, *et qu'il a fallu cesser les relations pécuniaires au bout de trois mois*. J'ai conservé avec cet excellent homme des relations très actives d'amitié et même de travail; *je fais encore de l'économie politique pour lui, et, quoique ce soit très gratuitement*, je suis bien sûr que s'il parvient, ce qui est possible à la rigueur, à se tirer un peu de la crise pécuniaire où il se trouve, je n'aurai rien perdu pour attendre.

« ... Cette carrière-là m'a beaucoup amusé d'abord; et d'ailleurs je crois qu'elle m'a été utile sous plus d'un rapport. En premier lieu, j'ai appris, par cette liaison de travail et d'amitié avec un des hommes qui voient le plus loin en politique philosophique, j'ai appris une foule de choses que j'aurais en vain cherchées dans les livres, et mon esprit a fait plus de chemin depuis six mois que dure notre liaison, qu'il n'en aurait fait en trois ans, si j'avais été seul. Ainsi, cette besogne m'a formé le jugement sur les sciences politiques, et, par contre-coup, elle a agrandi mes idées sur toutes les autres sciences, de sorte que je me trouve avoir acquis plus de philosophie dans la tête, un coup d'œil plus juste, plus élevé. En second lieu ce travail m'a révélé à moi-même une capacité politique dont je ne me serais jamais cru doué, et il est utile toujours de savoir précisément à quoi l'on est bon. Le père Simon et plusieurs publicistes que j'ai eu occasion de connaître chez lui *s'extasient souvent sur ma haute capacité pour les sciences philosophiques et sociales*, en me disant que mon talent serait perdu ailleurs. J'ai eu plusieurs preuves positives que ces éloges ne sont point de pure politesse, *et que le père Simon pense de moi réellement ce qu'il m'en dit*; or, s'il le pense, il faut bien qu'il en soit quelque chose...

---

(1) Voir les lettres écrites en même temps et sur le même sujet à M. Gustave d'Eichtal, par Auguste Comte, dans sa biographie par M. Littré.

LETTRE IX.

« Paris, 15 mai 1818.

« ..... Tu désires que je te fasse connaître M. de Saint-Simon? Très volontiers. C'est le plus excellent homme que je connaisse, celui de tous dont la conduite, les écrits et les sentiments *sont le plus d'accord et les plus inébranlables* (1). Né dans une des familles les plus nobles de France, élevé de très bonne heure au poste d'officier général, il pourrait, s'il avait voulu se décider à faire la cour, jouer actuellement un très grand rôle à la cour de France et à la Chambre des Pairs. Mais il a renoncé volontairement à la noblesse, et tu le concevras sans peine si je te dis qu'il est un des fondateurs de l'indépendance des États-Unis, un ami de Washington et de Lafayette. Mais non seulement il a renoncé à la noblesse, il a de plus entièrement abjuré toutes les habitudes féodales, ce qui est infiniment plus rare. Il y a beaucoup de nobles qui professent des principes libéraux et qui pourtant ont conservé le ton de morgue et les manières de leur caste, et qui, par un reste de leur ancien mal, se sentent encore agréablement chatouillés quand on les appelle M. le duc ou M. le comte. Pour lui, on le croirait né dans le tiers-état et élevé dans les manières roturières, ce qui, je le répète, est infiniment méritoire. Du reste, les plus grandes qualités sociales, il les possède à un haut degré; il est franc, généreux, autant qu'on peut l'être. Il est chéri de toutes les personnes qui le connaissent particulièrement. Cependant les gens qui ne l'ont jugé que de loin le regardent comme un extravagant, parce qu'à force de générosité, il est parvenu à dissiper une fortune très considérable, et qu'il n'a pas voulu user de tous les moyens souples employés sans scrupule par tant de bonnes âmes pour rétablir leurs affaires. Sa conduite depuis le commencement de la Révolution, pendant ces trente années d'épreuves si difficiles, a été pure, tout à fait pure, de l'aveu de tout le monde (2). Invariable dans la défense de la cause libérale qu'il a embrassée avec ardeur, il n'a jamais servi aucun parti ; il est entièrement intact de tous les crimes révolutionnaires (ce qui est assez rare parmi tous les grands libéraux du jour); *il n'a jamais flatté Bonaparte* (3), et sous le règne actuel, il n'a jamais sollicité les faveurs de la cour, que sa naissance lui aurait si aisément fait obtenir (4). Aussi son caractère est généralement estimé par les hommes de toutes les opinions. Si plusieurs personnes ne rendent pas la même justice à ses idées, c'est que sa manière de voir s'élève trop au-dessus des idées ordinaires, pour qu'elle puisse être encore appréciée.....

« ..... Enfin, je ne tarirais pas sur son compte, et puisqu'il faut pourtant finir, je me contente, pour cette fois, de te dire, en somme, que c'est l'homme le

---

(1) Voir le n° 11 de nos pièces justificatives, § 4. — R.
(2) Voir *Pièces justificatives*, n° 11, notamment les spéculations avec Redern sur les biens nationaux, § 4 et 5. — R.
(3) Voir le n° 11 de nos pièces justificatives, § 5. — R.
(4) Ibidem. — R.

plus estimable et le plus aimable que j'aie connu de ma vie, celui de tous avec lequel je trouve qu'il est le plus agréable d'avoir des relations. Aussi je lui ai voué une amitié éternelle ; et, en revanche, il m'aime comme si j'étais son fils (il n'est point marié). Ah! j'oubliais de te noter un trait bien essentiel de son caractère, bien étonnant, c'est qu'à l'âge de près de soixante ans, il a tout le feu de la jeunesse ; enfin, il a beaucoup plus d'ardeur et d'activité que moi, et tu sais pourtant que je ne suis pas froid. Oh! j'aurais des choses bien piquantes à te dire sur son compte..... »

LETTRE X.

« Paris, le 15 juin 1818.

« ..... Comme je tiens infiniment à conserver toute ton estime, permets-moi de relever l'inexactitude de tes assertions sur ma vie pécuniaire. Tu dis que j'ai tort de prêcher misère quand j'ai 250 à 300 francs par mois à ma disposition, et tu pars de cette réflexion pour me demander en ami si je n'ai pas contracté quelques goûts ruineux. D'abord, je ne sais où tu as pu calculer que j'ai 250 à 300 francs de revenu par mois. Probablement tu me supposes encore *dans l'heureuse et courte passe où j'étais chez M. de Saint-Simon*, mais tu rabattras de ce compte en songeant que je n'ai que deux écoliers à 3 francs le cachet, et dont l'un ne prend leçon que tous les deux jours : ce qui fait, tout bien pesé, 120 francs par mois. Il y a loin de là à 250 et 300. Ajoute à cela que je suis encore obligé de demander quelques petites choses à mon père, mais qui, un mois dans l'autre, ne vont pas au delà de 40 à 50 francs..... »

LETTRE XV.

« Paris, le 6 septembre 1820.

« ..... Je profiterai peut-être, dans quelques jours, de l'occasion que m'offre le départ prochain de Langlade, pour t'envoyer le paquet de mes œuvres politiques pendant l'année de silence à laquelle tu m'as condamné. *J'aurai soin de t'indiquer exactement ce qui est de ma façon et ce qui est de celle de Saint-Simon.* Tu auras vu, sans doute, dans le temps, par les journaux, que nous avons eu un procès dont nous sommes victorieusement sortis. Messieurs les procureurs généraux ont beau jeu à fulminer dans des réquisitoires, quand il ne s'agit que de brochures ayant pour objet quelque petite tracasserie de parti ou quelque événement du jour ; mais avec des doctrines fortement pensées et faisant corps, ils n'ont aucun moyen : aussi ont-ils été pulvérisés dans notre défense. Quand je dis notre, ne va pas t'imaginer que je fusse personnellement en jugement, quoique j'aie coopéré à la défense. Grâce à la précaution que j'ai prise *de ne jamais signer mes articles*, la responsabilité ne porte point sur moi ; c'est une chose convenue avec M. de Saint-Simon, auquel, comme tu le penses bien, cette convention ne fait aucun tort, puisqu'il est évident qu'être pendu avec lui ne le soulagerait guère. Quant à moi, *je signerais avec plaisir, ne fût-ce que pour faire connaître à un plus grand nombre de personnes qu'à celles auxquelles nous l'apprenons, ma petite capacité* (car l'amour-propre est franchement indestructible); les procès ne me feraient pas peur pour moi personnellement, d'autant plus que, comme disait le bon La Fontaine de bien d'autres sujets, de loin c'est quelque chose et de près ce n'est rien. Mais la peine extrême que je causerais à mes parents s'ils venaient seulement à savoir que j'écris sur la politique, retiendra toujours ma petite vanité, jusqu'à l'époque, qui ne me paraît pas très prochaine, où il n'y aura plus à cet égard la moindre crainte de danger.

« Nous venons de faire paraître hier une brochure d'environ 100 pages, intitulée : *Considérations sur les mesures à prendre pour terminer la Révolution*. Je te l'enverrai aussi par Langlade.....

« .... Tu sens qu'avec ces travaux et ceux politiques, ma tête doit être occupée ; et, en effet, je te réponds que je ne m'ennuie pas. Encore même, outre cela, j'ai en projet plusieurs ouvrages importants, que j'exécuterai plus tard. Enfin, je puis dire que j'ai de la besogne taillée pour la vie, quand je vivrais autant que Fontenelle, ce qui, j'espère, n'aura pas lieu. Je serais aussi heureux que je conçois qu'on puisse l'être si j'étais délivré de toute inquiétude sur mon sort et sur la possibilité de soulager la vieillesse de mes chers parents, qui s'approche. Mais cette incertitude empoisonne tout, même le plaisir du travail intellectuel. .... »

LETTRE XVI.

« Paris, 21 mai 1824.

« .... Lorsque je reçus ta dernière lettre, au mois de janvier 1822, je commençais à être dans le moment de la composition directe de l'ouvrage même dont je t'envoie aujourd'hui la première partie (1).

« Tu me demandais une exposition rationnelle de ma doctrine politique...

« ... J'étais même convaincu que toute discussion philosophique serait peu fructueuse entre nous avant que tu eusses lu et médité cet ouvrage, *le premier auquel j'aie mis mon nom, et le premier qui contienne une exposition satisfaisante et méthodique de l'ensemble de mes idées*.

« ... Ce n'est effectivement qu'aujourd'hui que je puis remplir cette condition, que je m'étais imposée, et t'adresser le commencement de mon ouvrage.

« ... Je croyais d'abord, comme je viens de te le dire, que ce travail serait fini beaucoup plus promptement qu'il ne l'a été ; car, *commencé en janvier 1822, il ne fut terminé qu'au mois de mai de la même année*. Première cause d'ajournement de ma lettre. Mais ce n'est pas là la plus grande, comme tu le vois, puisqu'il y a deux ans aujourd'hui qu'elle n'existe plus. La principale est relative à la publication de ce... (2).

---

(1) Le IIIe cahier du CATÉCHISME DES INDUSTRIELS : *Plans des travaux scientifiques nécessaires pour reorganiser la société*. — R.
(2) Mot manquant dans l'original. — (Note de l'éditeur).

« Aussitôt que mon travail fut terminé, je ne doutai pas, comme tu penses qu'il était naturel de le faire, que la publication n'en fût immédiate, ainsi que cela était convenu avec M. de Saint-Simon, qui était, si tu t'en souviens bien, *le directeur de notre association pour toute la partie d'impression, de publication, enfin pour tous les arrangements financiers quelconques, dont je ne me mêlais en aucune manière, m'en reposant entièrement sur lui* (1). En effet, l'ouvrage fut composé typographiquement presque sur-le-champ, et naturellement tu sens qu'ayant été amené à attendre jusqu'alors pour te faire réponse, je devais encore l'ajourner jusqu'au moment de t'envoyer l'ouvrage, moment que je devais croire très prochain, puisqu'il ne restait plus qu'à tirer les épreuves. Or, c'est ici que la chose se complique : attention ! Un autre personnage va entrer en scène ; c'est mon ci-devant collaborateur Saint-Simon qui est la cause de tout le reste de l'ajournement. Le voici qui va commencer ; écoute bien.

« Par un motif peu important et dont je ne me souviens plus (à moins qu'il ne fût un prétexte, comme je soupçonne aujourd'hui que cela pouvait bien être), Saint-Simon suspendit le travail des imprimeurs pour un temps qui devait être fort court, un mois tout au plus. Il se borna à faire tirer quelques épreuves, afin de pouvoir communiquer l'ouvrage à différentes personnes que cette communication anticipée devait intéresser ; mais la publication devait, je le répète, être presque immédiate. J'y eus confiance et je fus cruellement trompé. Voici comme :

« Pour prendre les choses *à priori* (ce qui abrège beaucoup une exposition), je dois te dire que jusqu'alors je n'avais pas mis mon nom à ce que j'avais fait, en partie pour ne pas contrarier mes parents, *en partie par l'influence de mon cher collaborateur, qui ne s'en souciait guère, préférant, par un calcul fort simple, une gloire entière à une demi-gloire tout au plus qui lui serait revenue sans cela*. Du reste, soit dit en passant, je ne suis pas fâché aujourd'hui qu'il en ait été ainsi ; car les écrits précédents ne méritaient pas que j'y misse mon nom ; je ne les considère aujourd'hui que comme des études qui m'ont été fort utiles, mais seulement préliminaires ; je préfère beaucoup que mon entrée dans la carrière, aux yeux du public, se fasse par un ouvrage capital, *qui m'est beaucoup plus propre, étant entièrement pur de l'influence exercée précédemment sur moi par Saint-Simon, influence, du reste, qui a puissamment servi à mon éducation philosophique*. Je reviens à mon sujet. Je te disais donc que, jusqu'à cet ouvrage, mes travaux n'avaient pas porté mon nom, et quelques personnes seulement, en très petit nombre, auxquelles j'en avais fait confidence, savaient que je m'occupais d'idées de ce genre. Mais en faisant cet ouvrage, je sentis que le moment était venu de secouer et la tutelle de mes parents à cet égard, laquelle ne pouvait toujours durer, *et celle non moins fâcheuse de Saint-Simon, qui devait également finir*. Par une espèce d'instinct de moi-même, dont je me trouve aujourd'hui bien heureux d'avoir suivi l'inspiration, je compris que l'ouvrage était trop important pour que je dusse laisser échapper cette occasion ; et, effectivement, si

(1) Voir le n° 12 de nos pièces justificatives : *Vente sous seing-privé.*

j'avais eu la bêtise de le faire, je me serais fait un tort presque irréparable, *et Saint-Simon m'aurait mis définitivement le pied sur la gorge.* Tu le sentiras facilement, si tu considères que tous mes travaux subséquents devant être la suite stricte de celui-là, il serait devenu très difficile d'y mettre mon nom, si j'avais laissé passer le premier sous le nom d'un autre; le public n'aurait su que penser de cette disparate, dont Saint-Simon se serait d'ailleurs fait une arme contre moi. *Je lui signifiai donc mon intention formellement arrêtée de mettre désormais mon nom à tous mes écrits, à commencer par celui-ci.* Il sentait, sans doute, pour son compte, autant que moi pour le mien, l'importance décisive de cet acte, car il me parut en être profondément contrarié. Néanmoins, ne pouvant s'y opposer, il fallut bien qu'il me laissât faire. Mais à partir de ce moment, *il eut une très vive répugnance en son for intérieur, à laisser publier mon livre, et il chercha à ajourner le plus possible cette publication,* en profitant, pour cela, de tous les moyens dont il put s'aviser, et surtout de ceux que ma confiance lui laissait comme *directeur administratif de notre association* (1). C'est là, je le crois aujourd'hui, ce qui le détermina d'abord à suspendre le tirage, et à se borner à faire tirer quelques épreuves pour la communication anticipée dont je te parlais tout à l'heure. Mais sa répugnance s'accrut à un degré infiniment plus grand par l'effet de cette communication. Car, toutes les personnes auxquelles il communiqua ce travail en ayant été enchantées, et des félicitations très flatteuses m'en étant revenues, quoique je ne fusse nullement en rapport avec elles, puisque lui seul les voyait, il vit qu'il devait, à tout prix, empêcher une publication qui devait, suivant de telles apparences, éclipser ses travaux, ou, du moins, arranger les choses de manière que, profitant de nos relations antécédentes, *il put me présenter au public comme une sorte de manœuvre littéraire à ses ordres et à ses gages, dont toutes les idées n'étaient qu'une émanation et un simple développement des siennes* (2). Quoique je n'aie su que beaucoup plus tard, et tout récemment même, les choses que je t'explique là, cependant, sans m'en douter alors, et m'en tenant simplement à mon intention arrêtée, je suis parvenu heureusement à éviter ce piège, au moins à peu près. C'est ainsi que pendant deux ans il m'a, tantôt sous un prétexte, tantôt sous un autre, fait ajourner la publication de ce travail, qui, dans tout cet intervalle, m'était constamment représentée comme devant avoir lieu presque immédiatement..... Enfin, il n'a pas été possible à Saint-Simon de remettre davantage cette publication, *ni de me faire consentir à la subalternisation qu'il projetait; mais il en est résulté une rupture complète et irrévocable entre nous depuis deux mois.* J'en suis, du reste, très content sous beaucoup de rapports, principalement à cause de l'influence directrice qu'il voulait toujours exercer sur moi, et dont il était fort pénible d'avoir constamment à se défendre, et à cause de l'approbation apparente que je paraissais donner à une foule d'idées et de démarches extravagantes d'un homme généralement déconsi-

---

(1) Voir *Pièces justificatives*, n° 12. — R.

(2) Ceci explique entièrement les préfaces embarrassées et louches mises par Saint-Simon au *Contrat social* et au IIIe cahier du *Catéchisme des industriels.*— R.

déré, etc., etc. Enfin, pour couper court, voilà un mois seulement que mon ouvrage s'imprime et que je puis te l'envoyer.

« L'ouvrage que je t'envoie contient encore quelques traces de ma liaison avec Saint-Simon, parce que la rupture a suivi le commencement de l'impression. Elles consistent dans le mot *élève* et dans le développement de ce mot qui se trouve au préambule. Ces traces disparaîtront dans la prochaine édition, *car elles n'étaient que de complaisance*. Je dois certainement beaucoup, intellectuellement, à Saint-Simon, c'est-à-dire qu'il a puissamment contribué à me lancer dans la direction philosophique que je me suis créée nettement aujourd'hui, et que je suivrai sans hésitation toute ma vie ; *mais les expressions dont je me suis servi pour rendre ce service vont très au delà de la réalité*, et je ne l'ai fait que, en partie par influence, et en partie pour que, dans notre querelle, je n'eusse pas le moindre tort de mon côté, même aux yeux les plus prévenus en faveur de Saint-Simon. Dans la préface de la prochaine édition, je mettrai quelques mots qui exprimeront tout cela à la nuance exacte de la vérité.

« Par un tour perfide que m'a joué Saint-Simon, il se trouve que ceci ne peut pas encore compter pour une publication réelle de mon livre, car tout se réduit de fait à cent exemplaires que j'ai adressés en totalité aux personnes que je savais y prendre le plus d'intérêt, de sorte qu'il n'y en a pas un seul en vente.....

« Je n'ai pas besoin de te parler de l'objet de mon ouvrage : tu en jugeras bien mieux par toi-même. L'idée principale est, comme tu le verras, *que la politique doit aujourd'hui et peut devenir une science positive et physique, traitée à la manière de l'astronomie, de la chimie, etc.; que mon ouvrage a pour but de la faire ainsi; que c'est là le seul moyen de terminer l'époque révolutionnaire dans laquelle nous sommes encore, en faisant converger tous les esprits vers une doctrine unique; que, par là, se manifestera un nouveau pouvoir spirituel, capable de remplacer le clergé et de réorganiser l'Europe par l'éducation*.....

« Je suis extrêmement satisfait de l'accueil fait à mon ouvrage par les personnes auxquelles je l'ai adressé ; il est généralement approuvé, et de la manière la plus flatteuse, c'est-à-dire que cela ne se réduit pas à de vains compliments, mais qu'il influe profondément sur des esprits de premier ordre. Je t'en parlerai avec plus de détail la prochaine fois. Je me bornerai actuellement à te citer l'approbation très flatteuse de l'Académie des sciences, qui me l'a manifestée officiellement, quoiqu'elle soit retenue par la crainte de se compromettre avec le gouvernement; je te citerai ensuite spécialement M. de Humboldt, M. Poinsot *et surtout M. Guizot* (encore M. Guizot en scène), *qui a déclaré qu'il se rangeait sous ma bannière*, etc. Enfin, il n'y a pas de jour où je ne reçoive ou une lettre très flatteuse, ou une visite de félicitation de la part d'hommes marquants que je ne connaissais point du tout auparavant, ou très peu. Dans les hommes à haute position sociale, je te citerai le respectable Ternaux, M. B. Delessert, M. de Laborde, M. de Broglie, etc., etc. J'ai des approbateurs jusque dans le gouvernement, et je compte même faire remettre un de ces jours un exemplaire à M. de Villèle, par son beau-frère, que je connais, après quoi

N° **14.**

TÉMOIGNAGE D'AUGUSTE COMTE SUR Mme COMTE

§ 1. — CORRESPONDANCE VALAT.

Lettre XIII.

« Paris, le 24 septembre 1819,

« . . . . Les femmes en général et collectivement ont tant à souffrir des mâles de leur espèce, *qu'en particulier je me crois obligé de compenser autant que je le puis, les torts généraux de mon sexe.* Car, en vérité, mon ami, l'horrible loi du plus fort, que les hommes ont su modifier à leur égard, bien qu'elle soit encore loin d'être détrônée, règne entièrement de la masse des hommes à l'égard de la masse des femmes, et, en détail, elle ne s'exerce aussi que trop. Une femme, dans l'ordre social actuel, est regardée par les lois, et presque toujours par les hommes, souvent moins libéraux que nos codes eux-mêmes, comme un meuble, comme un joujou destiné de toute éternité au bon plaisir et à l'usage de Sa Majesté *l'Homme*, qui, par la grâce de Dieu et par la force de ses muscles, est constitué propriétaire de l'animal domestique appelé *femme;* à peu près comme dans les colonies, où un blanc est propriétaire de ses noirs, ou plutôt comme en Pologne, en Russie, en Hongrie, en Bohême, etc., etc., et, il y a quelques siècles, dans toute l'Europe, où un seigneur est *maître* de ses *serfs*. On déguise, dans *la bonne compagnie*, cette triste condition des femmes, par beaucoup de fadaises qu'on leur débite, par de mauvais quatrains où on leur répète qu'elles sont les *maîtresses,* les *dominatrices*, que les hommes sont leurs *esclaves*, et autres bêtises de cette force ; mais tout cela ne change point l'état des choses, et pour en juger il suffit d'examiner le sort des femmes dans les classes inférieures, où l'on dit les choses tout crûment, comme elles sont, aussi bien que l'intérieur des ménages dans les classes supérieures. Je crois que l'on peut dire, sans exagérer, que, si la triste condition des femmes n'était point modifiée par les sentiments que fait naître dans l'homme le besoin physique de l'amour, elles seraient purement et simplement des serfs de glèbe et même pis ; vois ce qu'elles sont chez les sauvages : de pures bêtes de somme. Chez nous, quel est le sort de celles qui n'ont point de fortune par elles-mêmes ? Le travail le plus assidu et le moins soldé, qui leur manque même très souvent, vu que les hommes ne leur ont laissé qu'un très petit nombre de professions, et des moins lucratives ; ou bien le libertinage,

---

(1) Il est essentiel d'observer qu'il n'y a pas ici un seul mot sur le Dr Burdin (son nom n'est même pas prononcé), ni rien qui ressemble à une protestation de Saint-Simon ou de Burdin contre la prétendue prise de possession de leurs idées par Auguste Comte. — R.

c'est-à-dire la vente de leur personne, soit au premier venu, soit au plus offrant et dernier enchérisseur. Je m'étonne toujours, en faisant ces réflexions, qu'il puisse exister des femmes qui ne soient pas libérales ; il me semble entendre un serf de Russie parler en faveur de l'esclavage des noirs des Antilles. Il est certain que la loi du plus fort ne cessera de s'exercer à l'égard des femmes que lorsqu'elle aura cessé entièrement de se faire sentir à l'égard des hommes ; cela est inévitable et dans la nature des choses : aussi les femmes sont directement et personnellement intéressées, comme femmes, aux progrès de l'ordre social, et ce qui le prouve, c'est qu'en effet l'histoire montre que le sort des femmes s'est constamment amélioré dans la proportion des progrès de la civilisation... »

Lettre XX.

« Paris, le 25 décembre 1824.

« Je dois être marié dans quelques jours, et tu sens que cela, quoique fort heureux sous les rapports les plus importants pour moi, doit beaucoup ajouter à la gravité de mes inquiétudes, car *j'épouse une femme de vingt-deux ans, qui n'a d'autre dot que celle qui inspire à Harpagon de si comiques remontrances, son bon cœur, ses grâces, son esprit d'une trempe peu commune, son amabilité, son heureux caractère et ses bonnes habitudes :* je t'en parlerai plus amplement une autre fois. Enfin, j'espère cependant venir à bout de tous ces obstacles... »

Lettre XXIII.

« Paris, 16 novembre 1825.

« Si tu savais combien j'ai besoin (au milieu de tout le fracas de cette ville, qui n'est pour moi qu'un désert puisque je n'y suis entouré que d'indifférents) de sentir qu'il y a quelque part, quoique malheureusement à deux cents lieues de moi, quelqu'un avec qui je sympathise pleinement de cœur et d'esprit, tu ne serais pas si avare de tes lettres... Tu me crois heureux ; je le suis en effet, sous certains rapports, sous tous ceux qui dépendent essentiellement de mon organisation et de mes antécédents ; *mais sous d'autres je ne souhaite pas à mon plus cruel ennemi un pareil bonheur. Tout ceci est une énigme pour toi, je le sais bien, mais plus tard elle s'expliquera. Si dès ce moment tu en devines quelque chose, je te prie de le garder dans le plus profond de ton âme, même pour moi, jusqu'au moment où nous nous en entretiendrons formellement...* »

Lettre XXIV.

« Paris, le 27 novembre 1825.

« Je crains, mon cher ami, de ne m'être pas bien expliqué dans ma dernière lettre au sujet de *mes chagrins intérieurs. Je me doute bien que tu en as deviné la cause;* mais si je m'étais fait entendre complètement, je n'éprouverais pas la peine de ne pouvoir céder à tes instances amicales pour t'en développer les détails. Il était bien inutile de te justifier d'avance d'une froide curiosité dont jamais je ne t'ai cru capable, surtout entre nous. Mais sois bien persuadé, mon cher ami, que ce n'est pas manque d'assez de confiance si mon épanchement n'a pas été plus complet. Il y a entre nous, je l'espère, comme entre tous vrais amis, un abandon franc et absolu; mais tu sens, néanmoins, qu'il y a temps et forme convenable à chaque genre de communication. Je t'assure que, quant à celle-ci, le moment n'est pas encore venu. *Dans les choses de cette nature, le sentiment du mal éprouvé a nécessairement des intervalles sans lesquels la vie ne serait pas supportable.* J'étais, en écrivant ma dernière lettre, dans une des mauvaises veines, et je me suis abandonné dans ce sens. Aujourd'hui il n'en est plus de même, et je pourrais, si je voulais faire le charlatan ou le poète, te tracer un tableau des plus séduisants. Ces intervalles de beau temps ne me font, sans doute, aucune illusion sur le fond du caractère de mon climat intérieur, *parce que l'expérience m'a appris à ne pas compter sur leur durée.* Mais tu comprends que, du moins, ils ne disposent pas mon cœur à la plainte. Que sais-je, même? Dans ces éclairs de bonheur, je ne puis complètement me soustraire à l'espoir agréable d'une meilleure situation permanente, *bien que mon cruel jugement m'en démontre la vanité.* Je veux attendre que cette position soit plus caractérisée et qu'elle s'annonce comme irrévocable, d'une manière qui interdise définitivement toute illusion; et alors je m'expliquerai. Jusque-là, si je ne le fais pas encore positivement, crois bien, mon cher ami, que c'est uniquement dans la crainte que cette confidence détaillée ne réagisse sur moi de façon à m'ôter toute possibilité de retour; car, je me connais, c'est là l'effet qu'elle produirait. Je ne sais si tu me comprends, mais j'espère que ton cœur entendra le mien. Je dois d'ailleurs t'avouer que, pour rendre cet épanchement vraiment complet et satisfaisant, pour te bien expliquer l'origine et le caractère de cette position bizarre et fatale, enfin pour te faire bien comprendre comment et pourquoi il m'est à peu près impossible d'y remédier, il faudrait absolument une entrevue directe, non seulement à cause de la longueur de la conférence, mais aussi et surtout parce que *j'aurais alors à te dire des choses que je ne me déciderai jamais à confier au papier, à moins que tu ne brûlasses ma lettre sur-le-champ, et encore même craindrais-je les curieux dans le trajet.* Ainsi, mon cher ami, crois-m'en sur parole, puisque je n'ai pas de moyen positif de démonstration. Ce n'est ni par une puérile affectation de mystère, dont tu me sais incapable, et encore moins par la crainte d'un défaut de sympathie et de discrétion, que je sais si bien indigne de toi, que j'ajourne cette grave communication; c'est uniquement parce qu'elle est à la fois encore intempestive dans l'état où sont les choses, et impossible par notre éloignement. Je ne me repens point de t'en avoir parlé vaguement, puisque cela m'a soulagé; mais il me serait cruel d'être obligé de résister à tes instances pour un épanchement plus positif. Sois d'ailleurs bien assuré que tu n'as absolument aucun moyen, ni qui que ce soit, de remédier au mal le moins du monde, et que dans cette explication, quand je te la donnerai, je ne chercherai ni n'espérerai d'autre bénéfice que celui du soulagement qui résultera de cet épanchement même. Ainsi, si tu m'en crois, tu n'insisteras pas davantage.

« Je suis bien fâché que le ton de ma lettre t'ait détourné de me tracer le tableau de ton bonheur. Où as-tu pu croire que je le trouverais intempestif ? Bien au contraire; *moins je l'éprouve, plus j'ai besoin de me consoler un peu en le contemplant dans un ami.* Heureusement que, par une inconséquence dont je te sais un gré infini, tu n'as pas entièrement tenu cette promesse. J'ai vu avec le plus grand plaisir ce que tu me dis de ton intérieur, et je t'engage à n'être plus aussi concis sur ce sujet. Tu as rencontré, à ce que je vois, la compagne que je t'ai toujours souhaitée, et qui peut le plus faire ton bonheur réel, en étant elle-même fort heureuse. Je crois que je n'ai guère besoin d'insister pour te faire sentir le prix inestimable d'un tel trésor, ni pour t'engager à le soigner de toute ta sollicitude... »

Lettre XXV.

« Paris, le 18 janvier 1826.

« ... Quant à moi, je suis actuellement dans une période de calme sous le grand rapport dont je t'ai parlé, et je prévois que peut-être je finirai par prendre le dessus ; *mais ce sera vraisemblablement avec la condition de perdre la plus chère partie du bonheur que je m'étais promis dans ma vie,* car si j'espère de la tranquillité, c'est uniquement parce que je crois que je finirai par devenir, sous ce rapport, tout à fait indifférent, ce qui est, certes, une triste perspective, quoique la moins fâcheuse, à tout prendre, dans la bizarre situation où je me trouve enchaîné... »

§ 2. — LETTRE D'AUGUSTE COMTE A Mme COMTE.

Madame,

Un fatal mariage, seule faute capitale de toute ma vie, m'impose envers vous des devoirs spéciaux, que j'ose dire avoir toujours remplis scrupuleusement. L'ensemble de votre conduite depuis vingt-deux ans les a finalement réduits à de simples obligations pécuniaires, au sujet desquelles je suis certain de ne mériter aucun reproche. Quoique la pension que je vous accordai, lors de notre irrévocable séparation, fût évidemment exagérée pour ma position, j'ai été fort peiné quand la persécution matérielle que je subis maintenant m'a forcé d'en supprimer le tiers. Jusqu'ici chaque trimestre, à l'un ou à l'autre taux, vous a été assez exactement payé d'avance pour que vous deviez regarder le retard actuel comme résulté d'insurmontables embarras passagers, dont je gémis surtout à cause de leur réaction sur vous. Tout cela ne vient que d'un délai exceptionnel dans les payements mensuels de M. Laville ; je ne pense pas que vous y puissiez craindre sérieusement la moindre indifférence ou négligence de ma part au sujet d'une aussi grave obligation. L'expérience de douze années antérieures m'assure d'ailleurs que cette rentrée périodique reprendra bientôt son cours ordinaire ; ce qui me permettra de vous envoyer immédiatement le dernier trimestre de 1846.

Quoique les ressources que je me suis créées pour attendre le rétablissement de ma position polytechnique paraissent devoir prochainement devenir suffisantes, je serai pourtant forcé, sans doute, pendant quelques autres trimestres, de ne pas vous satisfaire d'avance, comme je le faisais toujours avant cette crise : mais je tiens à reprendre cet usage aussitôt que ma situation le comportera. Au reste, je ne saurais croire que, après avoir exactement reçu, pendant trois ans et demi, une pension annuelle de trois mille francs, qui n'est réduite à deux mille que depuis un an, vous n'ayez pas ainsi opéré des économies capables de vous faire supporter quelques retards prévus et même annoncés.

Une rupture, définitive quoique récente, m'empêche de conserver, pour mes envois d'argent, l'ancienne entremise de M. Lenoir, malgré son offre de la continuer. Je la trouve, à tous égards, avantageusement remplacée par celle de M. Littré, si, comme vous me l'indiquez, il accepte réellement cette mission trimestrielle, que, dans ce cas, j'utiliserais dès la prochaine occasion, suivant la forme que vous désirez. Mais ne comptez pas que ce nouveau mode puisse aucunement vous dispenser des reçus accoutumés, auxquels je ne cesserai jamais de tenir beaucoup. Tout renouvellement des étranges difficultés qu'ils éprouvèrent pendant les deux premières années de notre situation finale, n'aboutirait qu'à me faire aussitôt changer le moyen de transmission, en vous envoyant dès lors un simple commissionnaire, qui ne pourrait rien livrer sans quittance.

L'évidente mauvaise foi avec laquelle vous expliquez votre abandon définitif du toit conjugal, suffirait pour m'interdire à ce sujet toute vaine discussion, quand même je n'aurais pas, depuis quatre ans, irrévocablement clos ces débats sans issue. Pensez ou parlez à cet égard comme il vous plaira, en m'attribuant tous les torts que vous voudrez : mais soyez bien convaincue que la situation est irrévocable, et que je ne vous reverrai jamais. Longtemps vous m'avez assez méconnu pour rapporter à la faiblesse du caractère un excès d'indulgence et de longanimité qui tenait surtout à la bonté du cœur : l'expérience a dû maintenant vous apprendre que, si ma volonté est souvent un peu lente à se former, elle devient finalement inflexible.

Après que vous m'eûtes quitté, pour la troisième fois sérieuse, en mai 1838, quand je consentis à vous laisser rentrer sans toutefois vous en avoir aucunement sollicitée, je vous avertis formellement que la quatrième séparation serait éternelle. Je vous ai ensuite répété souvent ce loyal avis ; et, pendant les derniers mois de votre séjour, jusqu'à l'époque décisive d'août 1842, je vous ai prodigué à cet égard les remontrances et les annonces que mon devoir exigeait. Si votre sot orgueil vous a d'abord fait croire que je ne pourrais jamais me passer de vous, l'expérience a dû bientôt vous détromper. Trois mois après votre départ, j'avais déjà laissé voir ma finale situation domestique presque aussi publiquement qu'aujourd'hui.

Quant à votre inconcevable menace actuelle de rentrer malgré moi par nécessité financière, prenez-y garde, Madame ; toute tentative semblable ne pourrait que vous devenir très funeste. J'aime beaucoup la paix, mais sans craindre la guerre d'aucune espèce. Nulle détresse pécuniaire ne me déterminera jamais à surmonter une trop juste antipathie, que le temps et la réflexion aggravent de plus en plus, en me faisant mieux apprécier l'ensemble de vos torts envers moi. La paix est à la fois mon seul bien domestique, la base même de ma santé, et la condition indispensable d'un bon emploi philosophique du peu d'années énergiques qui me restent encore pour ma haute mission sociale. Depuis quatre ans et demi que j'en jouis enfin, je l'ai tellement appréciée que je suis très décidé à me l'assurer par tous les moyens légitimes. Il est impossible que vous regardiez votre rentrée comme vous étant encore facultative, et indépendante d'un assentiment que je ne donnerai jamais. Afin de mieux prévenir d'inutiles efforts, je vous avertis cependant, une seule fois pour toutes, que, si vous faisiez à cette fin une tentative réelle, je formerais aussitôt une demande légale en séparation de corps.

Votre mari,
Auguste COMTE.

Dimanche 10 janvier 1847.

Tenant beaucoup à ne vous laisser aucune illusion sur la possibilité de me revoir jamais, je dois saisir l'occasion très naturelle que vous m'offrez aujourd'hui pour vous faire convenablement une révélation décisive, que M. Lenoir s'était déjà chargé de vous expliquer en juillet dernier, quoique sa faiblesse inouïe l'ait empêché de remplir cet office volontaire.

Personne ne sait autant que vous combien ma vraie situation domestique eût autorisé, depuis longtemps, une affection exceptionnelle. Mais je suis ici dispensé d'invoquer aucunement ces malheureux droits. Le simple rapprochement de quelques dates irrécusables mettrait ma conduite au-dessus de toute atteinte, quand même le noble lien dont je dois vous instruire n'aurait pas conservé jusqu'au bout la parfaite pureté dont je me sentirai toujours heureux et fier.

Deux ans après notre séparation, je vis, pour la première fois, chez ses parents, en octobre 1844, une jeune dame, aussi irréprochable que charmante, qui excita d'abord ma sympathie spéciale par une destinée domestique trop analogue à la mienne, quoique plus funeste encore et plus injuste. Avec un esprit non moins distingué que le vôtre, elle vous surpassait infiniment par le cœur. La vertueuse passion que j'eus le bonheur de concevoir graduellement pour elle constituera toujours la principale phase de ma vie intime. Pendant une année sans pareille, la profonde révolution morale que pouvait seul produire en moi un tel ascendant a heureusement réagi sur l'ensemble de ma nouvelle élaboration philosophique, en faisant ressortir, d'une manière plus nette et plus décisive, le vrai caractère sentimental du positivisme. Quoique plus jeune que vous de douze ans, mon angélique Clotilde m'accorda bientôt la réciprocité d'affection que je n'avais jamais pu obtenir de vous. Mais, après avoir entrevu ainsi une sainte félicité, je n'ai pas tardé à sentir, le plus douloureusement possible, combien je suis à jamais voué au malheur privé. A l'entrée du printemps dernier, j'ai vu succomber cette noble et tendre victime, malgré mes soins les plus soutenus, assistés par l'actif dévouement qui, pendant dix-huit nuits consécutives, retint mon excellente Sophie auprès de celle dont l'âme était assez grande pour oser traiter en sœur cette éminente domestique.

Telle fut, Madame, ma seule épouse véritable, celle qui, dans l'unique nuit que j'aie passée sous son toit, au début de son agonie, à la suite de son extrême-onction, caractérisait spontanément toute ma destinée intime par ce touchant résumé : *Vous n'aurez pas eu une compagne longtemps!* Depuis neuf mois, je n'ai pas laissé écouler une seule semaine sans aller, sur sa tombe sacrée, renouveler les solennelles promesses qui adoucirent ses derniers jours : ce culte extérieur n'est d'ailleurs que le signe d'un culte intérieur encore plus assidu, qui durera autant que moi, parce qu'il constitue ma principale satisfaction privée. Après six mois d'incomparables douleurs, je ne suis parvenu à reprendre dignement mon travail philosophique qu'en accomplissant la dédicace exceptionnelle promise à mon éternelle collègue, pour motiver publiquement la profonde gratitude, à la fois personnelle et sociale, que mérite sa puissante influence involontaire sur l'amélioration fondamentale de mon second grand ouvrage.

Vu cette inévitable publicité ultérieure, il convenait, à tous égards, Madame, que vous fussiez d'abord informée spécialement d'une intimité qui, malgré sa courte durée, immortalisera peut-être, à côté du mien, le nom de l'ange dont je n'ai pu préserver la vie. Quoique mon cœur n'ait jamais été compris du vôtre, j'espère que vous me connaissez assez pour sentir que j'ai éprouvé beaucoup de peine à vous adresser cette explication, devenue aussi indispensable à votre repos qu'au mien. L'insuffisance de ceux que j'en avais chargé depuis longtemps m'obligeait, malgré ma juste crainte de vous affliger, à m'en acquitter enfin moi-même, en saisissant l'une de ces occasions, nécessairement de plus en plus rares, qui me déterminent à vous écrire. Ce mode, au reste, était peut-être le plus digne d'un homme qui n'a jamais craint de vivre au grand jour, et qui surtout n'a besoin ni de mystère, ni d'excuse, au sujet d'une affection dont il s'honorera toujours.

§ 3. — LETTRE D'AUGUSTE COMTE A M. LITTRÉ.

Paris, le lundi 6 César 63 (29 avril 1851).

Mon cher Monsieur Littré,

Voici le reçu que je vous dois en échange de celui de Mme Comte. J'ai bien présumé que celui-ci se trouvait déjà dans une lettre que j'ai renvoyée sans l'ouvrir, comme je traiterai dorénavant toutes celles qui me viendraient de la même source. Mais je devais attendre qu'il me revînt par vous. Nos comptabilités respectives sont maintenant en règle.

Très touché des nobles sentiments que vous voulez bien m'exprimer, et dont la pleine sincérité m'est si prouvée, je ne pouvais être aucunement choqué des cordiales représentations de votre lettre exceptionnelle. Ce qu'elles renferment d'involontairement injuste m'offre un résultat naturel du généreux silence que j'ai toujours gardé auprès de vous envers une femme coupable, dont les vices, quoique fort graves, ne deviennent sensibles que dans une entière intimité. La nature de vos relations avec elle lui permet de ne vous laisser voir que ses qualités. En vous éclairant plus tôt sur ses torts fondamentaux, je craignais de vous priver d'une conversation qui vous est agréable, et de lui faire perdre un noble et salutaire contact. Mais, d'après votre lettre, je dois enfin renoncer à une réserve qu'on a exploitée contre moi. Néanmoins, je bornerai mes explications, comme dans la séance exceptionnelle de l'avant-dernier mercredi (1), à ce qu'exige strictement la suffisante rectification de vos conjectures naturelles sur la prétendue sévérité d'une conduite toujours caractérisée par un excès d'indulgence.

Il faut d'abord vous rassurer au sujet de la pension. Mme Comte est une habile comédienne, presque toujours en scène, surtout envers vous. L'éclat qui vient d'avoir lieu lui a semblé prescrire cette démonstration. Mais, au fond, je suis convaincu, d'après une connaissance trop chèrement acquise, qu'il n'y a là rien de sérieux. Si ce jeu dure jusqu'au nouveau trimestre, j'accepterai provisoirement toute rentrée anormale, sauf à la tenir toujours disponible pour la fin de cette comédie.

Ma lettre décisive du 10 janvier 1847, dont je vous communiquai alors la copie, lui déclarait que, depuis longtemps, l'ensemble de sa conduite conjugale ne me laissait à son égard que de simples devoirs pécuniaires. Je les ai toujours remplis scrupuleusement, même au milieu de ma plus grande détresse personnelle, au point de me trouver ainsi arriéré aujourd'hui d'une année de loyer, privé de renouveler assez mes vêtements, et forcé de m'endetter envers mon incomparable Sophie. Tout cela me permet de laisser librement poursuivre la comédie qui vient de commencer, sans jamais m'en reprocher les suites quelconques.

Cette mémorable lettre annonçait aussi que l'éternelle amie dont la perte objective était alors récente, constituait ma seule épouse véritable, à laquelle j'avais noblement dédié la grande élaboration que je commençais. Mme Comte accepta pleinement cette déclaration par un silence de plus de deux ans. Si elle pouvait jamais projeter sérieusement de refuser sa pension, ce devait être alors. Quand je consentis, par pure pitié, à recevoir ses lettres et à y répondre pendant le premier semestre de 1850 (2), je lui réitérai d'abord cette formelle expression de mes sentiments intimes, et une telle condition de correspondance fut encore acceptée tacitement, quoiqu'avec l'espoir secret de l'éluder ensuite. Une de ses lettres annonça dès lors, sans aucun motif spécial, la comédie actuelle de l'hôpital et du refus de pension.

Avant de caractériser ma situation domestique, je dois indiquer un éclair-

---

(1) Il s'agit ici de la séance de la Société positiviste dans laquelle Auguste Comte exposa sa situation réelle vis-à-vis de Mme Comte, ainsi que les motifs et la cause de leur séparation.

Cette explication publique eut lieu le 22 Archimède 63 (13 avril 1851); étaient présents : MM. Laffitte, Dr Segond, Jundzill, Fili, F. Magnin, Dr de Montègre, Lefebvre, Belpaume, Peyronnet, Piéton. — R.

(2) On sait quel usage indigne M. Littré a fait de cette correspondance dans son livre contre Auguste Comte. — R.

cissement provoqué sur la saine théorie du mariage, en y distinguant l'union légale et l'union morale.

La première ne comporte de juste dissolution que dans des cas extrêmement exceptionnels, où je ne me suis pas trouvé, mais dont ma noble et tendre Clotilde offrit le plus touchant exemple, assez expliqué à nos confrères. Quant à l'union morale, elle peut toujours cesser par l'indignité prolongée de l'un des conjoints. Si le lien légal persiste alors, mais sans enfants, il se réduit à des devoirs matériels. Il ne comporte d'autre réaction morale que d'imposer la chasteté aux tendresses exceptionnelles. La société ne peut ni ne doit exiger jamais qu'un cœur renonce à se développer, par cela seul que son essor initial avorta sans reproche.

Je suis, au reste, très désintéressé dans cette question générale. Car, entre Mme Comte et moi, il ne s'agit jamais de rompre l'union morale, puisqu'elle n'exista jamais. Quant au lien légal, je subirai dignement toutes les conséquences matérielles de sa juste perpétuité. J'ai scrupuleusement accepté ses réactions affectives, puisque ma sainte passion resta toujours aussi pure que profonde. Mon éternel veuvage garantit pleinement la persistance spontanée d'une telle condition.

Tout cela réduit mon explication actuelle à vous indiquer comment la conduite de Mme Comte empêcha toujours l'union morale que j'espérais voir naître de notre union légale.

La source générale de cette triste anomalie consiste dans la nature très exceptionnelle de ce type anti-féminin.

Toujours douée de beaucoup d'esprit, et jadis d'une grande énergie, elle est presque dépourvue de cette tendresse qui constitue le principal attribut de son sexe. Depuis notre fatal mariage du 19 février 1825, sa conduite, quoique très licencieuse, n'indiqua jamais, envers personne, un véritable attachement. Les deux autres instincts altruistes, soit vénération, soit bonté, lui sont encore plus étrangers. Malgré ses airs positivistes, sa nature restera purement révolutionnaire; l'esprit n'y servit jamais qu'à construire des sophismes pour justifier des inclinations vicieuses, et le caractère à s'insurger contre toute règle morale. Son éducation exceptionnelle ne fit que développer cette mauvaise organisation, en disposant à trouver partout des droits et nulle part des devoirs. Telle est l'anomalie qui, trop tard connue, fit entièrement échouer le généreux calcul d'où résulta mon déplorable mariage.

C'est, en effet, sans amour que je commis, à vingt-sept ans, ma seule faute irréparable, qui a tant pesé sur toute ma vie privée, et longtemps entravé ma vie publique. Ne me jugeant ni beau, ni même agréable, et pourtant tourmenté d'un vif besoin d'affection, je choisis une épouse qui dut m'aimer par une intime reconnaissance, fondée sur ce mariage exceptionnel, quoique nous fussions également pauvres. Si ce juste espoir s'était réalisé, je me sentais disposé à m'attacher complètement. Mon calcul eut probablement réussi envers toute autre femme. Pour achever de caractériser ma faute, j'ajoute que, accomplie sans passion, elle le fut aussi malgré ma famille, dont les préjugés s'y opposèrent justement.

De l'autre côté, le calcul fut beaucoup moins noble, sans être plus heureux. Mme Comte espéra toujours me transformer en machine académique, lui gagnant de l'argent, des titres et des places. Celle qui semble vouloir consacrer sa vieillesse au positivisme, en contraria, de toutes ses forces, l'élaboration initiale. Elle ne l'apprécie que depuis l'éclatante justice dont vous fûtes si dignement l'immortel organe; si toutefois sa rouerie invétérée lui permet d'y voir, même aujourd'hui, autre chose qu'un nouveau rôle, comme était jadis la dévotion pour ses pareilles. Quoi qu'il en soit, sa nature, dépourvue de bonté, lui fait toujours, chez les autres, attribuer la condescendance à la faiblesse. Son inclination principale vers une domination complète et grossière se trouva donc entretenue, d'après ma généreuse conduite, par l'espoir de maîtriser un caractère qu'elle méconnaissait. Chaque concession nouvelle ne fit qu'aggraver cette aberration, qui peut-être subsiste encore, malgré l'expérience. Dès lors, l'absence totale de principes moraux lui permit d'employer, comme moyen habituel de gouvernement, les plus extrêmes alternatives, souvent poussées jusqu'à la désertion complète, quand je résistais à ses coupables procédés. Si elle n'eût été qu'impure, j'aurais toujours pardonné peut-être; mais, s'étant montrée sans cœur et sans délicatesse, j'ai dû finalement mépriser.

Il faut ici passer sous silence les escapades secondaires, bornées à demeurer quelques semaines en hôtel garni, sous le moindre prétexte. Ces cas seraient presque innombrables, dès le début de notre ménage. Quant aux séparations principales, persistant davantage et suscitant des arrangements pécuniaires, ma lettre du 10 janvier 1847 vous apprit déjà qu'il y en eut trois avant celle qui fut irrévocable.

La première s'accomplit en mars 1826, après un an de mariage. Sa réaction morale concourut avec un excès intellectuel à déterminer ma grande maladie cérébrale. Quoique cette femme incorrigible n'ait jamais su avouer sincèrement un tort grave, j'attribue à ses remords sa belle conduite d'alors, au milieu d'une situation très difficile (1). C'est la seule époque vraiment honorable de toute la vie de Mme Comte. Sa première séparation fut ainsi terminée dignement quand je recouvrai la santé.

En 1833 eut lieu la seconde, qui dura quatre ou cinq mois, à Paris et en province, sans d'autres motifs réels que le besoin d'une liberté effrénée et le dépit de ne pouvoir commander arbitrairement. Cette fois, quoique moins affecté, je fus assez bon pour solliciter la rentrée, enfin octroyée dédaigneusement.

La troisième séparation formelle survint, en mai 1838, par suite de mes justes répugnances envers de coupables visites. Elle ne dura que trois semaines. Mais je ne fis alors aucun effort pour obtenir sa cessation. Quoique j'accueillisse avec trop d'indulgence le retour spontané de Mme Comte, je lui signifiai ma résolution de traiter comme irrévocable toute nouvelle tentative semblable. Je donnai même à mon autorité conjugale une attitude

---

(1) On verra au n° 15 de nos *Pièces justificatives* que le rôle de cette dame se borna ici à tromper le pauvre malade, après sa guérison, sur une intervention tutélaire de sa part, absolument inventée. — R.

de fermeté, qu'eût exigée beaucoup plus tôt cette indisciplinable nature, mais qui du moins aurait dû lui annoncer la réalité d'une telle disposition.

Après quatre nouvelles années d'indignes luttes journalières, une inqualifiable conduite poussa Mme Comte à son quatrième et dernier abandon du toit commun. Pendant les six mois qui précédèrent son départ, je remplis loyalement mon devoir en m'efforçant de la détourner d'une telle issue, devenue pourtant indispensable à ma tranquillité, seul bien où aspiraient alors mes prétentions privées. Je réitérai souvent ma déclaration antérieure que cette fois le retour ne serait jamais sollicité, ni même accueilli. Mais une folle présomption empêcha d'écouter ces dignes avis chez une femme persuadée que je ne pourrais pas rester trois mois sans consentir à tout pour terminer l'isolement. Cette triste expérience finale offrit un trait caractéristique, qui vous donnera quelque idée de ma situation inouïe.

Vous savez que j'écrivais alors les conclusions générales qui constituèrent le nœud décisif de mon ouvrage fondamental, où la science, enfin complétée, acquérait ainsi l'irrévocable dignité d'une vraie philosophie. Ce travail suprême exigeait le plus grand calme moral, pour concentrer toutes mes forces mentales vers sa digne terminaison, avant le prochain retour de mon service d'examinateur, commençant toujours le 20 juillet. Il était donc convenu que Mme Comte partirait seulement le 1er août, afin qu'une telle secousse morale ne coïncidât point avec cette grande crise intellectuelle. Néanmoins, Mme Comte voulut, le 15 juin, me quitter immédiatement, pour, osa-t-elle dire, ne pas manquer un joli appartement, orné d'un jardin commode. Cette journée me fut terrible, et je m'y sentis près de retomber, en 1842, dans l'affreux épisode cérébral de 1826, par un concours analogue d'influences perturbatrices. Je n'évitai ce nouveau choc qu'en refusant énergiquement de donner à cette indigne femme aucune partie de la somme convenue jusqu'à l'échéance du 1er août. Alors elle attendit le terme fixé d'abord, mais en déclamant contre ma *tyrannie*.

Telle fut, en beaucoup d'autres cas, la conduite de celle à qui j'eus le malheur de donner mon nom. Pendant dix-sept ans de cohabitation, j'ai souvent conçu ainsi des pensées de suicide, auxquelles j'aurais probablement succombé, malgré mes fermes principes, si la profonde amertume de ma situation domestique n'eût été surmontée par le sentiment croissant de ma mission sociale. Mes travaux philosophiques en furent notablement entravés. Si mon grand ouvrage me tint douze ans, ce ne fut pas seulement par ses difficultés propres et mes embarras matériels. J'estime que mes troubles domestiques y influèrent pour un bon tiers. Mes trois derniers volumes, constituant sa principale moitié, furent accomplis en moins de quatre ans; parce que mon énergie tardive avait, depuis 1838, rendu mon intérieur moins insupportable. Tout l'ouvrage pouvait donc s'achever en huit ans, au lieu de douze, si j'avais toujours possédé cette demi-tranquillité. Loin de m'offrir l'appui domestique qui facilite ordinairement les grands travaux d'esprit, mon intérieur me présenta sans cesse un obstacle capital, qui ne fut pas le moins difficile à surmonter. Celle qui affecte aujourd'hui d'apprécier mon mérite philosophique le sentait si peu en novembre 1837 qu'elle osa me déclarer devant deux témoins, dont l'un vit encore, combien elle plaçait Armand Marrast au-dessus de moi. Depuis que ce misérable est discrédité, elle a vivement nié cette étrange préférence. Mais, quoique la haine inspirât une telle déclaration, la frivolité pouvait seule y faire penser. Devenue positiviste à l'âge où la Maintenon se fit dévote, cette dame ne me trouvera pas plus crédule pour l'une de ces conversions qu'envers l'autre N'ayant jamais apprécié mon esprit, je lui reproche surtout d'avoir encore moins compris mon cœur, après dix-sept ans de ménage ; tandis que ma sainte compagne me jugea principalement sous cet aspect, au bout de quelques mois de relations fort imparfaites.

Cette sommaire indication équivaut essentiellement à celle que j'exposai récemment à nos confrères. J'achève ainsi la pénible explication rendue indispensable par une funeste provocation, émanée d'une vaine prétention à m'interdire toute digne expansion publique de ma juste reconnaissance philosophique envers mon angélique Clotilde.

La précieuse gratitude personnelle que vous daignez me témoigner pour le développement moral et religieux du positivisme s'étendra bientôt jusqu'à la sainte influence involontaire qui, régénérant mon cœur, me procura le privilège d'une seconde vie publique. Si, avant ma grande publication de juillet, vous désiriez connaître la dédicace funèbre qui, en 1846, ébaucha la religion de l'Humanité, je pourrais vous la communiquer immédiatement, avec la préface caractéristique où je l'ai récemment motivée. Ce double préambule est, en effet, déjà imprimé, et même tiré : j'en possède maintenant un exemplaire en feuilles. Vous y verriez avec quels ménagements je fais entrevoir au public ma fatalité domestique, dont cette lettre vous donne enfin une idée générale. Dans ma vie privée, je n'ai jamais haï personne, encore moins la malheureuse qui portera toujours mon nom ; mais l'ensemble de sa conduite ne me permet point de l'estimer. Il est vrai que Dante chanta sa Béatrice sans faire aucune allusion à son propre mariage ; mais son épouse fut irréprochable, quoique peu sympathique. Mon cas n'est point aussi favorable, et pourtant j'y garderai publiquement toute la réserve possible, même si je survis à la coupable. Si sa conduite avait été celle de Mme Littré, je n'aurais jamais aimé ailleurs. Malgré ses torts, je ne m'y croyais pas même autorisé tant qu'elle restait sous le toit conjugal. C'est seulement deux ans après sa désertion irrévocable que mon cœur, ainsi demeuré vierge exceptionnellement jusqu'à quarante-sept ans, chercha les chastes émotions qui me raniment depuis six ans, et que la mort rendit bientôt plus fixes comme plus pures. Mais cette intime consolation, source continue des plus nobles améliorations, me dispose elle-même à oublier un douloureux passé, dont la mémoire troublerait d'ailleurs le peu d'années de pleine vigueur cérébrale qui me restent encore pour servir dignement le vrai Grand-Être. Je sens, mieux que mon cher Dante, qu'il faut avoir bu du Léthé avant de s'abreuver dans l'Eunoë. C'est donc malgré moi que je retrace mes longues souffrances, et j'espère aujourd'hui que ce sera la dernière fois. Dès 1842, j'exprimais à mon vieil ami combien j'étais disposé à regarder désormais ma fatalité domestique comme ayant seulement abouti à augmenter de trois mille francs (réduits ensuite à deux mille) mes contributions annuelles. Telle fut surtout ma disposition croissante après ma régénération morale. Si la coupable, renonçant à une concurrence insensée, garde enfin le silence convenable, elle obtiendra de moi une équivalente attitude, tempérée même par la sollicitude naturelle que je lui conserverai de loin. Mais, sous de nouvelles provocations, mon profond amour de la paix ne m'empêchera jamais de soutenir dignement la guerre, que je pousserai, s'il le faut, jusqu'à faire prononcer la séparation légale, suivant l'annonce qui termina ma lettre du 10 janvier 1847.

Tout à vous,

Auguste COMTE,
10. rue Monsieur-le-Prince.

P.-S. Je vous autorise pleinement à faire lire cette lettre par Mme Comte, si vous le jugiez convenable. Mais je ne veux pourtant recevoir aucune récrimination qui pourrait résulter d'une telle communication. Il s'agit ici d'une explication fraternelle envers mon principal collègue, et nullement d'enquête, ni de discussion, que je ne permis jamais à Mme Comte, en lui laissant d'ailleurs pleine liberté d'exposer le cas à sa manière.

§ 4. — LETTRE D'AUGUSTE COMTE A M. AUDIFFRENT.

Paris, le jeudi soir 20 Moïse 65 (1853).

Mon cher Disciple,

Le vain replâtrage projeté par M. Littré sous l'impulsion insensée de Mme Comte m'a déjà forcé d'écrire en Hollande, au début de ce mois, une longue explication, que M. de Capellen avait pourtant espéré de m'éviter d'après notre entretien spécial. Mais je comptais bien, grâce à M. Laffitte, être dispensé d'en reproduire aujourd'hui l'équivalent en Provence. Votre générosité naturelle a cru néanmoins devoir encore revenir sur ce pénible incident, déjà verbalement expliqué devant la Société positiviste, et pour lequel je me trouve donc obligé de formuler une quatrième appréciation, qui du moins sera la dernière. Toutefois votre connaissance antérieure du cas me permettra de la rendre plus explicite sans l'étendre davantage.

Sachez d'abord que ce projet déplacé vient surtout de Mme Comte, qui domine complètement M. Littré, peu désireux, je crois, d'un tel retour. Malgré ses cinquante ans de vie impure, cette dame compte me survivre, et son égoïsme concentré ne s'occupe déjà que de s'assurer la prolongation de sa pension après ma mort. Tant que la souscription fut dirigée par son plus intime ami, chargé d'ailleurs de lui transmettre mes payements trimestriels, elle se crut incorporée au positivisme, de manière à penser que dans ce cas, une simple tartine circulaire suffirait pour maintenir à la *digne veuve* le budget accordé par moi. Mais il en est tout autrement depuis qu'une complète rupture a privé M. Littré de l'administration du subside et fait passer à des disciples dévoués l'entremise trimestrielle. Son *ami* devenant de plus en plus étranger à l'école, au parti, surtout à l'Église que je fonde, elle sent que, après ma mort, il n'aurait plus assez de crédit parmi les positivistes pour les déterminer à conserver une charge qui ne constitue chez eux aucun devoir social envers une indigne épouse dont je n'obtins jamais que des entraves; d'autant plus que leur sollicitude se trouverait alors concentrée justement sur l'admirable fille adoptive, qui ne cesse de me fournir, depuis onze ans, sa précieuse intervention journalière. L'habile comédienne a donc compris qu'il lui fallait obtenir, à tout prix, entre M. Littré et moi, un replâtrage quelconque, qui la rétablirait, à son avis, dans ses anciennes connexités avec l'ensemble des positivistes. Telle est la principale source d'un tel projet, et surtout de l'étrange obstination avec laquelle cette indigne intrigante le poursuit indirectement, quoique, dès la première tentative, je l'aie radicalement repoussé.

En l'appréciant sans aucun égard à cette impure origine, je vous convaincrai facilement que toute persistance, de la part de qui que ce soit, ne pourrait maintenant que me susciter des tracasseries entièrement stériles. Car je puis vous l'avouer librement, je n'estime plus M. Littré, ni comme homme public, ni même comme homme privé; et par suite, toute vraie réconciliation est impossible entre nous, tandis que je ne peux, d'ailleurs, supporter aucun replâtrage où je serais seul à ne rien gagner. Le positivisme prescrit sans doute le *pardon* encore plus fortement que ne le fit jamais le catholicisme; puisque toute vengeance suppose une indigne impulsion. C'est pourquoi j'ai toujours pardonné, même à l'indigne dame que j'eus le malheur d'orner de mon nom. Mais le positivisme est à la fois trop réel et trop juste pour confondre, suivant le vague théologique, le pardon avec un *oubli*, qui, outre qu'il n'est pas plus facultatif en morale qu'en géométrie, deviendrait très blâmable en conduisant à traiter semblablement les personnes méprisables et les gens estimables. Il faut même sentir que le mérite effectif du pardon résulte surtout de ce qu'on n'a point oublié l'injure, quoiqu'on ne la venge pas : car on fait ainsi fléchir la personnalité sous la sociabilité. Si l'on pouvait réellement oublier, cette noble conduite n'aurait aucune difficulté morale. Tel est le vrai sens d'un grand précepte sur lequel on a beaucoup divagué théoriquement, mais qui fut toujours pratiqué comme je l'entends, même longtemps avant les gasconnades chrétiennes.

Intellectuellement, vous savez que M. Littré n'a pas la moindre force réelle. Tout son talent est d'écrivain, et d'ailleurs sans spontanéité, puisqu'il ne sait pas parler. Son instruction le rangera toujours parmi ceux qui tranchent en sociologie sans savoir l'arithmétique. Depuis que le positivisme ne souffle plus sur lui, vous le voyez rétrograder rapidement vers l'absolu métaphysique, et bientôt il retombera dans le type d'obscur érudit ou de journaliste médiocre d'où je le soulevai pendant treize ans. Il admet déjà l'astronomie sidérale et rejette le tableau cérébral. Sa manière d'entendre la division fondamentale des deux pouvoirs humains redevient de plus en plus confuse et radicalement vaine. Loin de nous offrir aucun avantage, sa coopération ne nous susciterait plus que de graves embarras, afin de remorquer un agent rétif.

Politiquement, vous savez, sans doute, d'après M. Laffitte, qu'il n'est point permis aujourd'hui de le regarder comme positiviste, si toutefois, il fut jamais autre chose qu'un révolutionnaire mal converti, tendant sans cesse, suivant sa souche protestante, à ne reconnaître aucune autre autorité que la sienne envers les principales questions. Son appréciation générale de la république dictatoriale reste encore au point d'aveugle antipathie que vous vîtes l'an dernier. Il croit de plus en plus que la présidence de la révolution occidentale appartient désormais à l'Angleterre!! Vous voyez donc qu'il ne comprend aucunement les lois sociologiques, quoiqu'il en puisse disserter en vrai littérateur. Que ferions-nous d'un tel adjoint? Je l'aimerais mieux pour adversaire que pour allié, quoiqu'il ne puisse désormais être réellement ni l'un ni l'autre, en vertu de son épuisement radical, qui doit faire regarder sa vie publique comme terminée.

Moralement enfin, vous n'ignorez pas le peu de cas qu'il faut faire de son caractère et de son cœur. Toujours indisciplinable, il proposait dernièrement aux Hollandais de renouer avec moi sur *le pied d'égalité;* ce qui ne fut jamais, vous le savez, que le pis aller de la domination. Quoique mon impulsion logique l'ait conduit jusqu'au seuil de la religion, sa sécheresse radicale ne lui permet pas d'y pénétrer utilement. Aussi proteste-t-il vainement contre les principales pratiques de notre culte, et repousse-t-il la loi du veuvage qui sert de base à notre régime domestique. Tant qu'il appartint à la Société positiviste, il y provoqua l'insubordination continue, d'après son imperfection spéciale quant à la vénération.

Si de l'homme public vous passez à l'homme privé, vous ne pouvez pas l'estimer davantage. Outre sa conduite très blâmable envers une épouse irréprochable quoique bigote, son intimité coupable avec Mme Comte indique une faible délicatesse, depuis qu'il connaît assez la conduite de cette dame pour la mépriser, s'il était moins imparfait. Son insuffisante moralité serait au besoin assez constatée par l'inqualifiable familiarité qu'il accorde à l'ignoble Belpaume, trop vil pour que la police se le soit attaché, comme on le suppose. Ce digne agent d'un vieux démon féminin est allé jusqu'à tenter contre moi l'infâme calomnie qui salirait aussi trois personnes, en m'attribuant une abominable paternité. Sous cette impulsion, on a même osé récemment ajouter que cette admirable famille prolétaire était nourrie aux dépens d'un philosophe, dont la quatrième circulaire annuelle annoncera prochainement que l'alimentation totale coûte *mille francs* par an, c'est-à-dire moins, pour ma fille et moi, que si je vivais isolé!! Toutes ces indignités se colportent sous la silencieuse adhésion de M. Littré, qui ne cesse pas d'en fréquenter les *honorables* auteurs des deux sexes! Comment pourrais-je ne point le mépriser, quoique je fasse une juste part à sa faiblesse?

Néanmoins en retour de ses anciens services, je lui laisserai tacitement le bénéfice public de l'appréciation morale que j'eus le malheur de consigner au début de ma *Politique positive*, et qui pourtant cessait d'être vraie, à mes yeux, quelques semaines après l'avoir écrite, et même avant la publication effective d'une préface imprimée trop tôt. Pour apprécier cette générosité, ne l'attribuez pas à la crainte de me discréditer par une rétractation. Car, si l'esprit absolu de la métaphysique repoussait de tels retours comme inconséquents, le génie relatif du positivisme les admet et même les prescrit, pourvu qu'ils soient assez motivés. Je ne serais nullement embarrassé d'une telle explication si je la jugeais opportune. Le public y verrait bientôt une preuve de plus de ma tendance ordinaire à me tromper plutôt en bien qu'en mal, malgré l'excessive sévérité qu'on m'attribue vulgairement. D'un autre côté, n'exagérez point les services effectifs que M. Littré rendit au positivisme, qui certes l'en a largement récompensé en le tirant de la foule des érudits et des journalistes où sa propre nature l'eût indéfiniment relégué. Son premier opuscule est le seul des trois qui puisse et doive rester, grâce à la réimpression que j'en ai projetée, dès l'origine, au début d'une édition finale de ma *Philosophie positive*. Le second est vulgaire, sauf quelques beaux articles, et le troisième mauvais, à part certains alinéas et la préface mémorable qui relie après coup cette indigeste compilation. Mais, dans son meilleur travail, une affectation calculée à me nommer et citer le moins possible nuisit beaucoup à l'essor du positivisme, qui serait aujourd'hui beaucoup plus avancé si mon *adhérent* parisien avait dès lors aussi dignement apprécié ma personne que l'a fait, l'an dernier, mon noble *adversaire* américain, pour lequel je suis assimilable à Aristote, et même cérébralement supérieur. Tout cela ne m'empêchera point de garder un silence complet sur mon appréciation du personnage, même civique ou philosophique. Je bornerai ce que j'en dois dire dans la préface de mon prochain volume à caractériser sa scission politique à propos de la dictature, en regrettant de voir ainsi redevenu finalement révolutionnaire l'habile écrivain que j'espérais conserver toujours comme principal collègue. Mais je mentirais au public si je ne lui communiquais pas convenablement une séparation qui doit faire époque dans l'histoire du positivisme, en faisant cesser tout mélange entre la religion et l'irréligion, entre les constructeurs et les démolisseurs. Dans une précieuse visite que me fit inopinément, le mois dernier, M. Wallace, auquel j'avais annoncé cette scission avant qu'il quittât Philadelphie, cet éminent Américain m'en félicita profondément, comme d'une crise très salutaire pour le positivisme, dont le principal avènement dépend désormais des vrais conservateurs. Telle est aussi ma propre conclusion.

Tout à vous,
Signé : Auguste COMTE,
10, rue Monsieur-le-Prince.

N° 15

MADAME AUGUSTE COMTE

(CAROLINE MASSIN).

Caroline Massin est née au mois de juillet 1802, à Châtillon-sur-Seine, d'un comédien et d'une comédienne appartenant à une troupe ambulante de province, non mariés, et qui se séparèrent bientôt après la naissance de leur fille. L'enfant passa ses premières années à Paris, chez sa grand'mère maternelle, mariée à un honnête tailleur et qui paraît avoir été une digne femme. Elle mourut en 1819.

Devenue veuve en 1813, elle ne put garder sa petite-fille, alors âgée de onze ans, qui dut retourner avec sa mère. Celle-ci, très dépravée, l'éleva pour la vie galante, et la dressa à ne considérer les hommes que comme un objet d'exploitation qu'une jolie femme devait toujours mouvoir suivant ses caprices. Cette maxime fut, pendant toute sa vie, la base de sa conduite.

Livrée à un jeune avocat qui l'abandonna bientôt, et n'ayant ni métier ni goût au travail, ni moyen d'existence, Caroline Massin s'adonna à la galanterie. Elle fut *inscrite* et se mit à exercer dans les environs du Palais-Royal. C'est dans les fameuses *galeries de bois*, le 3 mai 1821, jour de la fête officielle pour le baptême du duc de Bordeaux, que le jeune Comte, alors publiciste et répétiteur de mathématiques à Paris, fit sa rencontre pour la première fois ; il la fréquenta assez assidûment depuis. Au bout de dix mois, les relations cessèrent, Caroline étant retournée, pour un an, avec son premier amant.

Comte la retrouva ensuite, par un funeste hasard, boulevard du Temple, dans un cabinet de lecture que son protecteur lui avait acheté. Il l'y revit quelquefois encore, pendant cette année 1823, mais sans reprendre aucunement leurs anciennes relations. En 1824, elle vendit sa librairie, ayant l'intention, au pis aller, de retourner à sa première profession quand le produit de cette vente serait épuisé. Elle habitait rue de Tracy, et demanda au jeune Comte de lui donner des leçons d'algèbre, pour mieux savoir la tenue des livres. — Il s'y laissa prendre.

Dès leurs premiers contacts, Caroline avait, en badinant, parlé mariage ; quand, en 1824, elle vint lui proposer *ex abrupto* de vivre maritalement comme préambule conjugal, ce qui eut lieu le mois suivant. Elle venait de perdre l'espoir d'entrer, sous le nom de dame de comptoir, mais, en réalité, à titre de concubine, chez le directeur d'un bazar qui allait s'ouvrir au Palais-Royal. Ayant épuisé ses ressources, elle n'avait d'autre alternative, à ce moment, que de retourner aux galeries de bois ou de cohabiter avec son professeur d'algèbre, qui contracta un premier emprunt pour s'installer avec elle rue de l'Oratoire, n° 6, vis-à-vis du temple protestant.

Capté par cette jeune femme comme il l'avait été par Saint-Simon, le pauvre philosophe de vingt-six ans tomba dans les projets de mariage qu'elle avait mis en avant, et adressa à son père, à Montpellier, une demande qui fut tout d'abord et très justement rejetée.

Après dix mois d'instances et quand son fils allait en venir aux « sommations respectueuses », celui-ci céda, malgré son invincible répugnance, ignorant, du reste, l'état civil de sa future belle-fille. Ce fut un malheur irréparable.

Mlle Massin avait eu pour témoin de son mariage, qui se fit le 29 février 1825, à la mairie du IVe arrondissement de Paris, un officier de paix qui obtint sa *radiation* (1).

---

(1) Pour tout ce qui suit et précède, voir le *Précis de la vie et des écrits d'Auguste Comte*, par J. Lonchampt, un de ses premiers disciples et de ses exécuteurs testamentaires, dans la *Revue occidentale*, 12° année (1889), n°s des 1er mai, 1er juillet et 1er septembre.

Si fâcheux que soit le cas, il n'est pas unique. Plus d'un homme célèbre, à notre connaissance, y est tombé ; mais aucun, pensons-nous, n'a eu autant à s'en repentir.

Manquant encore plus de cœur que de moralité, sans préjugés ni scrupules, sans affection et sans reconnaissance pour son mari qui pensait se l'attacher pour toujours en la relevant d'aussi bas, mais voulant seulement arriver à l'aisance et à la considération, aux émoluments et aux honneurs, par l'homme sur lequel elle avait mis la main, M™ᵉ Auguste Comte, assez douée d'intelligence, d'autre part, et fort énergique, entrait, en effet, dans l'association conjugale avec le plan bien arrêté de faire travailler son mari pour lui gagner au plus tôt ce qu'elle ambitionnait, sans se gêner ni restreindre elle-même, en quoi que ce soit, quant à ses goûts naturels, ses vices et ses habitudes antérieurs.

C'est ainsi qu'elle prétendit conserver *et qu'elle conserva*, une fois mariée, encore qu'avant de s'engager elle eût prêté avec une sorte de solennité le serment contraire, ses relations galantes, sans vouloir jamais démordre de son prétendu droit sur ce point.

Le philosophe en conçut tant de honte et de chagrin qu'il faillit en mourir, et, pis encore, en perdre la raison ! C'est, en effet, aussitôt après que sa femme eût abandonné pour la première fois le toit conjugal, quatorze mois après le fatal mariage, qu'Auguste Comte eut son accès de folie (avril 1826) ; et il n'est aucunement douteux que le chagrin qu'il ressentit de cette trahison n'en ait été la cause déterminante. Outre qu'il l'écrivit et l'imprima plusieurs fois depuis, notamment à M. Littré le 29 avril 1851, il le répéta expressément en public, tout au moins à la réunion exceptionnelle de la Société positiviste, qui eut lieu le 17 avril de la même année.

Et cependant M. Littré, dans le livre malhonnête qu'il a composé de moitié avec Mᵐᵉ Comte, contre son mari, et qu'il publia après la mort de ce dernier (1), a nié, malgré tous ces avertissements, cette douloureuse situation domestique, et a donné pour cause à l'accès de manie aiguë ou de folie que Comte éprouva au mois d'avril 1826, *la peur d'un duel avec le saint-simonien Bazard !* à propos d'un article de journal dans lequel Comte lui reprochait, et à sa secte, de s'approprier ses idées sans en faire connaître la source...

Une pareille défaite ne serait qu'inepte, absolument sotte, si elle n'était avant tout odieuse et inventée, si elle ne faisait manifestement partie du système artificieux de contre-vérités et de diffamations voulues, arrangé par Mᵐᵉ Comte après sa séparation d'avec son mari, surtout après la mort de celui-ci, *pour sa propre justification*, et dont le livre de M. Littré n'est que l'écho servile.

L'exemple le plus révoltant et le plus osé de ce travestissement de la réalité, résulte en effet de la leçon que Mᵐᵉ Auguste Comte a fournie à

---

(1) *Auguste Comte et la philosophie positive*, in-8° de 687 pages ; Paris, Hachette, 1863.

M. Littré fut deux fois aussi « subjugué » en sa vie : une fois par la philosophie positive, une autre fois par Mᵐᵉ Comte. La deuxième conquête annula la première.

son illustre protecteur sur les faits relatifs à ce terrible épisode, qu'il qualifie de maladie mentale (il y eut bien aussi un peu de trouble moral!).

Or « l'indigne épouse », qui avait quitté son mari délictueusement avant qu'il ne tombât malade, et qui ne reparut que pour remplir la formalité de son admission dans la maison de santé du docteur Esquirol, d'après l'initiative de M. de Blainville, l'y oublia complètement dès qu'il y fut reçu, et ne réintégra le domicile conjugal que lorsqu'il y fut lui-même rentré.

La lettre suivante, de ce dernier à M. de Lamennais, publiée par M. Pierre Laffitte dans la *Revue occidentale* (3ᵉ année, nº 5, p. 249), établit avec précision le fait de l'admission d'Auguste Comte dans la maison de santé :

« *A monsieur l'abbé de Lamennais, rue de l'Arbalète nº 21, faubourg Saint-Marcel, Paris.*

« Monsieur l'abbé, j'ai été voir à Montmorency le malheureux M. Comte, auquel vous avez bien voulu vous intéresser. Je l'ai trouvé dans un état d'aliénation mentale tel, que j'ai été obligé de prendre la mesure rigoureuse de le mettre dans une maison de santé disposée pour le traitement de ce genre de maladies. Fort heureusement, M. Esquirol, à ma recommandation, a bien voulu s'en charger, en sorte que je ne suis pas tout à fait sans espoir de guérison, d'autant plus que les symptômes m'ont paru avoir été considérablement aggravés par une opposition souvent mal calculée à ses désirs...

« Votre très humble serviteur,

« H. D. DE BLAINVILLE.

« Paris, 19 avril 1826. »

Voici maintenant la lettre par laquelle le pauvre malade avait averti ce dernier de sa situation et de son séjour à Montmorency :

« Saint-Denis, hôtel du Grand-Cerf. Samedi, 15 avril 1826, midi et demi.

« Mon cher monsieur de Blainville,

« Hier matin (de 10 à 11 h.), j'ai cru mourir, et, de fait, il a tenu à rien que je devinsse subitement bien plus que mort.

« Je me suis *traité* moi-même, vu que j'étais absolument isolé; c'est à cette heureuse et inflexible nécessité que j'attribue ma *guérison*.

« Quant à la cause, je n'avais pas le temps de vous la dire. Si vous ne la devinez pas, et que vous teniez à la savoir de suite, M. de Lamennais, mon confesseur et mon ami, vous la fera connaître aussitôt que vous lui en aurez manifesté le désir, quoique je ne l'en aie pas *prévenu*.

« Vous saurez, si vous voulez quelque détail immédiat, que je serai demain matin à Montmorency (au Cheval Blanc) et probablement aussi lundi et même mardi; en tout cas, je *vous* donne la *trace*.

« Aujourd'hui, je viens de faire mon plan de convalescence, demain ou ce soir (ou même à présent), l'exécution commencera.

« Mercredi à 3 heures, vous jugerez ma capacité médicale, si vous avez le temps d'assister à la démonstration qui se fera chez moi. Adieu, mon cher monsieur de Blainville; à Montmorency ou ailleurs, demain ou tous les jours, croyez-moi bien sincèrement, votre affectueux et tout dévoué

« Auguste COMTE.

« P.-S. — M'étant trouvé *obligé* ici d'*être* et même de *paraître* véritable médecin malgré lui, cela m'a fait naître ce matin une *lubie* fort *originale* que je ne puis m'empêcher de vous laisser *voir*, au risque de vous entendre *rire* comme un dieu d'Homère.

« Auguste COMTE.
« D. M.

« Mon *sobriquet*, à l'École polytechnique, était *Sganarelle*, historique, comme dit Mme de Genlis. Mes camarades auraient-ils alors *prophétisé*, comme j'étais hier un *médecin*.

« Si ma *lubie* vous fait simplement *sourire*, après votre dîner vous fixerez arbitrairement l'époque et le mode de la cérémonie. Je ne l'*espérerais* pas avant deux ans, et je ne le désire pas avant la prochaine rentrée.

« J'ai un petit voyage à faire cet été chez mon *père*, et j'en profiterai pour voir *ma mère*, qui demeure aussi dans le *même endroit*.

« Prenez toujours ceci comme un symptôme et me l'administrez comme *calmant* en ce sens, il n'y a pas de *père*. Merci. »

Auguste Comte était donc depuis un mois en traitement à la maison de santé, lorsque sa famille en fut informée, le 17 mai 1826, par une personne étrangère et non par sa bru.

Ce tiers n'était autre que le père naturel de Mlle Massin, l'artiste dramatique, qui, très besogneux, tourmentait sa fille pour en obtenir des secours, et voulut se venger d'un refus en apprenant du même coup aux parents de son mari l'internement de leur fils, l'abandon qu'en avait fait sa jeune femme, et l'inconduite avérée de celle-ci.

Or, Mme Comte mère, bien que valétudinaire, était partie pour Paris le lendemain même du jour où la triste nouvelle était parvenue à Montpellier, et c'est alors, 21 mai 1826, « que la famille Comte reçut une lettre de Mme Auguste Comte qui lui disait que son mari était malade depuis longtemps, mais *qu'il n'avait pas besoin de ses soins* et qu'elle allait se mettre en route pour Montpellier.

« Le jour où cette lettre parvint à son adresse, M. Comte (père) était absent pour affaire de service et Mlle Comte (sœur), dans son indignation contre celle qui portait un nom qu'elle déshonorait, crut devoir ne pas attendre l'arrivée de son père pour lui écrire qu'il était indigne qu'elle quittât son mari, et qu'elle ne serait pas reçue par sa famille si elle s'y présentait; que Mme Comte (mère) était partie pour aller auprès de son fils, malgré son âge (elle avait plus de soixante ans).

« M. Comte, à son arrivée, écrivit en père honnête homme.

« Mme Auguste Comte, instruite de l'arrivée de sa belle-mère (à Paris) fit tout au monde pour voir son mari, qu'elle voulait abandonner ; elle fit tout pour voir aussi sa belle-mère, qui, habituée aux douceurs de la famille, se trouvant loin des siens, *ne tarda pas à croire aux flatteries de sa bru et à la croire bien malheureuse* (1).

« Mais plus tard elle y vit clair (2). »

Arrivée à Paris le 24 ou 25 mai 1826, Mme Comte mère alla aussitôt à Montmorency, pour être le plus près possible de son fils et suivre sa maladie ; elle resta avec lui plus de sept mois.

C'est elle et elle seule, outre le personnel médical, qui veilla sur lui, et, très certainement, concourut à sa guérison. Car elle demeura non seulement jusqu'au temps où le malade sortit, à peu près rétabli, de la maison de santé, mais aussi chez lui, jusqu'à ce qu'il fut entièrement revenu à la raison.

Or, Mme Auguste Comte, qui avait déterminé la folie de son mari en abandonnant le domicile conjugal et qui l'avait entièrement délaissé lui-même avant que sa mère ne fût arrivée, s'attribua exclusivement, effrontément, dès lors et toujours, *vis-à-vis de son mari et de tous ceux qu'il connaissait*, le mérite de sa conservation ! C'est à sa vertu, à ses soins assidus, à son dévouement que l'on devrait le salut de l'auteur de la philosophie positive... Toute sa vie elle exploita cet affreux mensonge et s'en servit pour se couvrir d'héroïsme en même temps qu'elle convainquait son mari de la plus noire ingratitude, lui reprochant de la chasser de chez lui *pour y introduire une maîtresse !* — c'est ainsi qu'elle le brouilla avec nombre de ses amis.

Sans prendre aucunement parti dans la question du traitement suivi envers le jeune malade, et qui l'amena à guérison cependant, sans en juger le bien fondé ou l'inopportunité, mais sans croire non plus à son inefficacité ni surtout à son influence funeste, nous dirons que le mal était arrivé à son comble quand la pauvre mère fut mise en présence de son fils, qui ne la reconnut même pas. Elle s'installa près de lui, ne cessa pas de le visiter assidûment, et dès qu'il fut en meilleure santé, c'est-à-dire le 30 novembre 1826, elle le retira de l'établissement Esquirol et le garda elle-même à Paris, dans un nouveau logement, rue du Faubourg-Saint-Jacques, n° 159, où elle fut assistée par un infirmier jusqu'au temps où, d'après une amélioration assez stable, elle put s'en retourner à Montpellier, le 26 décembre de la même année, en remettant aux soins de sa femme son fils convalescent.

Divers papiers, entre autres des pièces comptables gardées par M. Comte père *qui paya tous les frais occasionnés par la maladie de son fils et les emprunts antérieurement contractés par lui-même ou par sa femme*, établissent les faits importants que nous venons de rapporter, avec leur date. On en doit la connaissance exacte à une enquête scrupuleuse faite à Montpellier, auprès de la famille d'Auguste Comte, après sa mort, par M. le docteur Audiffrent,

---

(1) Toujours même tactique et même diplomatie. — R.
(2) *Déclaration de Mlle Alix Comte*, Montpellier, le 19 mai 1868. — R.

ainsi qu'aux déclarations écrites, appuyées de preuves testimoniales obtenues ultérieurement de Mlle Alix Comte.

M. Comte père dépensa pour la maladie de son fils, séjour à la maison Esquirol et frais divers. . . . . 2,112 fr. 75 c.
Voyage et séjour de Mme Comte mère et sommes payées
pour M. Auguste Comte et pour Mme. 1,890   25

Ensemble . . . . 4,003 fr. 00
Dont notes et acquits.

Il ne restait à Auguste Comte, lorsque sa mère le quitta, qu'une extrême irritabilité.

Après le départ de celle-ci, sa femme reprit donc la tutelle dont il avait encore besoin; mais comme il ne *voulait absolument plus la revoir* et qu'elle s'imposait, il tomba dans une mélancolie et un désespoir tels, qu'il essaya de mettre fin à ses jours. Il se précipita du pont des Arts dans la Seine (avril 1827). Il en fut retiré par un garde royal, qui se jeta courageusement dans la rivière et parvint à le ramener vivant. Cette secousse violente, au lieu de nuire au pauvre malade, fut le point de départ de sa guérison définitive.

C'est pendant le temps qu'elle avait passé auprès de son fils lorsqu'il fut sorti de la maison de santé, que Mme Comte mère, très chrétienne on le sait, obtint de sa déraison et de sa faiblesse qu'il subît le mariage catholique, le 2 décembre 1826 (V. Lonchampt, *Précis de la vie et des écrits d'Aug. Comte*). Mais où notre confrère se trouve mal renseigné et se trompe évidemment, c'est, nous le répétons, quand il parle, au sujet de la maladie de notre maître, du *dévouement de sa femme* et de l'énergie avec laquelle elle refusa qu'on le fît sortir de chez Esquirol pour le placer dans une maison religieuse. IL N'EN FUT JAMAIS RIEN.

Autant les affirmations de cette dame ont été prolixes et dramatiques sur ce point, — *ce qui lui permit de rentrer en grâce auprès de son mari, qui ne voulait absolument plus [se rapprocher d'elle* (elle lui fit croire qu'au plus fort de sa folie sa famille, et, en tête, la pauvre Mme Comte mère, de concert avec les abbés Gerber et Lamennais, avait voulu l'enlever de Paris et le confiner en Normandie, dans un couvent de Trappistes, où on aurait fait disparaître cet adversaire de la théologie!), — autant les dénégations énergiques, indignées et précises de la famille Comte s'élèvent contre cette version inventée, qu'elle traita toujours d'abominable mensonge, *à laquelle Auguste Comte lui-même crut jusqu'à la fin de sa vie* (1).

Cette jonglerie servit, avec tant d'autres suggestions aussi perverses et aussi dénuées de réalité, à brouiller pour jamais le pauvre convalescent avec sa famille et à le séparer des siens presque jusqu'à sa mort, malgré l'amertume croissante qu'il en éprouvait (2). C'est ainsi que cette femme si

(1) Il avait des doutes, cependant : à preuve les démarches qu'il fit faire sur le tard auprès de l'abbé Gerber, par un de ses disciples.—A cette époque, *et du fait de sa femme*, il était encore en très grand froid avec ses parents.

(2) Correspondance Valat, lettres XXIII à LIV, *passim*.

Il est indispensable de comparer cette partie de notre récit avec celui de M. Lonchampt, et surtout avec le livre de M. Littré.

profondément méchante et artificieuse put reprendre, pendant quinze années, sur son mari, et *au plus grand détriment de celui-ci,* la domination que son inconduite notoire avait un moment ébranlée.

Mais une séparation irrévocable étant survenue, par son fait, au bout de ce temps, elle profita de nouveaux ménagements et de l'autorisation qu'il lui avait accordée de correspondre avec lui, ainsi que des démarches qu'il avait faites auprès de certains amis pour qu'ils continuassent à la recevoir, elle en profita, dis-je, comme il devait bien s'y attendre, pour le calomnier impudemment et mettre tous les torts de son côté, enfin, pour le brouiller avec toutes les personnes auxquelles il l'avait recommandée.

Il y a plus, c'est dans cette correspondance qui semblait devoir rester hors de cause, que M. Littré ou plutôt le couple acharné contre lui ne rougit point, par un abus cynique, d'aller chercher des textes, des lambeaux de phrases, des mots, pour contredire et noircir ses moindres actions.

En l'espèce, voilà bien à quoi servirent cette témérité dans la pitié, la candeur, la confiance optimiste à la nature humaine, qui furent si fatales à Auguste Comte.

Ayant irrévocablement rompu le 5 août 1842, depuis la dernière fois que sa femme avait délictueusement quitté le domicile conjugal et détruit de fait la communauté, il avait dû songer, avant de mourir, à mettre à l'abri de ses fureurs et de ses revendications les objets qui lui appartenaient en propre et qu'il entendait laisser soit à ses enfants adoptifs, soit à son successeur à la direction du positivisme. Mais il commit la faute insigne, irréparable, de ne pas demander alors sa séparation légale de corps et de biens, qui, pareillement motivée, aurait été prononcée certainement. Dans sa longanimité, il espérait ainsi retenir encore cette malheureuse et l'empêcher de se perdre irrémédiablement.

Il fit donc un testament motivé, qui imposait à ses disciples de *payer régulièrement à M*^{me} *Comte, jusqu'à sa mort, la pension qu'il lui accordait de son vivant,* sauf par elle à renoncer à son héritage, soit : à ses meubles, à ses hardes, à ses souvenirs intimes et à ses papiers; la propriété littéraire de ses œuvres restant au fonds typographique positiviste qu'il avait institué depuis quelques années.

D'espèces, de titres de rentes ou de propriétés, néant : son héritage était donc, matériellement, de nulle valeur; on sait qu'il vivait de l'annuité fournie par le subside sacerdotal positiviste, trop faible pour qu'il ait pu réaliser aucune économie.

Voici comment ses volontés furent respectées.

Avertie dans la matinée du 6 septembre 1859 de la mort de son mari, par MM. Joseph Lonchampt, exécuteur testamentaire, et Bazalgette, membre de la Société positiviste, Mme Comte resta quelques jours sans se découvrir. M. Littré se trouvant alors absent de Paris, elle annonça qu'elle attendrait son retour pour prendre une décision.

Le 12 septembre, quelques jours après les funérailles, cette dame, assistée de M. Littré, se présenta au domicile du fondateur de la religion universelle. Elle entra d'autorité dans ce lieu consacré par tant de souvenirs, et dont tout semblait l'éloigner. Foulant aux pieds une défense formelle, elle franchit un seuil qu'elle n'avait pas passé depuis quinze ans, et qui lui était à jamais interdit. Enfin, pour mieux caractériser sa démarche, elle eut le triste courage d'insulter aux êtres les plus chers à Auguste Comte, sans se voir empêchée par celui qui l'accompagnait. Cette épreuve ne fut point la seule et ne se renouvela que trop souvent, surtout quand Mme Comte fit interdire aux positivistes l'entrée de SON LOGEMENT (celui de son mari), et qu'elle empêcha la commémoration qui devait y être célébrée par eux pour honorer la mémoire et consacrer la perte de leur maître. Elle occupa donc judiciairement l'appartement sacerdotal, pendant que les disciples repoussés allaient chez un de leurs frères (Don José Florez) accomplir ce pieux devoir.

Aussitôt après le retour de M. Littré, Mme Comte avait fait savoir qu'elle n'acceptait point le testament et qu'elle userait de son droit. Néanmoins, l'exécution testamentaire, conformément à son mandat, lui avait offert, par l'organe de son président, le 9 septembre 1857, de payer toutes les dettes de la succession, d'acquitter toutes ses charges et de lui continuer, sa vie durant, la pension qu'elle recevait depuis quinze ans de son mari, à condition qu'elle abandonnerait toute prétention sur son héritage et sur la propriété littéraire de ses œuvres. Bien que cette proposition fût matériellement très avantageuse, puisque l'actif de la succession ne pouvait équivaloir à son passif et que la propriété littéraire se trouvait dans ce cas d'un profit douteux, bien qu'elle fût scrupuleusement conforme à la volonté expresse du testateur, et qu'elle n'apportât aucun changement dans la position de sa veuve, elle fut, cette fois et toujours, entièrement repoussée. Mme Comte arguait qu'elle ne pouvait accepter sans déshonneur une pension que son mari considérait comme une obligation résultée de la faute qu'il avait commise en l'épousant. Or, depuis 1842, époque de leur dernière séparation, elle avait régulièrement perçu et même réclamé cette annuité, quoiqu'elle ne lui ait jamais été accordée qu'à ce titre (voir la lettre à M. Littré, p. 384). Dès 1851, c'est-à-dire depuis le temps où M. Comte avait perdu sa dernière fonction polytechnique et depuis l'épuration spontanée de la Société positiviste, elle savait pertinemment que cette somme annuelle lui provenait exclusivement du subside sacerdotal. Enfin, elle avait continué de la recevoir après la publication, en 1854, du dernier volume de *Politique positive*, contenant cette recommandation caractéristique : « L'ensemble de mes adhérents continuera l'annuité viagère de 2,000 francs indiquée dans ma quatrième circulaire, afin que j'accomplisse jusqu'à son terme naturel l'obligation résultée, dès ma jeunesse, de ma seule faute vraiment grave. » La mort d'Auguste Comte n'apportait donc aucun changement à cet égard, et c'est par de tout autres motifs que sa veuve refusait, en 1857, l'allocation qu'elle avait jusqu'alors recherchée. En se portant héritière selon le droit, Mme Comte pouvait faire vendre la dépouille de son mari et annuler son testament : c'est ce parti qu'elle adopta avec empressement et sans retour.

Les disciples d'Auguste Comte, ses exécuteurs testamentaires, sa famille adoptive, sa sœur et son respectable père s'unirent pour empêcher ce désastre, et firent tous leurs efforts pour le conjurer; mais sa veuve, par un intraitable esprit de vengeance, en poursuivit la consommation avec la plus inflexible rigueur. Une vente aux enchères se fit par son ordre les lundi 14 et mardi 15 décembre 1857, et, je le répète, sans le dévouement que déployèrent quelques-uns de nos frères (1), ce que le fondateur du positivisme léguait à ses enfants adoptifs, à sa propre famille, à ses disciples, à la postérité, aurait été perdu sans retour. Tout ce qui lui avait appartenu, ses meubles, ses livres, ses vêtements, fut exhibé, dans ces jours néfastes, pour un encan profanateur. Son domicile fut envahi par la tourbe des habitués de ventes judiciaires, ses vêtements furent essayés à l'hilarité générale et à la plus grande joie de Mme Comte, présente, et des amis et amies qu'elle avait invités à cette fête, par des brocanteurs facétieux; et toutes ses précieuses reliques se trouvèrent pétries, souillées, par cette gent mercantile et grossière qui, trompée dans l'assurance de sa curée habituelle et se voyant opiniâtrément disputer sa proie, témoignait son dépit par d'ignobles ricanements sur les traces que le dénûment et la misère avaient imprimées à ces restes vénérés (2).

Ce n'est pas tout : dans une séance de référé demandée par l'exécution testamentaire et qui précéda la criée, Mme Comte, cette libre-penseuse si fière et si émancipée, fit articuler par son avoué, *elle présente*, qu'elle n'acceptait point le testament de son mari, parce qu'il était l'œuvre d'*un athée et d'un fou!* Enfin, elle ne craignit point d'infliger alors à sa mémoire le plus cruel outrage, en taxant de libertinage les relations si touchantes et si pures qu'il avait eues avec Mme Clotilde Devaux et avec *Mme Sophie Thomas, sa fille adoptive!*...

La nature morale de Comte, sa vie et ses œuvres repoussent assez de semblables imputations pour qu'il nous soit interdit de les apprécier ici, même pour les flétrir. Nous ferons seulement observer, d'après de telles injures, combien notre maître, que l'on a si légèrement taxé d'exagération dans ses jugements envers la personne qui portait son nom, fut, en réalité, retenu et modéré dans ses appréciations, magnanime dans sa justice et dans sa conduite.

Comme on a pu le voir, Mme Comte ne fut pas seule dans cette affaire. Toujours assistée alors, comme avant et depuis, par ceux que des antipathies spontanées excitaient contre la religion nouvelle, elle fut en outre directement soutenue par l'homme qui résume au plus haut point l'ensemble de ces incompatibilités. Incapable de subir véritablement l'ascendant intellectuel et moral du grand rénovateur, M. Littré, que la philosophie positive semblait avoir un moment éclairé, s'était de bonne heure soustrait à l'influence de son illustre auteur. Lorsque Mme Comte eut quitté le domicile de

---

(1) MM. Foucart, de Constant-Rebecque, Deullen, Dr Cousin, etc.

(2) Ce sont les regrets inspirés aux positivistes par toutes ces vilénies qui suggérèrent aux matérialistes amis et collaborateurs de M. Littré les plaisanteries ignobles que l'on sait. On n'a pas oublié leur fameux cliché : que les enfants de chœur de la rue Monsieur-le-Prince adoraient les chaussettes et les culottes de leur maître!

En Angleterre on alla plus loin : c'était le bras de Mme Clotilde Devaux, séparé, préparé, desséché, qui servait à leur culte...

son mari, les sympathies de cet écrivain lui furent aussitôt acquises, et c'est l'ascendant progressif d'une telle liaison, favorisée par ses antipathies naturelles, philosophiques et politiques, qui l'éloigna graduellement de son ancien maître, pour l'engager finalement dans les voies de l'agression la plus injustifiée.

Après s'être volontairement retiré de la Société positiviste en 1852, M. Littré eut quelque temps encore des relations de convenance avec son président; mais l'insistance qu'il mit à réclamer de lui l'augmentation de la pension annuelle de Mme Comte, provoqua une rupture d'ailleurs inévitable (1). Au lieu de solliciter, comme il l'avait fait jusqu'alors, M. Littré exigeait, cette fois. Il voulait que notre maître abandonnât son appartement, ce foyer consacré par la présence et le souvenir de Mme Devaux, ce domicile où avait surgi et où s'accomplissait l'évolution religieuse du positivisme, et que, se séparant de sa famille adoptive, il allât se reléguer dans quelque mansarde, afin d'augmenter le confortable d'une existence consacrée à lui nuire. Et pour le cas où M. Comte n'obtempérerait pas à ses injonctions, *il le menaçait de lui retirer son appui moral, son crédit littéraire*, c'est-à-dire, selon sa pensée, de lui enlever ses dernières ressources.

La réponse d'Auguste Comte fut ce qu'elle devait être : il ôta, sans hésiter un seul instant, la direction de la souscription positiviste à M. Littré, et la prit entre ses mains. C'est à partir de ce moment que cette institution reçut un développement réel, et qu'elle put satisfaire à sa plus urgente destination, ce qui réduit à néant les prétentions du patronage académique (2).

Plus tard, et pour divers motifs, M. Littré fut poussé à des demandes en réconciliation peu dignes, dénuées surtout de sincérité et qui provoquèrent un rapprochement fâcheux. Mais, évidemment, de tels hommes étaient trop différents de cœur et d'esprit pour sympathiser et se comprendre; ils devaient renoncer à se voir. C'est ce qui ne tarda point à arriver.

Or, depuis cette époque, et surtout après la mort d'Auguste Comte, l'action de M. Littré, qu'elle restât secrète ou qu'elle se produisît au grand jour, se montra de plus en plus hostile, et il est impossible d'admettre qu'il soit resté étranger à la conduite qu'adopta Mme Comte envers le testament de son mari.

On se rappelle qu'il l'assista dans toutes les démarches que nous avons signalées, et surtout qu'il ne la désavoua point après la déclaration produite dans la séance de référé. Que dis-je? M. Littré fit un appel public en faveur de cette dame; sa demande, qui fut distribuée en France et à l'étranger, *excepté aux positivistes*, parut néanmoins sous le titre de *circulaire positiviste*, le 1er décembre 1857, dans une revue critique et littéraire qui se publiait

---

(1) Il est bon de rappeler ici que la souscription instituée pour subvenir à l'existence d'Auguste Comte ne s'élevait pas alors à cinq mille francs, sur lesquels étaient prélevés les deux mille francs affectés à la pension de sa femme. Il faut noter aussi que cette annuité, d'abord portée par lui à trois mille francs lorsque cette dame le quitta, ne fut réduite à deux mille qu'après sa première spoliation polytechnique.

(2) Le subside positiviste s'éleva, en 1852, à la somme de cinq mille six cents francs.

alors à Paris (1). Après y avoir jugé à sa manière l'œuvre et le mérite d'Auguste Comte, M. Littré provoquait une souscription destinée à l'entretien de sa veuve. Mais il omettait totalement d'instruire le public que l'illustre défant avait laissé un testament, et que les disciples désignés par lui pour faire exécuter ses dernières volontés s'étaient constitués en vue de satisfaire à leur mandat. Il omettait de faire connaître que le testateur avait pourvu lui-même, et d'une manière très explicite, à la subsistance de cette veuve, au payement de ses créanciers, à l'organisation de ses disciples. Il taisait entièrement les propositions faites par l'exécution testamentaire, le refus opiniâtre qui les avait accueillies et les débats judiciaires, alors pendants, qui en étaient résultés ! Il laissait donc à penser que le fondateur du positivisme avait disparu sans pourvoir à aucune éventualité, sans former aucune prévision, sans satisfaire à aucun de ses devoirs personnels ou sociaux. Et de l'initiative qu'il prenait en cette occasion, l'on pouvait inférer qu'il surgissait légitimement pour réparer le désordre résulté d'un aussi grave abandon. En outre, dans le préambule de sa circulaire, M. Littré affirmait que dans la distribution du subside sollicité par quelques positivistes *réunis en vue de pratiques cultuelles* (c'est ainsi qu'il croyait pouvoir désigner la société des exécuteurs testamentaires), *ne se trouvait pas comprise la veuve d'Auguste Comte, qui ne vivait que de la pension annuelle que lui faisait son mari, et qui se trouvait, lui mort, dénuée de tout moyen d'existence.* Or, à cette époque, des propositions souvent réitérées et présentées sous toutes les formes avaient été faites à Mme Comte, par l'exécution testamentaire et par ses représentants judiciaires, pour qu'elle acceptât la pension de deux mille francs qui lui était continuée par son mari; *une de ces tentatives avait eu lieu le 9 septembre, deux mois auparavant, en présence de M. Littré !* Et une circulaire émanée des exécuteurs testamentaires avait paru, dès le 9 septembre également (quelques jours après la mort d'Auguste Comte), portant la notification formelle de la pension qu'il laissait à sa veuve, ainsi que des mesures prises pour la lui assurer. Enfin dans le post-scriptum d'un article nécrologique sur Auguste Comte, inséré le 1er octobre 1857, par un ami commun de Mme Comte et de M. Littré, dans la revue même où ce dernier produisait, deux mois plus tard, son inqualifiable dénégation, le directeur de ce recueil consignait en termes formels le refus de cette dame à l'égard de l'annuité qui lui était offerte par les exécuteurs testamentaires de son mari.

Eh bien ! je le demande, après tant de faits dont il était pertinemment informé, comment M. Littré a-t-il pu témoigner dans un acte public que la veuve d'Auguste Comte n'était pas comprise dans la répartition du subside sollicité par ses exécuteurs testamentaires? Comment a-t-il osé dissimuler l'existence du testament? Comment a-t-il pu prendre sous le couvert du devoir, sous le prétexte du bien, l'initiative d'une souscription qui annulait les dernières volontés du fondateur de la religion universelle, qui foulait aux pieds ses vœux les plus sacrés et les plus explicites? Comment a-t-il pu affirmer que Mme Comte n'avait fait vendre à l'encan l'héritage de son mari,

---

(1) La *Revue philosophique et religieuse* de M. Fauvety.

ses legs particuliers, ses dépouilles personnelles, que pour satisfaire à quelques créanciers? Comment, enfin, s'est-il cru dispensé de mentionner au moins les efforts tentés par les disciples d'Auguste Comte pour empêcher ce désastre et pour le réparer?

Tous ces faits et tant d'autres que nous laissons dans l'ombre, ces omissions osées, ces mensonges impudents, donnent à la conduite de M. Littré un caractère d'hypocrisie et d'hostilité telles, qu'il est impossible de le ranger encore parmi ceux qui reconnurent et suivirent Auguste Comte. On doit, au contraire, en toute justice, le regarder finalement comme un ennemi personnel de ce grand homme, comme un adversaire acharné, fourbe, sans scrupule et sans probité; et l'on sait du reste, qu'il ne se sépara pas moins de sa doctrine que de sa personne (1).

. . . .

Et cependant il y a une exploitation et un abaissement de la personne de Comte qui nous semblent au moins aussi forts en scandale et en prétention que cette violation honteuse de ses volontés testamentaires : c'est l'attribution à Mlle Massin, dans le livre de Littré, du grand œuvre de la philosophie positive : j'ai dit *la philosophie positive!*

On sait qu'Auguste Comte, après sa rupture définitive avec celle qui portait son nom (1842), c'est-à-dire lorsqu'il refusa de lui laisser réintégrer le domicile conjugal après sa dernière exégèse ou après qu'elle l'eût quatre fois délictueusement abandonné, avait publiquement reconnu à Mme Clotilde Devaux une influence morale, consolatrice et directement suggestive, dans l'inspiration de son œuvre principale, le *Système de politique positive*. — Eh bien! l'intolérable comédienne qui fut sa femme, dans sa rage injustifiable contre la nouvelle Béatrice, a voulu jouer la contre-partie de cette affirmation; elle a prétendu, dès ce moment et depuis, que c'est sous son inspiration à elle, fille Massin, par son conseil et d'après ses exhortations persévérantes, sous sa dictée pour ainsi dire, que la philosophie des sciences avait été conçue et que le *Cours de philosophie positive* fut écrit (2).

Et M. Littré d'acquiescer! alors que l'on sait, et qu'il savait mieux que pas un, par les traditions orales et les témoignages écrits, que la créature, tout spécialement inapte par le cœur et par l'esprit, par le complet défaut de sentiment social et de préparation scientifique, par le manque de force intellectuelle, à un tel patronage, apporta, au contraire, à l'élaboration de la philosophie positive et de la synthèse moderne toutes les entraves et tous les obstacles imaginables, que nous avons précédemment rapportés, jusqu'au point de compromettre deux fois la raison et l'existence même du fondateur du positivisme; lorsque l'on sait que, d'autre part, elle le détourna sans

(1) Il faut dire aussi que le renégat, comme journaliste et académicien, obtint tous les services et toutes les complaisances de la presse de ce temps, qui n'eut jamais pour Comte et pour ses disciples que d'indignes procédés; de même qu'il garda longtemps l'oreille des sociétés littéraires et savantes auxquelles il était affilié.

(2) Pas de chance! Ce n'est pas seulement à Saint-Simon, à Burdin, à Turgot, à tout le monde que Comte aurait volé les lois sociologiques et la philosophie positive, mais à Mlle Massin elle-même; pourquoi pas à Littré? — C'était là, je crois, l'avis de Proudhon!

cesse de ses spéculations philosophiques, dont elle lui fit constamment un reproche, parce qu'elles l'éloignaient des places, émoluments et honneurs que son intérêt sordide, son intraitable ambition, sa sotte vanité, l'avaient poussée, dès les premiers rapports, à prétendre de lui exclusivement à toute autre destination.

. . . .

Enfin, n'est-ce pas par une suite de cette contrefaçon outrageante et saugrenue, que l'on a vu encore Mme Comte et M. Littré, pairs et compagnons, bras dessus bras dessous, — onze années après la mort du philosophe, — venir lui contester judiciairement, soit par-devant la chambre du tribunal civil de la Seine, la propriété de ses œuvres, le droit de les conserver et de les transmettre intactes, d'en disposer de son vivant et après sa mort, enfin la cession qu'il en avait faite à ses exécuteurs testamentaires ?

Or, sur quoi s'appuyaient le pieux disciple et l'épouse dévouée, l'ange inspiratrice, pour soutenir cette revendication odieuse, j'allais dire criminelle ? Sur cette déclaration commune que Comte, depuis la publication du *Cours de philosophie positive*, c'est-à-dire depuis qu'il avait refusé de laisser rentrer chez lui « l'indigne épouse », était redevenu fou ; sur ce qu'il était athée (ceci pour les magistrats, que l'on croyait cléricaux) ; et que toute la seconde moitié de son existence, c'est-à-dire encore depuis sa séparation d'avec Mlle Massin, sa réelle providence, il avait présenté le caractère croissant de l'aliénation mentale ; que son testament, en particulier, était l'œuvre d'un fou ! qu'en conséquence, les demandeurs, Mme Comte et M. Littré, proposaient au tribunal, par souci de l'honneur du philosophe, pour la dignité de sa mémoire, que la propriété exclusive de toutes ses œuvres leur fût attribuée, afin qu'ils les émondassent, châtiassent et purifiassent à leur gré, conservant la philosophie seulement et anéantissant le reste.

Trop de dévouement, en vérité !

Aussi les juges de la 9e chambre se trouvèrent-ils incapables de se prêter à cet excès de zèle, à ce trop-plein de sollicitude, à une spoliation aussi hypocrite, à un mercantilisme aussi effronté, à un attentat tellement jésuitique contre le droit de la personne humaine, vivante ou morte, à une mystification aussi sale des contemporains et de la postérité (1) !

L'épouse dévouée et le pieux disciple, l'inspiratrice et le caudataire du *Cours de philosophie positive* furent déboutés, et les exécuteurs testamentaires restèrent en possession.

Ils publieront un jour, en rendant compte de leur mandat, l'histoire réelle et détaillée de ce scandale judiciaire.

. . . .

J'ai eu, personnellement, trois occasions de voir à l'œuvre Mlle Massin :

I. En 1853, je fus chargé par Auguste Comte, avec un autre de ses disci-

---

(1) Inutile de rappeler que Mme Comte et M. Littré avaient ici l'approbation de la presse entière, surtout matérialiste, révolutionnaire et libérale, l'appui de tous les défenseurs, patentés ou non, du libre arbitre, de la liberté de conscience, du respect de la personne humaine et du droit individuel ! Une seule protestation se produisit contre cet attentat, et d'autant plus honorable, celle de M. Albert Regnard.

ples, de porter à sa femme le trimestre de sa pension, après qu'il eût dû renoncer à l'entremise de M. Littré pour cet objet.

Il faut bien le dire, jamais spectacle pareil, jamais comédie aussi transparente n'avaient été préparés.

La dame, loyalement et poliment prévenue, attendait, armée de pied en cap, les porteurs du tribut, et alors... Mais d'abord elle feignit de leur refuser sa porte, affirmant qu'elle n'y était « que pour son charbonnier », sauf à les forcer d'entrer aussitôt après, *unguibus et rostro*, quand ils voulurent, d'après son premier accueil, se retirer. Alors suivit la scène mélodramatique la plus répugnante et la plus fausse, le réquisitoire de police correctionnelle la plus burlesque, le guignol le plus trivial et le plus prétentieux qu'on puisse imaginer, la vieille comédienne s'étant mise à vider son sac et rejeter jusqu'au plus bas-fond de ses potins contre son mari, de ses rancunes, de ses inventions et calomnies, de ses griefs et de ses prétentions, de ses ruses et de sa stratégie. Quelle exhibition!

II. En 1862, le hasard des relations professionnelles m'amena près d'un ancien camarade d'Auguste Comte à l'École polytechnique, qui ne tarda pas, quand il fut en meilleure santé, sachant que j'étais positiviste, à me parler de son illustre condisciple.

Il fut d'abord assez sympathique, assez renseigné, juste et intéressant pour tout ce qui concernait les premiers temps de leurs relations, qui avaient, du reste, cessé quelques années après 1830. Mais pour tout ce qui avait rapport à la carrière philosophique de Comte, et surtout à la phase sociale et politique, disons religieuse, le cher homme s'abusait manifestement, sous l'empire d'une pointe de jalousie absolument injustifiée et dont il ne se rendait pas assez raison. C'était son droit, et je n'avais rien à y voir, ni surtout à y reprendre. Mais il ne s'en tint pas là, et, petit à petit, il passa des critiques théoriques aux attaques personnelles. Quant à la manière d'être de son ancien ami dans les derniers temps de sa vie, il se mit à dépasser tellement les bornes de la réalité et de la vraisemblance, de l'impartialité et de la réserve les plus élémentaires, que je me trouvai obligé de l'arrêter par des objections topiques et par une mise en demeure catégorique de prouver ce qu'il avançait.

Je n'avais pas eu de peine, il va sans dire, à reconnaître là la main de Mme Comte et de ses agents dans l'entreprise de diffamation dont elle avait enveloppé son mari. C'est ainsi qu'elle détacha de lui tant de gens, en jetant partout sur ses traces le doute et la déconsidération : à la Société positiviste surtout, dont elle faisait le siège permanent (1). Je le fis observer à M. G., qui, pris au piège et un peu confus, n'essaya cependant pas de nier. Je ne le revis plus.

(1) Elle opérait aussi en province.
Quel ne fut pas mon étonnement, pendant que j'y pratiquais la médecine, de voir les sieur B. et M. y venir prendre l'un après l'autre des renseignements pour sa police, sur moi-même et sur les miens! Je les surpris dans leur enquête chez mes clients et mes voisins, tout ébahis de cette démarche. Ils n'avaient, les braves gens, jamais entendu parler de M. Comte ni du positivisme, et ne savaient ce qu'on voulait leur dire.

Mais quelle ne fut pas ma surprise, quelques mois après et peu de temps avant sa mort, de recevoir une lettre fort amicale où l'ancien polytechnicien de 1816 avait repris possession de lui-même et m'exprimait son regret de s'être ainsi laissé entraîner, par esprit critique, à répéter des calomnies indignes, qu'il aurait toujours dû mépriser.

III. Après la mort d'Auguste Comte, je dus assister, comme l'un de ses exécuteurs testamentaires, à la première séance des vacations judiciaires auxquelles donnèrent lieu les débats de sa succession (levée des scellés et prise de possession, par Mme Comte, de l'appartement de son mari). Je n'oublierai jamais l'entrée en scène de cette terrible femme : quelle majesté irritée, mais cependant forcée et comique; quel mépris superbe pour les fondés de pouvoir du défunt; quelles impertinences méditées et apprises pour la circonstance; quels outrages concertés d'avance à l'adresse des anciens domestiques, dont le fondateur du positivisme avait fait ses *enfants adoptifs*!

Après les premières bordées, étudiées en répétition, je la vois encore s'arrêter devant le portrait de Mme Devaux et ordonner, *commander* à « Sophie » de le retourner contre la muraille, afin de lui éviter une vue aussi indécente... et j'entends aussi les éclats stridents de sa colère, lorsque je dis à notre excellente sœur de n'en rien faire, Mlle Massin (femme Comte) n'étant fondée à lui donner ici aucun ordre; ce que confirmèrent MM. les avoués et juge de paix.

On sait aussi que, d'abord nantie des objets ayant appartenu à son mari, cette mégère coupa et détacha du tableau d'Etex, représentant le philosophe écrivant sous l'inspiration de sa mère, de Mme Sophie Thomas et de Mme Devaux, « ses trois anges gardiens », les têtes de ces pauvres dames, et qu'elle déchira ou perça d'un coup de couteau à la région du cœur, l'image de son mari, qu'elle avait conservée *ad hoc* et que les exécuteurs testamentaires possèdent aujourd'hui, ainsi esseulé et balafré.

Tout cela ne serait que dérisoire, piteux, venant d'aussi bas... Ce qui restera toujours condamnable, parce que profondément coupable et vicieux : c'est la haine dénaturée dont cette femme poursuivit, sa vie durant et après qu'il fut mort, l'homme généreux et imprudent qui s'était perdu pour elle; c'est, surtout, le *système* de mensonges et de calomnies, d'inventions, l'échafaudage effrayant de faussetés et de turpitudes qu'elle bâtit et cimenta, avec une âpreté inouïe, jusqu'à sa mort, pour le murer dans l'infamie, le déshonneur, l'ordure et la boue; lui attribuant tous les ridicules, tous les vices, toutes les actions malsaines ou honteuses, toutes les vilenies que sa bassesse pouvait concevoir ou dont elle était elle-même coutumière; le faisant passer pour un misérable, pour un brutal, pour un fourbe, pour un tyran, pour un débauché, pour un monstre, afin de se décharger de la lourde responsabilité que lui assurent à elle-même ses vices, ses mensonges, ses manquements incessants à la vie conjugale! Fureur et procédés que partagèrent plus ou moins tous ceux, et ils furent nombreux, qu'elle parvint, par cette diplomatie enragée et par ses autres moyens de séduction, en trompant leur bonne foi, en flattant leurs antipathies et servant leurs intérêts, à détacher de son mari pour les tourner contre lui-même et contre sa grande entreprise de régénération.

A leur tête, nous le répétons, il faut placer M. Littré, qui se fit le parangon et le chevalier servant de la dame avec une facilité et un empressement vraiment exemplaires, au point de couvrir de son manteau de sage (manteau d'emprunt, il faut bien le dire), de son frac d'académicien, de sa réputation d'homme de lettres et de journaliste, voire de républicain! une aussi détestable intrigue; et qui fit passer « son maître » pour un pitre, pour « un sale monsieur », à l'Académie, à la Faculté, dans la presse, dans la démocratie, enfin parmi tous ceux qui se subordonnèrent à lui par goût ou par intérêt, pour déshonorer et tourmenter le fondateur de cette philosophie que, d'autre part, il feignait de suivre toujours, afin de l'exploiter (1).

Car il osait encore, par un comble d'hypocrisie, se dire son disciple, après avoir résumé dans ce dilemme odieux ce qu'il fallait finalement penser de Comte, selon lui : « *Déshonnête, méchant et lâche*, ou *malade!* »

A son tour, c'est cette dernière et audacieuse insulte qui permet de le juger :

Littré, dans la vie publique, fut un faiseur; et dans la vie privée, en ce qui concerne Comte, un malhonnête homme.

(1) Voir *M. Littré et Auguste Comte*, par M. André Poëy, un vol. in-12, Paris, Germer-Baillière, 1879; — et notre brochure intitulée : *M. Littré et le Positivisme*, in-8, 1871, 2ᵉ édit. en 1881.— *De l'unité de la vie et de la doctrine d'Auguste Comte;* réponse aux critiques des derniers écrits de Comte, adressée à J. S. Mill esq. m. p., par J. H. Bridges (traduit de l'anglais par E. Debergue). In-8 de 150 pages, Paris, Dunod, 1867.

Enfin, il faut lire surtout la deuxième édition de *Conservation, Révolution et Positivisme, augmentée de remarques courantes*, Paris, 1879, par M. Littré, et l'amende honorable qu'il fit de son passé philosophique et politique, de son temps d'émancipation religieuse et sociale, en la personne de M. Henri de Pène, aux journaux réactionnaires de 1871, alors qu'il était redevenu l'homme de M. Thiers, après avoir été l'ami d'Auguste Comte et d'Armand Carrel, et en attendant de rentrer dans le giron de l'Église catholique.

Voici un spécimen de ce recul :

« *A monsieur le Rédacteur en chef du* Paris-Journal.

« Versailles, 31 mars 1871.

« Monsieur le rédacteur,

« Quand j'étais *disciple particulier* de M. Comte, j'ai écrit, en effet, dans les années 1849-1850, *sous son inspiration directe et presque sous sa dictée*, les passages que vous rapportez (a). *Ils tiennent à un ensemble de doctrines dont je me suis depuis longtemps séparé.* Cette séparation, je l'ai publiquement consignée dans mon livre sur la vie d'Auguste Comte et dans un numéro de la revue *La Philosophie positive*. Je le rappelle non pour écarter de moi le reproche de les avoir écrits (*il est juste que j'en porte la peine, et dans les rétractations auxquelles je me réfère, je n'ai pas manqué de reconnaître cette justice*), mais pour déclarer que, *depuis bien des années, je ne les écrirais plus.* — Agréez, etc.

« E. LITTRÉ, député de la Seine. »

[a] Il s'agit ici du *Rapport sur le gouvernement révolutionnaire* (1848), et d'extraits des articles publiés dans *Le National* et réunis en volume en 1852, sous le titre : *Conservation, Révolution et Positivisme.* — R.

En effet, sans ce vice de sa nature morale aurait-il pu, à l'âge mûr, se contredire aussi à fond et aussi vite, sur la doctrine et sur l'homme ?

Que son puritanisme prétendu ait fait beaucoup de dupes, nous n'y contredisons pas, nous croyons seulement ceci :

Qu'il s'est trompé, en 1848, sur les chances de succès immédiat du positivisme et de la République ;

Qu'il a lâché l'un et l'autre, en 1851, dès qu'il a vu la réussite de Bonaparte ;

Que, pour sauvegarder son écuelle, il a passé la seconde moitié de sa vieillesse à renier ce que la première avait acclamé trop fort et trop tôt ;

Enfin, que la triste Égérie dont il orna sa maturité mena, en ce qui concerne la personne de Comte, toute son évolution et lui commanda les emportements, on pourrait dire les attentats, qu'il se permit envers son prétendu maître.

Donc assez d'illusions béotiennes et de lentiponages littéraires sur un cuistre surfait. On se lasse, à la fin, de voir tous ces fruits secs de la philosophie harceler, gêner éternellement le progrès par leurs restrictions prétentieuses, en déchirant sans relâche les grands initiateurs de l'évolution humaine. N'est-ce pas ces Zoïles, les Fréron, les Palissot, les Nonote et les Patouillet de tous les temps, qui ont tenu en échec par leurs envieuses et ineptes calomnies, par le faux éclat de leur hypocrite vertu, les meilleurs et les plus grands de notre espèce ? Que n'ont-ils pas dit, pour ne parler que du xviiie siècle, de Voltaire, de Turgot, de d'Holbach, de Diderot, de Condorcet ? — Et d'Auguste Comte ?... Il y a là un système, des manœuvres, une trahison que l'on ne saurait assez dénoncer et flétrir, et que la postérité, sans aucun doute, pourra reconnaître et récompenser.

Lorsqu'on rassemble et que l'on étudie ce qui a été écrit dans ce sens sur Auguste Comte, à Paris, pendant les dernières années de son existence et après sa mort, ces appréciations haineuses et méprisantes où les erreurs les plus grossières, quant à l'homme et à la doctrine, le disputent à la mauvaise foi, à la prévention et à l'injustice les plus flagrantes, où le parti pris d'écraser l'œuvre et l'ouvrier sous le mensonge et le ridicule éclate à toutes les lignes : on est saisi de surprise et de confusion à l'idée que notre époque ait pu se prêter un si long temps à une coalition aussi malsaine, à une mystification aussi énorme et sous une direction aussi basse, acceptée par la presse de toutes les écoles et de tous les partis, cléricale et métaphysique, démocratique et royaliste !

Et cependant, l'homme que l'on poursuivait de la sorte, comme pour le rayer des tables de la loi, n'avait fait qu'observer et raisonner juste dans les sphères les plus élevées de la connaissance, avec des instruments psychiques d'une puissance et d'une portée, il est vrai, singulières. Il avait ajouté au capital intellectuel de notre espèce des vérités de la plus haute importance. Il n'avait voulu renouveler la direction spirituelle et temporelle de l'Humanité, le gouvernement théorique et pratique du monde, évidemment épuisés, caduques, — la théologie et la guerre, — qu'en leur donnant pour appui une explication générale du milieu cosmologique, de la société et de l'homme, ou de toutes les réalités, à base exclusivement scientifique, avec un caractère tout positif, c'est-à-dire utile et démontrable. Il avait voulu, encore, inspirer la haute agence de civilisation, comme élément moral et principal moteur, de la plus élevée des qualités de notre nature affective, la bonté, le dévouement, en subordonnant partout la politique à l'éthique, elle-même conçue et résumée par la prépondérance habituelle de la sociabilité ou de l'altruisme! Enfin, il s'était efforcé, les conceptions et l'inspiration de la conduite humaine étant ainsi renouvelées, de faire converger toutes les activités, tous les courages, toutes les intrépidités, toutes les persévérances, à poursuivre et atteindre le but précis de la régénération, l'idéal assuré, certain, substitué à l'idéal chimérique : l'exaltation du genre humain! l'amélioration de notre situation planétaire, de notre nature physique et morale, par l'extinction de l'erreur, de l'ignorance, de la misère et du vice...

Voilà bien, en quelques traits la tentative de Comte, menée à fin par toute une vie de labeur, de peines et de tristesses, de privations, de pauvreté et d'obscurité voulues, de luttes acceptées, d'entier sacrifice de soi-même aux autres, à *sa mission!*

C'est pour cette entreprise magnanime, incomparable, qu'il a été maudit, conspué, enterré vif par le journalisme parisien, sous la conduite de M. Littré et de la fille Massin.

N° 16
COURS DE PHILOSOPHIE POSITIVE
EN 72 SÉANCES

du 1er avril 1826 au 1er avril 1827

Préliminaires généraux.	2 séances	1° Exposition du but de ce cours. 2° Exposition du plan.	
Mathématiques.	16 »	Calcul.	7
		Géométrie.	5
		Mécanique.	4
Science des corps bruts.		Astronomie... 10 { géométrique. mécanique.	5 5
		Physique.	10
		Chimie.	10
Science des corps organisés.		Physiologie.	10
		Physique sociale.	10

N° 17
COURS DE PHILOSOPHIE POSITIVE
DE M. AUGUSTE COMTE.

Ancien élève de l'École polytechnique.

ANNONCE.

Depuis le grand mouvement imprimé à l'esprit humain, il y a deux siècles, en résultat général de tous les travaux antérieurs, par l'action combinée des principes de Bacon, des conceptions de Descartes et des découvertes de

Galilée, les différentes branches de nos connaissances réelles se sont dépouillées nettement, et de plus en plus, du caractère théologique et métaphysique qu'elles avaient toujours conservé jusqu'alors, quoique de moins en moins, pour prendre un caractère entièrement positif. L'observation des faits a été unanimement reconnue comme la seule base solide de toute spéculation raisonnable ; toute recherche théorique n'ayant point pour objet de découvrir les lois effectives de quelques phénomènes, c'est-à-dire leurs relations constantes de succession et de similitude, a été regardée comme vide de sens, comme inaccessible à nos moyens véritables.

De cette mémorable époque date la manifestation sensible d'une nouvelle philosophie, la philosophie positive, qui, bornée dans les temps antérieurs aux seules questions mathématiques, s'est dès lors successivement étendue à tous les ordres principaux des phénomènes naturels selon le degré de simplicité de leur étude, c'est-à-dire aux phénomènes astronomiques, physiques, chimiques et physiologiques.

Elle a fini par embrasser de nos jours presque tout le domaine intellectuel. C'est dans cette direction qu'ont été habituellement employées dans les deux derniers siècles les plus grandes forces de l'esprit humain, et qu'elles ont obtenu les plus admirables résultats permanents.

Partout où les idées vagues et mystiques ont pu être remplacées par des conceptions positives, la préférence décidée que tous les esprits ont accordée de plus en plus à ces dernières, et qui est aujourd'hui si hautement prononcée, confirme clairement, ce qu'expliquent des considérations plus élevées, que la philosophie positive est l'état définitif de l'intelligence humaine, et doit constituer désormais le véritable esprit général de la société moderne.

Mais pour atteindre à ce but final, indiqué par la marche naturelle et constante de l'esprit humain, la philosophie positive, afin de se constituer définitivement, doit préalablement remplir deux grandes conditions indispensables, d'abord se compléter, ensuite se résumer, se coordonner. Se compléter, c'est-à-dire acquérir le caractère d'universalité qui lui manque encore, en s'emparant de l'étude d'une classe de phénomènes, les seuls qui ne soient pas jusqu'ici compris dans son domaine, les phénomènes sociaux, encore entièrement abandonnés aux théories théologiques ou aux théories métaphysiques. Se résumer, se coordonner, c'est-à-dire présenter toutes les sciences fondamentales comme soumises à une méthode unique, et formant, malgré la diversité nécessaire des principales lois naturelles, les différentes parties d'un corps de doctrine homogène, au lieu de continuer à les recevoir comme autant de corps isolés. Tel est le double but de ce cours.

Il ne s'agit donc point d'y considérer dans leurs spécialités les diverses branches principales de la philosophie naturelle, dont l'étude préalable est, au contraire, indispensable pour sentir complètement et pour juger avec connaissance de cause les remarques philosophiques dont elles seront les sujets dans ce cours. Il s'agit encore moins, en ambitionnant une unité chimérique, d'y présenter les phénomènes de tous les ordres comme assujettis à une seule loi commune, au moyen d'une de ces prétendues explications universelles que cherchent seuls aujourd'hui des esprits entièrement étran-

Préliminaires généraux	2 séances	{	1° Exposition du but de ce Cours ou Considérations générales sur la nature et l'importance de la philosophie positive.	1	séances
			2° Exposition du plan ou Considérations générales sur la hiérarchie des sciences positives.	1	»
Mathématiques	10 »		Considérations philosophiques sur l'ensemble de la science mathématique	3	»
		Considérations générales sur {	le Calcul.	3	»
			la Géométrie.	3	»
			la Mécanique rationnelle.	1	»
Astronomie	6 »		Considérations philosophiques sur l'ensemble de la science astronomique	1	»
		Considérations générales sur {	l'Astronomie géométrique.	2	»
			l'Astronomie mécanique.	2	»
			Considérations sur la Cosmogonie positive.	1	»
Physique	6 »		Considérations philosophiques sur l'ensemble de la physique	1	»
		Considérations générales sur {	la Barologie.	1	»
			la Thermologie.	1	»
			l'Acoustique.	1	»
			l'Électrologie.	1	»
			l'Optique.	1	»
Chimie	4 »		Considérations philosophiques sur l'ensemble de la chimie	1	»
		Considérations générales sur {	la Chimie inorganique.	2	»
			la Chimie organique.	1	»
Physiologie	8 »		Considérations philosophiques sur l'ensemble de la science physiologique	1	»
		Considérations générales sur {	la structure et la composition des corps vivants	1	»
			la classification des corps vivants.	1	»
			la physiologie végétale.	1	»
			la physiologie animale	2	»
			la physiologie intellectuelle et affective.	2	»
Physique sociale	12 »	Introduction .... 2 séances {	1° Considérations générales sur la nécessité et l'opportunité de la physique sociale.	1	»
			2° Examen des principales tentatives entreprises jusqu'ici pour la fonder.	1	»
		Méthode .... 2 » {	1° Des caractères de la méthode positive appliquée à l'étude des phénomènes sociaux.	1	»
			2° Des relations de la physique sociale avec les autres branches de la philosophie positive	1	»
		Science .... 8 »	Considérations sur la structure générale des sociétés humaines.	1	»
			Loi naturelle fondamentale du développement total de l'espèce humaine.	1	»
			Étude historique de la marche de la civilisation. { Époque théologique. { Fétichisme. Polythéisme. Monothéisme.	1 1 1	» » »
			Époque métaphysique	1	»
			Époque positive	2	»
Résumé général et conclusion	2 »	{	1° Résumé de la méthode positive.	1	»
			2° Résumé de la doctrine positive.	1	»

SCIENCE DES CORPS BRUTS. — SCIENCE DES CORPS ORGANISÉS.

gers aux méthodes et aux théories scientifiques. Il est simplement question dans ce cours, en prenant pour base l'état actuel des diverses sciences positives, de considérer chacune d'elles dans ses relations naturelles avec toutes les autres, après avoir étudié son esprit, c'est-à-dire ses méthodes principales et ses résultats les plus importants. Tout se réduit donc à une revue philosophique des sciences.

Outre l'importance propre et directe d'une telle opération, comme dernier complément nécessaire de la grande régénération intellectuelle commencée par Bacon, par Descartes et par Galilée, cette nouvelle série des travaux, si elle est entreprise convenablement et suivie avec constance, présente pour les progrès généraux de l'esprit humain, quatre propriétés principales de la plus haute importance.

1° En étudiant la marche effective de notre entendement dans ses travaux les plus étendus, elle peut seule manifester par expérience les lois que suivent dans leur accomplissement nos fonctions intellectuelles, et, par suite, déterminer la manière de procéder convenablement à la découverte de la vérité; double étude capitale, abandonnée jusqu'ici à la prétendue méthode psychologique qui n'a rien produit et ne peut rien produire, comme étant radicalement nulle dans son principe.

2° Elle doit permettre la réorganisation de notre éducation générale, encore essentiellement théologique et métaphysique, quoique les besoins de la civilisation moderne et la tendance évidente de l'esprit du siècle actuel prescrivent de la rendre désormais essentiellement positive, ce qui ne peut avoir lieu que par la coordination des sciences naturelles comme un corps de doctrine.

3° Cette étude spéciale des généralités scientifiques est même destinée à procurer aux sciences particulières de nouveaux moyens d'avancement, en ce qu'elle seule peut organiser convenablement les recherches nécessaires pour la solution de certaines questions très importantes de philosophie naturelle, qui, dépendant de l'intime combinaison de plusieurs sciences, ne sauraient être traitées avec succès dans l'état actuel d'isolement trop prononcé des études particulières.

4° Enfin, ce triomphe général et définitif de la philosophie positive sur la philosophie théologique et la philosophie métaphysique peut seul déterminer le retour des sociétés actuelles à un état normal, la crise révolutionnaire de l'Europe moderne tenant surtout à l'anarchie intellectuelle, et celle-ci consistant essentiellement dans l'emploi simultané qui a lieu aujourd'hui de trois philosophies profondément incompatibles, dont la concurrence perpétuelle empêche tout accord réel des esprits.

Tels sont, en général, autant que puisse l'exprimer une indication aussi sommaire, l'objet et la tendance de ce cours. Le tableau ci-joint (G) suffira pour donner une idée nette du plan.

N° 18

ADRESSE DU COMITÉ PERMANENT DE L'ASSOCIATION POLYTECHNIQUE

AU ROI DES FRANÇAIS.

Paris, à l'hôtel de ville, le mercredi 22 décembre 1830,
trois heures après-midi.

Sire,

Une réparation généralement regardée comme insuffisante fournit en ce moment l'occasion de dévoiler le vrai caractère fondamental de la situation politique où la France a été placée par la fausse direction donnée à l'ensemble du gouvernement, depuis la grande révolution de Juillet, par les divers ministères qui se sont succédé.

Le désappointement universel de la masse de la population, qui n'a pu voir encore qu'un simple déplacement du pouvoir dans les suites de cet immense mouvement, qui devait amener une amélioration positive dans sa condition sociale et politique; la frivole jactance des législateurs, qui ont voulu s'attribuer la gloire et le profit d'une régénération à laquelle ils ont été généralement étrangers; l'extrême incurie des Chambres et du ministère pour tout ce qui concerne l'instruction du peuple; leur dédain pour sa participation aux avantages sociaux en proportion de l'importance de ses travaux; enfin, l'infériorité constatée, soit sous le rapport intellectuel, soit sous le rapport moral, d'une vaine aristocratie, qui n'a d'autres titres à la direction de la société que sa naissance ou sa fortune; telles sont les causes radicales, explicites ou implicites, des mécontements populaires, auxquels, une affaire critique a permis de donner une expression qui, même comprimée aujourd'hui, se reproduirait nécessairement dans toute autre occasion favorable.

En d'aussi graves circonstances, considérant que la vérité sur la situation du pays et l'indication de la marche politique propre à y remédier ne sauraient être transmises à Votre Majesté par des Chambres dont l'incapacité politique et la faiblesse morale ne sont pas moins constatées que l'impopularité, le Comité de l'Association polytechnique s'est cru autorisé, par la pureté de ses intentions et par les garanties que présente la composition de la Société dont il émane, à s'adresser directement à Votre Majesté pour lui promettre sa participation contre toute tentative anarchique, et la supplier en même temps d'imprimer à la marche générale du gouvernement la haute direction progressive, seule conforme au véritable esprit de la société actuelle.

Sire, le Comité de l'Association polytechnique, convaincu que le pouvoir personnel de Votre Majesté est aujourdhui la seule autorité constituée dont les actes puissent obtenir l'assentiment populaire, fait reposer sur votre loyale intervention toutes ses espérances pour le rétablissement d'un ordre vraiment durable.

Les membres du comité permanent de l'Association polytechnique,

A. COMTE, LECHEVALLIER, MEISSAS, REYNAUD, RAUCOURT, LARABIT, BOMMART, WISSOCQ, GUYOT.

N° **19**

RELATIONS D'AUGUSTE COMTE AVEC M. GUIZOT

(1824-1833).

On lit dans les *Mémoires* de M. Guizot (1), tome III, pages 125, 126 et 127 :

« J'eus à la même époque quelques rapports avec un homme qui a fait, je ne dirai pas quelque bruit, car rien n'a été moins bruyant, mais quelque effet, même hors de France, parmi les esprits méditatifs, et dont les idées sont devenues le *credo* d'une petite secte philosophique. Ces chaires nouvelles, créées soit au Collège de France, soit dans les facultés, mettaient en mouvement toutes les ambitions savantes. M. Auguste Comte, l'auteur de ce qu'on a appelé et de ce qu'il a appelé lui-même la *Philosophie positive*, me demanda à me voir. *Je ne le connaissais pas du tout, et n'avais même jamais entendu parler de lui.* Je le reçus et nous causâmes quelque temps. Il désirait que je fisse créer pour lui, au Collège de France, une chaire d'histoire générale des sciences physiques et mathématiques; et pour m'en démontrer la nécessité, il m'exposa lourdement et confusément ses vues sur l'homme, la société, la civilisation, la religion, la philosophie, l'histoire. C'était un homme simple, honnête, profondément convaincu, dévoué à ses idées, modeste en apparence quoique, au fond, prodigieusement orgueilleux, et qui sincèrement se croyait appelé à ouvrir, pour l'esprit humain et les sociétés humaines, une ère nouvelle. J'avais quelque peine, en l'écoutant, à ne pas m'étonner tout haut qu'un esprit si vigoureux fût borné au point de ne pas même entrevoir la nature ni la portée des faits qu'il maniait ou des questions qu'il tranchait, et qu'un caractère si désintéressé ne fût pas averti par ses propres sentiments, moraux malgré lui, de l'immorale fausseté de ses idées. C'est la condition du matérialisme mathématicien. Je ne tentai même pas de discuter avec M. Comte; sa sincérité, son dévouement et son aveuglement m'inspiraient cette estime triste qui se réfugie dans le silence. Il m'écrivit peu de temps après une longue lettre pour me renouveler sa demande de la chaire dont la création lui semblait indispensable pour la

---

(1) *Mémoires pour servir à l'histoire de mon temps*, par M. Guizot. — Paris, Michel Lévy frères, libraires-éditeurs, rue Vivienne, 2 *bis*. 1858-1860.

science et pour la société. Quand j'aurais jugé à propos de la faire créer, je n'aurais certes pas songé un moment à la lui donner. »

Voici la lettre en question, que nous reproduisons textuellement, c'est-à-dire telle qu'elle est insérée dans le IIIe volume des *Mémoires* :

« *Monsieur Auguste Comte à Monsieur Guizot.*

« Paris, le samedi 30 mars 1833.

« Monsieur,

« Quoique, depuis plus de trois semaines, je diffère à dessein de vous écrire, je dois d'abord vous demander sincèrement pardon de vous entretenir d'affaires si peu de temps après la perte cruelle et irréparable que vous venez d'éprouver, et à laquelle je compatis vivement. Mais, comme, d'après ce que vous aviez bien voulu m'annoncer dans notre dernière entrevue, c'était vers le commencement de mars que devait être examinée définitivement la proposition que j'ai eu l'honneur de vous soumettre le 29 octobre dernier, sur la création d'une chaire d'*Histoire générale des sciences physiques et mathématiques* au Collège de France, je craindrais, en gardant plus longtemps le silence à cet égard, de donner lieu de croire que j'aurais renoncé à ce projet.

« Il serait déplacé, Monsieur, de rappeler ici, même sommairement, les diverses considérations principales propres à faire sentir l'importance capitale de ce nouvel enseignement, et sa double influence nécessaire pour contribuer à imprimer aux études scientifiques une direction plus philosophique, et pour combler une lacune fondamentale dans le système des études historiques : c'est, ce me semble, le complément évident et indispensable de la haute instruction, surtout à l'époque actuelle. Je m'en réfère à cet égard à ma note du 29 octobre ou, pour mieux dire, Monsieur, je m'en rapporte à votre opinion propre et spontanée sur une question que la nature de votre esprit et de vos méditations antérieures vous met plus que personne en état de juger sainement. Car, je vous avoue, Monsieur, que ce à quoi j'attache le plus d'importance dans cette affaire, c'est que vous veuilliez bien la décider uniquement par vous-même, à l'abri de toute influence, en usant de votre droit à l'égard du Collège de France qui se trouve heureusement, et par la loi, et par l'usage, hors des attributions du Conseil d'instruction publique. Les deux seuls savants qui fassent actuellement partie de ce conseil, quoique distingués d'ailleurs dans leurs spécialités, sont, en effet, par une singulière coïncidence, généralement reconnus dans le monde scientifique comme parfaitement étrangers à tout ce qui sort de la sphère propre de leurs travaux, et comme pleinement incompétents en tout ce qui concerne la philosophie des sciences et l'histoire de l'esprit humain. Il y aurait, Monsieur, je dois le dire avec ma franchise ordinaire, plus que de la modestie, dans une intelligence comme la vôtre, à subordonner votre opinion à la leur sur une question de la nature de celle que j'ai eu l'honneur de soulever auprès de vous. Si vous pouvez à ce sujet recueillir des conseils utiles, ce n'est pas du moins de la part de vos conseillers officiels.

« Comme depuis cinq mois vous avez eu certainement le loisir d'examiner cette affaire avec toute la maturité suffisante, sans être importuné de mes instances, je crois pouvoir enfin, Monsieur, sans être indiscret, réclamer à cet égard votre décision définitive. Je suis loin de me plaindre de la situation précaire et parfois misérable dans laquelle je me suis toujours trouvé jusqu'à présent, car je sens combien elle a puissamment contribué à mon éducation. Mais cette éducation ne saurait durer toute la vie, et il est bien temps, à trente-cinq ans, de s'inquiéter enfin d'une position fixe et convenable. Les mêmes circonstances qui ont été utiles (et à mon avis indispensables ordinairement) pour forcer l'homme à mûrir ses conceptions et à combiner profondément le système général de ses travaux, deviennent nuisibles par une prolongation démesurée, quand il ne s'agit plus que de poursuivre avec calme l'exécution de recherches convenablement tracées. Pour un esprit tel que vous connaissez le mien, Monsieur, il y a, j'ose le dire, un meilleur emploi de son temps, dans l'intérêt de la société, que de donner chaque jour cinq à six leçons de mathématiques. Je n'ai pas oublié, Monsieur, que, dans les conversations philosophiques trop rares et si profondément intéressantes *que j'ai eu l'honneur d'avoir avec vous autrefois, vous avez bien voulu m'exprimer souvent combien vous me jugeriez propre à contribuer à la régénération de la haute instruction publique, si les circonstances vous en conféraient jamais la direction.* Je ne crains pas, Monsieur, de vous rappeler cette disposition bienveillante et d'en réclamer les effets lorsqu'il s'agit d'une création qui, abstraction faite de mon avantage personnel, présente en elle-même une utilité scientifique incontestable et du premier ordre, et qui se trouve en une telle harmonie avec la nature de mon intelligence et les recherches de toute ma vie qu'il serait, je crois, fort difficile aujourd'hui qu'elle pût mieux convenir à une autre personne.

« J'espère, Monsieur, que vous ne trouverez pas déplacée mon insistance à cet égard après un si long délai. Vous n'ignorez pas que, bien que ce projet fût pleinement arrêté dans mon esprit avant votre ministère, je n'ai point essayé de le soumettre à votre prédécesseur, par la certitude que j'avais de n'en être pas compris, et il est plus que probable que la même raison m'empêchera également d'en parler à votre successeur. Vous concevez donc, Monsieur, qu'il est de la dernière importance pour moi de faire juger cette question pendant que le ministère de l'Instruction publique est occupé, grâce à une heureuse exception, par un esprit de la trempe du vôtre et dont j'ai le précieux avantage d'être connu personnellement.

« Comme cette fonction ne présente heureusement aucun caractère politique, je ne pense pas qu'on puisse trouver, dans le système général du gouvernement actuel, aucun motif de m'exclure, malgré l'incompatibilité intellectuelle de ma philosophie positive avec toute philosophie théologique ou métaphysique, et par suite avec les systèmes politiques correspondants. Dans tous les cas, cette exclusion ne saurait offrir l'utilité d'arrêter mon essor philosophique qui est maintenant trop caractérisé et trop développé pour pouvoir être étouffé par aucun obstacle matériel, dont l'effet ne pourrait être au contraire que d'y introduire, par le sentiment involontaire d'une injustice profonde, un caractère d'irritation contre lequel je me suis soigneusement tenu en garde jusqu'ici. Comme je ne pense pas que les vexations purement gratuites et individuelles se présentent à l'esprit d'aucun homme d'État, dans quelque système que ce soit, je dois donc être pleinement rassuré à cet égard. Si cependant, Monsieur, quelque motif de ce genre contrarait ici l'effet de votre bienveillance, je ne doute pas que vous ne crussiez devoir me le déclarer franchement, par la certitude que vous auriez que je vous connais trop bien pour ne pas regarder un esprit aussi élevé que le vôtre comme parfaitement étranger à toute difficulté de cette nature.

« Je ne pense pas non plus avoir aucun obstacle à rencontrer dans les considérations financières, car le budget du Collège de France me semble actuellement pouvoir comporter aisément cette nouvelle dépense sans aucune addition de fonds, la chaire d'économie politique ne devant point probablement être rétablie, à cause du caractère vague et de la conception irrationnelle de cette prétendue science, telle qu'elle est entendue jusqu'ici. Dans tous les cas, il est nécessaire d'abord de reconnaître en principe la convenance du cours d'histoire des sciences positives, sans y mêler aucune question d'argent. Je puis d'autant plus faciliter une telle décision que je consentirais volontiers à faire ce cours sans aucun traitement, jusqu'à ce que la Chambre eût alloué des fonds spéciaux, si le budget était réellement insuffisant.

« Par ces divers motifs, j'espère, Monsieur, que vous voudrez bien m'assigner prochainement une dernière entrevue pour me faire connaître, au sujet de cette création, votre détermination définitive, soit dans un sens, soit dans un autre. J'ai besoin de n'être pas tenu plus longtemps en suspens à cet égard, afin de pouvoir donner suite, si une telle carrière m'était malheureusement fermée, aux démarches susceptibles, dans une autre direction, de me conduire à une position convenable, ce qui est devenu maintenant pour moi, après une insouciance philosophique aussi prolongée, un véritable devoir.

« J'ai dédaigné, Monsieur, d'employer auprès d'un homme de votre valeur, les procédés ordinaires de sollicitations indirectes et de patronages plus ou moins importants que j'eusse pu néanmoins mettre en jeu tout comme un autre. C'est moi seul, Monsieur, qui m'adresse à vous seul. Il s'agit ici d'une occasion unique de m'accorder une position convenable, sans léser aucun intérêt, et en fondant une institution d'une haute importance scientifique, susceptible, je ne crains pas de le dire, d'honorer à jamais votre passage au ministère de l'Instruction publique. Je crois donc pouvoir compter sur l'épreuve décisive à laquelle je soumets ainsi *votre ancienne bienveillance pour moi* et votre zèle pour les véritables progrès de l'esprit humain.

« Veuillez agréer, Monsieur, l'assurance bien sincère de la respectueuse considération de votre dévoué serviteur,

« Auguste Comte.

« N° 159, rue Saint-Jacques. »

« *P. S.* Je vous prié, Monsieur, de vouloir bien accepter l'hommage du premier volume de mon *Cours de philosophie positive*, dont j'ai l'honneur de vous envoyer ci-joint un exemplaire. La publication de cet ouvrage, que les désastres de la librairie avaient suspendue pendant deux ans, va maintenant être continuée sans interruption par un autre éditeur. Je m'empresse de profiter de la première disponibilité de quelques exemplaires pour satisfaire le désir que j'avais depuis si longtemps de soumettre ce travail à un juge tel que vous. »

Eh bien! est-il possible de croire que si M. Guizot n'avait jamais vu ni entendu M. Comte avant leur entrevue de 1832, celui-ci lui aurait écrit à lui-même : « *Je n'ai pas oublié, Monsieur, que, dans les conversations philosophiques trop rares et si profondément intéressantes que j'ai eu l'honneur d'avoir avec vous autrefois, vous avez bien voulu m'exprimer souvent combien vous me jugeriez propre à contribuer à la régénération de la haute instruction publique, si les circonstances vous en conféraient jamais la direction.* » Et plus loin : « *Je crois donc pouvoir compter sur l'épreuve décisive à laquelle je soumets ainsi votre ancienne bienveillance pour moi et votre zèle pour les véritables progrès de l'esprit humain?* »

Évidemment M. Guizot n'a point relu cette lettre avant de la livrer à l'impression; évidemment ses souvenirs lui ont fait défaut en cette circonstance; ce qu'il faut attribuer, sans doute, et au temps qui s'est écoulé depuis cet événement, et au peu d'importance qu'il paraît y attacher.

Cependant, comme tout ce qui touche à la mémoire d'Auguste Comte offre de l'intérêt à nos yeux, nous croyons devoir accorder à cet incident une gravité réelle, et nous nous croyons obligé de rappeler au lecteur dans quels termes le philosophe en a lui-même parlé, ce qui fera mieux comprendre et les motifs de sa démarche, et la raison du refus qu'elle dut essuyer. Voici ce qu'écrivait à cet égard, en 1842, le fondateur du positivisme :

« Envers le parti métaphysique, soit gouvernant, soit aspirant, ma position nécessaire, quoique relative à une collision moins prononcée, est, au fond, encore plus dangereuse pour moi, à cause de la grande prépondérance qu'il exerce aujourd'hui, à tous égards, en France. Plus éclairé et plus souple que le précédent (1), ce parti équivoque sent confusément que, depuis Descartes et Bacon, l'essor graduel de la philosophie positive a été surtout dirigé spontanément contre sa domination transitoire, non moins intéressée aujourd'hui que les prétentions purement théologiques à empêcher, à tout prix, l'installation sociale de la vraie philosophie moderne. En considérant d'abord la portion de cette école qui règne maintenant, je puis aisément signaler, chez son plus éminent organe, un exemple très caractéristique de sa disposition instinctive à me tenir, autant que possible, non sans doute dans l'oppression sacerdotale, mais dans une profonde obscurité personnelle, à la fois mentale et sociale. Ayant été, dès mon premier essor philosophique, individuellement apprécié, à certains égards, en 1824 et 1825, par M. Guizot, je lui ai fait l'honneur, il y a dix ans, lors de son principal avènement politique, de m'écarter une seule fois envers lui de la règle constante que je me suis

---

(1) Le parti théologique. — (Note du biographe).

prescrite de ne jamais rien demander aux divers pouvoirs actuels en dehors de ce qui m'est strictement dû d'après les usages établis. Quelques ouvertures de sa part me conduisirent alors à lui proposer de créer, au Collège de France, une chaire directement consacrée à l'histoire générale des sciences positives, que seul encore je pourrais remplir de nos jours, et à laquelle j'eusse spontanément donné un caractère convenablement relatif à l'ascendant scientifique et logique de la nouvelle philosophie. Or, après diverses tergiversations, M. Guizot, qui a fondé, là et ailleurs, pour ses adhérents ou ses flatteurs, tant de chaires inutiles ou même nuisibles, fut bientôt entraîné, par ses rancunes métaphysiques, à écarter définitivement une innovation qui pouvait honorer sa mémoire, et dont il avait d'abord semblé comprendre la valeur naturelle. Je fus même ensuite obligé de publier, dans deux journaux, en octobre 1833, avec quelques commentaires spéciaux, la note philosophique que j'avais dû composer à ce sujet, afin d'empêcher au moins que cette proposition, qui, en effet, est ainsi restée ultérieurement intacte, ne se trouvât finalement gaspillée au profit de quelque courtisan. Quant à la partie de l'école métaphysique qui constitue aujourd'hui ce qu'on appelle vulgairement l'opposition, et dont la principale influence réside dans la presse périodique, ses dispositions envers moi sont, sans doute, assez caractérisées par l'étrange silence que ses divers organes, quotidiens ou mensuels, ont unanimement gardé, pendant douze ans, pour la première fois peut-être, envers ma publication philosophique. C'est jusqu'ici seulement en Angleterre, du moins à ma connaissance, que ce traité a donné lieu à un sérieux examen, par la consciencieuse appréciation dont un illustre physicien (sir David Brewster) honora, en 1838, dans la célèbre *Revue d'Édimbourg*, mes deux premiers volumes, quoiqu'il eût d'ailleurs assez peu compris l'ensemble de mon opération philosophique, malgré l'admission formelle de ma loi fondamentale, pour regarder un tel préambule comme constituant mon principal objet. Sauf cette unique discussion, ainsi plutôt scientifique que vraiment philosophique, ce long travail n'a jamais été même annoncé dans aucun journal de quelque importance, sans que l'on puisse assurément attribuer une telle réserve au sentiment personnel d'une insuffisance d'instruction préalable qui n'empêche pas l'essor habituel des jugements les plus tranchés. Quoique quelques organes avancés aient dû, à ce sujet, attendre naturellement la fin d'une élaboration qui n'est, en effet, pleinement jugeable que dans son ensemble total, on ne peut douter que ce silence exceptionnel ne soit surtout dû à la répugnance involontaire avec laquelle les métaphysiciens, qui dominent partout la presse périodique, voient aujourd'hui surgir une philosophie supérieure à leur influence, et qui tend directement à faire cesser leur prépondérance actuelle, sous l'inflexible prescription continue de rigoureuses conditions mentales, à la fois logiques et scientifiques, qu'ils se sentent incapables de remplir suffisamment. » — (*Cours de philosophie positive*, t. VI, préface personnelle, p. XIX à XXII).

A ces indications nous devons joindre celles que M. Pierre Laffitte a tirées des archives positivistes, communiquées au Dr Sémérie, qui les a publiées et commentées dans son journal : *La politique positive*, n° du 1er novembre 1872, et que M. Valat a lues à l'Académie de Bordeaux en 1879, au cours d'une discussion sur le cas d'ampésie de M. Guizot.

Les voici :

« *A Monsieur Comte, rue de l'Oratoire-Saint-Honoré, 6, à Paris.*

« Je viens de lire, Monsieur, avec un véritable et pressant intérêt, le petit volume que vous avez bien voulu m'envoyer (Plan *des travaux scientifiques nécessaires*, etc. — R.). Permettez-moi de ne pas vous en dire aujourd'hui autre chose, sinon que j'ai beaucoup à en dire. Peu de livres produisent sur moi cet effet ; ils sont en général si vides, et le vôtre est plein. Le monde se traîne dans de sales ornières où il se trouve fort mal et hors desquelles cependant il ose à peine porter sa vue. Vous en êtes sorti et avez atteint d'un seul élan beaucoup de vérités. Je serais fort aise d'en causer avec vous quand il vous conviendra ; j'aurais plutôt des additions que des retranchements à vous demander. *J'adopte à peu près tous vos principes;* je crois seulement qu'il y en a encore d'autres qui doivent entrer dans le cadre. Je vous proposerais mes doutes.

« Agréez, je vous prie, l'assurance de toute ma considération.

« Guizot.

« Lundi, 19 avril 1824. »

« *A Monsieur Aug. Comte, rue du Faubourg-Montmartre, 13, Paris.*

« Je regrette plus que je ne puis le dire, Monsieur, de ne pouvoir assister demain à l'ouverture de votre cours ; j'ai chez moi un rendez-vous d'affaires précisément à midi. Je ferai tout pour être plus libre mercredi prochain ; je suis malheureusement trop occupé pour pouvoir me promettre d'assister régulièrement à vos leçons ; mais je tiens absolument à vous entendre quelques fois. Quelles que puissent être les différences de nos opinions, vous êtes, Monsieur, du petit nombre d'hommes avec l'esprit desquels on sympathise toujours, et j'aurais bien plus de plaisir à discuter avec vous qu'à être pleinement approuvé de tant d'autres.

« Vous avez écrit, dans *Le Producteur*, plusieurs morceaux fort remarquables et sur lesquels nous causerons, je l'espère, quelque jour, car il y a bien longtemps que je n'ai eu l'honneur de vous voir. J'aurai l'honneur de vous envoyer la semaine prochaine le premier volume de mon *Histoire de la Révolution d'Angleterre*, que je vais enfin publier, et quand il aura paru, j'aurai, je l'espère, un peu plus de liberté.

« Agréez, je vous prie, Monsieur, l'assurance de toute ma considération et de mes sentiments les plus distingués.

« Guizot.

« Samedi, 1er avril 1826. »

« *A Monsieur Aug. Comte, rue Saint-Jacques, 159.*

« Je regrette beaucoup, Monsieur, de ne m'être pas trouvé chez moi quand vous avez pris la peine d'y passer. Je suis très occupé et souvent obligé de m'enfermer. Si vous étiez libre quelquefois le soir, de sept heures et demie à neuf heures et demie, c'est le moment où je suis le plus sûr de me trouver disponible.

« Je voudrais me promettre que je suivrai régulièrement votre cours ; je n'ose l'espérer. Quels sont vos jours et vos heures? Je tâcherai du moins d'aller vous entendre. Je sais ce que valent vos idées, même celles que je ne partage pas.

« Agréez, je vous prie, Monsieur, l'assurance de mes sentiments les plus distingués.

« GUIZOT.

» Jeudi, 11 décembre 1826. »

« A Monsieur Aug. Comte, rue Saint-Jacques, 159, à Paris.

« J'ai beaucoup regretté, Monsieur, de ne pouvoir aller mercredi à la séance d'ouverture de votre cours. J'avais du monde chez moi ce soir-là. J'ai donné déjà et je donnerai les programmes que vous m'avez envoyés. J'espère qu'un mercredi ou un samedi soir je trouverai assez de liberté pour aller vous entendre.

« Agréez, je vous prie, l'assurance de mes sentiments les plus distingués.

« GUIZOT.

« Samedi, 12 (date illisible). »

Lettre remise directement à M. Aug. Comte.

« Voici, Monsieur, le tome Ier de mon *Histoire de la Révolution d'Angleterre*. Je serais charmé que quelqu'un de vos amis, et bien plus encore vous-même, si vous en aviez le temps, en parlât dans *Le Producteur;* mais je tiens surtout à savoir si vous l'aurez lu avec quelque intérêt.

« Mille compliments.

« GUIZOT.

« Lundi, 10 (pas de date). »

« A Monsieur Aug. Comte, rue Saint-Jacques, 159, Paris.

« Il me survient pour demain, à une heure, une affaire qui ne me laissera probablement pas libre assez tôt pour que je puisse assister à l'ouverture du cours de M. Comte. Je le prie de recevoir l'expression de tous mes regrets. J'espère être plus heureux un autre jour.

« *Ma femme reste chez elle tous les mercredis soir; M. Comte serait bien aimable de venir nous voir quelquefois ce jour-là.*

« GUIZOT.

« Samedi soir, 24 janvier 1829. »

Voici encore, d'après la même source, une apostille donnée à Auguste Comte par M. Guizot en 1828, *ipsa manu*, sur une demande adressée par le premier à M. de Saint-Cricq, ministre du commerce, pour une place d'inspecteur dépendant de sa direction.

« Je me joins avec un grand plaisir à tant d'honorables témoignages.

M. Comte, *avec qui je me suis souvent entretenu, m'a toujours paru un homme d'un esprit très élevé et en même temps très applicable; il est au niveau de la science et au courant de la pratique.*

« Je ne doute pas qu'il ne rendît à l'administration qui se l'attacherait les plus utiles services.

« Guizot (1) ».

Si tous les souvenirs de M. Guizot sont aussi précis que celui qu'il a gardé d'Auguste Comte, ses mémoires doivent être d'une exactitude précieuse! Nous ne sachons rien, en tout cas, de plus méprisable que ces gens surfaits qui, après avoir, par l'intrigue encore plus que le mérite, monté trop haut pour leur nature, arrangent sur le tard les remous d'une vie si embrouillée, pour se draper en irréprochables devant la postérité.

Ceux qui tiennent pour absolument véridique l'illustre doctrinaire feront bien de méditer cette aventure.

N° 20

AFFAIRE DE L'ÉCOLE POLYTECHNIQUE

§ 1.

LETTRE ÉCRITE PAR AUGUSTE COMTE
AU PRÉSIDENT DE L'ACADÉMIE DES SCIENCES DE PARIS
27 juillet 1840.

Conformément au règlement formel de l'Académie des sciences, la lettre suivante devait être lue intégralement à cette Académie, dans sa séance du lundi 3 août 1840, sur la demande spéciale d'un membre (M. de Blainville), qui en avait personnellement garanti la convenance. Après la lecture des deux premiers alinéas, un académicien (M. Thénard) a demandé que cette lecture ne fût point continuée, et elle a été en effet supprimée, par suite d'une délibération à laquelle la grande majorité de l'Académie paraît être restée essentiellement étrangère. Dans l'intérêt de ma candidature, je crois donc devoir aujourd'hui publier textuellement ma lettre, afin que les nombreux académiciens qui, n'ayant point participé à cet acte d'oppression, ne sont pas décidés à me condamner sans m'entendre, ne se trouvent pas ainsi privés d'une communication susceptible d'éclairer l'important jugement qu'ils doivent prochainement prononcer. Il faut aussi que le public impartial et éclairé, supérieur aux passions et aux préjugés des coteries scientifiques, puisse directement apprécier si aucune partie quelconque de ma lettre a réellement motivé une telle dérogation aux usages, aux règlements, et, j'ose le dire, aux devoirs académiques, surtout en un cas où, me trouvant en concurrence avec un membre de cette Académie, je devais, ce me semble,

(1) *Revue occidentale*, 3ᵉ année, n° 6, pages 425-431.
Les autres apostilles sont de MM. de La Borde, Ternaux, Thénard, F. Arago, Ch. Dupin, Chaptal, baron Fourier, Poinsot.

davantage espérer qu'une respectueuse discussion ne m'y serait pas violemment interdite. Cette mesure exceptionnelle paraîtra maintenant d'autant plus étrange que, dans une occasion identique, une lettre essentiellement semblable, soit pour le fond, soit pour la forme, que j'avais adressée à l'Académie le 19 septembre 1836, y avait été, sur la demande de l'illustre Dulong, lue entièrement, à la satisfaction générale de l'Académie et du public, comme le témoignèrent alors spontanément les comptes rendus des principaux journaux ; quoique je n'eusse point fait encore, à l'École polytechnique, les leçons de hautes mathématiques qui constituent aujourd'hui mon titre le plus décisif à la chaire que je réclame.

Auguste Comte.

Paris, le mardi 4 août 1840.

A Monsieur le président de l'Académie des sciences.

Monsieur le président,

Dans ma dernière candidature pour la chaire d'analyse transcendante et de mécanique rationnelle, alors, comme aujourd'hui, vacante à l'École polytechnique, j'eus l'honneur, il y a quatre ans (le lundi 19 septembre 1836), de soumettre à l'Académie quelques respectueuses réclamations, que cette illustre compagnie daigna écouter intégralement avec une bienveillante attention, quoiqu'elles fussent entièrement dirigées contre l'esprit habituel de telles élections. En les reproduisant sommairement aujourd'hui, je dois d'autant plus compter sur une disposition non moins favorable, qu'une expérience décisive, dont je parlerai ci-après, et qui alors n'avait pu encore avoir lieu, est venue depuis confirmer, à mon avantage, l'exactitude de ces réflexions générales.

N'ayant opéré, pendant un siècle et demi, d'autres élections que celles de ses propres membres, l'Académie a dû être spontanément entraînée, par l'irrésistible ascendant d'une telle habitude, à transporter ensuite le même esprit à tous les autres choix dont elle a été successivement investie dans le siècle actuel, en jugeant aussi les professeurs, comme les académiciens eux-mêmes, d'après la considération prépondérante des mémoires spéciaux relatifs à des points particuliers de la science. Or, cette disposition très rationnelle à l'égard des choix purement académiques, du moins jusqu'à ce que la constitution de l'Académie s'adapte plus complètement aux besoins actuels de l'esprit humain, devient au contraire, j'ose le dire, essentiellement empirique, quand on l'étend abusivement à des élections d'une tout autre nature, auxquelles devrait présider un tout autre esprit. Une aussi sage compagnie n'a certainement besoin que d'être franchement avertie à ce sujet, pour se tenir désormais suffisamment en garde contre l'entraînement involontaire de ses propres antécédents, afin que le public impartial et éclairé ne puisse point lui reprocher de ne connaître qu'un seul mode immuable d'apprécier les hommes, à quelques destinations diverses qu'il s'agisse de les appliquer. Si l'Académie, comme le sont ailleurs d'autres corporations savantes, était directement investie du droit de députation à nos Assemblées nationales, elle ne continuerait point, sans doute, à prendre encore la considération des mémoires académiques pour mesure essentielle de la capacité politique. Appliqué à la capacité didactique, cet aveugle usage n'y est pas, au fond, plus conforme à l'harmonie nécessaire entre les moyens et la fin.

D'éclatants exemples, qu'il serait superflu de citer, ont nettement prouvé de nos jours, surtout dans l'histoire de l'École polytechnique, qu'une éminente aptitude au perfectionnement isolé de divers sujets scientifiques était pleinement conciliable avec une radicale inaptitude à tout enseignement rationnel, non seulement oral, mais encore écrit. Cette irrécusable observation sera aisément expliquée par tous ceux qui auront convenablement approfondi la théorie de l'enseignement, où l'esprit d'ensemble devient spécialement indispensable, puisqu'il y faut surtout la considération habituelle du caractère fondamental de la science, de l'exacte coordination de ses diverses parties, et de ses rapports essentiels avec le reste du système scientifique. Est-il donc surprenant que cet esprit d'ensemble, sans être rigoureusement incompatible avec l'esprit de détail qui doit ordinairement présider aux travaux académiques proprement dits, accompagne toutefois très rarement l'aptitude aux recherches spéciales, presque toujours concentrées sur des points de doctrine isolés, dont la préoccupation continue doit disposer à oublier ou à négliger les autres éléments de la science ? Aussi, quoique n'ayant pas composé de *Mémoires*, et ayant dirigé tous mes travaux vers la philosophie des sciences positives, j'ose croire que mes titres sont réellement beaucoup plus spéciaux pour une candidature, non académique, mais didactique, que si j'eusse employé autant de temps et d'efforts à perfectionner les connaissances de détail. Ceux mêmes, parmi les juges compétents, auxquels mes recherches inspirent le moins de sympathie, ne sauraient méconnaître que les trois premiers volumes de mon *Traité de philosophie positive* sont éminemment propres, par leur nature, à déterminer péremptoirement si leur auteur possède ou non la capacité didactique, pour laquelle la plupart des mémoires ne peuvent, au contraire, fournir que des indications vagues, indirectes, fort équivoques et souvent trompeuses.

Si l'esprit philosophique, en tant que distinct de l'esprit purement scientifique, est généralement indispensable à tout enseignement rationnel, aucun autre cas ne saurait, ce me semble, plus impérieusement exiger une telle condition fondamentale que celui dont il s'agit ici, vu l'importance supérieure de cette chaire transcendante, destinée surtout à faire nettement ressortir les conceptions principales de la science mathématique, l'intime solidarité de ses diverses parties essentielles, et l'ensemble de ses vraies relations avec les différentes branches de la philosophie naturelle. Beaucoup de juges compétents qui ont pu convenablement observer, soit en lui-même, soit dans ses résultats ordinaires, le système actuel d'enseignement de l'École polytechnique, y déplorent avec raison l'abus des habitudes algébriques trop exclusives, qui disposent à mal concevoir la relation générale de l'abstrait au concret, une vicieuse prépondérance des signes sur les idées, qui tend bien plus à orner la mémoire qu'à exercer le jugement, enfin un penchant trop commun à faire prévaloir la considération isolée de l'instrument analytique sur celle des phénomènes dont il est éminemment destiné à perfectionner l'étude rationnelle : d'où résultent trop fréquemment de graves altérations à l'heureuse influence, pratique ou théorique, de cette belle institution. Or, de tels dangers exigent évidemment l'introduction directe de l'esprit philosophique, qui ne sacrifie plus l'interprétation concrète des formules à leur contemplation abstraite, et qui, toujours préoccupé de la considération approfondie de l'ensemble de l'étude de la nature, sache enfin disposer les jeunes intelligences à sentir judicieusement la vraie destination de l'analyse mathématique, tout en faisant dignement ressortir ses éminents attributs.

Telles sont les indications préliminaires relatives à l'appréciation spéciale, pour ma candidature actuelle, de mes travaux écrits, que chaque juge peut directement examiner. Quant à mes titres pratiques, je dois d'abord rappeler que, depuis vingt-quatre ans, mon existence n'a jamais cessé de reposer uniquement sur l'exercice le plus actif et le plus pénible de l'enseignement mathématique, dans tous les modes et à tous les degrés dont il est susceptible : en sorte que je ne saurais craindre, sous ce rapport, aucune concurrence quelconque. Attaché depuis huit ans à l'École polytechnique, j'y ai été inopinément conduit par mes devoirs, aussitôt après avoir échoué dans ma candidature de 1836, à remplir provisoirement, pendant deux mois, les éminentes fonctions que je sollicite aujourd'hui. La manière dont je m'en acquittai est maintenant devenue tellement notoire, que les juges, même les plus mal disposés envers moi, n'hésiteront pas, j'espère, à reconnaître l'imposant témoignage qui en résulte en ma faveur. Qu'il me soit permis, à ce sujet de rappeler spécialement l'irrécusable suffrage d'un illustre savant, dont l'Académie, comme l'École polytechnique, déplorera longtemps encore la perte prématurée, et qui, alors directeur des études de cette école, avait personnellement assisté à beaucoup de mes leçons : je n'oublierai jamais le zèle généreux avec lequel sa rare et scrupuleuse loyauté, surmontant sa modeste réserve habituelle, lui fit une loi de proclamer énergiquement les impressions favorables que cette épreuve décisive lui avait inspirées à mon égard, afin de repousser, par l'irrésistible ascendant de son esprit et de son caractère, les injustes et malveillantes insinuations auxquelles j'avais été en butte un peu auparavant, au sein même de cette Académie. Malgré que sa voix consciencieuse ne puisse plus, hélas! s'élever pour faire rendre à mes services la tardive justice qu'il avait daigné me promettre d'après une telle expérience, je ne crains point aujourd'hui d'appeler directement, en garantie de ce que je viens d'avancer, tous ceux qui, à un titre quelconque, ont eu connaissance de cette affaire : j'en adjure spécialement l'illustre géomètre auquel tous les bons esprits se félicitent de voir enfin confiée la direction générale de notre enseignement mathématique, et qui, ne m'ayant jamais perdu de vue depuis que j'eus le bonheur, il y a plus de vingt-cinq ans, d'être son élève à l'École polytechnique, est le plus propre à juger mon aptitude réelle aux fonctions didactiques que je viens réclamer aujourd'hui.

En cette grave conjoncture, d'où va dépendre tout mon avenir social, je crois devoir, avec une haute franchise, me placer immédiatement sous la protection de l'ensemble de l'Académie contre les préventions qui ont pu subsister à mon égard dans les sections spéciales auxquelles se rapporte naturellement une telle candidature. Si une sage institution n'a point confié aux sections isolées de semblables nominations, et, leur attribuant seulement la présentation et la discussion, a soigneusement réservé au corps entier de l'Académie la décision finale, ce n'est point, sans doute, uniquement dans la crainte des rivalités personnelles : ce doit être surtout afin de neutraliser, autant que possible, par cette indispensable pondération mutuelle, les divers préjugés inhérents à chaque spécialité, et dont les autres académiciens doivent spontanément être mieux préservés. C'est donc sur leur haute raison que je compte le plus ici pour rappeler convenablement l'harmonie rationnelle qui doit exister entre les fonctions à remplir et les conditions les plus propres à leur accomplissement. On doit, sans doute, toujours désirer, surtout en un cas aussi capital, que le talent didactique ne soit pas, s'il est possible, séparé d'une vraie capacité d'invention : mais, sous ce dernier aspect, il est évident que les *Mémoires* ne constituent point la seule garantie décisive. Tous ceux qui, même sans adopter mes principes, auront impartialement apprécié mes travaux, me rendront, je l'espère, la justice de reconnaître que la non-production de mémoires académiques ne tient nullement chez moi à la stérilité d'invention, mais à la direction inusitée que ma vocation caractéristique a dû imprimer à l'ensemble de mes propres recherches, dont les principaux résultats, quoique d'une autre nature, ne sont certainement, j'ose le dire, abstraction faite de leur réalité, ni moins originaux, ni moins difficiles, ni moins importants, que ceux qui se rattachent à la marche la plus suivie depuis deux siècles. Si, à raison même de son caractère, et surtout de sa nouveauté, ma direction philosophique m'interdit inévitablement presque toute participation aux divers encouragements, utiles ou honorifiques, que l'organisation actuelle prodigue très justement aux recherches purement scientifiques, faut-il aussi me voir enlever, par suite de cette position exceptionnelle, jusqu'aux attributions qu'une telle vie intellectuelle doit me rendre plus spécialement apte à remplir? Personne n'oserait l'admettre, à moins de regarder la philosophie des sciences comme ne méritant, de la part des savants, aucune sorte d'encouragement quelconque, et comme en devant être, au contraire, systématiquement repoussée; ce qui certes n'est nullement l'intention de l'Académie, qui, en conséquence, empêchera, j'espère, que le principe de la spécialité, abusivement détourné, à mon préjudice, de sa vraie destination rationnelle, ne soit ici érigé en maxime directement opposée au principe universel de l'aptitude, dont il ne doit évidemment constituer qu'un simple cas particulier, par la subordination constante du moyen au but.

Je ne crois pas, en terminant, devoir excuser, auprès de l'Académie, l'étendue inusitée de la discussion que je viens d'ébaucher, sauf le regret que j'éprouve de n'avoir pu l'indiquer sans confusion en termes plus concis. Car, des réflexions directement destinées à perfectionner, au profit de tous, une des plus importantes attributions actuelles de l'Académie, ont tout autant de droits, sans doute, à sa scrupuleuse sollicitude que les communications journalières qu'elle reçoit sur des points particuliers de doctrine. Le périlleux honneur d'avoir cette fois pour concurrent un académicien me fait d'ailleurs espérer que ma respectueuse remontrance obtiendra aujourd'hui un surcroît spécial d'attention et même d'intérêt, de manière à prévenir ou à dissiper des inquiétudes trop conformes à l'esprit critique de notre temps pour devoir être entièrement dédaignées. Au reste, quel que doive être le sort réel de cette nouvelle candidature, je dois ici déclarer finalement que je ne renoncerai jamais à une chaire qui, depuis vingt-quatre ans, fut, à mes yeux, un but constant d'efforts journaliers; l'expérience ayant désormais pleinement motivé cette juste obstination, en démontrant, d'une manière irrécusable, que mon aptitude effective correspond suffisamment à cette légitime ambition.

Daignez agréer, Monsieur le président, l'hommage de la respectueuse considération de votre dévoué serviteur,

Auguste COMTE,

Ancien élève de l'École polytechnique,
Répétiteur d'Analyse transcendante et de Mécanique rationnelle à cette École,
et examinateur des candidats qui s'y destinent.
Rue d'Ulm nº 5, près le Panthéon.

Paris, le lundi 27 juillet 1840 (1).

§ 2.

Voici le carton impertinent que le sieur Bachelier, éditeur du VIe volume du *Cours de philosophie positive*, se crut le droit d'insérer, sans en prévenir l'auteur, en tête dudit volume, lors de sa publication; d'où le procès au tribunal de commerce, gagné par Auguste Comte. — R.

AVIS DE L'ÉDITEUR.

Au moment de mettre sous presse la préface de ce volume, je me suis aperçu que l'auteur y injurie M. Arago. Ceux qui savent combien je dois de reconnaissance au secrétaire de l'Académie des sciences et du Bureau des longitudes comprendront que j'ai demandé *catégoriquement* la suppression d'un passage qui blessait tous mes sentiments. M. Comte s'y est *refusé*. Dès ce moment je n'avais qu'un parti à prendre, celui de ne pas prêter mon concours à la publication de ce sixième volume. M. Arago, à qui j'ai communiqué cette résolution, m'a forcé d'y renoncer.

« Ne vous inquiétez pas, m'a-t-il dit, des attaques de M. Comte. Si elles en valent la peine, j'y répondrai. La portion du public que ces discussions intéressent sait d'ailleurs très bien que la mauvaise humeur du *philosophe* date tout juste de l'époque où M. Sturm fut nommé professeur d'analyse à l'École polytechnique. Or, avoir conseillé, dans le cercle restreint de mon influence, de préférer un illustre géomètre au concurrent chez lequel je ne voyais de titres mathématiques d'aucune sorte, ni grands ni petits, c'est un acte de ma vie dont je ne saurais me repentir.

(1) Voir en outre la Correspondance avec MM. Valat et Stuart Mill. — R.

« Malgré les incitations si libérales de M. Arago, j'ai cru ne devoir publier cet ouvrage qu'en y joignant une note explicative du débat qui s'est élevé entre M. Comte et moi.

« BACHELIER, libraire-éditeur.

« Paris, 16 août 1842. »

§ 3.

CORRESPONDANCE AVEC LES MINISTRES.

I

A Monsieur le maréchal duc de Dalmatie, Ministre de la Guerre.

Paris, le jeudi 25 janvier 1844.

Monsieur le Ministre,

Quand j'ai été, en 1837, nommé, pour la première fois, examinateur d'admission à l'École polytechnique, je n'ignorais pas que, d'après l'ordonnance fondamentale du 30 octobre 1832, ces fonctions étaient désormais soumises à une réélection annuelle. Néanmoins, je n'hésitai pas alors à renoncer immédiatement à la majeure partie des avantages que me procurait l'enseignement mathématique, afin d'atténuer, autant que possible, l'inconvénient des récusations auxquelles je serais ainsi assujetti naturellement, dans les examens de Paris, envers mes propres élèves : aussi, des diverses écoles préparatoires où j'enseignais avant cette nomination, n'ai-je dès lors conservé que la moins abondante en candidats. Je devais penser, en effet, que ce nouveau caractère temporaire n'avait été attribué aux fonctions d'examinateur, comme il l'était déjà aux fonctions de répétiteur d'analyse et de mécanique, que j'exerce à l'École polytechnique depuis 1832, qu'afin de fournir un moyen régulier d'écarter aisément un examinateur qui aurait cessé de remplir suffisamment les conditions indispensables, soit de capacité, soit de moralité. Certain de ne jamais mériter de telles plaintes, et d'ailleurs attachant, en général, peu d'importance aux formes, cette nouvelle position me semblait offrir, tant que mes devoirs seraient bien accomplis, presque autant de stabilité que celle de mes trois collègues, précédemment institués à vie. Jusqu'ici, en effet, c'est ainsi qu'on s'est unanimement accordé à comprendre ce mode temporaire, d'après lequel mes fonctions d'examinateur m'ont été successivement maintenues pendant six ans, sans plus d'embarras que celles de répétiteur. Mais en me présentant, pour la septième fois, le 19 mai dernier, le Conseil d'instruction de l'École polytechnique a décidé que le directeur des études (feu M. Coriolis) me notifierait, à titre d'avis, l'intention manifestée, à cette occasion, par quelques membres, d'imprimer désormais un autre caractère au droit annuel de présentation, quoique ce projet n'ait pu d'ailleurs donner lieu à aucun vote formel. M. Coriolis m'a donc averti, au nom du Conseil, qu'une notable partie de ce corps semblait maintenant disposée à changer chaque année la personne appelée à ces fonctions, sans aucun grief quelconque, et dans l'unique vue d'essayer systématiquement une innovation proposée comme utile au service. Une telle mesure devant altérer profondément le sens généralement attaché jusqu'ici au règlement usité, de manière à détruire les conditions naturelles, quoique tacites, sous lesquelles j'avais d'abord accepté cette position, je me trouve forcé, de mon côté, de vous demander directement, Monsieur le Ministre, de modifier, en sens inverse, la règle actuelle, en rendant aux fonctions d'examinateur la stabilité qu'elles avaient avant 1832, et qu'elles conservent même chez mes trois collègues, puisque je suis encore la seule personne à laquelle l'annualité ait dû être appliquée.

Il serait ici superflu d'insister beaucoup sur l'évidente supériorité que présente, pour cet important service, une telle fixité personnelle ; comparée surtout au renouvellement annuel qu'on paraît vouloir introduire, quoique d'ailleurs, il n'existe pas, en général, de mesure quelconque, fût-elle presque conçue au hasard, qui, sous un certain aspect partiel, n'offre quelque avantage réel. Ces fonctions exigent, par leur nature, une combinaison très délicate de qualités intellectuelles et morales, assez rare pour rendre bientôt impraticable le mode ainsi projeté ; par l'impossibilité de trouver les douze ou seize personnes suffisamment convenables que supposerait au moins son application effective aux quatre places d'examinateur. En outre, les hommes les plus propres à un tel office ne doivent presque jamais le remplir immédiatement, quelque puisse être leur zèle, avec la perfection désirable, faute d'une suffisante expérience spéciale, dont aucune supériorité personnelle ne peut vraiment dispenser. L'innovation proposée est radicalement contraire à cette évidente condition : elle tend à écarter un fonctionnaire à l'instant même où il peut commencer à bien remplir sa mission. En augmentant beaucoup l'instabilité actuelle de ces fonctions, ce projet tend d'ailleurs à les faire souvent dédaigner par ceux qui en seraient le plus dignes. Il diminue, autant que possible, une indispensable responsabilité, non moins morale qu'intellectuelle, qui deviendrait ainsi presque illusoire pour les nombreuses personnes alors appelées successivement à cet office, que chacune d'elles n'exercerait peut-être qu'une seule fois dans toute sa carrière, ou du moins, ne réitérerait qu'à de longs intervalles indéterminés, à peu près comme chez les jurés. Cette multiplicité et cette instabilité aggraveraient extrêmement l'inconvénient, déjà inhérant à ma position actuelle, que présente la réunion, ainsi presque inévitable, des fonctions d'examinateur à celles de professeur d'une portion des candidats.

La stabilité régulière, que je propose de rétablir, offre, au contraire, évidemment, des avantages fondamentaux, et les dangers qui s'y rattachent peuvent être fort atténués, ce me semble, par le mode que je vais avoir l'honneur de vous soumettre. Nos fonctions d'examinateurs d'admission sont très analogues à celles des juges, et les graves considérations sociales qui ont motivé l'inamovibilité de ceux-ci conviennent pareillement aux autres. Il faut, dans les deux cas, une rare énergie morale afin que le devoir d'un fonctionnaire temporaire ne fléchisse jamais devant les instances de ceux dont dépend son sort précaire, quand il s'agit, par exemple, de rejeter un candidat parent ou protégé de quelqu'un de ses électeurs annuels. Lorsqu'on institua à vie les principaux examinateurs de sortie de l'École polytechnique, les mêmes motifs militaient également pour étendre, à plus forte raison, cette garantie d'indépendance aux examinateurs d'admission, qui non seulement fixent aussi l'ordre de mérite des candidats, mais encore doivent réellement, année commune, écarter les trois quarts de ceux qu'ils jugent. Si leur annualité actuelle était vraiment avantageuse au service, de semblables considérations détermineraient, avec plus de force encore, à traiter ainsi les fonctions de professeur, qui, du moins, n'exigent pas une haute énergie morale : personne pourtant ne l'oserait proposer, sans qu'il existe peut-être d'autre raison véritable d'une telle différence, si ce n'est que les savants consultés, en 1832, sur cette amovibilité, avaient été professeurs et jamais examinateurs. Enfin, l'institution à vie permet d'exiger que les examinateurs s'interdisent toute participation à l'enseignement préparatoire, pourvu que le traitement actuel soit assez augmenté pour en pouvoir dispenser les fonctionnaires sans fortune personnelle. On ferait ainsi cesser cette sorte de fausse position qui résulte aujourd'hui, chez moi, de l'existence d'une inévitable supériorité hiérarchique envers des professeurs dont je suis, en d'autres instants, le collègue.

Quant aux craintes raisonnables que peut suggérer cette permanence rendue aux fonctions d'examinateur, je n'ai point à m'occuper ici de celles relatives aux cas extrêmes de prévarication ou d'impuissance, qui ne comportent et n'exigent d'autre remède que la fermeté d'une sage administration : les offices quelconques ne constituent jamais d'inviolables propriétés ; et l'inamovibilité des juges, par exemple, n'ôte nullement la faculté d'éliminer ceux qui deviendraient réellement indignes de leur poste. Ces exceptions étant écartées, le seul danger sérieux d'une telle institution à vie consiste surtout en ce qu'il est très difficile, et le plus souvent presque impossible, de bien juger, avant l'expérience, l'aptitude effective à de telles fonctions, qu'on risquerait dès lors de confier indéfiniment à des sujets insuffisants. Mais il est aisé, ce me semble, de remédier assez à ce grave inconvénient, en ne confiant d'abord ces fonctions que pour trois ans, pendant lesquels le fonctionnaire peut être convenablement apprécié, la permanence n'étant ensuite accordée que d'après une telle épreuve.

Par ces divers motifs, je crois devoir, Monsieur le Ministre, vous proposer, contrairement au projet exposé le 19 mai 1843 au Conseil polytechnique, d'apporter aujourd'hui, à l'ordonnance du 30 octobre 1832, les modifications suivantes, que je me permets de rédiger sous forme réglementaire, dans la seule vue d'abréger :

1° Les examinateurs d'admission à l'École polytechnique seront désormais permanents, de même que les principaux examinateurs de sortie, et comme ils l'étaient avant 1832 ;

2° Leur traitement sera égalé à celui de ces derniers examinateurs, dont les fonctions, sans être plus importantes ni plus difficiles, sont beaucoup moins pénibles ;

3° Cette place redeviendra dès lors incompatible avec toute participation à l'enseignement préparatoire ;

4° Chacun de ces fonctionnaires sera d'abord institué, dans les formes ordinaires, seulement pour trois ans, sous le titre d'*examinateur provisoire;* l'inamovibilité lui sera ensuite directement conférée par le Ministre, si cette épreuve lui a été suffisamment favorable ;

5° Afin de prévenir toute abusive prolongation de cet office au delà de l'âge d'aptitude, ces examinateurs *pourront* être appelés à la retraite quand ils auront accompli leur soixantième année.

Jusqu'ici, Monsieur le Ministre, dans la sommaire appréciation qui précède, j'ai discuté la mesure proposée, le 19 mai dernier, au Conseil d'instruction de l'École polytechnique, comme si cette systématique mutation annuelle des examinateurs avait été imaginée pour améliorer un important service public. Mais je dois maintenant avoir le courage de vous signaler, à cet égard, la vérité tout entière, quelque nouveaux dangers qu'elle puisse indirectement m'attirer, en vous apprenant que ce projet n'a été réellement conçu qu'afin de satisfaire d'indignes passions privées, dont l'indication vous montrera combien divers membres de cette corporation peuvent abuser d'un droit annuel qui leur a été certainement accordé à toute autre fin. Forcé, pour cela, d'exposer quelques faits personnels, je m'efforcerai de les réduire à ce qui est strictement indispensable.

Dans le sixième et dernier volume, publié en 1842, d'un ouvrage sur la philosophie des sciences, j'ai été conduit à blâmer, comme philosophe, l'esprit et la tendance que manifestent de plus en plus nos corps savants quant à l'exercice du pouvoir que la généreuse confiance du gouvernement français leur a graduellement conféré, envers les principales nominations scientifiques, qui jusqu'alors émanaient exclusivement de lui. Contrairement aux préjugés actuels, j'ai osé regretter que l'administration se fût ainsi dépouillé d'un droit que le véritable intérêt public aurait dû l'empêcher de confier, avant le temps, à une classe où l'esprit d'ensemble et le sentiment du devoir sont jusqu'ici trop peu développés pour qu'elle se trouve réellement digne d'aucun pouvoir direct sur les personnes, encore moins que sur les choses. Enfin, j'ai cru devoir aussi spécifier davantage cette appréciation générale, en déplorant expressément la funeste influence qu'exerce depuis longtemps, à l'École polytechnique, M. Arago.

Cet illustre personnage a exercé contre moi, à cette occasion, un acte inouï d'oppression littéraire, en se tenant à couvert de toute poursuite légale derrière mon libraire, malheureusement placé sous sa dépendance, et qui lui servit alors d'agent passif. Ainsi forcé de ne demander justice que contre cet instrument subalterne, j'ai obtenu du tribunal de commerce de Paris, par un arrêt rendu le 29 décembre 1842, la pleine réparation que j'avais dû réclamer dans l'intérêt commun de tous les auteurs indépendants. Quelques jours avant les débats publics de cette grave affaire, que j'ai personnellement soutenue, j'ai été directement menacé, si je me permettais d'y nommer M. Arago, de perdre ma position à l'École polytechnique, surtout quant aux fonctions d'examinateur, au sujet desquelles on se faisait fort, si j'osais parler, d'empêcher ma prochaine réélection annuelle. Je n'ai tenu aucun compte de ces coupables menaces, me bornant à les dévoiler au tribunal et au public, dans l'audience du 15 décembre 1842, où je discutai la cause. Au temps ordinaire de la réélection, M. Liouville, principal appui de l'animosité de M. Arago contre moi dans le Conseil polytechnique, usa, en effet, de toute son influence pour déterminer cette corporation à m'ôter, à l'âge de quarante-cinq ans, après six années d'un honorable exercice, des fonctions que ma pauvreté personnelle me rend immédiatement indispensables. Cette réélection, qui, pendant toutes les années antérieures, n'avait donné lieu qu'à une sorte de formalité, accomplie en quelques minutes, a suscité ainsi, en 1843, sans qu'on pût rien reprocher à mon service, trois semaines de débats animés, qui ont exigé trois longues et orageuses séances de cette assemblée. Forcé enfin de céder à l'impartiale majorité du Conseil, M. Liouville s'est alors avisé, dans la séance définitive du 19 mai dernier, de proposer, avant le vote qui me concernait, ce projet de rénovation annuelle des examinateurs, que j'ai ci-dessus discuté et qui n'avait été nullement indiqué tant que mes ennemis avaient conservé quelque espoir de m'écarter directement. Tout porte à croire, j'ose le dire, que si M. Liouville parvenait ainsi à m'éliminer en 1844, et à me substituer l'une de ses créatures, il trouverait alors d'excellentes raisons pour revenir à l'état actuel, et même pour demander, en faveur du nouveau fonctionnaire, une permanence que je sais qu'il préfère en principe. Quoi qu'il en soit, je ne crains pas d'affirmer que l'étrange projet dont j'ai ci-dessus indiqué les vices essentiels n'a été réellement destiné, par son auteur, qu'à détruire ma position, bien que d'autres membres aient pu ensuite en être consciencieusement séduits.

Dans la situation que je viens de décrire, il ne me restait, Monsieur le Ministre, qu'à recourir, comme je le fais aujourd'hui, à votre haute protection, naturellement acquise à tout fonctionnaire qui, sans mériter aucun reproche, se trouve en butte à de puissantes animosités. Si l'inamovibilité que je demande vous semble, ainsi qu'à moi, réellement conforme à l'intérêt public, l'exposition précédente constitue un puissant motif d'en hâter l'institution, afin de me soustraire aux injustes tentatives qui vont recommencer contre moi lors de la prochaine réélection, ordinairement opérée en avril. Au cas contraire, je dois vous supplier de vouloir bien recommander que ma démarche soit tenue aussi secrète que possible; car elle est, évidemment, de nature à augmenter beaucoup les animosités dont je suis l'objet, et peut-être même à les propager, par un entraînement trop commun aux corporations, chez quelques-uns de ceux qui jusqu'ici m'ont défendu. Toutefois, si vous croyez devoir assujettir l'ensemble de cette affaire à une vraie discussion officielle, je me sens tout prêt, quelle que doive être votre décision finale, à soutenir directement, contre des adversaires quelconques, l'exactitude de toutes les assertions exposées dans cette lettre, en y ajoutant d'ailleurs tous les éclaircissements convenables. Du reste, l'énergique mesure que vous avez récemment introduite pour tempérer l'autorité exagérée du Conseil polytechnique, me donne lieu d'espérer un favorable accueil, en témoignant que vos yeux sont déjà ouverts, en général, sur les abus propres à ces compagnies trop accréditées, où les passions et les préjugés des diverses coteries scientifiques exercent aujourd'hui tant d'empire.

N'ayant pas l'honneur, Monsieur le Ministre, d'être personnellement connu de vous, je dois vous prier de vouloir bien, avant tout, prendre à mon égard des renseignements décisifs. Spécialement attaché, depuis douze ans, au service de l'École polytechnique, j'y ai été successivement placé sous trois chefs, d'abord M. le général Tholozé, ensuite M. le général Vaillant, et aujourd'hui M. le général Boilleau, conjointement avec les commandants en second, M. le colonel Espéronnier et M. le colonel Guillemain. J'ose compter sur une favorable appréciation personnelle de la part de tous ces fonctionnaires, qui pourront aussi suppléer envers moi, à d'autres égards, au témoignage désormais impossible des deux directeurs des études correspondants (feu MM. Dulong et Coriolis), dont ils pourront rapporter les jugements à mon sujet.

Daignez agréer, Monsieur le Ministre, le respectueux hommage de votre dévoué serviteur.

Auguste COMTE.

II

A Monsieur le maréchal duc de Dalmatie, Ministre de la guerre.

Paris, le jeudi 30 mai 1844.

Monsieur le Ministre,

Ma lettre du 30 janvier dernier, que vous avez daigné me promettre d'examiner avec soin, et que je vous prie aujourd'hui de vous faire d'abord représenter, vous a suffisamment expliqué la source et la nature de l'odieuse persécution que M. Liouville m'a suscitée, au sein du Conseil d'instruction de l'École polytechnique, pour satisfaire l'infatigable inimitié que M. Arago m'a vouée. Vous savez que cette lettre était surtout destinée à réclamer l'intervention tutélaire de l'administration, contre l'imminent retour périodique des obstacles illégitimes qu'avait ainsi éprouvé, l'an dernier, ma réélection habituelle comme examinateur d'admission. Aucune mesure spéciale n'ayant encore été prise, mes ennemis sont parvenus à consommer, cette année, la spoliation qu'ils avaient alors vainement tentée. Malgré le zèle soutenu et unanime des trois véritables chefs de l'École polytechnique (les deux commandants et le directeur des études), qui ont défendu mes justes droits avec autant d'énergie que tous leurs divers prédécesseurs depuis douze ans que je sers à l'École, la majorité du Conseil d'instruction vient de voter, le lundi 27 mai, une liste de présentation où je ne figure nullement, sans qu'on m'ait d'ailleurs rien reproché sur les fonctions que j'ai remplies pendant les sept années précédentes. Par là se trouve réalisée la haineuse déclaration de M. Arago, qui, dès l'origine de ce conflit, avait annoncé l'intention de me poursuivre sans relâche jusqu'à ce que ma position fût détruite. Quand j'acceptai ces fonctions, en 1837, je dus renoncer, dans l'intérêt d'un tel service, à la majeure partie des moyens d'existence que je tirais alors de l'enseignement mathématique, et qui ne peuvent aujourd'hui m'être subitement rendus : en sorte que, si votre haute intervention n'empêchait pas l'accomplissement de cette inique spoliation, mon défaut total de fortune personnelle m'obligerait désormais, sans jamais avoir aucunement démérité, à recommencer laborieusement, à l'âge de quarante-six ans, la carrière incertaine d'un jeune homme.

J'ai déjà discuté, en elle-même, dans ma lettre du 30 janvier, la forme systématique que mes ennemis ont voulu donner à une persécution purement personnelle, par un prétendu projet d'essayer dorénavant, chaque année, un nouvel examinateur; j'ai facilement démontré combien il serait funeste à cet important service. Mais, quand même on supposerait loyale cette étrange proposition, il est d'abord évident que le Conseil n'aurait pas le droit d'empiéter ainsi sur les attributions ministérielles, en altérant aussi radicalement le sens unanimement attaché à la règle existante pendant les six années consécutives de son application effective; car, en livrant dès lors cet office à un fonctionnaire toujours novice, on introduirait par là, à votre insu, un changement réellement plus grave pour le public, que quand l'ordonnance de 1832 rendit temporaire un poste jusqu'alors permanent. Si, en outre, le Conseil se croyait vraiment autorisé à une telle mesure, il ne pourrait du moins l'introduire sans une grave discussion spéciale sur ce principe, considéré isolément de toute individualité actuelle : or, j'ose affirmer que cet examen préalable n'a jamais eu lieu.

Enfin, en admettant une telle innovation, une juste coutume invariable devait interdire de lui attribuer aucun effet rétroactif : il eût donc fallu en ajourner l'application jusqu'à la première personne nouvelle qui serait ultérieurement appelée à ces fonctions : c'est ainsi que, en les rendant temporaires, l'ordonnance de 1832 respecta exceptionnellement le caractère permanent qu'elles avaient auparavant chez les titulaires actuels. Ces trois motifs confirment, évidemment, le jugement que j'ai porté de ce projet dans ma lettre du 30 janvier, en le montrant comme uniquement destiné, par son auteur, à détruire aujourd'hui ma position personnelle, qu'on reconnaissait ne pouvoir attaquer loyalement.

D'après l'ensemble des faits qui me sont connus, *je n'hésite donc pas, Monsieur le Ministre, à accuser auprès de vous la majorité du Conseil d'instruction de l'École polytechnique d'avoir moralement prévariqué, dans sa séance du 27 mai, en abusant d'un droit de réélection annuelle pour satisfaire des inimitiés privées, entièrement étrangères à mon service public; et je m'engage à prouver que cet acte n'a fait que réaliser, sous l'impulsion de M. Liouville, les coupables menaces de M. Arago à mon égard, mentionnées dans une lettre du 30 janvier.* Je demande, en conséquence, que vous veuilliez bien ordonner immédiatement, sur tout ce qui concerne ma réélection de 1843, et ma non réélection de 1844, une *enquête officielle*, jusqu'à l'issue de laquelle vous suspendriez toute décision quelconque quant à la nouvelle présentation qui vient de vous être soumise.

Si, comme j'en ai la ferme conviction, cette enquête démontre la justice de mon accusation, je réclame de votre sage fermeté, la suppression actuelle d'une attribution dont ce corps serait ainsi reconnu avoir indignement abusé. La conduite ultérieure du Conseil polytechnique, suffisamment redressée peut-être par cette énergique mesure, déciderait d'ailleurs s'il faut étendre aussi une pareille garantie à toutes les nominations temporaires et même enfin à celles qui sont permanentes. Il importerait beaucoup, sans doute, à tous les vrais intérêts publics, que l'administration ressaisît pleinement aujourd'hui des attributions qu'elle a trop généreusement abandonnées à des corporations spéciales, où, sous le vain prétexte d'une compétence qui n'est le plus souvent qu'apparente, surgissent journellement, sans aucune indépendance réelle, des décisions arbitraires, soustraites à toute responsabilité effective et presque toujours déterminées par les passions ou les préjugés de diverses coteries dominantes. Mais, quelque salutaire que fût déjà un tel retour aux véritables principes administratifs, il convient mieux peut-être de ne l'opérer que graduellement, à mesure que les vices du mode actuel deviendront irrécusables pour tous les observateurs impartiaux. C'est pourquoi, Monsieur le Ministre, je me borne aujourd'hui à vous proposer *de reprendre, par une ordonnance spéciale, la libre nomination directe, comme avant 1832, aux fonctions d'examinateur d'admission à l'Ecole polytechnique,* soit que vous rétablissiez aussi la permanence antérieure de cet office, suivant le mode indiqué dans une lettre du 30 janvier, soit que vous croyiez devoir persister à le laisser assujetti à une nomination annuelle, dès lors exclusivement émanée de l'administration, dont la justice m'inspirerait une pleine sécurité, tant que je satisferais dignement aux conditions, à la fois morales et intellectuelles, qu'exigent de telles fonctions. Quelque grave que soit ce changement, il reste encore assez de temps pour le réaliser dès cette année, en me rendant convenablement l'office qui vient de m'être indignement ravi, sans ajourner aucunement l'ouverture habituelle du concours.

Cette mesure ne constitue, au fond, Monsieur le Ministre, qu'une suite indispensable de la sage ordonnance introduite, en novembre dernier, pour modifier le mode antérieur des diverses nominations polytechniques : ce ne serait, du moins, qu'un second pas dans la même voie. En effet, l'acte dont je suis aujourd'hui victime prouve clairement que, vu la faible moralité de ces corporations, l'obligation d'une triple candidature n'y suffit pas pour protéger les fonctionnaires amovibles contre les inimitiés des coteries régnantes, conformément à l'une des deux destinations essentielles de cette heureuse innovation ; quant à son autre but, consistant à empêcher l'avènement forcé de prétendants peu convenables, il ne serait guère plus difficile à ces compagnies de l'éluder aussi, par une formalité illusoire, en accolant deux candidats évidemment impropres à celui qu'on voudrait vous imposer. Sous chaque aspect, il n'y a de vraiment efficace que le retrait d'une attribution dont l'expérience a montré que ces corps ne sont pas encore dignes.

Outre mes justes droits personnels, l'intérêt évident d'un important service public me force donc d'insister sur une telle demande. Car, en laissant consommer sans obstacle l'iniquité tramée contre moi, l'administration annulerait inévitablement tous les honorables efforts qu'elle a déjà tentés pour soustraire l'École polytechnique à la domination des coteries scientifiques : elle livrerait ainsi de nouveau ce grand établissement à la désastreuse omnipotence secrète de M. Arago, en sacrifiant un fonctionnaire auquel on n'a jamais pu reprocher que de s'être attiré l'implacable inimitié de ce puissant personnage, pour une énergique protestation philosophique contre la déplorable influence que lui procure la dangereuse autorité administrative cédée aujourd'hui aux corps savants. Sous le poids direct d'un tel exemple, quelle indépendance réelle pourrait développer mon successeur quelconque envers les impérieuses sollicitations de plusieurs de ceux qui régleront son sort annuel ? Doit-on d'ailleurs attendre aujourd'hui une énergique moralité, première condition d'un tel office, d'un examinateur qui, par ce mode même d'avènement, se serait montré essentiellement dépourvu de toute vraie délicatesse, en sollicitant activement, ou du moins en acceptant sciemment une succession évidemment résultée d'une odieuse spoliation, à laquelle il aurait ainsi nécessairement concouru ? Quelle confiance une pareille introduction peut-elle inspirer aux familles dans la scrupuleuse justice des choix, et quel respect peut-elle faire naître chez une jeunesse déjà si disposée à l'insubordination ?

J'ose dire, enfin, Monsieur le Ministre, que l'équité ne vous permet pas de me refuser l'enquête solennelle que je demande, puisque mon honneur personnel s'y trouve inévitablement intéressé. La masse impartiale du public, même éclairé, trop étrangère aux indignes manœuvres de nos coteries scientifiques, devra spontanément supposer, à moins d'une pleine conviction spéciale, que ma non-réélection actuelle, après sept années d'exercice continu, a été déterminée par quelque grave infraction, soit intellectuelle, soit surtout morale, aux devoirs réguliers de mon office. Je dois d'autant plus la craindre que mes puissants ennemis ont déjà témoigné, par quelques tentatives irrécusables, combien leur moralité peu scrupuleuse les disposerait aisément à s'efforcer sourdement de voiler, sous de lâches calomnies, l'infâme iniquité qu'ils viennent de consommer. C'est pourquoi, Monsieur le Ministre, je ne me lasserai pas de réclamer, de votre haute justice, une enquête vraiment décisive, après laquelle même un pareil motif m'obligerait, si je n'obtenais pas une véritable réparation, à employer successivement, avec toute l'énergie convenable, tous les divers autres moyens honorables de constater pleinement, aux yeux de tous les hommes honnêtes et sensés, que ma chute actuelle est uniquement due à de coupables animosités privées, malgré l'accomplissement toujours loyal de mon office public. Personne, sans doute, ne saurait me refuser justement une telle satisfaction.

Daignez agréer, Monsieur le Ministre, le respectueux hommage de votre dévoué serviteur.

Auguste Comte,
Examinateur pour l'École polytechnique,
10, rue Monsieur-le-Prince, près de l'Odéon.

III

A Monsieur le maréchal, duc de Dalmatie, Ministre de la Guerre.

Paris, le jeudi 19 décembre 1844.

Monsieur le Ministre,

Le Conseil de perfectionnement de l'École polytechnique, s'étant formellement associé, lundi 16 décembre, à la tentative d'exclusion commencée envers moi, le 27 mai dernier, par le Conseil d'instruction, votre justice protectrice me semble maintenant forcée de recourir à la mesure décisive proposée dans une lettre du 30 mai, en supprimant désormais tout droit de présentation aux fonctions d'examinateur d'admission, dès lors directement conférées par le Ministre seul. Les efforts consciencieux des deux commandants de l'École et du Directeur des études ont été néanmoins activement secondés par le digne général Vaillant, ancien chef de l'École, et par plusieurs autres membres fort honorables : ils ont été spécialement appuyés de l'imposant suffrage du plus éminent des géomètres actuels (M. Poinsot), qui seul, dans cette assemblée, possède une véritable expérience personnelle des examens d'admission. Mais tout cela n'a pu suffire pour contenir, chez le nouveau Conseil, la tendance naturelle qui entraîne, surtout aujourd'hui, de tels corps à devenir solidaires les uns des autres contre l'autorité centrale. Ce dernier vote, imprévu pour tout le monde, et même pour mes infatigables ennemis, se trouve d'autant plus caractéristique qu'il est en opposition notoire avec la haute réprobation que vous aviez officiellement manifestée au sujet de la première tentative, quand vous avez expressément refusé, par votre lettre du 15 juillet, de pourvoir à mon remplacement. L'esprit de désordre, qui, de nos jours, a plus ou moins pénétré partout, semble même avoir disposé certains membres, qui comprennent étrangement l'indépendance, à seconder systématiquement, sans aucune passion personnelle, la marche de mes ennemis, pour ne pas paraître, en me défendant, céder à cette légitime appréciation ministérielle. Il ne s'agit donc pas seulement ici d'empêcher un fonctionnaire irréprochable de perdre, à la majorité d'une seule voix, sans avoir été jamais entendu, une position justement acquise par sept années consécutives d'un exercice toujours loyal et honorable; tandis que l'exclusion, même notoirement méritée, d'un simple élève ne peut être légalement proposée que par une majorité de deux tiers au moins, et après sa libre défense personnelle! Sous un aspect plus étendu et plus important, il s'agit surtout, en s'opposant à cette injustice particulière, de préserver le nouveau régime polytechnique de l'atteinte profonde dont le menace évidemment un vote par lequel le nouveau Conseil dirigeant confirme volontairement, contre votre jugement formel, l'acte le plus inique de l'ancienne domination, malgré le blâme spontanément manifesté, à ce sujet, par tous les hommes honorables, pendant les six mois d'intervalle.

Tous les esprits sages et vraiment indépendants, qui s'intéressent à l'École polytechnique, ont applaudi à la salutaire intention qui a inspiré l'ordonnance de réorganisation, évidemment destinée surtout à soustraire ce précieux établissement au funeste ascendant des coteries scientifiques. En m'associant, avec une reconnaissance spéciale, à ce juste hommage, j'ai toutefois regretté que le Gouvernement eût encore trop cédé aux préjugés actuels, en accordant trop d'autorité, du moins quant aux personnes, à la nouvelle corporation dirigeante, quoiqu'elle soit mieux constituée que l'ancienne. Cette supériorité résulte essentiellement d'un heureux mélange caractéristique des fonctionnaires pratiques aux membres purement scientifiques. Mais, quoique ces deux éléments aient été rendus égaux en nombre officiel, ils ne peuvent l'être réellement en influence polytechnique, et la balance doit habituellement pencher pour celui qui tend à l'extension indéfinie de la puissance scientifique contre celui qui se trouve naturellement disposé à respecter la juste prépondérance de l'autorité centrale. Ce danger est d'autant plus à craindre que la partie pratique du Conseil, déjà moins homogène et moins compacte que la partie théorique, manque, en général, de confiance dans sa propre sagesse, et partage trop souvent elle-même les préjugés qui règnent aujourd'hui sur la compétence exclusive des savants en matière d'administration scientifique. D'ailleurs aucune précaution générale n'a été instituée pour assurer la présence effective de cette partie essentielle de l'assemblée, naturellement moins disposée que l'autre à une telle assiduité; en sorte qu'une délibération pourrait même être légale sans qu'aucun délégué des services publics y eût participé : ce qui ferait aussitôt dégénérer le Conseil dirigeant en une assemblée purement scientifique, comme sous le régime antérieur.

D'après une telle appréciation, je ne crains pas d'assurer que la mesure ci-dessus proposée constitue le seul remède vraiment efficace au vice d'organisation signalé par l'injustice qui m'atteint de nouveau. Vous pouvez, sans doute, Monsieur le Ministre, employer d'abord, à ce sujet, envers le Conseil de perfectionnement, votre droit invariable d'exiger une nouvelle présentation, en prescrivant, si on persiste à m'en écarter, de formuler contre moi une accusation précise, comme vous l'avez fait, il y a six mois, avec le Conseil d'instruction. L'usage de ce droit est actuellement devenu d'autant plus convenable que ce nouveau vote d'exclusion se trouve expressément contraire à l'article 27 de l'ordonnance de réorganisation, qui réserve exclusivement au Ministre toute semblable révocation. Mais, quoique cette marche soit préalablement utile, ne fût-ce que pour mieux caractériser un aveugle acharnement, sa récente insuffisance envers le Conseil d'instruction ne permet guère d'espérer qu'elle suffise maintenant vis-à-vis du Conseil de perfectionnement. Quand même les délégués des services publics, avertis par la surprise de lundi dernier, sentiraient spécialement la nécessité de venir contrebalancer la funeste impulsion des coteries scientifiques, de manière à déterminer en ma faveur la seconde délibération, l'expérience et la réflexion concourraient encore à faire craindre, pour chacune des années suivantes, le retour d'un pareil danger, tant que le régime actuel ne sera pas suffisamment modifié. Car, la persécution dont je suis l'objet n'est pas seulement due à d'actives inimitiés privées : elle se rapporte surtout à l'ensemble de mes principes philosophiques, qui m'ont conduit à blâmer systématiquement le vicieux esprit qui dirige aujourd'hui la culture des sciences, surtout mathématiques, et par suite à déplorer le désastreux pouvoir que la générosité irréfléchie du gouvernement français a accordé, de nos jours, à une classe qui n'en est pas encore digne, faute de vues assez générales et de sentiments assez élevés. Tel est l'inévitable conflit permanent qui, sous le régime actuel, compromettra toujours ma situation polytechnique, maintenant que le nouveau Conseil a, comme l'ancien, laissé une fois appliquer à des luttes personnelles, totalement étrangères à mon service public, un droit de réélection annuelle qui n'était légalement destiné qu'à fournir un moyen normal d'écarter aussitôt un fonctionnaire qui aurait vraiment cessé de remplir suffisamment les diverses conditions, intellectuelles et morales, indispensables à mon office d'examinateur.

En appréciant convenablement ces divers motifs, j'ose espérer, Monsieur le Ministre, que vous reconnaîtrez bientôt la nécessité de revenir enfin, dans cette grave occasion, aux vrais principes administratifs, qui prescrivent de n'accorder à des corporations spéciales, surtout scientifiques, qu'une influence purement consultative, sans jamais leur attribuer aucun commandement effectif, vu leur défaut inévitable de toute vraie responsabilité personnelle, qui s'y perd confusément sous une vague responsabilité collective, presque toujours illusoire. Que l'autorité directrice demande à de tels corps des renseignements et des avis, en se défiant d'ailleurs des préjugés et des passions qui leur sont propres, mais qu'elle ne se lie nullement à leurs indications quelconques ; alors elle utilisera pleinement, au profit habituel du service public, une influence qui, autrement employée, tend le plus souvent à le troubler. Déjà la nouvelle organisation polytechnique admet ce principe fondamental en tout ce qui concerne les choses où le Conseil n'a qu'une simple participation consultative, qui n'engage aucunement le ministre. Pourquoi en serait-il autrement quant aux personnes, où l'influence des passions et des préjugés est bien plus difficile à éviter?

Toutefois, Monsieur le Ministre, je sens que les ménagements provisoires dus à des tendances puissantes, quoique vicieuses, permettent peu d'introduire aujourd'hui cette salutaire pratique dans toutes les nominations polytechniques. Mais si votre prudente fermeté croit d'abord devoir en restreindre l'usage à un seul cas, d'irrécusables motifs expliqueront aisément, à tous les bons esprits, l'exception ainsi essayée au sujet des examinateurs d'admission. Car, cet office, comparé à tous les autres, est essentiellement extérieur à l'École polytechnique, et les conditions en sont encore plus morales que scientifiques, de façon à ne pouvoir être bien appréciées, dans leur ensemble, que par le Ministre. L'obligation constante où ce poste place nécessairement d'écarter les trois quarts environ des candidats examinés exige évidemment une haute indépendance spéciale, qui ne saurait se concilier assez avec l'assujettissement individuel du fonctionnaire aux votes irresponsables de diverses personnes souvent intéressées à d'injustes préférences. Enfin, la nature temporaire de cette charge constitue un nouveau motif d'en faire exclusivement dépendre la confirmation annuelle d'une haute autorité responsable, mieux dégagée qu'aucune autre des impulsions perturbatrices.

En vous signalant ces nouvelles considérations en faveur d'une mesure seule décisive à mes yeux, je crois devoir, Monsieur le Ministre, insister aussi sur l'enquête préalable que je demandais, le 30 mai, quant à l'ensemble de cette grave affaire. Cette enquête me semble devenue encore plus nécessaire aujourd'hui, pour constater que, malgré le changement de conseil, l'exclusion prononcée contre moi n'est qu'une simple réalisation des coupables menaces de M. Arago, mentionnées dans ma lettre du 30 janvier dernier. Quoique ce célèbre personnage, et son principal agent, M. Liouville, soient maintenant étrangers au Conseil de perfectionnement, cette coterie y conserve indirectement une puissante influence, et s'y trouve d'ailleurs représentée directement par M. Mathieu, qui fut, il y a deux ans, l'un des organes réels de ces menaces.

Malgré que votre suprême conviction soit déjà formée et même officiellement déclarée par votre lettre du 15 juillet, sur l'injustice dont je suis l'objet, l'enquête que je réclame ne sera pas inutile pour motiver, auprès du public impartial, l'énergique mesure que je sollicite. La sanction que vient d'accorder à cette iniquité un corps avec lequel je n'avais jamais eu le moindre conflit, et qui devait sembler, même à mes yeux, disposé à l'équité envers moi, pourrait donner, sans cette discussion spéciale, une sorte de consistance aux insinuations calomnieuses que des ennemis peu scrupuleux destineront sans doute à pallier une telle spoliation. Cette crainte devient d'autant plus naturelle que l'on a affecté envers moi une certaine impartialité, en me maintenant comme répétiteur, tandis qu'on m'écartait comme examinateur; ce qui tend à persuader aux personnes mal informées que ma conduite n'est point aussi irréprochable pour l'un de ces offices que pour l'autre. Tous les esprits clairvoyants aperçoivent, sans doute, que cette apparente modération tient surtout au peu d'importance pécuniaire de la première charge, pendant que la seconde constitue mon principal moyen d'existence : si on parvenait à consommer ma ruine sous ce dernier aspect, on compléterait aisément, l'année suivante, l'arrêt destructeur prononcé par M. Arago. Mais beaucoup d'hommes estimables, dont l'opinion ne saurait m'être indifférente, pourraient ainsi se laisser prévenir aujourd'hui contre moi, faute de connaître assez la marche habituelle des intrigues scientifiques.

Déjà pénétré, Monsieur le Ministre, d'une inaltérable reconnaissance pour la juste fermeté, si rare de nos jours, que vous avez jusqu'ici développée en ma faveur, j'attends avec confiance l'intervention quelconque que votre haute sagesse croira maintenant la plus propre à empêcher la consommation d'une iniquité réprouvée d'avance par votre lettre officielle du 15 juillet dernier. Malgré le nouveau vote, le jugement favorable dont vous m'avez alors honoré me reste nécessairement applicable, puisque aucune accusation n'avait pu, à cette époque, être formulée contre moi, et que depuis je suis toujours demeuré dans un calme parfait, espérant sans impatience une prochaîne et inévitable réparation. La prudence qui vous a conduit à faire cette fois accomplir une telle nomination dès le début de l'année scolaire m'indique assez que vous vous êtes ainsi réservé d'utiliser les six mois qui restent encore jusqu'au concours de 1845 pour introduire avec maturité, dans cet important service public, les modifications propres à garantir la stabilité et l'indépendance indispensables, quelque résolution que vous croyiez devoir finalement adopter sur ma proposition formelle de *reprendre désormais, d'une manière directe et exclusive, la libre nomination annuelle de tous les fonctionnaires temporaires de l'École polytechnique, et surtout des examinateurs d'admission, sauf à provoquer, à ce sujet, quand vous le jugerez utile, le simple avis préalable du Conseil de perfectionnement.*

Daignez agréer, Monsieur le Ministre, le respectueux hommage de
Votre dévoué serviteur,

Auguste COMTE.
Répétiteur d'analyse et examinateur d'admission
à l'École polytechnique.
10, rue Monsieur-le-Prince.

IV

A M. le général de Lamoricière, ministre de la guerre.

(Personnelle.)

Paris, le dimanche 16 juillet 1848.

Citoyen Ministre,

Vous ayant écrit lundi dernier pour vous demander une audience immédiate, destinée à vous soumettre une réclamation très urgente, je n'ai encore obtenu aucune réponse. Ce silence, contraire à tous les usages ministériels, et particulièrement inattendu envers votre ancien maître, me fait présumer que déjà vous tentez spontanément d'empêcher la nouvelle iniquité indiquée dans mon billet.

Pour fortifier cette disposition, j'accuse aujourd'hui de prévarication formelle le Conseil de perfectionnement de l'École polytechnique, au sujet de sa récente présentation quant aux examinateurs d'admission. Afin de mieux préciser cette accusation, je dois ajouter que la grande majorité de ce Conseil ne me paraît ici coupable que de faiblesse ou de négligence, sous les menées de MM. Matthieu, Liouville et Regnault, auxquels j'impute directement la malversation. Je vous demande d'instituer, à cet égard, une enquête spéciale, où je puisse vous démontrer tout ce que je viens d'avancer.

Vous pouvez déjà concevoir cette affaire sous son vrai jour, en la rattachant à ma spoliation de 1844, qui se trouve ainsi irrévocablement consommée. M. le maréchal Soult, dont je ne craindrais pas, au besoin, d'invoquer le témoignage, soumit alors l'ensemble de ce conflit à un examen approfondi, d'après lequel il blâma avec énergie la conduite de mes ennemis, dans une lettre officielle du 15 juillet 1844, où il refusait expressément de sanctionner la persécution organisée contre moi. Sa noble fermeté a dû laisser, au ministère de la Guerre, des traces qui vous fourniraient des renseignements préalables. Les trois lettres que je lui adressai sur ce sujet en 1844, les 25 janvier, 30 mai et 19 décembre, suffiraient pour caractériser cette lutte. Si elles ne se trouvent plus dans les cartons du ministère, il doit en exister, à l'École polytechnique, des copies textuelles que je fis alors à la prière de M. le général Rostolan, qui les a ensuite laissées à son successeur, comme pièces officielles. Elles vous expliqueront la principale origine de ma spoliation, qui, outre de coupables animosités personnelles, entièrement étrangères à mon service polytechnique, punit surtout mes efforts philosophiques pour réformer notre absurde régime scientifique.

Quoique une légalité vicieuse ait empêché le Ministre de 1844 de me garantir autant que la justice lui semblait l'exiger, il n'osa point adopter la mesure décisive que je lui proposais, de retirer définitivement aux Conseils polytechniques toute présentation des examinateurs d'admission, dès lors nommés directement par le Ministre. Il crut avoir assez contenu l'essor ultérieur des intrigues scientifiques en transférant les choix au Conseil de perfectionnement. Mais l'expérience actuelle prouve l'insuffisance de cette amélioration. Les coupables haines qui me poursuivent depuis huit ans ne peuvent céder qu'à la mesure que je propose de nouveau. Elle devient aujourd'hui plus facile en même temps que plus urgente, d'après la profonde altération des préjugés publics en faveur des corporations scientifiques. Ces abus peuvent être maintenant réprimés, par le pouvoir central, sans susciter les clameurs empiriques qui entravaient, il y a quatre ans, une telle fermeté.

Ce cas fournirait une heureuse occasion partielle de revenir aux vrais principes administratifs, qui prescrivent de ne demander à des assemblées irresponsables, surtout scientifiques, que des renseignements ou des avis, sans leur conférer aucun décision, surtout personnelle. Outre les menées criminelles dont je m'engage à constater l'existence, cet acte du Conseil polytechnique témoigne une incapacité radicale, directement nuisible à un important service. Car, on confie ainsi un office très difficile à des jeunes gens dépourvus de toute expérience didactique, et pleinement étrangers à la connaissance des hommes, indispensable à des fonctions où il faut écarter les trois quarts des concurrents. Leur empressement à solliciter, ou du moins à accepter sciemment, une succession résultée d'une spoliation notoire, suffirait pour prouver qu'ils ne remplissent pas mieux les conditions morales que les conditions intellectuelles d'une charge qui exige surtout une austère probité et une fermeté inébranlable.

L'intérêt public m'oblige donc, encore plus qu'une légitime défense, d'insister, auprès d'une autorité supérieure aux passions pédantocratiques, pour signaler, à cette occasion, la réforme nécessaire de notre régime polytechnique. Ce régime contribue beaucoup à la notable décadence d'une école déjà inférieure à la réputation que lui mérita sa noble institution républicaine. Tombé sous l'empire d'une classe sans élévation morale ni mentale, ce précieux établissement subit une dégénération rapide, qui réclame une active intervention du gouvernement. Je m'estimerais heureux si mon infortune particulière éveillait cette indispensable sollicitude. C'est pourquoi je dois insister sur l'enquête que je vous demande, et dont je vous démontrerais la nécessité dans l'entrevue spéciale que je persiste à réclamer. Avant de soumettre enfin l'ensemble de cette grave affaire au suprême jugement de l'opinion publique, je dois épuiser tous les moyens réguliers d'obtenir justice ou réparation.

Salut et fraternité,

Auguste COMTE,
Auteur du *Système de Philosophie positive*.
10, rue Monsieur-le-Prince.

§ 4.

LETTRES D'AUGUSTE COMTE A JOHN-STUART MILL.

On lit dans un article biographique assez considérable sur Auguste Comte, publié par l'honorable M. John Morley dans l'*Encyclopedia britannica*, en 1877, et réimprimé en 1886 dans le troisième volume de ses *Essais* : « Quand Comte se trouva à court d'argent (par suite de la perte inopinée de sa place d'examinateur à l'École polytechnique), il informa de tous ces faits son ami anglais, M. Mill. Comme on pouvait s'y attendre, quand on sait avec quelle anxiété affectueuse il (Mill) pensait au bien-être de tous ceux qui accomplissent un ouvrage utile dans le monde, immédiatement il tâcha de réparer la perte de revenu essuyée par Comte, *jusqu'à ce qu'il pût trouver de nouvelles ressources*. M. Mill persuada Grote, Molesworth et Rankes Currie d'avancer la somme de six mille francs. A la fin de l'année (c'est-à-dire en 1845), *Comte n'avait rien fait pour se dispenser de l'aide des trois Anglais*. M. Mill leur demanda de nouveau des secours; mais, à l'exception de Grote, qui envoya une petite somme (1), *ils firent comprendre à Comte qu'il devait gagner lui-même sa vie*. M. Mill avait proposé à Comte d'écrire des articles pour des revues anglaises et s'était offert pour traduire ces articles en anglais. Comte d'abord y consentit, mais bientôt il surprit et déconcerta M. Mill en affectant le rôle d'un grand magistrat moral et en accusant les trois souscripteurs qui s'étaient récusés, *d'avoir manqué scandaleusement à leur devoir et d'avoir montré un esprit bien bas*. M. Mill ne goûta pas ces prétentions; il crut y découvrir un charlatanisme bien inattendu, et la correspondance cessa (2). »

Ce récit n'est pas tout à fait exact.

M. Morley, qui, personnellement, n'apprécie point l'œuvre de Comte à sa valeur et n'en sent pas la portée, et, de plus, le méconnaît lui-même, comme homme, au point de lui opposer *la sagesse*, c'est-à-dire les critiques plus qu'équivoques de Mme Comte, n'est pas bon juge en cette affaire. Pour le montrer, nous publions une lettre d'Auguste Comte où l'on trouvera certainement, au lieu des preuves de son charlatanisme, l'exposé véridique de sa conduite particulière et de ses idées générales.

LETTRE XXXIX (3).

Paris, le mercredi 24 septembre 1845.

Mon cher monsieur Mill,

Je crois devoir répondre immédiatement à l'annonce, aussi triste qu'imprévue, contenue dans votre petite lettre d'avant-hier, que je reçois à l'instant.

(1) Six cents francs. — R.
(2) Nous devons la traduction de cet article de M. J. Morley à l'extrême obligeance de M. Descours. — R.
(3) Lettre XXXIX de la correspondance Comte-Mill.

D'après la grande vraisemblance que vous aviez toujours trouvée, même dans votre précédente lettre, au renouvellement actuel du subside qui m'avait été si noblement accordé l'an dernier, j'avoue que j'avais, ainsi que mes plus intimes amis, compté essentiellement sur cette ressource, que ma situation rend si indispensable. Ma confiance n'a pas entièrement disparu en voyant la lettre (du 12) par laquelle M*** m'envoie, comme dernier secours, une somme très inférieure à mes besoins actuels (600 francs), et que j'ai d'ailleurs acceptée aussitôt avec une amicale reconnaissance. Je croyais, en effet, que sa coopération personnelle ayant été, l'an dernier, plus considérable que chacune des deux autres, sa réserve ne constituait aujourd'hui qu'une sorte de compensation naturelle, d'où il ne fallait rien induire quant aux autres coopérateurs. Votre opinion sur le succès probable de la nouvelle démarche avait donc maintenu jusqu'ici ma ferme persuasion, malgré ce symptôme précurseur. Jugez ainsi du cruel désappointement que j'éprouve aujourd'hui, en voyant tout à coup dissiper radicalement des espérances aussi bien fondées, à l'instant même où mes nécessités sont devenues tout à fait immédiates. Quant à ce que je compte faire, je ne le sais guère encore. Me voilà, pour le moment, forcé, tout en réduisant, autant que je le puis décemment, mes diverses dépenses personnelles, de suspendre, sans doute très prochainement, une partie de mes payements habituels. Dès l'ouverture de l'année scolaire qui va recommencer, *je reproduirai toutes mes démarches pour l'enseignement privé; puissent-elles devenir bientôt efficaces!*

. . . .

LETTRE XL.

Paris, le jeudi 18 décembre 1845.

Mon cher monsieur Mill,

Maintenant que je puis écarter toute préoccupation individuelle au sujet de la défection imprévue que je viens d'éprouver en Angleterre, je crois devoir terminer cet épisode en vous exposant, avec une cordiale franchise, mon appréciation philosophique de l'ensemble de la conduite tenue envers moi dans un cas aussi décisif.

L'éminent service qui me fut si noblement rendu, l'an dernier, d'après votre active sollicitude, m'imposera toujours une profonde reconnaissance personnelle à l'égard des trois patrons qui daignèrent y concourir, et surtout pour celui d'entre eux qui voulut bien y prendre, sous tous les rapports, la principale part. Mais cette douce obligation individuelle ne saurait annuler la haute magistrature morale inhérente à mon caractère philosophique; *je dois finalement juger un tel événement comme s'il m'était étranger.* Toute ma conduite ultérieure prouvera, j'espère, que je sais pleinement concilier, à cet égard, ma situation privée avec ma fonction publique, sans que l'une nuise jamais à l'autre.

Une digne assistance temporelle m'a toujours semblé due, par la société tout entière, à chacun de ceux qui consacrent sérieusement leur vie aux divers progrès, généraux ou spéciaux, de l'esprit humain, quand leur aptitude réelle a été assez constatée.

Personne aujourd'hui n'oserait plus contester directement ce principe universel, sur lequel repose la première coordination élémentaire de la vie sociale, d'après la division fondamentale entre l'existence active et l'existence spéculative. Il en résulte, dans la civilisation moderne, un devoir continu, à la fois moral et politique, qui n'oblige pas seulement les gouvernements proprement dits, mais aussi les particuliers eux-mêmes, en proportion de leur puissance effective; tous ceux qui, à un titre quelconque, recueillent les avantages permanents de cette division générale du travail humain doivent certainement concourir à son maintien régulier. Quoique l'accomplissement systématique de cette obligation concerne surtout les pouvoirs publics, leur insuffisance spéciale ne peut jamais en dispenser les organes privés qui se trouvent réellement capables d'y coopérer. Dans nos temps d'anarchie morale et d'instabilité politique, où les gouvernements, préoccupés du soin journalier de leur propre existence, sont entraînés, par des luttes inévitables, à négliger une telle attribution sociale, son poids doit même retomber principalement sur les puissances particulières, qui, préservées de ces orageux conflits, continuent à jouir d'une économie sociale dont l'influence spéculative constitue toujours un élément indispensable. A cet égard, comme à tant d'autres, la division superficielle, vulgairement admise entre les forces privées et publiques, se rapporte seulement aux époques de transition ; sous tout autre aspect, elle donne une fausse idée des devoirs communs à tous ; car, si, dans la société humaine, chaque existence a ses conditions nécessaires, chacune a donc aussi ses obligations correspondantes.

Toutefois ce devoir protecteur, moralement imposé aux particuliers, ne pouvant leur être prescrit d'une manière spéciale, son exercice oblige naturellement ceux qui en profitent à une véritable reconnaissance personnelle, dont ils sont, au contraire, essentiellement dispensés envers les organes publics d'un tel office, sauf la gratitude générale toujours due à l'Etat.

Il n'existe, en un mot, d'autre différence entre les deux cas que celle d'une obligation morale à une mission politique.

Depuis que la systématisation directe de la morale universelle a été solennellement ébauchée par le catholicisme, ces principes ont toujours plus ou moins prévalu chez l'élite de l'Humanité, et les particuliers y ont été regardés comme naturellement tenus de suppléer, selon leurs moyens propres, à l'inévitable insuffisance des gouvernements, pour tous les devoirs de protection sociale.

Une admirable institution, à la fois publique et privée, qui a profondément concouru à former les mœurs modernes, fut surtout destinée, au moyen âge, à régulariser ce noble protectorat volontaire, d'après un mode adapté au genre d'oppression qui devait caractériser une civilisation encore essentiellement militaire.

La prépondérance finale de la vie industrielle ne doit nullement éteindre cet esprit chevaleresque, mais lui imprimer graduellement une autre constitution, en harmonie avec la nouvelle nature de l'oppression habituelle, qui, cessant de consister surtout en violences personnelles, se réduit de plus en plus à de simples attentats contre l'existence pécuniaire. Cette heureuse transformation spontanée, qui atténue tant les ravages de l'instinct persécuteur, facilite beaucoup leur réparation, à laquelle de plus nombreux organes peuvent alors concourir sans danger. Un inévitable affaiblissement passager de la morale publique, d'après le progrès naturel d'une transition anarchique, et une absorption graduelle des attributions spirituelles par l'autorité temporelle, ont habituellement produit, de nos jours, l'oubli spécial de ces devoirs sociaux. Les nouveaux grands, c'est-à-dire les riches, se sont crus possesseurs, à titre absolu, et dispensés de toute obligation morale pour l'usage journalier de leur fortune. Ils tendent à se décharger de tout protectorat volontaire, d'une part sur les efforts individuels de chaque opprimé, d'une autre part sur l'intervention croissante de la puissance publique. Mais le cours naturel de l'état révolutionnaire, en développant les principaux inconvénients de l'anarchie mentale et morale, doit faire mieux ressortir la nécessité de ranimer, à cet égard, sous des formes convenables, les dispositions vraiment sociales, soit dans un pressant intérêt public, soit même pour la propre sécurité de la classe prépondérante. Celle-ci se trouve ainsi spécialement exposée désormais aux dangers croissants du genre d'aberrations anarchiques qui, sous le nom de *communisme,* commence à acquérir, dans tout l'Occident européen, presque autant qu'en France, une redoutable consistance systématique ; ces désastreuses utopies reçoivent de plus en plus une double sanction spontanée, soit des incontestables abus de la richesse actuelle, soit aussi des préjugés régnants sur la médication exclusivement politique de toutes nos maladies sociales. Un vaste essor volontaire des obligations morales inhérentes à la fortune constitue aujourd'hui, pour les riches, le seul moyen durable d'échapper à de tyranniques prescriptions politiques, en satisfaisant dignement à ce que renferme de légitime l'esprit subversif qui pousse graduellement les prolétaires contre les propriétaires. En même temps, une éminente destination générale, profondément liée à ce puissant intérêt de classe, offre naturellement aux grandes fortunes particulières un sujet déterminé de noble protectorat continu pour les travaux philosophiques qui doivent constituer enfin une véritable théorie sociale propre à éclairer la situation et à diriger la réorganisation.

Pendant une génération au moins, ces indispensables travaux ne sauraient trouver d'appui essentiel chez les pouvoirs publics, trop absorbés par les difficultés matérielles, et d'ailleurs involontairement antipathiques à toute rénovation radicale des opinions humaines.

D'une autre part, cette nouvelle philosophie devant, de sa nature, presque autant choquer les préjugés révolutionnaires des populations que les inclinations rétrogrades des gouvernements, son digne essor devra longtemps s'accomplir indépendamment de toute popularité. C'est donc surtout par de hautes munificences privées que sera d'abord protégée cette grande opération spéculative, quoiqu'elle doive finalement reposer sur les sympathies populaires, et même sur l'assistance officielle.

Dans l'accomplissement d'un tel devoir, les riches trouveront d'ailleurs le double avantage spontané d'ébaucher ainsi l'organisation graduelle de l'immense protectorat volontaire qui constituera enfin leur principal office, et de dissiper radicalement les aberrations anarchiques qui menacent leur existence sociale.

Une importante occasion s'est récemment présentée de commencer, par un exemple décisif, cette indispensable alliance entre la pensée et la richesse, qui doit désormais fournir le principal point d'appui des divers efforts destinés à préparer graduellement la vraie réorganisation moderne. Quoique le cas me soit personnel, il est trop caractéristique pour que je m'abstienne de l'apprécier.

En évitant les illusions et les exagérations propres à la personnalité, il faut savoir dignement surmonter de vicieux scrupules, qui, tendant à écarter les plus lumineux documents, ne peuvent finalement profiter qu'aux divers ennemis de la raison et de l'Humanité.

Aux yeux des plus éminents penseurs de notre temps, mon ouvrage fondamental a posé enfin toutes les bases essentielles d'une véritable philosophie, propre à satisfaire aux principales exigences, soit mentales, soit sociales, de la situation actuelle des populations occidentales. J'ai achevé de constituer irrévocablement la méthode positive, par son extension convenable aux études les plus difficiles et les plus importantes, en même temps que j'ai établi le principe direct d'une nouvelle doctrine générale, en découvrant la loi nécessaire de l'ensemble de l'évolution humaine. Or, l'entière publication de ce système a coïncidé avec le désastreux accomplissement d'une iniquité personnelle, qui, loin d'offrir un caractère accidentel, résultait surtout d'une inévitable lutte entre le véritable esprit philosophique et le mauvais esprit scientifique, représentés chacun par son organe actuel le plus prononcé.

Injustement dépouillé tout à coup de la moitié des ressources matérielles indispensables à ma laborieuse existence, j'ai aussitôt trouvé un honorable appui dans la généreuse intervention privée de quelques puissants appréciateurs. En me félicitant d'échapper ainsi à la persécution, je regardais d'ailleurs ce noble patronage comme destiné surtout à fournir, en ma personne, à tous les vrais philosophes, une première garantie de sécurité contre la redoutable animosité des passions et des préjugés que leurs conciencieux travaux doivent aujourd'hui choquer involontairement. C'est pour mieux assurer cette salutaire influence générale que je me proposais de donner une convenable publicité à la juste expression de ma reconnaissance particulière.

L'usage de fournir des subsides volontaires aux organes systématiques de nos convictions étant aujourd'hui consacré partout, soit chez le parti rétrograde, soit parmi les diverses fractions du parti révolutionnaire, et s'étendant même aux sectes les plus extravagantes, il fallait peu s'étonner que le positivisme naissant obtînt aussi une minime assistance analogue de quelques sympathies d'élite. Cette active sollicitude m'offrait à la fois une juste récompense des grands travaux déjà accomplis et une heureuse garantie de la paisible exécution de ceux que j'avais annoncés comme propres à la seconde moitié de ma carrière philosophique. Après avoir fondé la nouvelle philosophie, il me restait surtout à systématiser directement la doctrine sociale qui doit constituer son principal caractère et déterminer son ascendant final.

Ma première élaboration ayant rendu irrécusable la supériorité intellectuelle du positivisme, je devais désormais établir non moins solidement sa supériorité morale, la plus décisive de toutes, et la seule sérieusement contestable aujourd'hui. De tels résultats semblaient motiver, en effet, chez ces puissants patrons, quelques légers sacrifices en faveur d'un philosophe qui, parvenu seulement à l'âge de la pleine maturité mentale, se montrait capable d'accomplir dignement toutes ses promesses.

Envers une élaboration qui, malgré son origine française, correspondait évidemment à un besoin commun aux cinq grandes nations occidentales, il semblait naturel que cette protection privée se réalisât d'abord en Angleterre, soit à raison d'une plus forte concentration des richesses, soit surtout d'après une meilleure habitude des libres patronages particuliers. Je devais donc compter que ce noble appui, prévenant toute perturbation de mes travaux, *durerait autant que le danger qui l'avait provoqué, c'est-à-dire jusqu'au rétablissement d'une position officielle équivalente à celle dont j'avais été violemment privé.* L'événement n'ayant pas tardé à démentir un espoir aussi naturel, je dus encore croire que du moins le subside serait assez prolongé pour me permettre d'atteindre sans souffrance l'époque, évidemment prochaine, où mes nouveaux efforts personnels m'auraient fait recouvrer, par de pénibles occupations journalières, au préjudice de ma grande élaboration, un revenu dont je ne pouvais me passer. Mais cette attente secondaire ne fut pas moins frustrée que la principale, le secours primitif ayant même été, malgré des sollicitations spéciales, entièrement refusé pour une seconde année, à l'étonnement de tous ceux qui, en Angleterre ou en France, avaient eu connaissance de cette affaire.

Ce contraste imprévu entre la noblesse des premières inspirations et la vulgarité des actes ultérieurs tient surtout à cette déplorable absence de vraies convictions qui caractérise, en tous sens, l'époque actuelle, où ne peuvent ainsi surgir que des demi-volontés, n'aboutissant jamais à une pleine réalisation, même dans les plus simples cas. Un tel avortement est d'autant plus décisif que le mode le plus convenable fut alors expressément proposé, afin de régulariser désormais la protection initiale, d'une manière également honorable pour moi et pour mes patrons, en donnant ouvertement à cette assistance privée une importante destination publique, quand un éminent penseur (M. Littré) conçut le projet, aisément praticable, d'une Revue positive publiée sous ma direction, et dont le principal appui pécuniaire proviendrait de l'Angleterre. Le rejet immédiat de cette heureuse proposition, uniquement motivé sur l'antipathie actuelle des esprits anglais, indique une imperfection de vues, et même de sentiments, qu'on s'étonne de rencontrer aujourd'hui chez les chefs du mouvement britannique. Par cela seul que l'émancipation mentale se trouve profondément comprimée en Angleterre, il semblerait que les libres penseurs dussent y mieux sentir l'importance de posséder ailleurs un digne organe systématique des dispositions philosophiques qu'ils sont obligés de dissimuler journellement. Ce serait, comme en d'autres temps, utiliser heureusement, pour l'évolution anglaise, les avantages politiques que l'ensemble du passé a ménagés à la France, à l'Allemagne, etc., dans une marche, intellectuelle et sociale, commune à tout notre Occident.

Une appréciation aussi sensible ne peut avoir échappé à de tels esprits que sous l'influence inaperçue des déplorables préjugés nationaux qui, en Angleterre, plus encore que sur le continent, font aveuglément repousser toute entreprise conçue et exécutée au dehors.

L'évolution anglaise ne peut plus faire aucun pas capital, si ceux qui veulent la diriger ne renoncent franchement à ces dispositions anti-européennes qui ne pouvaient convenir qu'à l'antique opposition. En Angleterre, comme ailleurs, la métaphysique négative a désormais épuisé sa principale efficacité politique; le progrès social n'y peut plus trouver d'issue décisive que par le positivisme, dont l'élaboration systématique, directement destinée à une régénération mentale et morale, doit surtout s'accomplir en France, d'après une active coopération de tous les penseurs occidentaux. Tant que le parti progressif y gardera son vieil esprit d'isolement britannique, il restera, malgré de vains symptômes passagers, de plus en plus inférieur au parti conservateur qui, du moins, sait partout s'élever aujourd'hui au-dessus du simple point de vue national. Ce n'est point satisfaire à cette inévitable condition du concours occidental que de lier les intrigues des agitateurs anglais à celles des brouillons français; il faut désormais beaucoup mieux pour être vraiment au niveau de la situation fondamentale. Le principal intérêt social devant aujourd'hui s'attacher partout à la partie du mouvement qui est commune aux diverses populations d'élite, il faut que les esprits anglais s'habituent à seconder régulièrement, par les moyens qui leur sont propres, des opérations évidemment destinées à tout l'Occident, mais dont le centre essentiel ne saurait maintenant être britannique. Sans doute, la répulsion empirique éprouvée en Angleterre par un sage projet de revue positive n'empêchera pas sa réalisation, peut-être prochaine, seule apte partout à écarter à la fois les utopies anarchiques et les principes rétrogrades. Mais des vues plus larges et des sentiments plus élevés chez les principaux chefs du mouvement anglais eussent beaucoup hâté et accru l'efficacité d'une telle intervention sociale de la nouvelle philosophie.

L'ensemble de la conduite tenue envers moi en Angleterre n'a donc été digne finalement ni du haut intérêt général qui s'y rattachait, ni du noble élan qui semblait d'abord en indiquer une juste appréciation.

Une légitime sollicitude personnelle pourra m'obliger à rendre public un tel jugement philosophique, soit dans la préface de mon second grand ouvrage, soit même auparavant, lors d'une seconde édition de mon livre fondamental, afin d'expliquer convenablement les entraves que vont sans doute éprouver ainsi mes travaux. Violemment dépouillé de la moitié d'un revenu qui n'était que suffisant, je ne puis, ni ne veux, à moins d'une insurmontable nécessité, me réduire à l'autre moitié, comme l'attendent peut-être quelques-uns de ceux qui, du sein de l'opulence, prescriraient volontiers aux penseurs de se borner aux trois ou quatre shellings matériellement indispensables à leur existence journalière. Pendant la première moitié de ma carrière philosophique, j'ai pleinement sacrifié ma vie privée à ma vie publique, pour mieux accomplir ma mission fondamentale. Après avoir dignement payé ma principale dette envers l'Humanité, j'ai acquis le droit de retourner désormais à l'état normal en faisant concourir mes modestes satisfactions personnelles au meilleur développement de mes fonctions sociales, sans permettre à personne de régler arbitrairement une telle harmonie intérieure, dont je puis seul connaître les vraies conditions (1). Tout mon passé garantit assez, d'ailleurs, que par là je ne mériterai jamais, à aucun degré, le blâme philosophique que j'ai dû hautement lancer sur la déplorable avidité pécuniaire que notre anarchique situation a tant propagée chez la classe spéculative. Mais, en continuant à me restreindre aux plus justes convenances privées, sans même prendre plus de soin de mon avenir matériel, mon oppression actuelle ne me permet de satisfaire à ces légitimes exigences qu'en recourant à de pénibles occupations professionnelles, qui absorberont nécessairement une notable partie du temps que réclame mon élaboration philosophique. Ces obstacles ne pourront jamais m'empêcher, à moins de mort prématurée, d'achever le grand ouvrage commencé cette année, et qui constitue, à tous égards, le principal des quatre traités annoncés à la fin de mon livre fondamental comme devant compléter l'ensemble de ma mission. Toutefois, cette perturbation matérielle pourra sensiblement retarder cette première opération ; et même, si la persécution se prolonge trop, elle m'interdira peut-être entièrement les trois autres.

C'est afin d'atténuer d'avance, autant qu'il dépend de moi, ce dernier désastre, que je me suis récemment attaché à ménager, dans mon ouvrage actuel, un juste accès primitif aux diverses vues incidentes qui s'y présentent comme spécialement propres aux suivants, sans cependant rendre inutile leur élaboration ultérieure, si elle me reste possible.

Or, en laissant ignorer au public les vrais motifs des diverses infractions involontaires que peuvent ainsi éprouver de solennelles promesses, qui n'excédaient ni mes forces, ni mon âge, j'encourrais injustement un blâme que je dois dignement rejeter sur la méchanceté de mes ennemis, la faiblesse de mes chefs, et la tiédeur de mes amis. Il ne serait pas inutile, d'ailleurs, à l'éducation morale de l'Humanité, de signaler nettement à la postérité un exemple aussi caractéristique du préjudice que peut souffrir la société par suite de sa honteuse incurie envers les organes spéciaux de ses plus éminents progrès.

C'est donc, à tous égards, un devoir pour moi, si en effet mes travaux se trouvent ainsi notablement entravés, d'en expliquer hautement les véritables causes, afin qu'une inévitable responsabilité s'attache à qui de droit, en proportion de chaque participation effective à un tel résultat.

Dans cette indispensable exposition, je serai naturellement amené à comparer la conduite de mes patrons anglais à celle de mes chefs français. Les

(1) Les lettres de Mill nous manquent, pour bien comprendre et juger ces allusions. Voir d'ailleurs la 51e lettre d'Auguste Comte au même, pages 406-410 de leur correspondance. — R.

uns et les autres ont d'abord témoigné, par une digne intervention, leur pleine conviction de l'iniquité de la persécution dirigée contre moi, et leur sincère intention d'en prévenir les dangers ; mais, des deux parts, la protection a finalement avorté, faute de persistance de la volonté tutélaire. La faiblesse du gouvernement français, en un cas aussi évident et aussi simple, a été justement blâmée en Angleterre, d'après l'irrécusable devoir de mes chefs officiels de me garantir d'une injustice qu'ils avaient hautement reconnue ; cette obligation se trouvait, d'ailleurs, fortifiée par la considération des services spéciaux que j'avais rendus dans le poste qui m'était ravi, en imprimant, malgré beaucoup d'entraves, une impulsion qui, de l'aveu des juges impartiaux, a relevé, en France, l'enseignement mathématique.

Quand la spoliation fut consommée, rien ne dispensait envers moi d'une digne et prompte réparation, que diverses voies rendaient facile. Sous cet aspect, comme vous l'avez alors remarqué, mon cher monsieur Mill, le ministre Guizot mérite certainement un blâme particulier, pour n'avoir rien tenté à cet égard, malgré de formelles invitations, quoiqu'il connaisse personnellement, *depuis vingt ans*, la portée de mes vues et la pureté de mes intentions. Mais si, à ces divers titres, mes protecteurs en Angleterre ont justement accusé la faiblesse de notre gouvernement, eux-mêmes ont finalement encouru, par leur tiédeur, des reproches au moins équivalents ; des deux parts se manifeste ce défaut spontané d'énergie et de persistance qui caractérise toujours les demi-volontés actuelles, par suite d'insuffisantes convictions générales. Le gouvernement français n'avait dû voir en moi que le fonctionnaire injustement persécuté, dont il devait défendre l'existence publique ; il ne pouvait officiellement considérer mon importance philosophique. Au contraire, c'est surtout comme philosophe que je fus apprécié par mes patrons anglais, qui, ayant reconnu la haute utilité de mes travaux, se crurent moralement obligés d'en empêcher l'interruption. La même conviction fondamentale, qui fait accueillir le positivisme pour ses éminentes propriétés philosophiques et politiques, impose aussi d'inévitables devoirs envers son élaboration et sa propagation systématiques. Dans une telle solidarité, inhérente à toute véritable théorie générale, la morale positive sera, par sa nature, plus sévère encore que ne durent l'être la morale théologique et la morale métaphysique, comme tendant à prévenir ou à écarter tous les subterfuges par lesquels ces vagues doctrines laissaient éluder souvent leurs légitimes prescriptions. Si la négligence d'un devoir devient d'autant plus blâmable que son observance était plus facile, la tiédeur de mes protecteurs anglais mérite ici plus de reproches que la faiblesse de mes chefs français.

L'animosité de puissantes coteries scientifiques, appuyées par d'imposants préjugés publics, suscitait à notre gouvernement de graves difficultés spéciales pour me garantir suffisamment. Au contraire, mes opulents patrons d'Angleterre pouvaient aisément neutraliser la persécution organisée contre moi, par la simple concession de quelques légers subsides annuels, si inférieurs aux libres sacrifices privés, que les mœurs anglaises déterminent noblement pour tant d'autres destinations publiques, même d'une utilité faible ou douteuse.

Chacun devant subir la responsabilité de tous ses actes volontaires, j'ai donc acquis le droit de blâmer moralement tous ceux qui, refusant, de diverses manières, leur juste intervention, ont sciemment concouru à laisser un consciencieux philosophe lutter seul contre la détresse et l'oppression, de manière à consumer par des fonctions subalternes tant de précieuses journées de sa pleine maturité, qui devrait rester consacrée tout entière à une libre élaboration dont l'importance n'est plus contestée. L'insuffisance finale de la double protection ébauchée envers moi ne me dispensera jamais de la reconnaissance que je dois, des deux côtés, non seulement aux nobles intentions qui la dictèrent, mais aussi à sa première efficacité partielle.

Sans me garantir de la persécution, la démonstration officielle du gouvernement français m'a heureusement permis d'éviter alors tout appel au public, en un cas dont l'iniquité se trouvait ainsi solennellement caractérisée. En même temps, la générosité primitive de mes patrons anglais a utilement retardé d'une année mes divers embarras matériels, de façon à prévenir surtout le dangereux abattement moral où pouvait me jeter une trop brusque perturbation.

M. Auguste Comte, ancien examinateur pour l'École polytechnique, doit à cette double influence une intime gratitude personnelle, qu'il lui sera toujours doux de proclamer; mais l'auteur du *Système de philosophie positive* ne pourra se dispenser de signaler convenablement au public impartial un double abandon qui devient aujourd'hui le complice involontaire d'une iniquité notoire.

D'après les inquiétudes et les démarches inhérentes à ma position actuelle, sans compter mes corvées journalières et les soins d'une santé récemment troublée, outre mes occupations philosophiques, vous ne serez, j'espère, mon cher monsieur Mill, ni surpris, ni choqué du délai inusité que j'ai apporté cette fois dans notre précieuse correspondance, qui bientôt reprendra, sans doute, son cours et son caractère accoutumés. La nature de cette lettre exceptionnelle me détermine à vous autoriser expressément à la communiquer autant que vous le jugerez convenable, pourvu que ce soit toujours à titre de simple confidence individuelle, m'en rapportant entièrement, pour les choix personnels, à votre cordiale sagesse qui m'a tant servi jusqu'ici.

Tout à vous,

Ate COMTE.

Je suis inquiet de nos amis Austin, dont je ne sais rien depuis leur départ, en avril, pour Carlsbad, quoiqu'ils m'eussent tous deux promis formellement de m'écrire. Vu le triste état du mari, ce silence me fait craindre une douloureuse issue. Pourriez-vous m'en donner d'exactes nouvelles, d'après les renseignements directs de leurs divers parents à Londres?

Lettre XLII.

Paris, le mercredi soir 6 mai 1846.

Mon cher monsieur Mill,

Votre dernière lettre me détermine à ne pas insister davantage, du moins quant à présent, sur un sujet très important sans doute, et même actuel, mais envers lequel l'expérience m'apprend qu'il faut renoncer à tout espoir immédiat d'un suffisant accord entre vous et moi.

Le noble essai d'un digne patronage systématique qui fut commencé envers moi en 1844 m'avait conduit à penser que le moment était venu d'instituer, par un premier exemple décisif, une sorte de généreuse solidarité entre les penseurs et les riches, qui pût garantir une indispensable liberté philosophique contre les attentats oppressifs des coteries dominantes. Sans un tel but général, je me serais borné, dès le début, à combler les embarras passagers que me suscite une infâme spoliation, en recourant seulement, comme je le fais aujourd'hui, à mes amis personnels. *Mais l'importante garantie sociale que je me suis efforcé d'introduire à cette occasion, quoique vraiment appropriée aux principaux besoins de notre temps, ne pouvait naturellement avoir d'efficacité réelle que par une pleine spontanéité de ses divers coopérateurs. L'évènement me prouve que cette condition fondamentale n'est pas encore assez remplie, du moins dans le cercle très restreint de mon action immédiate...*

Comment le très honorable M. Morley est-il arrivé à trouver en tout ceci *du charlatanisme?* nous avons peine à nous l'expliquer.,...

Nous aimons mieux observer que c'est cette irréprochable théorie du protectorat public et particulier d'organes sociaux aussi essentiels à la marche de la civilisation que le sont les véritables penseurs, et l'obligation morale où se trouvent ceux qui les apprécient à leur valeur de les assister matériellement au besoin, qui mena Comte à l'institution du subside sacerdotal positiviste, la seule issue qui pouvait convenir à sa situation.

§ 5.
INTERVENTION DE M. DE BLAINVILLE.

En tête des amis auxquels Auguste Comte dut recourir dans cette extrémité, c'est-à-dire lorsque MM. Grote, Molesworth et Rankes Currie renoncèrent à lui continuer leur concours, figurait M. de Blainville, qui ne put d'ailleurs lui-même aller bien loin dans cette voie, mais qui fit, néanmoins, tout ce qu'il pouvait.

Voici les documents qui établissent cette situation.

Lettre de Blainville à Auguste Comte.

30 décembre 1845.

Mon cher ami,

Depuis votre dernière visite, et la proposition qui en était le principal motif, j'ai dû chercher à approfondir ma position financière pour le cours de l'année 1846 dans laquelle nous allons entrer, et j'ai, à mon grand regret, acquis la certitude que vu les charges assez nombreuses que je me suis déjà imposées, et dont je vous ai fait une énumération succincte, il me serait véritablement impossible de vous procurer encore 1,500 francs, reste de la somme dont vous avez besoin dans le cours de 1846 et que, dans le vif désir de vous obliger, je vous avais dit pouvoir vous prêter.

Veuillez donc bien recevoir mes excuses si je me vois obligé de retirer ma promesse; à cause de l'impossibilité absolue où je me trouverais de la tenir; à moins cependant que mon dessinateur, obtenant enfin les souscriptions qui lui ont été promises, ne me rembourse une partie des sommes que je lui ai avancées pour aider à la publication de mon ouvrage.

Dans ce cas, croyez que je serai charmé de trouver l'occasion de vous donner cette nouvelle marque des sentiments d'estime et d'amitié avec lesquels j'ai l'honneur d'être

Votre très humble serviteur,
D. de Blainville.

A Monsieur de Blainville, professeur au Muséum d'histoire naturelle.

Mardi matin (31 décembre 1845).

Mon cher ami,

Votre billet d'hier m'a surpris et affligé. Quand je subis, il y a quinze mois, une inique spoliation, *vous daignâtes m'offrir spontanément, de la manière la plus cordiale, votre assistance pécuniaire. Sans l'accepter alors, je me montrai disposé, si la nécessité l'exigeait ensuite, à y recourir dans la mesure de vos propres moyens. Après avoir longtemps espéré de pouvoir m'en dispenser*, je me suis trouvé tout récemment obligé (le lundi 22) d'invoquer cette généreuse proposition, en m'adressant d'abord à vous comme à mon plus ancien ami. Vous avez bien voulu, en me remettant cinq cents francs, *me permettre de compter formellement, pendant la nouvelle année 1846, sur le reste des deux mille francs que je venais vous emprunter franchement* comme supplément, indispensable mais suffisant, à mes propres ressources actuelles. Cette certitude m'a aussitôt procuré une pleine sécurité pour le temps peu considérable qui doit encore s'écouler jusqu'au rétablissement presque assuré de ma position officielle, ou du moins jusqu'à l'inévitable réalisation des nouveaux moyens que j'institue pour neutraliser la persécution. *Une telle marque d'affection me devenait encore plus précieuse sous l'aspect moral, en soutenant mon courage par la conviction de n'être pas, dans mon injuste détresse, abandonné de tous mes amis.* J'étais d'autant plus touché de cette noble conduite que, quoique attendue de votre part, elle contrastait profondément avec celle que venaient de tenir, en Angleterre, d'autres amis, à la vérité bien moins anciens et moins intimes, mais aussi beaucoup plus riches. Ainsi rassuré sur le présent, et d'ailleurs peu inquiet de l'avenir, mon heureuse insouciance philosophique m'avait déjà déterminé à reprendre paisiblement, ces jours derniers, ma grande élaboration, pour lui consacrer sans effort toutes mes heures disponibles, en utilisant même les délais, à tout autre égard fâcheux, que pourrait encore éprouver l'essor graduel de mes nouvelles ressources. Ce que vous venez de m'apprendre trouble brusquement cet équilibre naissant; et le coup est d'autant plus grave que j'étais loin de le craindre, d'*après l'assurance formelle que vous m'aviez spontanément réitérée, huit jours auparavant, de ne déranger nullement votre position financière par le prêt successif que vous m'accordiez*. Je regrette profondément, pour vous autant que pour moi-même, qu'un plus mûr examen de cette situation vous ait forcé de rétracter ce qu'une généreuse impulsion vous avait entraîné à promettre. Comme la somme totale dont vous m'aviez ainsi crédité pour 1846 m'est strictement nécessaire pendant cette année, je me trouve obligé d'interrompre gravement mes chers travaux philosophiques, afin de combler cette lacune imprévue par l'intervention de quelques autres amis, qui m'avaient aussi offert d'abord une cordiale assistance. Toutefois, l'éventualité même que vous voulez bien m'indiquer comme susceptible d'empêcher le retrait effectif de votre amicale promesse, me décide à me borner à chercher ainsi un secours de mille francs seulement, en continuant à compter sur vous pour un second prêt de cinq cents francs, à moins d'un nouvel avis spécial.

Votre respectueux ami,

A^{te} COMTE.

Voilà ce qu'un appréciateur d'Auguste Comte, qui ne semble pas non plus goûter beaucoup la théorie du protectorat spirituel, a encore moins compris que MM. J. S. Mill et Morley, lorsqu'il a écrit qu'il « *croyait avoir le droit d'emprunter à tout le monde sans intérêts et à fonds perdus* »; ce qui, dans la vie réelle, porte un autre nom.

S'il fut obligé de faire des emprunts, il se considéra toujours comme rigoureusement tenu de les rembourser. D'ailleurs, dans les difficultés si tristes où il se trouva parfois acculé, il ne s'adressa à ses amis (ce qui n'a jamais passé pour crime) qu'en vue de ne pas mourir de faim, et non pour jouir ou abuser! Blainville, sans doute, le savait mieux que personne, lui qui, après l'avoir fermement soutenu dans sa lutte contre l'Académie et à l'École polytechnique, *lui offrit sa bourse* au moment de sa spoliation.

Ce que nous devons dire encore c'est que Comte, devenu moins gêné, acquitta scrupuleusement les termes arriérés qu'il devait à M. Bazan, son propriétaire; et qu'il inscrivit avec soin sur son testament les sommes qu'il lui avait été impossible de rendre avant de mourir : à M. Captier, un ami de son père; à ses enfants adoptifs; à MM. Lonchampt et Audiffrent; et qu'elles furent payées par sa succession.

Nous nous croyons, du reste, obligé à nous excuser hautement, vis-à-vis de la mémoire de ce grand homme, d'être descendu à une pareille justification.

N° 21

APPEL AU PUBLIC OCCIDENTAL (1).

Paris, le dimanche 9 juillet 1848.

La persécution que je caractérisai, en 1842, dans la préface exceptionnelle du dernier volume de mon ouvrage fondamental, s'est ensuite développée au delà de mes propres prévisions. Après avoir empêché l'avancement dû à mes services polytechniques, l'infatigable haine de nos coteries scientifiques a dès lors attenté à mes principaux moyens d'existence, en m'enlevant, il y a quatre ans, l'office que j'avais rempli d'une manière irréprochable pendant les sept années précédentes. Mais cette iniquité ne fut consommée que par *dix* votes contre *neuf*, dans un Conseil composé de vingt-huit membres, dont les neuf absents m'étaient presque tous favorables. Je dus donc regarder cet acte, quelque funestes que me fussent ses conséquences immédiates, comme une sorte de surprise légale, qui n'annonçait point une irrévocable animosité. D'ailleurs, le ministre compétent (M. le maréchal Soult), après un examen approfondi de toute cette affaire, avait énergiquement blâmé mes ennemis, dans une lettre officielle du 15 juillet 1844, où il refusait formellement de sanctionner une telle oppression. Quoique ce suprême jugement n'ait pu finalement me protéger contre une légalité vicieuse, il m'a dispensé de toute explication publique sur la véritable source de ma spoliation. Tous ces motifs me déterminèrent à supporter en silence les suites matérielles de cette persécution, jusqu'à ce qu'une vacance quelconque parmi les quatre examinateurs d'admission à l'École polytechnique pût permettre une juste réparation.

Cette occasion vient de s'offrir, de la manière la plus complète, par la retraite simultanée de trois de ces fonctionnaires. Dans chacun de ces trois cas, la commission spéciale chargée, sous la noble présidence de M. Poinsot, de proposer au conseil polytechnique les deux candidats à présenter au choix du ministre, m'a toujours mis au premier rang. Pour la première nomination, où ce Conseil m'a placé le second, le ministre a préféré mon jeune concurrent, que j'admis moi-même à l'École polytechnique en 1839. Quant aux deux autres cas, le Conseil m'a totalement exclu de sa présentation officielle.

D'après cette épreuve décisive, il ne peut plus rester aucun doute ni sur la volonté ni sur le pouvoir de rendre irrévocable la spoliation accomplie en 1844, et même d'empêcher toutes les autres compensations polytechniques qui me sont dues. Tant que prévaudra l'oppressive pédantocratie que j'ai signalée, et que le gouvernement n'a jamais osé détruire depuis qu'il en reconnaît les vices, un implacable acharnement académique s'efforcera toujours de briser mon existence matérielle. Ce n'est point ici le lieu d'exposer l'histoire de cette persécution sans exemple, où la haine ne recula devant

---

(1) Cet *appel* a été publié à la suite du *Discours sur l'ensemble du positivisme*, pages 395 à 399.

aucune immoralité légale. Une telle appréciation, qui imprimera sur chaque oppresseur sa légitime flétrissure, appartient à la préface du dernier volume du traité dont ce discours n'est que le prélude. Je dois ici me borner à mentionner l'attentat définitif, pour invoquer dignement l'appui du public occidental.

Cette haute tutelle me devient d'autant plus indispensable que, après m'avoir ôté la meilleure moitié de mes ressources matérielles, mes lâches ennemis vont tenter aussi de détruire toutes les autres, qui sont loin d'être inaccessibles à leurs atteintes. Les haines scientifiques seront d'ailleurs secondées par les antipathies métaphysiques, qui m'interdiront tout abr officiel extérieur à l'École polytechnique. Depuis l'avènement de notre République, j'ai repris la proposition que je fis vainement, en 1832, au ministre Guizot, pour fonder, au Collège de France, une chaire d'*Histoire générale des sciences positives*. Or, cette fois, je n'ai pas même reçu la moindre réponse quelconque. D'un autre côté, le parti qui voudrait réduire la Révolution actuelle à de simples substitutions de personnes ou de coteries écarte, sous de vains prétextes, l'enseignement gratuit par lequel, pendant dix-sept ans, j'ai initié les prolétaires parisiens à la nouvelle philosophie. Nos idéologues ne sont pas, au fond, moins hostiles au positivisme que les psychologues eux-mêmes, et ils sentent mieux le danger dont il menace toutes les renommées usurpées. A mesure que la nouvelle situation française facilite l'ascendant social de la véritable science et de la saine philosophie, nos empiriques et nos sophistes s'efforcent davantage d'en interdire au peuple l'accès décisif. Mon discours va beaucoup augmenter leurs animosités naturelles, en leur prouvant que mon silence, depuis ma spoliation, ne résulte d'aucune renonciation, volontaire ou forcée, à ma mission philosophique et sociale. Heureusement contenues par notre civilisation, ces coupables haines, qui jadis eussent compromis ma liberté et peut-être ma vie, ont dû se contenter d'attenter à ma fortune. Mais, du moins, les divers persécuteurs avaient-ils espéré, d'après ma pauvreté personnelle, réduire désormais toute mon activité à lutter contre la misère. Cet écrit leur apprendra qu'ils n'ont pas mieux réussi à étouffer ma voix qu'à ébranler ma constance. Ils vont donc redoubler leurs efforts, concertés ou spontanés, pour empêcher, à tout prix, ce nouvel essor systématique, que l'adhésion naissante des prolétaires et la prochaine sanction des femmes rendent plus redoutables à tous les jongleurs.

Mais cet ignoble concours de tant de puissantes antipathies contre une seule existence peut être aisément déjoué par le public impartial, quand cet appel aura dignement révélé à tout l'Occident l'imminence de ma situation personnelle. L'épreuve qui vient d'avoir lieu me détermine à faire désormais dépendre mes ressources matérielles du libre enseignement privé des sciences mathématiques, suivant tous les modes et degrés qu'il comporte. Après avoir suffi vingt ans à ma laborieuse existence, sans empêcher mon essor philosophique, cette profession indépendante dut être abandonnée, en 1837, pour mon principal office polytechnique. Depuis ma spoliation, je n'ai recouru qu'accessoirement à ce moyen primitif, dans l'attente toujours prochaine d'une réparation unanimement jugée inévitable. Aujourd'hui que la méchanceté de quelques-uns, secondée par la faiblesse de beaucoup d'autres, a rendu l'iniquité pleinement irrévocable, je commence mon second demi-siècle en reprenant à jamais l'humble et pénible profession qui ne semblait convenir qu'à ma jeunesse. Mais, quoique je n'aie nullement interrompu, depuis plus de trente ans, une pratique très active de l'enseignement mathématique, élémentaire ou transcendant, cette désuétude presque totale des leçons privées pendant les onze dernières années m'a détourné de toutes les relations favorables. D'ailleurs, une vie solitaire, où les contacts habituels sont plutôt philosophiques que scientifiques, aggrave beaucoup mes difficultés naturelles à cet égard. Enfin, il faut aussi compter que la rage de mes divers ennemis me poursuivra même dans cet extrême refuge, que leurs atteintes peuvent indirectement troubler. C'est pourquoi j'ai dû terminer ce discours en invoquant sans détour le public occidental, afin d'obtenir, comme tout autre prolétaire, un exercice continu de la profession que je pratique depuis ma première jeunesse.

Un tel appel provoque naturellement deux sortes de sympathies, les unes spéciales, les autres générales. D'une part, je compte sur ceux qui, sans admettre ma philosophie, compatissent sincèrement aux injustices dont ma carrière scientifique fut toujours entravée, et reconnaissent d'ailleurs mon aptitude didactique. En même temps, je dois trouver encore plus d'appui chez tous les vrais appréciateurs de mes travaux systématiques, dont mes embarras matériels pourraient beaucoup gêner l'essor pendant les années de vigueur mentale qui me restent. Pour les uns et les autres, c'est un devoir social que de ne pas laisser consommer un attentat qu'ils peuvent facilement annuler. Mais tous ceux qui s'intéressent au positivisme, comme unique base normale de la régénération occidentale, sont moralement obligés d'empêcher que son principal organe ne s'éteigne, dans une injuste détresse, au temps de sa plus parfaite maturité. Tant que la nouvelle philosophie n'aura point librement obtenu l'ascendant public, c'est sur ses adhérents privés que devra retomber l'indispensable entretien de la classe contemplative par la classe active. Puisse mon infortune particulière susciter des manifestations propres à convaincre les persécuteurs quelconques du nouveau culte, que leurs criminelles menées n'empêcheront jamais l'essor philosophique de la seule issue mentale et sociale que comporte l'anarchie actuelle !

Auguste Comte.

10, rue Monsieur-le-Prince, près l'Odéon.

N° 22

MANIFESTATION HOLLANDAISE.

A monsieur Auguste Comte, à Paris.

La Haye, le 11 avril 1846.

Monsieur,

L'étude de vos ouvrages, en même temps qu'elle nous a fait apprécier la haute portée de vos travaux et l'immensité de l'œuvre à laquelle vous avez consacré votre vie, a fait naître en nous le désir de contribuer, selon notre pouvoir, à la propagation des idées positives, en appelant l'attention de nos compatriotes sur votre grand ouvrage, pas assez connu dans notre patrie.

Dans ce but, nous venons de publier une traduction des deux premières leçons du Cours de Philosophie positive, sous le titre de *Bases générales de la Philosophie positive.*

Nous avons l'honneur de vous offrir, ci-joint, un exemplaire de cette publication.

Nous vous prions de bien vouloir considérer cette démarche comme un témoignage de la vive admiration que nous ressentons pour le successeur de Bacon et de Descartes.

A cette occasion, nous éprouvons le besoin de vous dire que nous avons été profondément affligés en apprenant, par la préface personnelle de votre ouvrage, que la France, quoique constituant l'avant-garde de la civilisation, n'apprécie pas encore convenablement le véritable philosophe des temps modernes. Nous espérons vivement que, malgré les difficultés de votre position, vous pourrez accomplir votre grande mission.

Veuillez agréer, Monsieur, l'hommage de notre profond respect.

Ont signé :

Le comte de Limburg-Stirum, capitaine du génie ; Kretzer et van Hasfelt, lieutenants du génie, tous trois attachés au ministère de la guerre hollandais.

Reçue le mercredi 15 avril 1846.

PRÉFACE DES TRADUCTEURS.

Nous désirons fixer l'attention sur l'ouvrage, pas assez connu en Hollande, d'Auguste Comte, et nous pensons pouvoir atteindre ce but en publiant une traduction des deux premières leçons de cet ouvrage capital, lesquelles contiennent les bases générales de la philosophie positive.

Notre intention n'est pas de montrer ici de quelle haute importance est pour la société une doctrine qui embrasse tout, ni de faire voir que, tant qu'une pareille doctrine n'est pas fondée, l'état révolutionnaire où l'Europe civilisée est depuis longtemps engagée, et sur lequel s'élèvent tant de plaintes vaines, doit nécessairement durer.

Qu'il nous suffise de remarquer que Comte, suivant les traces de Bacon et de Descartes, a réussi à embrasser complètement la doctrine.

Pour cela, il était tout d'abord nécessaire que les phénomènes les plus importants pour l'homme, à savoir : les phénomènes sociaux, fussent traités, dans leur ensemble, de la même manière que tous les autres phénomènes naturels.

Comte a accompli cette tâche en fondant une science nouvelle nommée *Sociologie*, à laquelle est consacrée la majeure partie de son ouvrage.

Puissent ceux qui s'occupent avec curiosité de recherches scientifiques être excités à poursuivre le développement ultérieur des idées de Comte dans son livre même et être conduits, par notre intermédiaire, à augmenter de plus en plus le nombre des partisans de la philosophie positive !

Quant à l'exécution de notre traduction, nous ajoutons que nous nous sommes efforcés de rendre l'original avec toute l'exactitude possible.

N° 23

ASSOCIATION LIBRE POUR L'INSTRUCTION POSITIVE DU PEUPLE
DANS TOUT L'OCCIDENT EUROPÉEN.

Ordre et progrès.

La réorganisation préalable des opinions et des mœurs constitue la seule base solide d'après laquelle puisse s'accomplir la régénération graduelle des institutions sociales; à mesure que l'esprit public aura librement adopté les principes fondamentaux du régime final vers lequel tend l'ensemble du passé chez l'élite de l'Humanité. Ainsi, la saine instruction populaire devient aujourd'hui la première condition du vrai caractère propre à la terminaison organique de la grande révolution. Ce besoin est surtout compris par les prolétaires eux-mêmes, qui, malgré l'admirable spontanéité de leurs nobles instincts, sentent combien la culture systématique en est indispensable.

D'après un double droit, désormais incontestable, de libre enseignement et de libre association, j'annonce donc la récente formation d'une Association indépendante qui, sous la devise caractéristique *Ordre et Progrès*, accomplira, autant que possible, un tel office social. Elle s'attache exclusivement à développer, dans des cours toujours gratuits, dont le libre accès ne sera jamais restreint, l'instruction positive proprement dite, comprenant : d'une part, les études mathématiques, inorganiques et biologiques; et, d'une autre part, l'histoire, qui, quoique habituellement empirique, contient le préambule nécessaire de la vraie science sociale. Mais, écartant tout principe indiscutable, elle s'interdit soigneusement tous les sujets qui ne comportent pas de véritables démonstrations.

Loin de dissimuler jamais la tendance directement sociale de son enseignement, cette Association s'efforcera sans cesse d'y subordonner profondément l'intelligence à la sociabilité, en considérant toujours l'esprit comme le principal ministre du cœur. A ses yeux, il n'existe, au fond, qu'une seule science, celle de l'Humanité, envers laquelle toutes les autres études réelles ne constituent que des préambules indispensables, dont la spécialité actuelle ne peut être corrigée que par cette destination continue. Mais, sauf ce principe universel, la convergence habituelle des divers cours restera toujours livrée exclusivement aux libres convictions des professeurs quelconques, sans qu'aucun programme leur soit jamais imposé.

Cette Association positive comprend, au même titre, deux sortes de membres, en nombre illimité, dont les uns consacrent une portion régulière de leur temps à l'enseignement populaire, tandis que les autres en facilitent, par toutes les voies légitimes, l'exercice et l'extension.

Quoiqu'elle doive considérer Paris comme le siège essentiel de ses opérations, son service ne se borne point à la France. Il embrasse les cinq populations avancées qui, toujours plus ou moins solidaires, même dès l'assimilation romaine, composent, depuis Charlemagne, la grande république occidentale, au sein de laquelle, malgré les diversités nationales, aggravées ensuite par les dissidences religieuses, s'est accompli un développement intellectuel et social dont le reste de l'Humanité n'offre point encore, même en Europe, un véritable équivalent. Ainsi, en conservant au centre français l'initiative naturelle que la première partie de la révolution lui a pour jamais rendue, l'Association occidentale étendra ses fonctions habituelles, d'une part à l'Allemagne et à l'Angleterre, d'une autre part à l'Italie et à l'Espagne. Cette indispensable extension d'un office partout urgent exige nécessairement que l'Association positive, sans refuser jamais l'assistance des divers gouvernements occidentaux, se tienne toujours indépendante de l'un quelconque d'entre eux.

Dans cette grande entreprise sociale, j'invoque directement la coopération de tous ceux qui, à un titre quelconque, peuvent y concourir utilement. Mais j'y invite plus spécialement, d'une part, pour les sciences inorganiques, mes anciens camarades ou élèves de l'Ecole polytechnique qui se sentent disposés à la seconder ; et, d'une autre part, pour les études biologiques, les médecins ou naturalistes qui peuvent y coopérer.

Les demandes quelconques d'admission seront reçues chez moi (10, rue Monsieur-le-Prince), tous les soirs, de sept à neuf heures, ou par correspondance.

Auguste Comte,
Ancien élève de l'École polytechnique, auteur
du *Système de philosophie positive*.

Paris, le vendredi 25 février 1848.

N° 24

LE FONDATEUR DE LA SOCIÉTÉ POSITIVISTE

A QUICONQUE DÉSIRE S'Y INCORPORER.

Paris, le mercredi 8 mars 1848.

Ordre et progrès.

Je viens de fonder, sous la devise caractéristique *Ordre et Progrès*, une Société politique destinée à remplir, envers la seconde partie, essentiellement organique, de la grande révolution, un office équivalent à celui qu'exerça si utilement la Société des Jacobins dans la première partie, nécessairement critique. Son action sera même plus purement consultative, sans aucun mélange d'intervention temporelle, puisqu'elle reposera sur une nouvelle doctrine générale, dont les partisans sont encore trop peu nombreux pour obtenir d'autre influence sociale que celle qui pourra émaner d'une libre appréciation publique de la sagesse de leurs jugements et de leurs avis. Cette doctrine est exposée dans mon traité fondamental de *Philosophie positive*. Elle est surtout caractérisée par l'élaboration historique des deux derniers volumes, qui, d'après l'ensemble du passé humain, détermine sans utopie l'avenir social, de manière à fonder la véritable science politique, base rationnelle de l'art correspondant.

La Société positiviste se propose donc de faire graduellement prévaloir les principes de cette nouvelle science, en les appliquant avec opportunité au cours naturel des événements, soit pour apprécier les faits accomplis et les mesures adoptées, soit surtout pour signaler les tendances réelles et indiquer les meilleurs moyens de les régulariser. Quoiqu'elle doive se consacrer surtout aux questions amenées par la situation générale et sur lesquelles l'attention publique se fixe d'elle-même, elle se réserve aussi d'introduire quelquefois des sujets de discussion qui ne seraient point encore à l'ordre du jour, pourvu qu'elle ait bien reconnu leur aptitude à éclaircir les débats spontanés. En un mot, elle a pour but général de faciliter l'avènement du nouveau pouvoir spirituel que le positivisme représente comme seul propre à terminer la révolution, par la fondation directe du régime final vers lequel tend aujourd'hui l'élite de l'Humanité. A cet effet, elle appliquera la doctrine fondamentale à ébaucher spontanément, autant que le comporte le milieu actuel, les fonctions d'appréciation, de conseil, et de préparation que ce pouvoir définitif devra ensuite accomplir systématiquement, sous l'assistance continue des sympathies universelles.

D'après une telle destination, l'office spirituel de la Société positiviste ne se bornera point à la France. Il embrassera naturellement toutes les populations avancées qui maintenant participent, malgré leurs diversités nationales, au même besoin fondamental de régénération sociale, comme le prouve aujourd'hui l'extension graduelle de la crise révolutionnaire. Ainsi, il doit comprendre l'ensemble de la grande république occidentale, qui, préparée par l'incorporation romaine, et directement constituée sous Charlemagne, a partout accompli, depuis le moyen âge, un développement intellectuel et social, à la fois négatif et positif, dont le reste de l'Humanité n'offre point encore, même en Europe, un véritable équivalent. Cette famille d'élite contient, du autour centre français, d'une part l'Allemagne et l'Angleterre avec leurs annexes naturelles, d'une autre part l'Italie et l'Espagne. Telle est, suivant la saine théorie historique, l'extension nécessaire de l'office spirituel que la Société positiviste vient aujourd'hui ébaucher, en s'adaptant toujours aux convenances réelles de chaque nationalité. La première partie de la révolution devait être essentiellement française, l'ébranlement initial ne pouvant ailleurs devenir aussi décisif, faute de s'y trouver assez préparé. Mais sa seconde partie se présente, au contraire, comme nécessairement commune à tout l'Occident, la réorganisation spirituelle, qui doit surtout la caractériser, se montrant déjà partout urgente. La conciliation fondamentale entre les instincts encore opposés de l'ordre et du progrès ne peut être conçue et réalisée qu'en s'élevant habituellement à un tel point de vue historique, seul à la fois assez défini et assez étendu pour indiquer convenablement le mal et le remède. Puisque la démolition du régime ancien a commencé, au quatorzième siècle, par la désorganisation spontanée de ses fonctions occidentales, il faut bien que la construction du nouveau système suive aujourd'hui la même marche. Ainsi, la Société positiviste ne sera, dans ses sentiments et dans ses pensées, ni nationale, ni cosmopolite, mais occidentale : d'ailleurs, elle conçoit la régénération finale comme devant ensuite s'étendre, suivant une progression déterminée, à tout le reste de l'Humanité, sous la sage assistance de l'Occident réuni.

Pour les observateurs rationnels, la seconde partie de la révolution, qui doit être, surtout aujourd'hui, plus spirituelle que temporelle, a déjà commencé depuis que la fondation de la science sociale a dévoilé le vrai caractère général de l'avenir humain, si confusément entrevu jusqu'alors, même par mon principal précurseur, l'illustre et malheureux Condorcet. Mais cette condition intellectuelle ne motivait point assez la formation de la Société positiviste, jusqu'à ce que la merveilleuse transformation politique qui vient de s'opérer en France eût à la fois montré la possibilité et l'urgence d'une telle association.

La proclamation, désormais irrévocable, de la République française, constitue, à tous égards, le plus grand événement survenu en Occident depuis la chute de Bonaparte. Elle résume nettement l'ensemble de la partie négative de la révolution, en détruisant radicalement les espérances et les illusions rétrogrades, qui, dès la seconde moitié du règne de Louis XIV, se rattachaient, en France, au seul nom de la royauté, sous quelque forme qu'elle s'y maintînt. D'un autre côté, le titre de *République* présente, dans son heureuse acception organique, le programme universel, plutôt sentimental que rationnel, du véritable avenir social. Il annonce ainsi la subordination continue de la politique à la morale, admirablement ébauchée, au moyen âge, sous le principe catholique, mais qui n'était pleinement réalisable que d'après un meilleur régime spirituel et dans un milieu plus favorable. La réorganisation des opinions et des mœurs, seule base solide de la régénération graduelle des institutions sociales, vient donc se placer naturellement au grand ordre du jour, avec beaucoup plus d'énergie et de netteté que ne le comportait naguère la prépondérance factice d'un régime contraire à l'ensemble du passé français, et qui pourtant prétendait offrir le dénouement final. En même temps que plus urgente, la réorganisation spirituelle devient ainsi plus facile, d'après l'absence totale de convictions systématiques qui distingue cette salutaire secousse de toutes les précédentes. Une doctrine vraiment complète, et cohérente dans toutes ses applications, doit alors trouver beaucoup plus d'accès chez des esprits lassés de l'anarchie mentale, et incapables de résister profondément aux démonstrations philosophiques.

Quoique le besoin de formules quelconques semble, par suite même de cette immense lacune, susciter aujourd'hui une sorte de retour officiel aux doctrines métaphysiques qui convinrent à la partie négative de la révolution, chacun sait que, sauf quelques hommes arriérés et peu influents, ces théories surannées ne déterminent aucune foi sérieuse chez ceux qui sont ainsi forcés d'y recourir provisoirement. La prépondérance habituelle et unanime des sentiments d'ordre fera bientôt ressortir, à tous égards, combien cette impuissante restauration d'une philosophie purement révolutionnaire se trouve antipathique aux besoins et aux tendances qui caractérisent notre siècle, surtout en France, où l'anarchie n'est pas moins repoussée que la rétrogradation.

Toutes les inquiétudes qu'excite déjà ce réveil passager des principes négatifs aboutiront nécessairement à faciliter l'ascendant de la philosophie positive, seule source désormais possible des convictions systématiques capables de contenir d'imminentes aberrations, contre lesquelles les croyances théologiques n'offrent plus, depuis longtemps, aucune garantie réelle. Ainsi, par exemple, il s'élèvera, dans notre prochaine Assemblée nationale, de graves débats au sujet de la devise républicaine, entre les partisans de la formule révolutionnaire qui vient d'être momentanément rétablie, et ceux de la devise provisoire que l'heureux instinct de la classe moyenne adopta spontanément sous le régime déchu. Cette lutte inévitable permettra naturellement à la Société positiviste d'espérer déjà l'unanime consécration de sa propre devise (*Ordre et Progrès*), qui correspond certainement au vrai caractère de l'avenir social, comme annonçant la conciliation fondamentale, à la fois politique et philosophique, des deux besoins généraux de l'Humanité. De même, les intimes difficultés industrielles qu'aggravera de plus en plus la tendance métaphysique à prescrire légalement ce qui doit surtout être réglé par les mœurs, fourniront à la nouvelle société beaucoup d'occasions décisives de faire nettement sentir, aux travailleurs et aux entrepreneurs, combien cette discipline si désirable dépend d'une vraie réorganisation spirituelle, seule capable d'établir et les principes qui doivent y présider, et l'autorité, aussi impartiale qu'éclairée, qui peut les appliquer sagement à chaque conflit. En ce qui intéresse spécialement le progrès, il nous manque une dernière garantie essentielle, pour compléter la liberté de discussion indispensable à la régénération finale, en étendant convenablement à l'exposition orale la juste indépendance déjà propre à l'exposition écrite. Or, la Société positiviste peut seule aujourd'hui solliciter, avec l'infatigable énergie qu'inspire une pleine conviction, la consécration légale des conditions nécessaires à la liberté d'enseignement et d'association que l'heureuse secousse de Février nous a spontanément procurée. Toutes les autres écoles actuelles répugnent plus ou moins à cette plénitude d'examen, que leurs théories ne pourraient supporter.

Sans spécifier ici d'autres applications, on conçoit, en général, que cette Société fera utilement intervenir sa doctrine universelle dans toutes les occasions décisives que présentera le développement spontané de notre anarchie spirituelle pour manifester le besoin de véritables principes sociaux, propres à fournir une base solide de jugement et de conduite. Quoique la situation semble favoriser les utopies quelconques en leur permettant désormais un libre essor théorique, elle leur ôte, par cela même, l'attrait involontaire résulté d'une oppressive interdiction et l'illusion naturelle d'une lointaine perspective. Ainsi placées en présence de la réalité, elles ne pourront plus soutenir, aux yeux du public impartial, l'examen rationnel que la nouvelle philosophie peut seule leur faire dignement subir.

D'après sa destination, la Société positiviste exercera son office spirituel non seulement par ses discussions intérieures, mais aussi par ses écrits et ses discours publics, par ses pétitions systématiques à l'Assemblée nationale ou au pouvoir central, etc.; en un mot, par tous les modes propres à l'influence théorique et consultative, pure de toute intervention pratique. Jusqu'à ce qu'elle ait acquis assez d'extension et d'importance, ses séances continueront à se tenir chez moi, chaque dimanche soir, de sept heures précises à dix heures. Mais rien ne pouvant désormais devenir efficace, comme l'avaient senti les Jacobins, que ce qui s'accomplit au grand jour, sa mission ne fructifiera pleinement que quand ses réunions habituelles seront consacrées par la silencieuse présence d'un libre auditoire. C'est seulement alors qu'elle achèvera de préparer une vraie réorganisation spirituelle, en ébauchant, dans son sein, le culte final de l'Humanité, surtout d'après un système général de commémoration publique, que la saine théorie historique lui permettra d'étendre, sans aucune inconséquence, à toutes les phases de l'évolution humaine.

Pour mieux assurer l'unité de composition indispensable à la Société positiviste, je resterai seul juge de l'aptitude intellectuelle et morale de tous ceux qui demanderont à y entrer. Mais, quoique le nombre des membres doive demeurer illimité, il importe aussi de garantir spécialement la fraternité de leurs relations mutuelles. C'est pourquoi chacun de mes nouveaux choix sera toujours soumis à l'acceptation des anciens membres.

Les explications précédentes indiquent évidemment, comme première condition indispensable, une suffisante adhésion à l'esprit général du positivisme. Ceux qui éprouveraient un vrai désir de s'agréger à la nouvelle Société sans avoir encore étudié mon grand traité, devront au moins adopter pleinement le *Discours sur l'esprit positif*, que je publiai, il y a quatre ans, pour caractériser sommairement le positivisme, et l'éminent opuscule de *La Philosophie positive*, publié, un an après, par M. Littré, au sujet de mon ouvrage fondamental. Quiconque n'adhérerait pas complètement aux cinq conclusions essentielles de ce petit écrit devrait dès lors renoncer à une telle incorporation, du moins immédiate. Au reste, je publierai bientôt un *Discours sur l'ensemble du positivisme*, qui, sous tous les grands aspects philosophiques et politiques, pourra, comme preuve de cette admission, dispenser de la longue et difficile étude d'un traité peu accessible à la plupart des lecteurs actuels.

Tous les philosophes positifs qui veulent désormais vouer sérieusement leur vie entière au sacerdoce de l'Humanité doivent systématiquement renoncer à toute position politique proprement dite, même à celle qui leur serait proposée par la confiance directe de leurs concitoyens. En leur nom, comme au mien, j'ai récemment proclamé, dans une occasion décisive, ce solennel engagement, résultat nécessaire des profondes convictions qui, depuis plus de vingt ans, m'ont familiarisé avec les conditions essentielles de cette séparation continue des deux puissances élémentaires où je vois le principe fondamental de la saine politique moderne. Il est clair, néanmoins, qu'aucune renonciation semblable ne saurait jamais être imposée à la plupart des membres de la Société positiviste, puisqu'elle serait directement contraire au but général de cette association, l'universel ascendant de la nouvelle philosophie. Destinés, non à fonder une doctrine qui déjà existe, ni même à la développer et à la perfectionner, mais seulement à la faire prévaloir par une application continue et spéciale au cours naturel des événements, ces membres émaneront indifféremment de tous les rangs actuels. La classe active en devra fournir le plus grand nombre, surtout parmi ces nobles prolétaires français qui sont tant disposés, de cœur et d'esprit, à une telle mission. Bien loin d'oublier jamais leur caractère pratique dans nos séances positivistes, ils viendront y retremper périodiquement leur énergie mentale et morale, pour mieux remplir leurs divers offices publics, en faisant pénétrer partout l'esprit fondamental du positivisme.

D'après l'extension occidentale ci-dessus attribuée à ses fonctions essentielles, la Société positiviste ne se compose point exclusivement de Français. Ses membres peuvent appartenir à l'une quelconque des cinq populations qui forment l'avant-garde de l'Humanité, et même à celles qui en sont émanées par colonisation moderne. Toutefois, sa principale activité devant aujourd'hui s'exercer en France, où d'ailleurs réside le centre normal de cette grande famille, j'aurai toujours soin d'y maintenir une forte majorité française. Au lieu d'introduire dans la société-mère beaucoup d'autres Occidentaux, il sera préférable d'étendre surtout son territoire par la formation graduelle de sociétés affiliées dans les diverses capitales de l'Occident, comme dans les principales villes de France; en sorte que le foyer parisien puisse aisément répandre partout son impulsion systématique, et aussi subir, à son tour, toutes les réactions partielles convenables à sa destination.

L'association dont je viens d'esquisser la nature et le but, s'honorera toujours de son affinité naturelle avec l'énergique devancière qui concourut si heureusement au triomphe initial de la même cause. En remplissant spontanément, envers notre glorieuse assemblée républicaine, l'office d'un pouvoir spirituel, autant que le permettaient l'époque et la situation, les Jacobins complétèrent l'admirable institution, trop peu appréciée encore, du gouvernement révolutionnaire. Pour diriger aujourd'hui la terminaison organique de la Révolution, les positivistes viennent exercer un office équivalent, auprès du nouveau pouvoir temporel, local ou central, dont la principale destination, toujours nécessairement provisoire, consiste à garantir l'ordre matériel tant que durera l'interrègne intellectuel et moral.

Si les Jacobins eurent sur nous l'avantage d'appliquer une doctrine préalablement adoptée, qui les dispensait de toute forte discussion de principes, la nôtre compense sa nouveauté et sa difficulté par son caractère évidemment définitif et par son aptitude à tout embrasser. Elle remplit même, avec toute l'énergie convenable, et pourtant à l'abri de toute tendance anarchique, le genre d'attributions sociales que conserve encore l'esprit révolutionnaire proprement dit, qui peut ainsi s'éteindre sans danger. Chacune des deux doctrines convient tellement à sa principale destination, d'une part critique, de l'autre organique, que je crois pouvoir assurer que presque tous les vrais Jacobins seraient aujourd'hui de zélés positivistes.

Malgré la grande diversité de leurs opinions respectives, toutes (deux) poursuivent, au fond, le même but essentiel, par des moyens adaptés aux temps et aux situations. La principale différence philosophique consiste dans l'esprit anti-historique qu'exigeait l'ébranlement initial, où l'Humanité, pour sortir énergiquement du régime ancien, devait alors être animée d'une haine aveugle envers le passé; tandis que désormais l'esprit dominant doit, au contraire, devenir profondément historique, soit pour rendre au passé une justice indispensable à notre entière émancipation, soit pour fonder notre avenir sur sa seule base solide, en le liant toujours à l'ensemble de l'évolution humaine, apprécié par une théorie qui n'eût été, au début de la Révolution, ni possible ni opportune.

Auguste COMTE,
Auteur du *Système de philosophie positive*,
10, rue Monsieur-le-Prince.

N° 25

CIRCULAIRE INITIALE.

Paris, le 12 novembre 1848.

M.

Nous sollicitons votre attention, et, si vous jugez qu'il y a lieu, votre concours, pour un objet qui nous paraît intéresser à la fois la moralité publique et la science.

M. Auguste Comte, auteur du *Système de philosophie positive*, est trop connu pour que nous nous étendions longuement sur les services qu'il a rendus. Son grand ouvrage, distinguant nettement de la science concrète la science abstraite, a, par une hiérarchie admirable, systématisé pleinement cette dernière. Il a fait entrer l'histoire dans le domaine de la science positive, et, de la sorte, tracé le cercle de la connaissance humaine. Mathématique, astronomie, physique, chimie, biologie, sociologie, tel est l'ensemble du développement scientifique, tel est le corps de la philosophie moderne ou positive, telle est la cause profonde, telle est la règle de plus en plus apparente des mutations sociales que nous offrent le passé et le présent. Aussi l'œuvre capitale de M. Comte, si féconde au point de vue de la science pure, ne l'est pas moins au point de vue social et politique.

Ces travaux ont employé la vie de M. Comte. Parallèlement il a pourvu, étant sans fortune, aux nécessités de la vie, d'abord par des leçons de mathématiques, puis par des fonctions didactiques qui lui ont été confiées à l'École polytechnique et dans une institution particulière. Des inimitiés persévérantes, qu'il faudrait qualifier sévèrement si c'était ici le lieu d'en parler, l'ont privé de sa place d'examinateur, toujours honorablement remplie. Enfin, dans ces derniers temps, sa disgrâce s'étendant, il a perdu la position qu'il avait dans une pension de Paris.

Telle est la marche de la rémunération à mesure que les travaux accomplis et les services rendus ont été plus grands. Nous pensons que la moralité publique est intéressée à ce que de telles injustices soient réparées, à ce que des hommes équitables s'interposent pour empêcher le mal de se faire. Il reste à M. Comte une place de répétiteur à l'École polytechnique, mais les 2,000 francs qu'elle rapporte sont complètement absorbés par des affaires domestiques. Il nous a semblé qu'une somme de 5,000 francs, fournie annuellement par cotisation, aussi longtemps du moins que M. Comte n'aura pas réussi, d'ailleurs, à se procurer des ressources quelconques, suffira aux besoins de son existence et de ses travaux. C'est donc cette somme que nous demandons par contribution aux amis de la science, aux ennemis de l'injustice, et à laquelle, bien entendu, nous contribuons des premiers pour notre part.

Salut et fraternité.

Charles Jundzill, professeur de mathématiques	60 fr.
Belpaume, ouvrier bottier	50 »
Fili, mécanicien	60 »
Pascal, étudiant en philosophie	150 »
Ch. Robin, docteur en médecine	100 »
F. Magnin, ouvrier menuisier	60 »
Littré, membre de l'Institut, auteur de la Circulaire	200 »
Segond, docteur en médecine	100 »
Contreras, étudiant en médecine (de nationalité mexicaine; R.)	80 »
Francelle, ouvrier horloger	30 »
Leblais, professeur de mathématiques	40 »
A. Ribet, étudiant en droit	100 »

Les souscriptions, en totalité ou par fractions, seront reçues chez M. Littré, membre de l'Institut, rue de l'Ouest, n° 46.

CIRCULAIRE COMPLÉMENTAIRE.

Paris, le 5 janvier 1851.

M.

La souscription pour M. Comte, commencée en 1849, continuée en 1850, se continue en 1851.

Les motifs personnels restent les mêmes; rien dans la position de M. Comte n'est changé. Mais les motifs que nous appellerons philosophiques et sociaux sont devenus encore plus impérieux; le calme matériel qui a succédé dans tout l'Occident à la crise de 1848, laisse déjà paraître et laissera paraître de jour en jour davantage, l'anarchie mentale, qui est le caractère et le danger de la situation.

Il importe donc d'encourager et de soutenir des travaux qui ont pour but de remédier à cette anarchie, en substituant à la foi théologique la foi scientifique, seule capable aujourd'hui de déterminer la convergence des esprits.

Dans cette grande œuvre qui échoit à la génération présente, l'initiative appartient à M. Comte; sa tâche, à lui, est de poursuivre et d'étendre une conception féconde; la nôtre est de ne pas permettre que des occupations étrangères le détournent; consolidant ainsi, par un sacrifice volontaire, la fonction entre les mains de l'homme qui peut le mieux s'en acquitter.

Salut et fraternité.

Littré, de l'Institut; *Mignien*, ouvrier mécanicien; *Fili, Pascal, Piéton ; Magnin*, ouvrier menuisier; *de Montègre*, docteur en médecine; *Belpaume; Lablanche*, ouvrier tablettier.

Les souscriptions sont reçues chez M. *Littré*, membre de l'Institut, rue de l'Ouest, n° 48.

N° 26

DISCOURS

PRONONCÉ AUX FUNÉRAILLES DE BLAINVILLE

Par Auguste COMTE, le 7 mai 1850 (1).

Messieurs,

Après ces divers hommages officiels, peut-être serez-vous peu disposés à écouter enfin un simple philosophe qui, sans aucun caractère légal, vient exercer spontanément le sacerdoce de l'Humanité sur la tombe du dernier penseur vraiment éminent que comportât la biologie préliminaire. Vingt-cinq ans de liaison m'autorisent spécialement à élever ici, au nom du passé et de l'avenir, une voix systématique, dont l'illustre défunt a souvent reconnu la libre compétence. Quelques semaines avant cette fin si imprévue, il accepta pleinement le rang modeste que j'osai lui assigner dans le nouveau calendrier occidental.

La juste appréciation finale de presque tous les hommes d'élite se trouve beaucoup entravée par une fatale opposition entre leur propre nature et l'ensemble des impulsions qui dominèrent leur existence. Ce conflit s'aggrave quelquefois jusqu'à imposer même une carrière directement contraire à la principale vocation de certains penseurs, dont le vrai génie ne peut alors être dignement senti que d'après une exacte théorie historique. Tel fut surtout le grand Diderot, que son siècle condamna irrésistiblement à seconder une pure démolition, tandis qu'il était né pour les plus sublimes constructions.

Quoique la destinée théorique de Blainville soit loin d'offrir un contraste aussi déplorable, elle présente cependant une insuffisante harmonie entre l'aptitude intellectuelle et la disposition sociale. L'ayant essentiellement jugé d'après ce qu'il pouvait faire, je me suis toujours expliqué ainsi l'irrécusable imperfection de son développement effectif. Une telle réaction personnelle de la rétrogradation politique sur l'évolution scientifique peut montrer

---

(1) Il fut publié aussitôt après avec cette formule placée au-dessus du titre : RELIGION DE L'HUMANITÉ. — *L'amour pour principe, l'ordre pour base, et le progrès pour but.* — In-4° de 12 pages, Paris, Mathias, 1850. — R.

fortement combien il importe aux grands esprits de se lier profondément au mouvement général de l'Humanité. C'est principalement pour signaler à la jeunesse ce salutaire enseignement que j'ai cru devoir intervenir dans cette funèbre solennité.

L'essor décisif de la biologie fut immédiatement préparé, au xviiie siècle, par le concours spontané de plusieurs impulsions originales, successivement dues d'abord à Bernard de Jussieu et à Linné, puis à Buffon, enfin à Haller et à Vicq-d'Azyr. D'après cet immortel préambule, l'étude générale de la vie acquit un vrai caractère scientifique, dès que la chimie put lui fournir une base suffisante. La positivité rationnelle s'introduisit alors dans les principales conceptions biologiques, surtout quant à l'existence végétative et animale, d'où elle pénétra bientôt jusqu'au domaine intellectuel et moral. Bichat et Lamarck, ensuite Cabanis et Gall, furent les organes essentiels de cette double fondation, à laquelle Broussais ne tarda point à procurer un complément indispensable, en subordonnant irrévocablement la pathologie à la biologie. Ainsi s'ouvrit glorieusement le xixe siècle, par la dernière construction réservée à la science proprement dite, alors parvenue à permettre enfin l'élaboration directe de la saine philosophie, conduisant aussitôt à la vraie religion.

Dans cet extrême office scientifique, la part de Blainville résultait nettement d'une pleine concordance entre sa propre nature intellectuelle et les nouveaux besoins de l'esprit humain. Chacun des trois grands aspects de la vie individuelle, tant morale que physique, se trouvait alors ébauché suffisamment, y compris même l'existence anomale. Mais les diverses conceptions fondamentales, statiques, dynamiques, et taxonomiques, avaient ainsi surgi séparément, sans que leur harmonie générale eût encore suscité des méditations caractéristiques. Cette systématisation était alors devenue le principal besoin de la partie la plus synthétique de la philosophie naturelle. Elle convenait donc à l'esprit le plus coordinateur qui ait cultivé la biologie depuis Aristote, si l'on excepte le génie de Bichat, dont l'universelle prééminence, autant déductive qu'inductive, exclut toute comparaison.

Blainville sentit à temps sa belle mission, et la poursuivit toujours, mais sans l'avoir jamais accomplie comme il le pouvait. Il a successivement tenté de coordonner les conceptions sur la structure, l'existence, et la classification des corps vivants. Néanmoins, il n'acheva réellement aucune de ces trois grandes constructions. Quoiqu'il ait, mieux que personne, embrassé l'ensemble de chacune d'elles, et caractérisé leurs vraies relations mutuelles, nul traité complet n'a finalement dévoilé toute sa puissance dogmatique. Peut-être ne sera-t-elle jamais appréciée assez que dans mon ouvrage fondamental, où d'ailleurs je jugeai impartialement ses services scientifiques, surtout envers la hiérarchie animale. Son aptitude systématique ne se caractérisa pleinement que par ce degré initial d'élaboration qui suffit à l'exposition orale. Aussi la principale supériorité de Blainville ne put-elle être dignement sentie que de ceux qui eurent le bonheur de suivre convenablement une série complète de ses admirables leçons. En un temps où, faute de direction philosophique, les savants sont devenus étrangers à tout vrai talent didactique, l'enseignement d'un tel penseur laissera de profonds souvenirs. Mais, s'ils parviennent, comme ceux de Boërhaave, jusqu'à la postérité, ils ne pourront qu'y augmenter les regrets mêlés de blâme que m'inspire aujourd'hui le déplorable avortement d'une carrière évidemment réservée aux grandes constructions biologiques.

Ce fatal résultat ne s'explique point assez par une insuffisante éducation, privée de cette base mathématique qui, indispensable au plein essor de toute rationalité, convient spécialement aux esprits systématiques. Une telle lacune, malheureusement universelle chez les biologistes actuels, n'empêcha pas les constructions de Bichat, ni même celles de Cabanis, de Gall et de Broussais. Quoiqu'elle dût entraver davantage la mission échue à Blainville, elle était loin de pouvoir produire son avortement. D'ailleurs, sans ses perturbations politiques et morales, ce puissant penseur aurait bientôt apprécié l'importance de cette préparation, qu'il se serait aisément appropriée.

Il faut donc sortir des conditions intellectuelles pour découvrir comment une telle existence scientifique est restée au-dessous de sa nature et de sa destination. Cette triste discordance doit être directement attribuée à la tendance rétrograde qui empêcha toujours ce grand esprit de participer franchement au mouvement général de son siècle.

Les cinq fondateurs de la biologie avaient tous subi profondément l'impulsion révolutionnaire, et dignement secondé, chacun à sa manière, la régénération totale où elle doit aboutir. En poursuivant leur office scientifique, Blainville seul eut le malheur de rejeter leur direction philosophique et leur destination sociale. De là provint l'inévitable avortement de ses principaux efforts théoriques, ainsi privés de la noble stimulation continue qu'exige tout essor abstrait de notre chétive intelligence.

Ses premières impressions politiques se lient aux sanguinaires aberrations qui accompagnèrent notre ébranlement initial. La longue rétrogradation qui s'ensuivit fut d'autant mieux accueillie par sa raison naissante que les préjugés de sa caste, et même les malheurs de sa famille, l'y disposaient spécialement. Toutefois, ses inclinations politiques ne purent jamais empêcher la pleine émancipation mentale inhérente à son essor scientifique. Un tel cerveau ne pouvait, de nos jours, éprouver, à ce titre, l'affreuse fluctuation qui écrasa le faible caractère de Pascal. Cet antagonisme le priva seulement des puissantes ressources intellectuelles que procure le sentiment habituel d'une intime liaison des efforts de chacun avec les tendances de tous. Ses concessions théologiques se bornèrent toujours à proclamer la nécessité sociale des croyances chrétiennes, sans reconnaître leur réalité dogmatique. L'indépendance de son âme le détourna sans cesse de toute pratique catholique, malgré de vives obsessions.

Pour comprendre comment ce conflit intérieur ne troubla pas davantage un esprit aussi conséquent, il faut même noter que ses propres sympathies politiques tendirent longtemps à le préserver spécialement de la rétrogradation philosophique. Tant que dura l'apparente restauration de la royauté, Blainville sentit, avec tous les hommes clairvoyants, que l'alliance théologique compromettrait gravement ce pouvoir précaire, auquel il vouait un attachement désintéressé.

C'est ainsi que l'influence catholique se trouva naturellement contenue chez lui pendant sa principale carrière, depuis son mémorable début scientifique jusqu'à l'entière terminaison de son cours exceptionnel de biologie dynamique. Dans ces vingt années de pleine vigueur, cette haute intelligence fut essentiellement progressive, malgré des velléités rétrogrades. On n'oubliera jamais que ses premiers travaux rendirent enfin une éclatante justice à la grande fondation de Gall, que poursuivait encore une oppression officielle, indignement secondée par les divers organes apparents de l'opinion publique. Dix ans après, Blainville accueillit noblement mon ébauche initiale de la vraie science sociale, d'après l'ensemble de la philosophie naturelle. Telle fut même l'origine de notre longue liaison, jamais troublée par notre pleine liberté habituelle, qui eût été, chez lui, incompatible avec de véritables convictions théologiques. Je me souviendrai toujours combien il se sentait honoré de se trouver associé au dernier géomètre vraiment éminent dans la dédicace publique de mon ouvrage fondamental (1).

Mais cette heureuse inconséquence dut cesser à la chute de son parti politique. Dès lors passé irrévocablement de l'attitude dirigeante au simple rôle d'opposant, ce parti fut nécessairement conduit à s'appuyer de plus en plus sur les doctrines arriérées dont ses meilleurs chefs avaient redouté l'impopularité tandis qu'ils gouvernaient. C'est ainsi qu'une rétrogradation, longtemps bornée à la politique, s'étendit alors à la philosophie, et même envahit enfin jusqu'à la science, pendant la seconde carrière de Blanville, guère moins prolongée que la première. La postérité remarquera cette dégénération graduelle d'un esprit qui pourtant avait alors produit tous ses vrais titres d'immortalité. En effet, ce fatal déclin, outre des résultats passagers qui seront bientôt oubliés, a laissé des témoignages durables, que le nom de Blainville fera malheureusement survivre. Celui qui systématisa le mieux la hiérarchie animale finit ainsi par la placer sous le désastreux patronage de la théologie. Le seul traité que Blainville ait achevé est essentiellement indigne de lui, tant pour le fond que pour la forme. Mes infructueuses remontrances contre une telle publication me prouvèrent même qu'il avait déjà perdu jusqu'au sentiment des conditions propres à une véritable histoire de la biologie (2).

En méditant sur cette chute, on se demande comment les influences sociales que j'ai signalées ont pu exercer de pareils ravages. Des esprits moins puissants subirent alors de semblables impulsions rétrogrades, tant privées que publiques, sans en recevoir d'égales atteintes. Je dois donc scruter davantage la vraie nature de ce grand biologiste.

La sagesse catholique reconnut jadis que l'imperfection mentale résulte

---

(1) Le *Cours de philosophie positive*. — R.
(2) *Histoire des sciences de l'organisation et de leurs progrès comme base de la philosophie*, par M. H. de Blainville, etc., rédigée d'après des notes et des leçons faites à la Sorbonne de 1839 à 1841, etc., par F. L. M. Maupied, prêtre, docteur ès sciences, etc., 3 vol. in-8°, Périsse frères, Paris, 1858. — R.

surtout de l'insuffisance morale. Ce précieux aperçu du moyen âge se trouve déjà systématisé par la vraie philosophie moderne, qui démontre l'ascendant nécessaire du cœur sur l'esprit, tant pour le mal que pour le bien. En l'appliquant convenablement à l'appréciation personnelle dont je dois compléter l'ébauche, on voit la dégénération intellectuelle de Blainville émaner surtout des graves lacunes de son organisation morale.

Sa haute valeur spéculative fut pourtant accompagnée des qualités que rappelle l'acception masculine du mot *cœur*. Le courage et la fermeté de Blainville formaient un mémorable contraste avec le caractère dégradé de presque tous les savants actuels. Dès son début, il utilisa dignement ce noble privilège, en brisant avec énergie l'habile oppression exercée sur lui par une célébrité usurpée, dont le temps a déjà fait justice. Aux grands attributs intellectuels, cette nature exceptionnelle joignit donc les principales qualités de la vie active, y compris même la prudence, qui seule en assure l'efficacité directe. Mais ce rare concours ne fut point complété par une suffisante évolution affective. Telle est la vraie source d'un avortement qu'il importe ici d'expliquer, pour apprendre à la jeunesse comment la supériorité réunie de l'esprit et du caractère n'obtient un plein succès que sous l'impulsion du cœur, en bornant même ce mot à son sens féminin.

Cette condition n'étonnera point ceux qui savent que nos affections constituent à la fois le principe et le but de toute notre existence, où l'intelligence et l'activité ne fonctionnent essentiellement que comme moyens. Or, ce moteur universel comporte deux régimes très différents, suivant que la prépondérance y appartient à la personnalité ou à la sociabilité. Quelle que soit la puissance réelle des impulsions égoïstes, tous les grands efforts intellectuels émanent exclusivement des instincts sympathiques. Ceux-ci développent seuls le charme inhérent à la destination sociale des travaux abstraits. Seuls, ils dirigent convenablement les méditations scientifiques, et soutiennent la constance indispensable aux constructions théoriques.

Mais les mobiles habituels de Blainville résultèrent surtout des penchants personnels, et son organisation cérébrale le détourna trop des affections bienveillantes, d'abord privées, puis publiques. Toutefois, son égoïsme fut de la plus noble sorte, exempt de la cupidité vulgaire et même de la puérile ambition temporelle qui animent aujourd'hui la plupart des savants. Il n'eut jamais en vue que l'ascendant spirituel, mais sans le rapporter à l'évolution fondamentale de l'Humanité. Aucun savant ne comprit aussi bien que lui la division nécessaire entre le pouvoir philosophique et le pouvoir politique. Il flétrissait sans pitié tous ceux qui passaient de la science au commandement. Cette déviation lui semblait, et avec raison, témoigner un secret sentiment de l'insuffisance théorique. Pendant la longue domination de ses amis politiques, il repoussa toujours les hautes invitations qui le poussaient au pouvoir temporel. Son crédit auprès d'eux ne résulta jamais d'aucune fréquentation régulière. D'ailleurs, il ne l'employa qu'au profit d'autrui, contre des iniquités scientifiques, déguisées sous des prétextes politiques qu'il savait dignement écarter. Quoique son énergie l'ait heureusement éloigné de toute coterie académique, aucun savant ne fit autant que lui respecter partout l'indépendance des théoriciens. Mais cette tendance de son orgueil scientifique n'était point réglée par de vrais motifs sociaux. Elle le poussa souvent à procurer aux corps savants une autorité dont ils sont maintenant indignes.

Cette prépondérance des meilleurs instincts égoïstes ne pouvait aucunement remplacer, chez Blainville, l'imperfection naturelle des impulsions vraiment sympathiques. Sa haute raison lui fit souvent proclamer la moralité comme la première condition de tout essor théorique. Même, il surmontait assez son orgueil pour comprendre sincèrement l'importance de la fraternité universelle. Néanmoins, son cœur fut essentiellement dépourvu de cette spontanéité habituelle dont ne dispense aucune réflexion. Vivre pour autrui lui semblait la loi du devoir, sans lui offrir le type du bonheur. Il ne sentit donc qu'à moitié la vraie morale humaine. Blainville manqua du feu sacré qui partout pousse directement à l'active poursuite du bien, à la fois sans relâche et sans effort, dans la seule vue d'une inévitable satisfaction intérieure. Envers cette source exclusive de notre véritable unité, la moindre femme digne de son sexe surpasse nécessairement le plus puissant penseur privé de tendresse. La bonté du cœur importe davantage que la force du caractère au plein essor d'une carrière purement théorique. Blainville put s'en convaincre à temps chez l'éminent géomètre mentionné ci-dessus, et qui, vraiment doué de tendresse, ne vit point son évolution scientifique gravement altérée par son défaut réel d'énergie.

Telle est l'explication fondamentale des lacunes et des discordances propres à cette imparfaite carrière. Des impulsions trop personnelles privèrent Blainville de l'ardeur et de la constance convenables à sa mission théorique, et faute desquelles sa valeur mentale ne put se développer assez. Malgré ses convictions hiérarchiques, il manquait, au fond, du principe affectif de la vraie subordination. Il ne voyait jamais que des concurrents là où il devait sentir des collègues, et quelquefois des supérieurs. Toujours injuste envers Broussais, il ne sut pas même s'incliner devant Bichat. Quand la personnalité prend un tel ascendant, elle trouble autant l'essor habituel des vues générales que celui des sentiments généreux.

Il faut ainsi scruter Blainville pour comprendre l'opiniâtreté de ses tendances rétrogrades, envers lesquelles sa haute raison eût, sans cela, surmonté facilement ses impressions d'enfance et même ses préjugés aristocratiques. Une telle nature ne pouvait accueillir une révolution destinée principalement à faire enfin prévaloir la vraie sociabilité sur toute personnalité. C'est aussi ce qui l'empêcha d'adopter franchement la philosophie positive, vers laquelle son esprit l'entraînait fortement, mais dont il repoussait la destination morale et politique. Même l'étude approfondie du catholicisme ne put ainsi lui faire assez apprécier cette intime culture habituelle du cœur qui constitua le principal mérite du vrai régime chrétien. Les âmes vulgaires lui semblaient seules assujetties à une telle nécessité. Il ne se la serait jamais appliquée, que s'il avait pu en comprendre l'efficacité théorique. Mais cette réaction systématique du cœur sur l'esprit constitue l'un des plus précieux résultats du positivisme, que Blainville étudia trop peu et trop tard pour l'utiliser ainsi. Son horreur de la révolution ne l'empêcha donc pas de participer profondément au vrai caractère essentiel de l'état anarchique, l'insurrection de l'esprit contre le cœur, à laquelle tous les occidentaux sont de plus en plus livrés depuis la fin du moyen âge.

Une meilleure organisation morale eût fait sentir à Blainville les divers dangers de la fatale sécheresse qui accompagne, surtout aujourd'hui, la culture scientifique. Son heureuse éducation esthétique, lui aurait, à cet égard, fourni de salutaires diversions habituelles; tandis que, malgré cette préparation exceptionnelle, il est ainsi resté trop étranger au vrai goût des différents beaux-arts. Il eût aussi trouvé des ressources encore plus efficaces dans les principales affections de famille, seule garantie normale du véritable essor moral. Mais son égoïsme l'en détourna trop, quoiqu'il m'ait ensuite avoué souvent combien il regrettait son triste célibat.

Voilà comment la seule insuffisance morale altéra profondément une des plus fortes intelligences qui aient jamais existé. Ainsi entraîné à s'isoler du généreux mouvement de son siècle, Blainville ne put finalement mériter de la postérité qu'un rang très inférieur à sa valeur intrinsèque. Sauf l'incomparable Bichat, il était, au fond, l'égal, et peut-être le supérieur, des immortels fondateurs de la biologie. Cependant il ne sera point classé à leur niveau. Spécialement analogue au respectable Cabanis, pour la profondeur des vues et l'aptitude systématique, il restera toujours au-dessous de lui par l'ensemble de sa carrière, quoique plus prolongée et même plus laborieuse. D'après sa principale construction, je l'ai définitivement érigé en adjoint de Lamarck, dans mon système général de commémoration occidentale. Malgré son intraitable fierté, sa consciencieuse raison a aussitôt ratifié cet humble rang, quoique Blainville dût se sentir virtuellement supérieur à ce grand zoologiste.

Les imperfections du cœur troublent moins le caractère que l'esprit. Cependant, l'insuffisance affective se manifeste aussi dans la vie active de Blainville. L'activité, comme l'intelligence, ne se développe pleinement que sous les impulsions sympathiques, et jamais par des motifs personnels, quoique ceux-ci aient ordinairement l'initiative de ce double essor. Malgré sa rare fermeté, Blainville manqua réellement d'énergie en plusieurs graves occasions de sa vie publique, soit civique, soit même académique. Je le lui ai assez reproché alors pour être ici autorisé à signaler l'importante moralité qui ressort spontanément d'un tel contraste.

Cette sommaire appréciation dispense tout connaisseur de rechercher si cet éminent penseur fut vraiment heureux, même après avoir réuni les diverses conditions extérieures du bonheur humain. Malgré ses efforts journaliers pour oublier son fatal isolement, sa gaîté apparente ne pouvait tromper que des observateurs superficiels : aucune femme ne dut jamais s'y méprendre. Blainville ne fut pas heureux, parce qu'il n'aima point assez, quoiqu'il ait été sincèrement aimé. Sa triste fin représente trop l'ensemble de sa vie. Cette mort imprévue et sans douleur ne convient qu'aux égoïstes, puisqu'elle empêche de donner ou de recevoir aucun adieu.

Telle est, Messieurs, l'instruction morale que je devais faire sortir de cette douloureuse solennité, en un cas non moins opportun que décisif. Les véritables temples de l'Humanité se placeront naturellement au milieu des tombes d'élite; car le vrai Grand-Être se compose surtout des morts dignes de survivre. Ce lieu funèbre convient donc, mieux qu'aucun autre, à l'enseignement sacré de la morale positive, qui doit surtout nous apprendre à lier de plus en plus chaque existence personnelle à l'éternelle évolution sociale.

Afin de caractériser davantage ma principale intention, j'ajouterai que l'insuffisant essor de Blainville fut nécessairement plus funeste à sa propre gloire qu'au progrès général de la biologie. L'état correspondant de l'esprit humain ne comportait point une systématisation finale des études vitales. Cette grande tâche, réservée aujourd'hui aux jeunes biologistes qui en seront dignes, ne devait s'accomplir que sous l'impulsion directe de la sociologie, unique source normale de toute construction encyclopédique. Blainville n'a donc manqué qu'une systématisation purement provisoire, dont l'achèvement eût toutefois facilité beaucoup le travail définitif, même quand elle se serait bornée à l'un des trois aspects biologiques.

Ce qu'il n'a point exécuté ne saurait être tenté de nouveau. Privés d'un tel préambule, les biologistes encyclopédiques devront seulement faire plus d'efforts pour construire directement la vraie théorie abstraite de la vie, mais sans s'arrêter à une préparation désormais inopportune. La science universelle et la religion définitive ont déjà surgi. Tous les véritables théoriciens doivent y rattacher intimement leurs travaux propres, sous peine d'un avortement plus complet et moins excusable que celui de Blainville.

Ce triste cercueil du dernier savant qui ait dignement cultivé la dernière science préliminaire marque nettement la clôture nécessaire du régime provisoire de la raison moderne. A l'essor épuisé de la spécialité, il faut enfin substituer la culture encyclopédique, seule au niveau des besoins actuels de l'Occident bouleversé. Elle peut seule, d'ailleurs, agrandir le vrai domaine théorique, et même consolider les acquisitions antérieures. Les discours que vous avez d'abord entendus suffiraient pour rappeler la tendance dominante à dépecer la biologie, sous le patronage de fausses célébrités. Cet empirisme dissolvant va prendre un plus libre cours, par l'extinction de la seule autorité scientifique qui le contrariât. La hiérarchie biologique, principal domaine de Blainville, est déjà menacée d'une entière décomposition, d'après la désastreuse activité des savants incapables d'apprécier une telle fondation. Elle ne peut être sauvée que d'en haut, sous l'universelle discipline qui, émanée de la vraie science sociale, réservera toute culture théorique à des penseurs encyclopédiques. Ceux-là seuls seront toujours disposés, de cœur et d'esprit, à généraliser convenablement leurs conceptions spéciales. Dans son instinct rétrograde mais organique, Blainville finit par sentir confusément le besoin de subordonner la biologie à l'ensemble des dogmes humains : il ne se trompa que sur le choix du système. Si la science fut, au moyen âge, essentiellement soumise à la religion de Dieu, elle doit désormais, au nom de la raison et de la morale, servir, beaucoup plus complètement, la religion de l'Humanité.

P.-S. — Pour mieux comprendre ce discours, il faut noter que son début avait déterminé le brusque départ de tous les représentants officiels des diverses classes en décadence, théologiques et académiques. Ce champ ainsi resté aux esprits positifs indique assez où siégera finalement la renommée de Blainville. Quoique revendiquée aujourd'hui par des corporations qu'il méprisait, et qui troublèrent toute sa vie, sa gloire appartiendra bientôt à la seule école qui l'ait vraiment apprécié, et qui a déjà flétri son célèbre oppresseur. Blainville passera définitivement dans le camp où l'on consolide ses titres, sans adhérer au milieu qui dégrade ses résultats.

Si l'Humanité ne se compose que des personnages dignes d'incorporation, elle n'admet aussi, de chacun d'eux, que les tendances conformes à l'évolution générale, en écartant toute divergence passagère. Dans le nouveau calendrier occidental, je ne fis que systématiser le jugement spontané de la postérité quand j'érigeai Tycho-Brahé en adjoint de Copernic. Car, malgré leur opposition scientifique, tous deux concoururent involontairement à l'essor décisif de l'astronomie moderne. De même, une reconnaissance éternelle rangera le digne successeur de Lamarck parmi ceux qui, en fondant la biologie, préparèrent la sociologie, quoiqu'il ait moins senti que son chef la tendance nécessaire de ses principaux efforts.

Que n'a-t-on pas dit contre cette manifestation ?

Mettons que l'heure et le lieu, pour apprécier ainsi publiquement ce mort illustre, n'aient pas été, en l'espèce, heureusement choisis, encore que les discours qui avaient précédé aient tous, au fond, traité le même sujet; mettons qu'il est séant de n'exprimer que des regrets, exclusivement, devant une tombe prête à se fermer, encore qu'aucun membre direct de la famille du défunt n'assistât ici aux funérailles et n'ait eu à souffrir de considérations trop peu en rapport avec la circonstance; mais n'y a-t-il pas loin de ce manque d'à-propos, qui pouvait, nous en convenons, froisser des susceptibilités légitimes et des convenances respectables, aux imprécations que ces paroles ont suscitées (1) ?

Aussi bien, le jugement en lui-même est d'une vérité stricte, d'une rare vigueur, d'une compétence entière et d'une singulière élévation.

Tel quel, c'est encore le plus sincère témoignage d'estime et d'admiration qui ait été décerné au grand biologiste, l'affirmation que c'est parmi les positivistes seuls que sa mémoire scientifique sera convenablement honorée, se vérifiant chaque jour davantage.

D'ailleurs, les reproches de Comte, à côté de ses éloges, sont d'un ordre si particulier et si noble, qu'il est moins sensible de les avoir encourus.

Quant au motif que l'on a voulu trouver à cette indépendance ou à cette sévérité d'appréciation, c'est-à-dire au refus opposé par Blainville à Auguste Comte de lui prêter une somme dont il avait besoin, il s'évanouit tout entier devant les témoignages que nous avons produits page 456.

(1) Est-ce à cette occasion que le fondateur du positivisme a reconnu qu'une manifestation de ce genre, soit un jugement posthume immédiatement porté sur le défunt et articulé au moment même de l'inhumation, n'était pas à sa place?

Ce qui est certain, c'est que plus tard il fixa à sept années la formulation définitive d'un tel arrêt, et à trois semaines la commémoration funèbre immédiate, au lieu même du culte (et non pas au cimetière), réservant pour le moment de l'inhumation l'expression des regrets privés.

N° 27
COURS PHILOSOPHIQUE
SUR L'HISTOIRE GÉNÉRALE DE L'HUMANITÉ, PROFESSÉ GRATUITEMENT,
EN VINGT-NEUF DIMANCHES,
Par M. Auguste COMTE,
Auteur du *Système de Philosophie positive*.

Ordre et progrès.

Ce cours aura lieu, comme de coutume, avec une entière publicité, tous les dimanches, à midi précis, à partir de dimanche prochain 6 avril 1851, jusqu'au 19 octobre, au Palais National, dans la même salle qu'auparavant (ancienne salle de Physique), située au troisième étage, 8, rue Masséna, près le Théâtre-Français.

Ce cours est surtout destiné à donner au peuple une juste idée de l'intime liaison du présent avec l'ensemble du passé, pour concevoir, sans utopie, l'avenir social, de manière à régulariser la transition finale, d'après la théorie historique qui caractérise le positivisme.

Paris, le mardi 1er avril 1851.

Auguste Comte,
10, rue Monsieur-le-Prince.

N° 28
RÉPUBLIQUE OCCIDENTALE.
ORDRE ET PROGRÈS. — VIVRE POUR AUTRUI.

PROGRAMME SOMMAIRE
DU COURS PHILOSOPHIQUE SUR L'HISTOIRE GÉNÉRALE DE L'HUMANITÉ
PROFESSÉ GRATUITEMENT, EN VINGT-NEUF DIMANCHES,
AU PALAIS-CARDINAL, EN 1851, COMME DANS LES DEUX ANNÉES PRÉCÉDENTES.

Par l'auteur du *Système de Philosophie positive*.

Séance d'ouverture (le dimanche 6 avril 1851). Discours général sur la nature philosophique et la destination sociale de cet enseignement.

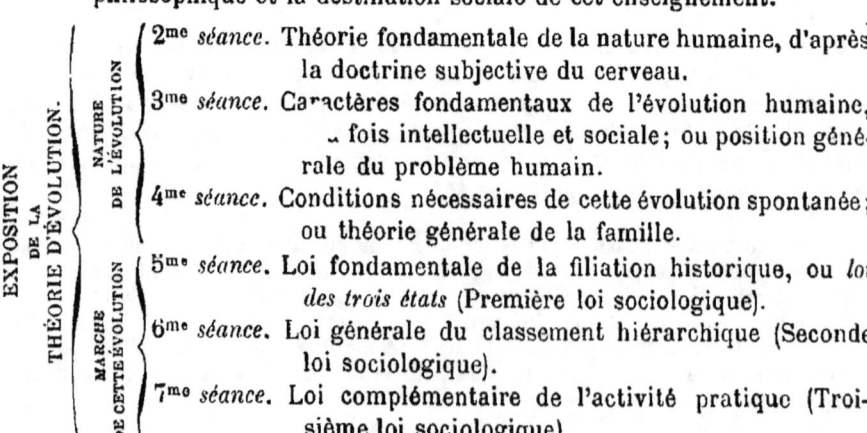

EXPOSITION DE LA THÉORIE D'ÉVOLUTION.

NATURE DE L'ÉVOLUTION.

2me *séance*. Théorie fondamentale de la nature humaine, d'après la doctrine subjective du cerveau.

3me *séance*. Caractères fondamentaux de l'évolution humaine, à fois intellectuelle et sociale; ou position générale du problème humain.

4me *séance*. Conditions nécessaires de cette évolution spontanée; ou théorie générale de la famille.

MARCHE DE CETTE ÉVOLUTION.

5me *séance*. Loi fondamentale de la filiation historique, ou *loi des trois états* (Première loi sociologique).

6me *séance*. Loi générale du classement hiérarchique (Seconde loi sociologique).

7me *séance*. Loi complémentaire de l'activité pratique (Troisième loi sociologique).

CONSTRUCTION DE LA PHILOSOPHIE DE L'HISTOIRE.

L'ANTIQUITÉ.
- 8ᵐᵉ *séance*. Appréciation générale de l'état fétichique.
- 9ᵐᵉ *séance*. Considérations fondamentales sur l'ensemble du régime polythéique.
- 10ᵐᵉ *séance*. Appréciation générale de l'âge théocratique (Polythéisme conservateur).
- 11ᵐᵉ *séance*. Appréciation générale de l'élaboration grecque (Polythéisme intellectuel).
- 12ᵐᵉ *séance* Appréciation générale de l'incorporation romaine (Polythéisme social).

LE MOYEN AGE.
- 13ᵐᵉ *séance*. Considérations fondamentales sur l'ensemble du catholicisme occidental (Monothéisme progressif).
- 14ᵐᵉ *séance*. Considérations fondamentales sur l'ensemble de la civilisation féodale (Double système de guerres défensives).
- 15ᵐᵉ *séance*. Appréciation générale de la première phase du moyen âge (Établissement fondamental).
- 16ᵐᵉ *séance*. Seconde phase du moyen âge (Répression des invasions polythéiques).
- 17ᵐᵉ *séance*. Troisième phase du moyen âge (Répression des invasions monothéiques).

LA PRÉPARATION MODERNE.
- 18ᵐᵉ *séance*. Considérations fondamentales sur l'ensemble du double mouvement moderne.
- 19ᵐᵉ *séance*. Appréciation générale de sa phase spotannée (Quatorzième et quinzième siècle).
- 20ᵐᵉ *séance*. Appréciation générale de la phase protestante.
- 21ᵐᵉ *séance*. Appréciation générale de la phase déiste.
- 22ᵐᵉ *séance*. Appréciation générale de la partie négative de la grande révolution.

CONCLUSION GÉNÉRALE SUR L'AVENIR HUMAIN.

ÉTAT FINAL.
- 23ᵐᵉ *séance*. Tableau fondamental de la sociabilité finale, réglée par la Religion de l'Humanité.
- 24ᵐᵉ *séance*. Régénération totale de l'éducation occidentale, à la fois morale et intellectuelle.
- 25ᵐᵉ *séance*. Appréciation générale du nouveau régime spirituel, tant privé que public.

TRANSITION EXTRÊME.
- 26ᵐᵉ *séance*. Considérations fondamentales sur l'ensemble de la dernière transition propre à l'Occident.
- 27ᵐᵉ *séance*. Organisation temporelle de cette transition.
- 28ᵐᵉ *séance*. Organisation spirituelle de cette transition.

Séance de clôture (Le dimanche 19 octobre 1851). Résumé général de la théorie positiviste sur l'appréciation du passé, la conception de l'avenir et la régularisation du présent.

Auguste COMTE,
Fondateur et président de la Société positiviste,
10, rue Monsieur-le-Prince.

Paris, le 7 Archimède 63 (mardi 1ᵉʳ avril 1851).

N° 29
PROGRAMME SOMMAIRE
DU COURS DE PHILOSOPHIE POSITIVE (1)

Professé gratuitement, au Palais-Cardinal, avec une entière publicité, par l'auteur du *Système de Philosophie positive* et du *Système de Politique positive*.

PREMIÈRE ANNÉE.

En trente-sept séances, principalement consacrées à la *Philosophie de l'Histoire*. Tous les vendredis, dimanches et mardis, à midi précis.

Séance d'ouverture. Exposition du but et du plan de ce cours, d'après la vraie doctrine de l'unité.

INTRODUCTION CONDENSANT LA PHILOSOPHIE PREMIÈRE.
- 2ᵐᵉ *séance.* Théorie positive de l'abstraction.
- 3ᵐᵉ *séance.* Premier groupe des lois universelles, formé des trois qui sont autant objectives que subjectives.
- 4ᵐᵉ *séance.* Second groupe des lois universelles, formé des six qui sont plus subjectives qu'objectives.
- 5ᵐᵉ *séance.* Dernier groupe des lois universelles, formé des six qui sont plus objectives que subjectives.
- 6ᵐᵉ *séance.* Institution de la hiérarchie encyclopédique.
- 7ᵐᵉ *séance.* Comparaison de ses diverses constitutions.

8ᵐᵉ *séance.* Appréciation fondamentale de l'existence sociale.
9ᵐᵉ *séance.* Théorie positive de l'évolution humaine.
10ᵐᵉ *séance.* Appréciation générale de l'âge fétichique.
11ᵐᵉ *séance.* Fétichisme nomade, idéalisé dans la *Fête des animaux*.
12ᵐᵉ *séance.* Fétichisme sédentaire, idéalisé dans la *Fête du Feu*.
13ᵐᵉ *séance.* Fétichisme sacerdotal, idéalisé dans la *Fête du Soleil*.
14ᵐᵉ *séance.* Fétichisme militaire, idéalisé dans la *Fête du Fer*.
15ᵐᵉ *séance.* Appréciation générale de l'État théocratique.
16ᵐᵉ *séance.* Représentation du polythéisme conservateur par la *Fête des Castes*.
17ᵐᵉ *séance.* Appréciation générale du polythéisme intellectuel.
18ᵐᵉ *séance.* Représentation de son évolution esthétique, par *Homère*, *Eschyle* et *Phidias*.
19ᵐᵉ *séance.* Représentation de son évolution théorique par *Thalès*, *Pythagore*, *Aristote*, avec *Hippocrate*, *Archimède*, *Appollonius*, *Hipparque*.
20ᵐᵉ *séance.* Appréciation générale du polythéisme social.
21ᵐᵉ *séance.* Sa représentation par *Scipion*, *César* et *Trajan*.
22ᵐᵉ *séance.* Avènement nécessaire du moyen âge d'après l'ensemble de l'antiquité.
23ᵐᵉ *séance.* Appréciation générale du monothéisme théocratique, représenté par *Abraham*, *Moïse* et *Salomon*.

(1) Ce cours n'a jamais eu lieu, par les raisons que nous avons indiquées page 278

24ᵐᵉ *séance*. Appréciation générale du monothéisme catholique.
25ᵐᵉ *séance*. Sa représentation par *saint Paul, Charlemagne, Alfred, Hildebrand, Godefroy, saint Bernard ;* son résumé dans le culte de la Vierge.
26ᵐᵉ *séance*. Appréciation générale du monothéisme islamique.
27ᵐᵉ *séance*. Sa représentation par *Mahomet, Omar* et *Haroun-al-Raschid*.
28ᵐᵉ *séance*. Appréciation générale du monothéisme métaphysique, d'où révolution occidentale.
29ᵐᵉ *séance*. Représentation du double mouvement moderne par *Dante, Descartes* et *Frédéric*.
30ᵐᵒ *séance*. Résultat général de l'initiation humaine.
31ᵐᵉ *séance*. Vue générale de l'état normal, réglé par la Religion de l'Humanité.
32ᵐᵒ *séance*. Tableau général du culte positif.
33ᵐᵒ *séance*. Tableau général du dogme positif.
34ᵐᵉ *séance*. Tableau général du régime positif.
35ᵐᵉ *séance*. Plan général de la transition fondamentale.
36ᵐᵉ *séance*. Succession générale de ses treize compléments.
Séance de clôture. Appréciation du positivisme comme instituant la doctrine propre aux vrais Conservateurs.

Paris, le jeudi 4 Aristote 67 (1ᵉʳ mars 1855).

Auguste COMTE,
10, rue Monsieur-le-Prince,
Né le 19 janvier 1798, à Montpellier.

Ce tableau est extrait de l'*Appel aux Conservateurs*.

N° 30

PIÈCES RELATIVES

A L'ÉVOLUTION POLITIQUE DE LA FRANCE.

I

Note sur l'essor empirique du républicanisme français (17 juin 1852).

1° Le gouvernement français doit être républicain et non monarchique (*crise de février 1848*) ;

2° La République française doit être sociale et non politique (*crise de juin 1848*) ;

3° La république sociale doit être dictatoriale et non parlementaire (*crise de décembre 1851*) ;

4° La république dictatoriale doit être temporelle et non spirituelle, d'après une entière liberté d'exposition et même de discussion ;

5° Avènement décisif du triumvirat systématique qui caractérise la dictature temporelle annoncée par le positivisme dès 1847, comme le gouvernement préparatoire propre à la transition organique.

II

RÉPUBLIQUE OCCIDENTALE

ORDRE ET PROGRÈS. — VIVRE POUR AUTRUI.

Conseils urgents adressés par le fondateur de la Religion de l'Humanité à tous les vrais républicains français.

1º Réduire leur devise à *Liberté* et *Fraternité*;

2º Consacrant, au nom de leur cause, et même complétant, la récente abolition du régime parlementaire en France :

Fonder leur gouvernement sur une dictature sagement énergique, mais purement pratique,

Dont le caractère toujours progressif soit garanti par une pleine et inviolable liberté d'exposition et de discussion;

3º Exclure de tous les offices vraiment politiques, même gratuits, quiconque y participa depuis le 24 février 1848.

Paris, le 4 Aristote 65 (mardi 1er mars 1853).

Signé : Auguste Comte,

Auteur du *Système de Philosophie positive*, du *Système de Politique positive* et du *Catéchisme positiviste*,
10, rue Monsieur-le-Prince.

Nous n'avons pu avoir à temps pour les donner ici les lettres d'Auguste Comte à MM. Barbès et Blanqui, lesquelles sont le développement du double programme exposé ci-dessus. — R.

Nº **31**

BIBLIOTHÈQUE POSITIVISTE

AU DIX-NEUVIÈME SIÈCLE (1).

CENT CINQUANTE VOLUMES.

1º POÉSIE (TRENTE VOLUMES).

L'*Iliade* et l'*Odyssée*, réunies en un même volume, sans aucune note.
Eschyle, suivi de l'*Œdipe roi* de Sophocle, et *Aristophane*, idem.
Pindare et *Théocrite*, suivis de *Daphnis et Chloé*, idem.
Plaute et *Térence*, idem.
Virgile complet, *Horace* choisi, et *Lucain*, idem.
Ovide, *Tibulle* et *Juvénal*, idem.
Fabliaux du moyen âge, recueillis par Legrand d'Aussy.

(1) D'après l'autorisation de M. Pierre Laffitte, directeur actuel du positivisme, nous avons introduit, dans cette nouvelle édition de la *Bibliothèque positiviste*, les additions et suppressions dont Auguste Comte a laissé des indications manuscrites avant de mourir. (*Note du biographe.*)

Dante, *Arioste*, *Tasse*, et *Pétrarque* choisi, réunis en un seul volume italien.
Les *Théâtres* choisis de Métastase et d'Alfieri, *idem*.
Les *Fiancés* par Manzoni (un seul volume italien).
Le *Don Quichotte* et les *Nouvelles* de Cervantes (dans un même volume espagnol).
Le *Théâtre espagnol* choisi, recueil édité par Don José Segundo Florez (un seul volume espagnol).
Le *Romancero espagnol* choisi, y compris le poème du *Cid* (un seul volume espagnol).
Le *Théâtre* choisi de P. Corneille.
Molière complet.
Les *Théâtres* choisis de Racine et de Voltaire (réunis en un seul volume).
Les *Fables de La Fontaine*, suivies de quelques *Fables* de Lamotte et de Florian.
Gil Blas, par Lesage.
La *Princesse de Clèves*, *Paul et Virginie*, et le *Dernier des Abencerrages* (à réunir en un seul volume).
Les *Martyrs*, par Chateaubriand.
Le *Théâtre* choisi de Shakespeare.
Le *Paradis perdu* et les *Poésies lyriques* de Milton.
Robinson Crusoé et le *Vicaire de Wakefield* (à réunir en un seul volume).
Tom Jones, par Fielding (en anglais, ou traduit par Chéron).
Les sept chefs-d'œuvre de Walter-Scott. { *Ivanhoé*, *Waverley*, la *Jolie fille de Perth*, l'*Officier de fortune*, les *Puritains*, la *Prison d'Édimbourg*, l'*Antiquaire*.
Les Œuvres choisies de Byron (en supprimant surtout le Don Juan).
Les Œuvres choisies de Gœthe.
Les *Mille et une Nuits*.

2° SCIENCE (TRENTE VOLUMES).

L'*Arithmétique* de Condorcet, l'*Algèbre* et la *Géométrie* de Clairaut, plus la *Trigonométrie* de Lacroix ou de Legendre (à réunir en un seul volume).
La *Géométrie analytique* d'Auguste Comte, précédée de la *Géométrie* de Descartes.
La *Statique* de Poinsot, suivie de tous ses mémoires sur la mécanique.
Le *Cours d'analyse* de Navier à l'École polytechnique, précédé des *Réflexions sur le calcul infinitésimal*, par Carnot.
Le *Cours de mécanique* de Navier à l'École polytechnique, suivi de l'*Essai sur l'Équilibre et le mouvement*, par Carnot.
La *Théorie des fonctions*, par Lagrange.
L'*Astronomie populaire* d'Auguste Comte, suivie des *Mondes* de Fontenelle.
La *Physique mécanique* de Fischer, traduite et annotée par Biot.
Le *Manuel alphabétique de philosophie pratique*, par John Carr.
La *Chimie* de Lavoisier.
La *Statique chimique*, par Berthollet.

Les *Éléments de chimie*, par James Graham.
Le *Manuel d'anatomie*, par Meckel.
L'*Anatomie générale* de Bichat, précédée de son *Traité sur la vie et sur la mort*.
Le premier volume de Blainville *Sur l'Organisation des animaux*.
La *Physiologie* de Richerand, annotée par Bérard.
L'*Essai systématique sur la biologie*, par Segond, et son *Traité d'anatomie générale*.
Les *Nouveaux Éléments de la science de l'homme*, par Barthez (seconde édition, 1806).
La *Philosophie zoologique*, par Lamarck.
L'*Histoire naturelle* de Duméril.
Le *Traité* de Guglielmini *sur la nature des fleuves* (en italien).
Les *Discours sur la nature des animaux*, par Buffon.
L'*Art de prolonger la vie humaine*, par Hufeland, précédé du *Traité sur les Airs, les Eaux et les Lieux*, par Hippocrate, et suivi du livre de Cornaro *Sur la Sobriété* (à réunir en un seul volume).
L'*Histoire des Phlegmasies chroniques*, par Broussais, précédée de ses *Propositions de médecine* et d'abord des aphorismes d'Hippocrate (en latin), sans aucun commentaire.
Les *Éloges des savants*, par Fontenelle et Condorcet.

3° HISTOIRE (SOIXANTE VOLUMES).

L'*Abrégé de Géographie universelle*, par Malte-Brun.
Le *Dictionnaire géographique* de Rienzi.
Les *Voyages de Cook*, et ceux de Chardin.
L'*Histoire de la Révolution française*, par Mignet.
Le *Manuel de l'Histoire moderne*, par Heeren.
Le *Siècle de Louis XIV*, par Voltaire.
Les *Mémoires* de Mme de Motteville.
Le *Testament politique* de Richelieu, et la *Vie de Cromwell* (à réunir en un seul volume).
L'*Histoire des guerres civiles de France*, par Davila (en italien).
Les *Mémoires* de Benvenuto Cellini (en italien).
Les *Mémoires* de Commines.
L'*Abrégé de l'Histoire de France*, par Bossuet.
Les *Révolutions d'Italie*, par Denina.
L'*Abrégé de l'Histoire d'Espagne*, par Ascargota.
L'*Histoire de Charles-Quint*, par Robertson.
L'*Histoire d'Angleterre*, par Hume.
L'*Europe au moyen âge*, par Hallam.
L'*Histoire ecclésiastique*, par Fleury.
L'*Histoire de la décadence romaine*, par Gibbon.
Le *Manuel de l'histoire ancienne*, par Heeren.
Tacite complet (traduction Dureau de la Malle).
Hérodote et Thucydide (à réunir en un volume).

Les *Vies de Plutarque* (traduction Dacier).
Les *Commentaires* de César et l'*Alexandre* d'Arrien (à réunir en un volume).
Le *Voyage d'Anacharsis*, par Barthélemy.
L'*Histoire de l'Art chez les anciens*, par Winckelmann.
Le *Traité de la Peinture*, par Léonard de Vinci (en italien).
Les *Mémoires sur la musique*, par Grétry.

4° SYNTHÈSE (TRENTE VOLUMES).

La *Politique d'Aristote*, et sa *Morale* (à réunir en un volume).
La *Bible* complète.
Le *Coran* complet.
La *Cité de Dieu*, par saint Augustin.
Les *Confessions* de saint Augustin, suivies du *Traité sur l'Amour de Dieu*, par saint Bernard.
L'*Imitation de Jésus-Christ* (l'original et la traduction en vers de Corneille).
Le *Catéchisme de Montpellier*, précédé de l'*Exposition de la doctrine catholique*, par Bossuet, et suivi du *Commentaire sur le sermon de Jésus-Christ*, par saint Augustin.
L'*Histoire des variations protestantes*, par Bossuet.
Le *Discours sur la méthode*, par Descartes, précédé du *Novum organum* de Bacon, et suivi de l'*Interprétation de la nature*, par Diderot.
Les *Pensées* choisies de Cicéron, d'Épictète, de Marc-Aurèle, de Pascal et de Vauvenargues, suivies des *Conseils d'une mère*, par Mme de Lambert, et des *Considérations sur les mœurs*, par Duclos.
Le *Discours sur l'histoire universelle*, par Bossuet, suivi de l'*Esquisse historique*, par Condorcet.
Le *Traité du pape*, par de Maistre, précédé de la *Politique sacrée*, par Bossuet.
Les *Essais philosophiques* de Hume, précédés de la double *Dissertation sur les sourds et les aveugles*, par Diderot, et suivi de l'*Essai sur l'histoire de l'astronomie*, par Adam Smith.
La *Théorie du beau*, par Barthez, précédée de l'*Essai sur le beau*, par Diderot.
Les *Rapports du physique et du moral de l'homme*, par Cabanis.
Le *Traité sur les fonctions du cerveau*, par Gall, précédé des *Lettres sur les animaux*, par Georges Leroy.
Le *Traité sur l'irritation et la folie*, par Broussais (première édition).
La *Philosophie positive* d'Auguste Comte (condensée par miss Martineau), sa *Politique positive*, son *Catéchisme positiviste* et sa *Synthèse subjective*.

Paris, le 3 Dante 66 (mardi 18 juillet 1854).

Auguste COMTE,
10, rue Monsieur-le-Prince.

N° 32
CIRCULAIRES ANNUELLES

PREMIÈRE CIRCULAIRE

RÉPUBLIQUE OCCIDENTALE.
ORDRE ET PROGRÈS — VIVRE POUR AUTRUI.

L'auteur du *Système de Philosophie positive*, à chaque coopérateur du libre subside exceptionnellement institué pour lui.

Paris, le 17 Aristote 62 (jeudi 14 mars 1850).

M.

Le noble patronage collectif dont je suis devenu l'objet a maintenant assez duré pour que ma gratitude publique puisse prendre son vrai caractère. Cette protection exceptionnelle fut toujours appréciée comme un devoir social, soit par l'éminent collègue qui l'institua, soit par les dignes confrères qui secondèrent spontanément sa généreuse initiative. Aussi n'hésitai-je jamais à l'accepter hautement, au double titre de garantie légitime contre la coupable spoliation officiellement accomplie envers moi et de gage de sécurité méritée pour la continuation de mes travaux philosophiques. Il me suffisait qu'un tel subside ne pût émaner que de ceux qui reconnaîtraient en moi la victime d'une iniquité constatée ou un penseur digne d'encouragement continu. Or, ma position personnelle se trouvait déjà caractérisée assez nettement, sous l'un et l'autre aspect, pour dissiper tous mes scrupules.

Quand mon existence polytechnique fut ruinée, en 1844, le ministre compétent (M. le maréchal Soult) flétrit solennellement cet attentat par un blâme énergique, résulté d'un examen approfondi. Il ne laissa consommer cette spoliation qu'après avoir épuisé les insuffisantes ressources que lui permettait une légalité vicieuse. Lorsque avorta, en 1848, une réparation généralement attendue, le nouveau ministre dont elle dépendait (M. le général Lamoricière) en reconnut complètement la nécessité. Dans notre conférence spéciale, il admit pleinement la réalité et l'opportunité du principe que j'invoquais : tout office public dignement rempli constitue, tant que la fonction subsiste, une propriété aussi sacrée qu'une terre ou une maison. Mais, dès que, d'après cela, j'accusai directement de vol la corporation qui m'avait dépouillé, il éluda cette irrécusable conséquence, oubliant qu'il devenait ainsi complice de l'attentat reconnu par lui-même et dont la réparation était alors en son pouvoir.

Sous ce premier aspect, je ne pouvais donc que m'honorer d'une libre intervention destinée à neutraliser une iniquité notoire, soumise, pendant quatre ans, à l'appréciation publique, surtout dans le milieu polytechnique.

Ce protectorat volontaire contre une injuste persécution constitue, à mes yeux, une digne inauguration des véritables mœurs républicaines. Il tend à faire convenablement revivre l'esprit chevaleresque, sous la forme la mieux adaptée à notre état social, où les oppresseurs attaquent surtout la fortune, faute de pouvoir atteindre la vie, et même la liberté. A ce titre, je me féliciterai toujours que mon malheur personnel ait suscité une semblable manifestation, tant susceptible d'une heureuse imitation. Je regrette seulement que l'égoïsme polytechnique ait trop neutralisé ce généreux appel, même parmi la jeunesse, chez la portion du public qui connaissait le mieux l'attentat à réparer. Mais cette sécheresse inattendue fait davantage apprécier la participation spontanée des nobles prolétaires qui ont compensé un tel abandon.

Ayant voué toute ma vie à fonder enfin, sur l'ensemble des sciences, la saine philosophie, et par suite, la vraie religion, je devais, en second lieu, accepter, dans mon injuste détresse, l'appui de tous ceux qui regardent la foi positive comme la seule issue de l'anarchie actuelle. Leur sympathie est, en effet, devenue le principal fondement du patronage institué contre une persécution secrètement destinée à empêcher la continuation de mon œuvre régénératrice. En ce sens, une telle mesure inaugure déjà les mœurs qui conviennent à l'avènement graduel du nouveau pouvoir spirituel. Comme le clergé catholique, le sacerdoce de l'Humanité doit longtemps subsister de libres cotisations privées, avant de mériter et d'obtenir la munificence publique qui les régularisera quand la foi nouvelle aura suffisamment prévalu. Sans cette sollicitude spontanée de tous ceux qui reconnaîtront l'utilité de leurs travaux, les nouveaux philosophes ne pourraient assez accomplir leur office social. Du moins, ils seraient alors forcés de le subordonner, ou à une fortune personnelle peu compatible avec leur vocation, ou à une profession accessoire qui entraverait leurs efforts habituels.

Tels sont les divers motifs d'après lesquels j'ai accepté, avec reconnaissance, une protection pleinement normale, dont l'apparence exceptionnelle résulte seulement de notre situation anarchique, qui altère toutes les notions sociales. Quoique la souscription n'ait guère atteint jusqu'ici que la moitié du taux proclamé indispensable dans la circulaire initiale, je ne doute pas que cette honorable sauvegarde ne devienne bientôt suffisante tant que la persécution durera. Tous ceux qu'indigne ma spoliation, et tous ceux qui sentent la portée sociale du positivisme, se croiront moralement obligés de neutraliser, suivant leurs moyens, une oppression odieuse et funeste. Ma confiance est telle, à cet égard, que déjà elle développe en moi les habitudes convenables à un penseur devenu l'objet de dignes sympathies. Non seulement ma construction religieuse n'a jamais subi le ralentissement qu'avaient surtout en vue mes persécuteurs, mais j'ai spécialement ébauché les mœurs normales du nouveau sacerdoce, en renonçant systématiquement à tout profit personnel dans la prochaine publication de mon second grand ouvrage (*Système de Politique positive ou Traité de sociologie instituant la religion de l'Humanité*).

L'importante mesure pour laquelle je vous adresse aujourd'hui mes remercîments solennels, excite à la fois le sentiment social chez ceux qui y concourent, dans celui qui en est l'objet, et parmi tous ceux qui la connaissent. A ce triple titre, son efficacité morale, et même sa véritable dignité, augmentent avec sa dissémination. Une philosophie destinée surtout à systématiser l'avènement social du prolétariat occidental, doit spécialement s'honorer des sympathies populaires. C'est pourquoi, en me glorifiant de l'appui spontané que j'ai partout obtenu, je serais encore plus fier de soutenir mon existence matérielle d'après des souscriptions d'un centime quotidien.

Salut et Fraternité.

Auguste Comte,
10. rue Monsieur-le-Prince.

P.-S. — Je joins ici une note transmise par M. Littré, membre de l'Institut, comme fondateur et directeur de la souscription, pour résumer sa gestion pendant l'année 1849.

M. Littré a reçu de M...... la somme de..... pour la souscription de M. Comte en 1849, laquelle monte en tout à 2,928 fr. 30 c.

Remis à M. Comte	2,865 f.	» c.	⎫
Affranchissements divers .	35	10	⎬ 2,928 fr. 30 c., somme égale
Reste en caisse	28	20	⎭

DEUXIÈME CIRCULAIRE.

Paris, le 27 Aristote 63 (lundi 24 mars 1851).

M.

L'expression initiale de ma gratitude publique caractérisa, l'an dernier, l'esprit dans lequel fut institué et accepté le digne patronage collectif dont je suis devenu l'objet. Une plus longue expérience me permet aujourd'hui de compléter cette appréciation, en déterminant mieux la source de cet honorable protectorat.

Il semblait devoir émaner, non seulement des vrais positivistes, disposés à neutraliser ainsi une persécution dirigée, au fond, contre notre doctrine, mais aussi de ceux qui, sans aucune sympathie de principes, reconnaîtraient spécialement l'iniquité de ma spoliation polytechnique. On pouvait même croire que ceux-ci, plus nombreux et plus riches, contribueraient davantage au subside réparateur. Une espérance aussi naturelle n'a point été confirmée par l'événement. Sauf quelques exceptions très rares, le public polytechnique, quoique ayant pleinement réprouvé l'attentat commis envers moi, n'a nullement concouru à cette juste sauvegarde, même parmi mes anciens camarades et mes nombreux élèves. La protection est uniquement provenue de ceux qui, adoptant mes convictions, ont voulu, d'après mes services sociaux, assurer la paisible continuation de mes travaux philosophiques.

Un contraste aussi propre à montrer où se trouve aujourd'hui le vrai sentiment du devoir devient encore plus décisif en précisant davantage cette dernière observation.

La nouvelle doctrine universelle obtient maintenant deux sortes d'adhésions : les unes, insuffisantes, quoique plus anciennes, se bornent aux principes philosophiques ; les autres, plus récentes, mais seules complètes, s'étendent aux conséquences sociales. Cette distinction est surtout tranchée en Angleterre, où de nombreux et puissants suffrages ont, depuis longtemps, mieux établi que partout ailleurs la supériorité intellectuelle du positivisme, tandis que sa destination morale et politique y reste peu appréciée. Or les adhésions purement philosophiques n'ont inspiré jusqu'ici aucune participation durable à ce noble patronage. Il émane exclusivement des positivistes complets, pour lesquels la nouvelle philosophie ne constitue pas seulement la base finale de la réorganisation moderne, mais aussi le guide nécessaire de la transition actuelle.

Cette irrécusable comparaison montre la faible efficacité pratique des convergences intellectuelles qui ne sont pas liées à des sympathies morales. Une seule dissidence suffit à l'esprit pour rendre stérile la plus grande conformité d'opinions, tandis que le cœur surmonte aisément de graves divergences d'après un même sentiment poussant vers un but commun. Néanmoins, ces positivistes incomplets ne contestent nullement la maxime sociale qui charge la classe active de nourrir la classe contemplative. Ils reconnaissent même que, envers le nouveau pouvoir spirituel, cette obligation doit rester longtemps privée, jusqu'à ce que les convictions publiques soient assez élaborées. Mais, dans ce cas décisif, ils sont devenus aussi indifférents à mon sort que s'ils rejetaient mes principes fondamentaux.

Ainsi, la véritable union dépend beaucoup plus du cœur que de l'esprit. Le positivisme doit de moins en moins compter sur ceux qui l'accueillent seulement comme un puissant moyen de satisfaction mentale, lié d'ailleurs à une lointaine régénération sociale. Son avènement ne peut résulter que des sentiments disposés à y rattacher directement la seconde partie de la grande révolution. Or, cette terminaison de l'anarchie occidentale exige deux constructions principales, l'une théorique, l'autre pratique, naturellement connexes : l'établissement d'un nouveau pouvoir spirituel, et l'incorporation normale du prolétariat à la société moderne. Plus notre situation se développe, mieux on sent que le moyen âge nous a irrésistiblement légué ce double programme, qui suppose une intime combinaison entre les vrais philosophes et les dignes prolétaires. Il n'y a de véritables positivistes, théoriciens ou praticiens, que ceux qui embrassent ainsi toute la question fondamentale, en y subordonnant toujours l'intelligence à la sociabilité. En un mot, la philosophie positive n'émane de la science réelle que pour aboutir à la vraie religion.

Depuis que ce but final est assez caractérisé, il écarte de plus en plus les adhérents purement spéculatifs de la nouvelle doctrine générale. Ils deviendront bientôt indifférents, et même hostiles, envers elle, quand il faudra se prononcer sur sa tendance religieuse, qui seule embrasse l'ensemble de ses attributions. Comme lettrés ou comme riches, ils répugnent à seconder le sacerdoce positiviste, qui, au nom de l'Humanité, impose déjà d'irrécusables obligations sociales à l'emploi continu des forces quelconques, et surtout du talent ou de la fortune. Les diverses puissances actuelles désirent secrètement la prolongation de l'anarchie spirituelle, qui les affranchit des devoirs propres au moyen âge, sans y substituer aucun équivalent moderne. Elles redoutent d'autant plus l'avènement du nouveau pouvoir moral qu'il combinera toujours la démonstration avec le sentiment, et qu'il appuiera leur concours sur une formidable opinion publique, que le positivisme peut seul organiser.

Parmi ces positivistes d'esprit, les plus généreux, complétant leur tardive évolution, se joindront enfin aux positivistes de cœur, pour coopérer dignement à la régénération occidentale. Les autres, surmontant leurs antipathies intellectuelles, serviront finalement de chefs à l'opposition théologique et métaphysique, afin de prolonger un système d'hypocrisie favorable à leur égoïsme. Je crains une semblable issue chez plusieurs des prétendus positivistes qui ont refusé de participer à un patronage caractéristique, toujours érigé en véritable devoir social par son éminent fondateur (1), et ainsi accepté de tous ses dignes coopérateurs.

Essentiellement restreinte aux positivistes complets, une telle intervention devait d'abord être insuffisante. Quoique le subside réparateur ait un peu augmenté pendant sa seconde année, il reste encore notablement inférieur au taux proclamé indispensable lors de son institution. Mais les embarras matériels que j'éprouve ainsi n'altèrent pas ma sécurité morale. Je compte prochainement sur l'entière efficacité d'une sauvegarde émanée de ceux qui, venant imposer à la richesse de dignes obligations sociales, acceptent nécessairement pour eux-mêmes des devoirs analogues, indépendants de toute dissidence secondaire.

Ce protectorat normal pousse à développer graduellement les mœurs finales, dont il offre partiellement une heureuse ébauche. Je renonçai ainsi l'an dernier, à tout profit matériel dans la publication de mon second grand ouvrage, *Système de Politique positive* ou *Traité de Sociologie instituant la Religion de l'Humanité*. Cette résolution systématique, indispensable à la dignité du nouveau sacerdoce, vient de produire une précieuse réaction, qui dissipe les difficultés relatives à l'impression du tome premier, terminé le 24 février 1850. Depuis que j'ai aussi consenti à l'achat séparé de chaque volume, un positiviste dévoué a noblement garanti les frais typographiques (2), en sorte que ce volume, déjà sous presse, doit paraître en juillet prochain. Quoique la difficulté ne soit ainsi levée matériellement qu'envers le tome premier, cette heureuse solution m'assure moralement la publication successive des trois autres.

Le positivisme commence donc à suffire, par ses propres ressources, à l'ensemble de ses besoins essentiels. Cette aptitude doit y compenser l'absence spéciale de toute protection hétérogène. Les autres rénovations trouvèrent toujours, dans le milieu correspondant, quelques précieuses assis-

(1) C'est M. Littré qu'Auguste Comte qualifie encore de la sorte : en se trompant à ce point sur l'homme, il n'en traçait pas moins le type intellectuel et moral, dans les lignes précédentes, avec une singulière divination. — R.

(2) M. Joseph Lonchampt. — R.

tances, en même temps que de puissantes entraves. Seule, la régénération finale se développe aujourd'hui sans aucun secours étranger. Cette exception semble inexplicable envers une doctrine dont le caractère relatif et l'esprit historique lui procurent des affinités partielles avec toutes les écoles actuelles. Mais la parfaite cohérence du positivisme dispose naturellement à lui refuser des concessions qu'on ne pourrait point limiter, tandis que la nature vague des synthèses antérieures ne faisait pas redouter un tel entraînement. Cette pleine harmonie, à la fois spontanée et systématique, secondera bientôt l'ascendant universel de la nouvelle doctrine générale. Mais elle nous prive maintenant de toute adhésion incomplète. La religion qui vient réduire notre espèce à sa propre providence, devait elle-même surgir sans aucune assistance hétérogène.

Malgré cette condition nécessaire, il ne manque maintenant au positivisme qu'une seule fondation essentielle, pour avoir assez organisé, sur une modeste échelle, l'ensemble de ses moyens d'avènement. Il nous reste à instituer la *Revue occidentale*, qui développera l'application hebdomadaire de notre doctrine au cours naturel des événements, intellectuels ou sociaux. Mais cette importante institution, que je proposai vainement en octobre 1848, est aujourd'hui pourvue d'un nombre suffisant de dignes collaborateurs, français et occidentaux. Elle n'attend plus que les garanties matérielles indispensables à sa pleine efficacité, qui rendrait heureusement inutile mon subside actuel.

Salut et fraternité, Auguste COMTE,
10, rue Monsieur-le-Prince.

P. S. Je joins ici, de même que l'an dernier, une note transmise par M. Littré, membre de l'Institut, comme fondateur et directeur de la souscription, pour résumer sa gestion pendant l'année 1850.

M. Littré a reçu de M.   la somme de   pour la souscription de M. Comte en 1850, laquelle monte en tout, à 3,268 fr. 75 c.

Remis à M. Comte.......... 2,865 fr. » c.
Frais accessoires.......... 40   85   } 3,268 fr. 75 c. somme égale.
Reste en caisse............ 27   90

TROISIÈME CIRCULAIRE.

Paris, le lundi 5 Moïse 64 (5 janvier 1852).

M.

Dans mes précédentes circulaires, j'ai suffisamment expliqué, d'abord la nature, puis la source, du subside exceptionnel auquel vous voulez bien coopérer. J'en dois aujourd'hui faire spécialement apprécier la destination et le caractère, que le temps seul pouvait assez déterminer. Proposée et acceptée comme un devoir social, cette noble sauvegarde dut exclusivement émaner de ceux qui sentaient dignement l'iniquité de la spoliation à réparer et l'importance du service à garantir. Mais tous supposèrent spontanément, avec moi-même, que ce patronage collectif serait purement temporaire, nu ne pouvant prévoir qu'un tel attentat resterait sans aucune réparation ou compensation. Il importe donc de savoir que, contre notre espoir naturel, ce digne protectorat doit, d'après une expérience trop décisive, devenir maintenant perpétuel.

Loin d'aboutir à la moindre réparation, ma persécution officielle vient d'être irrévocablement complétée en m'ôtant, après dix-neuf années d'un irréprochable exercice, le poste subalterne qu'on me laissa, dans une école dégénérée, quand on m'y ravit, en 1844, mon principal office. Ce complément d'iniquité, que j'avais dès lors prévu et même annoncé, s'est d'ailleurs accompli, comme la spoliation initiale, sans aucune vraie participation d'un gouvernement qui, sous divers régimes, a depuis longtemps abdiqué sa juste suprématie polytechnique. Les deux actes émanent uniquement des différentes coteries scientifiques auxquelles ce célèbre établissement se trouve successivement livré. Toutes s'acharneront toujours contre le seul philosophe qui puisse aujourd'hui démasquer le charlatanisme et la médiocrité académiques en subordonnant activement tous les travaux de détail à de véritables conceptions d'ensemble. Depuis que ce vol légal est entièrement consommé, le chef suprême de la malheureuse école vient de me prouver, par une noble lettre, combien les dignes praticiens sont étrangers aux viles passions qui poussent de prétendus théoriciens vers ces méprisables attentats.

Ce coup final achève de dissiper tout espoir de réparation polytechnique. D'un autre côté, quoique le gouvernement ait toujours regretté son impuissance légale contre ma double spoliation, il n'a jamais tenté de me procurer ailleurs quelque juste compensation. Ainsi frustré de toute ressource officielle, je n'ai pu même replacer mon existence matérielle sur sa base primitive du libre enseignement privé des sciences mathématiques. Trois années de loyaux efforts pour reprendre une profession qui ne convint qu'à ma jeunesse viennent de me démontrer l'impossibilité d'y trouver désormais un abri contre ma pauvreté personnelle. L'élévation même de mon enseignement empêche une telle efficacité, depuis que ces études fondamentales sont, surtout en France, aussi dégradées habituellement par la stupidité des vues que par l'indignité des motifs.

D'après cette situation définitive, je suis donc contraint, à cinquante-quatre ans, de fonder toute ma subsistance sur la noble souscription publique qui d'abord surgit comme une garantie partielle et passagère. Mais les grands travaux qui m'ont attiré ce sort exceptionnel m'assurent aussi le concours croissant des actives sympathies, intellectuelles et sociales, qu'exige une telle destinée.

J'ai systématiquement voué toute ma vie à tirer enfin de la science réelle les bases nécessaires de la saine philosophie, d'après laquelle je devais ensuite construire la vraie religion. La première tâche est entièrement achevée depuis dix ans, et la seconde vient de commencer par la publication décisive, en juillet 1851, du tome premier de mon *Système de politique positive ou Traité de sociologie instituant la religion de l'Humanité*. Ce second ouvrage établira la supériorité morale du positivisme aussi solidement que mon livre fondamental en démontre la supériorité intellectuelle. Ayant ainsi constitué la seule synthèse vraiment complète, autant relative désormais au cœur qu'à l'esprit, je dois obtenir des adhésions assez profondes et assez nombreuses pour me procurer dignement la sécurité matérielle que réclame ma difficile mission.

Une harmonie nécessaire rattache, en effet, cette construction sans exemple à l'incomparable révolution qui, faisant osciller l'Occident entre la rétrogradation et l'anarchie, ne peut se terminer qu'en conciliant radicalement l'ordre et le progrès. A mesure que se développe une telle situation, tous les occidentaux sentent de plus en plus l'impuissance finale des croyances théologiques et l'intime danger des doctrines métaphysiques. En même temps, l'insuffisance croissante des répressions purement matérielles, fait profondément ressortir le besoin universel d'une réorganisation spirituelle, seule adaptée à la vraie nature de la maladie occidentale. La religion positive doit ainsi fournir l'unique force systématique qui puisse contenir également les inclinations rétrogrades des gouvernements et les tendances anarchiques des populations, en recommandant à la fois l'ordre au nom du progrès et le progrès au nom de l'ordre.

Cette double aptitude est assez sentie déjà pour procurer au fondateur du positivisme une suffisante protection contre l'ignoble persécution qui a maintenant détruit toutes ses ressources matérielles. Le public occidental préservera d'une injuste misère le philosophe dont il utilise de plus en plus les travaux, et qui peut encore, s'il n'est point entravé, tant servir la grande régénération humaine. Quoique la souscription instituée pour moi soit jusqu'ici restée notablement inférieure au taux proclamé d'abord indispensable, son accroissement continu, surtout pendant l'année qui vient de finir, garantit sa prochaine efficacité, malgré le surcroît qu'exige ma dernière spoliation. Outre les divers symptômes généraux qui constatent les récents succès du positivisme, deux manifestations inattendues ont, en 1854, spécialement annoncé l'appréciation décisive de son aptitude caractéristique à satisfaire également les besoins les plus opposés. Toutes deux concernent, quoique en sens inverse, la lutte nécessaire qui terminera la révolution occidentale, par le libre ascendant du positivisme sur le communisme.

Les principaux conservateurs des États-Unis d'Amérique ont noblement invoqué la religion positive comme leur seul abri systématique contre les tendances subversives de la plus anarchique des populations occidentales, dans un milieu qui d'ailleurs exclut toute répression matérielle. Ils acceptent dignement les sévères obligations morales que leur imposera le nouveau pouvoir spirituel, en retour du juste respect qu'il obtiendra pour leur libre emploi d'une richesse socialement possédée.

En même temps, d'éminents prolétaires lyonnais ont irrévocablement embrassé le positivisme, comme convenant mieux que le communisme à tous les vrais besoins du peuple. Une heureuse culture de la vie de famille leur facilite spécialement la saine appréciation de la seule religion qui convienne également aux deux sexes, et d'après laquelle la régénération moderne consiste surtout à développer l'existence domestique dans toutes les classes.

C'est ainsi que le positivisme commence réellement à satisfaire les pauvres en rassurant les riches, d'après son aptitude exclusive à traiter moralement des questions irrésistibles auxquelles on cherche dangereusement de vaines solutions politiques. Son fondateur peut donc compter à la fois sur le généreux patronage de quelques puissants disciples et sur le concours, encore plus noble, de ces subsides d'un centime quotidien pour lesquels ma première circulaire témoignait ouvertement une juste préférence.

La prochaine extension de cette double sauvegarde justifiera ma paisible résignation aux plus extrêmes conséquences d'une honorable spoliation. Au lieu d'atteindre son but oppressif, cette persécution ne m'a jamais rendu que plus calme et plus actif à la fois, en me vouant avec plus de pureté et de plénitude à mon office fondamental. Elle m'inspira toujours de nouveaux progrès vers les mœurs finales du prêtre de l'Humanité qui doit entièrement appuyer son existence matérielle sur une libre gratitude, d'abord privée, puis publique, en renonçant loyalement à toute richesse personnelle, comme à toute grandeur temporelle. Ma première circulaire indique ma renonciation systématique à tous les profits qui pourraient désormais résulter de mes ouvrages quelconques, sauf le seul recouvrement des frais d'impression. Ce principe religieux, appliqué déjà dans ma récente publication, vient de recevoir son complément naturel sous l'impulsion spéciale de ma nouvelle spoliation. Poussé par ce coup final à m'abandonner, sans aucune réserve, au noble patronage de mes vrais appréciateurs, j'ai bientôt étendu la même règle à notre future *Revue occidentale*, en y renonçant d'avance à toute rétribution, soit comme directeur, soit comme collaborateur. Mon caractère sacerdotal achève ainsi de se purifier, mes diverses prédications écrites devenant alors aussi gratuites que le furent toujours mes prédications orales. En diminuant d'un cinquième les frais annuels attribués d'abord à cette publication mensuelle, ce dernier complément d'une digne résolution hâtera, j'espère, l'institution d'un enseignement que réclame de plus en plus l'état présent de l'Occident.

Ce concours permanent du dévouement avec l'oppression m'a donc procuré finalement l'existence la plus homogène qui convienne au sacerdoce régénérateur. Les dix années de pleine vigueur cérébrale que l'ordre normal me réserve encore pourront ainsi s'appliquer, sans aucune entrave, aux grandes compositions que je promis en terminant mon ouvrage fondamental, et qui sont spécialement rappelées dans la récente préface du principal de ces quatre traités. J'ose assurer qu'elles seront toutes accomplies dignement, si le public occidental ne me laisse pas succomber. C'est pourquoi j'attends, avec une entière confiance, la suffisante extension d'une garantie aussi méritée par l'ensemble de mes services que d'après mes désastres. Tous ceux qui doivent y coopérer reconnaissent, en général, les obligations sociales de la classe active envers la classe contemplative, et ils sentent spécialement que, de nos jours, elles resteront longtemps privées, avant de pouvoir devenir publiques. Malgré le profond égoïsme qui distingue le milieu polytechnique, j'espère même que ma dernière spoliation y développera des sympathies exceptionnelles, fondées sur l'appréciation plus spéciale d'une telle persécution, indépendamment de toute adhésion philosophique ou sociale. A plus forte raison, dois-je compter que cette consommation inattendue réveillera le zèle des positivistes incomplets, si puissants en Angleterre, qui admettent ma philosophie sans accepter encore la politique correspondante. Mais les positivistes conséquents sont assez nombreux déjà pour que leur intervention doive me suffire, quand leurs sentiments s'élèveront au niveau de leurs convictions, sous l'impulsion combinée de cette extrême nécessité privée et des plus graves intérêts publics. J'aborde donc, sans aucune inquiétude, l'expérience si périlleuse en apparence, que ma situation m'oblige de tenter maintenant sur la véritable efficacité des inspirations régénératrices chez les âmes qui se dégagent de notre anarchie mentale et morale. Non seulement ma modeste existence sera bientôt préservée de toute perturbation matérielle : mais les efforts ainsi déterminés vont inaugurer spontanément la juste protection due, en général, à chaque digne apôtre de la religion universelle.

Salut et Fraternité,   Auguste COMTE,
10, rue Monsieur-le-Prince.

P. S. Je joins ici, suivant ma coutume, la note transmise par M. Littré, membre de l'Institut, comme fondateur et directeur de ma souscription, pour résumer sa gestion pendant l'année 1851.

M. Littré a reçu de M.   la somme de   pour la souscription de M. Comte en 1851 laquelle monte en tout à 4,205 fr. 50 c. y compris deux cotisations exceptionnelles, l'une de 500 fr., l'autre de 300 fr., envoyées de Philadelphie, à M. Comte directement.

Reçu par M. Comte........ 4,130 fr. » c. ⎫
Frais accessoires.......... 37   60 ⎬ 4,205 fr. 50 c., somme égale.
Reste en caisse............ 37   90 ⎭

N. B. En 1849, première année de la souscription, elle produisit 2,928 fr.; en 1850, elle parvint à 3,268 fr.

Dans la circulaire initiale du 12 novembre 1848, qui fonda cette souscription, le produit indispensable fut fixé au taux annuel de 5,000 fr. en sus du traitement de 2,000 fr. que M. Comte conservait alors.

QUATRIÈME CIRCULAIRE.

Paris, le 3 Homère 65 (lundi 31 janvier 1853).

M.

Quoique encore insuffisant, le noble subside annuel auquel vous participez a maintenant atteint sa constitution définitive. Institué d'abord pour une protection partielle et temporaire, ce patronage collectif devint ensuite la base unique et perpétuelle de ma subsistance, d'après la spoliation finale accomplie envers moi par les coteries polytechniques, en novembre 1851, malgré l'impuissante sympathie du gouvernement. Le notable accroissement d'une telle souscription pendant l'année 1852 témoigne combien fut accueilli l'appel décisif que dut faire, à cet égard, ma troisième circulaire,

Cette situation finale vient de déterminer une modification nécessaire, qui complète l'organisation du libre protectorat. Jusqu'ici la souscription avait toujours été gérée par l'habile écrivain qui la fonda dignement en novembre 1848, et dont je n'oublierai jamais l'active sollicitude. Mais, depuis que ce subside constitue irrévocablement ma seule ressource, j'ai besoin, surtout tant qu'il reste insuffisant, d'en connaître et d'en recueillir les produits successifs plus fréquemment que ne pourrait le comporter un directeur quelconque. C'est ainsi que l'expérience m'a définitivement conduit, en septembre dernier, à devenir moi-même l'unique administrateur de cette souscription, dont les centres partiels ou provisoires pourront d'ailleurs se multiplier autant qu'il le faudra, mais sans ma participation.

Amenée par une nécessité matérielle, cette simplification finale doit faire mieux ressortir le caractère social d'un tel patronage, en me procurant habituellement des relations directes avec chaque coopérateur. Quiconque sent dignement la tendance actuelle de l'Occident vers une véritable réorganisation spirituelle, seule base possible de la régénération temporelle, regardera bientôt ce subside comme le premier essor décisif d'une grande institution. Car il prépare déjà l'indépendance du nouveau sacerdoce, en procurant une juste sécurité matérielle au fondateur de la religion positive. En terminant ma précédente circulaire, j'annonçai qu'il devait bientôt s'étendre à d'autres théoriciens, à mesure que se développerait irrécusablement leur vocation sacerdotale. Quoique cette extension demeure encore prématurée, je puis assurer aujourd'hui que plusieurs jeunes esprits d'élite, animés par de nobles cœurs et soutenus par d'énergiques caractères, se préparent silencieusement au sacerdoce de l'Humanité par de fortes études encyclopédiques. Aussitôt que leur difficile initiation se trouvera convenablement accomplie, je n'hésiterai point à réclamer directement le juste patronage temporel de l'avant-garde du public occidental envers cette précieuse ébauche du clergé positif. Il me suffira d'invoquer alors les motifs généraux que manifesta d'abord mon cas personnel, premier et principal exemple de la situation nécessaire qui caractérisera longtemps le nouveau pouvoir spirituel.

Le second volume de mon *Système de politique positive* ne laisse maintenant aucune incertitude sur cette condition fondamentale. Outre que la préparation normale du vrai sacerdoce ne peut guère s'accomplir spontanément chez des riches, un tel office ne saurait jamais émaner dignement que d'organes volontairement dépourvus de tout ascendant temporel. L'application graduelle de ce principe social m'a fait enfin accepter, et même développer, comme pleinement régulière, une situation privée qui d'abord semblait exceptionnelle. Dès longtemps frustré de tout patrimoine, je fus ensuite dépouillé successivement de mes diverses ressources professionnelles, et bientôt je complétai volontairement cette préparation pontificale en renonçant d'avance aux réparations ou compensations quelconques. Les ignobles iniquités dirigées contre mon existence matérielle étaient surtout destinées à détruire dans son germe une régénération, intellectuelle et sociale, incompatible avec l'anarchique ascendant des médiocrités académiques. Mais cet infâme persécution n'aboutit, au contraire, qu'à constituer naturellement le meilleur type personnel de la nouvelle situation sacerdotale, en fondant toute ma subsistance sur le libre patronage temporel de mes vrais clients spirituels.

Quoique la classe active accomplisse toujours collectivement son devoir social de nourrir la classe contemplative, ce concours volontaire comporte deux modes distincts : l'un privé, l'autre public. Celui-ci prévaudra sans doute dans la constitution finale du sacerdoce positif, d'après le suffisant avènement de la religion universelle. Mais le premier convient seul à la transition occidentale, et l'on doit désirer qu'il persiste au moins jusqu'à la fin du siècle actuel. Il caractérise mieux le libre assentiment sur lequel repose la vraie dignité spirituelle ; et d'ailleurs il manifeste davantage la juste subordination de la théorie à la pratique, souvent méconnue des penseurs modernes.

Tant qu'un tel patronage se borne à moi seul, il rend même plus sensible le principal contraste des deux pouvoirs sociaux en opposant la concentration spontanée de l'influence théorique à la dispersion naturelle des forces pratiques. Eminemment divisibles, et par suite coalisables, celles-ci peuvent toujours être surmontées d'après un suffisant concours. L'ascendant spirituel, nécessairement indivisible, ne redoute jamais une coalition quelconque. Son office fondamental pourrait toujours être assez rempli par un seul cerveau, si l'étendue et la diversité des applications simultanées n'exigeaient pas que le suprême organe de l'Humanité fût assisté de ministres secondaires. Une telle opposition entre les deux puissances humaines va devenir familièrement appréciable d'après les rapports personnels qui désormais me lieront directement à chacun de mes souscripteurs annuels. Dans ce contact habituel, chaque coopérateur sentira l'ensemble des services qui m'ont procuré ce noble concours ; tandis que lui-même ne se reconnaîtra qu'une faible participation, qui, sans me dispenser d'aucune gratitude, n'altérera jamais mon indépendance. Ce contraste décisif entre le mérite et le nombre, qui seul explique assez l'irrésistibilité du véritable ascendant spirituel, ressortira moins quand la subsistance du sacerdoce positif ne dépendra plus de ses adhérents privés.

Dans un temps d'instabilité, la persistance d'un tel subside et son accroissement continu sont très propres à manifester sa portée sociale comme premier pas vers la libre constitution du nouveau pouvoir spirituel. Car on ne saurait douter maintenant que la plupart de ses coopérateurs permanents le conçoivent ainsi, d'une manière plus ou moins distincte. Quand il commença, je présumais assez de mes contemporains pour espérer qu'il émanerait surtout du nombreux public polytechnique qui connaissait pleinement l'iniquité de ma spoliation, sans s'occuper d'ailleurs de mes services philosophiques. Mais une triste expérience me prouva bientôt que j'avais mal apprécié ce milieu dégradé, d'où ne surgit jamais la moindre assistance, ni chez mes propres élèves, ni parmi mes camarades, ni même chez mes supérieurs les mieux disposés. D'après ce lâche égoïsme, qui mérite une flétrissure historique, le protectorat collectif fut toujours dû seulement aux diverses sympathies déterminées par mes travaux. Je puis même étendre cette appréciation jusqu'à la participation, noblement exceptionnelle, des dignes adversaires américains indiqués dans la préface du tome deuxième de ma *Politique positive*. Car ils regardent comme un véritable devoir social de soutenir ainsi l'existence matérielle du philosophe dont ils ont proclamé la valeur intellectuelle et morale plus complètement que ses propres auxiliaires publics. Quoique de tels cas puissent désormais se multiplier beaucoup, je ne devrai jamais compter essentiellement que sur des appuis positivistes.

Ceux-là se divisent maintenant en deux classes générales, selon que leur adhésion reste positivement philosophique ou qu'elle s'étend jusqu'à la religion. Une telle distinction résulte le plus souvent de l'application sociale du positivisme, surtout envers la politique actuelle. La révolution occidentale étant principalement intellectuelle, les positivistes placés dans le milieu le moins agité peuvent longtemps borner leurs convictions à la nouvelle philosophie, afin de mieux garantir ce fondement rationnel contre toute altération passionnée. Cette inconséquence, encore excusable, cessera spontanément quand le mouvement de régénération totale aura pris, en Occident, son extension naturelle. Devant une imminente anarchie, ces positivistes incomplets, très multipliés en Angleterre, sentiront combien serait vaine une rénovation qui s'arrêterait aux pensées sans embrasser les sentiments, seule source réelle de la conduite. Si même ils concevaient, avec assez de profondeur, le simple problème de l'unité mentale, ils reconnaîtraient déjà que sa vraie solution devient inséparable de la reconstruction générale de l'unité humaine, dont le principe consiste dans la prépondérance du cœur sur l'esprit. Mais ils n'accompliront cet effort décisif que sous l'impulsion continue d'une active sollicitude sociale. Quant à ceux qui, vivant au centre de l'agitation rénovatrice, et journellement préoccupés de ses principales exigences, se bornent pourtant à la philosophie positive en rejetant la religion correspondante, je n'hésite point à regarder leur conversion comme avortée. Leur inconséquence, alors sans excuse, indique nécessairement ou l'impuissance de l'esprit ou l'insuffisance du cœur, et presque toujours toutes deux. Car la religion positive, quoique destinée finalement à tous, ne convient aujourd'hui qu'aux natures d'élite, d'ailleurs moins rares chez les prolétaires que parmi les lettrés et les riches (1).

Le caractère sacerdotal de mon subside se trouve déjà confirmé par son extension occidentale. Quoique les souscripteurs français prévaillent encore par le nombre, le produit principal émane maintenant du reste de l'Occident, comme l'indique le résumé statistique qui termine ma circulaire. Cette prépondérance normale ne pourra qu'augmenter beaucoup à mesure que la vraie nature de la situation occidentale se développera davantage. On sentira partout que, dans l'essor décisif de la doctrine finale, la France a seulement l'initiative nécessaire d'une élaboration commune à tous les Occidentaux, et destinée ensuite à toute notre espèce. Les besoins de l'ordre absorbant de plus en plus les tendances au progrès, on reconnaîtra bientôt l'universelle efficacité du pouvoir spirituel que j'ai fait irrévocablement sur-

---

(1) Il faut bien reconnaître aussi qu'Auguste Comte se trouvait alors entouré d'une élite exceptionnelle d'ouvriers français, venus du communisme au positivisme, et dont Fabien Magnin était sans aucun doute, et de beaucoup, le plus distingué. — R.

gir dans la vraie métropole humaine. Au milieu de l'anarchie mentale et morale, quand les gouvernements et les populations cherchent aveuglément l'avenir sans consulter le passé, je viens seul représenter dignement le double ensemble des ancêtres et des successeurs. L'instinct de la continuité, principal attribut de notre sociabilité, fut d'abord altéré profondément par le catholicisme, dont le brutal avènement repoussa tous nos antécédents gréco-romains. Il subit ensuite une atteinte non moins grave quand le protestantisme vint réprouver tout le moyen âge. Complétant cette anarchique progression, l'aveugle déisme émané du xviii° siècle pousse aujourd'hui les Occidentaux à méconnaître toute filiation historique pour ne laisser prévaloir qu'une sauvage solidarité.

Dans cette orageuse situation, plus ou moins commune à tout l'Occident, les vrais conservateurs ne tarderont pas à comprendre l'importance de la seule doctrine qui systématise la notion et le sentiment de la continuité. En se préoccupant dignement de l'ordre profondément compromis, on reconnaîtra que les positivistes complets, c'est-à-dire religieux, peuvent seuls devenir ses appuis normaux, vu le caractère plus ou moins anarchique qu'offrent aujourd'hui tous les autres partis. C'est surtout d'une telle conviction que j'attends désormais l'extension décisive du subside sacerdotal, où les purs révolutionnaires participeront de moins en moins, comme étant, au fond, les principaux ennemis du positivisme. Mes dignes patrons temporels se sentiront ainsi liés de plus en plus par une grande destination commune, qui partout les poussera, sous ma direction, à saisir convenablement la surintendance des affaires occidentales, à mesure que leurs convictions se compléteront. Telle est déjà la disposition spontanée des vrais positivistes, même britanniques, surtout depuis la récente propagation de ma doctrine en Irlande, où l'agitation sociale interdit de se borner au positivisme intellectuel.

Néanmoins, à quelque phase que s'arrêtent mes divers adhérents, je suis autorisé maintenant à réclamer solennellement leur juste assistance. Car j'ai pleinement réalisé déjà toute les conditions d'abnégation personnelle qu'exigeait mon essor complet. En même temps, malgré les embarras matériels encore inhérents à l'insuffisance de mon subside, une expérience décisive vient de confirmer mon aptitude à bien employer le noble loisir propre à ma situation finale. Pendant l'année 1852, la première de toute ma vie où j'aie pu librement disposer de mon temps et de mes forces, j'ai construit et publié le volume le plus décisif de mon principal traité. Quelques mois après son apparition, j'ai dignement composé l'opuscule exceptionnel que j'avais promis pour systématiser la propagation décisive du positivisme. Malgré ce double effort, je publierai, vers le milieu de la présente année, le tome troisième de ma *Politique positive*, dont le volume final paraîtra l'an prochain. Après cette immense construction, je me sens capable d'exécuter convenablement les trois traités moins étendus, mais très importants, que je promis également en terminant, en 1842, ma première vie. Quoique je commence maintenant ma cinquante-sixième année, j'ose assurer que tous ces services seront accomplis avant l'âge normal de ma sage retraite, si d'ignobles entraves ne surgissent pas de mon injuste détresse matérielle.

C'est pourquoi je somme tous les Occidentaux capables de sentir, d'une manière quelconque, la vraie portée de mes travaux, de concourir loyalement, suivant leurs moyens respectifs, au digne protectorat institué pour moi. Si les positivistes incomplets persistaient à motiver leur coupable indifférence sur leurs divergences partielles envers l'ensemble de ma doctrine, je dévoilerais aisément l'égoïsme mal caché sous ce vain prétexte. Car les principes qu'ils admettent déjà sont plus que suffisants pour mériter au fondateur un juste abri contre la misère, quand même tous ses autres travaux devraient être oubliés.

Un tel dédain d'une obligation sociale dont les motifs sont irrécusables résulte trop souvent de la secrète aversion qu'inspire l'avènement d'un sacerdoce capable d'établir enfin une discipline réelle et complète. La morale positive se trouve appelée, dès sa naissance, à la principale épreuve de sa force, pour surmonter aujourd'hui l'universelle insurrection des vivants contre l'immuable empire des morts, en tirant de l'ensemble du passé le seul point d'appui désormais efficace. Quand elle aura suffisamment accompli cet office décisif, déjà réalisé chez les âmes régénérées, nul ne pourra plus douter de sa puissance contre les perturbations quelconques. Par un secret pressentiment de cette autorité naissante, toutes les influences vicieuses redoutent maintenant le pouvoir qui, venant enfin juger irrévocablement les morts, n'hésitera jamais à juger aussi les vivants, d'après l'extension nécessaire des mêmes principes.

L'obligation de concourir au subside sacerdotal est devenue tellement irrécusable, pour quiconque se reconnaît positiviste, que je l'érigerai prochainement en condition préliminaire d'une telle qualification. Quelque peu répandue que soit jusqu'ici ma doctrine, le moment me semble déjà venu de distinguer formellement ses vrais adhérents d'avec ceux qui prennent indûment un titre destiné bientôt à procurer l'estime publique. C'est pourquoi je ne tarderai point à soumettre tous les prétendants au système d'épreuves régulières dont la récente publication du *Catéchisme positiviste* fournit la base naturelle. Mais, avant d'être ainsi jugé, chacun d'eux devra s'engager à participer, selon ses moyens, au subside sacerdotal. L'entière impuissance, qui seule dispenserait d'une coopération quelconque, est extrêmement rare envers une souscription dont le minimum fut fixé, dans ma première circulaire annuelle, au taux d'un centime quotidien, que j'ai vu quelquefois se réaliser dignement. Ma *Politique positive* a systématiquement établi le caractère social que doit maintenant développer la propriété matérielle pour obtenir enfin une consistance inébranlable. Je dois donc empêcher désormais que ceux qui sollicitent une telle transformation tentent eux-mêmes d'en éluder les conséquences normales, dans leurs relations personnelles avec le sacerdoce régénérateur.

Avant de terminer cette circulaire décisive, il faut expliquer convenablement à mes patrons temporels l'état présent du subside et ses prochaines exigences.

En l'instituant, on fixa la somme de *sept mille francs* pour le minimum total de ma dépense annuelle, y compris une pension exceptionnelle de *deux mille francs* que je regarde comme moralement obligatoire. J'ai toujours accepté dignement cette détermination primitive, et je ne demanderai jamais qu'elle soit notablement dépassée. Quand la souscription sera parvenue au delà, j'appliquerai l'excédent, soit au juste soulagement des vrais aspirants au nouveau sacerdoce, soit à faciliter mes publications, soit à tous autres usages positivistes, constamment assujettis à des comptes spéciaux. Mais, malgré l'accroissement continu du subside pendant les quatre années écoulées depuis sa fondation, il n'a point encore atteint ce minimum jugé d'abord indispensable. Devenu l'unique base de ma subsistance, son insuffisance m'aurait récemment suscité de graves embarras sans la restitution inattendue des retenues officielles que subit longtemps mon dernier traitement polytechnique. Ce secours accidentel, qui combla presque la lacune de 1852, ne peut plus se renouveler, et je ne dois en espérer aucun autre. Il faut donc que le subside suffise seul dès 1853. Les chiffres ci-dessous indiqués prouvent que cette condition exige un accroissement actuel égal à celui de l'année précédente. J'ai donc lieu de présumer que le patronage va devenir complet, d'après la stimulation continue d'une impérieuse situation, qui désormais pousse simultanément les populations et les gouvernements vers le positivisme, comme seule garantie systématique de l'ordre et du progrès.

La morale positive me prescrivant de vivre au grand jour, je crois devoir ici m'expliquer une seule fois sur une apparente anomalie de ma dépense personnelle, où, contre l'usage naturel, le logement compte davantage que la nourriture. En évitant tout détail superflu, ma vraie dignité ne souffrira point d'un tel éclaircissement public, qui préviendra des reproches irréfléchis, et peut-être même une ignoble malveillance.

Quoique l'appartement que j'habite depuis douze ans excède réellement mes besoins matériels, je regarderais comme un profond malheur l'obligation de le quitter, d'après l'ensemble des divers souvenirs incomparables qui m'y lient de cœur et d'esprit. Je ne pourrai jamais oublier que là fut écrit, en 1842, le volume décisif qui termina mon ouvrage fondamental par la systématisation directe de la nouvelle philosophie. Mais ce domicile doit surtout m'être devenu sacré, trois ans après, comme le lieu de la régénération morale que me procura, pendant une année sans pareille, l'angélique impulsion qui dominera toujours ma seconde vie. Vu les fruits décisifs que l'Occident en a déjà recueillis, j'oserais taxer d'ingratitude tous ceux qui, participant aux bienfaits, publics et privés, de la religion nouvelle, me laisseraient matériellement ravir le siège de sa fondation. Ces saintes murailles, à jamais empreintes de l'image adorée, m'aidèrent à développer journellement le culte intime de la meilleure personnification du vrai Grand-Être, pendant ces années déjà nombreuses où sa glorieuse éternité subjective succéda trop tôt à sa triste existence objective. Là s'établit, sous cet irrésistible patronage, une telle harmonie entre ma vie privée et ma vie publique, que les progrès de chacune purent aussitôt s'étendre à l'autre; de manière à me faire sentir la vraie théorie de l'unité longtemps avant de la formuler. Aussi la même enceinte où je fus d'abord régénéré se trouva-t-elle consacrée bientôt par plusieurs célébrations décisives des principaux sacrements sociaux.

Les positivistes trop abstraits que toucherait peu l'importance évidente d'un tel domicile envers mon bonheur personnel devraient, au moins, se reconnaître obligés de concourir à me le conserver comme un précieux instrument de travail. Quiconque sent assez la vraie logique pour ne la point réduire au seul emploi des signes doit comprendre la puissance philosophique des images et des sentiments que ces murs me rappellent. J'y viens d'accomplir la principale moitié de ma construction religieuse, et l'opuscule décisif où la participation subjective de ma sainte collègue éternelle est déjà reconnue unanimement. Pourrais-je aussi bien achever ailleurs cette élaboration capitale, et même les ouvrages moins importants qui la suivront? J'ai maintenant atteint l'âge où je dois scrupuleusement ménager mon temps et mes forces pour exécuter, avec une pleine vigueur cérébrale, tout ce que je promis à la fin de mon livre fondamental. C'est pourquoi je repousserai toujours la stupide économie matérielle qui me priverait d'une puissante assistance spirituelle.

Pour compléter cet éclaircissement spécial, il faut d'ailleurs noter que mon anomalie personnelle se borne au simple échange des répartitions usitées, sans affecter réellement ma dépense totale. Son taux primitif fut, en effet, fixé dans la supposition d'une restriction domiciliaire. Néanmoins, je m'y soumis tout en conservant l'enceinte sacrée, grâce à la réduction exceptionnelle de mes autres dépenses, et surtout de ma nourriture. Mon heureuse sobriété concourt, sans doute, à ce précieux résultat. Toutefois, il est dû principalement à l'incomparable auxiliaire que déjà chaque vrai positiviste respecte et chérit comme ma digne fille adoptive. D'après son admirable sollicitude, nous sommes nourris tous les deux pour une somme inférieure à celle que coûterait ma propre alimentation si je vivais isolément. Parmi les Parisiens dont la dépense personnelle est de cinq mille francs par an, je suis peut-être le seul auquel le logement coûte *seize cents francs*. Mais, réciproquement, aucun d'entre eux, sans doute, ne se borne, comme je le fais, à *mille francs* pour la nourriture totale de sa maison.

L'auguste destination de ces renseignements privés me permet d'espérer que mon vrai public ne les jugera point indignes de son attention. Ils réduisent définitivement à la seule transposition de deux nombres une apparente irrégularité, qui n'altère aucunement la juste austérité de mes mœurs sacerdotales. C'est pourquoi je me félicite d'avoir été conduit à présenter dignement une explication d'après laquelle tous mes contemporains sauront désormais respecter un domicile destiné, j'ose le dire, à devenir sacré pour la postérité.

Salut et Fraternité.

Auguste Comte,
10, rue Monsieur-le-Prince.
Né à Montpellier le 19 janvier 1798.

P. S. D'après le but du subside sacerdotal, je dois, en général, inviter chaque coopérateur à m'envoyer, autant que possible, sa souscription dans le premier trimestre de l'année; à moins qu'il ne préfère la fractionner, comme plusieurs l'ont heureusement pratiqué déjà.

Résumé général des souscriptions pour le subside sacerdotal en 1852.

40 souscriptions françaises	2,400 fr.	Minimum,	5 fr.
		Moyenne,	60 »
		Maximum,	200 »
26 autres occidentales (dont 1 collective de 650 fr., à Londres)........	3,155 fr.	Minimum,	25 »
		Moyenne,	100 »
		Maximum,	500 »
4 anonymes........	45		

En écartant la collecte.

Total 70 souscriptions...... 5,600 fr. | Moyenne, 80 fr.

N. B. Pendant les trois premières années, le subside sacerdotal fournit 3,000 francs en 1849, 3,300 en 1850, et 4,200 en 1851.

CINQUIÈME CIRCULAIRE.

Paris, le 22 Moïse 66 (dimanche 22 janvier 1854).

M.

L'année qui vient de finir a suffisamment réalisé les espérances exprimées dans ma précédente circulaire envers l'accroissement nécessaire du noble subside auquel vous concourez. D'après le résumé numérique ci-joint, le minimum normal de sept mille francs (ou plutôt vingt francs par jour) s'est trouvé, pour la première fois, atteint en 1853.

Suivant mon appréciation antérieure, ce résultat décisif représente un tel patronage comme une institution sociale, spontanément surgie, à travers l'anarchie actuelle, afin de consolider l'avènement du nouveau pouvoir spirituel, seul capable de terminer la révolution occidentale. Tant que l'intervention collective parut uniquement destinée à compenser une infâme spoliation, elle resta très insuffisante, vu le peu d'énergie que comportent aujourd'hui les sentiments civiques, surtout dans le milieu profondément égoïste où la persécution s'accomplit. La protection n'est devenue assez efficace que quand je l'ai directement rattachée au principal besoin de notre siècle. Même les dignes adversaires dont j'y dois toujours honorer la participation exceptionnelle sympathisent réellement avec la mission à laquelle j'ai constamment voué ma vie, quoiqu'ils diffèrent de moi sur les moyens convenables. A plus forte raison, cette coopération est-elle obligatoire aux yeux de ceux qui, sans accepter la politique et la religion positives, ont sincèrement adopté ma philosophie, à moins que l'infériorité morale n'accompagne chez eux l'incohérence mentale.

Parmi les positivistes complets, auquel le subside sacerdotal devra de plus en plus sa principale consistance, ce concours constitue une fonction sociale, où chaque âme régénérée contribue, selon ses forces, à préparer le régime final en secondant l'initiative théorique. En publiant l'opuscule qui systématise notre propagande, j'ai directement représenté les serviteurs de l'Humanité comme venant dignement saisir la direction générale des affaires terrestres, d'après une séparation fondamentale entre le conseil et le commandement. Cette proclamation sans exemple se trouve, depuis quinze mois, spontanément ratifiée par le silence décisif de tous les partis actuels, dont chacun a tacitement reconnu la suprématie naturelle de la solution positive. Nul ne peut aujourd'hui contester ni la nécessité de concilier radicalement l'ordre et le progrès, ni l'aptitude exclusive du positivisme envers une telle harmonie. Voilà comment une compression empirique se trouve involontairement conduite à respecter l'essor continu de la doctrine régénératrice. Quiconque peut assez se placer au point de vue de la postérité doit déjà regarder la réorganisation occidentale comme ayant vraiment commencé, depuis que la religion universelle est pleinement caractérisée. En faisant librement surgir des convictions complètes sous une fluctuation anarchique et rétrograde, le sacerdoce positif disposera bientôt les classes dirigeantes à transférer partout le gouvernement aux seuls praticiens capables de surmonter une imminente dissolution.

Telle est la sainte ligue que le développement du subside positiviste vient spontanément organiser entre les deux forces, active et spéculative, dont le digne concours doit présider à la reconstruction moderne. Vouées à cette grande destination, toutes les âmes d'élite se rallieront graduellement autour du positivisme, pour dominer le xix⁰ siècle, comme les *esprits forts* conduisirent le xviii⁰ siècle d'après l'encyclopédisme. Une semblable coopération peut seule les dégager de l'oppression exceptionnelle où les plonge une anarchie exclusivement favorable aux médiocrités de tous genres. Or la première condition d'un tel résultat consiste à toujours mériter, par nos sentiments et notre conduite, personnelle, domestique, ou civique, la prépondérance à laquelle notre doctrine nous appelle ouvertement. Le régime final est destiné surtout à régler convenablement toutes les forces humaines, tant privées que publiques, assez développées dans l'évolution préparatoire. Il exige donc que ses dignes promoteurs prouvent d'abord sur eux-mêmes l'efficacité générale de la discipline positive.

Déjà la foi démontrable a partout prévalu mentalement sur les croyances chimériques, qui ne sont plus recommandées en vertu de leur réalité, mais seulement au nom de leur utilité. Pour compléter son ascendant, le principe positif doit donc constater, par une expérience continue, que son efficacité morale et sociale est en pleine harmonie avec son aptitude intellectuelle. C'est ainsi que les vrais positivistes peuvent tous concourir à l'avènement graduel de leur religion, en remplissant mieux que les divers théologistes, d'abord leurs fonctions spéciales, puis leur sage participation à l'économie générale.

Une telle supériorité leur procurera partout un respect habituel, sans qu'ils soient jamais forcés d'altérer une morale qui leur prescrit surtout de vivre au grand jour. Le caractère toujours relatif de leur doctrine doit d'ailleurs les préserver de toute hostilité déplacée envers les croyances dont ils sont irrévocablement affranchis, quoiqu'ils ne puissent attendre la même justice d'adversaires dirigés par des opinions absolues.

Outre qu'une telle attitude constitue le meilleur privilège du positivisme, elle devient indispensable aux régénérateurs occidentaux, qui, devant également guérir les anarchistes et les rétrogrades, ne sauraient pourtant hésiter désormais à préférer ceux-ci. Depuis que la crise française a spontanément posé la question organique, les révolutionnaires ont irrévocablement perdu leur office passager, surtout chez le peuple central, où leur intervention ne fait plus qu'entraver, à tous égards, l'élaboration décisive. Au contraire, les conservateurs, tandis qu'ils maintiennent l'ordre matériel, préservent d'une entière indiscipline des âmes chez lesquelles les convictions les plus arriérées sont très préférables, même mentalement, au pur scepticisme. Sans accorder jamais aux croyances surnaturelles une prépondérance incompatible avec la solution occidentale, le positivisme ne peut succéder au théologisme qu'en glorifiant toujours ses services antérieurs et respectant son efficacité présente, malgré son insuffisance radicale. Il faut donc transformer le système d'hypocrisie en un système de ménagement, en préférant l'état rétrograde à l'état négatif, dans une génération dont les directeurs peuvent seuls atteindre déjà l'état normal.

Cette attitude des positivistes envers les partis actuels se trouva caractérisée dès 1826, quand je publiai, sur le pouvoir spirituel, un opuscule décisif, suscitant aussitôt les reproches des déistes et les éloges des catholiques. Suspendue, en apparence, pendant que j'élaborais ma fondation philosophique, elle s'est développée, avec une énergie croissante, à mesure qu'a surgi ma construction religieuse, surtout depuis l'abolition du régime parlementaire en France. Mon récent volume sur la philosophie de l'histoire consacre irrévocablement une telle disposition, comme devant habituellement distinguer notre siècle du précédent. Je dois la motiver spécialement quand je vais caractériser l'avenir humain et la transition extrême, dans le tome final qui sera publié vers le milieu de la présente année. Les positivistes sont tellement appelés à gouverner l'Occident, qu'ils doivent déjà préparer leur dictature systématique en secondant, à leur manière, une empirique concentration, provisoirement indispensable à l'ordre matériel. Une telle assistance peut seule garantir la liberté d'exposition qu'exige l'élaboration occidentale, en transférant l'active défense des principes sociaux à l'unique doctrine qui puisse dissiper les utopies subversives. En faisant perdre aux révolutionnaires le prestige de la persécution, le positivisme représentera ce parti comme le plus arriéré de tous, dans un siècle voué nécessairement à la reconstruction.

Inspirées par l'accroissement décisif du subside sacerdotal, ces réflexions sont pleinement conformes à la vraie nature de mes circulaires annuelles, où je dois désormais adresser des conseils opportuns aux meilleurs adhérents de la religion de l'Humanité. Mes explications spéciales de l'an dernier me dispenseront toujours de revenir sur mes besoins personnels, auprès de quiconque sent combien l'économie des forces l'emporte sur celle des matériaux, et même du temps. L'augmentation du subside ayant assez ratifié ce préambule nécessaire, je puis maintenant consacrer cette communication périodique à sa destination sociale, sans y mêler aucun éclaircissement privé.

Afin de mieux apprécier une telle extension, il faut remarquer qu'elle est surtout due à des souscripteurs plus nombreux, puisque la moyenne générale n'a point changé sensiblement. Cette multiplicité de coopérateurs serait même plus prononcée si la rigueur numérique me m'avait interdit d'y comprendre ceux qui, sans renoncer à leur participation, furent empêchés, par des obstacles passagers, de la réaliser en 1853. Mais un tel accroissement est surtout devenu décisif en s'accomplissant malgré l'irrévocable retraite de plusieurs souscripteurs qui furent toujours plus révolutionnaires que positivistes. D'après l'estime qui déjà s'attache à cette dernière qualification, on doit désormais la réserver soigneusement aux vrais adhérents de la religion universelle, où conduit notre philosophie et d'où procède notre politique. Si l'on continuait d'accorder ce titre aux âmes dont l'évolution est incomplète, il faudrait bientôt le laisser prendre par les esprits voués aux spécialités positives. Car leur aveugle répugnance envers toute généralisation et systématisation n'offre que l'entier développement de l'empirique inconséquence des prétendus positivistes qui veulent empêcher la nouvelle philosophie d'aboutir à la vraie religion. Quiconque ne s'élève point jusqu'à cette conclusion synthétique ne comporte envers le positivisme que d'insuffisantes sympathies, incapables de résister, dans la vie réelle, au moindre ébranlement public ou privé.

L'impuissance pratique et même l'instabilité théorique de ces convictions incomplètes sont devenues pleinement irrécusables d'après la crise dictatoriale de 1851, où les positivistes religieux surent seuls juger d'avance comme la postérité, malgré leurs émotions passagères. Je fus alors abandonné par tous mes autres prétendus adhérents, destinés, sans doute, à mourir en regrettant le régime parlementaire. Cette épuration spontanée augmente la consistance du vrai parti positiviste, et l'on voit qu'elle n'a pas entravé son extension.

Rien n'est plus propre à dissiper les préventions empiriques qui, du moins en France, détournent la plupart des conservateurs de la seule doctrine qui consacre et systématise leurs aspirations. Faute d'une telle base, ceux qui, depuis soixante ans, veulent sincèrement concilier l'ordre et le progrès, n'aboutissent qu'à perpétuer simultanément l'anarchie et la rétrogradation afin de pouvoir toujours opposer l'une à l'autre.

Voilà comment le positivisme, également dégagé des sympathies vicieuses et des aveugles antipathies qu'il dut d'abord susciter, tend désormais à régénérer directement la politique actuelle, en devenant la doctrine propre aux conservateurs systématiques. Ses dignes adeptes pourront ainsi, les uns par le conseil, les autres par le commandement, prévenir de nouvelles catastrophes dans le centre occidental, et préserver les peuples adjacents d'une agitation naturellement propre à la nation investie de l'initiative moderne.

Mon appréciation du subside de 1853 resterait incomplète si j'y laissais ignorer que l'accroissement du nombre des souscripteurs n'aurait pas suffi pour réaliser le minimum normal sans le zèle exceptionnel de plusieurs coopérateurs. Un digne appel, suscité par une détresse imprévue, produisit, dans le dernier trimestre, un admirable élan, qui permit d'atteindre ce taux décisif, mais d'après un surcroît d'efforts sur lequel je ne saurais habituellement compter. Néanmoins, la plénitude du subside me semble désormais assurée, parce que l'accroissement continu du nombre des souscripteurs doit déjà dispenser de tout supplément. Les coopérateurs par grâce ou caprice s'étant heureusement retirés, je n'ai plus que des patrons qui regardent leur intervention comme un véritable devoir, toujours développable avec leurs moyens effectifs. Je ne signale donc cette généreuse anomalie qu'afin d'en témoigner publiquement ma juste reconnaissance, et surtout pour constater l'aptitude de la foi positive à susciter déjà les sentiments qu'exige sa destination sociale.

On doit finalement regarder un tel symptôme comme concourant avec tous les indices qui, dans cette même année, viennent de manifester spontanément l'efficacité morale du positivisme. Une épreuve décisive a spécialement montré la puissance de la vraie religion envers le perfectionnement des devoirs privés, en appliquant dignement la loi du veuvage et la règle qui prescrit à l'homme de nourrir la femme. En même temps, l'élimination des révolutionnaires a permis un développement général de la vénération et de la fraternité, jusqu'alors entravées par la défiance et l'insubordination propres au négativisme. De nouvelles célébrations ont confirmé l'aptitude naturelle du culte positif à consacrer profondément tous les liens domestiques. Le progrès public de la doctrine régénératrice a correspondu dignement à son extension privée, surtout d'après le plein avènement d'un foyer irlandais déjà comparable au noble noyau qui se développe, depuis huit ans, en Hollande.

Tous les caractères, intellectuels et moraux, du mouvement positiviste se trouvent heureusement réunis dans le pas décisif qui termina l'année 1853. Un travail sans exemple, où la conscience et le talent sont toujours en harmonie, vient de procurer une nouvelle vie à mon ouvrage fondamental, qui devra désormais, chez la plupart des lecteurs, être étudié, de préférence, d'après cette traduction exceptionnelle. Quoique destinée surtout à la population britannique, cette précieuse publication deviendra bientôt commune à tout l'Occident, de manière à systématiser partout les tendances spontanées vers le positivisme. L'efficacité naturelle d'une telle opération doit d'ailleurs augmenter d'après les nobles dispositions qui l'ont préparée et complétée. Dès son début, un digne patronage, maintenant brisé par la mort, pourvut généreusement à tous les frais qu'elle exigeait. Après sa réalisation, mon éminente collègue, ignorant mon irrévocable renonciation aux profits quelconques de mes ouvrages, m'a, par un admirable scrupule, réservé spontanément un bénéfice égal au sien ; de manière à fournir un nouvel exemple de la supériorité des mœurs positivistes.

Quelle que soit l'importance directe de cet événement, son mode d'accomplissement doit donc le rendre plus décisif, surtout comme émané d'une femme. Un tel concours dissipera bientôt les préjugés pédantesques contre l'aptitude philosophique du sexe le mieux disposé pour le seul point de vue vraiment universel. Ainsi surgit spontanément l'alliance fondamentale entre le sexe affectif et la classe contemplative, afin de diriger convenablement la réorganisation occidentale. Ma construction religieuse commença sous une angélique impulsion, dont l'inaltérable efficacité, consolidée et développée par la mort, est de plus en plus appréciée. Je vais maintenant l'achever après avoir acquis l'active assistance d'une femme vraiment supérieure, dont la noble initiative déterminera bientôt de dignes imitations, qu'annonce déjà le concours naissant du sexe affectif à ma protection collective.

Suivant l'ensemble des indications précédentes, la marche du positivisme tend désormais à réaliser la généralisation que je proclamai, l'an dernier, dans la destination, d'abord personnelle, du subside que j'ai toujours qualifié de sacerdotal, afin d'en signaler l'extension normale. Ma propre subsistance étant maintenant assurée, la prochaine terminaison de mon principal traité me permettra de compléter dignement ma carrière par la paisible exécution de tous les ouvrages promis à la fin de mon livre fondamental. Pendant cette élaboration finale, je dois activement préparer le développement du sacerdoce pleinement institué dans la construction que j'achève. Il faut, d'une part, garantir l'existence matérielle des jeunes théoriciens que j'ai déjà représentés comme sérieusement voués à la formation du clergé positif, depuis qu'ils combinent assez leur amélioration morale avec leur initiation encyclopédique. En même temps, il convient déjà d'organiser l'intervention du comité permanent auquel, dès 1842, je réservai, sous ma direction, la systématisation graduelle de la transition occidentale. Ce double besoin m'autorise pleinement à réclamer ici toute l'extension possible du subside sacerdotal. Mon insistance à cet égard se trouve d'autant mieux motivée que j'ai proclamé, l'an dernier, ma résolution de ne jamais dépasser personnellement le taux maintenant réalisé, comme le prouvera toujours la publicité de mes opérations quelconques.

Salut et fraternité.

Auguste COMTE,
10, rue Monsieur-le-Prince.
Né à Montpellier le 19 janvier 1798.

Résumé général des souscriptions pour le subside sacerdotal en 1853.

70 souscriptions avouées:
- 48 françaises .... 3,720 fr. { Minimum, 3 fr. 65 / Moyenne, 78 » / Maximum, 300 » }
- 22 autres occidentales ...... 2,850 fr. { Minimum, 25 » / Moyenne, 130 » / Maximum, 500 » }

21 anonymes, de diverses nations, . 830 fr. { Minimum, 4 » / Moyenne, 40 » / Maximum, 200 » }

Total. 91 souscriptions .... 7,400 fr. | Moyenne, 82 »

N. B. Fondé le 12 novembre 1848, le subside fournit 3,000 francs en 1849, 3,300 en 1850, 4,200 en 1851, et 5,600 en 1852.

SIXIÈME CIRCULAIRE

Adressée, par l'auteur du *Système de Philosophie positive* et du *Système de Politique positive*, à chaque coopérateur du libre subside spontanément institué pour le sacerdoce de l'Humanité.

Paris, le lundi 15 Moïse 67 (15 janvier 1855),

M.

D'après le résumé numérique placé ci-dessous, l'année qui vient de finir n'a point réalisé les espérances indiquées, dans ma précédente circulaire, envers l'accroissement décisif du noble subside auquel vous coopérez. Cette institution n'a pu jusqu'à présent commencer à s'étendre au delà de sa destination initiale. Quoique le minimum normal qu'exige le but primitif ait encore été strictement atteint en 1854, ce résultat a nécessité le généreux renouvellement de quelques efforts exceptionnels, que j'avais cru bornés à 1853.

Le patronage collectif dont je suis l'objet ne sembla d'abord destiné qu'à réparer l'infâme spoliation accomplie envers moi. Mais, dès le début, on sentit que cette persécution était surtout dirigée contre une philosophie qui, complétant la préparation objective, faisait irrévocablement prévaloir la synthèse sur l'analyse, de manière à discréditer tous les théoriciens actuels. Ainsi surgit le caractère essentiellement social que manifesta de plus en plus un protectorat toujours émané de ceux qui s'intéressent à mes travaux, sans aucune participation du milieu spécialement renseigné sur l'iniquité commise. Sous cette digne tutelle, le coup frappé pour m'éteindre m'a finalement conduit à consacrer exclusivement mon temps et mes forces à ma mission exceptionnelle, dont l'essor décisif consolide le patronage qui l'a permis. Néanmoins, le subside positiviste ne sera pleinement apprécié comme une institution sociale, destinée à fonder l'indépendance du sacerdoce régénérateur, que lorsqu'il aura notablement dépassé le taux qui me suffit personnellement.

Cet accroissement doit bientôt résulter de la construction religieuse que je viens d'achever, et dont l'ensemble ne pouvait être suffisamment compris avant la récente publication du tome final, qui seul institue directement la synthèse universelle. Après avoir expliqué le passé, le positivisme a déterminé l'avenir et régularisé le présent, de manière à satisfaire autant les besoins sociaux que les exigences intellectuelles. On peut ainsi juger son aptitude à terminer la révolution occidentale en ralliant et réglant les âmes d'élite par la seule foi susceptible d'universalité comme de perpétuité. La formation du sacerdoce positif, jusqu'ici réduit au fondateur de la Religion de l'Humanité, devient alors la première condition d'une régénération non moins indispensable à l'ordre qu'au progrès. De plus en plus sentie, cette nécessité doit rapidement développer un subside sans lequel ne pourrait surgir la classe dignement contemplative qui, pure de toute ambition temporelle, inspirera partout une sage politique, toujours fondée sur l'ensemble des affaires humaines, passées, futures et présentes.

Il ne faut point s'étonner, ni surtout s'inquiéter, de la lenteur qu'offre encore l'essor d'une telle garantie, qui, d'abord spontanée, ne pouvait devenir systématique avant l'entière terminaison de ma construction religieuse. L'aptitude du positivisme à dominer l'avenir, même prochain, lui suscite, dans le présent, de puissantes entraves. Car, depuis sa naissance, il lutte directement contre l'anarchie mentale et morale, sur laquelle, au contraire, s'appuyaient les aberrations éphémères dont le facile succès fit la honte du XIXe siècle. A la vérité, le positivisme appelle ouvertement ses dignes adeptes, théoriques ou pratiques, à la domination, spirituelle ou temporelle, qu'exige le développement de la régénération humaine. Mais leur ascendant nécessaire ne peut reposer que sur une vraie supériorité de cœur, d'esprit et de caractère, supposant une préparation difficile, et prescrivant une conduite, personnelle, domestique et civique, toujours conforme au type normal qu'ils proclament. Un tel empire ne peut encore inspirer beaucoup d'attrait à ceux qui le posséderont, tandis qu'il doit profondément choquer les hommes destinés à le subir. Quoique la réorganisation intellectuelle et morale soit généralement désirée, son essor décisif soulève d'actives antipathies parmi ceux qui se sentiraient ainsi forcés de régler leur conduite et d'abaisser leurs prétentions.

Telle est la principale source des entraves secrètes qu'éprouve, surtout en Angleterre, le développement complet du positivisme, chez la plupart des esprits qui d'abord accueillirent dignement sa base philosophique. Si, renonçant à la mission que mes opuscules fondamentaux avaient caractérisée, j'eusse dirigé mes travaux vers une destination purement intellectuelle, ces premières sympathies auraient bientôt acquis une grande extension, aussi favorable à ma sécurité qu'à ma célébrité. Car, sans imposer aux libres penseurs une reconstruction difficile et gênante, je leur aurais ainsi permis de prolonger le XVIIIe siècle au milieu du XIXe, en les dégageant du joug que la logique rétrograde faisait peser sur eux depuis que leur impuissance organique était constatée. Mais je ne pouvais oublier que l'ensemble du passé, surtout français, m'assignait une mission sociale, à laquelle ma philosophie devait seulement fournir une base systématique. Quand mon principal office, après avoir été suffisamment préparé, fut directement poursuivi, ces affinités se trouvèrent bientôt transformées en antipathies, chez ceux qui voudraient borner ma carrière à la phase que j'avais toujours représentée comme purement préliminaire. Je dois pourtant reconnaître qu'une disposition analogue peut quelquefois indiquer seulement l'insuffisance d'évolution, surtout quand le milieu fait peu sentir l'urgence sociale. Néanmoins la plupart des prétendus positivistes qui se qualifient d'*intellectuels* n'aspirent qu'à perpétuer la situation révolutionnaire; aussi s'abstiennent-ils de coopérer à mon subside, quoiqu'un tel devoir se trouve assez motivé par les services qu'ils me reconnaissent.

Quelle que soit l'influence de ces divers obstacles, la lenteur des progrès du positivisme résulte surtout de la fatalité qui le força de naître dans le milieu le moins favorable à son développement. Dès mon début, je dus attaquer le principe révolutionnaire plus systématiquement que n'avait pu le faire aucun rétrograde. Néanmoins, je ne pouvais d'abord obtenir de succès que dans le camp correspondant, seul assez accessible aux innovations philosophiques et sociales. Par l'aveugle inertie des conservateurs empiriques, la doctrine qui concilie radicalement l'ordre et le progrès se trouve encore repoussée du milieu le plus propre à l'appliquer. Les conversions décisives que le positivisme a maintenant obtenues chez les meilleurs révolutionnaires concourent même à le rendre suspect dans l'autre camp, qui jusqu'ici ne sait point y voir une irrécusable preuve de l'aptitude organique de la nouvelle synthèse.

On reconnaît ainsi que, pour hâter l'essor de la doctrine régénératrice, il faut aujourd'hui la transplanter parmi les conservateurs, qui seuls présentent les dispositions et les habitudes qu'exige son installation. Malgré leurs empiriques répugnances, ils ne peuvent, faute de dogmes qui leur soient propres, s'empêcher d'ouvrir leurs rangs à tout digne défenseur des institutions fondamentales de la société, non moins compromises par la rétrogradation que par l'anarchie. C'est à ce titre que les vrais positivistes y transplanteront bientôt leur foi, seule capable de procurer une consistance décisive à des résistances jusqu'ici restées radicalement insuffisantes.

Malgré leur origine révolutionnaire, tous ceux qui sont sincèrement convertis à la Religion de l'Humanité se trouvent aujourd'hui transformés en conservateurs systématiques, destinés à devenir les véritables chefs du parti de l'ordre, qu'ils vont dégager de ses inconséquenses. Seuls ils sont aussi purifiés des tendances anarchiques que des inclinations rétrogrades, puisqu'ils conçoivent la régénération humaine comme consistant surtout à régler les forces graduellement surgies pendant la préparation spontanée que dirigea l'ancienne foi. Réalisant les vœux conciliables de tous les partis, et dissipant leurs prétentions incompatibles, le positivisme surmonte l'hypocrisie théologique, aussi dégradante quand on l'exerce qu'oppressive lorsqu'on la subit, sans susciter l'hypocrisie métaphysique, plus nuisible et moins excusable. En appelant ses dignes adeptes à gouverner le monde, il proclame que leur avènement politique doit être aujourd'hui précédé, pendant douze ans, d'une influence purement philosophique, qui disposera les chefs actuels à leur transmettre sagement le pouvoir. Ainsi doit partout surgir une classe de véritables hommes d'État, qui manquent surtout au centre occidental, soit en vertu des difficultés propres à la mission française, soit d'après la marche de notre préparation. Le cours des événements fait de plus en plus ressortir l'intime connexité de toutes les populations humaines, de manière à manifester le danger de l'irrationnelle politique qui considère chaque peuple isolément. Or, le positivisme peut seul compléter et consolider cette régénération des vues sociales, en étendant à l'ensemble des temps la liaison ainsi sentie entre les divers lieux.

Faute de pouvoir embrasser l'ordre collectif, la théologie et la métaphysique ne surent jamais inspirer une politique vraiment rationnelle, dont l'institution était nécessairement réservée à l'esprit positif, principalement caractérisé par la construction de la sociologie. Établissant l'unité spirituelle, et dissipant toute aberration envers l'unité temporelle, la religion positive fera partout prévaloir l'ensemble des affaires humaines, sans altérer la spontanéité des impulsions spéciales. Transformant Paris en patrie adoptive des âmes d'élite, la foi nouvelle fonde l'ascendant intellectuel et moral de la métropole universelle sur sa digne renonciation à la domination matérielle, même dans le milieu français.

Pour terminer la révolution occidentale, il faut irrévocablement constituer la division fondamentale des deux puissances, prématurément ébauchée au moyen âge d'après une doctrine insuffisante. Le principe révolutionnaire consiste surtout dans l'absorption du pouvoir spirituel par les forces temporelles, qui ne reconnaissent d'autre autorité théorique que la raison individuelle, du moins envers les questions les plus importantes et les plus difficiles. Tous les partis actuels méritent ainsi d'être également qualifiés d'anarchiques et de rétrogrades, puisqu'ils s'accordent à demander aux lois les solutions réservées aux mœurs. Cette perturbation est devenue tellement universelle et profonde, que les meilleurs amis de la liberté n'hésitent jamais à recourir aux moyens matériels pour faire prévaloir leurs opinions quelconques. Voilà comment le pouvoir théorique se trouve forcé de surgir dans un milieu brutal, où la moindre dissidence l'expose toujours à subir un refus de subside que l'ordre normal réserve aux chefs pratiques, et borne aux conflits exceptionnels.

Le sacerdoce positif doit donc surmonter des difficultés devenues presque autant morales que mentales, puisque le trouble des pensées a gravement altéré les sentiments. Sans doute, la révolution moderne est principalement intellectuelle, tandis que celle qui s'accomplit au moyen âge fut essentiellement sociale. Mais, pendant les cinq siècles de l'anarchie occidentale, et surtout depuis l'explosion de la grande crise qui doit la terminer, le désordre de l'esprit a de plus en plus affecté le cœur. C'est d'après celui-ci qu'il faut maintenant définir la maladie révolutionnaire, consistant dans une surexcitation continue de l'orgueil et de la vanité, par suite d'une tendance, éminemment contagieuse, vers l'infaillibilité personnelle. Ainsi se trouve directement compromis le principal résultat de l'ensemble du régime théologique : le développement de la vénération, seule base de la vraie discipline, et garantie nécessaire des deux autres instincts sympathiques. Il faut que le positivisme fonde ses meilleurs titres au gouvernement spirituel sur la reconstruction décisive de ce grand sentiment, plus essentiel et plus altéré qu'aucun autre. Un tel succès n'appartient qu'à la religion universelle, puisque toutes les croyances arriérées ont réellement aggravé ce désordre ; sans excepter le catholicisme, qui ne peut vénérer qu'un essor de dix siècles dans une seule moitié du monde romain.

Ainsi, la maladie occidentale exige un traitement plus affectif qu'intellectuel, depuis que l'esprit a rempli son principal office en construisant la philosophie positive d'après la fondation de la sociologie, appuyée sur l'ensemble des sciences préliminaires. Quoique les positivistes aient dû d'abord monter de la foi vers l'amour, ils doivent désormais préférer la marche, plus rapide et plus efficace, qui descend de l'amour à la foi. Le sentiment étant moins troublé que l'intelligence, c'est surtout de lui que dépendra le rétablissement de l'ordre occidental. Seul capable de compléter et de consolider les convictions émanées de l'esprit, le cœur peut même en dispenser à beaucoup d'égards, du moins envers l'assistance générale qu'exige toute grande construction. Je ne regarderai le subside positiviste comme ayant acquis assez de consistance que lorsqu'il reposera principalement sur des impulsions sympathiques, au lieu de dépendre d'adhésions intellectuelles, toujours flottantes au moindre choc.

Invoquant le cœur plutôt que l'esprit pour consolider et développer cette institution naissante, je dois en agrandir la base en y provoquant la participation de toutes les âmes qui, quelle que soit leur foi, sentent dignement le besoin d'une réorganisation spirituelle. Leur ralliement continu peut seul préserver les Occidentaux de la dégradation vers laquelle ils tendent de plus en plus en négligeant la culture morale pour développer le progrès matériel. Mais ce concours sympathique ne saurait être présidé par aucune des croyances théologiques, puisque leur nature absolue les rend directement inconciliables. Toutes peuvent, au contraire, se subordonner au positivisme, qui, toujours relatif, les consacre nécessairement, chacune dans son milieu, comme autant d'institutions provisoires que l'Humanité fit spontanément surgir afin de diriger son initiation. Sous leur inanité théorique, elles conservent, à divers degrés, une efficacité morale que la religion positive honore et développe, en reconnaissant que les plus imparfaites sont aujourd'hui devenues, quand elles rallient, préférables au scepticisme dispersif. Aucun fanatisme spécial ne disposant, de nos jours, à négliger le but pour les moyens, toutes les âmes vraiment religieuses peuvent se réunir contre les dangers universels de l'irréligion. En respectant avec sagesse la réserve provisoire de leurs solutions respectives, le positivisme peut utiliser leurs dispositions organiques en les faisant dignement concourir à surmonter les tendances révolutionnaires.

Je suis ainsi conduit à terminer cette circulaire en osant directement placer le subside positiviste sous la sympathique assistance des théologistes sincères qui regardent l'avènement d'un pouvoir spirituel comme le premier besoin de notre temps. Après avoir assez rempli toutes les conditions intellectuelles qu'exige désormais une telle construction, j'en ai loyalement réalisé les conditions morales, tant privées que publiques. Une carrière vouée, dès son début, à la réorganisation spirituelle fut, en temps opportun, complétée par l'intime régénération résultée de l'influence féminine, d'après un type angélique, que la mort consolide et développe. Mon indépendance théorique se trouve pleinement garantie en vertu d'une irrévocable renonciation à toute existence officielle, à toute pension, et même aux profits matériels de mes travaux quelconques. L'aptitude décisive de ma doctrine à glorifier l'ensemble des temps et des lieux, déjà caractérisée d'après mon appréciation abstraite du passé, devient irrécusable depuis ma systématisation concrète de la commémoration occidentale.

Voilà comment je puis maintenant espérer que les âmes vraiment religieuses, disposées à la synthèse par la sympathie, sauront bientôt surmonter les discordances dogmatiques pour encourager le seul effort de notre siècle envers la religion universelle. Dès mon début, le célèbre écrivain qui défendait alors le catholicisme témoigna dignement cette affinité, qui ne cessa que lorsqu'il devint un déplorable auxiliaire des doctrines anarchistes. Le développement de ma carrière a fait spontanément surgir, au sein du protestantisme, d'équivalentes manifestations, dignement caractérisées par une noble coopération au subside positiviste. En même temps, j'ai directement constaté mon active sympathie envers les cultes utiles et sincères, d'après un engagement solennel d'alimenter le budget catholique, quand il sera seulement fondé sur de libres souscriptions. Ainsi, de tous côtés, ont déjà surgi les germes essentiels de la grande alliance que les principaux besoins du dix-neuvième siècle doivent bientôt développer entre les âmes religieuses contre les instincts irréligieux.

Une génération tout entière s'est maintenant écoulée depuis ma découverte fondamentale des lois sociologiques, en 1822, jusqu'à ma construction décisive de la religion positive, en 1854. Ce long enfantement a dû susciter, envers la synthèse universelle, des sympathies et des antipathies qui ne pouvaient être que provisoires. Devenu maintenant appréciable, son ensemble va partout déterminer les dispositions définitives auxquelles je subordonnerai l'avènement du sacerdoce de l'Humanité. Surmontant, par la vénération, toute divergence secondaire, les vrais positivistes, plaçant le cœur au-dessus de l'esprit, sauront activement développer les convergences fondamentales, Partout devenus les directeurs systématiques de l'ordre et du progrès, ils laisseront les dissidents retomber, plus que le vulgaire, dans un cours stérile d'oscillations empiriques entre l'anarchie et la rétrogradation. Le conflit de ces mouvements doit bientôt procurer à chaque élément du subside positiviste une persistance morale essentiellement équivalente à la fixité légale dignement instituée par le malheureux Wallace. Envers une coopération où les plus minimes cotisations sont admises, l'inconstance ne peut résulter que de l'instabilité des convictions, due surtout à l'insuffisance des sentiments.

D'après la préface de mon volume final, on sait que je consacrerai la présente année, soit au repos qu'exige ma construction religieuse, soit à la préparation des trois traités qui doivent la compléter, et dont le premier est annoncé pour 1856. Mais, outre le cours déjà promis, et qui peut-être sera toléré, je suspendrai ce chômage en publiant, vers le milieu de l'année actuelle, un opuscule exceptionnel (d'environ cent pages in-8°). Préparé par ma lettre au tsar, cet *Appel à tous les vrais conservateurs* doit directement développer les principales considérations que la présente circulaire ne pouvait qu'indirectement signaler.

Salut et Fraternité.

Auguste COMTE,
10, rue Monsieur-le-Prince,
Né à Montpellier le 19 janvier 1798.

Résumé général des souscriptions pour le subside positiviste en 1854

53 françaises.	3,360 fr.	Minimum,	5 fr.
		Moyenne,	63
		Maximum,	300
21 autres occidentales	2,480 fr,	Minimum,	10
		Moyenne,	118
		Maximum,	500

Plus 5 anonymes, de diverses nations. 1,164 fr.

Total 79 souscriptions. . . . . 7,004 fr. | Moyenne, 89

N. B. Fondé le 12 novembre 1848, le subside positiviste fournit 3,000 francs en 1849, 3,300 en 1850, 4,200 en 1851, 5,600 en 1852, et 7,400 en 1853.

SEPTIÈME CIRCULAIRE

Paris, le mardi 15 Moïse 68 (15 janvier 1856).

M

L'insuffisance du subside positiviste, déjà signalée par ma précédente circulaire, s'est encore aggravée pendant l'année qui vient de finir. Quoique le minimum normal ait été strictement atteint, ce résultat, outre le noble renouvellement de quelques efforts exceptionnels, a surtout exigé le généreux patronage d'un de mes plus éminents disciples, qui, dès qu'il a su ma détresse, a quintuplé son large tribut habituel. Si le nombre total des coopérateurs a peu diminué, c'est parce que treize nouveaux souscripteurs ont presque compensé la retraite de dix-sept anciens.

Ma sixième circulaire avait prévu cette perte, comme propre à l'année exceptionnelle où la terminaison de ma construction religieuse devait naturellement éteindre une partie des adhésions surgies avant que le positivisme fût assez jugeable. Quoique la plupart des convictions antérieures aient supporté cette épreuve de manière à devenir maintenant définitives, elles n'ont pas suffisamment régénéré les habitudes, même chez ceux dont les sentiments sont vraiment modifiés. Les souscripteurs qui, pauvres ou riches, contribuent réellement en proportion de leurs moyens, forment à peine le quart du nombre total ; et les quatre cinquièmes au moins des divers adhérents au positivisme restent entièrement étrangers au protectorat volontaire.

Ce double contraste est surtout marqué dans la partie de l'Occident où la nouvelle synthèse a le plus retenti. L'ensemble du milieu britannique, tant américain qu'européen, fournit seulement neuf souscriptions, qui, réunies, n'équivalent pas à l'annuité posthume du noble Wallace. Dans cette coopération, on ne voit aucunement figurer les deux littérateurs dont la renommée fut surtout obtenue en initiant le public anglais à la philosophie positive. J'avais d'abord espéré que la torpeur britannique se trouverait essentiellement dissipée d'après le juste succès d'une incomparable traduction. Mais ce retentissement n'a point diminué l'apathie, malgré la noble conduite de ma puissante auxiliaire.

Suivant les explications de ma précédente circulaire, la lenteur générale de l'installation du positivisme doit être surtout attribuée à la fatalité qui le fit surgir dans le milieu le moins favorable à son essor. Une doctrine essentiellement destinée à reconstruire l'ordre n'a pu jusqu'ici pénétrer que chez les partisans exclusifs du progrès. Cette fausse position conduit à mal apprécier le subside positiviste, dont l'insuffisance est spécialement résultée de son imparfaite institution.

Fondé dans des vues trop étroites, quoique en un temps de larges aspirations, il fut d'abord représenté comme une garantie personnelle, et même temporaire, destinée à compenser une infâme persécution. Il est encore envisagé sous ce seul aspect par la plupart des coopérateurs, sans excepter ceux qui l'érigent en devoir social. Ce motif devait d'abord sembler suffisant, vu l'iniquité de ma spoliation, le mérite des services, spéciaux et généraux, que j'avais déjà rendus, et l'importance de ceux qu'on pouvait encore attendre de moi. Mais l'expérience a manifesté la faiblesse d'un tel sentiment, en un temps où la dissolution radicale de la morale publique laisse partout prévaloir l'individualisme, surtout dans le milieu systématiquement dégradé qui pouvait le mieux apprécier ce cas. Les plus nobles infortunes ne peuvent maintenant inspirer une sollicitude durable qu'en se liant aux besoins généraux de la situation occidentale.

Voilà pourquoi je me suis toujours efforcé, dès ma première circulaire, de représenter le subside positiviste comme ayant surtout une destination sociale, à titre de garantie permanente pour l'indépendance nécessaire au sacerdoce dont l'avènement peut seul terminer la révolution moderne. Mais ces efforts n'ont pu jusqu'à présent faire assez prévaloir une telle appréciation, parce que, l'institution du positivisme restant insuffisante, il ne pouvait trouver d'accès que chez le parti qu'il doit surmonter ou transformer, et dont les chefs lui sont nécessairement hostiles. Quoique la nouvelle doctrine ait bientôt été regardée comme l'organe le plus avancé du progrès humain, elle ne pouvait susciter que de rares ou faibles sympathies parmi les progressistes actuels. Car, ils bornent le perfectionnement à dissoudre l'ancienne discipline, tandis qu'elle le fait consister à régler toutes les forces suivant leurs lois naturelles. Néanmoins, si les intentions de nos révolutionnaires eussent, en général, été plus pures, ils auraient vivement accueilli la doctrine qui pouvait seule ranimer et consolider l'esprit d'émancipation en le dégageant du joug rétrograde que notre situation impose aux sceptiques. Une telle affinité n'a pu surmonter la répugnance qu'inspire l'avènement d'une règle universelle, qui ne pourra jamais être éludée parce qu'elle restera toujours démontrable. Les honteux succès momentanément obtenus par deux sectes également immorales, l'une plus corruptrice, l'autre plus dégradante, ont achevé de prouver que l'activité révolutionnaire émane aujourd'hui des impulsions égoïstes, du moins chez les meneurs.

En France, la situation disposait les lettrés à sentir que ma *Philosophie positive*, sous une apparence purement intellectuelle, tendait à fonder un nouveau pouvoir spirituel, dont mes opuscules primitifs leur avaient directement annoncé l'avènement nécessaire. C'est pourquoi, dès le début, leur silence, autant concerté que spontané, tenta d'étouffer une doctrine radicalement incompatible avec le crédit usurpé que leur procurait, depuis un siècle, l'interrègne théorique. Des conditions encyclopédiques qu'ils ne pouvaient pas plus éluder que remplir devaient aggraver leur antipathie, en leur ôtant tout espoir de s'incorporer au nouveau sacerdoce. Moins stimulés, moins clairvoyants, et moins avertis, les lettrés britanniques se laissèrent aller à la séduction que le positivisme offrit aux âmes émancipées en les dégageant de l'oppression anglicane. Leur accueil brisa, même en France, la conspiration du silence, avant qu'ils fussent assez éveillés sur la destination sociale d'une philosophie encore plus hostile à toute métaphysique qu'à toute théologie. Ils ne se tournèrent contre elle que quand le début décisif de ma seconde élaboration vint leur apprendre que mes travaux avaient toujours eu pour but de terminer la révolution occidentale par la reconstruction de la discipline spirituelle. Afin d'échapper à la contradiction résultée de leur première approbation, ils introduisirent le sophisme qui consiste à représenter le développement de ma carrière comme une déviation.

Quelque grossière que soit cette tactique, elle a jusqu'à présent réussi dans un milieu trop peu sollicité par les aspirations sociales : les âmes même qu'elles préoccupent le plus ignorent encore l'existence de ma *Politique positive*. La seconde conspiration du silence est mieux ourdie que la première, parce que les lettrés britanniques, surtout européens, restant étrangers aux rivalités politiques de leurs collègues français, concertent davantage les intérêts communs à toute la classe littéraire. Sous leur esprit d'émancipation, on peut toujours reconnaître leur tendance prépondérante à prolonger indéfiniment un interrègne spirituel qui favorise leurs prétentions sans gêner leurs goûts, sauf leur adhésion, au moins passive, à l'hypocrisie anglicane. Cette disposition se trouve nettement caractérisée dans le scandaleux mensonge solennellement formulé par le plus intelligent et le plus hardi de mes prôneurs britanniques.

Malgré leur aversion pour le théologisme, les métaphysiciens seconderont, aux États-Unis comme en Angleterre, sa résistance au positivisme, jusqu'à ce que les besoins sociaux aient partout poussé vers la seule doctrine capable de surmonter l'anarchie moderne. Tel est, sans doute, le motif qui fit récemment cesser le noble concours fourni, pendant trois ans, au subside positiviste, par deux de nos adversaires américains; les antipathies de secte ont finalement dominé l'élévation personnelle.

On peut cependant assurer que la seconde conspiration du silence aura moins de succès et de durée que la première, puisque les meneurs de la double presse britannique ne sauraient longtemps empêcher leur public de connaître la seule doctrine vraiment conforme à ses vœux sociaux. Les lettrés français purent, pendant une demi-génération, détourner leurs lecteurs d'une philosophie qui semblait d'abord amortir l'élan rénovateur, en représentant la grande crise comme plus spirituelle que temporelle. Mais leurs collègues britanniques s'efforceront vainement de cacher l'application sociale d'un système qu'ils ont intellectuellement propagé. Pour surmonter leur habile tactique, il suffira peut-être de la traduction anglaise du *Catéchisme positiviste*, actuellement élaborée par l'un de mes meilleurs disciples. J'ose, du moins, affirmer que ces ténébreux efforts ne résisteraient point à la digne réalisation du projet, déjà formé, de traduire séparément le tome troisième de ma *Politique positive*, sous son titre propre de *Philosophie de l'histoire*. Une telle publication peut seule rectifier l'opinion officielle qui représente la révolution anglicane de 1688 comme devant préserver l'Angleterre de la crise aujourd'hui commune à tout l'Occident. En expliquant l'avortement de la vraie révolution anglaise, la saine théorie historique fera partout sentir que son prolongement nécessaire consiste dans la Révolution française, destinée à réaliser la régénération prématurément tentée sous le grand Cromwel.

C'est ainsi que doit bientôt cesser l'anomalie qui rend le plus hostile au positivisme social le pays où le positivisme intellectuel fut le mieux accueilli. Quoique cette contradiction soit conforme au régime le plus contraire à la séparation des deux puissances, les vrais théoriciens britanniques ne tarderont pas à développer des aspirations religieuses, secondées par un sexe secrètement lassé de la sécheresse protestante. Le peuple où le matérialisme scientifique, esthétique et politique s'est le plus développé doit davantage apprécier la seule religion qui le surmonte dans son principe théorique. Même avant que les prolétaires britanniques se soient dégagés de la torpeur anglicane, le positivisme complet pénétrera chez les lecteurs anglais déjà familiarisés avec sa base philosophique. Toutefois, il ne pourra vraiment s'installer en Angleterre qu'en s'étendant au delà du public théorique, quand les dignes praticiens, éveillés par les sollicitudes sociales, invoqueront son aptitude organique. Pour sentir la supériorité des adhésions pratiques, il suffit d'opposer, à l'exiguïté du contingent britannique, la noble munificence des sept souscripteurs hollandais, qui seuls fournissent le sixième de mon subside habituel, outre leur coopération prépondérante aux suppléments exceptionnels. Indépendamment du mérite personnel, ce zèle et cette persévérance, dans un milieu mal disposé, résultent d'une situation qui pousse à juger les doctrines philosophiques d'après leur efficacité sociale et détourne des prétentions incompatibles avec la subordination spirituelle.

Ayant obtenu, malgré les influences protestantes, des succès qui manifestent son aptitude organique, le positivisme, désormais purifié de son origine révolutionnaire, doit trouver un accueil plus décisif chez les populations catholiques. Outre qu'il a seul apprécié l'ensemble des services du catholicisme, il en fait aujourd'hui sentir l'importance habituelle, soit pour résister aux dispositions subversives, soit pour entretenir une culture morale dont l'imperfection est toujours préférable à sa désuétude. Sous ce double aspect, le positivisme doit bientôt devenir le défenseur systématique des habitudes catholiques contre les impulsions protestantes, dont la réaction, théorique ou pratique, a déjà cessé d'offrir aucune compensation de leur inconséquence mentale et de leur danger moral. Dans ce milieu plus normal, où le sentiment de l'unité ne s'est jamais perdu, les positivistes, développant la construction ébauchée au moyen âge, feront aisément reconnaître que la révolution occidentale ne peut se terminer que par l'établissement de la religion universelle. Ils se trouveront là dispensés de réfuter les thèses, protestantes ou déistes, sur l'avénement d'une religion sans culte et sans sacerdoce ; comme si la sociologie ne répugnait pas, davantage que la biologie, aux fonctions sans organes. Tandis que le protestantisme accorde au dogme une vicieuse prépondérance, le catholicisme tend à faire spontanément prévaloir le culte, auquel il s'est presque réduit chez les Méridionaux. Le positivisme ayant systématisé cette préférence empirique, où l'instinct moral surmonta la pensée théologique, il doit bientôt susciter d'actives sympathies au sein des populations dont il rétablit la préséance occidentale.

Il faut donc regarder l'influence acquise au nom du progrès comme un prélude nécessaire, pour la doctrine universelle, à sa destination envers l'ordre, qu'elle peut seule protéger à la fois contre la rétrogradation et l'anarchie. Elle dut obtenir le premier résultat quand elle se trouvait à l'état purement philosophique, tandis qu'elle ne peut réaliser le second office que depuis qu'elle est devenue pleinement religieuse. Ce mode final doit désormais diriger la propagation du positivisme, qu'une suffisante élaboration rend capable de satisfaire notre principal besoin, la reconstruction systématique de l'ordre spirituel, pendant que les gouvernements maintiennent empiriquement l'ordre matériel. Au début de ma construction religieuse, je représentai les serviteurs de l'Humanité comme venant dignement saisir la direction, évidemment vacante, de l'ensemble des affaires terrestres. L'assentiment tacite de tous les partis a, depuis quatre ans, ratifié cette proclamation décisive, ébauchée dans mes opuscules primitifs, et justifiée par l'institution complète de l'unité positive. On doit peu s'étonner que les défenseurs du catholicisme gardent, à cet égard, le respectueux silence que leur inspire l'attitude toujours organique de la nouvelle synthèse. Mais il faut noter que les métaphysiciens, seuls ennemis réels de la religion universelle, n'ont pas protesté contre la proclamation positiviste, même dans leur ignoble attaque de janvier 1855.

Une telle déclaration avait besoin d'être complétée d'après mon récent *Appel aux conservateurs*, où l'attitude actuelle des vrais positivistes se trouve directement fixée, en décomposant leur avénement social en deux phases nécessaires, l'une spirituelle, l'autre temporelle. Leur intervention purement consultative dans l'inauguration de la transition organique doit faciliter leur ascendant décisif au centre de l'Occident, en dissipant toute rivalité politique envers la nouvelle religion. Si, pour régler une existence indivisible, on ne peut méconnaître la nécessité de subordonner les vues de détail aux conceptions d'ensemble, on ne saurait davantage contester le privilège actuel du positivisme quant à l'unité réelle. D'après une telle supériorité, quand les vrais croyants seront au niveau de leur mission, ils auront bientôt obtenu la confiance et le respect des gouvernés et des gouvernants, également dépourvus de véritables principes de conduite. Cette lacune s'est récemment spécifiée en dirigeant l'expédition occidentale vers un démembrement aussi vicieux que celui qu'elle dut empêcher, et par la puérile exhibition destinée à développer les préoccupations matérielles dans un milieu qui souffre de leur prépondérance. Malgré des intentions irréprochables, les deux cas n'ont pu même compenser les déviations politiques ou morales en resserrant les liens occidentaux, puisque ces événements ont aggravé la funeste tendance du centre occidental à préférer le Nord au Midi. Tous les mouvements de notre époque, soit qu'ils émanent des populations ou des gouvernements, font spécialement sentir qu'un tel milieu ne peut éviter les fautes qu'en s'abstenant d'agir, jusqu'à ce que l'interrègne spirituel ait dignement cessé.

Pour développer une discipline qui ne peut rien régler sans tout embrasser, il faut, depuis que la religion positive est suffisamment instituée, que le sacerdoce de l'Humanité ne se réduise plus à moi seul. Or, les nouveaux prêtres ne sauraient obtenir assez d'indépendance et de dignité que d'après leur exclusive consécration à des fonctions qui, d'ailleurs, vont bientôt absorber leur temps et surtout leurs forces. Cette condition exige que l'accroissement du subside positiviste permette au Grand-Prêtre de l'Humanité d'assurer la subsistance de ceux qui, comme moi, se trouvent entièrement dépourvus de fortune personnelle, suivant le cas le plus ordinaire, principalement aujourd'hui.

Tant que le positivisme resta purement philosophique, je pus, sans inconséquence ni dégradation, pourvoir à mon existence matérielle, en exerçant, dans l'économie actuelle, des fonctions secondaires, soit pratiques, soit même théoriques. Cette possibilité cessa quand ma doctrine, irrévocablement devenue religieuse, tendit directement à régler la vie humaine, en instituant un pouvoir apte à discipliner les volontés au lieu d'imposer les actes, suivant le but assigné, dès l'origine, à l'ensemble de ma carrière. Alors tout office pratique m'aurait nécessairement mis en contradiction permanente avec le principe fondamental du régime positif sur la séparation normale des deux puissances. L'opposition, quoique moins sensible, eût été plus profonde, en acceptant, par des fonctions théoriques, une incorporation subalterne au triple pouvoir spirituel, théologique, métaphysique et scientifique, auquel nous sommes officiellement soumis, et dont je viens délivrer l'Occident. Sans me dégager d'un tel joug, l'enseignement privé devait y joindre une double dégradation, en m'assujettissant aux caprices individuels pour vendre des services dont j'ai systématiquement proclamé la gratuité normale. On peut ainsi mesurer la justice et la sincérité de ceux qui, vivant au milieu des souscriptions, repoussent mon subside au nom d'une dignité qu'ils ne sauraient comprendre puisqu'ils la confondent avec l'orgueil. Une équivalente appréciation convient au prétexte qui prévaut en France, où, suivant l'habitude nationale, on attend que le gouvernement me fournisse un appui contraire à ma destination, sans que les auteurs de ces vœux concourent à me faire provisoirement vivre.

Mes spoliateurs n'ont donc abouti qu'à me pousser par nécessité, mieux que je ne l'eusse fait par choix, vers le mode d'existence le plus conforme, d'abord à la construction, puis à l'installation de la religion rationnelle et sociale. Dans le même temps, une autre conséquence de ma pauvreté m'a bientôt conduit à compléter mon attitude personnelle en instituant le meilleur mode de publication de mes écrits. Il tend à me dégager, autant que possible, de l'ignoble régime que la vénalité révolutionnaire a graduellement introduit, surtout en France, envers la prétendue propriété littéraire. Pour cela, je me suis trouvé conduit, dès le début de ma construction religieuse, par l'impossibilité d'avoir un éditeur, soit privé, soit public, à renoncer aux profits personnels de mes écrits quelconques, en consacrant leur vente au payement des frais typographiques. Une scrupuleuse pratique a toujours confirmé l'engagement systématique que je pris, à cet égard, en 1850, afin de me rapprocher des mœurs normales autant que me le permet la transition actuelle. C'est ainsi que j'ai graduellement fondé mon crédit typographique auprès d'un honorable chef (M. Thunot), de manière à surmonter le dernier vœu d'une infâme persécution, qui, n'ayant pu détruire ma personne, espérait, du moins, éteindre ma voix. Bornée d'abord à chaque volume séparément vendu, cette garantie devint bientôt mutuelle entre les divers tomes d'un même ouvrage, et je l'ai finalement rendue réciproque envers mes productions quelconques, y compris celles qui précédèrent cette institution.

Le subside positiviste et le fond typographique, telles sont les deux bases, profondément connexes, de mon existence normale, à la fois privée et publique. Pour en avoir assez compris l'économie, il faut étendre chacune de ses conditions à l'ensemble de mes dignes auxiliaires permanents. D'après la marche générale des destinées humaines, je dus exceptionnellement réunir deux offices, mal distingués jusqu'ici : l'un, principal mais temporaire, comme fondateur de la religion universelle ; l'autre, accessoire mais continu, comme Grand-Prêtre de l'Humanité. Si j'obtiens la longévité de Fontenelle, ou seulement celle de Hobbes, ou du moins celle de Voltaire, je rendrai cette distinction pleinement sensible, par un long exercice du second office quand j'aurai, dans sept ans, accompli le premier. C'est uniquement envers le second que je puis et dois avoir un successeur, qui se trouvera, j'espère, parmi les dignes théoriciens que je pourrai directement vouer au sacerdoce universel : le premier ne comporte que des adjoints, passagers comme lui, mais actuellement nécessaires.

Quoique ma construction religieuse exige le complément synthétique que je vais commencer, elle est assez développée pour devenir pleinement applicable, dans une situation tellement urgente que, dès le début de mon principal ouvrage, mon travail de fondateur fut quelquefois suspendu par mes fonctions de pontife. Souvent invoquées désormais, ces fonctions ont déjà besoin d'organes spéciaux, qui puissent, sous ma direction, non seulement enseigner et prêcher, mais principalement consacrer et discipliner, au nom de l'Humanité. Comme fondateur, il me faut aussi des auxiliaires dignement soumis, capables de seconder l'installation spontanée de ma doctrine par des cours et des livres, soit généraux, soit surtout spéciaux, dont je leur indiquerais le but et le plan. De tels apôtres, esthétiques ou théoriques, peuvent beaucoup faciliter la régénération occidentale, sans être pourtant incorporés au sacerdoce positif, faute d'en pouvoir assez remplir les conditions encyclopédiques. Ils représenteront aujourd'hui les pensionnaires propres à l'état normal, avec cette double différence que leur office aura maintenant plus d'importance et leur mérite plus de valeur, leurs lacunes scientifiques étant ordinairement dues à leur situation davantage qu'à leur nature.

C'est ainsi que le subside positiviste et le fond typographique doivent maintenant m'assurer deux sortes d'auxiliaires permanents, dignement voués à seconder, les uns le fondateur de la religion universelle, les autres le Grand-Prêtre de l'Humanité. Le positivisme ne pouvant pas, avant la fin du siècle actuel, convertir au delà d'un millième des chefs de famille, ce qui lui suffit pour reconstruire l'occidentalité, la corporation régénératrice doit seulement comprendre, dans le même temps, cinquante philosophes, tant apôtres que prêtres. Quelque petit que semble ce nombre, sa proportion à celui des vrais croyants excède le double du taux normal, comme l'exige maintenant un service plus difficile et moins aidé. Si je vis suffisamment, j'empêcherai que le clergé positif dépasse une telle extension, afin que tous ses membres, indirects ou directs, outre les préparations convenables, soient, de cœur, d'esprit et même de caractère, au niveau de la mission que je leur assigne au nom du Grand-Être. On peut ainsi déterminer le développement que doit acquérir le subside positiviste, jusqu'à ce qu'il se transforme en budget central du sacerdoce universel, quand les gouvernants et les gouvernés seront assez convertis à la vraie religion.

Envers le fond typographique, il suffit de compléter son institution en étendant à tous les auteurs régénérés la mutualité que j'ai maintenant poussée jusqu'à mes divers écrits. Quoique un tel complément ne dépende pas immédiatement de moi, j'espère bientôt l'établir, d'après les avantages évidents qu'il procurera, dès son début, à la communauté littéraire, où j'apporterai fort au delà de ce que j'en retirerai d'abord. Ainsi dégagés de la librairie et du journalisme, les auteurs positivistes, outre la dignité due à leur renonciation à la vénalité révolutionnaire, obtiendront une indépendance actuellement incompatible avec d'ignobles marchés, qui toujours empêchent la vrai police des publications. Puisque le fond typographique suffit maintenant à sa destination, il doit naturellement continuer d'y suffire à mesure qu'elle s'agrandira ; car les ressources y croîtront suivant une progression nécessairement supérieure à celle des besoins, plus qu'en tout autre cas de vraie réciprocité. Destiné, comme le subside positiviste, à la transition organique, il est autant susceptible de préparer l'état normal, en faisant graduellement surgir, sous forme de livres, le trésor du pontife universel pour toutes les dignes publications.

Je puis ici faire directement sentir, envers ces deux institutions connexes, que le zèle de mon public est maintenant inférieur aux services que pourraient déjà rendre mes vrais auxiliaires, s'ils étaient assez soutenus. L'apostolat, et même le sacerdoce, sont actuellement susceptibles d'une ébauche décisive, puisque j'ai trouvé, pour chaque classe, un fonctionnaire aujourd'hui digne d'être entretenu, sous ma responsabilité, par le subside positiviste. Il m'est également permis d'assurer que plusieurs écrits, déjà projetés d'après mes inspirations, pourraient utilement seconder la régénération occidentale, si leurs auteurs avaient la faculté de les élaborer et publier convenablement. Envers la formation la plus difficile et la plus importante, j'ose annoncer, d'après l'état où je vois mes meilleurs théoriciens, que, dans quelques années, j'y trouverai sept dignes membres du sacerdoce universel, de manière à pouvoir instituer un premier collège positiviste, sauf les vicaires. Un second groupe encyclopédique aurait même pu déjà commencer, si je n'eusse pas perdu récemment, au milieu de sa trentième année, un éminent disciple, dont le talent plus poétique que philosophique émanait d'un noble cœur, malgré l'insuffisante énergie de son caractère.

Sous de telles impulsions, j'ai jugé maintenant opportun d'instituer le système d'épreuves philosophiques qui devra toujours garantir, au pontife comme au public, l'aptitude théorique des aspirants au sacerdoce positif, quand leur valeur morale sera suffisamment constatée. Il consiste en sept thèses imprimées, mathématique, astronomique, physique, chimique, biologique, sociologique et morale, successivement présentées, à des intervalles d'un à trois mois, et publiquement suivies chacune, sept jours après son admission, d'un examen oral sur la science correspondante. Les difficultés propres à la transition actuelle pourront exceptionnellement exiger, pour ne pas écarter d'éminentes natures, surtout morales, que je dispense, sous ma responsabilité, de quelques thèses cosmologiques, sans que je croie pouvoir jamais dispenser des trois thèses extrêmes. J'espère vivre assez pour faire ainsi surgir enfin de véritables philosophes, capables de terminer la progression, de plus en plus révolutionnaire, qui devait, en Occident, séparer, pendant trente siècles, la théocratie initiale et la sociocratie finale. Tant qu'elle resta sacerdotale, la philosophie fut directement appliquée à la destination pratique que son nom rappelle, et dont elle tendit graduellement à s'écarter pendant sa préparation spéculative, nécessairement indisciplinée. Elle doit maintenant reprendre ce grand office, avec une efficacité supérieure, en réglant la vie humaine, dont les lois sont assez appréciables depuis qu'on a suffisamment dévoilé, d'abord celles du Monde, puis celles de l'Humanité, qui dominent toujours l'existence individuelle. Mais un tel office exige des prêtres capables de surmonter le matérialisme théorique, en procurant aux études les plus nobles leur prépondérance normale, à la fois logique et scientifique, dans un milieu préoccupé des spéculations les plus grossières.

Il faut maintenant compléter cette circulaire en indiquant les divers progrès de l'avènement positiviste pendant une année exceptionnelle. Elle est devenue, comme pour moi-même, un temps de recueillement, mais non d'inertie, chez mon public, qui, s'y trouvant privé de l'impulsion annuelle jusqu'alors résultée d'un nouveau tome, a dû pareillement s'occuper d'appréciation et de préparation. Cette suspension a permis de saisir l'ensemble de ma construction religieuse, dont chaque partie avait successivement inspiré des réflexions trop exclusives. Tous les positivistes ont ainsi senti, comme leur chef, la confiance que suscite la plénitude et l'homogénéité d'une doctrine enfin parvenue à présenter, sur toutes les questions essentielles, des solutions décisives, toujours d'accord entre elles. La puissance que comporte une telle supériorité, dans un milieu profondément divisé, devint alors, chez mes meilleurs disciples, pleinement conciliable avec les ménagements qu'exige l'état, anarchique et rétrograde, des Occidentaux. Ainsi se prépare le digne ascendant des âmes d'élite, qui doit bientôt réaliser, épurés et combinés, l'empire universel que Mahomet promit aux vrais croyants, et le règne général que Cromwell annonçait aux saints. Gênée, dans l'antiquité, par l'hérédité sacerdotale et militaire, la domination normale des natures supérieures fut ébauchée sous la chevalerie et la papauté; le positivisme l'institue, suivant les pressentiments du jésuitisme et du jacobinisme, en liguant et guidant les véritables chefs.

Une telle coalition a réellement commencé quand le subside positiviste a fait assez surgir de dignes dévouements, en leur assignant une destination directe, précise et continue. Au prix de quelques souffrances, j'ai pu, suivant la naïve remarque de ma fille adoptive, mieux juger les âmes destinées à prévaloir, et même les attirer davantage, que si la position de Buffon, de Cavendish, ou de Lavoisier, m'eût entouré de flatteurs. Sept ans d'épreuves continues m'ont ainsi permis de constater que la religion universelle a déjà rallié des âmes d'élite, dont la fraternité mutuelle et la commune vénération n'exigent, pour obtenir un irrésistible essor, que les contacts résultés d'un même dévouement.

La postérité regardera l'état normal de l'Humanité comme ayant spirituellement commencé pendant l'année qui vient de finir, puisque la religion positive, pleinement instituée l'année précédente, s'est alors appliquée à l'installation politique de la transition finale. Quoique mon *Appel aux conservateurs* n'ait encore profité qu'aux positivistes, quelques adhésions décisives m'ont déjà permis d'espérer qu'il atteindra bientôt ses lecteurs spéciaux, sans attendre que la doctrine régénératrice soit directement invoquée au secours de l'ordre. Il manifeste l'avènement du pouvoir occidental, éclairant les gouvernements nationaux sur la marche propre à surmonter à la fois les rétrogrades et les révolutionnaires, en utilisant chaque parti selon sa nature. J'y réduis l'appréciation directe de la régénération positive à ce fait général, indépendant de toute controverse : *En rapportant tout à l'Humanité, l'unité devient plus complète et plus stable qu'en s'efforçant de tout rattacher à Dieu.* Mais il témoigne aussi la vénération que l'ancienne synthèse inspire au philosophe qui pourrait borner sa bibliothèque au poème de l'*Imitation*, complété par les épopées de Dante et d'Homère, en condensant la progression occidentale dans sa principale représentation. Cet opuscule fait profondément sentir ma constante disposition à respecter le gouvernement, en quelque main qu'il réside, quoique je ne doive jamais cesser de lui conseiller une meilleure conduite, consistant surtout à ne point sortir de sa mission actuelle. Elle se borne à résister sans pousser, jusqu'à ce que la réorganisation spirituelle ait assez rectifié les aspirations subversives et guidé les inspirations organiques.

Ce respect continu pour le pouvoir temporel devient une obligation spéciale chez la puissance spirituelle qui, venant instituer l'occidentalité, doit aujourd'hui se regarder comme implicitement associée à tous les gouvernements occidentaux, et surtout à celui du peuple central. Elle ne peut dignement régler la vie humaine sans offrir, dans sa propre conduite, un type anticipé des mœurs normales, au monde profondément troublé qu'elle veut régénérer. Sous un aspect plus spécial, le clergé positif doit aujourd'hui sentir que toute commotion politique entrave la réorganisation religieuse, en faisant toujours prévaloir d'abord l'anarchie, puis la rétrogradation jusqu'à ce que le retour du calme ait rétabli le cours des préparations suspendues. D'après leurs missions respectives, les deux pouvoirs se trouvent d'ailleurs animés d'une commune antipathie, spontanée ou systématique, envers la classe radicalement subversive où l'on commence sa carrière par s'ériger en juge universel. Avec une entière liberté d'exposition et de discussion, le sacerdoce le plus favorable à l'essor intellectuel aurait bientôt délivré l'Occident d'un fléau que la compression matérielle perpétue et développe depuis quarante ans.

Outre ce pas général et direct vers l'avènement de la saine politique, le positivisme a récemment fait de précieux progrès dans l'application et la propagation de la vraie religion. Trois mois se sont à peine écoulés depuis que j'ai consacré, pour la première fois, entre deux nobles prolétaires, le chaste préambule par lequel je venais de compléter le mariage positiviste, dont il fournit un caractère aussi décisif et plus fréquent que le veuvage correspondant. Chacun peut ainsi sentir combien le positivisme a déjà touché les deux éléments nécessaires de l'immense milieu sur lequel il doit toujours s'appuyer; quoique le journalisme et la littérature entravent des contacts contraires à leur anarchique influence. Rien ne pourra bientôt empêcher le peuple de sentir que le positivisme assure, mieux que le communisme, le bonheur et la dignité des travailleurs, tout en développant la prépondérance des entrepreneurs. Il sera pareillement impossible de cacher aux femmes l'avènement décisif de la seule religion qui, sans les retirer du sanctuaire domestique, consacre leur juste ascendant et réalise toutes leurs dignes aspirations, tant esthétiques que morales. A mesure que les contacts s'établiront, elles reconnaîtront que le positivisme systématise la double culture du sentiment, de manière à la faire toujours prévaloir, surtout chez le peuple, où résidera le meilleur type féminin. Les prolétaires des deux sexes doivent, de cœur et même d'esprit, mieux sentir que les lettrés la vraie philosophie de l'histoire, en appréciant la transition affective qui, sous le catholicisme et la féodalité, combinés dans la chevalerie, fit pleinement surgir les deux principaux éléments de la sociabilité finale.

En même temps que le positivisme perfectionnait son culte domestique au sein de la métropole universelle, son efficacité religieuse commençait à se manifester parmi les plus anarchiques de tous les occidentaux. D'après une délégation spéciale, j'ai pu récemment conférer, à travers l'Atlantique, le premier sacrement social à la nouvelle fille qu'un couple régénéré vient de donner à l'Humanité. Grâce au zèle continu d'un éminent apôtre, notre naissante Église américaine a déjà pris une attitude décisive, surtout depuis qu'elle s'est enrichie d'un noble prolétaire, au centre des divagations protestantes et de l'agitation mercantile.

Pendant que le positivisme manifestait, sur une échelle restreinte mais décisive, son aptitude normale à régler la vie humaine, tant privée que publique, parmi les deux principaux éléments de l'ordre final, il témoignait aussi sa puissance envers les classes transitoires. Sans m'arrêter à celles qui doivent radicalement s'éteindre, il me suffit ici de considérer la mieux disposée de celles que la régénération occidentale oblige seulement à se transformer en s'élevant. Depuis sa naissance, la systématisation positive a toujours trouvé des sympathies croissantes, d'abord passives, puis actives, parmi les médecins, surtout en France, où leur défaut de discipline collective facilite l'évolution individuelle. Cette affinité s'est surtout développée chez les purs praticiens, mieux susceptibles que les prétendus théoriciens de sentir la nature et les conditions de la synthèse médicale, normalement inséparable de la reconstruction universelle. Il n'appartient qu'à ceux-là d'apprécier assez les perturbations cérébrales et les rapports continus entre le physique et le moral pour reconnaître combien le positivisme ennoblit leur office en rendant l'homme toujours inséparable de la société. Renonçant à des positions académiques ordinairement échues à des fortunes dégradantes, les vrais médecins, surtout français, sont éminemment susceptibles de seconder la régénération occidentale, et même de fournir quelques dignes prêtres de l'Humanité. J'ai vu récemment accomplir la noble transformation d'un officier de marine en médecin positiviste, capable de concourir, avec d'autres déjà surgis, à constituer, en médecine, une école synthétique, que plusieurs dignes préparations tendent à consolider bientôt.

Mon année exceptionnelle a confirmé l'ensemble des progrès du positivisme, en manifestant, dans la vente de mon principal ouvrage, un accroissement propre à rassurer envers le subside protecteur. Le coupable silence de la presse anglaise et française n'a point empêché la *Politique positive* d'acquérir au moins cinq cents lecteurs, d'autant plus sérieux que cette tactique m'a naturellement préservé des attentions frivoles ou malveillantes. Quand leurs convictions seront assez formées et leurs sympathies suffisamment stimulées, on doit présumer que la moitié d'entre eux concourra régulièrement au subside positiviste, dès lors devenu bientôt capable de soutenir le clergé régénérateur. Une fois que les rénovateurs sont parvenus à ne plus rencontrer que des difficultés pécuniaires, elles ne tardent point à se dissiper, surtout en un temps où la situation universelle fait continuellement ressortir le besoin d'une doctrine et l'aptituée du système surgi. Si mes embarras excitent moins de dévouement que ceux de mes prédécesseurs, dont la vie et la liberté restaient habituellement menacées, ils demandent, chez mes patrons, une moindre abnégation, et comportent, de leur part, un plus vaste concours.

Rassuré par une telle conviction, je vais commencer, avec une parfaite sérénité, le complément de ma carrière intellectuelle, après laquelle je me livrerai, sans écrire, à mon office social, où je dois jusqu'alors me borner à guider le clergé naissant. Ma *Synthèse subjective*, ou *Système universel des conceptions propres à l'état normal de l'Humanité*, va continuer ma *Politique positive*, comme celle-ci prolongea ma *Philosophie positive*, début nécessaire de ma grande trilogie. Si, dans la progression normale que forment ces termes d'égale grandeur, quelques sophistes ont nié la continuité du second, j'ose assurer que personne ne contestera celle du troisième. De ses trois éléments nécessaires, théorique, moral et pratique, dont le second aura seul deux tomes, je vais aborder le premier, mon *Système de logique positive*, ou *Traité de philosophie mathématique*, que j'espère publier en octobre. Ce travail sera suivi d'une nouvelle année de repos, essentiellement consacrée à la préparation spéciale de la seconde et principale partie du complément synthétique de ma construction religieuse.

Vu l'approche de cette dernière moitié de ma seconde vie théorique, j'ai dû terminer l'année exceptionnelle par le Testament dont j'ai posé les bases générales à la fin de ma *Politique positive*. Le digne accomplissement d'un tel devoir a retrempé mes forces et consolidé mes espérances, même envers la longévité convenable à ma mission, en perfectionnant mon unité, d'après une meilleure appréciation, privée et publique, de ma subjectivité finale. Quoique je n'aie pu, malgré mes efforts et mes illusions, y remplir la principale destination d'un tel acte en instituant un successeur qui n'est pas trouvé, j'ai pourtant satisfait à toutes ses autres conditions, comme le prouvera sa publicité définitive. Mes treize exécuteurs testamentaires sont tellement choisis que leurs dignes remontrances me permettront d'y réaliser les principales améliorations que pourrait y susciter un contrôle plus étendu mais moins profond et moins pur. Cette opération me procure une nouvelle attitude ainsi définie : « Habitant une tombe anticipée, je dois « désormais tenir aux vivants un langage posthume, qui sera mieux « affranchi des divers préjugés, surtout théoriques, dont nos descendants « se trouveront préservés. » Ayant dû jusqu'ici parler au nom du passé, quoique en aspirant toujours à l'avenir, c'est de l'état futur, irrévocablement déduit de l'ensemble des divers modes antérieurs, que je dois maintenant occuper le public occidental, afin de discipliner en consacrant. Sans cesser de vivre avec nos meilleurs ancêtres, je vais surtout vivre avec nos descendants, jusqu'à ce que je revive dans eux et par eux après avoir assez vécu pour eux.

Salut et Fraternité.

Auguste COMTE,
10, rue Monsieur-le-Prince,
Né le 19 janvier 1798, à Montpellier.

Résumé général des souscriptions pour le subside positiviste en 1855

54 françaises. . . . . 3,796 fr.	Minimum,	5 fr.
	Moyenne,	70
	Maximum,	400
18 autres occidentales. . . . 2,740 fr.	Minimum,	5
	Moyenne,	152
	Maximum,	1,087
Plus 3 anonymes. . . . . 520 fr.		
Total 75 souscriptions . . . . . 7,056 fr.	Moyenne,	94

N. B. Fondé le 12 novembre 1848, le subside positiviste fournit 3,000 francs en 1849, 3,300 en 1850, 4,200 en 1851, 5,600 en 1852, 7,400 en 1853, et 7,004 en 1854.

HUITIÈME CIRCULAIRE

Adressée, par l'auteur du *Système de Philosophie positive*, du *Système de Politique positive* et de la *Synthèse subjective*, à chaque coopérateur du libre subside spontanément instituée pour le sacerdoce de l'Humanité.

Paris, le jeudi 15 Moïse 69 (15 janvier 1857).

M

Après sept ans de pénible préparation graduelle, le subside positiviste a sensiblement dépassé son minimum normal pendant l'année qui vient de finir. Quoique ce résultat ait encore exigé quelques efforts exceptionnels, principalement dus, comme de coutume, à la munificence hollandaise, il annonce une amélioration durable. Cette indication est spécialement confirmée par la permanence spontanée de l'ensemble des souscripteurs, sauf de rares mutations, dont la plupart sont heureuses. On peut ainsi présumer que les embarras matériels vont désormais cesser d'entraver le développement et l'installation de la doctrine régénératrice, si l'extension du libre protectorat devient assez conforme à celles du sacerdoce et de l'apostolat. Je dois seulement inviter chaque coopérateur à régulariser la conduite financière en réalisant, pendant le premier semestre, sinon la totalité, du moins la moitié de sa cotisation annuelle.

Le résultat que je viens d'annoncer ayant immédiatement suivi les explications décisives de ma septième circulaire sur la destination sociale du subside positiviste, je suis ainsi conduit à mieux apprécier que je ne l'avais d'abord fait la principale source d'un tel patronage. Quelques souscriptions conservent le caractère d'une sorte de grâce personnelle, dont je me sens plus gêné que touché; mais cette participation est maintenant minime, et doit graduellement cesser. Presque tous les coopérateurs, et surtout les principaux, ont essentiellement en vue de seconder la fondation du nouveau pouvoir spirituel qui peut seul terminer la révolution occidentale.

Mes soins exceptionnels envers un grand nombre d'élèves privés, pendant une génération entière (de 1816 à 1849), n'ont jamais déterminé le moindre concours au protectorat volontaire. Il en est de même dans le milieu polytechnique, quoiqu'on y puisse pleinement apprécier l'iniquité de la spoliation qui termina mes dix-neuf années de dignes services (de 1832 à 1851). Je n'ai pas trouvé plus de reconnaissance parmi les nombreux auditeurs des divers cours publics que j'ai gratuitement professés pendant vingt et un ans (de 1831 à 1851). La lecture, très propagée, de ma *Philosophie positive*, dont l'édition originale (à mille exemplaires) est depuis longtemps épuisée, et qui fut puissamment assistée d'une incomparable traduction, n'a pas été moins stérile chez ceux qui se sont bornés à ce début. Si ces divers modes d'ingratitude manifestent l'anarchie spirituelle que le positivisme vient radicalement surmonter, ils font également ressortir la nature sociale et le caractère religieux du noble patronage qui seconde la régénération occidentale en combinant la chevalerie et le sacerdoce.

On peut ainsi regarder le subside positiviste comme ayant déjà pris une consistance vraiment normale en 1856, sous le concours spontané de deux influences croissantes, l'une théorique, l'autre pratique. D'une part, la récente terminaison de ma construction religieuse a dès lors produit son effet naturel, en indiquant la puissance sociale d'une doctrine pleinement capable de guider le présent dans la paisible élaboration de l'avenir. En même temps, l'irrévocable accomplissement d'un grave épisode militaire a partout ranimé, surtout chez le peuple central, les aspirations régénératrices ainsi suspendues.

Ces deux impulsions doivent bientôt se développer en se combinant, à mesure qu'on sentira la connexité naturelle entre le perfectionnement social et la tranquillité politique. Déjà les vrais progressistes reconnaissent l'incompatibilité des aspirations rénovatrices avec les perturbations extérieures. Une équivalente appréciation doit davantage prévaloir envers l'ordre intérieur, dont toute altération suspend les dispositions régénératrices en ranimant des sollicitudes aveuglément conservatrices. Le positivisme consolide ces tendances spontanées en les systématisant, puisque le régime de l'activité pacifique repousse tout avènement violent. Il dispose les gouvernés à regarder les commotions politiques comme directement contraires à l'élaboration des questions sociales, dont la vraie solution est principalement religieuse. En même temps, il montre aux gouvernants que la prépondérance normale des aspirations régénératrices constitue la meilleure garantie de l'ordre matériel, en écartant l'agitation métaphysique d'après l'ascendant graduel des devoirs sur les droits. On peut ainsi reconnaître que toute restriction habituelle de la liberté d'exposition et de discussion tend à perpétuer la situation révolutionnaire, en dissimulant l'interrègne religieux qui la produisit et la maintient.

En ce qui me concerne, je dois ici rendre un hommage spécial à la dictature actuelle du peuple central, heureusement qualifiée de *socialisme impérial* par un éminent positiviste britannique. Si le socialisme parlementaire et démagogique avait momentanément prévalu, je n'aurais point accompli ma construction religieuse avec la pleine liberté dont elle fut dignement entourée, et qui d'avance annule toute tentative oppressive. Mais, quoique mes écrits quelconques, et ceux de tous mes vrais adhérents, aient maintenant acquis une suffisante liberté, je dois toujours demander qu'elle soit convenablement étendue à mes divers adversaires, y compris les plus anarchiques. L'universel affranchissement de la presse, et même de la parole, est désormais indispensable à la réorganisation spirituelle, pour éteindre l'usurpation théorique à laquelle le pouvoir pratique fut de plus en plus conduit depuis la fin du moyen âge. Cette libération exige que, sauf les ménagements convenables envers les personnes, tous les clergés soient maintenant réduits à la condition actuelle du nouveau sacerdoce, en ne vivant que des libres subsides de leurs adhérents respectifs.

Un tel mode, loin de nuire au catholicisme, peut seul procurer à ses vrais organes l'indépendance indispensable à l'efficacité sociale que la foi du moyen âge doit naturellement conserver jusqu'à la fin de la transition occidentale. La situation matérielle où je me suis irrévocablement placé devient aujourd'hui conforme aux conditions communes de la dignité spirituelle. C'est ainsi que le positivisme instituera la ligue religieuse qui doit graduellement surmonter l'ensemble des tendances irréligieuses, en faisant seule converger le catholicisme, l'islamisme, et même le protestantisme. Nulle autre doctrine ne ferait habituellement prévaloir les sollicitudes spirituelles, quand les gouvernants et les gouvernés ne s'accordent qu'à chercher des solutions purement politiques à des questions essentiellement morales. Seul, le positivisme rétablit et réalise, d'après de meilleures bases, l'irrévocable programme universel que le moyen âge posa : régler la vie humaine, tant privée que publique, en subordonnant au sentiment l'intelligence et l'activité, que les modernes ont exclusivement cultivées.

Graduellement développée par le protestantisme, le déisme et le scepticisme, la maladie occidentale consiste dans une révolte continue de la raison individuelle contre l'ensemble des antécédents humains. Résultée de la décadence nécessaire des croyances propres au moyen âge, elle a pour siège primitif la région spéculative du cerveau. Mais sa principale gravité provient de son extension spontanée à la région affective, en surexcitant l'orgueil et la vanité, tandis qu'elle comprime la vénération, et, par suite, les deux autres instincts sympathiques. Développant à la fois la présomption intérieure et la défiance extérieure, elle a pour résultats caractéristiques, dans les trois parties du cerveau, l'ennui, le doute, et l'irrésolution, que la foi positive fait seule cesser. Loin de se borner aux vrais révolutionnaires, le mal s'étend jusqu'aux plus purs rétrogrades, qui, sans admettre le dogme de l'infaillibilité personnelle, sont involontairement conduits à le pratiquer envers les principales questions habituelles. Ils ont spécialement manifesté cette tendance d'après leur participation croissante au journalisme, qui, résulté de l'interrègne religieux, tend à le perpétuer. Seuls, les vrais positivistes s'abstiennent d'employer activement, et même d'alimenter passivement, une institution radicalement anarchique, dont ils apprécient les ravages intellectuels et moraux, en s'efforçant d'en délivrer l'Occident d'après un digne usage de la liberté spirituelle.

Tels sont les principaux motifs qui, de plus en plus efficaces à mesure que le XIXe siècle se caractérise, doivent involontairement procurer une consistance croissante au subside sacerdotal. L'insuffisance sociale, tant privée que publique, des croyances surnaturelles, fait universellement respecter la morale, toujours démontrable, qui, dégagée des préoccupations célestes, consacre et discipline toutes les relations humaines, suivant les lois qui leur sont propres. Depuis la fin du moyen âge, les âmes émancipées manifestent une supériorité spontanée, non seulement d'esprit, mais aussi de caractère, en bravant les diverses peines officiellement liées au rejet de l'ancienne foi. C'est ce qui motiva la qualification que le XVIIIe siècle fit habituellement prévaloir à leur égard. Mais celle qui l'avait longtemps précédée indiquait combien la corruption morale se trouvait fatalement liée à l'affranchissement théorique et pratique, d'après la désuétude croissante de la culture affective. Un tel conflit ne pouvait être radicalement dissipé que par la religion de l'Humanité, qui rend au sentiment sa prépondérance normale, tout en développant l'intelligence et l'activité mieux que sous l'impulsion révolutionnaire. Voilà comment les dignes positivistes sont les seuls Occidentaux vraiment émancipés dans un siècle où le besoin de construire impose à tous les sceptiques l'hypocrisie la plus dégradante, à la fois théologique et métaphysique.

Il faut maintenant indiquer les principaux développements, privés ou publics, par lesquels le positivisme a spécialement confirmé son opportunité, morale et sociale, pendant l'année qui vient de finir.

Sous le premier aspect, je dois d'abord signaler l'essor spontané des habitudes religieuses qui, consolidant la véritable unité, peuvent seules assurer la pleine efficacité de la foi régénératrice. Quoiqu'on puisse difficilement instituer le culte intime au milieu d'une anarchie qui souvent altère les types convenables, de dignes positivistes ont déjà recours à ces secrètes pratiques journalières, où j'ai, depuis onze ans, puisé mes principales améliorations de tous genres. Ces fruits décisifs doivent indirectement former le meilleur indice d'un usage peu susceptible de vérification directe.

Quant au culte domestique, seul pleinement appréciable aujourd'hui, l'année 1856 a dignement complété la première application vraiment normale de l'aptitude du positivisme à consolider et perfectionner le lien fondamental. Un second exemple du chaste préambule caractéristique, dont l'année précédente avait déjà fourni le cas initial, a spécialement manifesté la tendance des âmes régénérées vers les habitudes sagement conciliantes qu'exige leur mission sociale. En prévenant de graves conflits domestiques par la préparation catholique du mariage positiviste, un digne couple a noblement témoigné la déférence civique qu'inspire la religion universelle envers tous les cultes locaux et temporaires.

Plusieurs adhésions précieuses, même féminines, ont récemment confirmé la tendance du positivisme à rallier toutes les âmes d'élite par une suffisante conformité de sentiments, de convictions et de destinations. J'ai spécialement admiré la pleine régénération, personnelle et sociale, d'un jeune révolutionnaire éminent, qui déjà voue au mouvement organique la noble ardeur longtemps appliquée à l'agitation subversive. Cette conversion décisive semble d'ailleurs promettre au positivisme un organe poétique dignement préparé par une éducation encyclopédique.

La même année fournit une seconde confirmation pratique de la noble résolution où mon incomparable traductrice fit spontanément surgir le meilleur type actuel des mœurs littéraires. Ses deux envois, en 1854 et 1856, ont heureusement acquitté le tiers des frais typographiques du tome final de mon principal ouvrage. Cette scrupuleuse conduite d'une célébrité longtemps indépendante du positivisme constitue la meilleure flétrissure des deux écrivains dont la réputation est surtout due à la vulgarisation britannique de la nouvelle synthèse.

Vers la fin de 1856, l'évolution positiviste a fait un pas fondamental par la publication du premier volume de ma *Synthèse subjective*. Dès ce début décisif, ma construction finale a directement caractérisé le complément nécessaire de la religion de l'Humanité d'après l'incorporation systématique du fétichisme convenablement développé. La destination spéciale de ce tome initial constate l'aptitude du positivisme à discipliner l'intelligence, en régénérant la science la plus opposée à toute subordination philosophique. Outre son efficacité normale, cette synthèse mathématique, directement émanée de la religion universelle, doit bientôt produire une réaction indispensable à l'ensemble de la transition organique, en dissipant le dernier prestige spéculatif. Pleinement affranchis de la théologie, et même de la métaphysique, les meilleurs positivistes, surtout théoriciens, restent encore dominés, comme je le fus longtemps, par la science proprement dite. Ils ne peuvent dignement conduire la réorganisation occidentale sans avoir convenablement surmonté ce dernier joug spirituel, plus contraire qu'aucun autre à la juste prépondérance du génie d'ensemble sur l'esprit de détail. Cette émancipation finale doit surtout résulter d'un traité qui prouve, dans le cas le plus décisif, l'inanité de la science empiriquement isolée de son but social, et dès lors réduite à construire une suite de programmes essentiellement irréalisables.

Trois opuscules caractéristiques ont successivement représenté l'année 1856 comme l'époque naturelle où le positivisme, pleinement institué, devait directement inaugurer son ascendant occidental en suscitant un digne apostolat, d'abord pratique, puis théorique. La population centrale, encore préoccupée de vaines tendances politiques, est essentiellement étrangère à cette triple manifestation, due aux milieux où la révolution moderne suscita les trois secousses partielles qui préparèrent la grande crise. En Hollande, en Amérique, en Angleterre, l'insuffisance, pleinement appréciable, des ébranlements préliminaires, dispose les âmes d'élite à mieux sentir l'opportunité de la construction religieuse qui caractérise le vrai positivisme. Sans doute, la régénération occidentale doit finalement trouver son principal appui chez les populations méridionales, où les femmes et les prolétaires, évitant le protestantisme et le déisme, ont davantage conservé les traditions sympathiques et synthétiques du moyen âge. Mais la foi régénératrice devait d'abord être spécialement assistée, pour l'apostolat comme envers le subside, par les dignes types essentiellement émanés des peuples prématurément ébranlés.

Du noble foyer hollandais, qui, depuis dix ans, fournit au positivisme le meilleur patronage moral et matériel, a spontanément surgi le premier hommage public à la religion universelle. Un éminent praticien a pleinement manifesté l'opportunité de la réorganisation théorique en proclamant une digne subordination envers un pouvoir auquel il n'aspire pas. Outre leur puissante réaction sur un milieu sceptique, qui ne résiste que passivement à la foi régénératrice, de tels exemples prouvent que les âmes les plus énergiques doivent aujourd'hui devenir les mieux disciplinables, de manière à mériter l'ascendant qui leur est normalement promis.

A l'éminent fondateur de notre Église américaine devait naturellement appartenir le précieux opuscule théorique où, vers le milieu de 1856, la religion positive trouva, sous un titre trop modeste, sa meilleure appréciation actuelle. La situation générale d'un tel pays est directement propre à manifester la nature, essentiellement religieuse, de la vraie solution occidentale, en montrant l'inanité sociale des remèdes politiques les plus prônés par les docteurs révolutionnaires. Dépourvue d'antécédents spéciaux, la colonie universelle doit mieux sentir le besoin de se rattacher à l'ensemble de l'Humanité. Ses conservateurs sont naturellement exempts des illusions propres aux nôtres sur l'efficacité politique des clergés officiels et des armées permanentes. En même temps, ses progressistes peuvent aisément reconnaître que la suppression de ce double joug laisse pleinement subsister les difficultés sociales partout propres au prolétariat occidental. Privés du pouvoir officiel par les lettrés et les légistes, les riches, actifs ou passifs, y doivent mieux apprécier la religion qui consacre à la fois le capital et le travail, tandis qu'elle y peut davantage détourner les pauvres d'une agitation uniquement profitable aux déclamateurs. Tous ces privilèges de la situation américaine recevront un prochain essor, d'après les travaux continus du digne apôtre qui vient de s'y caractériser et du noble prolétaire qu'il a pleinement adjoint à l'association régénératrice.

Je devais spécialement attendre de l'impulsion anglaise le mémorable opuscule politique où l'un de mes meilleurs disciples, profondément imbu de ma théorie historique, a dignement terminé cette année décisive en inaugurant la diplomatie positiviste par l'application la plus convenable. Chez le peuple où les vues de détail ont le plus entravé les pensées d'ensemble, le positivisme social ne peut immédiatement pénétrer d'après une exposition générale, directement contraire à la confusion officielle des deux pouvoirs. Un régime qui représente l'établissement de la dynastie anglicane comme ayant spécialement préservé ce pays de la grande crise occidentale, doit aujourd'hui repousser toute régénération intérieure. Mais il reste pleinement accessible à la rénovation de sa politique extérieure, actuellement dépourvue d'un plan quelconque. L'anarchie occidentale ayant d'abord affecté les relations internationales, c'est aussi par elles que la nouvelle spiritualité doit maintenant installer son influence sociale. En politique, comme en logique, les principes les plus importants devant d'abord prévaloir envers les questions les plus simples, la diplomatie positiviste ne pouvait convenablement surgir que dans le cas le moins orageux. Tels sont les principaux motifs du précieux opuscule qui tend à régénérer la politique britannique en flétrissant, d'après un rapprochement décisif, l'outrage que subit, depuis un siècle et demi, la plus énergique des nations occidentales.

Moins de deux ans ont donc suffi pour réaliser la prévision finale de mon principal ouvrage, le prochain avènement spontané, parmi les âmes régénérées, d'un digne apostolat positiviste, tant pratique que théorique, qui nous délivre de la dangereuse assistance des littérateurs quelconques. La formation de notre sacerdoce est moins avancée, parce que, avec une difficile préparation encyclopédique, il combine une rare harmonie entre le cœur, l'esprit, et le caractère; sans que je révoque, à cet égard, les espérances propres à ma septième circulaire. Quand il aura suffisamment surgi, son service, public et privé, sera plus moral qu'intellectuel, et recourra davantage à la parole qu'à la presse, malgré la destinée exceptionnelle de son fondateur.

Pour compléter l'appréciation des divers progrès du positivisme pendant la principale année de son installation, je dois maintenant remarquer qu'ils ont tous été naturellement restreints à quelques âmes régénérées, sans aucun concours actif de l'ensemble des vrais croyants. La planète humaine contient déjà cinq cents positivistes au moins, que mes circulaires finissent par atteindre d'après mes volumes. Ainsi, l'exiguité du subside sacerdotal est surtout due à ce que les quatre cinquièmes d'entre eux n'y prennent jamais part, toute insuffisance personnelle étant d'ailleurs inadmissible envers une cotisation annuelle qui peut se borner à 5 francs. Voilà comment la plupart de mes adhérents deviennent involontairement complices de la seule persécution habituellement possible dans un milieu qui met hors d'atteinte la vie, et même la liberté, des vrais régénérateurs. Outre que tous mes lecteurs assidus reconnaissent les obligations sociales des richesses personnelles, tous admettent la division des deux puissances, et les devoirs matériels de la masse active envers l'élite contemplative, nourrie de libres subsides, jusqu'à ce que son budget officiel résulte de la conversion universelle. En considérant l'avènement du catholicisme, ils peuvent tous sentir que mes contemporains seront surtout jugés, individuellement et collectivement, d'après leur conduite envers le positivisme : deux flétrissures personnelles ont déjà prouvé que j'ose, à cet égard, devancer la Postérité. Je dois donc attribuer la coupable inertie de la plupart de mes adhérents à ce que leur conversion n'a point passé de l'esprit au cœur, principale source de la conduite; ce qui fait naturellement espérer une prochaine amélioration, à mesure que la vraie théorie de l'unité leur fera mieux apprécier le sentiment.

Synthétiquement considérée, la réorganisation occidentale doit surtout consister à reconstruire la vénération normale des faibles pour les forts d'après un dévouement exceptionnel des forts aux faibles. Cette abnégation continue ne saurait maintenant émaner que du sacerdoce positif, auquel tous mes vrais disciples, tant pratiques que théoriques, resteront spontanément associés jusqu'à ce que les gouvernements aient librement transféré le commandement aux hommes d'État régénérés. Outre que le patriciat normal ne peut immédiatement surgir, la puissance personnelle qu'il exige l'empêcherait de fournir un type suffisant du dévouement social, propre à stimuler la vénération populaire sans la supposer. Les vrais positivistes ne peuvent donc prévaloir qu'en développant, chez eux-mêmes, pour les exciter en autrui, les trois instincts connexes dont la systématisation constitue le principal privilège de leur foi. Voilà pourquoi je dus, à tout risque, au début de ma construction religieuse, refuser toute existence officielle, et même des pensions quelconques, sans retirer aucun profit personnel de mes divers travaux, afin de ne plus vivre que d'un libre subside, longtemps insuffisant. Tous ceux de mes adhérents qui continueraient à s'abstenir du facile concours imposé par leurs convictions seraient bientôt assimilés aux faux positivistes qui, lettrés ou riches, repoussent la réorganisation spirituelle pour perpétuer l'indiscipline morale. Je puis donc espérer que le subside régénérateur pourra prochainement permettre l'essor systématique du sacerdoce normal et de l'apostolat théorique.

La réorganisation spirituelle est tellement urgente, que le positivisme y devra bientôt obtenir l'appui continu de toutes les âmes vraiment religieuses, qui, surtout féminines, sans partager notre foi, seconderont nos efforts pour préserver l'Occident du matérialisme universel. Elles peuvent déjà sentir combien la vie humaine, tant privée que publique, a besoin d'être systématiquement réglée, dans une situation où l'empirisme politique ne maintient l'ordre matériel qu'en altérant l'ordre moral. Que les vrais positivistes se montrent habituellement dignes d'une telle assistance en élevant leur conduite, personnelle, domestique, et civique, au niveau de leur foi ; les âmes impartiales ne tarderont pas à leur accorder une admiration qui bientôt s'étendra de la personne à la croyance. Ils seront ainsi reconnus les seuls hommes véritablement complets que comporte l'anarchie occidentale, et leur présidence sociale, d'abord religieuse, puis politique, sera dès lors incontestée. Mais cet ascendant nécessaire suscite le danger, déjà sensible, de développer en soi la surexcitation continue de l'orgueil et de la vanité d'après nos efforts même pour la guérir en autrui, vu l'opinion exagérée que nous sommes ainsi conduits à concevoir de notre propre mérite. Une telle chute doit maintenant déterminer la principale sollicitude de tous les vrais positivistes, qui déjà prévaudraient s'ils étaient assez unis et disciplinés : leurs sentiments seuls retardent le triomphe social d'une doctrine pleinement adaptée à la situation correspondante. Cette entrave sera graduellement surmontée d'après une meilleure appréciation de leur destination et de leur croyance, qui concourent à leur prescrire, par-dessus tout, le perfectionnement moral, seule source de l'unité réelle, et, par suite, de la dignité comme du bonheur.

Il doit aujourd'hui consister principalement à reconstruire la vénération chez les âmes d'élite, seules vraiment disciplinables dans une génération anarchique, qui ne peut être, sinon transformée, du moins dominée, que d'après leur propre rénovation directe. Les dignes positivistes doivent donc fournir l'exemple continu, non seulement d'une subordination religieuse envers leur chef spirituel et ses délégués quelconques, mais aussi d'une obéissance civique à toutes les autorités temporelles, quelle que soit leur origine. Au milieu d'une agitation empirique, ils feront systématiquement sentir l'importance de conserver le commandement et la richesse chez leurs possesseurs actuels, qui ne peuvent sincèrement élaborer l'avenir social tant qu'ils restent naturellement préoccupés du présent personnel.

On aurait incomplètement apprécié l'insuffisance spontanée du subside occidental, si l'on méconnaissait les avantages, même intellectuels et surtout moraux, qui jusqu'ici compensèrent les inconvénients, privés et publics, d'une telle détresse. Elle m'a spécialement préservé de l'orgueil, écueil ordinaire d'un pouvoir naturellement enclin à la vanité; son influence extérieure m'a fait mieux juger de mon entourage, suivant la naïve remarque spécialement citée dans ma septième circulaire. Je dois même souhaiter que l'accroissement nécessaire du subside sacerdotal ne soit pas plus rapide que celui du service correspondant. Le positivisme est tellement opportun que, à chaque secousse sociale, on a communément supposé qu'il allait bientôt obtenir un grand ascendant, que la confusion des deux puissances dispose à croire plus temporel que spirituel. Souvent le zèle, et quelquefois la souscription de certains adhérents tinrent à l'espoir d'atteindre ainsi l'élévation qu'ils ambitionnent, ou du moins l'aisance et l'estime qu'ils désirent sans les mériter : si le subside eût été plus large, ils m'auraient peut-être trompé. Quoi qu'il en soit, je me sens assez averti pour oser désormais garantir que le public positiviste n'aura pas davantage à regretter envers autrui qu'à mon propre égard l'usage, toujours responsable, du noble appui matériel qu'il fournit à ma mission sociale. Si le subside sacerdotal dépasse sa destination directe, tant collective que personnelle, j'appliquerai l'excédent à l'utile extension du fonds typographique, qui, par sa nature, comporte une addition quelconque, sans permettre aucune soustraction.

En terminant ma huitième circulaire, je dois spécialement déclarer que la lenteur des progrès sociaux du positivisme est plus imputable aux positivistes eux-mêmes qu'au public occidental et surtout qu'aux gouvernements actuels, principalement chez le peuple central. Forcée d'émaner du milieu révolutionnaire, pour une rénovation plus mentale que morale, la doctrine qui constitue la religion universelle, d'après la subordination de l'esprit au cœur, n'a pu jusqu'ici toucher le sentiment qu'à travers l'intelligence. Plus convenable au Midi qu'au Nord, mieux appréciable chez les femmes et les prolétaires que parmi les classes spéciales, elle n'a maintenant converti que des âmes exceptionnellement émanées de situations défavorables, en substituant la conviction à la persuasion. Les résultats obtenus suivant un tel mode font assez sentir quelle sera la rapidité du succès quand la prédication positiviste, enfin devenue plus poétique que philosophique, aura directement pris son caractère normal et sa destination naturelle. Grâce à la noble tolérance du dictateur qui produisit la meilleure sentence du XIXe siècle, la liberté de mes volumes s'étend à mes opuscules, et même à mes circulaires, où la République Occidentale est annuellement proclamée sous le timbre impérial. Une sagesse spontanée a toujours senti que ce frontispice systématique caractérise la prépondérance nécessaire d'une paisible reconstruction spirituelle sur un orageux mouvement temporel. Récemment invoquée pour un besoin exceptionnel, l'occidentalité ne peut normalement renaître qu'en reposant, mieux qu'au moyen âge, sur la combinaison continue de l'indépendance politique avec la communauté d'éducation, de religion, et de sacerdoce.

Salut et Fraternité.   Auguste COMTE,
                              10, rue Monsieur-le-Prince,
                              Né le 19 janvier 1798, à Montpellier.

Résumé général des souscriptions pour le subside positiviste de 1856.

52 souscriptions françaises	4,102 fr.	Minimum,	5 fr.
		Moyenne,	79
		Maximum,	520
15 autres occidentales	2,697 fr.	Minimum,	10
		Moyenne,	180
		Maximum,	710
6 anonymes, de diverses nations.	1,447 fr.	Minimum,	42
		Moyenne,	241
		Maximum,	710
Total 73 souscriptions.	8,246 fr.	Moyenne,	113

N. B. Fondé le 12 novembre 1848, le subside positiviste fournit 3,000 fr. en 1849, 3,300 en 1850, 4,200 en 1851, 5,600 en 1852, 7,400 en 1853, 7,004 en 1854, et 7,056 en 1855.

N° 33

LETTRES D'AUGUSTE COMTE AU DOCTEUR AUDIFFRENT

SUR LA MALADIE [1].

PREMIÈRE LETTRE.

Paris, le samedi 14 Frederic, 66 (1854).

Mon cher disciple,

Vous faites très sagement d'aborder, à Marseille, l'étude clinique, dès le début de votre cours médical, sans attacher une importance exagérée à la subordination de la pathologie envers la biologie. L'existence et même la structure ont été si mal étudiées et restent si peu connues, que vous ne

---

[1] Ces lettres, surtout précieuses en ce qu'elles ébauchent la grande théorie pathologique que devait élaborer le *Traité de morale*, ont été adressées, en 1854 et 1855, par le fondateur du Positivisme, à un de ses disciples les plus dévoués, M. G. Audiffrent, qui a droit à toute notre reconnaissance pour avoir provoqué et mérité une telle communication, et pour l'avoir aussi libéralement transmise.

gagneriez rien à retarder l'examen direct des malades, jusqu'à ce que vous possédiez sur l'état normal des notions statiques et dynamiques plus développées que celles qui vous sont maintenant familières. Si nul art, même mathématique, ne comporte réellement une pleine rationalité, celui que vous allez apprendre repousse surtout cette illusion théorique. En comparant la médecine d'Hippocrate avec la nôtre, vous ne trouverez pas le progrès moderne en harmonie avec les acquisitions scientifiques, même après avoir écarté celles qui sont équivoques ou vicieuses. Rien ne pourra jamais dispenser de guider la thérapeutique d'après un suffisant ensemble d'explorations pathologiques coordonnées par une rationalité spontanée. D'ailleurs, les études cliniques sont éminemment propres à signaler les lacunes et les imperfections de la biologie, dont les conceptions, qui ne comportent aucune application médicale sont, par cela seul, oiseuses ou vicieuses. Une appréciation pleinement positive dispose à sympathiser avec les praticiens qui dédaignent une culture biologique trop souvent incompatible avec la vue synthétique de l'organisme.

D'après une telle considération, vous pouvez dignement accomplir, à Marseille, votre principal cours d'études médicales, en utilisant les avantages d'un milieu plus abondant en malades qu'en médecins; sans regretter les ressources plus apparentes que réelles, qui sont propres à Paris. Le même motif doit ensuite vous déterminer à passer une année dans l'école de Montpellier, dont l'esprit plus ontologique se trouve compensé par un caractère plus synthétique, et qui vous fera mieux sentir la médecine hippocratique. Mais il faudra venir passer votre dernière année à Paris, surtout afin que votre doctorat émane du foyer le plus accrédité.

Quant à votre grande question sur le classement des maladies végétatives, vous avez judicieusement pressenti sa précocité. Toutefois, je puis, à votre intention, ébaucher sommairement une doctrine qui ne m'absorbera directement que dans trois ans.

Par une contradiction décisive, le langage indique partout l'irrationalité générale des conceptions pathologiques. Quoique la maladie soit universellement définie par contraste à la santé, le premier mot devient ordinairement pluriel, tandis que le second reste toujours singulier. Cela signifie que les prétendues maladies classiquement distinguées, se réduisent essentiellement à de simples symptômes. Il ne peut au fond exister qu'une seule maladie, consistant à ne pas se bien porter. Or, puisque la santé réside dans l'unité, la maladie résulte toujours d'une altération de l'unité, par excès ou défaut d'une des fonctions en harmonie. Le désordre peut provenir du dehors ou du dedans, quand les limites normales de variation se trouvent dépassées, en un sens quelconque, par l'action prolongée, soit du milieu, soit de l'organisme. A mesure que l'espèce devient plus éminente, et plus civilisée, c'est surtout le second cas qui prévaut.

Chez les Occidentaux actuels, même masculins, la maladie doit donc être habituellement attribuée au centre cérébral, qui domine mieux l'ensemble de l'organisme, et d'ailleurs fonctionne davantage. Les altérations émanées du milieu n'acquièrent ordinairement de gravité que d'après leur réaction indirecte sur le cerveau, par les nerfs, ou les vaisseaux. Mais on est habituellement trompé sur le vrai siège de *la maladie* parce que *les symptômes* affectent rarement les fonctions cérébrales, sauf les cas de grand danger. Ils consistent presque toujours dans les altérations que le cerveau troublé détermine sur les autres organes. Vous pouvez ainsi sentir à quel point la pathologie reste éloignée d'une vraie rationalité, puisqu'elle se trouve ainsi forcée d'ériger ces divers symptômes en autant de maladies distinctes, tant qu'elle ne peut diriger l'élaboration, au moins subjective, vers le siège réel.

On ne peut espérer un tel progrès avant d'avoir assez avancé l'analyse du système nerveux, qui n'est jusqu'ici que grossièrement ébauchée, d'après la destination, d'ailleurs confuse le plus souvent, entre les trois sortes de nerfs, sensitifs, moteurs, et nutritifs. Les premiers ont surtout besoin d'une séparation rationnelle envers les nerfs respectifs de la musculation, de la calorition et de l'électrition, vaguement fondus jusqu'ici dans ceux du tact. Vos observations cliniques pourront à cet égard fournir d'utiles renseignements sur une distinction aussi délicate qu'importante sans laquelle les conceptions pathologiques ne comportent jamais assez de précision.

Un tel préambule est ici destiné principalement à vous empêcher d'exagérer, suivant la tendance actuelle, l'importance du classement prématuré que vous me demandez. Puisque les maladies ne sont que des symptômes, il y faut suivre l'ordre essentiel des fonctions correspondantes. Tel est le principe de classement indiqué dans mon volume final, d'après la distinction des trois modes, végétatif, animal et cérébral, de l'existence humaine. Il vous suffira de prolonger cette règle en développant les fonctions correspondantes, pour obtenir un classement raisonnable des maladies végétatives, c'est-à-dire des symptômes du trouble cérébral, d'après la vie de nutrition. Cette existence se compose d'absorption et d'exhalation, dont l'une consiste en élaboration suivie d'assimilation, et l'autre en dépuration suivie d'excrétion. Son ensemble a donc pour centre la circulation, également nécessaire à ces quatre fonctions générales. A chacun de ces groupes d'actes et d'agents organiques, appliquez les variations par excès ou défaut, au delà des limites normales (qui sont mal connues encore) ; vous obtiendrez le classement demandé, des symptômes végétatifs de l'altération cérébrale de l'unité, chez l'homme et les animaux supérieurs, mais sans négliger jamais l'influence continue du milieu.

DEUXIÈME LETTRE.

Paris, le lundi 9 Bichat 66 (1854).

Mon cher disciple,

Votre lettre de vendredi, que j'ai reçue hier, vérifie spécialement votre disposition habituelle à dignement utiliser mes conseils pathologiques. C'est pourquoi je dois aujourd'hui compléter ceux de ma dernière réponse, en y joignant quelques autres réflexoins sur la théorie systématique des maladies.

Le principe que j'ai posé permet de concevoir leur classement rationnel d'après leurs sources essentielles, puisque toutes résident dans le cerveau.

Car cette classification doit dès lors résulter du tableau cérébral. Puisque la région affective domine dans l'état normal, elle doit surtout prévaloir envers ses perturbations, d'autant plus que son exercice est seul continu. Quant aux deux autres régions cérébrales, elles ne peuvent influer que sur les subdivisions, outre leur participation aux symptômes, lorsque le trouble atteint son maximum. Il faut donc rapporter les maladies au sentiment, dont l'intelligence et l'activité ne sont que les ministres généraux, *dépourvus d'ailleurs de relations directes avec la vie végétative*.

On est ainsi conduit à distinguer d'abord les maladies en égoïstes et altruistes, comme les moteurs affectifs, quoique les unes et les autres puissent avoir lieu par excès ou par défaut, le premier cas appartient surtout aux premières, et le second aux secondes. Un insuffisant essor de l'altruisme constitue la source secrète d'une foule de perturbations radicalement méconnues. Telles sont surtout les épidémies qui succèdent aux commotions politiques, comme les affections cholériques survenues dans ce siècle, après la secousse antibourbonnienne de 1830, la crise républicaine de 1848, et finalement la crise dictatoriale (1851). La source nécessairement cérébrale de toute grave maladie devient spécialement irrécusable envers ces vastes perturbations, que l'empirisme matérialiste proclame inintelligibles.

De ce classement général, on peut, d'après le même principe, procéder successivement aux distinctions particulières, en suivant l'ordre normal des instincts, personnels ou sympathiques, dont l'intensité mesure celle des perturbations. Vous pourrez ainsi développer simultanément les deux modes essentiels, l'un rationnel et l'autre empirique, que comporte la classification des maladies, en comparant tantôt leurs sources, tantôt leurs symptômes.

Cette synthèse pathologique conduit dans la pratique à des conséquences générales qui rattachent directement la médecine à la morale. En effet, les maladies résultant d'une altération de l'unité, tandis que l'unité repose essentiellement sur la sympathie, il est rigoureusement démontré que le meilleur moyen de se bien porter consiste à développer la bienveillance. La gaieté, la sécurité que procure l'habitude de *vivre au grand jour*, chez ceux qui *vivent pour autrui*, garantit autant leur santé que leur bonheur ; par contraste à la belle remarque de Hufeland sur la faible longévité des comédiens, et généralement de quiconque est souvent forcé de dissimuler.

En étendant le principe pathologique hors de notre espèce, il permet aussi d'expliquer la moindre diversité, comme la moindre gravité des maladies parmi les animaux, même les plus rapprochés de nous. Car, privés du mouvement social, ces cerveaux fonctionnent beaucoup moins, et d'ailleurs réagissent moins sur les viscères nutritifs.

Telles sont les sommaires indications que je devais joindre ici à mes aperçus antérieurs, envers une doctrine capitale qui ne m'absorbera directement que dans trois ans, et pour laquelle néanmoins je ne regrette pas les efforts que m'a déjà suscités votre demande.

TROISIÈME LETTRE.

Paris, le jeudi 19 Bichat 66 (décembre 1854).

Mon cher disciple,

. . . . Je dois aussi saisir cette occasion de vous résumer l'ensemble de mes deux dernières lettres en concluant à l'introduction systématique du point de vue social, tant dynamique que statique, dans toutes les conceptions médicales, qui ne sauraient autrement devenir assez réelles et rationnelles.

La pensée biologique ne peut rester binaire qu'envers les animaux, chez lesquels il suffit de comparer l'organisme et le milieu. Dans notre espèce, on ne doit employer ce dualisme qu'en décomposant le premier élément en individuel et collectif, ce qui rend ternaires les conceptions fondamentales. Pour que les médecins cessent de dégénérer en vétérinaires :

Entre l'homme et le monde il faut l'Humanité;

sans un tel médiateur, on ne peut assez représenter l'action réciproque des deux éléments du grand dualisme. Car c'est surtout à travers l'Humanité que le monde domine l'homme et l'homme modifie le monde. Quoique l'ordre universel affecte directement chacun de nous, son influence réelle sur l'individu reste surtout indirecte, d'après le poids total de l'économie extérieure envers l'ensemble de nos prédécesseurs et de nos contemporains. En comparaison d'une telle résultante, la propre composante de chacun devient de plus en plus minime. D'ailleurs l'Humanité protège l'homme contre le monde en même temps qu'elle lui transmet sa principale action.

Il faut désormais écarter la considération de l'homme isolé comme une abstraction aussi vicieuse en médecine qu'en politique. En constituant le dualisme médical d'après la réaction mutuelle entre le corps et le cerveau, l'existence corporelle reste nécessairement soumise à deux influences continues, l'une extérieure, l'autre intérieure. La première lui transmet l'action du milieu matériel, seul apprécié jusqu'à présent, et la seconde celle du milieu social qui tend de plus en plus à prévaloir.

Après m'avoir hier entendu lire à nos confrères votre lettre de dimanche, accompagnée des réflexions qu'elle me suscite, l'excellent docteur Carré, que mes précédentes communications sur la théorie synthétique des maladies avaient beaucoup frappé, me fit spécialement remarquer la tendance caractéristique vers une telle philosophie dans l'école propre à Montpellier, du moins avant son altération actuelle, et telle que la résume le principal traité de Barthez. Cette affinité spontanée constitue la compensation naturelle des inconvénients d'une doctrine ontologique qui néanmoins dispose à la synthèse et détourne du matérialisme si funeste à l'école de Paris, même chez Cabanis et Broussais. Mais une telle tendance ne pouvait devenir décisive que d'après deux grandes conditions successivement remplies par Gal et par moi. D'abord il fallait que Gall eût placé dans le cerveau toutes les fonctions affectives, en éliminant leurs sièges végétatifs, de manière à constituer l'appareil par lequel les morts gouvernent les vivants. En second lieu, l'existence et surtout l'évolution de la société devaient être ramenées à des lois positives, par ma fondation de la sociologie, sans laquelle les aperçus spontanés des spiritualistes de Montpellier ne pourraient acquérir une vraie consistance, ni comporter une efficacité décisive.

D'après la loi d'interposition, le point de vue biologique, en tant qu'intermédiaire entre le cosmologique et le sociologique, ne pouvait être systématisé sans une suffisante institution non seulement de la cosmologie, mais aussi de la sociologie. C'est ainsi que la science et l'art tendent partout à se fondre finalement dans la morale qui, théorique, établit la connaissance, et, pratique, le gouvernement de la nature humaine, seul objet définitif de nos saines spéculations.

QUATRIÈME LETTRE.

Paris, le vendredi 14 Moïse 67 (janvier 1855).

Mon cher disciple,

. . . . . . La théorie synthétique des maladies se trouve ainsi résumée par la définition sociologique du cerveau comme appareil de l'action des morts sur les vivants. On peut dès lors apprécier combien l'anarchie occidentale constitue une véritable maladie, puisqu'elle consiste surtout dans une insurrection continue des vivants contre les morts, ce qui tend directement à produire un trouble chronique de l'économie cérébrale. Mais vous pouvez mieux lier la médecine à la morale en formulant ainsi la définition subjective du cerveau : *Le double placenta permanent entre l'homme et l'Humanité.*

Il importe de dire *double*, afin de distinguer toujours les deux ordres simultanés de relations subjectives, d'une part envers le passé, de l'autre envers l'avenir. Cela fait même ressortir la gravité de la maladie occidentale, qui tend à rompre le placenta dans les deux sens. . . . .

CINQUIÈME LETTRE.

Paris, le dimanche 21 Guttemberg 67 (1855).

Mon cher disciple,

. . . . Pour rendre plus précises vos méditations sur l'enveloppe muco-dermique, siège essentiel de la réaction continue entre le corps et le milieu, je vous invite à considérer particulièrement les ganglions sensitifs, et surtout celui du tact, d'après lequel la vie organique affecte directement la vie cérébrale, et par suite l'unité vitale. Quoique son influence soit souvent confondue avec celle des ganglions de la calorition et de l'électrition, l'exploration des maladies permet de la distinguer, et conduit à la regarder comme la principale source des perturbations cérébrales, dues à l'état du muco-derme sous l'impulsion extérieure. Le corps modifie le cerveau par ces trois ganglions, comme le cerveau modifie le corps par les nerfs émanés de son organe nutritif. Mais pour concevoir ces relations générales, il faut s'écarter de la routine actuelle, dont la conservation constitue la principale source de confusion dans la thèse noblement exceptionnelle de M. F., qui trop tard averti par moi persiste à réunir l'appareil cérébral à l'ensemble des nerfs, tandis qu'il ne leur appartient pas plus qu'aux muscles. Il n'existe réellement que trois classes de nerfs, nutritifs, sensitifs, et moteurs, qui constituent, si l'on veut, autant de systèmes, respectivement subordonnés aux trois régions du cerveau, lequel ne forme ni l'aboutissant, ni l'origine, des nerfs quelconques, mais un appareil distinct et supérieur, dont les nerfs intérieurs se réduisent, sans enveloppe fibreuse, aux faisceaux passifs à l'aide desquels ses différentes parties communiquent entre elles.

Vous avez pleinement raison de ne pas séparer la pathologie de la thérapeutique, à laquelle toutes ses conceptions doivent directement viser. Au fond, la médecine est toujours restée, comme la morale, rebelle à toute vaine séparation entre la théorie et la pratique, dont les domaines se confondent envers tout ce qui concerne immédiatement l'homme proprement dit, vu la coïncidence entre l'objet et le sujet, d'où résulte que l'abstraction se trouve réduite autant que possible. Elle s'y borne à ce qu'exige la généralité des préceptes, toujours destinés à l'homme en général, sans tenir compte des diversités individuelles, lesquelles doivent finalement prévaloir dans l'application, qui ne saurait ainsi comporter jamais une rationnalité complète. Quand la médecine sera rentrée dans la morale, dont elle est normalement inséparable, leur commun caractère synthétique deviendra pleinement irrésistible, et fera sentir comment l'Humanité constitue l'intermédiaire nécessaire entre l'homme et le monde, ou le milieu. Si l'on décompose le Grand-Être, comme va l'indiquer mon opuscule, dans sa trinité chronologique, en trois êtres collectifs (priorité, public, et postérité), on voit que les deux extrêmes se lient directement à l'homme par le placenta cérébral, tandis que le moyen appartient réellement au milieu, qu'il faut ordinairement considérer comme social aussi bien que comme vital et matériel, puisque ces trois influences sont souvent analogues ou connexes, tant en médecine qu'en morale. . . . .

SIXIÈME LETTRE.

Paris, le dimanche 14 Shakespeare 67 (1855).

Mon cher disciple,

. . . . Votre nouvelle question sur l'innervation ne me semble point assez nettement posée pour que j'y puisse faire maintenant une réponse spéciale. Je vous invite seulement à vous efforcer directement de concevoir le dualisme général entre le corps et le cerveau. Pour cela vous devez regarder *le corps* comme composé de trois parties, l'une végétative, les *viscères*, deux autres animales, active et passive, les muscles (y compris les os) et les sens. Ces trois systèmes corporels sont respectivement subordonnés aux trois régions cérébrales. La liaison s'établit par les trois appareils nerveux, nutritif, moteur et sensitif, dont la moelle épinière et le grand sympathique constituent seulement des moyens de perfectionnement. . . . .

SEPTIÈME LETTRE.

Paris, le mardi 23 Bichat 67 (1855).

Mon cher disciple,

. . . . En outre son développement (1) m'a permis la vérification spéciale de ma conception générale sur la source essentiellement cérébrale de la maladie, au moins dans l'homme, surtout civilisé. Car elle a suscité, comme tous les préambules de mes grands travaux, une crise physique, principalement relative à l'appareil digestif, dont la surexcitation m'a contraint à m'abstenir de dîner pendant treize jours. De végétative, la réaction cérébrale est aujourd'hui devenue animale, et consiste dans une agitation convulsive qui, bientôt dissipée, va me ramener un état pleinement normal, sauf la stimulation durable de la région spéculative, succédant à celle de la région active, d'après une influence primitivement affective; ce qui me représente en petit la marche essentielle de nos perturbations; en sorte que, comme médecin, vous pourrez utiliser l'incident que je me plais à vous décrire à cette fin.. . . . .

HUITIÈME LETTRE.

Paris, le vendredi 7 Charlemagne 67 (1855).

Mon cher disciple,

. . . . Quant à vos conjectures sur la longévité, je ne dois que vous encourager à les rendre plus fermes et plus vastes en les systématisant davantage. Nous ne sommes, en tout genre, qu'au début du perfectionnement, même envers notre situation et surtout pour notre nature. La longévité, qui suscitait tant de vagues espérances chez Bacon et Descartes, doit nous fournir un ample domaine de conceptions et d'améliorations. Mon père spirituel allait jusqu'à rêver l'extension indéfinie. Quoique la philosophie positive écarte de telles chimères, elle confirme l'espoir continu d'un succès notable et croissant, d'après les progrès du régime humain, complété par l'hérédité.

(1) Il s'agit ici du testament d'Auguste Comte (Note du biographe).

Ceci me conduit à terminer ma réponse en vous indiquant à cet égard, une conception générale, qui trouvera normalement sa place, en 1858, dans le traité de la nature humaine, où doit consister la première moitié de ma *Morale positive*. Il faut regarder comme la principale imperfection de notre organisme individuel, l'insuffisante harmonie entre le corps et le cerveau. Le cerveau pourrait, je crois, user deux corps, et peut-être trois, si la succession était possible, tant sa constitution est plus stable. Dans la plupart des cas normaux, la statue ne tombe que parce que le piédestal est pourri. Cette discordance ne convient pas seulement aux morts précoces : elle existe souvent chez de dignes vieillards. Après un siècle de durée, le cerveau de Fontenelle ne cessa de fonctionner que faute de base végétative. Vous pouvez dès lors sentir quelle portée comportent nos moyens d'augmenter la longévité, quand ils seront systématiquement dirigés vers l'institution d'une meilleure harmonie entre le corps et le cerveau, par le développement des réactions, à peine ébauchées jusqu'ici, du moral sur le physique.

En fixant à près de deux siècles le maximum de durée compatible avec la constitution humaine, Hufeland n'était inspiré que d'après des observations purement empiriques sur les meilleurs cas de longévité constatée. Mais, s'il avait été guidé par la conception précédente, il aurait pu faire mieux accueillir son appréciation, en posant la question de longévité systématisée, comme consistant à faire durer le corps autant que le cerveau pourrait naturellement vivre. Ainsi conçue, l'utopie semble finalement réalisable, et même on doit raisonnablement espérer d'augmenter l'intrinsèque longévité du cerveau. . . . .

N° 34.

NOTE SUR LA MALADIE D'AUGUSTE COMTE.

On pense bien que les incertitudes et les contradictions qui s'élevèrent sur la nature et le traitement de la maladie de notre Maître, après sa mort, ne furent pas sans m'affecter.

J'écrivis donc à ce sujet, pour me rassurer, à un homme considérable et tout particulièrement propre à nous renseigner en l'espèce : M. le docteur Cruveilhier père, professeur d'anatomie pathologique à la Faculté de médecine de Paris, qui avait, le premier, signalé, dans sa longue et si honorable carrière scientifique, l'existence et la fréquence de l'*ulcère simple et non cancéreux* de l'estomac, *ulcus rotondum*, trou rond.

Voici sa réponse :

Monsieur et honoré confrère,

Je m'empresse de répondre aux questions que vous me faites l'honneur de m'adresser dans votre lettre du 24 janvier.

Je ne connais que deux lésions organiques qui puissent donner lieu à l'hémathémèse, le cancer et l'ulcère simple de l'estomac.

Or, du moment que les symptômes que vous avez observés vous paraissent éloigner l'idée du cancer, il est clair que votre malade a succombé à un ulcère simple de l'estomac.

Le premier cas de cette maladie que j'ai observé m'a fourni l'exemple d'une hémorragie intense, *sans vomissement*.

Le malade se coucha dans un état qui ne donnait que des craintes éloignées : on le trouva mort le lendemain matin dans son lit.

La cause de cette mort était une hémorragie interne : le sang remplissait tout l'estomac et tout l'intestin grêle.

Vous terminez votre lettre en me posant plusieurs questions dont vous me demandez la solution :

1re question : « Le travail d'ulcération, après s'être propagé de la muqueuse à la tunique fibro-musculaire, et de là vers la membrane séreuse qui la recouvre, n'a-t-il pu, à ce moment et à ce point, provoquer une exhalation capable de former épanchement dans la cavité du péritoine ? »

Je réponds que cela est possible, quoique rare (les épanchements dans la cav. périt. sont plus communs dans le cancer); cela est possible, car toute phlegmasie, tout travail morbide développé dans l'épaisseur d'un organe de l'abdomen peut avoir pour conséquence une hydropisie ascite.

2e question : « L'ulcération simple de l'estomac peut-elle rendre compte de l'ascite, et, consécutivement, de l'infiltration des membres inférieurs; et, tous les symptômes de cette lésion étant donnés, la formation de l'épanchement séreux doit-il la faire exclure ? »

Ma réponse à cette seconde question est une conséquence de ma réponse à la question précédente : *oui, l'ulcère simple de l'estomac peut rendre compte de l'ascite et de l'infiltration des membres inférieurs; non, la formation de l'épanchement séreux ne doit pas la faire exclure.*

Je désire, Monsieur et honoré confrère, que ces réponses puissent remplir votre but. Il est malheureux que l'autopsie de votre malade n'ait pas été faite; mais, je le répète, la discussion ne saurait porter qu'entre ces deux maladies : y avait-il cancer ? y avait-il ulcère simple de l'estomac ?

Je vous prie, Monsieur et honoré confrère, d'agréer l'expression de mon dévouement.

CRUVEILHIER.

Paris, 27 janvier 1859.

Il va sans dire que pour nous l'ulcère simple de l'estomac n'est pas ici la maladie même, mais une conséquence de la maladie, l'accident anatomique ultime qui amena la mort; et que cet épiphénomène n'infirme aucunement la nature et la certitude de l'affection qui le précéda et permit sa formation, à savoir le trouble cérébral du début, amenant, d'après les antécédents dépressifs du malade, la congestion hépato-gastro-intestinale, l'infiltration des tissus, l'ulcération et l'hémorragie.

M. Littré, encore qu'il n'ait pas *examiné* le malade, a affirmé le cancer; et pour cause.

Il s'est appuyé pour cela sur le témoignage de M. le docteur de Montègre, qui aurait, sur le vif et sur le cadavre, palpé et constaté la tumeur.

A ce dire, j'oppose l'affirmation suivante : après la mort de notre Maître nous avons, M. le docteur Bazalgette et moi, avec tout le soin possible et sans aucune retenue, sans aucun empêchement, pratiqué le même examen : mais sans rencontrer ni engorgement, ni néoplasme, *ni tumeur* au foie, à l'estomac, aux intestins, nulle part : ce qui confirme le résultat des palpations que j'avais déjà pratiquées pendant que le malade vivait.

Quant à la responsabilité du traitement, elle ne saurait incomber à personne autre qu'à M. Comte lui-même : cela résulte de déclarations écrites qu'il fit à M. de Constant-Rebecque, à M. le capitaine Anfric et autres, et dont voici les termes :

« En acceptant le généreux dévouement médical de M. Robinet, je me suis ouvertement réservé la surintendance du traitement.

« Au fond, il ne m'a réellement fait qu'une consultation, dont j'ai successivement écarté toutes les parties, d'après une courte épreuve, *en sorte que je suis seul responsable* (1). »

Je prie le lecteur d'observer que c'est cette situation très nette qui m'a déterminé, non sans un profond regret, à décliner définitivement le titre de *médecin d'Auguste Comte*, quelque prix que je dusse y attacher. — R.

N° 35

PAROLES PRONONCÉES

AUX FUNÉRAILLES D'AUGUSTE COMTE

Le 27 Guttemberg 69 (mardi 8 septembre 1857).

Par le Dr ROBINET.

Mesdames, Messieurs,

C'est à la postérité qu'appartient la glorification de la grande existence qui vient de finir ; elle ne saurait être assez honorée que dans l'avenir, et vouloir l'apprécier aujourd'hui serait presque une profanation.

C'est donc pour accomplir un pieux devoir et satisfaire au commun besoin de nos cœurs, que nous osons prononcer sur cette tombe sacrée quelques paroles de regret.

La mort, qui nous éprouve si cruellement, n'enlève pas seulement l'objet de quelques affections privées, elle frappe aussi l'Humanité dans ses plus chers intérêts ; et ce n'est point tant un malheur domestique que nous avons à déplorer, qu'une immense calamité sociale ! Ceux de nous qui ont eu le bonheur de partager l'intimité de ce noble mortel, pourront sans doute mesurer, à la douleur qu'ils ressentent, l'étendue de leur perte. Mais qui saurait calculer ce que ce fatal événement apporte de retards et d'écueils à la grande œuvre de la régénération moderne ? Le majestueux édifice religieux, récemment élevé par ce glorieux créateur, se trouve, à jamais peut-

---

(1) J'ajoute que j'avais plusieurs fois insisté près de notre Maître pour qu'il consultât MM. les docteurs Gendrin et Cruveilhier. — R.

être, privé de son sublime couronnement moral ! La famille positiviste reste orpheline à son berceau, et la rénovation spirituelle perd en même temps et son moteur et sa direction.

Devant un semblable désastre, tout ami du progrès, tout homme de bien, tout vrai citoyen de la Terre, sent son âme profondément ébranlée, et porte sur l'avenir des regards pleins d'effroi !

Mais la mort n'a rien d'absolu, Messieurs ! quand la terre funèbre a dévoré la dépouille mortelle, l'âme se retrouve dans les œuvres qu'elle a produites, et dans les souvenirs qu'elle a inspirés : c'est ainsi que les grands hommes ne meurent jamais. La fin de leur existence n'est que le commencement de leur immortalité ; et ils font plus encore, du sein de la tombe, qu'ils n'ont accompli pendant leur trop courte durée.

Tu es donc immortel, ô Maître vénéré ! immortel comme Aristote et Descartes, immortel comme le grand saint Paul, immortel comme fondateur de la Religion de l'Humanité ! ta mémoire est éternelle comme tes œuvres ; et ton nom sera béni dès ce jour jusqu'aux âges les plus reculés.

Car ta doctrine, toute d'amour, va toucher les cœurs et gagner les âmes ; par elle, l'ordre va renaître dans les esprits bouleversés, l'ardente charité éteindra toute haine, et la concorde régnera, après tant d'orages, pour l'accomplissement des plus hautes destinées.

Par elle, la paix s'étendra sur la Terre, séchant partout et le sang et les larmes !

Voilà l'avenir, Messieurs ; quant au présent, il reste plein d'amertume et de difficultés ?...

Mais si nous voulons remplir notre tâche, et devenir les fils de ce glorieux père, ne nous éloignons jamais de lui : conservons son auguste souvenir au plus profond de notre cœur ; portons à sa mémoire un culte journalier, purifions, agrandissons nos âmes pour l'y conserver religieusement ; pénétrons-nous de son esprit, animons-nous de ses généreux sentiments, de son inaltérable civisme, de son intrépide courage ; venons souvent à sa tombe bénie, répéter la formule sacrée de notre sublime Religion :

> L'Amour pour principe,
> Et l'Ordre pour base ;
> Le Progrès pour but.

N° 36

DISCOURS

PRONONCÉ POUR LA COMMÉMORATION FUNÈBRE D'AUGUSTE COMTE

Le 18 Shakespeare 69 (27 septembre 1857), le 3ᵉ dimanche après sa mort,

Par le Dʳ ROBINET,

Désigné, à cet effet, par MM. P. LAFFITTE, président des Exécuteurs testamentaires, et F. MAGNIN président de la Société positiviste.

Mesdames et Messieurs (1),

La vie des grands hommes s'offre à la vénération publique sous deux aspects essentiels : l'un, social, embrasse l'ensemble des services rendus à l'Humanité, l'autre, simplement domestique, concerne les actes privés et les qualités personnelles.

Je vais donc essayer ici de retracer, sous ces deux aspects, la plus grande existence qui ait encore surgi.

La carrière publique d'Auguste Comte offre deux périodes aussi glorieuses qu'inséparables, répondant à chacune des grandes élaborations qui le placent au premier rang parmi les bienfaiteurs de l'Humanité. Dans cette phase toute philosophique, bien qu'elle ait été constamment inspirée et soutenue par le plus énergique sentiment social, notre glorieux maître posa les bases de la spiritualité moderne. Rassemblant, par un effort sublime, les éléments épars d'une positivité jusqu'alors incomplète, il sut relier en un seul faisceau, désormais indestructible, les constructions partielles et séculaires de ses plus nobles devanciers, par son incomparable création sociologique.

On sentira de plus en plus, Messieurs, qu'un aussi héroïque début dans la carrière philosophique ne pouvait appartenir qu'à celui qui s'élançait sur les traces d'Aristote et de Descartes, en portant au plus profond de son cœur l'enthousiasme et le feu sacré de notre immortelle Convention ! — Grâce à lui nous savons aujourd'hui que la sympathie est la noble mère de la synthèse et de la synergie. — Vous connaissez tous, mieux que moi, quels furent les fruits de ce sublime enfantement : la philosophie positive naquit bientôt après la découverte des lois sociales. Observer et raisonner, tel est le principe logique qui éclaira cet incomparable génie pour élever le phare de la positivité, au milieu des ténèbres théologico-métaphysiques ; et c'est à sa vive clarté qu'il dut de jeter les fondements inébranlables de la base philosophique sur laquelle il érigea plus tard notre majestueux édifice religieux. N'oublions donc jamais cet immortel début de la philosophie

---

(1) La première partie de ce discours, consacrée à l'appréciation de l'acte qui privait les positivistes du lieu normal de leurs réunions, en cette triste et solennelle circonstance, ne saurait être reproduite ici. Quant à la cérémonie, elle eut lieu chez un de nos frères les plus dévoués, Don José Segondo Florez.

positive, qui, séparant pour toujours le concret de l'abstrait, et étendant aux phénomènes sociaux l'invincible notion de loi, limita chaque science, en la rattachant à ses sœurs par des liens naturels, de manière à former un admirable système universel, embrassant dans son cadre puissant tous les phénomènes et tous les êtres réels. N'oublions jamais que la conclusion de ce traité philosophique, inspirée du même sentiment social, du même civisme qui vivifièrent toute l'existence de notre maître, regardait la restauration de l'autorité spirituelle comme la plus noble tendance des travaux accomplis et comme le but sacré des efforts ultérieurs.

Mais si puissante que fût cette première élaboration, ce n'était jamais qu'une philosophie, et, à ce titre, elle demeurait insuffisante en présence des immenses besoins de la société moderne ; car les conceptions religieuses deviennent seules populaires et universelles, tandis que les plus hautes élaborations philosophiques restent profondément étrangères à la masse des hommes.

Pour répondre aux nécessités de la situation occidentale, le génie philosophique devait donc se transformer et s'agrandir, en passant du domaine de l'esprit par celui du cœur, sur le terrain social et religieux. . . . .

Neuf années de recueillement et d'efforts ne furent pas vaines : et grâce à la tutélaire intervention de la tendresse féminine, cette grande transformation put s'accomplir ! Car, vous le savez tous, c'est à l'ange consolateur qui répandit sur *la grande existence* les trésors de son ineffable affection, les seules joies qui l'aient quelque temps adoucie, que l'Humanité doit surtout cette inappréciable rénovation. L'âme du philosophe, exaltée, régénérée par ce saint amour, fut enlevée par son immuable compagne jusqu'aux plus sublimes régions de la subjectivité humaine ; comme autrefois la suave Béatrice ravit son immortel amant vers les splendeurs de l'idéalisation catholique.

« Les grandes pensées viennent du cœur » ; on le vit bien au début de la construction religieuse qui caractérise la seconde vie de notre Maître : sous l'influence de sa rénovation affective, tout s'était ennobli : le cœur soumettait l'esprit et l'activité à sa douce prépondérance, et la philosophie, descendue d'un trône provisoire, n'était désormais qu'un magnifique flambeau éclairant de sa vive lumière l'auguste morale, éternellement assise au sommet de l'échelle des conceptions humaines, comme suprême régulatrice de la science et de l'art. Dès lors aussi le problème social était conçu dans toute sa majesté : subordonner la personnalité à la sociabilité sans sacrifier la dignité individuelle au concours social.

Gloire éternelle à celui qui trouva l'énigme séculaire ; qui sut dégager à jamais la réalité du nouveau Grand-Être et rallier invinciblement, sous cette suprême existence, les pensées, les sentiments et les actes humains.

On sait comment la *Politique positive*, code sacré de l'avenir, s'empare du domaine social en appuyant la doctrine nouvelle sur l'adhésion des prolétaires et des femmes ; comment elle institue le gouvernement moral du Monde, par leur union continue avec le sacerdoce, seul organe direct et systématique de l'Humanité. On sait par quelle série de créations originales et puissantes cette sublime construction s'élève de son préambule social au tableau synthétique de l'avenir humain : la cosmologie condensée prépare le théâtre; la théorie cérébrale pose les bases de l'éducation morale, elle ouvre les sources de la grâce; la statique et la dynamique sociales expliquent les conditions de l'existence collective et les lois de son mouvement, elles nous déposent au seuil de la terre promise où nous pouvons entrevoir, au milieu des splendeurs de l'avenir régénéré, la Postérité glorieuse et reconnaissante! Là nous voyons la sociocratie finale exploitant, dans un majestueux concert, le domaine terrestre, et nous pouvons contempler la religion universelle embrassant à la fois la science épurée, l'art sanctifié, la politique ennoblie, et guidant, par la morale, notre éternelle recherche du bien, du beau et du vrai.

Mais pour mieux apprécier la difficulté d'une telle œuvre et la puissance de son créateur, nous devons descendre des sublimités où elle transporte les âmes ardentes, au triste monde anarchique et dégradé qui ne put l'empêcher de surgir. Tous ceux que la révolution n'a pas animés de sentiments sociaux ont été perdus par elle! et le grand naufrage de la foi théologique laissant la multitude des âmes ordinaires privée de frein moral, on a vu se développer partout la révolte intellectuelle et le débordement de la personnalité. De nos jours, le désordre des esprits hâtant la corruption des cœurs, menace d'une ruine prochaine les plus antiques et les plus vénérables institutions sociales : propriété, famille, patrie, religion, tout est près de s'anéantir! Et l'homme lui-même sent son individualité se dissoudre sous le ferment de l'irréligion, impitoyable mère du doute, de l'irrésolution et de l'ennui.

C'est à ce moment anxieux et solennel que le Fondateur de la foi positive entra dans la carrière. Sans autres moyens qu'un cœur ardent, qu'un invincible génie, qu'un inébranlable caractère; enrichi par un labeur infatigable de l'héritage spirituel des siècles accomplis, il sut élever l'arche sainte qui porte vers l'avenir le palladium du l'Humanité! Rien ne put l'arrêter : ni les langueurs de l'isolement, ni les sombres heures de la misère, ni les douleurs du foyer, ni les fatigues d'un travail surhumain, ni les séductions de l'intrigue ou les menaces de la haine, ni les déceptions de l'amitié trahie et de la paternité spirituelle tant de fois trompée! Son âme toute romaine, profondément touchée par le moyen âge et si fortement illuminée par le génie moderne, put s'élever toujours au-dessus du présent, en vivant dans le passé, pour sauver l'avenir. Et l'on peut dire que rien n'égale ses œuvres, si ce n'est sa vertu. Qui de nous, Messieurs, ne se sent pénétré d'un saint respect, à la pensée de cette vie austère qui s'écoula dans le travail et l'amertume? Qui de nous n'eût donné sa vie pour ajouter quelques instants de plus à cette précieuse existence?

Mais la plus cruelle des fatalités qui pèsent sur notre Terre, l'inexorable mort, qu'un acte impie semble avoir ici provoquée, est venue le ravir à notre affection, comme à ses augustes devoirs. Longtemps l'Humanité saignera de cette fatale blessure, et nous ne pourrons assez regretter et pleurer celui qu'elle vient de perdre . . . .

O vénéré Maître, glorieux fondateur et premier Grand-Prêtre de la Religion universelle, régénérateur et bienfaiteur des contemporains et de la postérité! reçois par notre bouche les regrets du présent et les enthousiastes hommages de l'avenir. Ta vie ne fut qu'un acte de dévouement, qu'une création continue, qu'une lutte intrépide, qu'une longue souffrance, et ta mort vient encore nous donner un auguste enseignement. Oh! le plus grand des serviteurs de l'Humanité! grand par le cœur, par l'esprit et le caractère, grand par tes œuvres immortelles! reçois l'ardent et respectueux tribut de notre amour, de notre dévouement, de notre vénération, et que la douloureuse transformation qui vient de s'accomplir te dépose éternellement dans le sein de l'Humanité!

N° 37

MES SOUVENIRS PERSONNELS D'AUGUSTE COMTE.

Nous croirions manquer à un devoir en ne reproduisant pas ici la touchante narration qu'un ancien élève d'Auguste Comte a publiée après sa mort, dans le *Chamber's Journal* de Dublin.

Ne sachant ni le nom ni la demeure de celui qui a tracé ces lignes sympathiques, nous n'avons pu lui demander l'autorisation de les traduire, mais nous sommes convaincu qu'il ne se serait point opposé à leur insertion dans le travail qui nous occupe. En tous cas, l'attachement et le respect qu'elles témoignent pour la mémoire de notre maître, méritent à son auteur la gratitude et la sympathie de tous les positivistes.   R.

De même que par un chemin détourné, le poète s'approche des Champs Élysées, l'auteur, en cherchant à donner une légère esquisse d'une des plus grandes intelligences de sa génération, se trouve obligé de rappeler quelques circonstances insignifiantes de son obscure existence.

En 1836, le monde était encore nouveau pour moi, ou moi pour lui, — algébriquement, sinon autrement, c'est une position identique; — j'étais tourmenté de ce que je trouvais d'insuffisant dans l'enseignement privé d'Angleterre, et j'obtins, à force d'ardentes prières, la permission de venir continuer mes études préparatoires à l'Université de Paris. Là, dans chaque branche de l'éducation, dont le plan m'était tracé par une main libérale, je fus confié aux premiers professeurs de l'époque.

J'appris plus tard avec quelles difficultés les leçons d'un d'entre eux avaient été obtenues; mais quoique je fusse bien jeune j'en sentis instinctivement toute la valeur. Ce maître, dont je fus le dernier élève mathématique, était Auguste Comte.

Chaque jour, au moment où l'horloge du Luxembourg sonnait huit heures, quand le frémissement du marteau sur le timbre était encore sensible, la porte de ma chambre s'ouvrait, et alors entrait un homme petit, mais fort, net et propre dans toute la force du terme, frais rasé, sans aucun vestige de barbe ni de moustaches.

Il était invariablement vêtu d'un habit noir irréprochable, comme s'il allait dîner en ville, sa cravate blanche, aussi fraîche que si elle sortait des mains de la blanchisseuse, et son chapeau lustré comme le poil d'un cheval de course.

Il s'avançait vers le fauteuil préparé pour lui au milieu de la table à écrire, plaçait son chapeau sur le coin à gauche, sa tabatière à côté, auprès de la main de papier disposée pour son usage, et alors, trempant deux fois sa plume dans l'encrier, il la portait à un pouce de son nez afin d'être sûr qu'elle était convenablement remplie, puis il rompait le silence : « Je vous ai dit que la ligne A B, etc. »

Pendant trois quarts d'heure il continuait sa démonstration tout en écrivant de courtes notes pour son élève, lorsqu'il répéterait le problème seul. Puis, prenant un autre cahier placé près de lui, il examinait la reproduction écrite de la dernière leçon. Il examinait, corrigeait ou commentait jusqu'à ce que la pendule sonnât neuf heures. Alors, avec le petit doigt de la main droite, il faisait tomber de son habit et de son gilet la pluie de tabac superflu dont il les avait inondés; il remettait sa tabatière dans sa poche et prenant son chapeau, il faisait, aussi silencieusement qu'il était venu, sa sortie par la porte que je courais lui ouvrir.

Cet homme silencieux (de peu de mots) était l'Aristote et le Bacon du XIXe siècle.

Ainsi, pendant une année je m'assis chaque jour, auditeur peu attentif, et n'ayant certes pas conscience de la valeur de ces leçons dont je ne puis toutefois jamais oublier la haute portée, bien que les lignes et les courbes qu'elles expliquaient soient restées longtemps aussi insignifiantes pour moi que des hiéroglyphes. On pourrait penser qu'un tel professeur, agissant comme un ressort d'horloge, sans aucun échange des plus légères courtoisies de la vie, ne devait inspirer à son élève qu'une crainte répulsive. C'était en vain que j'essayais de rompre la froideur de nos relations et d'établir ces causeries préliminaires auxquelles j'ai trouvé quelques professeurs trop prêts à employer tout le temps de leurs leçons. Il semblait dire qu'il s'était imposé un devoir désagréable et que rien ne pouvait l'en détourner. Deux fois seulement j'obtins la preuve qu'il y avait quelque chose d'humain dans sa nature.

J'étais depuis six semaines sous sa direction et je persistais, avec plus de malice peut-être que d'ignorance, à me servir du plus abominable français antigrammatical, dans mes rédactions écrites. Un matin, il perdit patience à quelque solécisme plus choquant qu'à l'ordinaire, et, posant sa plume, il se tourna vers moi et dit : « Pourquoi persistez-vous à écrire de tels barbarismes? — Vous savez que je suis étranger, dis-je, comment ferais-je mieux? — Vous pouvez fort bien faire mieux que cela; écrivez comme vous parlez. » Et, reprenant sa plume, il corrigea toutes les fautes de langage. Depuis ce jour, il y eut peu de fautes grammaticales dans mes rédactions.

Une fois encore, à cette époque, et sans préméditation, j'encourus sa douce colère. J'étudiais alors très ardemment, ordinairement treize heures par jour de travail de lecture; c'est une folie que j'ai cruellement expiée et dont je me suis repenti depuis : j'étais rarement au lit avant minuit. Une noire matinée d'hiver, après un travail plus ardent que d'habitude, je m'assoupis à la leçon ; ce n'était pas sans un effort de l'ouïe que je pouvais comprendre le sens ; mais je ne pouvais forcer mes paupières à se tenir ouvertes ; je n'osais me lever pour faire quelques tours dans ma chambre, cela eût été une violation de nos habitudes. Je restai donc assis ; et le bourdonnement de la voix et le craquement de la plume me berçant doucement, j'étais aux trois quarts endormi, quand soudain un changement de ton me réveilla, et les mots : « Mais vous dormez ? » ne me rappelèrent à moi-même que pour voir mon professeur sortir de la chambre tandis que j'essayais vainement de le retenir et de l'apaiser. Le jour suivant il résuma la leçon qu'il avait interrompue en voyant mon assoupissement ; mais pas un mot de reproche ne fut prononcé, pas une excuse ne fut admise par le philosophe offensé.

De ce jour je commençai à l'aimer. Si froid, si absorbé qu'il parût, le géant intellectuel agissait presque imperceptiblement sur la jeunesse. Je ne pouvais connaître, encore moins mesurer sa grandeur, mais je commençais à m'intéresser à l'aride science qu'il m'enseignait, et si je l'avais continuée sous sa direction je serais peut-être devenu un mathématicien. J'avais appris à craindre mes maîtres, mais non à les révérer. Si j'avais eu de l'inclination pour quelques-uns, cela avait été en proportion de leur négligence, et je trouvais à demi injuste et tout à fait extraordinaire de me laisser aller à une sorte d'affection pour le plus inabordable et le plus froid d'eux tous. J'étais à cette époque le garçon le moins raisonnable du monde, je ne puis par conséquent supposer que ces sentiments fussent dus à l'attrait de la pure raison sur mon esprit. Je puis seulement penser qu'ils provenaient de la perception instinctive de l'immense tendresse cachée qui remplissait son âme.

Je retournai en Angleterre *pour faire mon stage (keep halls)* et me consacrer à un autre ordre d'études, taxé par mes maîtres et mes inspecteurs de véritable paresseux, parce que je ne travaillais pas dans leurs livres ; et cela fut vrai pendant deux ans avant que je ne retournasse à Paris. Pendant ce temps je m'étais familiarisé avec ce qui avait paru de la *Philosophie positive*. J'avais appris par ces pages que mon ancien professeur était un grand homme, quoique difficilement encore reconnu comme tel. J'avais senti le contraste de son initiative avec le *laissez-faire* des autres, et le revoir était un des premiers plaisirs que je me promisse dans cette capitale si fertile en plaisirs pour les jeunes visiteurs. Le souvenir rempli des nombreuses prises de tabac qui avaient si souvent attaqué mes muscles sternutatoires, je lui apportais une tabatière de Cumnock avec un caillou de Ayrshire dans le couvercle, et je me réjouissais de la voir gracieusement acceptée. Il la prit et la plaça dans un tiroir de sa table à écrire en me disant qu'il avait entièrement renoncé à l'usage du tabac, que désireux de se vouer sans distraction à l'élaboration de sa *Politique positive*, il ne lisait plus les journaux et se privait de toute superfluité.

Je ne le revis plus qu'en 1851. Il était alors le chef reconnu d'une école philosophique, et généralement respecté, si non admiré, par tous les penseurs. J'étais troublé en arrivant à sa demeure, et ce ne fut pas sans un battement de cœur que je tirai le cordon de sonnette. Un vieux gentleman, en robe de chambre, avec une cravate noire autour du cou, ouvrit la porte. Je crus de suite avoir mal compris l'indication du portier.

« — M. Comte ? demandai-je.

— C'est moi, Monsieur, répondit-il ».

Le changement de son aspect m'intimida, et ce fut en hésitant que je me nommai ; cette fois il me tendit la main et me conduisit dans son cabinet. Là, il me fut facile de remarquer le profond changement qui s'était opéré dans sa physionomie depuis que je ne l'avais vu. Il me rappelait maintenant une de ces peintures du moyen âge qui représentent saint François uni à la pauvreté. Il y avait dans ses traits adoucis une tendresse qu'on aurait pu appeler idéale plutôt qu'humaine. A travers ses yeux à demi fermés éclatait une telle bonté d'âme qu'on était tenté de se demander si elle ne surpassait pas encore son intelligence. « — Je ne vous avais pas reconnu, dit-il, en ouvrant un tiroir, mais je pense à vous presque chaque jour. Voyez, j'ai encore votre boîte et j'y mets mes cachets (1), ainsi je me souviens souvent de vous. » Il me parla sans embarras de l'honorable pauvreté à laquelle la dernière révolution l'avait réduit en le privant de son modeste et dernier emploi, et il m'apprit comment le généreux sacrifice de quelques-uns de ses disciples l'avait dispensé de pourvoir à son existence matérielle. Il m'honora d'une longue conversation dont chaque mot me remplissait d'une nouvelle admiration. Ce n'était plus ce rigide penseur, régulier et sans passions, comme une mécanique. Il semblait avoir retrouvé sa jeunesse et ajouté quelque chose à son être primitif. Mais ce que c'était et comment ce changement s'était produit, c'est ce que je ne pouvais alors m'imaginer. Il fit allusion aux relations qui avaient donné cette impulsion à ses sentiments. Il parla avec enthousiasme des poètes italiens, de Shakespeare, de Milton, dont il avait appris à lire les ouvrages dans les originaux. Et, ô surprise ! prenant sur sa cheminée un petit exemplaire bien usé de l'*Imitation*, il me dit : « Je lis quelques pages de ce livre chaque matin. »

J'avais toujours pensé que sous le masque de froideur dont il se servait les années passées, se cachait une nature expansive et de chaudes affections. Je vis cette fois qu'un petit keepsake que je lui avais apporté lui plaisait tant, qu'en m'en parlant quelques jours après ses yeux se mouillèrent. Je compris qu'au dedans de lui était l'âme la plus aimante ; et j'appris, dans un livre qu'il me donna, comment il avait trouvé et perdu l'affection, l'intimité qu'il avait si longtemps cherchée. L'histoire du pur amour auquel il dut le dernier développement de ses sentiments affectifs est une histoire étrange, et celle de son héroïne une des plus mélancoliques.

Mᵐᵉ Clotilde de Vaux était la femme d'un homme dont la mauvaise conduite avait amené une condamnation aux travaux forcés à perpétuité. S'il ne fut pas l'original du *Maître d'école* des *Mystères de Paris*, sa carrière ne fut que trop semblable à celle si hideusement peinte par le romancier. Cette

---

(1) Timbres-poste. — R.

dame unissait à la jeunesse et à une réputation sans tache des dispositions poétiques et des talents littéraires de l'ordre le plus élevé. Elle vivait dans une mélancolique solitude, ni épouse ni veuve, dans une situation dépourvue d'espérance et incapable d'oubli, quand elle rencontra Auguste Comte, l'homme à la morale austère et aux manières glaciales, au travers desquelles elle sut bien distinguer cette secrète attraction dont j'ai parlé plus haut. Leur connaissance se changea bientôt en une amitié qui devint promptement une passion absorbante, quoique pure. Elle lui ouvrit les trésors de la poésie ; elle fut la Béatrice qui, développant en lui des trésors d'affection, le guida dans le monde idéal de Shakespeare et de Dante :

> Les plus grandes et les plus glorieuses choses, sur terre,
> Sont souvent l'œuvre d'une faible main.

Ce fut une affection trouvée bien tard et bientôt perdue, car cette dame mourut au printemps de sa vie. Mais son influence ne devait pas s'éteindre ainsi ; son image resta à Auguste Comte comme une vision céleste qui devait éclairer le reste de ses jours. Dans elle, il s'imagina avoir entrevu l'Humanité portée à cette haute perfection qu'il croyait réservée à notre état final ; il l'unit dans ses prières à sa mère et à une servante qui veilla sur lui jusqu'à la fin.

Pour tous ceux qui ont connu Auguste Comte dans ses derniers jours, rien ne peut être plus touchant que tout ce qu'il dit dans la préface de sa *Politique positive*. Les demi-reproches qu'il s'adresse pour son manque de tendresse (jamais il ne manqua au devoir) envers sa mère, sa vénération pour sa sainte Clotilde, et son respect pour l'ignorance sans lumière de sa servante illettrée, offrent une étude psychologique aussi curieuse que touchante.

Dans le commencement de septembre dernier j'allai encore à Paris ; aussitôt que je me fus assuré un logement dans ce même quartier studieux où je l'avais connu, je me dirigeai vers la demeure de mon vieux maître.

Ce fut par un soir d'automne que j'entrai sous la sombre porte cochère de la maison. Le portier était assis sur le seuil de sa loge, raccommodant de mauvaises chaussures dans la demi-lumière :

« — C'est ici que M. Comte demeure?
— Oui, monsieur, répondit cet homme sans lever les yeux de son ouvrage.
— Il est à la maison ?
— Il a été enterré cet après-midi. »

Je n'ai jamais reçu un coup plus fort et plus inattendu ; son tempérament et ses habitudes de santé semblaient promettre une longue carrière, et la dernière fois que j'avais causé avec lui, il m'avait parlé de l'emploi qu'il réservait à sa vieillesse, quand il ne serait plus capable de travail philosophique ; car il avait rigoureusement déterminé l'époque à laquelle il cesserait ce qu'il considérait comme son apostolat.

ERRATUM

Page 97, 2ᵉ vers de l'épigraphe, au lieu de : d'après destinées, lisez : *d'après destinées*.

Page 193, titre du chapitre, au lieu de : VIII, lisez : VIII — Mᵐᵉ CLOTILDE DEVAUX.

Page 218, titre du chapitre, au lieu de IX, lisez : IX. — LA SOCIÉTÉ POSITIVISTE.

Page 237, 1ʳᵉ note, au lieu de : n° 22, lisez : *n° 21*.

Page 248, note 1, au lieu de : § D, lisez : *§ 4*.

Page 249, note 1, au lieu de pièce n° 21, lisez : *pièce n° 22*.

Page 316, nᵒˢ 2, 3, 4, 5, au lieu de : les pièces cotées de 1 à 9 exclusivement, lisez : *de 1 à 6 exclusivement*.

TABLE DES MATIÈRES

PREMIÈRE PARTIE

ŒUVRE D'AUGUSTE COMTE

		Pages.
I.	Caractère général de l'œuvre d'Auguste Comte. — Théorie de la religion	5
II.	Nature abstraite de la synthèse positive. — Caractère subjectif de son principe essentiel, l'Humanité	16
III.	Institution de la série encyclopédique, système universel des sciences abstraites, ou dogme de la religion de l'Humanité	30
IV.	Culte de l'Humanité. — Sa nature subjective. — Culte privé, culte public	54
V.	Régime social et politique. — L'industrie régénérée	67
VI.	Transition de l'état actuel à l'état normal	81

DEUXIÈME PARTIE

VIE D'AUGUSTE COMTE

I.	Enfance et première jeunesse	99
II.	Relations avec Saint-Simon. — Exposé général : que ce publiciste n'a pas découvert la loi des trois états, ni posé les bases de la philosophie positive.	104
III.	Même sujet. — Détail.	116
IV.	Que ni Turgot ni Burdin n'a établi la loi des trois états.	139
V.	Les opuscules sociaux. — La conception définitive de la philosophie des sciences	150
VI.	Le mariage. — La folie	167
VII.	Fondation de la philosophie positive	172
VIII.	Conséquences personnelles de la fondation de la philosophie positive.	176
VIII bis.	Mme Clotilde Devaux.	193

		Pages
IX.	La société positiviste	218
X.	Le système de politique positive. — La religion de l'Humanité	228
XI.	Période sacerdotale	236
XII.	La synthèse subjective	259
XIII.	Mort d'Auguste Comte	264
XIV.	Jugement sur Auguste Comte	283

PIÈCES JUSTIFICATIVES

PREMIÈRE SÉRIE

RELATIVE A L'ŒUVRE D'AUGUSTE COMTE.

N° 1.	— Plan général du cours de philosophie première	301
N°s 2, 3, 4, 5.	— Pièces supprimées	316
N° 6.	— Programme du cours de morale théorique	316
N° 7.	— Programme du cours de morale pratique	330
N° 8.	— Théorie de l'industrie positive	345
N° 9.	— Religion de l'Humanité. Culte privé : L'ange gardien	346
N° 10.	— Religion de l'Humanité. Culte privé : Calendrier positiviste	347

DEUXIÈME SÉRIE

RELATIVE A LA VIE D'AUGUSTE COMTE.

N° 11.	— Citations relatives à l'appréciation de Saint-Simon	354
N° 12.	— Vente sous seing privé	366
N° 13.	— Témoignage d'Auguste Comte sur ses relations avec Saint-Simon	370
N° 14.	— Témoignage d'Auguste Comte sur Mme Comte	378
N° 15.	— Mme Auguste Comte	393
N° 16.	— Cours de philosophie positive (affiche à la main)	411
N° 17.	— Cours de philosophie positive (programme)	411
N° 18.	— Adresse du comité permanent de l'Association polytechnique au roi des Français	414
N° 19.	— Relations d'Auguste Comte avec M. Guizot	415
N° 20.	— Affaire de l'École polytechnique : § 1, 2, 3, 4 et 5	423

Pages.

Nº 21. — Appel au public occidental. 457
Nº 22. — Manifestation hollandaise 459
Nº 23. — Association libre pour l'instruction positive du peuple dans tout l'Occident européen. 461
Nº 24. — Le fondateur de la Société positiviste à quiconque désire s'y incorporer. 462
Nº 25. — Circulaire initiale 468
Nº 26. — Discours prononcé aux funérailles de Blainville 470
Nº 27. — Cours philosophique sur l'histoire générale de l'Humanité (affiche à la main), avril 1851. 479
Nº 28. — Programme sommaire du cours philosophique sur l'histoire générale de l'Humanité, avril 1851 479
Nº 29. — Programme sommaire du cours de philosophie positive 482
Nº 30. — Pièces relatives à l'évolution politique de la France 482
Nº 31. — Bibliothèque positiviste au xixᵉ siècle 483
Nº 32. — Circulaires annuelles. 487
Nº 33. — Lettres d'Auguste Comte au Dʳ Audiffrent, sur la maladie. 538
Nº 34. — Note sur la maladie d'Auguste Comte. 546
Nº 35. — Paroles prononcées sur la tombe d'Auguste Comte, à ses funérailles, par le Dʳ Robinet. 548
Nº 36. — Discours prononcé pour la commémoration funèbre d'Auguste Comte, le troisième dimanche après sa mort, par le Dʳ Robinet . 550
Nº 37. — Mes souvenirs personnels d'Auguste Comte, dans le *Chambers' Journal* de Dublin. 553
Nº 38. — *Erratum*. 552

FIN DE LA TABLE DES MATIÈRES.

Paris. — Imp. Larousse, 17, rue Montparnasse.

CATALOGUE

DES PUBLICATIONS

DE L'ÉCOLE POSITIVISTE

Livres en vente rue Monsieur-le-Prince, 10

Chez M. Pierre Laffitte, *Directeur du Positivisme.*

I

ŒUVRES D'AUGUSTE COMTE

Système de politique positive, ou *Traité de Sociologie instituant la religion de l'Humanité*, par Auguste Comte, auteur du *Système de Philosophie positive*. — 4 vol. in-8°, Paris, 1851-1854.................................... 30 fr.
Chaque volume se vend séparément :

Le 1er vol. (3e édition) contenant le *Discours préliminaire* et l'*Introduction fondamentale*........................ 8 »

Le 2e vol. (2e édition) contenant la *Statique sociale*, théorie de l'ordre.. 6 »

Le 3e vol. (2e édition) contenant la *Dynamique sociale*, théorie du progrès.. 7 »

Le 4e vol. (2e édition) contenant le *Tableau de l'Avenir humain*, l'*Appendice général* et une table analytique des 4 volumes de la *Politique positive*................................. 9 »

Séparément :

Table analytique du Système de politique positive d'Auguste Comte, par Henri d'Olier, brochure in-8°, Paris, E. Leroux, éditeur, 28, rue Bonaparte, 1882...... 1 50

Catéchisme positiviste, *sommaire exposition de la Religion universelle*, Paris, 1852 ; troisième édition en 1890. — 1 vol. in-12.. 3 50

Appel aux Conservateurs, Paris, 1855. — 1 vol.-in 8º... 3 fr.

Synthèse subjective, *Système universel des conceptions propres à l'état normal de l'Humanité*, Paris, 1856; tome Ier, seul paru, contenant le *Système de logique positive, ou Traité de philosophie mathématique*. — 1 vol. in-8º. . . . . . 9 »

Lettres d'Auguste Comte à M. Valat, professeur de mathématiques, ancien recteur de l'Académie de Rodez, 1815-1844. — 1 vol. in-8º, Paris, 1870. . . . . 6 »

Le même, papier de fil. . . . . 10 »

Lettres d'Auguste Comte à John Stuart Mill, 1841-1844. — 1 vol. in-8º, Paris, 1877. . . . . 10 »

Essai sur la philosophie mathématique, premières œuvres, édité par *la Revue occidentale* en 1878; — tirage à part, 1 vol. in-8º, Paris, même année. . . . . 1 »

Essai sur la philosophie des mathématiques, complément de l'ouvrage précédent, publié par les soins de M. de C. — brochure in-8º, Paris, 1879. . . . . 1 »

Opuscules de philosophie sociale, 1819-1828, Paris, 1883. — 1 vol. in-12 . . . . 3 50

Testament d'Auguste Comte, avec les documents qui s'y rapportent, publié par ses Exécuteurs testamentaires. — 1 vol. grand in-8º, Paris, 1884. . . . . 10 »

Le même, papier de hollande. . . . . 15 »

OUVRAGES DE M. PIERRE LAFFITTE

Cours philosophique sur l'Histoire générale de l'Humanité (Discours d'ouverture). 1 vol. in-8º, Paris, 1859. . . 2 50

Considérations générales à propos des cimetières de Paris, Paris, 1874, brochure in-8º. . . . . 1 »

Toussaint-Louverture, leçon rédigée par M. le docteur Dubuisson. Extrait du Cours sur les Grands types de l'Humanité, par M. Laffitte, 1881-1882. — 1 vol. in-8º, Paris, 1882. . . . . 1 »

Le Positivisme et l'Économie politique, 3e édition augmentée de notes et d'un avertissement; Paris, 1876, in-32. 0 50

La Révolution Française (1789-1815), Paris, 1881, 1 vol. in-32. . . . . 0 50

De la Morale positive, sa nécessité actuelle, ses caractères fondamentaux et ses principales applications ; conférence publique faite au Havre le 2 Bichat 90 (4 décembre 1878), rédigée par Émile Antoine. Le Havre, 1880. — 1 vol. in-12   3 50

Plan d'un cours de biologie, d'après Auguste Comte, Paris, 1883, brochure in-8°.   1 "

Célébration du Centenaire de Diderot, discours prononcé par M. P. Laffitte ; brochure in-18.   1 ,

Inauguration de la statue de Gambetta à Cahors, discours prononcé par M. Laffitte, brochure in-8°   0 25

Cours de philosophie première, professé par M. P. Laffitte, 2 vol. in-8°. 1er vol. : Théorie générale des lois de l'entendement, Paris, 1889.   7 50

2° vol. *sous presse*. Théorie générale des lois universelles du monde.

DOCTEUR ROBINET

Notice sur l'œuvre et sur la vie d'Auguste Comte, 1 fort vol. in-8°, troisième édition, Paris, 1890   1 "

Le Procès des Dantonistes, d'après les documents, précédé d'une introduction historique. Recherches pour servir à l'histoire de la Révolution française. — 1 vol. in-8° de 600 pages ; Paris, 1879.   10 "

La Nouvelle politique de la France (Relations extérieures), Paris, 1875. — 1 vol. in-18.   1 ",

« **Finissons Paris!** » *Observations sur l'édilité moderne*, Paris, 1879. — Brochure in-8°.   0 50

La Question des loyers, brochure in-8°, Paris, 1882.   0 50

Danton et Victor Hugo, brochure in-18.   0 25

Danton émigré, Recherches sur la diplomatie de la République (an Ier, 1793), 1 vol. in-8°, Paris, 1887, H. Le Soudier, libraire-éditeur, boulevard Saint-Germain, 174 et 176.   4 "

Danton, homme d'État, 1 vol. gr. in-8° de 468 pages, avec portrait, Paris, 1889, Charavay frères, éditeurs, rue Furstenberg, 4.   10 "

Les Portraits de Danton, essai d'iconographie, extrait de la revue *La Révolution française*, avec une reproduction authentique gravée par M. Julien Tinayre, Paris, 1889, brochure gr. in-8°, Ernest Leroux, éditeur, 28, rue Bonaparte. — 2 fr.

J.-F.-E. CHARDOILLET

Notes de Topino-Lebrun, juré au tribunal révolutionnaire de Paris, sur les procès de Danton et de Fouquier-Tinville, Paris, 1875, brochure in-8°............. 1 25

Les Cimetières sont-ils des foyers d'infection? Résumé de la question au point de vue hygiénique, social et moral, Paris, 1881, brochure in-12............ 0 25

DOCTEUR AUDIFFRENT

Appel aux médecins, Paris, 1862. — 1 vol. in-8°...... 3 50

Des Maladies du cerveau et de l'innervation d'après Auguste Comte. — 1 vol. in-8°, Ernest Leroux, éditeur, 28, rue Bonaparte, Paris, 1874............. 10 »

Théorie de la vision. — 1 vol. in-18, Paris, 1866...... 1 »

DOCTEUR DUBUISSON

Des quatre Sens du toucher et en particulier du sens de la musculation, Paris, brochure in-8°.......... 1 50

DOCTEUR E. SÉMÉRIE

Des Symptômes intellectuels de la Folie, 2e édition, Paris, 1875; in-18.............................. 1 »

La Loi des trois états. — Réponse à M. Renouvier, directeur de la *Critique philosophique*. — Paris, 1875. — 1 vol. in-8°................................. 1 »

DOCTEUR CONGREVE

L'Inde, Paris, 1858, traduction française. — 1 vol. in-8°... 3 »

L'Angleterre et la Turquie, traduction française; Paris, 1877; brochure, in-8°............................ 1 »

M. J.-B. FOUCART

La Grève des charbonniers d'Anzin en 1866, Paris,
1866. — 1 vol. in-18.. . . . . 1 fr.
Le Projet Dufaure sur le droit d'association (extrait
de la *Revue occidentale*), Paris, 1880. — Brochure in-8°. . . 0 50

M. P. FOUCART

Le Centenaire de Voltaire, conférence faite à Paris, à la
bibliothèque populaire du IIIe arrondissement, le 15 mai
1878. — Brochure in-12, Paris, 1879. . . . . 1 »
La Statue de Charlemagne (extrait de la *Revue occidentale*), Paris, 1879. — Brochure in-12. . . . . 1 »
De la Fonction industrielle des femmes, conférence
faite au Havre, le 26 septembre 1880. — Brochure in-8°. . . 0 50
La Mode et le Salaire, conférence faite à Lille, le 21 octobre 1883; Paris, 1884. — Brochure in-8°. 0 50

M. JOSEPH LONCHAMPT

Essai sur la prière, 3e édition, augmentée d'une introduction et d'une *Lettre sur la mission religieuse de la femme*,
Paris, 1878. — 1 vol. in-32. . . . . 0 50

DOCTEUR BRIDGES

De l'Unité de la vie et de la doctrine d'Auguste Comte.
— Réponse à John Stuart-Mill, traduit de l'anglais.
— 1 vol. in-8°, Dunod, Paris, 1867. . . . . 3 50

M. ÉMILE ANTOINE

De la Vie et de l'Œuvre de M. Pierre Laffitte, directeur du *Positivisme et successeur d'Auguste Comte*, 2e édition. — Brochure in-8°. — Le Havre, 1881. . . . . 1 »

M. CAMILLE MONIER

Exposé populaire du Positivisme. Paris, 1888. — 1 vol.
in-18. . . . . 0 75

PUBLICATIONS DE LA SOCIÉTÉ POSITIVISTE

La Politique positiviste et la question égyptienne.
— Brochure. 0 25

Le Congrès ouvrier de Marseille, Programme et lettre adressés aux organisateurs par M. Fabien Magnin, ouvrier menuisier, président de la Société positiviste; Paris, in-fol. . . 0 15

Le Positivisme au congrès ouvrier de Paris. — Discours prononcés par E. Laporte, sur l'enseignement professionnel; par M. I. Finance, sur les sociétés coopératives; par M. F. Magnin, sur la représentation des ouvriers au Parlement. — 1 vol. in-32, Paris, 1881. . . . . 0 50

Des Caisses de retraite pour les vieux ouvriers. — Réponse du Cercle des Prolétaires positivistes de Paris au questionnaire dressé par la Commission parlementaire. — Brochure in-8°; Paris, 1880. 0 25

Du Marchandage et du Travail à la minute. — Deux lettres par MM. E. Laporte et I. Finance. — Brochure in-8°, Paris, 1879. . . . . 0 15

Des Expositions industrielles, par M. I. Finance. — Brochure in-8°. 0 25

Des Chambres syndicales ouvrières et des associations coopératives. — Discours prononcés au congrès ouvrier de Marseille, par M. I. Finance. — Brochure in-8°. 0 15

Question d'Orient. *Adresse des Positivistes à Midhat-Pacha, ancien Grand-vizir de l'Empire ottoman.* — Brochure in-12; Paris, 1877. . . . . 0 25

Élections municipales du 9 Janvier 1881. — Programme de la Société positiviste de Paris. — Brochure in-8°, 1881. . . . . 0 20

Élections législatives du 21 août 1881. — Programme de la Société positiviste de Paris (Extrait de la *Revue occidentale*). — Brochure in-8°; Paris, 1881. . . . . 0 20

Le Programme de l'Avenir, par S. A. Kun, brochure in-8. 1 »

De la Participation des Associations ouvrières dans les entreprises des travaux publics, par M. Jeannolle. — Brochure in-8°, Paris, 1882. . . . . 1 ›

La Revue occidentale, *philosophique, sociale et politique*, directeur, M. Pierre Laffitte, parait tous les deux mois par livraison de sept à neuf feuilles. — Prix du numéro : **3 fr. 50**. Abonnement par an. 20

II

Ouvrages que l'on trouve chez leurs Éditeurs respectifs.

Traité philosophique d'Astronomie populaire, par Auguste Comte, in-8°, Paris, 1844, Dunod, éditeur. ..... 6 fr.

Du Cerveau et de l'innervation d'après Auguste Comte, par G. Audiffrent. — 1 vol. in-8°, Dunod, éditeur, Paris, 1869. .... 6 »

La Philosophie positive, Auguste Comte et M. Pierre Laffitte, par le Dr Robinet, in-32, Paris, 1881, Germer-Baillière, éditeur, boulevard Saint-Germain, 108 (collection de la *Bibliothèque utile*), cartonné. 0 90

Danton, Mémoire sur sa Vie privée, par le même, in-8°, Paris, 1884, troisième édition, Charavay. .... 4 »

Diderot et la Société du baron d'Holbach, étude sur le xviiie siècle, par C. Avezac-Lavigne, in-8° de 272 pages, Paris, Ernest Leroux, 1875. .... 4 »

La Philosophie positive d'Auguste Comte, condensée par miss Harriet Martineau, traduite en français, par M. C. Avezac-Lavigne, 15 livraisons in-8°, formant 2 volumes. Bordeaux, Féré et fils, 1871 .... 22 50

La Philosophie positive par Auguste Comte, Résumé par Jules Rig, 2 vol. in-8°, Paris, 1881, J.-B. Baillière, 19, rue Hautefeuille. .... 20 »

M. Littré et Auguste Comte, par M. André Poëy, in-12, Paris, 1879 (document biographique important), Germer-Baillière, éditeur. 3 50

En vente chez M. Gouge, fabricant de bronzes d'art,
124, rue Vieille-du-Temple, Paris.

Médaillon bronze d'Auguste Comte (F. Taluet). ..... 15 »
Médaillon bronze de M. Pierre Laffitte (S.-E. Vernier), Salon 1887. .... 25 »
Sur commande, médaillons et bustes de « *Grands types* ».

III

On trouve aussi rue Monsieur-le-Prince, 10 :

Auguste Comte sur son lit de mort, lithographie in-folio, d'après daguerréotype, par M. Tony Toullion......	5 fr
Photographie de la maison où est né Auguste Comte, à Montpellier, une feuille in-4°...........	2 »
Auguste Comte, buste en plâtre de grandeur naturelle, par M. Antoine Etex..................	40 »
Mme Clotilde de Vaux, lithographie par M. Tony Toullion.	1 »
Auguste Comte, carte photographique............	1 »
M. Pierre Laffitte, lithographie	1 »
La Révolution française (composition allégorique), par M. Louis Tinayre...................	2 »
Invocation à l'Humanité, chant religieux pour voix de basse, avec accompagnement de piano, couverture illustrée par M. Louis Tinayre, paroles et musique de M. A.-M. Auzende.................	2 »

www.ingramcontent.com/pod-product-compliance
Lightning Source LLC
Chambersburg PA
CBHW072019240426
43667CB00044B/1503